KB150381

譯註 日本後紀 下

▋역주자소개

연민수(延敏洙) 전 동북아역사재단 역사연구실장
동국대학교 사학과 및 동 대학원 석사과정 졸업
九州大學 대학원 일본사학과 수사·박사과정 졸업, 문학박사

▋논저목록

『일본고대국가와 도래계 씨족』, 학연문화사, 2021
『고대일본의 대한인식과 교류』, 역사공간, 2014
『고대한일관계사』, 혜안, 1998
『고대한일교류사』, 혜안, 2003
『일본역사』, 보고사, 1998
『譯註續日本紀』(上·中·下), 혜안, 2022
『新撰姓氏錄』(上·中·下), 공역, 동북아역사재단, 2020
『역주일본서기』(1~3), 공역, 동북아역사재단, 2013
『일본고중세문헌속의 한일관계사료집성』, 공편, 혜안, 2005
기타 공저, 역서 등 다수

譯註 日本後紀 下

2023년 5월 10일 초판 1쇄 발행

글쓴이   연민수
펴낸이   권혁재
편 집   조혜진
표 지   이정아

제 작   성광인쇄
펴낸곳   학연문화사
등 록   1988년 2월 26일 제2-501호
주 소   서울시 금천구 가산디지털1로 16 가산2차SKV1AP타워 1415호

전 화   02-6223-2301
팩 스   02-6223-2303
E-mail   hak7891@chol.com

책값은 뒷표지에 있습니다.
잘못된 책은 바꾸어 드립니다.

ISBN 978-89-5508-486-3 94910

譯註 日本後紀 下

연민수 역주

학연문화사

서 문

『일본후기』는 일본고대의 3번째 칙찬사서이고, 桓武天皇의 후반기 치세인 792년에서 그의 3인의 황자 平城, 嵯峨, 淳和에 이르는 833년까지 42년의 역사를 다루고 있다. 편찬과정은 차아조에서 시작하여 순화조를 거쳐 차아천황의 아들인 仁明天皇 때에 완성하였다. 요컨대『일본후기』는 치세의 실존 인물들의 역사를 다룬 이른바 현대사에 해당한다. 한편 현존하는『일본후기』는 15세기 중반까지는 완본의 형태로 전해지고 있었지만, 應仁의 난 때 소실되어 그 존재조차 모르다가 17세기말 江戸時代의 국학자에 의해 산일된 逸文이 복원되었고, 18세기 후반에는 완본 10권이 재발견되어 그 대체적인 실상을 알 수 있게 되었다. 근대에 들어와서는 완본 10권이 國史大系本으로서 간행되었다. 본 역주본에서는 10권의 완본과 일문 30권을 수록한 간행본을 저본으로 하여 전 40권을 역주하였다.

『일본후기』역사의 무대는 平安京이다. 이미 예견된 일이지만, 환무천황은 즉위의 宣命에서 天智系 왕통의 계승자임을 선언하였고 天武系의 터전인 平城京을 벗어나려고 노력하였다. 환무는 천도의 날에 近江國은 선제의 옛 도읍이고 平安京에 인접해 있다고 선언하였고 증조부 天智의 왕도였던 近江에 가까운 평안경으로 천도하였다. 평안경은 平安을 염원하는 의미가 담겨있다. 환무천황이 만년의 봄, 1억년의 궁이라고 예찬했듯이 현실과 미래의 기대상이 함축되어있다. 카리스마 넘치는 환무천황의 치세는 특별한 혼란없이 안정된 정치적 기반을 구축하였다. 환무에 대한 논찬에서 당시에는 비용이 들었지만, 후세에는 은혜가 되었고, 그의 덕은 요순을 능가한다고 하듯이 성공적인 군주였다고 할 수 있다 이후 환무천황의 직계 혈통 3 황자 시대가 시작되었다. 장남 平城은 우울증의 일종인 風病을 앓아 스스로 재위 3년 만에 親弟 차아에게 양위하였다. 그러나 양위 후에 측근의 사주로 일부의 관인들을 데리고 평성경으로 천도하여 2개의 조정이 양립

하는 불씨를 남겼다. 사건은 3일 만에 종료됐지만, 차아천황의 불안감은 적지않았다. 상황과 천황이라는 권력의 이중구조가 낳은 모순이었다. 차아천황 역시 재위 14년 만에 38세의 젊은 나이에 동년배 이복동생 순화에게 양위하여 스스로 권력의 중심부로부터 벗어나려고 노력하였다. 양위받은 순화천황은 천황의 명을 거부할 수 없어 즉위했지만, 재위 10년만에 차아천황의 아들 仁明에게 양위하였다. 이렇듯 환무천황 이후의 3황자의 치세는 스스로의 권력을 제한하면서 양위를 통해 자신과 후사를 보호하려는 당시의 특수한 왕권의 양상을 보여주고 있다.

『일본후기』의 편찬을 주도한 인물은 藤原朝臣冬嗣와 藤原朝臣緒嗣이다. 2인은 당대의 최고 귀족 藤原家의 번영의 기반을 닦은 藤原不比等의 직계 혈통 출신자이고, 천황가의 외척으로서 태정관의 수석에 자리하고 있던 공경들이다. 이들은 편찬책임자로서 편찬의 방침, 방향을 주도하였다. 藤原朝臣冬嗣는 편찬의 봉칙을 받든 최초의 책임자였던 까닭에 전40권의 모두에 그 이름을 올렸고, 2, 3차 때의 책임자인 藤原朝臣緒嗣는 완성본을 찬진하는 서문을 기록하여 대표편자로서 이름을 남겼다. 공동편찬자 역시 천황가와 혈연관계를 맺고 있는 藤原家 출신이 중심이었고, 참의 이상의 유능한 관인들로서 천황의 통치이념을 잘 반영할 수 있는 인물들이 참여하였다.

치세의 역사를 서술한다는 점에서 지배자의 기록에 대한 관리와 통제도 나오고 있다. 치세의 천황이 남기고 싶은 역사, 삭제하고 싶은 역사는 명확하게 나타난다. 환무천황이 기억하고 싶지않은 『속일본기』의 내용을 삭제했는데, 平城朝에서 측근의 사주로 복원한 일, 이를 재차 嵯峨朝에서 원래대로 되돌린 사건도 발생하였다. 이미 찬진된 정사에 손질을 가한 사실을 남긴 것은 기록관리의 치명

적인 오점을 말해주는 것이지만, 비정상적인 기록이 오히려 당대의 기록관리의
실태를 엿볼 수 있다는 점에서 현대사가들에게는 매우 유용하다. 한편으로는 4
위 이상의 인물전의 논찬을 보면, 개개의 인물의 장단점과 특징을 예리하게 간파
하고 지위고하를 가리지않고 가감없이 기술하여 엄정한 인물평을 하고 있어『일
본후기』의 사료적 성격을 이해하는데 도움이 된다.

이 시기의 대외관계는 일본의 견당사 파견 1회를 제외하고는, 신라인의 표착
기사와 발해와의 교류가 중심이다. 신라인의 표착기사는 당시 신라하대의 혼란
한 사회상을 반영하고 있다. 이에 반해 발해의 사절은 외교사절이면서 교역을 목
적으로 활발한 교류를 하고 있다. 일본조정에서는 발해사절의 내항에 제한을 두
고 있지만, 발해물산에 대한 일본귀족의 욕구를 억제하기 어려워 용인하는 형태
로 교류가 지속되었다. 일본측의 신라와 발해에 대한 인식은 전대와 마찬가지로
번국관으로 일관되어 있다. 발해와는 국서의 형식을 둘러싸고 갈등을 보이고 있
으며, 신라에 대해서는 현실적으로 내방하지 않는 신라사절을 가상하여 이들을
번국의 예로서 대할 것을 명하고 있다. 그러나 상대가 인정하지 않는 번국관은
한계가 있었으며 일본국내의 한정된 공간에서의 자기세계에 갇힌 국제인식을
보여주고 있다.

『일본후기』의 역주작업은 지난해『속일본기』역주서를 출간한 직후였다. 환무
조 전반기를 끝으로『속일본기』가 종료된 까닭에 후반부 마무리에 대한 아쉬움
이 남았다. 또한『일본후기』는 살아있는 역사를 기술하고 있다는 점에서 흥미를
끌었다. 사료를 역주하는 일은 도를 닦는듯한 고뇌와 인내의 과정이지만, 일단
사료의 세계에 들어가면 멈추기 어려운 묘미도 있다. 게다가 장기간 계속된 코로

나 사태와 퇴직 후의 혼자만의 시간은 이 작업에 집중할 수 있는 기회였다. 시대사의 이해에 기초사료를 읽는 것만큼 효과적인 것은 없으며 자신의 눈으로 다양한 역사의 장면을 확인하고 독자의 관점으로 이 시대를 읽어낼 수 있다. 특히 천황의 조칙과 각지에서 올라오는 수많은 관인들의 상주문은 당시 문서행정과 관인조직, 지방사회의 실태를 이해하고, 다양한 인물군들의 내면의 생각을 읽을 수 있어 대단히 흥미롭다. 본 역주서가 일본고대 平安京 개막시대의 이해와 연구에 유익한 참고가 되었으면 한다.

2023년 4월
북한산 자락의 서재에서
연민수

범 례

1. 본 역주본의 사료는 國史大系本, 逸文을 수록한 黑板伸夫 · 森田悌編 『日本後紀』을 참조하였다.
2. 逸文의 출전은 대부분 『類聚國史』, 『日本紀略』으로부터 인용하고 있어 별도로 출전은 밝히지 않았다. 다만 신라, 발해 등 한국과 관련있는 기사는 각주에 명기하여 출전을 밝혔다.
3. 『일본후기』 전40권 중에서 完本은 모두 10권으로, 권5, 권8, 권12, 권13, 권14, 권17, 권20, 권21, 권22 권24이다. 逸文 30권은 목차 및 원문, 주석문 말미에 표기해 놓았다
4. 衣被, 被는 몸에 걸치는 의복의 범칭인 피복으로 통일하여 표기하였다.
5. 『日本後紀』에 나오는 발해를 가리키는 蕃客, 蕃國使는 모두 발해사로 번역하였다.
6. 기사의 의미를 명확하게 하기 위해 ( ) 안에 원문에는 없는 내용을 일부 추가하였다.
7. 번역은 의미를 분명히 하기 위해 의역한 부분도 있다.
8. 선명체 문장은 (宣命體)라고 명기하였다.
9. 異體字, 略字 등은 일부 관직명을 제외하고는 모두 正字로 바꾸었다.
10. 주상문, 국서, 선명체 등 경어체로 표현해야 어울리는 문장은 통일적으로 평어체로 번역하였다. 다만 서문의 천황에게 올리는 주상문은 경어체로 하였다.

목 차

색인

譯註 日本後紀 上

일본후기 서문

일본후기 권제21 〈弘仁 2년(811) 정월에서 동 윤12월까지〉

좌대신 정2위 行[1]左近衛大將을 겸직한 臣 藤原朝臣冬嗣 등이 칙을 받들어 편찬하다.

太上天皇 〈嵯峨〉

◎ 弘仁 2년(811) 춘정월 병신삭, 황제가 대극전에 어림하였다. 황태제[2], 문무백관, 渤海使[3]가 통상의 의례와 같이 신년하례를 하였다.

경자(5일), 제를 내려, 궁전의 舍人 120인의 옛 명칭을 복구하여 內豎[4]라고 하였다.

임인(7일), 5위 이상 및 발해사에게 연회를 베풀고 녹을 차등있게 내렸다.

병오(11일), 陸奧國에 和我, 稗縫, 斯波 3군을 설치하였다. 종5위하 大野朝臣眞菅을 右少弁으로 삼고, 종5위하 秋篠朝臣全嗣를 治部少輔로 삼고, 종5위하 藤原朝臣眞書를 雅樂頭로 삼고, 종5위하 橘朝臣永繼를 民部少輔로 삼고, 종5위상 大枝朝臣永山을 大判事로 삼고, 종5위하 淡海眞人有成을 大藏少輔로 삼고, 左兵衛督 종4위하 大野朝臣直雄에게 左京大夫를 겸직시키고, 정5위하 三嶋眞人年繼를 造西寺司 장관으로 삼고, 종5위하 藤原朝臣文山을 차관으로 삼았다. 鑄錢司 장관 종5위상 大枝朝臣繼吉에게 山城介를 겸직시키고, 종5위하 紀朝臣南麻呂를 河內守로 삼고, 정5위하 藤原朝臣道雄을 紀伊守로 삼았다.

---

1 관위상당제에서 관직은 관위에 비례해서 규정되어 있으나, 양자는 일치하지 않은 사례가 많다. 「選敍令」6에는 관위에 비해 낮은 관직을 가진 경우에 行이라고 하고, 높은 관직일 경우에는 守라고 한다. 藤原朝臣冬嗣는 정3위이지만, 左近衛大將은 종3위 상당관으로 관위에 비해 관직이 낮아 行을 관칭한 것이다.

2 大伴親王, 후에 淳和天皇으로 즉위.

3 弘仁 원년(811) 2월에 일본에 온 발해사 高南容 일행.

4 궁중의 잡사에 봉사하는 하급관인, 令外官인 내수소(內豎所)의 감독하에 있다.

무신(13일), 河內國 사람 종8위상 玉作鯛釣에게 高道連[5]의 성을 내렸다.

임자(17일), (천황이) 豐樂院에 어림하여 활쏘기를 관람하였다. 발해사에게 각 궁을 주어 쏘게 하였다.

을묘(20일), 대납언 정3위 坂上大宿禰田村麻呂[6], 중납언 정3위 藤原朝臣葛野麻呂[7], 참의 종3위 菅野朝臣眞道 등을 보내 朝集院에서 渤海使에게 향연을 베풀었다. (발해사에게) 녹을 차등있게 주었다.

병진(21일), 참의 종3위 宮内卿 겸 常陸守 菅野朝臣眞道[8]가 사직할 것을 상표

---

5 『新撰姓氏錄』河內國諸蕃에 下曰佐는 漢高祖의 아들 齊悼惠王肥의 후손으로부터 나왔다는 출자를 밝히고 있고, 다음 조문에는 高道連은 下曰佐와 조상이 같다고 나온다. 弘仁 6년(815) 7월 임신조에는 河內國人 종7위하 高道連鯛釣 등 5인이 좌경으로 호적을 옮겼다는 기사가 나오고, 『續日本後紀』天長 10년(833) 11월조 이후에는 高道宿禰鯛釣라는 인명으로 기록되어 있어 高道連은 高道宿禰로 개성했음을 알 수 있다.

6 『新撰姓氏錄』右京諸蕃上에 최초로 坂上大宿禰가 나오듯이 도래계 씨족 중에서도 당대 유력한 가문이었다. 이 씨족의 출자에 대해, 後漢 靈帝의 아들 延王으로부터 나왔다고 한다. 坂上大宿禰의 옛 성은 漢直, 東漢直, 倭漢直, 東漢坂上直, 坂上直 등으로 나오고, 후에 連, 忌寸, 大忌寸 등으로 개성하였다. 『日本書紀』雄略紀 16년(472) 10월조에 漢使主 등이 直의 성을 받았다는 전승이 있다. 〈坂上系圖〉에 인용된 『新撰姓氏錄』逸文에도 阿智使主와 아들 都賀使主가 웅략의 시대에 使主에서 直으로 개성하였고, 그 자손들의 성으로 삼았다고 한다. 이 씨족의 출자는 중국계로 나오지만, 실제로는 5세기후반 백제에서 이주한 都賀使主, 즉 東漢直掬이다. 坂上大宿禰田村麻呂의 최종 관직은 大納言 정3위 겸 右近衛大將 兵部卿이다. 桓武天皇의 군사권을 지탱한 1인이고, 2번에 걸쳐 征夷大將軍으로 蝦夷를 정벌하였다. 그의 졸년기사 弘仁 2년(811) 5월 병진조 참조.

7 藤原北家 大納言 藤原小黒麻呂의 장남, 延曆 22년(803) 견당사에 임명되었고, 이듬해 遣唐大使로서 空海 등과 함께 入唐하여 이듬해 귀국한 후 종3위에 서위되었다. 平城天皇의 즉위시에 春宮大夫에서 參議로 승진하고 式部卿을 겸직하였다. 大同 3년(808)에 中納言, 이듬해 정3위되었다. 嵯峨天皇 치하에서 藤原冬嗣, 秋篠安人과 함께 『弘仁格式』의 편찬에도 관여하였다.

8 『新撰姓氏錄』右京諸蕃下에, "菅野朝臣은 百濟國 사람 都慕王의 10세손 貴首王으로부터 나왔다"라고 출자를 밝히고 있다. 관야조신의 씨성을 받은 津連眞道 즉 菅野朝臣眞道는 桓武天皇의 신임을 받아 동궁학사를 비롯하여 左大弁, 左兵衛督, 左衛士督 등 문무의 요직을 역임하였고, 造宮亮이 되어 평안경의 천도 사업에도 관여하였다. 그는 승진을 거듭하여 延曆 16년(787)에는 정4위하에 오르고, 동 13년(805)에는 참의가 되어 공경의 지위에 올랐다. 大同 4년(809)에는 종3위 동해도관찰사에 서임되었다. 특히 그는 『續日本紀』편찬을 주도하여 연

하여 말하기를, "신은 듣건대, '동틀 때 (조정에) 나가고 해질 무렵 (돌아와) 쉬는 것은 자신이 섬기는 항상의 본분이고, 젊어서 봉사하고 나이들어 쉬는 것은 예제의 통상의 규범이다. 이런 까닭에 이름을 드높이기 위해 주인을 섬기고 몸을 보존하며 목숨을 다한다'고 한다. 신은 본래 부족한 몸이고 재능에 취할 바가 없고, 학문은 甲科⁹에 미치지 못하여 부끄러운데, 봉록을 구하기 위해 하급관인으로 조정에 출사하고, 덧없게도 운이 좋아 일찍부터 先朝에 봉사하였다. 이에 (平城天皇이) 황태자 시절부터 황위에 즉위함에 미치어, 아침부터 밤까지 궁중에 출사하여 세월이 경과하였다. 마침내 추천을 받아 외람되게 높은 지위에 서고, 아울러 문무의 존경받는 반열에 오르고 중앙과 지방에서 후한 봉록을 받아 지금에 이르게 되었다. 누차 천은을 입고, 한 일도 없는데 녹을 먹었다는 생각에 심히 두려운 마음이다. 다만 신은 3朝를 섬기고 나이 70이 되었다. 지병이 해마다 쌓이고 의지와 더불어 몸이 쇠해졌다. 비록 지친 말을 모는 것을 멈추듯이 (나이들어 사직하는) 일이 아쉬운 마음이 없는 것은 아니다. 그러나 물시계가 (낮이) 다해도 밤에도 움직이지만¹⁰, 아마도 족함을 알고 멈추어야 한다는 마음을 거스르는 것이다. 삼가 바라건대, 이 늙은 몸은 향리로 돌아가 오두막에 몸을 맡겨 병을 치료하고 여생을 보내면서 문을 잠고 마지막을 기다리고자 한다. 간곡한 마음을 견딜수 없어 삼가 궁궐에 나아가 표를 올리는 바이다"라고 하였다. (천황은) 이를 허락하였다. 다만 常陸守는 종전대로 유지하였다.

정사(22일), 渤海國使 高南容이 귀국하였다. 渤海王에게 국서를 주며 말하기를, "천황이 삼가 渤海國王에게 문안드린다. (高)南容이 (즉위를) 축하하기 위해

력 16년(797)에 전40권을 완성하였다. 『公卿補任』延曆 24년(805) 「菅野津道」조에 "그 조상은 백제인이고 처음에 津連의 성을 받았다"라고 하고, 동 弘仁 3년(812)의 「菅野眞道」조에도 "그 조상은 백제인이다"라고 하여 조상의 출자를 백제로 기록하고 있다.

9 관인등용시험에 최우수로 급제하는 일.

10 원문의 '漏盡夜行'은 삼국시대 魏의 田豫가 사직을 청하면서, "나이 70이 넘었는데 직위에 있는 것은 종이 울리고 漏水가 다했는데도 쉬지않고 밤에도 돌아다니는 것 같으니 죄인이다"라는 고사에서 인용한 것이다(『三國志』魏書 田豫傳)

입조하였다. 서계를 살펴보니 갖추어져 있다. 왕께서는 능력이 출중하고, 성품과 도량이 넓고 깊으며 나라안에 은혜를 돈독히 베풀고 밖으로는 예의를 다하여 봉사하였다. 대대로 북녘 지역에 거주하며 (일본)국과 더불어 우호를 맺어왔다. 햇살이 비치는 창해를 건너오기를 꾀하고, 하늘과 맞닿은 바다를 작은 배로 난관을 헤치고 왔다. 진기한 보물과 정성을 다하여 예를 갖춰 축하하였다. 저 정성을 보건대, 어찌 기쁨을 멈출 수 있겠는가. 짐은 대명을 받아 삼가 황위를 계승하였다. 스스로를 극복하고 국내에 군림하여 큰 마음으로 백성을 보살피고 있지만, 덕은 아직 가까운 곳에도 품지 못했는데, 어찌 먼 곳까지 교화가 미치겠는가. 왕께서는 선린을 깊게 생각하고, 섬기는 마음을 중시하였고, 수고로움을 마다하지 않고 마침내 선대의 우호관계 닦았다. 하물며 (高)南容이 거듭해서 이르러 사자의 임무를 소홀히 하지 않았으며, 타고온 배가 위험한데도 충정의 마음은 더욱 힘썼다. 비록 요청이 없다고 해도 어찌 (귀국선을) 마련하지 않을 수 있겠는가. 이에 타고갈 배를 바꾸고, 사자를 부쳐 보내도록 한다. 함께 작은 물품을 보내니 도착하면 받아주었으면 한다. 봄이지만 쌀쌀하니 왕께서는 평안하시길 바란다. 이 서신을 보내지만, 마음을 전하지 못한 바가 많다"라고 하였다.

무오(23일), 정4위상 藤原朝臣産子에게 종3위를 내렸다.

기미(24일), 무품 明日香親王[11] · 坂本親王[12]에게 4품을 내렸다.

갑자(29일), 종4위상 藤原朝臣冬嗣[13]를 참의로 삼고, 나머지 관직은 종전대로 하

---

11 桓武天皇의 제7황자.

12 桓武天皇의 황자.

13 우대신 藤原内麻呂의 차남으로 桓武朝에서 淳和朝에 이르는 4朝에서 봉사했으며 弘仁 14년 (825)에 정2위, 天長 2년(826)에 좌대신에 오른다. 사후에 정1위, 태정대신으로 추증되었다. 생모는 백제계 씨족인 百濟永繼이고, 藤原内麻呂의 첫째 부인이다. 후에 그녀는 桓武天皇의 후궁으로 女官이 되어 총애를 받았다. 藤原朝臣冬嗣의 처는 百濟王仁貞의 딸이다. 즉 그의 출세는 百濟王氏와의 인연이 깊었으며 桓武天皇의 생모가 백제계라는 사실로부터도 桓武 이후에도 그의 승진에도 영향을 미쳤다. 『일본후기』의 1차편찬때 봉칙을 받은 대표편자이다. 전 40권 모두에 藤原朝臣冬嗣의 이름이 들어가 있다.

였다. 종7위하 菅原朝臣清人, 정6위상 朝野宿禰鹿取[14]에게 종5위하를 내리고, 종6위하 勇山連文繼에게 외종5위하를 내렸다. 정5위하 小野朝臣野主를 左中弁으로 삼고, 종5위상 藤原朝臣伊勢人을 右中弁으로 삼고, 종5위상 登美眞人藤津을 治部大輔로 삼고, 종5위하 橘朝臣永嗣를 越前介로 삼고, 종5위상 藤原朝臣藤成을 播磨介로 삼았다. 山城國 乙訓郡 밭 1정을 종4위하 百濟王教法[15]에게 주었다.

이날, 칙을 내려, "야지를 점유하여 논밭을 개간하는 사람은 국에 가서 개간지를 신청할 때 町, 段의 면적을 명시하지 않고 사방의 경계만을 표시하여 넓은 토지를 포괄하고 있다. 국가에 손해를 끼치고 백성에게 방해되는 일이 이보다 심한 것은 없다. 지금 이후로는 반드시 町, 段의 면적을 표시하고, 사방 경계에 의하지 않도록 한다. 또 陸奧, 出羽 양국은 토지가 광활하고 거주민은 매우 적다. 백성, 낭인은 편의에 따라 개간하는데, 국사가 순검하여 (적발되면) 절차에 따라 국가에 몰수한다. 이에 따라 백성들이 흩어지고 도망가 마음이 평안하지 않다. 양국의 개간된 토지는 公驗[16]이 없어도 국가에서 몰수하지 않는다"라고 하였다

○ 2월 정묘(2일), 외종5위하 志斐連國守에게 종5위하를 내렸다. 음양도[17]가

---

14 대학료에서 『史記』, 『漢書』를 배우고 漢音에도 정통하였다. 相模博士, 文章生에 보임되었다. 延曆 21년(802)에 遣唐使 准錄事로 임명되었고, 이후 大宰大典, 式部少錄, 左大史, 左近衛將監을 역임하였다. 『日本後紀』편찬에 참여하였고, 『內裏式』편찬에도 관여하였다. 또한 황태자 神野親王(후에 嵯峨天皇)의 侍講에도 참여하였다. 弘仁 2년(811)에 종5위하, 동 8년에 종5위상, 동 10년에 정5위하, 동11년에 종4위하로 승진하였다. 이후 中務大輔, 民部大輔, 藏人頭에 임명되었다. 天長 4년(827)에 종4위상 大宰大貳에 서임되었고, 仁明天皇이 즉위한 天長 10년(833)에 참의가 되면서, 의정관으로서 式部大輔, 左大弁, 民部卿을 겸직하였다. 承和 7년(840)에 정4위하, 동 9년에는 종3위에 오르고 宿禰에서 朝臣으로 개성하였다.

15 陸奧鎭守將軍 百濟王俊哲의 딸로 桓武天皇의 女御이다. 이 시기가 되면 율령제하에서 夫人, 嬪 대신에 女御, 更衣라는 신분으로 천황에 입실하게 된다. 女御의 지위도 높아져 藤原氏, 皇親이 대부분이다. 百濟王氏로부터 百濟王敎仁, 百濟王貞香이 桓武天皇의 후궁으로 들어갔지만, 女御는 되지 못했다. 延曆 24년(805)에 相模國 大住郡의 전지 2정, 弘仁 2년(811)에 山城國 乙訓郡의 白田 1정을 嵯峨天皇으로부터 받았다.

16 田主임을 확인하는 증명서.

17 「職員令」9에 陰陽師의 직무는 卜筮, 相地 등이다. 즉 점복이나 풍수지리를 통해 길흉을 판

주변 사람보다 뛰어났기 때문이다.

　경오(5일), 山城國 乙訓郡의 (약초를 재배하는) 藥園 1정을 施藥院[18]에 주었다.

　신미(6일), 칙을 내려, "슈의 조문[19]에 의거하면, '무릇 제사는 소관 관사가 미리 (태정)관에 신고한다. 태정관에서는 散齋[20]의 날 동틀 무렵에 제관사에 알린다'. '무릇 산재 기간에 상가에 조문, 문병, 육식을 할 수 없고, 사형을 판결하거나 죄인에 대한 형벌의 집행, 음악의 연주, 부정한 일 등을 해서는 안된다'고 되어 있다. 지금 산재의 날에 이르러 제관사에 알리면, 제관사에서는 일을 태만히 하고 혹은 禁忌를 어기고 있다. 슈의 조문을 개정하여 지금 이후로는 散齋 1일전에 제관사에 알리도록 한다"라고 하였다.

　계유(8일), 칙을 내려, "제국에 (거주하고 있는) 蝦夷는 公糧을 바라고 있다. 그 남녀 모두에게 식량을 지급하도록 한다. 다만 손에게는 지급하지 않는다[21]"라고 하였다.

　을해(10일), 縫殿寮[22]의 궁인 30인을 大藏省으로 배치하였다. (의식 등에 사용하는) 장막 등을 제작하기 위해서이다.

　병자(11일), (천황이) 北野에서 사냥을 즐겼다. 5위 이상에게 피복을 내렸다.

　무인(13일), 외종5위하 朝野宿禰道守를 大炊助로 삼고, 종5위하 藤原朝臣賀祜麻呂를 右京亮으로 삼고, 종5위하 葛井宿禰豐繼[23]를 造東寺 차관으로 삼고, 외종

　단하는 일이다.

18　天平 2년(730)에 光明皇后의 주도로 창설되었다. 병자, 고아를 보호, 치료하고 제국에서 보내온 약초를 빈민들을 구제하였다. 正倉院에 소장되어 있는 약초도 시약으로 사용되었다. 平安京으로 천도 후에도 함께 옮겨져 施藥院의 구제 활동은 계속되었다.

19　「神祇令」 15 및 「神祇令」 11의 조문을 말한다.

20　제사지내기 전에 이를 주관하는 사람이 몸과 마음을 깨끗이 하는 齋戒를 말한다.

21　제국에 배치되어 있는 귀복한 蝦夷에게 지급하는 식량은 자식 때까지이고 손주에게는 해당되지 않는다는 것이다.

22　縫殿寮는 中務省의 피관으로 천황 및 천황 하사품 의복을 제봉하고 女官의 인사를 담당하였다. 종6위상에 상당관.

23　葛井宿禰는 백제계 도래씨족, 『日本書紀』 欽明紀 30년(569)조에 王辰爾의 조카 膽津이 白猪

5위하 山田連弟分을 河内介로 삼았다. 외종5위하 勇山連文繼를 相摸權掾으로 삼고 紀傳博士[24]는 종전대로 하였다.

기묘(14일), 조를 내려, "시세의 변화에 따라 가르침을 베푸는 일은 정치를 위한 요체이다. 때를 헤아려 제도를 세우는 일은 백성을 구제하는 본래의 임무이다. 짐은 순박한 정치의 풍토를 아직 국토에 내리지 못했다. 멸한 것을 흥하게 하고 끊어진 것을 잇는다는 생각은 항상 마음속에 간절함이 있다. 무릇 郡領은 難波朝庭[25]이 처음으로 그 직을 두었고, (郡 설치의) 공적이 있는 사람이 대대로 순서에 따라 관에 나아갔다. 延曆 연중[26]에 이르러 좋은 인재를 취하고 영구히 (가문에 의해 세습하는) 譜第[27]를 폐지하였다. 지금 大納言 정3위 藤原朝臣園人[28]이 주상한 내용을 보면, '공적이 있는 자의 자손이 대대로 (군령을) 계승하면 郡 내의 백성은 나이의 많고 적음에 관계없이 신뢰한다. 직무에 임하여 이루는 것은 실제로 다른 사람과 다르다. 그러나 재능에 치우쳐 (군령을) 취하고 영구히 譜第를 단절시킨다면, 재능은 있으나 신분이 낮은 사람이 공로가 있는 훌륭한 가문의 위에 있게 된다면, 정치를 행함에 있어 실정에 맞지않고, 소송의 판결에도 승복하지 않게 된다. 공적으로 보면, 백성을 구제하기 어렵게 되고, 사적으로는 걱정이 많

史의 씨성을 받았고, 『續日本紀』 養老 4년(720) 4월에 白猪史가 葛井連으로 개성되었다고 한다. 또 동 延曆 10년(791) 정월 계유조에는 葛井連道依 등이 宿禰 성을 청원하여 승인받았다. 葛井宿禰豊繼는 延曆 23년(804) 10월에 외종5위하에서 종5위하에 서위되었고, 大同 원년(806) 2월에 安藝介, 동 3년 6월에 右京亮에 임명되었다.

24 율령제에서 대학료에 설치된 중국의 역사, 시문을 배우는 학과를 文章道, 교관을 文章博士라고 하였고, 平安時代에 들어와 紀傳道로 통합되어 紀傳博士라고 칭하게 되었다.

25 孝德朝(645-654).

26 延曆 17년(798) 3월 병신조.

27 세습적으로 家系를 이어가는 순서를 기록한 계보. 郡司의 경우에는 토착 호족으로 대대로 세습해 나가는 것을 인정하고 있다.

28 寶龜 10년(779)에 美濃介를 시작으로 備中守, 安藝守, 豊後守, 大和守 등을 역임하였고 大同 원년(806)에 山陽道觀察使가 되었다. 嵯峨朝에서는 大納言, 右大臣으로 승진하였다. 『新撰姓氏録』 편자의 1인이다.

아진다. 삼가 郡司의 선임에는 우선 譜第로 하고, 끝내 관련자가 없다면 후에 재능있는 사람을 채용했으면 한다'고 하였다. 실은 그것이 이치에 맞는다. 마땅히 주상한 바에 따르고자 한다"라고 하였다.

경진(15일), (천황이) 西宮[29]으로 거처를 옮겼다. 大宰府의 관인 및 관할 내의 국사는 (지급받는) 公廨의 4분의 1을 매년 京으로 보내는 것을 허락하였다. 다만 遙任官[30]은 반으로 하였다. 上野國은 원래 上國이지만 이번에 개정하여 大國으로 하였다.

임오(17일), 칙을 내려, "常陸國은 京으로부터 매우 멀리 떨어져 있다. 調를 공상하는 운송자는 도중에 많은 식량을 소비하고 있다. 지난 靈龜 연중(715-716)에 常陸守 종4위상 石川朝臣難波麻呂가 처음으로 벼 5만속을 매년 출거하여 그 이자로 식량을 충당하고 있다. 명칭은 郡發稻라고 하였다. 그 내역을 장부에 기록하여 올리도록 하였다. 그런데 소관 관사 (主稅寮에서)는 조사한 바에 따라 출거를 허락하지 않았다[31]. 종전대로 시행하도록 한다"라고 하였다. (이날) 참의 정4위하 行右衛士督 겸 美濃守 藤原朝臣緖嗣[32]가 언상하기를, "신은 재능을 취하기에 족하지 않고, 기량은 실로 모자람이 많다. 병으로 몸이 찌든지 오랜 세월동안 누적되었다. 이로인해 앞서 모든 관을 사직하는 표를 올렸다. 지금 폐하는 미약한 신을 버리지 않고 다시 조정회의에 참석시켰다. 성은은 헤아리기 어렵고, 높은 하

---

29 內裏의 서쪽에 있는 궁을 가리킨다고 생각되지만, 구체적인 것은 불명이다.

30 在京官人이 지방관을 겸임하면서 실제로는 부임하지 않는 관을 말한다.

31 『類聚三代格』권12, 弘仁 2년(811) 2월 17일자 太政官符에, "而去大同四年主稅寮勘出, 不被官符, 輒以出擧. 望請, 依舊出擧擬濟飢乏, 謹請官裁者"라고 하여 主稅寮에서는 常陸國에서 올린 장부에 태정관부에 기초하지 않은 出擧는 위법이라고 지적한 바 있다.

32 종3위 참의였던 부친 藤原朝臣百川이 桓武天皇을 옹립했던 이유로 총애를 받았다. 동 10년에 종5위하에 서위되었고, 동 16년에 종4위하로 승진되어 衛門督에 임명되었고, 동 21년에 29세의 나이로 참의가 되어 공경의 반열에 올랐다. 大同 3년(808)에는 陸奧出羽按察使에 임명되었고, 弘仁 8년(817)에 중납언, 동 12년에 대납언으로 승진되었고, 동 14년에 종2위에 서위되었다. 天長 2년(825)에 우대신, 동 9년에 좌대신이 되어 태정관의 수반에 올랐다. 『新撰姓氏錄』편찬에 참여하였고, 『日本後紀』는 편찬의 전과정을 관여하였다.

늘 아래 움추리고 있을 뿐이다. 신은 요즘 들어 악성 종기가 생겨 치료해도 효과가 없다. 나아진 것 같지만, 호전되지 않아 끝내 중병에 이르게 되었다. 바쁜 직무는 중요한데도 허송의 나날을 보내고 있어 두렵다. 삼가 바라건대, 현직의 관을 사직하고 사저에서 요양하고자 한다. 위로는 조정의 고위직을 헛되게 한다는 비난을 피하고, 밑으로는 어리석은 신이 현자에게 내어주는 소원을 이루고자 한다. 간절한 마음 어찌할 수 없어 삼가 와병으로 사직의 표를 올리는 바이다"라고 하였다. (천황은) 이를 불허하였다.

계미(18일), 皇太弟가 동궁으로 거처를 옮겼다.

을유(20일), 외종5위하 勇山連文繼을 大學助로 삼고, 紀傳博士와 相摸權掾은 종전대로 하였다. 종5위하 柿本朝臣弟兄을 肥前守로 삼았다.

경인(25일), 大宰府 鼓岑의 사천왕사에서 석가불상을 조영하였다.

계사(28일), 황태제가 봉헌하였다. 연회를 열어 즐거움을 만끽하고 끝냈다. 5위 이상에게 피복을 하사하였다.

○ 3월 병신(2일), 河內國 사람 종7위하 土師宿禰常磐에게 秋篠朝臣의 성을 내리고, 山城國 사람 정6위상 土師宿禰百枝에게 菅原朝臣의 성을 내렸다.

경자(6일), 安房國 사람 정6위하 大伴直勝麻呂에게 大伴登美宿禰의 성을 내렸다.

계묘(9일), 武藏國 사람 정6위하 小子宿禰身成을 좌경에 편적하였다.

을사(11일), 처음으로 제국으로부터 俘囚의 計帳[33]을 진상시켰다.

무신(14일), 칙을 내려, "左右近衛, 兵衛 등이 검을 차는 요대의 색이 같아 서로 구별하기 어렵다. 종전의 색을 고쳐 右近衛는 붉은 색 비단을 이용하고, 右兵衛는 청갈색 비단을 이용하도록 한다"라고 하였다. 大外記 종5위상 上毛野朝臣穎人에게 득도자 1인을 내렸다.

---

33 俘囚은 陸奧, 出羽 지역에서 복속, 귀순 등으로 중앙조정의 지배하에 들어와 각지에 배치된 蝦夷이다. 計帳은 이들의 인적 사항 등 실태를 파악한 장부.

임자(18일), 攝津國 川邊郡의 揩戶[34] 10戶, 豊嶋郡의 2戶를 (직업부민으로부터 해방하여) 평민으로 삼았다.

갑인(20일), 칙을 내려, 陸奧·出羽按察使 정4위상 文室朝臣綿麻呂, 陸奧守 종5위상 佐伯宿禰淸岑, (陸奧)介 종5위하 坂上大宿禰鷹養, 진수장군 종5위하 佐伯宿禰耳麻呂, 부장군 외종5위하 物部匝瑳連足繼 등에게 말하기를, "지난 2월 5일 주상에서, 陸奧, 出羽 양국의 병 2만 6천인을 징발하여 爾薩體, 幣伊 2촌을 정벌할 것을 명했다. 징발한 수에 따라 조속히 쳐들어가 토벌하여 섬멸을 기하도록 한다. 군은 전력을 다해 후에 번거로움을 남기지 말아야 한다. 또 3월 9일의 주상에는 군사 1만인을 감축했음을 알았다. 장군 등은 나라를 걱정하는 마음을 깊히 새겨야 한다. 그런데 (적의) 소굴을 찾아내는데에는 많은 병력을 준비해야 한다. 따라서 앞서 주상한 바대로 감축은 신경쓰지 말아야 한다. 장군 등은 이를 알고 힘을 합치고 뜻을 하나로 모아 함께 戰功을 완료하라"고 하였다. 이때에 出羽守 종5위하 大伴宿禰今人은 모의하여 용감한 俘囚 3백여인을 이끌고 불의에 적진으로 나가 눈속에서 습격하여 爾薩體의 하이 60여인을 살육하였다. 군공은 일시에 알려졌고 이름은 길이 전해졌다. 또 今人은 앞서 備□守에 임명되었을 때, (備□)掾 정6위상 河原連廣法과 모의하여 산을 뚫고 바위를 깨 큰 물길을 개통하였다. 백성들은 의도하는 바를 모르고 처음에는 불평이 멈추지 않았다. 성공한 후에는 그 이익을 많이 받게 되었다. 이윽고 칭찬하게 되었고 이를 일컬어 伴渠라고 하였다. 설사 鄴令[35]이 다시 태어난다 해도 이 이상은 불가능할 것이다.

기미(25일), 阿牟公人足에게 외종5위하를 내렸다. 人足은 大安寺 僧 秦仙이다. 공작기술로서 알려져 있다. 물시계 제작을 명받아 여러해에 걸쳐 이내 완성하였다. 천황이 그 교묘한 발상에 기뻐하고 환속시켜 서위하였다. 비록 기술은 교묘하고 훌륭했지만, 시간에 차이가 나 마침내 사용하지 못했다.

---

34 수공업에 종사하는 品部, 雜戶의 하나.

35 『史記』 권126 滑稽列傳에 나오는 鄴令에 임명된 西門豹가 백성을 동원하여 물길을 열고 강물을 끌어들여 관개용수로 이용했다는 전승이다.

신유(27일), 出雲國造 외종7위하 出雲臣旅에게 외종5위하를 내렸다. 神賀事를 주상하기 때문이다.

○ 하4월 갑자삭, (천황이) 大極殿에 어림하여 告朔[36] 의식을 행하였다.

병인(3일), 내리에서 연회를 열고, 여성들의 舞樂 연주가 있었다.

정묘(4일), 陸奧國 사람 외정6위하 志太連宮持 · 俘吉彌侯部小金에게 외종5위하를 내렸다. 용감함에 대한 포상이었다.

무진(5일), 4품 明日香親王[37]을 彈正尹으로 삼았다. 시의 종5위하 出雲連廣貞에게 內藥正을 겸직시키고, 但馬權掾은 종전대로 하였다. 종5위하 藤原朝臣文山을 玄蕃頭로 삼고, 정3위 藤原朝臣雄友를 宮內卿으로 삼고, 종5위하 御井正을 正親正으로 삼고, 造西寺 차관 종5위하 秦宿禰都伎麻呂에게 伯耆權介를 겸직시켰다. 종5위하 大中臣朝臣鯛取를 筑後守로 삼았다.

기사(6일), (천황이) 神泉苑에 행차하였다. 친왕 이하 諸衛府의 사람들에게 목면을 차등있게 주었다.

갑술(11일), 칙을 내려, "河內國의 稅分錢[38] 3백관을 편의적으로 해당국에 충당하여 3년을 기한으로 출거하여 그 이자를 수익으로 제방의 조영비로 삼도록 한다. 또 그 국은 과역을 부과하는 丁男이 적어 징발할 사람이 없다. 散位, 位子[39], (式部)省에 (임관을 위해) 대기중인 자로서 本司[40]에 출사하지 않고 항상 향리에 있는 자는 3년을 기한으로 (河內)國의 잡임에 보임하고 출근일수, 근무실적 및 근무평

---

36 매달 초하루 삭일에 천황이 대극전에서 제관사에서 올리는 공문을 살피는 의식을 告朔이라고 한다. 『延喜式』「太政官式」91에는 "凡天皇孟月臨軒視朔"이라고 하여, 시대가 내려가면 매달의 의식이 사계의 초일에 단축되어 행하고 있다.

37 桓武天皇의 제7황자.

38 제국에서 백성들에게 대부에 사용하는 錢, 公廨稻와 동일한 성격으로 이자를 받는다. 이미 『續日本紀』天平 16년(744) 4월에도 제관사에서 公廨錢을 出擧한 바 있고, 弘仁 3년(812) 7월에 山城, 攝津, 河內에 新錢을 하사해서 출거하여 그 이자를 제방비용으로 사용한 바 있다.

39 6위에서 8위 이하 관인의 嫡子.

40 式部省.

정을 헤아려 언상하도록 한다. 또 公廨稻의 이자소득을 분할하여 제방조영의 현장 식비에 충당하고, 그 대체분은 편의에 따라 주변국이 돌아가며 지급하고 3년 이후에는 종전대로 돌리도록 한다'라고 하였다.

을해(12일), (천황이) 神泉苑에 행차하였다. 우경인 정6위상 高田首清足[41] 등 7인에게 田村臣의 성을 내렸다.

병자(13일), 山城國 紀伊郡의 전지 2정을 종4위하 伊勢朝臣繼子에게 주었다.

정축(14일), 칙을 내려, "보리를 베어 (사료용) 건초로 하는 것은 금지한 지 오래되었다. 지금 듣건대, '왕경, 촌리의 백성들이 아직 추수하기 전인데 이를 판매하여 비상시에 사용하고 있다'고 한다. 그 소득을 계산하면, 실제로 수확한 것보다 배가 된다. 실로 이익은 백성에게 있는데, 어떻게 금지시킬 필요가 있겠는가. 지금 이후로는 영구히 매매를 허용하도록 한다"라고 하였다.

무인(15일), 近江國의 乘田[42] 28정을 中務省에 주었다.

경진(17일), 정4위상 文室朝臣綿麻呂를 征夷將軍으로 삼고, 종5위하 大伴宿禰今人 · 佐伯宿禰耳麻呂 · 坂上大宿禰鷹養을 부장군으로 삼았다.

신사(18일), (천황이) 神泉苑에 행차하였다. 근시하는 신하 이상에게 피복을 내렸다.

임오(19일), 征夷將軍 등에게 칙을 내려, "夷狄의 침범은 이미 오래되었다. 비록 정벌에 나서지만 모두 토벌하지는 못했다. 지금 주청한 바에 따라 바로 출병하도록 한다, 그 軍監, 軍曹 등은 (장군 등이) 선정하고 주상하도록 한다. 다만 군법을 위반하면 구금하고 재판을 청하도록 한다. 대장 이하는 법에 따라 처벌한다. 국의 안위는 여기에 달려있다. 장군은 이에 힘쓰도록 한다"라고 하였다.

을유(22일), 공경이 주상하기를, "지난 大同 2년(807)의 詔書에 의하면[43], '7도

---

41 『新撰姓氏錄』右京諸蕃 下에 "高田首는 高麗國人 多高子使主로부터 나왔다"고 하여 고구려계 후예씨족임을 알 수 있다. 高田은 奈良縣 大和高田市 일대이다.
42 구분전을 반급하고 남은 잉여의 전지를 乘田이라고 한다.
43 大同 2년(807) 12월 을축조.

제국의 調物을 일시적으로 경감하여 사람들이 넉넉해지면, 다시 통상의 법으로 한다'고 되어 있다. 그러나 백성들은 아직 생업은 회복되지 못하고, 공용의 물자가 부족하여 별도로 구입해야 함으로, 도리어 백성에게 어려움을 주고 있다. 삼가 저 임시 제도를 개정하여 다시 통상의 법으로 했으면 한다. 바라건대 백성이 통상대로 하면 국의 (물자) 이용이 넉넉해질 것이다"라고 하였다. (천황이) 이를 허락하였다. 陸奧國의 海道 10역을 폐지하고, 새로 常陸國으로 통하는 道에 長有, 高野 2역을 설치하였다. 긴급한 사태에 연락을 취하기 위해서이다.

병술(23일), 宮內卿 정3위 藤原朝臣雄友가 죽었다. 雄友는 참의 병부경 종3위 乙麻呂의 손이고, 우대신 증 1위 是公의 제2자이다 延曆 2년(783)에 종5위하를 받고 美作守가 되었다. 兵部少輔로 옮기고 관위는 정5위상에 이르렀다. (임시직인) 左衛士權督에 제수되고 바로 정식으로 임명되었다. (延曆) 6년에 정4위하에 서위되고 左京大夫 겸 播磨守를 역임하였다. 동 9년에 참의가 되고 大藏卿을 겸직하였다. 동 15년에 정4위하에 서위되고 동 16년에 大宰帥에 임명되고, 동 17년에 종3위를 받아 中納言이 되었다. 동 23년에 정3위가 되었다. 大同 초에 大納言에 임명되었다. 雄友는 성품이 온화하고 함부로 기뻐하거나 화내지 않았다. 용모가 준수하고 품격이 있었고 대화가 명료하였다. 신년하례의 宣命을 수행할 때 지도하는 스승이 되었다. 伊豫親王의 모반사건에 외삼촌이라는 인연으로 伊豫國으로 유배되었다. 弘仁 원년(810)에 사면받아 本位를 받아 宮內卿에 임명되었다. 현직에서 사망하였다. 당시 나이는 59세였다. 조를 내려 대납언으로 추증하였다.

정해(24일), 종6위하 笠朝臣梁麻呂에게 종5위하를 내리고, 정7위하 當宗忌寸家主[44]에게 외종5위하를 내렸다. 종5위상 紀朝臣梶繼를 玄蕃頭로 삼고, 종5위하 笠朝臣梁麻呂를 民部少輔로 삼고, 종5위하 尾張連粟人을 主稅頭로 삼고, 종5위하 御長眞人仲繼를 刑部少輔로 삼고, 종5위하 小野朝臣諸野를 典藥助로 삼고, 외종5위

---

44 『新撰姓氏錄』左京諸蕃上에, "當宗忌寸은 後漢 獻帝의 4세손 山陽公의 후손이다"라고 나온다. 당종기촌의 본거지는『延喜式』神名帳에 河內國 志紀郡 조에 보이는 當宗神社의 진좌지이다.

하 當宗忌寸家主를 伊賀守로 삼고, 종5위하 朝野宿禰鹿取를 左衛士佐로 삼았다.

　기축(26일), 阿波國 사람 百濟部廣濱[45] 등 1백인에게 百濟公[46]의 성을 내렸다.

　경인(27일), (천황이) 神泉苑에 행차하였다. 右近衛府에서 봉헌하였다. 근시하는 신하들에게 피복을 내렸다. 이날, 渤海國에 파견되는 사자 정6위상 林宿禰東人 등이 출발하기 위해 알현하였다. (천황은) 피복을 내렸다.

　○ 5월 무술(5일), (천황이) 馬埒殿에 어림하여 기마궁술을 관람하였다.

　신축(8일), 칙을 내려, "제국에서 공진한 舂米, 庸米는 지난 大同 3, 4년 양년에 걸친 가뭄으로 모두 바치지는 못했다. 만약 종류별로 쌀을 준비하게 한다면 백성들은 힘들어질 것이다. 지금 관고의 비축량은 자못 여유분이 있다. 토지에서 산출되는 가벼운 물산으로 바꾸어 調物로 바치도록 한다. 다만 畿內에서는 (舂米, 庸米는) 正稅로서 혼합한다"라고 하였다.

　계묘(10일), 칙을 내려, 정이장군 정4위상 文屋朝臣綿麻呂 등에게 말하기를, "성책 주변에 있는 蝦夷들은 그 수가 점점 많아지고 있다. 출병한 후에는 딴 마음이 생길 우려가 있다. 장군 등은 힘써 위무하고 놀라거나 소요가 없도록 한다. 위엄과 은혜를 아울러 베풀고 조정의 제도를 칭송하도록 한다"라고 하였다. 이를 허락하였다[47]. 종5위상 高階眞人遠成을 主計頭로 삼고, 종5위하 小野朝臣眞野를 齋宮頭로 삼았다.

　을사(12일), (천황이) 神泉苑[48]에 행차하였다. 천황은 이날 이후 매번 휴가[49]에

45　百濟部는 백제계 씨족을 중심으로 조직된 잡호에서 유래한다. 百濟戶와 동일하다. 「職員令」 7, 30에 內藏寮, 大藏省에 소속되어 있다.

46　百濟公에 대해서는 『續日本紀』 天平寶字 5년(761) 3월조에 백제망명인의 후예인 余民善女 등 4인에게 百濟公을 사성한 기록이 보인다. 『新撰姓氏錄』 左京諸蕃下에, "百濟公은 百濟國 都慕王의 24세손인 汝淵王으로부터 나왔다"고 한다. 이때의 百濟部廣濱가 백제왕족의 지족인 까닭에 百濟公을 받았는지에 대해서는 알 수 없다.

47　'許之'라는 내용은 앞의 문장과 통하지 않아 잘못 들어간 기사이거나 문장이 누락되었다고 생각된다.

48　平安京 大內裏에 근접한 숲과 연못, 정원을 갖춘 천황의 휴양지로 연회, 절회 등이 열리기도 하였다. 이 시대 천황의 神泉苑 행차는 빈번히 이루어지고 있다.

이르면 이곳에서 더위를 피했다.

정미(14일), 제를 내려, "무릇 飛驒工[50]은 공진하는 해에 과역이 모두 면제된다. (이들이) 도망쳐 역무에 종사하지 않게 되면, 調, 庸의 미납자와 어떻게 다른가. 지금 이후로는 返抄[51]를 조사하여, 解由[52]를 억류하고 調, 庸의 (미납자와) 동일하게 취급한다"라고 하였다. (이날) 종4위상 藤原朝臣繼業을 神祇伯으로 삼고, 시종, 近江守는 종전대로 하였다. 종4위하 藤原朝臣縵麻呂를 大舍人頭로 삼고, 종5위상 大中臣朝臣智治麻呂를 治部大輔로 삼고, 종5위상 登美眞人藤津을 兵部大輔로 삼고, 종4위상 春原朝臣五百枝를 宮內卿으로 삼고, 右近衛中將 종4위상 藤原朝臣藤嗣에게 右京大夫를 겸직시키고 攝津守는 종전대로 하였다. 종5위하 紀朝臣岡繼를 (右京)亮으로 삼고. 종5위하 藤原朝臣賀祐麻呂를 武藏介로 삼고, 종5위하 藤原朝臣友人을 讚岐守로 삼았다.

기유(16일), (천황이) 玄賓法師[53]에게 서계를 주면서, "출가자와 속인은 나아가는 길이 다르고, 예로 만나는 일도 스스로 멀리하지만, (짐은) 아름다운 소식을 바라고 잠시라도 잊지 않는다. 한여름 햇볕이 나뭇가지에 비치고 열풍이 불고 있다. 禪을 수행할 때 입는 옷은 시절과 함께 바꾸어야 한다. 법복 1벌을 보내니 도착하면 수령하기 바란다"라고 하였다.

---

49 「假寧令」1에는 왕경의 모든 관사는 6일마다 1일의 휴가를 주고, 中務省, 宮內省의 被官 및 五衛府는 한달에 5일을 모아서 준다고 규정되어 있다. 천황의 휴가는 별도로 규정되어 있지 않고, 순행 등에 동반하여 온천, 사냥 등으로 휴가를 겸하고 있다. 전적으로 천황 자신의 의지에 따른다.

50 飛驒國의 농민이 노역으로 공상되어 木工寮 등의 건축관련 관사에 배속된다. 1里에 10인씩 匠丁으로 징발한다.

51 飛驒工의 공진에 대해 발급하는 수령증.

52 國司의 교체시에 후임자가 전임자에 대해 업무인계를 인정받는 증명서,

53 玄賓法師의 俗姓은 弓削氏이고, 興福寺의 승 宣敎에게 法相敎學을 배웠다. 延曆 24년(806)에 大僧都에 임명됐지만 사퇴하였다. 嵯峨天皇의 신임이 두터웠고, 大同 4년(809)에 平城上皇의 치유를 위해 기도하였다. 弘仁 2년(811)부터 7년간 천황은 서신과 물품을 보내 예의를 표한 바 있다.

임자(19일), 정이장군 정4위상 겸 육오 · 출우안찰사 文室朝臣綿麻呂[54] 등에게 칙을 내려, "장군 등은 지난 2월 5일 주상에서, '오는 6월 상순에 양국의 군사가 대 오를 나누어 발진할 것이다. 말린밥, 소금, 무기 등은 앞서 이미 비축하였다. 재차 수고할 필요가 없다'고 하였다. 이것을 보면 군물자는 모두 준비되어 있다. 그런데 금월 12일에 보낸 주상에는, '군사의 식량 및 잡물 등은 국사에게 명하여 준비 시키고, 막사용 장막은 만들게 하였다. 또 出羽守 大伴宿禰今人은 관내를 돌며 군 사를 점검한다'고 하였다. 이를 보면, 정토를 위한 준비가 여전히 부족하다는 것 을 알 수 있다. 전후의 주상이 어떻게 서로 다를 수가 있는가. 뿐만 아니라 국가 가 꺼리는 금기 및 大歲[55]는 모두 동방에 있어 兵家에서 꺼리는 바이고 저촉해서 도 안된다. 마땅히 군사관계의 제반 사항은 금년에 준비를 마치고 내년 6월에 발 진하도록 한다. 또 지난 延曆 13년(794)의 예를 보면, 정토군 10만, 軍監 16인, 軍曹 58인이다. 동 20년에는 정토군 4만, 軍監 5인, 軍曹 32인이다. 지금 장군 등은 전례 에 준하여 정한 바는 (군감, 군조) 47인으로 하고, 임시로 임명된 15인이다. 지금 출병할 수 있는 정토군은 19,500인이다. 그렇다면 4만명일 때의 軍史는 50인이 안 되는데, 지금 2만 병력에 어떻게 60인이 넘는 것인가. 따라서 정원을 절충하여 군 감 10인, 군조 20인으로 하고, 전투 능력이 있는 자를 정선하여 충당시켜 기용하 고 언상하도록 한다"라고 하였다.

계축(20일), 칙을 내려, "천하제국은 예전에 역병이 발생하고 이어서 가뭄의 재 해가 있었다. 백성은 피폐해지고 지금까지 회복되지 못하고 있다. 이 일을 생각

---

54 智努王(天武天皇의 손, 長親王의 아들)인 文室淨三의 손이고, 三諸大原의 아들이다. 大同 4 년(809)에 三山朝臣으로 개성하였고, 그후 文室朝臣으로 개성하였다. 大同 3년(808)에 左大 舍人頭에 임명되었고, 이후 參議, 大藏卿, 陸奧出羽按察使를 겸직하였다. 弘仁 2년((811)에 征夷大將軍으로 蝦夷를 평정하여 종3위에 오르고, 左近衛大將, 兵部卿, 中納言을 역임하였다.
55 大歲, 太歲는 木星을 말하고, 신격화된 大歲神은 12지의 운행에 따라 12년마다 1주하고 음 양도에서는 그 방각을 吉方으로 삼고, 이 방위에 흉사가 있는 것을 금기하였다. 弘仁 2년 (811)은 辛卯年으로 '卯方'은 東方이기 때문에 동방에 군사를 일으키는 것은 피해야 한다는 것이다.

하면, 마음이 심히 괴롭다. 마땅히 과부, 홀아비, 고아, 독거노인 및 빈궁자, 노약자, 질환으로 자활할 수 없는 자는 조사하여 조속히 진휼하도록 한다. 다만 승려에 대한 지급은 延曆 19년(800)의 사례에 준하도록 한다'라고 하였다.

갑인(21일), 칙을 내려, "농민에게 생선과 술을 제공하는 일은 금지된 지 오래되었다[56]. 그런데 국사가 방관하여 규찰하고 엄단하려는 마음이 없다. 지금 마땅히 사자를 보내 거듭 감독하고 규찰해야 한다. 국사에게 명하여 재차 금지하도록 한다. 만약 (술을) 자주 마시게 하거나 (음식을) 제공하는 자가 있으면, 즉시 신병을 구금하고 사자가 도착하는 날, 처벌하도록 한다. 통상의 생각으로 관용을 베풀어서는 안된다'라고 하였다.

병진(23일), 大納言 정3위 右近衛大將, 兵部卿을 겸직한 坂上大宿禰田村麻呂[57]가 죽었다. 정4위상 犬養의 손이고, 종3위 苅田麻呂의 자이다. 그 선조는 阿智使主이고, 後漢 靈帝의 증손이다. 漢 왕조가 魏로 넘어갈 때 國을 대방으로 피했다. 譽田天皇의 대에 부락을 이끌고 내속하였다. 가문 대대로 무예를 숭상하고 매를 조련하고 말을 보는 눈이 있었다. 자손이 가업으로 계승하였고, 서로 이어 끊기지 않았다. 田村麻呂는 붉은 얼굴에 누런 수염을 기르고 용기와 힘이 남보다 뛰어나 장수의 기량이 있었다. 천황이 이를 장하다고 여겼다. 延曆 23년(804) 정이대장군에 임명되었고, 공으로 종3위에 서위되었다. 다만 (京과 蝦夷를) 왕래하는 도중에 따르는 자 무수히 많았다. (도중의 국들은) 人馬를 제공하기 어려웠고 가

---

56 『類聚三代格』권19, 太政官符「應禁斷喫田夫魚酒事」條에, "右被右大臣宣偁, 奉勅, 凡制魚酒之狀, 頻年行下巳訖。如聞, 頃者畿內國司不遵格旨, 曾無禁制, 因茲殷富之人多畜魚酒, 既樂產業之易就, 貧窮之輩僅辨蔬食, 還憂播殖之難成. 是以貧富共競竭己家資喫彼田夫, 百姓之弊莫甚於斯, 於事商量深乖道理. 宜仰所由長官嚴加捉搦, 專當人等親臨鄉邑子細檢察. 若有違犯者不論蔭贖隨犯決爵, 永爲恒例, 不得阿容". 이에 따르면, 부유한 田主는 일꾼을 고용하기 위해 魚酒 등의 술과 음식을 제공하지만, 빈궁한 사람은 거친 풀밖에 준비하지 못해 일꾼을 고용하기 어려워 백성들의 폐해가 심하다는 것이다. 이에 대한 감독과 처벌을 규정하고 있다.

57 『新撰姓氏錄』右京諸蕃上에 최초로 坂上大宿禰가 나오듯이 도래계 씨족 중에서도 당대 유력한 가문이었다. 이 씨족의 출자에 대해, 後漢 靈帝의 아들 延王으로부터 나왔다고 하지만, 실제로는 5세기후반 백제에서 이주한 都賀使主, 즉 東漢直掬이다.

는 길에 비용이 많이 들었다. 大同 5년(810)에 大納言으로 전임되었고 右近衛大將을 겸직하였다. 자주 변경에 병사를 이끌고 출병할 때마다 공을 세웠다. 너그러운 마음으로 병사들을 대해 죽을 힘을 다해 싸울 수 있었다. 粟田의 별장에서 죽었다. 종2위로 추증하였다. 때의 나이는 54세였다.

무오(25일), 信濃國에서 흰 까마귀를 바쳤다.

○ 6월 계해삭, 정4위하 巨勢朝臣野足에게 종3위를, 종5위하 直世王에게 종5위상을, 종4위상 春原朝臣五百枝에게 정4위하를, 종5위상 藤原朝臣道繼에게 정5위하를, 종5위하 紀朝臣百繼 · 良岑朝臣安世[58]에게 종5위상을, 정6위상 藤原朝臣淸本 · 藤原朝臣總繼 · 紀朝臣和氣麻呂 · 多治比眞人弟笠 · 石川朝臣弟助 · 大伴宿禰山道에게 종5위하를, 정6위상 廣井宿禰眞成[59]에게 외종5위하를 내렸다. 종5위상 直世王을 中務大輔로 삼고, 相摸守는 종전대로 하였다. 종5위하 藤原朝臣總繼를 (中務)少輔로 삼고. 종5위하 石上朝臣美奈麻呂를 兵部少輔로 삼았다. 종4위하 大野朝臣直雄을 左近衛中將으로 삼고, 左京大夫는 종전대로 하였다. 참의 종3위 巨勢朝臣野足을 右近衛大將으로 삼았다. 참의 左大弁 종4위상 秋篠朝臣安人에게 左兵衛督을 겸직시키고, 越後守는 종전대로 하였다. 참의, 右大弁 종4위하 紀朝臣廣濱에게 右兵衛督을 겸직시켰다. 종5위하 藤原朝臣淸繩을 (右兵衛)佐로 삼고 出雲介는 종전대로 하였다.

---

58 桓武天皇의 황자, 모친은 백제계 씨족인 百濟永繼이다. 延暦 21년(803)에 良岑朝臣의 성을 받아 臣籍으로 내려갔다. 平城朝에서 衛士大尉, 右近衛將監, 大同 4년(809)에 종5위하 右近衛少將에 서임되었다. 그후 승진을 거듭하여 弘仁 5년(813)에 종4위하 左衛門督, 동 7년에는 참의가 되었고, 동 12년에는 종3위, 中納言에 올랐다. 嵯峨朝에서『日本後紀』외에『內裏式』편찬에도 관여하였고,『經國集』편찬도 주재하였다. 弘仁 14년(823)에는 淳和天皇의 즉위와 더불어 정3위 右近衛大이 되었고, 황태자 正良親王(後에 仁明天皇)의 春宮大夫를 겸직하였다. 天長 5년(828)에 大納言이 이르렀다

59 『新撰姓氏錄』攝津國諸蕃에, 廣井連은 百濟國 避流王(毗有王)으로부터 나왔다고 한다. 廣井連은 옛 성은 廣井造이고 이후 連, 宿禰 순으로 개성하였다.『續日本紀』延暦 10년(791) 8월에 攝津國 百濟郡의 정6위상 廣井造眞成이 連 성을 받았다고 한다. 그는『日本後紀』弘仁 2년(811) 6월 계해조에 廣井宿禰眞成으로 나오고 있어 개성되었음을 알 수 있다.

을축(3일), 제국에 명하여 30세 이하의 무예에 능한 사람을 공진시켜 좌우근위에 보임하게 하였다. 이날, 이세대신궁에 봉폐하였다.

무진(6일), 대승도 傳燈大法師位 勝悟가 죽었다. 법사의 俗姓은 凡直이고, 阿波國 板野郡 사람이다. 법사는 처음에 고승 尊應의 제자가 되었다. (尊應은) 芳野의 고승 神叡[60]의 제자였다. 道業은 맑고 기가 세고, 명경과 계율에 통달하였다. 용모와 격조가 범상치 않았고 언어에 사랑이 넘쳤다. 非空, 非有의 宗에 이르러서는 당시 (그를) 받들고 서로 물러났다. 護命, 慈寶, 泰演 등의 영걸들이 모두 그 문하에서 나왔다. 조정에서는 칭송하며 僧綱에 임명하였다. 당시 세론은 그 사람을 얻었다고 평하였다. 승려들의 남행을 듣지 못한 것은 그의 공적 때문이었다. (다비식의) 장작이 모두 소진되고 불이 꺼졌다. 오호애재라. 춘추 80세였다.

경오(8일), 정6위상 清原眞人夏野[61]에게 종5위하를 내렸다.

무인(16일), 종5위상 高階眞人遠成을 民部少輔로 삼고, 종5위하 尾張連粟人을 主計頭로 삼고, 종5위하 笠朝臣梁麻呂를 豐後介로 삼았다.

신사(19일), 13대사[62]의 승니로서 나이 80세 이상인 자에게 각각 비단 2필, 삼베 4단을 내렸다.

정해(25일), 主殿寮의 욕탕이 스스로 무너져 내렸다.

○ 추7월 을미(3일), 出羽國의 鎭兵에게 3년의 과역을 면제하였다. 변경을 지키고 있어 가업이 단절되기 때문이다.

---

60 持統 7년(693)에 신라에 학문승으로 파견되어 신라불교를 체득하였고 養老 원년(717) 7월에 율사에, 天平 원년(729) 10월에는 대승도에 임명되었다. 大安寺의 道慈와 함께 釋門의 수재로 칭해졌다.

61 天武天皇의 황자인 舍人親王의 손인 小倉王의 아들, 延曆 23년(804)에 父의 상표로 清原眞人을 사성받았다. 藏人頭, 左近衛, 參議를 역임하였고, 天長 2년(825)에 종3위 中納言 겸 左衛門督이 되고, 左近衛大將, 民部卿을 역임하였고, 동 9년(832)에 우대신에 올랐다. 『日本後紀』편찬에도 관여하였고, 동 10년에는 『令義解』를 찬진하였다.

62 『延喜式』권제21「玄蕃寮」조에 나오는 東大寺, 興福寺, 元興寺, 大安寺, 藥師寺, 西大寺, 法隆寺, 新藥師寺, 本元興寺, 唐招提寺, 東寺, 西寺, 四天王寺, 崇福等, 弘福寺 중에서 2寺를 제외한 13大寺.

기해(7일), (천황이) 神泉苑에 행차하여 씨름을 관람하였다.

경자(8일), 備前守 정4위하 藤原朝臣眞雄이 죽었다. 左京大夫 정4위하 鷹取의 아들이고, 좌대신 정2위 魚名의 손이다. 용기와 힘이 남보다 뛰어났고, 자못 무예가 능했다. 推國天皇[63]의 근신이 되었다. 延曆 22년(803)에 종5위하에 서위되었고, 近江權介에 임명되었다. 동 25년에 종5위상이 되어 近衛少將을 역임하였고, 大同 3년(807)에 정5위하를 받고, 동년에 종4위하에 서위되고 左馬頭로 천임되었다. 스스로 청렴함을 지켰고, 사람의 단점을 말하지 않았다. 몸에 활, 칼을 지니고 항상 천황에 근시하였다. (平城)天皇이 平城京으로 이주할 때, (호위)국을 2개로 나누어 추종하였다. 이미 한 여인[64]이 모반을 꾀하여 (평성)천황이 伊勢로 들어가려고 할 때, 眞雄은 수레를 막고 엎드려 죽음을 무릅쓰고 간언하였다. 대저 魏臣의 그네를 끊는 의지인가[65]. 세파가 되어서야 松柏이 뒤에 시들음을 안다고 하는 것이다[66]. 今上은 그 충정을 가상히 어겨 특별히 정4위하를 내리고, 備前守에 임명하였다. 재임중에 사망하였다. 때의 나이는 45세였다.

갑진(12일), (천황이) 神泉苑에 행차하였다. 따라온 시종들에게 차등있게 錢을 하사하였다.

을사(13일), 칙을 내려, "듣는 바로는, 평성궁에 諸衛府의 관인들은 마음대로 출입하고 숙위에 근무하지 않는다고 한다. (평성경에) 근무하고 있는 참의가 그들을 감독, 규찰하도록 한다"라고 하였다.

병오(14일), 칙을 내려, 정이장군 정4위상 육오·출우안찰사를 겸직한 文室朝臣綿麻呂 등에게 말하기를, "금월 4일의 주상한 내용을 보니, 蝦夷軍 1천인을 吉彌侯部於夜志閇 등에게 맡겨 弊伊村을 습격할 것임을 자세히 알았다. 그 촌의 하이는

---

63 平城天皇, 시호인 日本根子天推國高彦天皇의 推國에서 호칭한 것이다.

64 藤原藥子.

65 古事의 유래는 미상이다. 원문의 '鞦'는 그네 혹은 밀치끈으로 나오지만 의미가 분명하지 않다.

66 『論語』子罕篇에 나오는 "子曰, 歲寒然後, 知松柏之後凋也"라는 문장을 인용한 것이다. 소나무와 측백나무는 겨울철에도 시들지 않고 푸르름을 간직하고 있음을 비유한 것이다.

부족이 많다. 만약 일부의 군대로 토벌에 임하면 기회를 잃어버릴 수가 있다. 따라서 양국에서 하이군 각각 1천인을 징발하여 오는 8, 9월 사이에 좌우로 군진을 편성하여 전후로 (공격해야) 할 것이다. 마땅히 (장군은) 부장군 및 (陸奧, 出羽) 양국사와 함께 재삼 논의하여 상세하게 서장에 기록하여 주상하도록 한다. 국가의 대사는 경솔하게 전략을 세워서는 안된다"라고 하였다.

정미(15일), 대극전의 龍尾道[67] 위에 雲氣가 있어 형상이 연기와 같았다, 잠깐 사이에 사라졌다.

기유(17일), 安藝國 佐伯郡의 速谷神, 伊都岐嶋神을 모두 名神社에 속하게 하고, 사시로 봉폐하였다.

을묘(23일), 시종 종5위하 藤原朝臣世嗣에게 右少弁을 겸직시키고, 종5위하 多治比眞人弟笠을 中務少輔로 삼고, 정5위하 石川朝臣河主를 内匠頭로 삼고, 종5위하 豐野眞人仲成을 主稅頭로 삼고, 종5위상 田中朝臣淨人을 大藏少輔로 삼고, 종5위하 淸原眞人夏野를 宮内少輔로 삼고, 종5위하 淡海眞人有成을 左京亮으로 삼고, 종5위하 藤原朝臣總繼를 相摸介로 삼고, 종5위하 大野朝臣眞菅을 下總守로 삼고, 종5위하 藤原朝臣濱主를 出羽介로 삼고, 대학두 정5위하 御室朝臣今嗣에게 越後守를 겸직시키고, 右近衛大將 종3위 巨勢朝臣野足에게 備前守를 직시켰다. 左大弁 종4위상 秋篠朝臣安人[68]에게 備中守를 겸직시키고, 左兵衛督은 종전대로 하였다. 종5위상 安倍朝臣眞直을 周防守로 삼았다. 山城國 乙訓郡의 전지 4정을 左衛士督 종4위상 藤原朝臣冬嗣[69]에게 주었다.

신유(29일), 右京人 정6위상 朝原忌寸諸坂, 山城國 사람 대초위하 朝原忌寸三上 등에게 宿禰의 성을 내렸다. 出羽國에서 주상하기를, "邑良志閇村의 투항한 蝦夷 吉彌侯部都留岐가 '우리들은 貳薩體村의 하이 伊加古 등과 오랫동안 원수

67　平安京 大極殿의 龍尾壇에 오르는 동서 2개의 통로, 원래 唐의 含元殿의 앞뜰에 있던 돌길이 용의 꼬리모양을 하고 있어 붙여졌다고 한다.

68　217쪽, 弘仁 2년(821) 정월조 卒年記事 각주 11 참조.

69　15쪽, 弘仁 2년(811) 춘정월 갑자조 각주 13 참조.

지간이었다. 지금 伊加古 등은 병사를 훈련시키고 무리를 정비하여 都母村에 거주하면서 幣伊村의 蝦夷를 꾀어 장차 우리를 치려고 한다. 삼가 병량미를 청하여, 선제 공격에 나서고자 한다'고 말하였다. 신 등이 헤아려 보니, 적으로서 적을 치는 일은 군사를 중시여기는 국가의 이익이다. 이에 쌀 1백석을 지급하여 그 마음을 장려하고자 한다'라고 하였다. (천황은) 이를 허락하였다.

○ 8월 을축(3일), 上總國의 海上郡에 主政 1인을 증원하였다.

임신(10일), 山城國 乙訓郡의 땅 2정, 전지 10정, 용수지 1곳, 밤나무 숲 1정을 甘南備內親王[70]에게 주었다.

계유(11일), 칙을 내려, "제국의 부랑인이 만약 수해와 한해를 만나면 통상의 공민에 준해서 調, 庸을 면제한다. 다만 남의 집에 기거하고 각각의 주인이 있으면, 그 主戶의 손실을 감안하여 면제하도록 한다. 이로 인해 함부로 거짓을 행해서는 안된다"라고 하였다.

갑술(12일), (천황이) 神泉苑에 행차하였다. 5위 이상에게 목면을 차등있게 주었다. 이날, 2개의 별이 서로 합해졌다가 분리되기도 하였다. 모습이 서로 싸우는 것 같았다. 大宰府에서 언상하여, "新羅人 金巴兄, 金乘弟, 金小巴 등 3인이 말하기를, '작년에 本縣에서 걷어들인 곡물을 운송하게 되었다. 해중에서 적을 만나 동반한 사람 모두가 죽었다. 오직 자신들은 운좋게도 하늘의 도움으로 聖邦[71]에 표착하게 되었다. 비록 자비로운 은혜를 입고 있지만, 되돌아보면 (고향의) 그리움이 없어지지 않는다. 지금 고향사람 (신라인)이 표류해 오면 귀국시킨다는 말을 들었다. 삼가 바라건대 같은 배에 편승하여 함께 본향으로 돌아가고 싶다'고 한다"라고 하였다. 이를 허락하였다.

병자(14일), 山城國 乙訓郡의 땅 1정을 春日內親王[72]에게 주었다.

---

70 桓武天皇의 제12황녀.
71 일본을 말한다. 聖邦이라는 표현은 신라인을 입을 통해 『일본후기』 편찬자의 신라에 대한 聖國觀을 나타난 것으로, 실제의 용어는 아니다.
72 桓武天皇의 황녀.

정축(15일), 紀伊國의 萩原, 名草, 賀太 3역을 폐지하였다. 필요없게 되었기 때문이다.

무인(16일), (천황이) 北野에서 사냥을 즐겼다. 5위 이상에게 피복을 내렸다. 이날, 이리가 造兵司에 들어갔는데, 사람들에게 살해되었다.

기축(27일), 山城國 사람 정6위상 高麗人 東部黑麻呂[73]에게 廣宗連의 성을 내렸다. 이날, 漆部의 8烟[74]을 폐지하고 公戸로 하였다.

경인(28일), 칙을 내려, 경오년[75] 및 5회분[76]의 호적은 보존하고, 나머지 오래된 호적순으로 슈의 규정에 따라 폐기하도록 하였다.

신묘(29일), 齋内親王[77]이 葛野川[78]에서 부정을 씻는 의식을 하였다. 제관사의 종자들은 통상대로 하였다.

○ 9월 임진삭, 금월에는 북극성에 제사지내는 일, 곡하는 장의, 개장 등을 금지하였다. 齋内親王이 伊勢(神宮)에 들어가기 때문이다. 出羽國 사람 소초위하 無耶志直膳大伴部廣勝[79]에게 大伴直의 성을 내렸다.

---

73 東部의 部名을 관칭한 고구려계 도래씨족, 『翰苑』 高麗傳 「部貴五宗」에 東部는 順奴部, 在部, 上部, 靑部 등 다양한 명칭으로 나온다. 東部에 해당하는 上部에 대해서는 많은 고구려 인명의 사례가 나온다. 『日本書紀』 天智 10년(671) 정월조에는 上部大相可婁가 고구려 사절로 일본에 온 기사가 보이고, 동 天武 2년(673) 8월조에 上部位頭大兄挪子, 동 8년 2월조에 上部大相桓部 등 上部를 관칭한 고구려 인명이 기록되어 있다. 『正倉院文書』에도, 上部万呂(『大日本古文書』8-219), 上部古理・上部白麻呂(『大日本古文書』3-491)가 있고, 『속일본기』 天平 17년(745) 정월조에 上部眞善, 동 18년 정월조에 上部乙麻呂, 동 神護慶雲 원년(767) 정월조에 上部木 등이 기록되어 있다. 고구려 멸망 이후에 이주한 후예들이라고 생각된다.

74 大藏寮 산하의 漆部司 소속의 品部, 塗料의 일을 종사한다. 大同 3년(808)에 内匠寮에 병합되었다.

75 天智 9년(670)에 만든 호적, 이 호적은 이후의 모든 씨족의 계보의 근거로서 중시되었다.

76 호적은 6년에 한번씩 새로 작성하는데 5회분이면 30년이고, 30년이 지나면, 1회분씩 삭제해 나간다.

77 嵯峨天皇의 황녀인 仁子内親王.

78 山城國 葛野郡을 흐르는 郡名을 취하여 葛野川이라고 칭했다. 이 유역은 5세기 이후에는 신라계 도래인 秦氏에 의해 개발되어 葛野大堰가 축조되었다. 大堰川이라고도 한다.

79 無耶志는 武藏의 옛지명이고 廣勝은 이름이다. 즉 武藏 지역의 膳大伴部를 통솔하는 伴造

을미(4일), 齋內親王이 伊勢에 들어갔다. 제관사의 수행 종자는 통상과 같이 하였다. 우경인 정6위상 吉田連宮麻呂[80] 등에게 宿禰의 성을 내렸다.

기해(8일), 제국에 명하여 종전에 의거하여 國分寺 수리비의 出擧를 부활시 켰다.

경자(9일), 궁궐에서 曲宴[81]을 열고 문인들에게 시부를 짓게 하였다. 5위 이상 의 문인들에게 피복을 하사하고, 나머지 5위 및 6위 이하의 문인에게는 의복을 내렸나.

계묘(12일), 대풍이 불어 경내의 가옥, 건물이 파손되었다.

갑진(13일), 대풍으로 피해를 입은 사람에게 차등있게 쌀을 지급하였다.

정미(16일), 칙을 내려, 平城宮에 근시하고 있는 諸衛府의 관인 등은 임의대로 궁성에 출근하지 않고, 이미 숙위를 결하고 있다. 앞의 칙을 고쳐서 (衛府의) 少 將 이상에게 명하여 감독하게 하였다.

경술(19일), 內舍人에 의한 주상을 정지하고 종전의 규정에 따라 闈司[82]에서

씨족인 廣勝이라는 사람이다. 출신지명, 部名을 관칭한 긴 氏姓이다.

80 吉田連은 백제 멸망시에 망명한 吉大尙의 후예 씨족이다. 일족은 神龜 원년(724)에 吉에서 吉田連을 사성받았다. 『新撰姓氏錄』 좌경황별의 「吉田連」 조에는, 씨성의 유래에 대해 천황 이 鹽垂津彥命을 己汶의 지에 보내 鎭守시켰다. 그 나라의 풍속에 宰를 칭하여 吉이라고 했 기 때문에 씨족의 姓으로 삼았다고 한다. 이어 일찍이 奈良京 田村里에 거주한 연유로 吉田 連의 성을 하사했는데 그 분주에 "吉本姓, 田取居地名也"라고 하여 거주지명인 '田'자를 취하 여 吉田連, 嵯峨 때인 弘仁 2년(811)에는 宿禰로 개성했다고 나온다. 吉氏는 백제망명인 吉 大尙의 후예들의 씨명으로 宰와는 관계가 없다. 吉田氏는 吉이라는 씨명과 거주지명의 '田' 과 결합하여 '吉田'의 씨명을 갖게 된 것으로 생각된다. 『續日本後紀』 承和 4년(837) 6월조에 는 吉田宿禰書主 등이 興世朝臣의 씨성을 받아 개성하였다. 『文德實錄』 嘉祥 3년(850) 11월 기묘조에는 興世朝臣(吉田宿禰)書主에 대해 本姓이 吉田連이고 그 선조는 百濟에서 왔다고 기록하고 있다.

81 曲宴은 曲水의 宴을 말하고, 본래 물이 곡류하는 시설을 만들어 관인들이 각각 자리에 앉아 물에 띄운 술잔이 자신에게 돌아오면 마시고 별당에서 시를 짓는 행사이다. 매년 3월 3일 節會로 행해졌고, 후반기에 성행되었다.

82 後宮 12司 중의 하나이고, 內裏의 門 열쇠를 관리하고 出納의 일을 담당한다.

주상하도록 하였다.

정사(26일), 천황이 紫野에서 사냥을 즐겼다. 5위 이상에게 피복을 내렸다.

이달, 복숭아 꽃과 오얏꽃이 피었다.

○ 동10월 계해(2일), 정6위상 林宿禰東人 등이 渤海에서 돌아왔다[83]. 주상하여 말하기를, "(발해)국왕의 서계에서 常例에 따르지 않았다[84]. 이를 물리치고 취하지 않았다. 錄事 대초위하 上毛野公嗣益 등은 제2선을 탔는데, 출항한 날에 서로를 놓쳐, 아직 어디에 있는지 모른다"라고 하였다.

을축(4일), 칙을 내려, 정이장군, 참의 정4위상 大藏卿 및 陸奧出羽按察使를 겸직한 文室朝臣綿麻呂[85] 등에게 말하기를, "지난 9월 22일의 주상을 보니, 기회를 노리고 상황을 헤아려 4도로 나누고 진격했는데, 병력수가 적고 충원해야 할 곳이 많다. 이에 더하여 장마로 인해 휴식도 없고 군량의 수송이 지체되고 있다. 군수품이 지원되지 않으면 아마도 병량이 부족해질 것이다. 삼가 바라건대, 陸奧國의 군사 1,100명을 추가했으면 한다"라고 하였다. (천황은) 주상한대로 따르도록 하였다.

병인(5일), 上野國 利根郡의 長野牧을 3품 葛原親王[86]에게 주었다. 攝津國 사

---

83 이해 4월 27일에 조정에 출발인사를 하고 발해로 떠났다.

84 『續日本紀』天平勝寶 5년(753) 6월조에 일본천황이 발해왕 앞을 보낸 국서에, "(왕의) 啟를 살펴보니 臣이라 칭하지 않았다. 그래서 『高麗舊記』를 살펴보니 (고구려가) 통치하고 있을 때의 상표문에 族으로는 兄弟이고 義로는 君臣이라고 하며, 혹은 원병을 청하기도 하고 또는 천황의 즉위를 축하하며 조빙하는 항례를 정돈하여 충성을 다하여 왔다"라고 하는 내용에서 알 수 있듯이 발해가 일본에 대한 군신의 예로서 다하지 않았다는 것을 말한다. 양국의 국서를 둘러싼 갈등은 이러한 명분론적인 용어에 자주 보이고 있다. 상호 우월주의의 충돌이라고 생각된다. 한편으로는 발해왕이 보내는 국서를 일본국내가 아닌 발해조정에서 내용을 확인하고 수령을 거부했다는 내용은 신뢰하기 어렵다. 발해왕의 국서를 일본의 사절에게 줄 때에는 국서의 성격상 밀봉된 상태였기 때문에 발해왕 면전에서 이를 개봉한다는 것은 있을 수 없는 일이기 때문이다.

85 26쪽, 弘仁 2년(811) 5월 임자조 각주 54 참조.

86 桓武天皇의 황자, 治部卿, 大藏卿, 式部卿, 大宰帥, 彈正尹, 中務卿 등을 역임하였고 1품에 올랐다. 天長 2년(825)의 자녀가 平氏를 받아 臣籍으로 내려가 桓武平氏의 祖가 되었다.

람 정7위상 別君清名에게 御林宿禰의 성을 내렸다.

임신(11일), 조를 내려, "위사부, 병위부 4府는 궁성을 수비하고 경계를 엄중히 해야 한다. 간교하고 사악한 자를 정찰하여 역란의 행위를 막는 것이다. 비록 해외에까지 평안하게 하는 것은 오직 예악이 풍조가 화합한다고 해도, 미리 갖추어야 한다면 반드시 무기의 날카로움이 도움이 된다. 밝은 덕을 가진 사람이 황위에 오르고 큰 성인이 통치한다면 적절한 때를 취하여 모름지기 개혁을 이룰 것이다. 좌우의 衛土, 兵衛 등은 반드시 종전의 인원수에 따르도록 한다"라고 하였다. 종5위하 藤原朝臣淨本을 宮内少輔로 삼고, 종5위상 安倍朝臣眞直을 主殿頭 겸 豐後守로 삼고, 참의 종사위상 左衛土督 藤原朝臣冬嗣에게 春宮大夫를 겸직시키고, 美作守는 종전대로 하였다. 종5위하 清原眞人夏野를 (美作)亮으로 삼았다. 종5위하 文室眞人正嗣를 周防守로 삼았다.

갑술(13일), 칙을 내려, 정이장군, 참의 정4위상 行大藏卿 겸 陸奧出羽按察使 文室朝臣綿麻呂[87] 등에게 말하기를, "금월 5월 9일의 주상한 것을 보니, 참살하고 포획한 자는 점점 많아지고, 귀순하고 항복한 자도 적지 않다. 장군의 경략, 병사의 전공은 여기에서 알 수 있다. 蝦夷는 청한 바에 따라 모름지기 내지로 이주시킨다. 다만 俘囚은 편의를 고려하여 해당국 (陸奧, 出羽)에 안치한다. 교화에 더욱 힘쓰고 소요를 일으키지 않도록 한다. 또 새로 노획한 하이는 장군 등이 주상한 대로 조속히 진상한다. 다만 인수가 너무 많으면 도중에 감당하기 어려우니 강건한 자는 걷게 하고, 허약한 자는 말을 지급하도록 한다"라고 하였다.

을해(14일), 大和國 添上郡의 땅 2정을 近衛府에 주었다.

무인(17일), 山城國 宇治郡의 땅 2정을 고 大納言 증 2위 坂上大宿禰田村麻呂[88]

---

87 앞의 각주 54 참조.

88 『新撰姓氏錄』右京諸蕃上에 최초로 坂上大宿禰가 나오듯이 도래계 씨족 중에서도 당대 유력한 가문이었다. 이 씨족의 출자에 대해, 後漢 靈帝의 아들 延王으로부터 나왔다고 한다, 坂上大宿禰의 옛 성은 漢直, 東漢直, 倭漢直, 東漢坂上直, 坂上直 등으로 나오고, 후에 連, 忌寸, 大忌寸 등으로 개성하였다. 『日本書紀』雄略紀 16년(472) 10월조에 漢使主 등이 直의 성을 받았다는 전승이 있다. 〈坂上系圖〉에 인용된 『新撰姓氏錄』逸文에도 阿智使主와 아들 都

의 묘지로 삼았다.

경진(19일), 종5위하 伊勢朝臣德成을 上野介로 삼고, 종5위하 豊野眞人仲成을 肥前守로 삼았다.

신사(20일), 仁王經을 독경하였다.

을유(24일), (천황이) 栗前野에서 사냥을 즐겼다. 5위 이상에게 의복을 내렸다.

무자(27일), (천황이) 紫野에서 사냥을 즐겼다.

○ 11월 경자(9일), 조를 내려, "伊勢國이 근년에 많은 일이 있어 백성들이 (차출되어) 힘들었다. 지난해에는 대상제에 봉공하였고, 자못 물품을 운송하는데 시달렸다. 거듭해서 (藥子의 변의) 병무에 동원되어, 더불어 농사일을 할 수 없게 되었다. 이번에는 신궁 조영을 하고 있어 어깨를 쉴 겨를이 없다. 이어서 齋內親王이 교체되어 영접하는 일이 그치질 않았다. 그 수고로움을 생각하면 특히 마음이 괴롭다. 기쁘게 백성들을 사역시키는 것은 역대 (천황)의 계책이고, 폐해를 구제하고 편안하게 하는 일은 옛 철인의 항상의 규범이다. 마땅히 금년도 (伊勢國의) 田租를 모두 징수하지 말도록 한다"라고 하였다.

갑진(13일), 玄賓法師에게 서신을 보내 위문하였다. 또 목면 1백둔, 삼베 30단을 보시하였다. 법사는 즉시 상표하여 은혜에 감사하였다.

임자(21일), 聽福法師에게 서신을 보내며 말하기를, "연무와 놀이 있는 평온한 곳은 원래 부터 불교수행[89]의 장소이다. 낙양의 저잣거리도 실은 승려가 수행하는 지역이 된다. 和上은 속계를 초월하여 구름 위의 바위굴에서 수도를 행하고 있다. 지혜의 횃불은 빛나고 계율의 구슬은 이지러짐이 없으며 국가의 원로이고 민중의 사범이다. 당귀잎과 담장이 넝쿨로 몸을 감싸고 오래도록 거주하면서 풍

賀使主가 응략의 시대에 使主에서 直으로 개성하였고, 그 자손들의 성으로 삼았다고 한다. 이 씨족의 출자는 중국계로 나오지만, 실제로는 5세기후반 백제에서 이주한 都賀使主, 즉 東漢直掬이다. 坂上大宿禰田村麻呂의 최종 관직은 大納言 정3위 겸 右近衛大將 兵部卿이다. 桓武天皇의 군사권을 지탱한 1인이고, 2번에 걸쳐 征夷大將軍으로 蝦夷를 정벌하였다.

89 원문에는 戰勝으로 되어 있다. 불교수행은 전장의 싸움과 같이 매우 힘든 일로서 이를 극복해 나간다는 의미로 생각된다.

월을 즐기며 돌아오는 것도 잊고있다. 짐은 그대의 덕을 기뻐하며 꿈에서도 생각하고 있다. 그대는 믿지 않는다고 해도 밝은 태양과 같이 명확하다. 지금 사자를 보내 알리고, 아울러 목면 1백둔, 삼베 30단을 부친다. 도착하면 수행의 비용으로 사용했으면 한다. 시절은 추운데 몸조리 잘 하시길 바란다"라고 하였다. 종5위하 坂上大宿禰眞弓을 大舍人助로 삼고, 종4위하 多治比眞人今麻呂를 式部大輔로 삼았다. 大和國 添下郡의 밭 1정을 종5위하 三國眞人氏人에게 주었다.

기미(28일), 左右衛士府를 고쳐서 左右衛門府로 하였다.

○ 12월 신미(10일), 彈正臺에 史生 6인을 증원하였다.

계유(12일), 처음으로 제관사의 史生을 國忌[90]의 齋會에 참석하게 하였다.

갑술(13일), 조를 내리기를(宣命體), "천황의 詔旨로서 내린 말씀을 모두 들도록 하라고 분부하였다. 陸奧國의 蝦夷 등은 역대로 시대를 거치면서 변경을 침범하여 어지럽히며 백성을 살해하고 약탈하였다. 이에 말조차 꺼내기 황송한 柏原朝庭[91]의 치세에 고 종3위 大伴宿禰弟麻呂 등을 보내 토벌하여 평정하였다. 그러나 잔당이 여전히 남아있어 쉴새없이 변경을 지키고 있다. 또 고 대납언 坂上大宿禰田村麻呂 등을 보내 토평하기 위해 멀리 閇伊村까지 공략하고 소탕했으나 산과 계곡으로 도망가 은둔하여 모두 섬멸할 수는 없었다. 이로 인해 정4위상 文室朝臣綿麻呂 등을 보내, 그 세력이 기울고 무너진 틈을 타 평정하고 다스리기 위해 부장군 등이 한마음으로 협력하여 죽을 각오로 목숨도 아끼지 않고 힘써 봉사하여 깊숙히 먼 곳까지 공격해 들어가 소굴을 부수고 무너뜨려, 마침내 그 종족을 근절시키고 또 1, 2인도 남김없이 변경의 오랑캐를 해체시키고 군량의 운송도 정지하였다. 그 공로를 헤아려 보면 승진시키기에 족하다고 생각한다. 이에 봉사한 공적의 경중에 따라 위계를 올려준다고 한 천황의 어명을 모두 들도록 하라고 분부하였다"라고 하였다. (이날) 정4위상 文室朝臣綿麻呂에게 종3위를 내리고, 종

---

90 皇祖, 先帝, 母后의 忌日에 행하는 법회.
91 桓武天皇.

5위하 佐伯宿禰耳麻呂에게 정5위하를 내리고, 종5위하 大伴宿禰今人·坂上大宿禰鷹養에게 종5위상을, 외종5위하 物部匝瑳連足繼에게 외종5위상을 내렸다.

을해(14일), 고 遣渤海使의 錄事인 대초위하 上毛野公嗣益에게 종6위하를 추증하였다. 천황을 섬기다가 죽었기 때문이다.

병자(15일), 지진이 있었다.

정축(16일), (천황이) 大原野에서 사냥을 즐겼다. 우대신 藤原朝臣内麻呂 및 山城國에서 물품을 바쳤다. 雅樂寮에서 음악을 연주하고 5위 이상에게 피복을 하사하였다.

○ 윤12월 기해(9일), 태양이 새의 날개를 품고 있는 모습이었다[92].

신축(11일), 정이장군 참의 종3위 行大藏卿 겸 陸奧出羽按察使 文室朝臣綿麻呂가 주상하여 말하기를, "지금 관군은 일거에 적들을 남김없이 해치웠다. 모름지기 수비병을 모두 폐지하고 영구히 백성을 안정시켜야 한다. 그러나 성책 등에는 무기, 군량이 보관되어 있고 그 수량이 적지않다. 옮겨 수납할 때까지 방위해야 한다. 삼가 바라건대, 1천인을 배치하여 그 방위에 충당했으면 한다. 志波城은 강가에 가까워 자주 수해를 입으니 현재의 장소에서 적당한 곳으로 옮겨 세워야 한다. 삼가 바라건대, 2천인을 배치하여 잠시 방비시키고 그 성의 이전이 끝나면 1천인을 주둔시켜 영구히 지키게 하고, 나머지는 모두 해체한다. 또 병사의 설치는 비상에 대비하기 위한 것이다. 적들을 남김없이 제거한다면 어찌 병사를 둘 필요가 있겠는가. 다만 변경을 지키기 위해 병사의 배치는 정지할 수 없다. 삼가 바라건대, 2천인을 배치하고 그 나머지는 해체했으면 한다. 또 寶龜 5년(774)에서 금년에 이르기까지 총 38년이고, 변경의 적들은 자주 소동을 일으키고 경계를 끊이질 않았다. 이에 건강한 자나 노약자나 정벌에 지쳐있고, 혹은 군수물자의 운송에 피로해 있다. 백성들이 궁핍하고 피폐해져 아직 쉬지도 못하고 있다. 삼가 바라건대, 4년간 과역을 면제하여 피폐로부터 안정을 찾았으면 한다. 삼가 바

---

92 천체의 異常 현상을 말하고 있다. 태양의 주변에 붉은색 雲氣가 퍼져있는 형상으로 생각된다.

라건대, 鎭兵은 순차적으로 징집하고 현역은 과역을 면제하게 한다"라고 하였다. (천황은) 주상한 바를 모두 허락하였다.

갑진(14일), (천황이) 水生野에서 사냥을 즐기고, 山埼驛에 도착하였다. 山城, 攝津 2국에서 봉헌하였다. 5위 이상에게 피복을 내렸다.

을사(15일), 紀伊國 사람 紀直祖刀自賣의 아들 嗣宗이 말하기를, "천하의 사람들은 모두 父의 성을 받고, 몸은 공민이 되어 오래도록 調, 庸을 바치게 되어 있다. 그러나 嗣宗은 독신으로 호적에 등재되지 않아 오랫동안 과역을 행하지 못하고 있다. 이에 모계의 호적에 들어가려고 해도 외척이 허락하지 않는다. 또 남의 아들로 입적하려 해도 번잡한 제약이 있다. 삼가 바라건대, 친모의 거주지에 따라 藤代宿禰의 성을 받았으면 한다"라고 하였다. 칙을 내려 吉原宿禰의 성을 내리고 左京에 편적하였다.

무신(18일), 좌경인 종6위하 多治比連年繼에게 宿禰의 성을 내리고, 大和國 사람 종8위하 大俣連福貴麻呂에게 大眞連의 성을 내렸다.

기유(19일), 出羽國 백성에게 과역 3년을 면제하였다. 군역에 동원되었기 때문이다.

을묘(25일), 정6위상 宍人朝臣高志, 정6위하 物部田繼, 정6위하 飯高宿禰姉綱에게 외종5위하를, 大和國 사람 정6위하 賀茂宿禰河守, 정7위상 賀茂宿禰關守 등에게 朝臣의 성을 내렸다.

정사(27일), 우경인 종5위상 高村忌寸田使, 고 종5위하 高村忌寸眞木山 등에게 宿禰의 성을 내렸다.

일본후기 권제21

日本後紀卷第二十一〈起弘仁二年正月, 盡同閏十二月〉

左大臣正二位兼行左近衛大將臣藤原朝臣冬嗣等奉勅撰

太上天皇〈嵯峨〉

◎弘仁二年春正月丙申朔, 皇帝御大極殿. 臨軒. 皇太弟文武百官藩客朝賀, 如常儀. 庚子, 制, 上殿舍人一百二十人, 復舊名爲内豎. 壬寅, 宴五位已上幷藩客, 賜祿有差. 丙午, 於陸奧國, 置和我・薭縫・斯波三郡. 從五位下大野朝臣眞菅爲右少弁, 從五位下秋篠朝臣全嗣爲治部少輔, 從五位下藤原朝臣眞書爲雅樂頭, 從五位下橘朝臣永繼爲民部少輔, 從五位上大枝朝臣永山爲大判事, 從五位下淡海眞人有成爲大藏少輔, 左兵衛督從四位下大野朝臣直雄爲兼左京大夫, 正五位下三嶋眞人年繼爲造西寺長官, 從五位下藤原朝臣文山爲次官. 鑄錢長官從五位上大枝朝臣繼吉爲兼山城介, 從五位下紀朝臣南麻呂爲河内守, 正五位下藤原朝臣道雄爲紀伊守. 戊申, 河内國人從八位上玉作鯛釣賜姓高道連. 壬子, 御豐樂院, 觀射. 藩客賜角弓射焉. 乙卯, 遣大納言正三位坂上大宿禰田村麻呂, 中納言正三位藤原朝臣葛野麻呂, 參議從三位菅野朝臣眞道等, 饗渤海使於朝集院. 賜祿有差. 丙辰, 參議從三位宮内卿兼常陸守菅野朝臣眞道上表致仕曰, 臣聞, 晨行暮息, 身事之恒分, 壯仕老休, 禮制之通範. 所以崇名事主, 保身終命也. 臣本庸品, 才用無取, 涉學謝於甲科, 干祿朝於下士. 徒以早因多幸, 委質先朝. 爰自儲闈, 洎臨宸極, 夙夜軒陛. 緜歷歲序. 遂乃曲蒙□獎, 濫廁簪纓. 兼文武之崇班, 帶中外之厚秩, 以至今日. 累沐天恩, 願惟尸素, 伏深戰慄. 但臣歷事三朝, 齒登七十. 痾隨年積, 志與身衰. 雖疲驂輙馭, 非無顧戀之心. 而漏盡夜行, 恐乖止足之誠. 伏願, 歸骸舊里, 收迹蓬廬, 養疾以存餘生, 杜門而待終日. 無任慊懇之至, 謹詣闕奉表以聞. 許之. 但常陸守如故. 丁巳, 渤海國使高南容歸蕃. 賜其王書曰, 天皇敬問渤海國王. 南容入賀, 省啓具之. 惟王資質宏茂, 性度弘深. 敦惠輯中, 盡恭奉外. 代居北涯, 與國脩好. 沃日滄溟, 企乃到矣. 接天波浪, 韋能亂之. 賷琛効精, 慶賀具禮. 眷彼情款, 嘉賞何止. 朕嗣膺景命, 虔承叡圖. 尅己以臨寰區, 丕顯以撫兆庶. 德未懷邇, 化曷覃遐. 王念濬善隣, 心切事大. 弗難劬勞, 聿脩先業. 況南容荐至, 使命不墮, 船舶窮危, 謇志增勵. 雖靡來請, 豈能忍之. 仍換駕船, 副使押送. 同附少物, 至宜領之. 春寒, 惟王平安. 指此遣書. 旨不多及. 戊午, 正四位上藤原朝臣産子授從三位. 己未, 無品明日香親王・坂本親王授四品. 甲子, 從四位上藤原朝臣冬嗣爲參議, 餘官如故. 從七位下菅原朝臣清人, 正六位上朝野宿禰鹿取授從五位下, 從六位下勇山連文繼外從五位下. 正五位下小野朝臣野主爲左中弁, 從五位上藤原朝臣伊勢人爲右中弁, 從五位上登美眞人藤津爲治部大輔, 從五位下橘朝臣永嗣爲越前介, 從五位上藤原朝臣藤成爲播磨介. 山城國乙訓郡白田一町, 賜從四位下百濟王教法. 是日, 勅, 占野開田之徒, 就國請地之日, 不顯町段, 遠包四至. 損公妨民, 莫甚於此. 自今以後, 宜勘町段, 勿依四至. 又陸奧出羽兩國, 土地曠遠, 民居稀少. 百姓浪人, 隨便開墾. 國司巡檢, 隨即收公. 是以人民散走, 無有靜心. 宜兩國開田, 雖無公驗, 不得收公.

○二月丁卯, 授外從五位下志斐連國守從五位下. 緣陰陽之道勝於傍人也. 庚午, 山城國乙訓郡藥園一町賜施藥院. 辛未, 勅, 據令條, 凡祭祀者, 所司預申官. 官散齋日平旦, 頒告諸司. 夫散齋之內, 不得弔喪問疾食宍. 不判刑殺, 不決罸罪人, 不作音樂, 不預穢惡之事. 今至散齋之日, 乃頒告諸司, 則諸司惰事, 或犯禁忌. 宜改令條, 自今以後, 散齋前一日, 頒告諸司. 癸酉, 勅, 諸國之夷, 唯仰公粮. 宜其男女皆悉給粮. 但不得及孫. 乙亥, 分縫殿寮宮人三十人, 配大藏省. 以縫作幄幔等類也. 丙子, 遊獵于北野. 五位已上賜衣被. 戊寅, 外從五位下朝野宿禰道守爲大炊助, 從五位下藤原朝臣賀祜麻呂爲右京亮, 從五位下葛井宿禰豐繼爲造東寺次官, 外從五位下山田連弟分爲河內介. 外從五位下勇山連文繼爲相摸權掾, 紀傳博士如故. 己卯, 詔曰, 應變設教, 爲政之要樞. 商時制宜, 濟民之本務. 朕還淳返朴之風, 未覃下土. 興滅繼絶之思, 常切中襟. 夫郡領者, 難波朝庭始置其職, 有勞之人, 世序其官. 逮乎延曆年中, 偏取才良, 永廢譜第. 今省大納言正三位藤原朝臣園人奏云, 有勞之胤, 奕世相承, 郡中百姓, 長幼託心. 臨事成務, 實異他人. 而偏取藝業, 永絕譜第, 用庸材之賤下, 處門地之勞上. 爲政則物情不從, 聽訟則決斷無伏. 於公難濟, 於私多愁. 伏請, 郡司之擬, 先盡譜第, 遂無其人, 後及藝業者. 實得其理. 宜依來奏. 庚辰, 遷御於西宮. 大宰府官, 幷所管國司, 聽公廨四分之一, 年漕于京. 遙授之官半分焉. 上野國元上國. 今改爲大國. 壬午, 勅, 常陸國, 去京遙遠. 貢調腳夫, 路粮多費. 去靈龜年中, 守從四位上石川朝臣難波麻呂, 始置稻五萬束, 每年出擧, 以利充粮. 名曰郡發稻. 其用度者, 載帳言上. 而所司勘出, 不聽出擧. 宜令依舊. 參議正四位下行右衛士督兼美濃守藤原朝臣緒嗣言, 臣材無足取, 器實空虛. 病患染躬, 久積日月. 是以前日抗表, 悉辭所居之官. 今陛下無遺微臣, 復參朝議. 聖恩不測, 徒跼高天. 臣比者沈滯惡瘡, 療治無驗. 似損不損, 終至大漸. 劇職事重, 懼切曠日. 伏望解罷所帶, 養疾私門, 上除朝庭空位之譏, 下遂愚臣避賢之願. 不任丹款懇迫之至, 謹臥病拜表以聞. 不許. 癸未, 皇太弟遷於東宮. 乙酉, 外從五位下勇山連文繼爲大學助, 紀傳博士相摸權掾如故. 從五位下柿本朝臣弟兄爲肥前守. 庚寅, 於大宰府鈹岑四天王寺, 造釋迦佛像. 癸巳, 皇太弟奉獻. 宴飲極歡而罷. 五位已上賜衣被.

○三月丙申, 河內國人從七位下土師宿禰常磐賜姓秋篠朝臣, 山城國人正六位上土師宿禰百枝菅原朝臣. 庚子, 安房國人正六位下大伴直勝麻呂賜姓大伴登美宿禰. 癸卯, 武藏國人正六位下小子宿禰身成貫于左京. 乙巳, 始令諸國進俘囚計帳. 戊申, 勅, 左右近衛兵衛等, 劍帶同色, 彼此難辨. 改舊色, 右近衛用緋絁縇, 右兵衛用青褐縇. 賜大外記從五位上上毛野朝臣穎人度一人. 壬子, 停攝津國川邊郡揩戸十烟, 豐嶋郡二烟, 爲平民. 甲寅, 勅陸奧出羽按察使正四位上文室朝臣綿麻呂, 陸奧守從五位上佐伯宿禰清岑, 介從五位下坂上大宿禰鷹養, 鎭守將軍從五位下佐伯宿禰耳麻呂, 副將軍外從五位下物部匝瑳連足繼等曰, 去二月五日奏稱, 請發陸奧出羽兩國兵合二萬六千人, 征爾薩體幣伊二村者. 依數差發, 早致襲討, 事期殄滅. 不得勞軍, 以遺後煩. 又得三月九日奏, 知減軍士一萬人. 將軍等, 憂國之情, 中心是深. 然而搜窮巢窟, 衆力是資. 故依先奏, 不勞減定. 將軍等宜知之. 勠力同意, 相共畢功. 于時出羽守從五位下大伴宿禰今人, 謀發勇敢俘囚三百餘人, 出賊不意, 侵雪襲伐, 殺戮爾薩體餘藥六十餘人. 功冠一時, 名傳不朽也. 又今人前任備□守之時, 與掾正六位上河原連廣法謀, 穿山破磐, 以開大渠. 百姓難以慮, 始嗷嗷不止. 成功之後, 多蒙其利. 追以稱嘆, 是謂伴渠. 縱鄭令復生, 不能加也. 己未, 阿牟公人足授外從五位下. 人足者, 大安寺僧秦仙也. 以工術聞. 令造漏刻, 積年乃成. 帝嘉其巧思, 還俗敍位. 雖機巧可奇, 而隻辰易差, 遂不爲用. 辛酉, 出雲國造外從七位下出雲臣旅人授外從五位下, 緣神賀事也.

○夏四月甲子朔, 御大極殿, 視朔也. 丙寅, 內宴. 奏妓. 丁卯, 陸奧國人外正六位下志太連宮持・俘吉彌侯部小金授外從五位下. 襃勇敢. 戊辰, 四品明日香親王爲彈正尹. 侍醫從五位下出雲連廣貞爲兼內藥正, 但馬權掾如故. 從五位下藤原朝臣文山爲玄蕃頭, 正三位藤原朝臣雄友爲宮內卿, 從五位下御井正爲正親正, 造西寺次官從五位下秦宿禰都伎麻呂爲兼伯耆權介. 從五位下大中臣朝臣鯛取爲筑後守. 己巳, 幸神泉苑. 賜親王已下及諸衛人綿各有差. 甲戌, 勅, 河內國稅分錢三百貫, 便充當國, 限三箇年, 出擧收利, 爲造堤料. 又彼國課丁少數, 無人差役. 其散位位子留省之徒, 不直本司, 常在鄉里者, 宜限三年, 補國中雜任, 計其上日行事與考言上. 又割公廨息利, 充堤所食料, 其代者, 廻給隨便國, 三年以後復舊焉. 乙亥, 幸神泉苑. 右京人正六位上高田首清足等七人賜姓田村臣. 丙子, 山城國紀伊郡田二町賜從四位下伊勢朝臣繼子. 丁丑, 勅, 苅麥爲蒭, 禁制久矣. 今聞, 京邑百姓, 未秋之前, 沽之給急. 計其所得, 倍於收實. 利苟在民, 何勞禁制. 自今以後, 永聽賣買. 戊寅, 近江國乘田二十八町賜中務省. 庚辰, 正四位上文室朝臣綿麻呂爲征夷將軍, 從五位下大伴宿禰今人・佐伯宿禰耳麻呂・坂上大宿禰鷹養爲副. 辛巳, 幸神泉苑. 侍臣已上賜衣被. 壬午, 勅征夷將軍等曰, 夷狄干紀, 爲日已久. 雖加征伐, 未盡誅鋤. 今依來請, 今將出兵. 其軍監軍曹等, 且簡用, 且奏上. 但犯軍法, 禁身請裁. 隊長已下, 依法

決斷. 國之安危, 在此一擧. 將軍勉之. 乙酉, 公卿奏, 依去大同二年詔書, 七道
諸國調物, 權從輕減, 欲待人殷即復恒式. 而於民未聞繼業, 於公有乏支用. 更
別買求, 還致勞擾. 伏望, 改彼權制, 復厥恒典. 冀得百姓守常, 國用有足. 許之.
廢陸奧國海道十驛, 更於通常陸道, 置長有高野二驛. 爲告機急也. 丙戌, 宮内
卿正三位藤原朝臣雄友薨. 雄友者, 參議兵部卿從三位乙麻呂之孫, 右大臣贈
從一位是公之第二子也. 延暦二年授從五位下, 爲美作守, 遷兵部少輔, 位至正
五位上. 除左衛士權督, 俄而爲眞. 六年授從四位下, 歷左京大夫兼播磨守. 九
年爲參議, 兼大藏卿. 十五年授正四位下, 十六年任大宰帥, 十七年授從三位,
拜中納言. 二十三年授正三位. 大同初拜大納言. 雄友性温和, 不妄喜怒. 姿儀
可觀, 音韻清朗. 至於賀正宣命, 推之爲師. 伊豫親王之遭害也, 以舅流于伊豫
國, 弘仁元年免罪, 授本位, 拜宮内卿. 薨于位. 時年五十九. 詔贈大納言. 丁亥,
從六位下笠朝臣梁麻呂授從五位下, 正七位下當宗忌寸家主外從五位下, 從五
位上紀朝臣梶繼爲玄蕃頭, 從五位下笠朝臣梁麻呂爲民部少輔, 從五位下尾張
連粟人爲主稅頭, 從五位下御長眞人仲繼爲刑部少輔, 從五位下小野朝臣諸野
爲典藥助, 外從五位下當宗忌寸家主爲伊賀守, 從五位下朝野宿禰鹿取爲左衛
士佐. 己丑, 阿波國人百濟部廣濱等一百人賜姓百濟公. 庚寅, 幸神泉苑. 右近
衛府奉獻. 侍臣賜衣被. 是日, 遣渤海國使正六位上林宿禰東人等辭見. 賜衣被.

○五月戊戌, 御馬埒殿, 觀馬射. 辛丑, 勅, 諸國所進春米庸米, 去大同三四兩
年, 遭旱, 不得悉進. 若隨色辨備, 恐致民苦. 今官庫之貯, 頗有盈餘. 宜任土所
生, 貿與調物, 進成輕貨. 但畿内者, 混合正稅. 癸卯, 勅征夷將軍正四位上文屋
朝臣綿麻呂等曰, 塞下之俘, 其數稍多. 出軍之後, 慮生野心. 將軍等, 勤加綏
撫, 勿致驚擾. 威惠兼施, 稱于朝制. 許之. 從五位上高階眞人遠成爲主計頭, 從
五位下小野朝臣眞野爲齋宮頭. 乙巳, 幸神泉苑. 帝自茲以後, 每至假日, 避暑
於此. 丁未, 制, 夫飛驛工者, 貢進之年, 課役俱免. 至于逃亡而不役, 何異調庸
之未進. 自今以後, 檢返抄, 拘解由, 一同調庸. 從四位上藤原朝臣繼業爲神祇
伯, 侍從近江守如故. 從四位下藤原朝臣縵麻呂爲大舍人頭, 從五位上大中臣

朝臣智治麻呂爲治部大輔, 從五位上登美眞人藤津爲兵部大輔, 從四位上春原朝臣五百枝爲宮内卿, 右近衛中將從四位上藤原朝臣藤嗣爲兼右京大夫, 攝津守如故. 從五位下紀朝臣岡繼爲亮. 從五位下藤原朝臣賀祐麻呂爲武藏介, 從五位下藤原朝臣友人爲讚岐守. 己酉, 賜玄賓法師書曰, 眞俗殊趣, 禮接自疏. 渴仰徽音, 不捨少選. 屬夏景爍條, 炎風扇物, 想禪場被服. 與時宜改. 聊附法服一具. 至宜領之. 壬子, 勅征夷將軍正四位上兼陸奧出羽按察使文室朝臣綿麻呂等曰, 將軍等去二月五日奏狀稱, 來六月上旬, 兩國軍士, 分頭發入. 其糒鹽器仗等, 先已貯備. 不可更勞者. 以此觀之, 緣軍資物, 皆已批挑. 而今月十二日來奏稱, 軍士食料幷雜物等, 且仰國司令儲備, 及絙幕且用縫作. 又出羽守大伴宿禰今人, 巡行管内, 簡閱軍士者. 是知, 征戰之具, 猶有寥落. 前後來奏, 事何相乖. 加以國家之忌及大歲, 同在東方, 兵家所避, 不可抵觸. 宜緣軍庶事, 今年備畢, 來年六月發入. 又檢去延曆十三年例, 征軍十萬, 軍監十六人, 軍曹五十八人. 二十年, 征軍四萬, 軍監五人, 軍曹三十二人. 今將軍等, 准承前例, 所定四十七人, 權用十五人者. 今所興征軍, 一萬九千五百餘人. 然則四萬之日, 軍吏不滿五十. 今日二萬, 何超六十. 仍折衷所定, 軍監十人, 軍曹二十人, 宜精選堪戰者, 充用言上. 癸丑, 勅, 天下諸國, 昔遭疾疫, 續以旱災. 百姓彫弊, 于今未復. 興言念此, 深疾于懷. 宜簡鰥寡孤獨及貧窮老疾不能自存者, 早加賑給. 但給法者, 准延曆十九年例. 甲寅, 勅, 農人喫魚酒, 禁制惟久. 而國司寬縱, 無情糺斷. 今須遣使重加督察. 宜令國司在前禁止. 若有輒喫幷與者, 即禁其身, 使到之日, 付行決罰. 不得慣常寬容. 丙辰, 大納言正三位兼右近衛大將兵部卿坂上大宿禰田村麻呂薨. 正四位上犬養之孫, 從三位苅田麻呂之子也. 其先阿智使主, 後漢靈帝之曾孫也. 漢祚遷魏, 避國帶方, 譽田天皇之代, 率部落内附. 家世尚武, 調鷹相馬. 子孫傳業, 相次不絶. 田村麻呂, 赤面黃鬚, 勇力過人, 有將帥之量. 帝壯之. 延曆二十三年拜征夷大將軍, 以功敍從三位. 但往還之間, 從者無限. 人馬難給, 累路多費. 大同五年轉大納言, 兼右近衛大將. 頻將邊兵, 每出有功. 寬容待士, 能得死力. 薨于粟田別業. 贈從二位. 時年五十四.

戊午, 信濃國獲白鳥.

○六月癸亥朔, 正四位下巨勢朝臣野足授從三位, 從五位下直世王從五位上, 從四位上春原朝臣五百枝正四位下, 從五位上藤原朝臣道繼正五位下, 從五位下紀朝臣百繼・良岑朝臣安世從五位上, 正六位上藤原朝臣清本・藤原朝臣總繼・紀朝臣和氣麻呂・多治比眞人弟笠・石川朝臣弟助・大伴宿禰山道從五位下. 正六位上廣井宿禰眞成外從五位下. 從五位上直世王爲中務大輔, 相摸守如故. 從五位下藤原朝臣總繼爲少輔. 從五位下石上朝臣美奈麻呂爲兵部少輔. 從四位下大野朝臣直雄爲左近衛中將, 左京大夫如故. 參議從三位巨勢朝臣野足爲右近衛大將. 參議左大弁從四位上秋篠朝臣安人爲兼左兵衛督, 越後守如故. 參議右大弁從四位下紀朝臣廣濱爲兼右兵衛督. 從五位下藤原朝臣清繩爲佐, 出雲介如故. 乙丑, 令諸國進武藝人年三十已下, 補左右近衛. 是日, 奉幣於伊勢大神宮. 戊辰, 大僧都傳燈大法師位勝悟卒. 法師俗姓凡直, 阿波國板野郡人也. 法師初爲尊應大德弟子. 是則芳野神叡大德之入室也. 道業清高, 洞明經戒. 姿儀不凡, 言語可愛. 至於非空非有之宗, 當時推而相讓. 護命・慈寶・泰演等英傑, 皆自其門而出焉. 聖朝嘉尚, 授以僧統. 時議稱任得其人. 緇徒之中, 濫行不聞. 政迹之所致也. 薪盡火滅. 嗚呼哀哉. 春秋八十. 庚午, 正六位上清原眞人夏野授從五位下. 戊寅, 從五位上高階眞人遠成爲民部少輔, 從五位下尾張連粟人爲主計頭, 從五位下笠朝臣梁麻呂爲豐後介. 辛巳, 十三大寺僧尼年八十已上者, 各賜絁二匹. 布四端. 丁亥, 主殿寮釜殿自倒.

○秋七月乙未, 出羽國鎭兵賜復三年. 以在邊戌, 家業絶亡也. 己亥, 幸神泉苑. 觀相撲. 庚子, 備前守正四位下藤原朝臣眞雄卒. 左京大夫正四位下鷹取之男, 左大臣正二位魚名之孫也. 勇力過人, 頗有武藝. 爲推國天皇之近臣. 延曆二十二年敍從五位下, 任近江權介. 二十五年授從五位上, 歷近衛少將, 大同三年授正五位下, 同年□從四位下, 遷左馬頭. 自守清廉, 不論人短. 身帶弓劍, 常侍朱鈎. 屬天皇遷御平城, 分局追從. 既而一女進謀, 天皇擬入于伊勢. 眞雄遮輿而伏, 忘死固爭. 盖魏臣斷鞅之志乎. 可謂歲寒而知松柏之後凋者也. 今上嘉其忠情, 特授正四位下, 拜備前守, 在任而卒. 時年四十五. 甲辰, 幸神泉苑. 陪侍之人, 賜錢有差. 乙巳, 勅, 聞平城宮諸衛官人等, 出入任意, 不勤宿衛. 宜直彼參議加督察焉. 丙午, 勅征夷將軍正四位上兼陸奧出羽按察使文室朝臣綿麻呂等曰, 省今月四日奏狀, 具知以俘軍一千人, 委吉彌侯部於夜志閇等, 可襲伐弊伊村. 彼村俘, 黨類巨多. 若以偏軍臨討, 恐失機事. 仍欲發兩國俘軍各一千, 來八九月之間, 左右張翼, 前後奮□□□. 宜與副將軍及兩國司等, 再三評議, 具狀奏上. 國之大事, 不可輕略. 丁未, 大極殿龍尾道上有雲氣, 狀如烟, 須臾竭滅. 己酉, 安藝國佐伯郡速谷神伊都岐嶋神, 竝預名神例, 兼四時幣. 乙卯, 侍從從五位下藤原朝臣世嗣爲兼右少弁, 從五位下多治比眞人弟笠爲中務少輔, 正五位下石川朝臣河主爲内匠頭, 從五位下豐野眞人仲成爲主稅頭, 從五位上田中朝臣淨人爲大藏少輔, 從五位下清原眞人夏野爲宮内少輔, 從五位下淡海眞人有成爲左京亮, 從五位下藤原朝臣總繼爲相摸介, 從五位下大野朝臣眞菅爲下總守, 從五位下藤原朝臣濱主爲出羽介, 大學頭正五位下御室朝臣今嗣爲兼越後守, 右近衛大將從三位巨勢朝臣野足爲兼備前守. 左大弁從四位上秋篠朝臣安人爲兼備中守, 左兵衛督如故. 從五位上安倍朝臣眞直爲周防守. 山城國乙訓郡地四町, 賜左衛士督從四位上藤原朝臣冬嗣. 辛酉, 右京人正六位上朝原忌寸諸坂, 山城國人大初位下朝原忌寸三上等賜姓宿禰. 出羽國奏, 邑良志閇村降俘吉彌侯部都留岐申云, 己等與貳薩體村夷伊加古等, 久構仇怨. 今伊加古等, 練兵整衆, 居都母村, 誘幣伊村夷, 將伐己等. 伏請兵粮, 先登襲擊者. 臣等商量, 以賊伐賊, 軍國之利. 仍給米一百斛, 獎勵其情者. 許之.

○八月乙丑, 上總國海上郡, 加置主政一員. 壬申, 山城國乙訓郡地二町, 田十町, 池一處, 栗林一町, 賜甘南備内親王. 癸酉, 勅, 諸國浮浪人, 若遭水旱者, 准平民, 免調庸. 但人之寄住, 各有其主. 宜勘其主戶損免之. 不得因茲濫致姦詐. 甲戌, 幸神泉苑. 五位已上, 賜綿有差. 是日, 二星乍合乍離, 狀似相鬪. 大宰府言, 新羅人金巴兄, 金乘弟, 金小巴等三人申云, 去年被差本縣運穀. 海中逢賊, 同伴盡沒. 唯己等幸賴天祐, 儻著聖邦. 雖沐仁渙, 非無顧戀. 今聞, 鄉人流來, 令

得放歸. 伏望, 寄乘同船, 共還本郷者. 許之. 丙子, 山城國乙訓郡地一町賜春日
內親王. 丁丑, 廢紀伊國萩原, 名草, 賀太三驛, 以不要也. 戊寅, 遊獵于北野. 五
位已上賜衣被. 是日, 有狼入造兵司. 爲人所殺. 己丑, 山城國人正六位上高麗人
東部黑麻呂, 賜姓廣宗連. 是日, 廢漆部八烟, 從公戶. 庚寅, 勅, 留庚午年幷五比
籍, 自餘遠年之籍, 宜依令除之. 辛卯, 齋內親王禊于葛野川. 諸司陪從如常.

○九月壬辰朔, 禁今月祭北辰擧哀改葬等事. 以齋內親王入伊勢也. 出羽國
人少初位下無耶志直膳大伴部廣勝賜姓大伴直. 乙未, 齋內親王入伊勢. 諸司
陪從如常. 右京人正六位上吉田連宮麻呂等賜姓宿禰. 己亥, 令諸國依舊出擧
修理國分寺料. 庚子, 曲宴前殿. 命文人賦詩. 其文人五位已上賜被, 自餘五位
幷文人六位已下衣. 癸卯, 大風, 破京中廬舍. 甲辰, 被風損者, 給米有差. 丁未,
勅, 侍平城宮諸衛府官人等, 任意不直, 已闕宿衛. 宜改前勅, 即命少將已上, 便
檢校焉. 庚戌, 停內舍人奏, 依舊令闈司奏之. 丁巳, 遊獵于紫野. 五位已上賜衣
被. 是月, 桃李華.

○冬十月癸亥, 正六位上林宿禰東人等, 至自渤海. 奏曰, 國王之啓, 不據常
例. 是以去而不取. 其錄事大初位下上毛野公嗣益等所乘第二船, 發去之日, 相
失不見, 未知何在. 乙丑, 勅征夷將軍參議正四位上大藏卿兼陸奧出羽按察使
文室朝臣綿麻呂等曰, 省去九月二十二日奏云, 隨機量便, 更分四道. 士卒數
少, 充用處多. 加以霖雨無息, 轉餉有滯. 不加輜重, 恐乏兵糧. 伏望, 點加陸奧
國軍士一千一百人者. 依奏. 丙寅, 上野國利根郡長野牧賜三品葛原親王. 攝津
國人正七位上別君清名, 賜姓御林宿禰. 壬申, 詔曰, 衛士兵衛四府者, 宮掖是
守, 戒嚴非輕. 所以警偵奸邪, 防遏虐猾. 雖綏撫瀛表, 專叶禮樂之風, 而備豫機
先, 必資弧矢之利. 皇明建極, 大聖乘乾. 取適於時, 須有沿革. 其左右衛士兵衛
等, 宜依舊數. 從五位下藤原朝臣淨本爲宮內少輔, 從五位上安倍朝臣眞直爲
主殿頭兼豐後守, 參議從四位上兼左衛士督藤原朝臣冬嗣爲兼春宮大夫, 美作
守如故. 從五位下清原眞人夏野爲亮. 從五位下文室眞人正嗣爲周防守. 甲戌,
勅征夷將軍參議正四位上行大藏卿兼陸奧出羽按察使文室朝臣綿麻呂等曰,

省今月五日奏狀, 斬獲稍多, 歸降不少. 將軍之經略, 士卒之戰功, 於此而知矣. 其蝦夷者, 依請, 須移配中國. 唯俘囚者, 思量便宜, 安置當土. 勉加教喩, 勿致騷擾. 又新獲之夷, 依將軍等奏, 宜早進上. 但人數巨多, 路次難堪. 其強壯者步行, 羸弱者給馬. 乙亥, 大和國添上郡地二町賜左近衛府. 戊寅, 賜山城國宇治郡地三町, 爲故大納言贈從二位坂上大宿禰田村麻呂之墓地. 庚辰, 從五位下伊勢朝臣德成爲上野介, 從五位下豐野眞人仲成爲肥前守. 辛巳, 講仁王經. 乙酉, 遊獵于栗前野. 賜五位已上衣被. 戊子, 遊獵于紫野.

○十一月庚子, 詔曰, 伊勢國頃年多事, 百姓勞擾. 往年供奉大嘗, 頗疲轉運. 重屬兵革, 共廢農畝. 今亦營造神宮, 未遑息肩. 尋緣齋内親王相替, 迎送祇供不息. 念其勞止, 殊疚于懷. 悅以使民, 歷代之洪猷. 救弊可康, 曩哲之恒範. 宜今年田租, 悉猶勿徵. 甲辰, 賜書存問玄賓法師. 又施綿百屯布三十端. 法師即上表謝恩. 壬子, 賜聽福法師書曰, 煙霞憺泊, 素是戰勝之場. 京洛囂塵, 誠爲染衣之地. 和上超俗雲霄, 味道巖穴. 慧炬有晃, 戒珠無玷, 國之元老, 人之師範. 披薜蘿而長往, 賞風月以忘歸. 朕嘉爾令德, 夢想猶存. 謂予不信, 有如曒日. 今故行李知聞, 兼附送綿百屯布三十端. 至宜充頭陀資耳. 時寒, 想善加珍衛. 從五位下坂上大宿禰眞弓爲大舍人助, 從四位下多治比眞人今麻呂爲式部大輔. 大和國添下郡白田一町賜從五位下三國眞人氏人. 己未, 改左右衛士府, 爲左右衛門府.

○十二月辛未, 彈正臺置史生六員. 癸酉, 始令諸司史生參國忌齋會. 甲戌, 詔曰, 天皇詔旨〈良麻止〉勅命〈乎〉, 衆聞食〈止〉宣. 陸奧國〈乃〉蝦夷等, 歷代涉時〈弖〉, 侵亂邊境, 殺略百姓. 是以掛畏柏原朝庭〈乃〉御時〈爾〉, 故從三位大伴宿禰弟麻呂等〈乎〉遣〈弖〉, 伐平〈之米〉給〈比支〉. 而餘燼猶遺〈弖〉, 鎭守未息. 又故大納言坂上大宿禰田村麻呂等〈乎〉遣〈弖〉, 伐平〈之米〉給〈爾〉, 遠閉伊村〈乎〉極〈弖〉, 略掃除〈弖之可止毛〉, 逃隱山谷〈弖〉, 盡頭〈弖〉究殄〈己止〉不得〈奈利爾爾太利〉. 因茲正四位上文室朝臣綿麻呂等〈乎〉遣〈弖〉, 其覆傾勢〈爾〉乘〈弖〉, 伐平掃治〈之牟流爾〉, 副將軍等, 各同心勠力, 忘殉心以〈弖〉, 不惜身命, 勤仕奉〈利〉, 幽遠〈久〉薄伐, 巢穴〈乎〉破覆〈之弖〉, 遂其種族〈乎〉絶〈弖〉, 復一二〈乃〉遺

〈毛〉無, 邊戎〈乎〉解却, 轉餉〈乎毛〉停廢〈都〉. 量其功勞〈波〉. 上治賜〈爾〉足〈止奈毛〉御念〈須〉. 故是以其仕奉狀〈乃〉重輕〈乃〉随〈爾〉, 冠位上賜〈比〉治賜〈久止〉宣天皇御命〈乎〉, 衆聞食〈止〉宣. 正四位上文室朝臣綿麻呂授從三位, 從五位下佐伯宿禰耳麻呂正五位下, 從五位下大伴宿禰今人・坂上大宿禰鷹養從五位上, 外從五位下物部匝瑳連足繼外從五位上. 乙亥, 故遣渤海錄事大初位下上毛野公嗣益追贈從六位下. 以身死王事也. 丙子, 地震. 丁丑, 遊獵于大原野. 右大臣藤原朝臣內麻呂幷山城國奉獻. 雅樂寮奏樂. 賜五位已上衣被.

○閏十二月己亥, 日抱翼. 辛丑, 征夷將軍參議從三位行大藏卿兼陸奧出羽按察使文室朝臣綿麻呂奏言, 今官軍一擧, 寇賊無遺. 事須悉廢鎭兵, 永安百姓. 而城柵等所納器仗軍糧, 其數不少. 迄于遷納, 不可廢衛. 伏望, 置一千人充其守衛, 其志波城, 近于河濱, 屢被水害, 須去其處, 遷立便地. 伏望, 置二千人, 暫充守衛, 遷其城訖, 則留千人, 永爲鎭戍, 自餘悉從解却. 又兵士之設, 爲備非常. 即無遺寇, 何置兵士. 但邊國之守, 不可卒停. 伏望, 置二千人, 其餘解却. 又自寶龜五年, 至于當年, 惣三十八歲, 邊寇屢動, 警□無絶. 丁壯老弱, 或疲於征戍, 或倦於轉運. 百姓窮弊, 未得休息. 伏望, 給復四年, 殊休疲弊. 其鎭兵者, 以次差點, 輪轉復免者. 竝許之. 甲辰, 遊獵于水生野. 御於山埼驛. 山城攝津二國奉獻. 賜五位已上衣被. 乙巳, 紀伊國人紀直祖刀自賣之子嗣宗言, 天下之人, 皆承父姓, 身爲公民, 長貢調庸. 而嗣宗獨身無所貫, 久背課役. 是以欲附母戶, 外戚不許. 且爲他子, 假濫有制. 伏望, 因親母之居, 賜姓藤代宿禰. 勅賜吉原宿禰, 貫于左京. 戊申, 左京人從六位下多治比連年繼賜姓宿禰, 大和國人從八位下大俁連福貴麻呂賜姓大眞連. 己酉, 出羽國百姓賜復三年, 勞軍役也. 乙卯, 正六位上宍人朝臣高志, 正六位下物部田繼, 正六位下飯高宿禰姉綱授外從五位下, 大和國人正六位下賀茂宿禰河守, 正七位上賀茂宿禰關守等賜姓朝臣. 丁巳, 右京人從五位上高村忌寸田使, 故從五位下高村忌寸眞木山等賜姓宿禰焉.

日本後紀 卷第二十一

일본후기 권제22 〈弘仁 3년(812) 정월에서 4년 2월까지〉

좌대신 정2위 行左近衛大將을 겸직한 臣 藤原朝臣冬嗣 등이 칙을 받들어 편찬하다.

太上天皇〈嵯峨〉

◎ 弘仁 3년(812) 춘정월 경신삭, 황제가 대극전에 어림하여 신년하례를 받았다. 前殿에서 근시하는 신하들에게 연회를 베풀고 피복을 하사하였다.

갑자(5일), 칙을 내려, "大宰府에서 지난 12월 28일의 주상에 의하면, 對馬嶋에서 언상하기를, 금월 6일에 新羅船 3척이 서해에서 나타났다. 돌연 1척이 下縣郡 佐須浦에 표착하였다. 배안에는 10인이 있었는데, 언어가 통하지 않아 사정을 알기 어려웠다. 2척은 야밤에 표류하여 가버려 도착한 곳을 알지 못한다. 7일에 배 20여척이 섬 서해상에서 불을 밝히며 서로 연락을 취하고 있었다. 이에 마침내 적선임을 알았다. 먼저 도착한 5인을 죽였으며 5인은 도망쳤는데, 후일 4인을 사로잡았다. 즉시 병기고를 지키고, 동시에 군사를 출동시켰다. 또 멀리 新羅를 바라보니, 매일 밤 여러 곳에서 불빛이 보였다. 이로부터 의구심을 갖지 않을 수 없었다. 이에 상신하게 되었다'고 한다. 그 일은 알아보기 위해 新羅譯語[1] 및 軍毅 등을 (대마도에) 보냈고, 이미 종료하였다. 또 종전의 예에 준하여 要害를 지키기 위한 상황을 (대재부) 관내 및 長門, 石見, 出雲 등의 제국에 알렸다고 하였다. (대재부에서) 주상한 소식은 이미 大事이고, 허실의 상황에 대해 계속해서 언상하도록 한다. 그러나 세월이 오래 지났고 마침내 상신하지도 않았다. 또 요해의 국은 반드시 병력을 발동시켜 경비에 대응해야 하기 때문에 (백성들은) 피폐해진다. (병사의 동원을) 해제하는 일은 어느 날을 기해야 하는지 반드시 그 사유를

---

1 新羅語의 통역, 弘仁 6년(815) 정월 임인조에도, 對馬에 新羅譯語를 두었다고 기록이 나온다.

언상해야 한다. 더욱이 태만해서는 안된다. 또 사태의 추세를 살펴보면 우려할만
한 상황은 아니다. 出雲, 石見, 長門 등의 제국의 요해를 지키는 일은 정지하도록
한다"라고 하였다[2].

병인(7일), 무품 佐味親王[3]에게 4품을 내리고, 정5위하 多賀王에게 정5위상을,
무위 石野王, 정6위상 原王에게 종5위하를 내렸다. 종4위상 文室朝臣眞屋麻呂에
게 정4위하를, 종4위하 藤原朝臣今川에게 종4위상을, 정5위하 百濟王教德[4] · 小
野朝臣野主에게 종4위하를, 종5위상 紀朝臣百繼에게 정5위상을, 종5위상 池田朝
臣春野 · 佐伯宿禰清岑 · 安倍朝臣眞勝에게 정5위하를 내렸다. 종5위하 紀朝臣
南麻呂 · 藤原朝臣世嗣 · 大原眞人眞福에게 종5위상을 내렸다. 정6위상 文室眞
人末嗣 · 藤原朝臣櫻麻呂 · 和朝臣繩繼[5] · 橘朝臣淨野 · 石川朝臣水長 · 藤原朝
臣豐彦 · 大伴宿禰雄堅魚 · 粟田朝臣鯨 · 巨勢朝臣清野 · 三嶋眞人助成, 종6위하
安倍朝臣豐柄 · 粟田朝臣飽田麻呂 · 石川朝臣淨道 · 秋篠朝臣男足, 종7위하 八
多朝臣桑田麻呂, 정7위상 布勢朝臣全繼에게 종5위하를 내렸다. 정6위상 高丘宿
禰弟越[6] · 滋野宿禰家譯 · 林忌寸眞永 · 勇山連家繼에게 외종5위하를 내렸다. 5

2 이때의 신라 배 20여척은 신라하대의 사회적 혼란 등으로 해상을 무대로 약탈행위를 하는
  해적선일 가능성이 있다. 이들 선박은 신라 해상에서 대마도 해협까지 표류해 왔고, 대마에
  서는 적선으로 간주하여 공격하자 도망치는 과정에서 불상사가 발생한 것으로 보인다. 이
  보다 앞서 弘仁 2년(811) 8월 갑술조에 신라인이 표착하여 곡물 운송중에 해적을 만나 살해
  당했다고 언급한 바 있다.
3 桓武天皇의 제9황자.
4 陸奧鎭守將軍 百濟王俊哲의 아들, 延曆 7년(788)에 右兵庫頭에 임명되었고, 동 8년에 讚岐介,
  延曆 18년(799)에 上總守를 역임하였다. 平城朝인 大同 3년(808)에 宮内大輔이 임명되고, 嵯
  峨朝에서는 治部大輔, 刑部卿을 역임하였다. 弘仁 3년(812)에 종4위하, 동 7년에 종4위상에
  서위되었다.
5 백제 무령왕을 시조로 하는 和史氏의 후예, 일족으로 桓武天皇의 생모인 高野新笠이 있다.
  和朝臣繩繼은 弘仁 3년(812)에 종5위하, 散位助에 서임되었다. 中務少輔를 역임하였고, 弘
  仁 13년(822)에 종5위상, 동 14년 淳和天皇의 즉위와 함께 정5위하에 서위되었다. 天長 8년
  (831)에 정5위상이 되었다. 仁明朝 承和 4년(837) 2월에 사망하였다.
6 天智 2년(663)에 백제 망명인인 沙門詠의 자손으로 일족은 樂浪河内, 高丘連, 高丘宿禰로의

위 이상에게 연회를 배풀고 녹을 차등있게 내렸다.

정묘(8일), 정5위상 紀朝臣百繼에게 종4위하를, 정6위상 布勢朝臣勝成에게 종5위하를, 정6위상 簀奏惠師笠麻呂에게 외종5위하를, 종5위상 藤原朝臣緒夏에게 종4위하를 내렸다. 이날, 조를 내려, 下野介로 추증된 고 외종5위상 高原連源에게 종5위하를 내렸다. 그의 선정이 후대에 전해졌기 때문이다.

신미(12일), 우경인 정6위상 飛鳥戸造善宗, 河内國 사람 정6위상 飛鳥戸造名繼에게 百濟宿禰의 성을 내렸다[7]. 式部卿 3품 葛原親王에게 大宰帥를 겸직시켰다. 종3위 巨勢朝臣野足를 中納言으로 삼고, 右近衛大將은 종전대로 하였다. 종4위상 藤原朝臣藤嗣를 참의로 삼고, 참의 종3위 藤原朝臣繩主를 兵部卿으로 삼고, 종5위하 紀朝臣長田麻呂를 玄蕃頭로 삼고, 종5위하 藤原朝臣弟主를 大判事로 삼고, 종5위하 藤原朝臣福當麻呂를 典藥頭로 삼고, 左中弁 종4위하 小野朝臣野主에게 攝津守를 겸직시키고, 외종5위하 高丘宿禰弟越을 山城介로 삼고, 종5위하 秋篠朝臣男足을 伊賀守로 삼고, 齋宮頭 종5위하 小野朝臣眞野에게 伊勢權介를 겸직시키고, 외종5위하 滋野宿禰家譯을 屋張介로 삼고, 左馬頭 종5위상 安

씨성의 변화가 있다. 이달 12일에 山城介에 임명되었고, 弘仁 6년(815) 정월에 종5위하를 받았다.

7 『新撰姓氏錄』河内國諸蕃에는 "飛鳥戸造는 백제국주 比有王의 아들 琨伎王으로부터 나왔다"고 한다. 『日本三代實錄』貞觀 4년(862) 7월 을미조에 "左京人 造兵司 少令史 정6위상 飛鳥戸彌道에게 百濟宿禰의 성을 주었다. 백제국 混伎의 후손이다"라고 나온다. 동 정관 5년(863) 10월 경오조에도 "右京人 陰陽少屬 종6위상 飛鳥戸造清貞, 內堅 정6위상 飛鳥戸造清生, 太政官史生 정8위하 飛鳥戸造河主, 河内國 高安郡 사람 主稅大屬 정7위상 飛鳥戸造有雄 등에게 百濟宿禰의 성을 주었다. 그 선조는 백제국인 比有의 후손이다"라고 기록하고 있다. 『續日本後紀』承和 6년(839) 11월조에 "左京人 정6위상 御春宿禰春長 등 11인에게 宿禰의 성을 고쳐서 朝臣의 성을 주었다. 이들은 백제왕의 종족이고, 飛鳥戸 등의 후손이다"라고 나온다. 『日本三代實錄』貞觀 5년(863) 8월조에 "右京人 외종5위하 行主計助 飛鳥戸造豐宗 등 남녀 8인에게 御春朝臣의 성을 주었다. 그 선조는 백제국인 琨伎이다"라고 기록되어 있다. 동 元慶 4년(880) 8월 경술조에는 氏神을 모시는 飛鳥戸神社에 동족인 御春朝臣有世와 함께 춘추 제사의 비용에 충당하기 위해 1정의 전지를 청구하였다는 기록이 있다. 9세기후반대에도 곤지를 제신으로 하는 飛鳥戸神社가 그 후손들에 의해 관리되었음을 보여 주고 있다.

倍朝臣男笠에게 參河守를 겸직시키고, 종5위하 淡海眞人有成을 (參河)介로 삼았다. 少納言 종5위하 宇治王에게 遠江守를 겸직시키고, 종5위하 永上眞人河繼를 伊豆守로 삼고, 종5위하 藤原朝臣眞川을 甲斐守로 삼고, 참의 右衛門督 정4위하 藤原朝臣緒嗣[8]에게 近江守를 겸직시키고, 종5위하 朝野宿禰鹿取를 (近江)介로 삼았다. 式部少輔 종5위하 小野朝臣岑守에게 美濃守를 겸직시키고, 內藏頭를 종전대로 하였다. 정5위하 藤原朝臣道繼를 下野守로 삼고, 종5위하 安倍朝臣豐柄을 (下野)介로 삼고, 정5위하 佐伯宿禰耳麻呂를 陸奧守로 삼고, 종5위상 藤原朝臣鷹養을 越中守로 삼고, 외종5위하 秦宿禰智奈理를 越後介로 삼고, 右近衛中將 종4위하 大野朝臣直雄에게 丹波守를 겸직시키고, 종5위하 尾張連粟人을 丹後守로 삼고, 大外記 종5위상 上毛野朝臣穎人에게 因幡介를 겸직시키고, 鑄錢長官 종5위상 大枝朝臣繼吉에게 伯耆守를 겸직시키고, 종5위하 石川朝臣淸道를 (伯耆)介로 삼았다. 종5위하 藤原朝臣淸繩을 出雲守로 삼고, 종5위하 三國眞人氏人을 美作介로 삼았다. 참의 종4위상 秋篠朝臣安人에게 備前守를 겸직시키고, 左大弁, 左兵衛督은 종전대로 하였다. 종5위하 藤原朝臣廣敏을 備中守로 삼고, 외종5위하 廣井宿禰眞成을 (備中)介로 삼았다. 종5위하 御井王을 安藝守로 삼고, 외종5위하 當宗忌寸家主를 阿波介로 삼고, 참의 종4위상 藤原朝臣藤繼를 大宰大貳로 삼고, 종5위하 藤原朝臣葛成을 少貳로 삼았다. 종5위상 大枝朝臣永山을 肥後守로 삼고, 大內記 종5위하 菅原朝臣淸人에게 (肥後)大掾으로 삼았다. 諸陵頭[9] 종5위상 永原朝臣最弟麻呂에게 豐前守를 겸직시키고, 종4위하 紀朝臣百繼를 右近衛中將으로 삼고, 종5위하 坂上大宿禰廣野를 少將으로 삼았다. 종5위하 布勢朝臣全繼를 左衛門佐로 삼고, 종5위하 巨勢朝臣淸野를 右兵衛佐로 삼았다.

　을해(16일), 근시하는 신하에게 연회를 베풀고 녹을 차등있게 주었다.

　갑신 (25일), (천황이) 栗前野에서 사냥을 즐겼다. 5위 이상 및 山城國司 掾 이

8　19쪽, 弘仁 2년(811) 2월 임오조 각주 32 참조.
9　능묘의 관리와 경호, 喪葬, 凶禮, 陵戶의 명부 등을 관장하는 부서인 諸陵寮의 장관.

상에게 피복을 내렸다.

을유(26일), 제를 내려, 陸奥·出羽按察使 정5위상의 관은 이번에 개정하여 종4위하의 관으로 하였다. 蝦夷 외종5위상 宇漢米公色男, 외종5위하 爾散南公獨伎, 播磨國 印南郡의 權少領 외종5위하 浦田臣山人 등 3인에게 특별히 節會의 참석을 위해 입경을 허락하였다.

병술(27일), 정4위하 春原朝臣五百枝에게 종3위를 내렸다.

○ 2월 신묘(2일), 陸奥國에서 언상하기를, "慶雲 3년(706) 格[10]에서, 10일 이상의 사역을 하면 庸을 면제하고, 20일 이상이면 庸, 調 모두 면제한다고 되어 있다. 이번에 征夷에 동원된 군사의 역은 40일 이상이 된다. 삼가 청컨대 (慶雲 3년) 格 및 延曆 21년(802)의 사례에 준하여 직년의 調, 庸을 면제했으면 한다"라고 하였다. 이를 허락하였다.

임진(3일), 병풍 1첩, 障子[11] 46매를 東寺에 시입하고, 障子 46매를 西寺에 시입하였다.

기해(10일), 종5위하 和朝臣繩繼[12]를 散位助로 삼았다. 정5위하 田口朝臣息繼를 民部大輔로 삼고, 阿波守는 종전대로 하였다. 종5위하 紀朝臣和氣麻呂를 主計頭로 삼고, 종5위하 石川朝臣弟道를 木工頭로 삼고, 종5위하 多治比眞人繼益을 正親正[13]으로 삼고, 종4위상 藤原朝臣今川을 左京大夫로 삼고, 越前守는 종전대로 하였다. 종5위하 菅原朝臣清公을 (右京)亮으로 삼고, 종4위하 藤原朝臣貞嗣를 右京大夫로 삼고, 외종5위상 物部匝蹉連足繼를 鎭守將軍으로 삼았다.

신축(12일), (천황이) 神泉苑에 행차하였다. 꽃나무를 감상하였다. 문인에게

---

10 『類聚三代格』권17, 慶雲 3년(706) 2월 16일 勅.

11 방 내부에 기둥과 기둥 사이에 和紙를 붙여 설치한 칸막이, 행동이나 시선을 차단하기 위한 것이다.

12 앞의 각주 5 참조.

13 宮內省 소속의 正親司의 장관, 황실의 호적을 관리하고 황족에게 지급하는 季祿, 時服에 관한 사무를 집행한다. 唐의 宗正寺를 모방한 것이다.

시부를 짓게 하고 녹을 차등있게 내렸다. 花宴[14]의 절회는 이로부터 시작되었다.

계묘(14일), (천황이) 水生野에서 사냥을 즐겼다.

갑진(15일), (천황이) 交野에서 사냥을 즐겼다. 山城, 攝津, 河内 등의 제국에서 헌물하였다. 시종 이상 및 국사 掾 이상에게 피복을 하사하였다.

경술(21일), 采女司[15]를 다시 두었다.

신해(22일), 山城國 乙訓郡의 황무지를 大外記 종5위상 上毛野朝臣穎人, 左大史 정6위상 朝原宿禰諸坂, 左少史 종7위하 佐太忌寸豐長에게 각각 1정씩 주었다. 좌경인 종5위하 阿倍長田朝臣節麻呂. 종7위상 阿倍長田朝臣高繼 등 8인에게 阿倍朝臣의 성을 내렸다.

임자(23일), 종5위하 小野朝臣諸野를 大膳亮으로 삼고, 외종5위하 縵連家繼[16]를 典藥助로 삼았다.

○ 3월 기미삭, 제관사에서 지급하는 要劇料[17]는, 쌀을 정지하고 錢으로 충당하게 하였다. 新羅人 淸漢波 등이 표류해 왔다. 원하는대로 돌려보냈다.

병인(8일), 봉호 1백호를 秋篠寺에 시입하였다.

---

14 계절의 꽃을 감상하며 개최하는 연회. 봄에는 벚꽃 연회가 열렸다.

15 大同 3년(806) 정월에 織部司와 함께 縫殿寮에 병합되었는데 이번에 復置한 것이다.

16 縵氏는 가발을 제작하는 縵部의 伴造氏族이다. 『新撰姓氏錄』大和國 諸蕃에, 縵連은 百濟人 狛으로부터 나왔다고 한다. 狛氏는 보통 고구려계의 인명에서 흔히 보이지만 여기서는 백제계 인명으로 나온다. 縵連家繼는 大同 5년(810)에 외종5위하에 서위되고, 藥子의 변 직후인 동년 10월에 大膳亮에 임명되었다. 弘仁 3년(812)에 典藥助, 동 4년에 越中權介에 임명되었다. 縵連氏에 대해서는 『日本書紀』天武 12년(683) 9월조에 縵造는 縵連으로 개성하였다. 만련씨 일족으로는 『日本書紀』天武 8년(679) 8월 경오조에 縵造忍勝이란 인물이 나오고, 『續日本紀』寶龜 11년(780) 정월 계유조에는 정6위상 縵連宇陀麻呂가 외종5위하로 진급 기사가 나온다. 동 承和 8년(841) 5월조에 나오는 縵連道繼는 4만속이라는 거액의 私稻를 국가에 바쳐 정6위상에서 외종5위하의 관위를 받았다. 아마도 대화국에서 재력을 가진 유력한 호족임으로 보인다.

17 律令의 규정에는 없지만, 劇官이라고 칭하는 격무에 시달리는 관인에게 지급하는 수당이다. 在京의 職事官에게 월단위로 지급하고, 番上官의 劇官에게는 番上粮라고 하는 쌀을 지급하였다.

정묘(9일), 특이한 기능을 보유한 兵衛를 관부마다 4인씩 뽑아 近衛에 준하여 別祿, 月粮을 지급하게 하였다.

계유(15일), (천황이) 대극전에 어림하였다. 出雲國造 외종5위하 出雲臣旅人이 神賀辭를 주상하였다. 이울러 물품을 바쳤다. 녹을 사여하는 것은 평상과 같았다.

정축(19일), 종5위하 百濟王教勝[18]을 刑部少輔로 삼고, 외종5위하 林忌寸眞永을 大炊助로 삼고, 종5위하 多治比眞人船主를 右京亮으로 삼았다.

무인(20일), 칙을 내려, "大同 초에, 畿内의 講師에게 오로지 강설을 맡기고, 불교의 진리에 대해 강연하게 하였다. 제사찰의 잡사 및 3綱을 보임하는 일은 잠시 僧綱에게 맡겼다. 다만 국분사는 國司, 講師가 서로 연휴해서 감독하도록 하였다. 지금 이후로는 部内의 제사찰은 반드시 강사로 하여금 영구히 감독하게 한다. 國分 2寺는 국사도 (講師와) 함께 연휴해서 감독한다. 절의 조영과 재무사항에 대해서는 강사가 별도로 조사해서 매년 승강에게 보고한다. 강사가 교체될 때에는 종전의 예에 따르고, (인수인계의 증명서인) 解由를 요구한다. (畿外의) 제국도 이에 준해서 한다"라고 하였다.

기묘(21일), 山城國 乙訓郡의 陸田 1정 9단을 春日内親王[19]에게 주었다. 외종5위하 雁高宿禰氏成을 近江權大目으로 삼았다.

임오(24일), 우경인 弓削宿禰立麻呂가 連理木[20]을 바쳤다.

병술(28일), 우박이 내렸다.

○ 하4월 기축(2일), 鎭守府의 관원을 정하고, 장군 1인, 군감 1인, 軍曹 2인, 의사와 弩師 각 1인으로 하였다.

계사(6일), (천황이) 神泉苑에 행차하였다. 4위 이상에게 이불을 하사하였다.

---

18 여기에만 보인다.

19 桓武天皇의 황녀.

20 連理木은 木連理로 서로 다른 나무의 줄기가 자연적으로 접목되어 연결된 것, 『延喜式』式部省式에는 祥瑞 중의 下瑞에 해당한다.

경자(13일), 出羽國의 田夷置井出公呰麻呂 등 15인에게 上毛野緑野直의 성을 내렸다.

임인(15일), 우경인 종7위상 阿倍小殿朝臣大家에게 阿倍朝臣의 성을 내렸다.

계묘(16일), 칙을 내려, "僧尼에 대한 규제는 令의 조문에 명확히 나와 있다. 남녀 사이에는 예법에 의한 구별이 있다. 요즈음 제사찰의 승니들은 그 숫자가 매우 많아졌다. 겉으로는 좋은 善果를 가져온다고 가식으로 설하고, 안으로는 계율을 어지럽히고 있다. 정진하는 수행이 보이지 않고, 음란한 행위를 하는 자들을 자주 듣는다. 승강은 보면서 통제하지 않고, 관사에서는 관대하게 묵인하며 규찰하고 바로잡을 마음이 없다. 또 법회 시에는 참회의 날에 남녀가 혼재되어 있어 서로 구별이 없다. 예가 아닌 행위는 가히 논할 수 없을 정도이다. 불도를 파괴하고 풍속을 문란하게 하는 일이 이보다 심한 것은 없다. 오래도록 그 폐해를 생각하면, 도리에 맞게 징계하고 엄하게 다스려야 한다. 京職 및 제국에서는 部內의 제사찰 및 소유하는 도장 등에 고지판을 세워 금단해야 한다. 만약 준수하지 않으면, (남녀 구별의 장소에) 1인이라도 혼입하는 것을 용인하면 3綱 및 혼입한 자 등은 함께 위칙죄로 처벌한다. 소관 관사가 규찰하지 않으면 또한 같은 죄로 처벌한다. 병자가 절에 가서 치료하거나 승려를 불러 간병할 때에는 승강 내지 강사를 거쳐 그 처분을 받도록 한다. 檀越[21]이 서무관계로 절 안으로 잠시 들어가는 허락하지만, 이로 인해 계속해서 숙박해서는 안된다. 다만 절의 노비 및 尼寺의 (관리인) 鎭[22] 등은 이 금지조항에 포함하지 않는다.

병오(19일), 大外記 종5위하 豐宗宿禰廣人에게 安藝介를 겸직시키고, 大內記 종5위하 菅原朝臣清人에게 肥後介를 겸직시켰다.

정미(20일), 紀伊國의 名草驛을 폐지하고, 다시 萩原驛을 설치하였다.

○ 5월 경신(3일), 칙을 내려, "제국의 國司가 公廨田 외의 논밭을 경영하는 것

21 승려에게 시주하는 불교의 후원자.

22 『延喜式』 권제11 太政官式에, "凡諸寺別當鎭三綱并定額僧等, 依官符補任之者"라고 하여, 승직의 하나로 鎭이 나온다.

은 특히 엄격히 규제하고 있다. 그러나 제국에서는 조정의 법을 지키지 않고 오로지 사리를 추구하고 있다. 백번을 간사하게 속여도 한번도 징계하여 고치는 법이 없다. 혹은 타인의 명의를 빌려 많은 간전을 사들이고, 혹은 왕신가에 의탁하여 다투어 비옥한 토지를 점유하고 있다. 백성이 생업을 잃어버리는 것은 이로부터 연유되지 않은 것이 없다. 만약 법을 위반하는 자가 있으면 현직을 해임하고, 위칙죄로 처벌하는 것은 앞서의 칙과 동일하게 한다. 전지를 매입하거나 토지 점유하면 모두 관직을 몰수한다"라고 하였다. (이날) 종4위하 小野朝臣石子 · 永原朝臣惠子에게 정4위하를 내리고, 정5위하 秋篠朝臣諸主 · 藤原朝臣松子, 종5위상 笠朝臣道成에게 종4위하를, 종6위상 安倍朝臣堅魚 · 大伴宿祢全刀自 · 秋篠朝臣室成 · 安都宿祢吉子에게 종5위하를, 무위 秦忌寸廣刀自에게 외종5위하를 내렸다.

이날, 제를 내려, "봉호가 있는 신사는 神戶가 수리하지만, 봉호가 없는 신사는 수리할 사람이 없다. 지금 이후로는 禰宜, 祝 등이 수리하게 한다. 작은 파손이 있을 때마다 바로 수리하고, 태만하여 큰 파손이 일어나지 않도록 한다. 國司는 자주 순검에 나서야 한다. 만약 禰宜, 祝 등이 수리에 힘쓰지 않아 파손된다면, 모두 해임하도록 한다. 관위가 있는 자는 位記를 몰수하고, 관위, 관직이 없는 자는 곧장 1백대에 처한다. 국사가 검열을 하지 않아 파손에 이르면 교체하는 날에 解由를 압류하도록 한다. 다만 풍화 등의 비상사태로 파손된 경우에 수리를 감당할 수 없으면 언상하여 판단을 듣도록 한다"라고 하였다.

신유(4일), 칙을 내려, "伊勢國의 多氣, 度會 및 飯高, 飯野 등 7군의 神戶, 백성들이 正稅의 대부 과정에서 (부정, 지연 등의) 문제가 생기면 반드시 형벌에 처해진다. 이로 인해 부정을 씻는 의식이 어려워지고 도망치는 사태가 벌어진다. 이 때문에 이전부터 出擧를 정지하고 있다. 그 이후부터는 (公出擧를 받지못한 백성은) 부호민에게 대부를 구하는데, 상환에 이르러서는 수배의 폭리를 취하고 있다. 대부한 자에게 죄가 있고, 빌린 자는 폐해를 입는다. 내년부터는 神稅를 제외하고 正稅 13만 3천속을 출거하여 그 이자로 齋宮의 경비에 충당하도록 한다"라고 하였다.

임술(5일), (천황이) 馬埒殿에 행차하여 궁마술을 관람하였다.

을축(8일), 伊勢國에서 언상하기를, "傳馬의 설치는 단지 신임 국사를 送迎하는 것이고, 그 외는 이용하지 않는다. 지금은 桑名郡 榎撫驛으로부터 尾張國에 이르는데, 이미 이곳은 수로로 되어 있어, 헛되게 전마를 설치하는 것은 오래도록 백성을 힘들게 한다, 삼가 바라건대 정지시켜 영구히 힘든 부담을 해소시켜야 한다'라고 하였다. 이 주상을 허락하였다.

정묘(10일), 처음으로 大膳職에 官印을 지급하였다.

기사(12일), (천황이) 神泉苑에 행차하였다. 木工寮에서 물품을 바쳤다. 아악료에서 음악을 연주하였고, 연회를 열어 술을 마시고 하루종일 이어졌다. 5위 이상에게 의복, 이불을 하사하였다.

계유(16일), 妃 2품 朝原内親王[23]이 사직하는 것을 허락하였다.

을해(18일), 京內의 기아에 있는 백성을 진휼하였다.

정축(20일), 사자를 보내 玄賓法師를 위문하고, 아울러 법복 및 삼베 30단을 희사하였다.

무인(21일), 칙을 내려, "나라를 다스리고 가정을 이루기 위해서는 문장보다 좋은 것은 없고, 입신양명하기 위해서는 배움보다 우수한 것은 없다. 이에 大同 초에 제왕 및 5위 이상의 자손으로 10세 이상인 자는 모두 대학에 들어가 분야별로 학습하게 하였다[24]. 학문을 연마하려는 준재들을 대학에 모집하여 文才에 뛰어난

---

23 桓武天皇의 제1황녀, 伊勢斎王에 임명되었고, 이복 오라비인 平城天皇의 妃가 된다. 「後宮職員令」1에 妃는 일종의 官職으로도 규정할 수가 있어 사직이라는 표현을 사용하였다. 사직한 이유는 平城天皇이 大同 4년(809) 4월에 同母弟인 嵯峨天皇에게 양위했는데, 이듬해 이른바 藥子의 변이 일어날 당시, 平城上皇과 행동을 같이하지 않아 정치적인 문제로 사직한 것이다. 異母 자매인 大宅内親王도 10일 후에 平城上皇의 妃에서 사직하였다.

24 大同 원년(806) 6월 임인조의 칙, "제왕 및 5위 이상의 자손으로 10세 이상인 자는 모두 대학에 입학하여 학업은 분야별로 학습한다. 蔭에 따른 출신자도 또한 大學寮에 입학하고, 일정 기간을 거쳐 大舍人에 임용한다. 학업을 계속하기를 원하는 자는 허용하도록 한다"라고 하였다.

자들이 대학의 학문을 흥륭시키기를 기대하였다. 그러나 썩은 나무는 다듬기가 어렵듯이 우매한 자들은 나아가지 못한채 헛되게 많은 세월만 쌓아가고 학업은 하나도 이루지 못하고 있다. 지금 이후로는 앞서의 칙을 바꾸어 각자의 의향에 맡기고 점차 현실의 상황에 맞도록 한다'라고 하였다.

계미(26일), 妃 4품 大宅內親王[25]이 사직하는 것을 허락하였다.

이날, 공경이 주상하기를, "臣은 듣건대, '규범을 만들어 사람을 깨우치는 것은 세상을 구하기 위한 일이다. 제도를 고치고 풍속을 바르게 하는 일은 이치에 맞고 시세에 적합해야 한다'고 알고 있다. 참으로 道는 지나온 일을 살펴보고 중시해야 정치가 반드시 성공할 수 있다. 가령 (정치의 도가) 아직 펼쳐지지 않았는데, 어찌 악기의 받침대를 아교로 고정시켜 연주하기를 바라는가. 이번에 자구를 수정한 슈의 조문은 지난 神護景雲 3년(769)에 논의해서 삭산하여 정한 것이다[26]. 그러나 윤허를 받지못하고 덮어둔채 시행하지 못했다. 이후 수십년이 지나 비로소 반포하였다[27]. 그 이후로는 소송이 점점 많아졌다. 사람들의 일처리에 불편하고, 합리적으로 법을 지키기가 어렵다. 따라서 이번에 삼가 옳고 그름을 상세히 검토하여 바로 개정하기를 청한다. 시의와 현실에 맞고 오래도록 준수하여 이용할 수 있도록 한다. 밝게 교화되고 덕화가 미치어 폐해를 바로잡고, 백성들이 날로 이용하여 혜택을 입고, 나쁜 풍속이 없어지고, 가정의 생업이 온전해지기를 바라고자 한다"라고 하였다. 이를 허락하였다. (언급해야 할) 문장이 많아 기록하지 않는다[28].

을유(28일), 河內國의 講師에게 和泉國 내의 여러 定額寺를 감독하게 하였다. 또 上總國은 安房國의 제사찰을 감독하게 하고, 越中國은 能登國의 제사찰을 감

---

25 桓武天皇의 제8황녀, 平城天皇의 妃.

26 『續日本紀』神護景雲 3년(769)조에는 해당 기사가 없다.

27 延曆 13년(794) 3월 병인조에, "우대신 종2위 吉備朝臣眞備는 大和國造 정4위하 大和宿禰長岡 등이 율령 24개조를 산삭하고 정할 때, (조문 간의) 경중의 착란을 정리하고, 전후의 차이를 수정하였다. 이날, 조를 내려 처음으로 이를 시행하였다"라는 기사가 나온다.

28 『일본후기』서문에 "번잡하고 자세한 것은 이 기록에서는 수록하지 않았다"라는 편찬의 취지와 통하는 것이다. ,

독하도록 하였다. 원래 (이들 3국은) 강사를 두지 않았기 때문이다.

○ 6월 무자(2일), 칙을 내려, "제국에 있는 蝦夷 등은 조정의 법을 준수하지 않고, 법을 어기는 일이 많다. 비록 그 야만성 때문에 교화하기 어렵지만, 대저 가르치고 깨우쳐도 개명되지 않으면 그들 중에 심성이 밝은 자를 택하여 많은 이들이 공경하여 따르는 자 1인을 우두머리로 삼아 감독하게 한다"라고 하였다. 이날, 처음으로 참의 종4위하 紀朝臣廣濱[29], 陰陽頭 정5위하 阿倍朝臣眞勝[30] 등 10여인에게 日本紀[31]를 강독하게 하였다. 산위 종5위하 多朝臣人長[32]이 執講하였다.

기축(3일), 사자를 보내 攝津國에 長柄橋를 설치하게 하였다.

경인(4일), 京內에 기아에 빠진 백성을 진휼하였다.

신묘(5일), 薩摩國에 황충이 발생하였다. 이에 (公出擧로) 대부받아 체납한 벼 5천속을 면제하였다. 사자를 보내 大輪田 선착장을 수리시켰다. 神祇官이 언상하기를, "住吉, 香取, 鹿嶋 3신사는 20년의 간격으로 모두 한번 수리한다. 상습화되어 그 폐혜가 적지않다. 이번에 正殿을 제외하고 파손되면 바로 수리하고 영원

---

29 延暦 14년(795) 長門介를 시작으로 式部大丞, 勘解由判官, 肥後守를 역임하였고, 大同 2년(807)에 정5위하 右中弁에 서임되었다. 동 3년에 종4위하, 동 4년에 畿內観察使, 이듬해에는 참위에 오르면서 大學頭를 겸직하였다. 弘仁 7년(816)에는 大宰大貳를 겸직하였고, 동 10년에 정4위하에 서위되었다.

30 延暦 24년(805)에 종5위하에 서위되고, 弘仁 5년(814) 까지 陰陽頭에 재직하였다. 備中守, 治部少輔, 大學頭, 刑部大輔, 造西寺長官, 造東寺 장관 등을 역임하였다. 弘仁 6년(815)에 성립한 『新撰姓氏録』편찬에도 참여하였다. 동 11년에는 神祇伯에 임명되었으며 이후 甲斐守, 伊豫守를 역임하였고 관위는 종4위상에 이르렀다.

31 『釋日本紀』에 "弘仁三年私記云, 四年云云, 博士, 刑部少輔從五位下多朝臣人長.〈今案, 作者太安麻呂後胤歟, 竟宴〉"이라고 하여, 博士 刑部少輔 종5위하 多朝臣人長의 인명이 나온다. 『日本書紀』강독은 편찬 이듬해인 養老 5년(721)에 최초로 행해지고, 弘仁 3년(812), 承和 10년(843), 元慶 2년(878), 延喜 4년(904), 承平 6년(936), 康保 2년(965) 등 총 7회에 이른다. 역사에 정통한 학자가 博士, 都講, 尙復 등에 임명되고, 수년에 걸쳐 전30권을 강독하였다. 태정대신 이하 공경, 관인이 참석하여 강의, 의견을 교환하였다. 강의 담당자는 강의교재인 『日本紀私記』를 작성하였는데, 현존하는 것은 4종으로 『釋日本紀』편찬시에 이용되었다.

32 『古事記』를 편찬한 太安麻呂의 자손, 弘仁 3년(812)에서 동 4년에 걸쳐 『日本書紀』 강의를 하였다.

히 항례로 했으면 한다"라고 하였다. 이 주상을 허락하였다.

무술(12일), 좌경인 종5위하 出雲連廣貞에게 宿禰의 성을 내리고, 河內國 사람 외종5위하 林忌寸眞永, 우경인 정6위상 山口忌寸諸足, 內藏忌寸帶足 등에게 宿禰의 성을 내렸다.

신축(15일), 大和國 사람 고 정6위상 忍海原連鷹取에게 朝野宿禰의 성을 새로 내렸다. 鷹取의 아들 종5위하 朝野宿禰鹿取[33]가 언상하기를, "지난 延歷 11년(792)에 허위로 숙부 정6위상 朝野宿禰道長의 아들이 되었는데, 이미 관으로 출사하게 되어 (朝野宿禰로) 개성하였다. 이번에 道長 자신의 후계자가 태어났다. 삼가 청컨대 생가로 되돌아가 가문을 계승하고자 한다"라고 하였다" 이 언상을 허락하였다. 또 鹿取의 청에 따라 (부친인) 鷹取의 성을 고쳤다.

임인(16일), 京 내에 쌀값이 폭등하여 官 창고의 쌀을 출하하여 빈민들에게 저가에 판매하였다.

기유(23일), 칙을 내려, "요즈음 승려들 사이에 법을 위반하는 일이 많다. 소관 관사에서는 방임하면서 오로지 계율의 가르침에 맡기고 단속하지 않는다[34]. 조정의 법이 점점 해이해지고 실로 심각한 폐해가 되고 있다. 지금 이후로는 승니의 범죄는 경중을 불문하고 오로지 「僧尼令」에 의거하여 규찰하도록 한다"라고 하였다.

경술(24일), (천황이) 大堰[35]에 행차하였다. 山城國에서 헌물하였다. 5위 이상에게 피복을 하사하였다.

임자(26일), 칙을 내려, "비가 내리지 않은 지, 벌써 10일이 지나고 있다. 저 남쪽 전답을 보면 매우 마음이 아프다. 신령의 도움을 받아 빨리 축복의 비가 내렸

---

33 15쪽, 弘仁 2년(811) 춘정월 갑자조 각주 14 참조.
34 大同 원년(806) 10월 갑자조에, 승니의 비리가 있으면 법에 따라 조사받고, 금지사항은 敎旨(戒律)에 준해서 처벌하고, 살인, 강간, 강도는 환속시켜 속계의 법으로 처벌하라고 하였다. 이번 조치는 모두 僧尼令에 따라 처벌하도록 한 것이다.
35 山城國 葛野川에 설치된 관개용수 시설인 深.

으면 한다. 서둘러 畿內의 제신사의 名神에 폐백을 올리고 기도하도록 한다"라고 하였다. 大納言 정3위 皇太子傅, 民部卿을 겸직한 훈5등 藤原朝臣園人[36]이 상표하여 말하기를, "臣은 오래전에 범용하고 재주가 없음에도 불구하고 자주 지방관을 역임하고 서쪽에서 동쪽에까지 미쳤다. 모두 18년이 되었다. 백성의 고통과 정치의 득실을 귀로 듣고 눈으로 보면서 잘못 생각하는 일이 없었다. 천황의 명을 받아 국사로 나아가 (통치의) 기강을 지켜왔다. 백성을 친근하게 검찰하는 일은 실로 군령에게 있다. 이번에 작년 2월 14일의 詔旨에 의하면, (군령을) 가문으로부터 선발하는 일은 이미 종전의 규정대로 복귀하였다. 더구나 종신의 임무를 맡은 그 사람을 얻는 국사는 편안하게 통치를 할 수 있다. 대대로 (郡司를) 배출하는 가문의 자손이 자질이 없는데 郡司에 임명되면 오히려 책임을 묻게 되었다. 이에 업무를 감당할 수 있는 자를 정선해서 결정하여 언상하도록 하였다. 그러나 왕경에 거주하고 있는 여타의 사람이 가계의 우선권을 다투고 국사가 선임한 자를 물리치고 종전의 규정을 무시하고 임명되는 바가 되었다. 이것은 정사를 맡게 되어도 능히 선정을 베풀지 못한다. 누가 존숭하여 따르겠는가. 국사가 지시를 내려도 이해하지 못하고 郡의 내부는 해마다 피폐해지고 부흥하지 못할 것이다. 다스리지 못한 책임은 도리어 국사에게 미치어 지방관의 탄식은 전혀 달라지지 않는다. 바야흐로 지금 자애의 바람은 멀리서 불고 있고 덕정은 자주 행해지고 있다. 그러나 쇠잔해지고 백성들이 여전히 곤궁한 것은 실로 자질있는 사람을 상실했기 때문이다. 삼가 청컨대, 지금 이후로는 郡司를 전형할 때에는 오로지 (국사의) 추천에 의거했으면 한다. 만약 추천된 인물이 적임자가 아니고 치적이 보이지 않으면 추천장에 서명한 관인은 모두 해임하고 영구히 서임하지 않도록 하여 장래의 경계로 삼아야 할 것이다. 천은을 내려 만약 신의 청을 윤허해 준다면 금년도 상신한 추천장은 모두 반송해 주시고 반드시 다시 전형을 하여 내년 봄에 시행하도

---

36 藤原北家의 參議 藤原楓麻呂의 장남. 寶龜 10년(779)에 美濃介를 시작으로 備中守, 安芸守, 豊後守, 大和守 등을 역임하였고 大同 원년(806)에 山陽道観察使가 되었다. 嵯峨朝에서는 大納言, 右大臣으로 승진하였다. 『新撰姓氏録』편자의 1인이다.

록 한다. 도리에 맞는 정치의 평판이 금년 중에 일어나, 백성이 풍족하고 편안하다는 노래가 후대에까지 퍼졌으면 한다. 신하가 군주를 향한 간곡한 마음을 참을 수가 없어 삼가 죽음을 무릅쓰고 표를 올리는 바이다"라고 하였다. (천황은) 조를 내려 허락하였다. (이날) 좌경인 종5위하 秋篠朝臣上子 · 秋篠朝臣清子, 우경인 종5위하 秋篠朝臣室成, 종7위상 秋篠朝臣成 등에게 御井朝臣의 성을 내렸다.

계축(27일), 작은 새가 큰새를 낳았다[37].

병진(30일), 좌경인 美作眞人豐庭 등 3인에게 淡海朝臣의 성을 내렸다.

○ 추7월 정사삭, 칙을 내려, "요즈음 역병과 가뭄이 동시에 발생하고 있어 백성의 생업이 불안정하다. 가만히 이 일을 생각하면, 백성이 수렁에 빠진듯이 고통스런 마음이다. 神祇에게는 전화위복의 도가 있다. 신의 도움으로 이 재앙을 없애고자 한다, 서둘러 천하의 명신에게 봉폐하도록 한다"라고 하였다.

무오(2일), (천황이) 대극전에 어림하여 伊勢大神宮에 봉폐하였다. 역병과 가뭄을 구제하기 위해서이다.

신유(5일), 야생 여우가 朝堂院에 모습을 나타내었다.

임술(6일), 종4위하 伊勢朝臣繼子가 죽었다. 종3위에 추증하였다. 장의에 사용되는 도구는 관에서 지급하게 하였다. 종4위하 (伊勢朝臣)老人의 딸이다. 天推國高彦天皇[38]이 황태자 시절에 입실하여 친왕 2인, 내친왕 3인을 낳았다. 사망시의 나이는 41세였다.

계해(7일), (천황이) 神泉苑에 행차하여 씨름을 관람하였다. 문인에게 명하여 칠석의 시를 짓게 하였다.

기사(13일), 봉호 50호를 招提寺[39]에 시입하였다.

계유(17일), 陸奧國에서 언상하기를, "(이곳의) 屯田은 원래 2백정이다. 삼가

---

37 '小鳥生大鳥'는 다른 새 둥지에 托卵하는 것을 가리킨다. 이것은 祥瑞의 한 현상으로 인식되었고,『延喜式』「式部省式」 3에는 中瑞로 나온다.

38 平城天皇.

39 唐 출신 僧 鑑眞이 세우고 율종의 총본산인 唐招提寺.

바라건대 1백정을 鎭守府의 경비로 사용했으면 한다"라고 하였다. (천황은) 이를 허락하였다.

경진(24일), (천황이) 神泉苑에 행차하였다. 따라온 시종들에게 차등있게 錢을 내렸다.

임오(26일), 山城, 攝津, 河内 3국에 新錢[40]을 각각 230관을 내렸다. 이를 대부하여 얻은 이자로 제방의 보수에 충당하게 하였다.

○ 8월 병술삭, 정5위하 田口朝臣息繼를 右中弁을 삼고, 阿波守는 종전대로 하였다. 정5위하 藤原朝臣綱繼를 民部大輔로 삼고, 종5위하 大伴宿禰小堅魚를 兵部少輔로 삼고, 종4위상 大庭王을 刑部卿으로 삼고, 종5위상 藤原朝臣伊勢人을 因幡守로 삼고, 종5위하 石上朝臣美奈麻呂를 周防守로 삼았다.

무자(3일), 종5위상 安倍朝臣眞直을 權左少弁으로 삼고, 豐後守는 종전대로 하였다. 종5위하 藤原朝臣清本을 侍從으로 삼았다. 정5위하 御室朝臣今嗣를 圖書頭로 삼고, 越後守는 종전대로 하였다. 종5위하 菅原朝臣清公을 大學頭로 삼고, 종5위하 弟村王을 玄蕃頭로 삼고, 종5위하 藤原朝臣文山을 宮内少輔로 삼았다. 종5위하 藤原朝臣清人을 主殿頭로 삼고, 肥後介는 종전대로 하였다. 종5위하 紀朝臣貞成을 左京亮으로 삼았다.

경인(5일), 上野國介 종5위하 息長眞人家成, 大掾 정6위상 酒人眞人人上 등을 면직하였다. 郡司에게 사적으로 백성을 사역시키게 했기 때문이다.

신묘(6일), 무품 布勢内親王이 죽었다. 조를 내려 4품으로 추증하였다. 종5위하 弟村王, 종5위하 文室眞人末嗣 등을 보내 장의를 감독시켰다. 親王은 皇統彌照天皇[41]의 제5황녀이다. 모친은 丸朝臣氏이다. 親王의 성품은 온순했으며 특히 정조를 장려하였다. 延曆 16년에 伊勢齋가 되었다.

계사(8일), 승 良勝[42]을 多禰嶋에 유배보냈다. 여자와 같은 수레에 동승했기 때

---

40 隆平永寶, 延曆 15년(796) 주조된 錢貨.

41 桓武天皇.

42 藥師寺의 승려. 『續日本後紀』 天長 10년(833) 윤7월에 사면되어 入京이 허락되었다.

문이다.

신축(16일), 칙을 내려, "앞서의 格을 검토해 보면, 관물이 소실되었을 때, 국사가 (자신이 봉록인) 公廨로 보전했는데, 관용을 베푼는 점에서 보면, 괴리가 있다. 지금 이후로는 반드시 법에 의거하여 심의하고 장래를 경계시켜야 한다. 무릇 감독을 맡은 관인은 관내를 바로잡는데에 힘쓰고, 경비를 담당한 사람에게 방위에 주의를 기울이도록 한다. 그러나 요즈음 국사는 엄중히 바로잡지 못하고 자주 실화가 일어나고 있다. 그 책임을 피하기 위해 항상 神災[43]라고 말하고 있다. 관물의 손실을 가히 헤아릴 수가 없다. 폐해를 구하는 길은, 규정을 고치는 일이다. 지금 이후로는 종전의 격에 의거하여 神災, 人火를 불문하고 국사, 군사 및 稅長[44] 등에게 수량에 따라 보전하도록 한다. 다른 지역에 사자로 파견된 관인은 책임을 묻지 않는다. 다만 국사는 임기중의 公廨로 보전하고, 만약 교체된 해에 실화가 있으면, 그해의 공해도의 배당분을 몰수해서 보전하도록 한다"라고 하였다.

무신(23일), 傳燈大法師 善議가 죽었다. 본성은 惠賀連이고, 河內國 錦部郡 사람이다. 법사는 입당학문승이었던 고승 道慈[45]의 제자이다. 어린 나이[46]에 세속을 떠나 수행에 나섰다. 천부적인 자질로 뛰어남이 남달랐고 품성이 온화하였다. 불

43　神災는 神火를 말하고 神罰, 天災라는 인식이 있었고, 낙뢰나 미확인 화재 등을 말하기도 한다. 그러나 실제로는 국아, 군아의 正倉, 國分寺 등의 공적 시설의 피해가 많았다. 이것은 郡司 임용을 둘러싼 갈등이나 관물의 허위 납입을 은폐하기 위해 행해진 방화사건인 경우가 많다. 『續日本紀』 天平寶字 7년(763) 9월에 처음 보이고, 平安中期까지 다수 보인다.

44　郡의 관할하에서 田租의 수납, 出擧稻의 수취를 담담하고, 재지의 유력 농민이 임명되었다.

45　道慈法師에 대해서는 『續日本紀』 天平 16년(744) 10월조에 나온다. 『懷風藻』에는 한시 2수를 싣고, 그의 경력에 대해 다음과 같이 전한다. 道慈의 속성은 額田氏이고 大寶 2년(702)에 견당사선에 동승하여 당에 건너가 西明寺에서 삼론에 통하여 인왕반야경을 강론하는 1백인의 고승에 들어갔다. 養老 2년(718) 17년만에 귀국하였다. 天平 원년(729)에는 律師에 임명되었고, 大安寺의 平城京 이전에 힘썼다. 이후 律師를 그만두고 『懷風藻』에 전하는 대로 자유롭게 수행한 것같다.

46　道慈가 사망할 때 善議의 나이는 16세였다.

교의 최고 능력을 갖고 포교에 뜻을 두었다. 이로부터 三論宗의 家를 이루어 法將이라고 불리었다. 중도의 교리가 국가에 펼쳐진 것은 이 사람의 노력에 있었다. 재능에 어울리지 않은 지위에 있었지만, 존숭하여 따르는 사람이 많았다. 천년에 전하는 이름을 불후라고 하는데, 바로 이것이다. 불교의 수행을 다하여 쉬는듯 했는데, 돌연 대왕생하였다. 사람들은 (법사의) 죽음을 중생의 불행이라고 하였다. 때의 나이 84세였다.

신해(26일), 종5위하 藤原朝臣濱主를 近江權介로 삼았다.

계축(28일), 칙을 내려, "攝津國에 있는 경독전(惸獨田)[47] 150정은 국사가 경작하도록 한다. 수확한 곡물은 매년 태정관에 신고하고 그 처분을 기다린 후에 사용하도록 한다"라고 하였다. 경독전은 고 대승정 行基法師가 고아, 독거노인을 긍휼하기 위해 설치한 것이다.

을묘(30일), 종4위하 安倍朝臣枚麻呂가 죽었다.

○ 9월 무오(3일), 陸奥國 遠田郡 사람 훈7등 竹城公金弓 등 396인이 말하기를, "우리들은 아직 田夷[48]의 성을 벗어나지 못하고 있어, 영원히 자손들에게 부끄러움을 남기게 된다. 삼가 청컨대, 본성을 고쳐서 公民이 되어, (田夷 신분으로 받는) 봉록을 정지하고 영구히 과역을 바쳤으면 한다"라고 하였다. 칙을 내려, "허락한다. 다만 갑자기 과역을 바치게 되면, 남아있는 蝦夷들에 대한 (공민화의) 추진이 어렵게 된다. (당사자) 1대에 한하여 과역을 면제하도록 한다"라고 하였다. 이에 훈7등 竹城公金弓, 훈8등 黒田竹城公繼足, 훈9등 白石公眞山 등 남녀 122인에게 陸奥磐井臣을 내렸다. 훈8등 竹城公多知麻呂, 훈8등 荒山花麻呂 등 88인에게 陸奥高城連을, 훈9등 小倉公眞禰麻呂 등 17인에게 陸奥小倉連을, 훈8등 石原公多氣志 등 15인에게 陸奥石原連을, 훈8등 柏原公廣足 등 13인에게 椋椅連을, 遠田公五月 등 69인에게 遠田連을, 훈8등 意薩公持麻呂 등 6인에게 意薩連을, 小

---

47 의지할 곳 없는 고아, 노인을 구제하기 위해 설치한 것으로, 국사가 파종하는 不輸租田이다.
48 陸奥國 遠田郡에 거주하는 蝦夷.

田郡 사람 意薩公繼麻呂, 遠田公淨繼 등 66인에게 陸奧意薩連을 내렸다.

신유(6일), (천황이) 北野에서 사냥을 즐겼다. 5위 이상에게 피복을 내렸다.

갑자(9일), 新羅人 劉淸 등 10인에게 식량을 주어 귀국시켰다. (천황이) 神泉苑에 행차하였다. 시종 이상에게 연회를 베풀었다. 여성들이 음악을 연주하였다. 문인에게 시부를 짓게 하고, 5위 이상 및 문인에게 녹을 차등있게 내렸다.

을축(10일), 우대신 종2위 左近衛大將을 겸직한 藤原朝臣內麻呂, 中納言 겸 右近衛大將 종3위 훈3등 巨勢朝臣野足 등이 상표하여 말하기를, "신 등은 '북극성을 둘러싸고 6개의 별이 포진하여 빛나고 있듯이, 8개소의 衛尉[49]는 西京[50]에서 야간 경비를 맡고 있다. 실로 (천황의 거소인) 紫宮을 청정하게 하고, 경비에 흐트러짐이 없이 천황의 존엄을 유지시켜 비상의 사태에 대비한다'고 듣고 있다. 무릇 近衛는 원래부터 인원에 의거하여 장상관의 신분이고 직무는 중대하며 儀式 또한 특별하였다. 주야로 경비하며 궁중에서 떠날 수 없다. 항상 궁중의 일을 주시하며 출입하는 사람들을 모두 검문하고 있다. (그런데) 大同 2년(807)에 左右近衛府로 개편하여 장상관 직을 폐지하고 전부 번상관으로 하였다. 이로부터 上番, 下番이 교대로 출퇴근을 하게 되었다. 번상관으로 근무하는 까닭에 장상관의 규정을 고려하지 않고, 행동규범의 의식을 점점 망각하고 있다. 삼가 바라건대, 황제폐하의 덕행은 만고에 으뜸이고 공적은 백왕보다 우월하다. 후한의 광무제가 군사의 규정을 수립했지만, 어찌 (폐하보다) 훌륭하다고 말할 수 있겠는가. 魏 武帝[51]의 兵略을 거론해도, (폐하보다) 뛰어나지는 않다. 신 등은 재능이 없는데 함부로 고위직에 올랐다. 직은 宿衛를 맡으면서 몸은 禁衛의 병사를 통솔하고 있다. 삼가 바라건대, 左右近衛府에서 각각 용맹한 50인을 선발하여 종전대로 장상

---

49 近衛府의 여러 관부, 平安初期 大同 2년(807)에 近衛府를 左近衛府, 中衛府를 右近衛府로 개
    칭하고, 左右衛門府, 左右兵衛府와 함께 6衛府가 성립하였다.
50 平安京을 말한다. 平城京에 상대적으로 서쪽에 위치하여 西京으로 지칭, 중국에서도 後漢의
    낙양 천도로 전한의 長安을 西京으로 했고, 唐朝에서도 장안을 西京으로 부르기도 하였다.
51 중국의 삼국시대 魏의 시조인 曹操, 사후에 武帝로 칭해졌다.

관으로 근무시키고, 여타는 부속시켜 번상관으로 했으면 한다"라고 하였다. (천황은) 이 주상을 허락하였다.

임신(17일), 종5위하 息長丹生眞人文繼를 右京亮으로 삼았다. 무위 大宅水取臣繼主에게 종5위하를 내렸다.

갑술(19일), 정6위상 城部公小野麻呂에게 외종5위하를 내렸다.

을해(20일), 칙을 내려, "天平勝寶의 格[52]에 의하면, '東大寺 4면 2리 내에서는 살생을 금지하고 있다. 지금은 햇수가 지남에 따라 금지조치가 점점 지켜지지 않고 있다. 마땅히 國司를 통해 새로 게시판을 세워야 한다. 만약 國師[53]가 감시하지 않는다면, 위칙죄로 고발한다'고 한다. 그러나 지금은 무지한 자들이 국법을 두려워하지 않고, 國司, 講師도 禁制를 소홀히 하고있다. 마침내 청정한 장소를 수렵의 땅으로 만들고 있어 佛寺의 주변은 도살의 장과 다름이 아니다. 다시 금지하고 위반하면 처벌하도록 한다"라고 하였다.

병자(21일), 우대신 종2위 左近衛大將을 겸직한 藤原朝臣內麻呂[54]가 병으로 사직하는 표를 올려 말하기를, "신은 듣건대, '덕이 없는데 나아가는 것에 대해 성인은 그 길이 위험함을 경계하고, 재능은 없는데 높은 직에 있는 것에 대해 식견이 있는 자는 이를 천하게 여기고 의탁하지 않는다'고 한다. 신은 자질이 부족한데도 오래도록 특별한 은혜를 입었다. 두려운 마음이 절실하고 태산보다도 무거운 책임을 지고 있다. 신은 선조의 덕으로 朝臣의 으뜸 자리에 올랐다. 좋은 때를 만

---

52 天平勝寶 8세(756) 6월 9일부 「東大寺山界四至圖端書」(『大日本古文書』4-116)에 東大寺 경계가 정해지고 있다.

53 諸國에 둔 令外의 僧官, 임기는 6년이고 관할국 내의 승니를 지도, 감독하고 사원의 재물을 조사하는 일을 담당하다.

54 藤原北家의 嫡流가 되어 桓武·平城·嵯峨朝를 섬기며 신임받아 중용되었다. 관력을 보면, 甲斐守, 左衛門佐, 越前守, 右衛士督, 刑部卿, 參議, 陰陽頭, 造東大寺 장관, 勘解由長官, 中納言, 武藏守, 大納言 등을 역임하였고, 大同 원년(806)에 정3위 우대신에 오르고 동 4년에 종2위로 승진하였다. 첫째 부인은 백제계 씨족인 百濟永繼였으며, 그녀는 후에 桓武天皇의 후궁으로 들어간다. 『일본후기』편찬의 봉칙자인 藤原朝臣冬嗣는 그의 아들이고 외손녀 順子는 仁明天皇의 황후가 된다.

나 외람되게 은혜로운 封邑을 받았다. 참으로 위로는 사시의 조화를 꾀하고 밑으로는 백성을 다스리는 직에서 마음을 다하면서 목숨을 바쳐 일말의 공적으로 보답하려고 했지만, 허송세월만 보내 조정에 도움이 되지 않았다. 직무를 다하지 않고 녹만 먹는다는 비난은 신이 으뜸이다. 『禮記』에 말하기를, '신하가 된 자는 군주에게 도움이 된다면 죽음으로 몸을 바친다'고 한다. 신과 같은 자는 관에 나가서는 여러 직무를 통괄하지 못하고, 물러나서는 현명한 능력자를 천거하거나 때에 결여된 바를 보완하지 못했다. 폐하는 천지에 만물을 양육하는 덕을 베풀고, 장강과 대해와 같은 큰 포용력을 보였다. 신에게 영광된 지위를 주어 그 후의는 헤아릴 수 없다. 더구나 기운이 융성한 태평의 시대로 세상은 순박하게 돌아오고 있다. (폐하의) 어은에 정성을 다해 감사하면서 속으로 사직을 생각하고 있다. 요즈음 당뇨가 심해지고 더불어 시력이 쇠해지고 있다. 양다리도 통증이 심해 걷기도 불편하다. 마음 속으로 생각해보니 출사하기 어렵다는 것을 알고 있다. 세평에 있어서도 새삼 무엇을 의심하겠는가. 만약 어리석게도 출사한다면, 족함을 알고 멈추어야 한다는 이치에 어긋나게 된다. (대신의 직을) 감당할 수 없고, 끝내 그르치게 될 것이다. 삼가 바라건대, 관직을 사퇴하여 집에서 요양하면서, 멀리서 해바라기와 콩잎처럼 조석으로 (폐하를 향한) 마음을 다하고자 한다. 삼가 우러러 폐하의 위광은 멈추고 불쌍히 여겨 허락해 주었으면 한다. 그렇게 하면, 폐하는 재능있는 자에게 관작을 내려 실질을 잃지 않고, 어리석은 신은 현명한 자에게 양보하지 않았다는 비난을 면할 수 있을 것이다. 부끄럽고 두려운 간곡한 마음을 어찌할 수 없어 삼가 조당에 나아가 표를 올리는 바이다"라고 하였다. 中納言 정3위 藤原朝臣葛野麻呂[55]를 자택에 보내 우대하는 조를 내려 허락하지 않았다. 이날, 종4위하 石川朝臣浄直이 죽었다.

정축(22일), 曲宴을 행하고 음악을 연주하였다. 근시하는 신하들에게 녹을 차등있게 내렸다.

---

55 13쪽, 弘仁 2년(811) 춘정월 을묘조 각주 7 참조.

경진(25일), (천황이) 大原野에서 사냥을 즐겼다. 우대신 종2위 藤原朝臣内麻
呂가 헌물하였다. 시종 이상, 山城國司 및 우대신의 자제에게 피복을 내렸다.

신사(26일), 칙을 내려, "성인은 괴이한 일을 말하지 않는다. 요언의 죄는 법제
에도 가볍지 않다. 그런데 제국에서는 백성이 狂言을 믿고, 실로 언상하는 일이
빈번하다. 혹은 그 말이 국가에 (해로운 영향을) 미치고, 망령되게 화복을 말하고
있다. 법을 무시하고 기강을 문란하게 하는 일이 이보다 심한 것은 없다. 지금 이
후로는 백성이 신탁을 칭하는 자가 있으면 남녀 불문하고 규정에 따라 처벌한다.
다만 신탁이 분명하고, 그 효험이 보다 들어난다면, 국가에서 조사한 후에 사실
을 언상하도록 한다"라고 하였다.

임오(27일), 종5위상 大枝朝臣永山을 刑部大輔로 삼고, 종5위상 紀朝臣咋麻呂
를 肥後守로 삼았다.

○ 동10월 무자(3일), 제국의 신사의 神主에게 교체되는 날, 解由[56]를 주기로
하였다.

신묘(6일), 우대신 종2위 藤原朝臣内麻呂가 죽었다. 조를 내려, 종1위 좌대신
으로 추증하였다. 종3위 藤原朝臣繩主, 종4위하 藤原朝臣貞嗣 등을 보내 장의를
감독하게 하였다. 内麻呂는 증 태정대신 정1위 房前의 손이고, 대납언 정2위 眞
楯의 자이다. 대대로 대신을 배출한 가문으로 젊어서부터 인망이 있었다. 온화한
덕성을 가졌고, 모든 사람이 기쁘게 따랐다. 大同 초에 大納言에 임명되었고 겸
하여 近衛大將이 되었는데, 그해에 우대신으로 옮겼다. 근위대장은 종전대로 하
였다. 대신과 근위대장을 겸하면서 (桓武, 平城, 嵯峨) 3명의 천황을 섬겼다. 모
두 신임을 받아 중용되었다. 천황이 下問을 받아도 굳이 아첨하지 않았고, 싫어
하는 경우에는 감히 간언하지 않았다. 무릇 정무의 중심에서 십수년을 있었는데,
허물이나 과실이 없었다. 예전에 庶人 他戸親王[57]이 황태자였을 때, 夏王 桀과 大

___

56 인수인계의 증명서.
57 光仁天皇의 황자, 황태자의 신분에서 생모 井上内親王의 대역죄로 폐위되어 庶人으로 강등
    되었고 유폐지에서 사망하였다.

盗인 跖의 성질과 같이, 명가의 자들에게 해코지하는 것을 좋아하였다. (이에 황태자는) 몰면 밟거나 무는 한 마리의 거친 말을 內麻呂에게 타게 하여 상처를 입혀 즐기고자 하였다. (內麻呂는) 채찍을 한번 휘둘렀을 뿐인데, 거친 말은 머리를 숙이고 움직이지 않았다. 때의 사람들은 대단한 기량을 가진 인물로 여겼다. 대신의 지위에서 사망하였다. 때의 나이는 57세였다.

을사(20일), 式部省 書生의 정원을 30인으로 하였다. (式部)省이 필기 시험을 치러 등용시키게 하였다.

계축(28일), 조정에서 공덕을 위해 시입하는 封物은 東大寺에 수납하는 것을 정지하고, 東寺, 西寺의 조영에 관계하는 제관사에 납입하도록 하였다. 출납과 용도는 전례에 따르도록 하였다. 常陸國의 安侯, 河內, 石橋, 助川, 藻嶋, 棚嶋 6개 역을 폐지하고, 새로 小田, 雄薩, 田後 등 3개역을 설치하였다.

○ 11월 무진(13일), 제를 내려, "解由를 발급하는 날, (장관인) 受領官의 서명이 끝났어도, 임용관인[58]이 휴가로 인해 서명하지 않는 일이 있다. 이러한 경우에 式部, 兵部 2省에서 관례에 따라 반송하고 있다. 판관, 주전이 휴가나 병으로 서명하지 않아도 그 이유를 생각하면 公私에 방해가 되지 않는다. 지금 이후로는 다시 반송하기 않도록 한다"라고 하였다.

경오(15일), 제를 내려, 出羽國의 史生 및 弩師의 임기를 國司와 동일하게 하였다.

을해(20일), 종5위하 百濟王教俊[59]에게 종5위상을 내리고, 出羽守로 삼았다.

경진(25일), (천황이) 豐樂院에서 5위 이상에게 연회를 베풀고 녹을 차등있게 내렸다.

---

58 長官 이외의 次官, 判官, 主典을 말한다.

59 百濟王俊哲의 아들, 종5위하에 서위된 후, 左衛士佐의 京官이 되었고, 延曆 25년(806)에 美濃守를 겸직하였고, 동년에는 桓武天皇의 사망시 장례의 作路司에 임명되었다. 이어 齋內親王을 맞이하기 위해 伊勢神宮에 사자로 파견되었다. 平城天皇 때에는 陸奥鎮守將軍에 임명되어 근무하였고, 大同 3년(808) 6월에는 陸奥介를 겸직하였다. 大同 4년에 下野守를 역임하였다.

임오(27일), 4품 布勢内親王이 간전 772정을 東西 2寺에 시입하였다.

계미(28일), 종4위상 藤原朝臣冬嗣, 종5위하 福當麻呂 · 櫻麻呂 등에게 본래의 관으로 복직시켰다[60].

○ 12월 병술(2일), 調로 납입하는 목면 1만5백둔을 7대사 상주하는 僧 및 궁중에서 봉사하는 10명의 선사에게 시입하였다.

무자(4일), 攝津國 河邊郡의 공한지 40정을 某 親王[61] 諱〈今上天皇〉에게 주었다. 이날, 玄賓法師에게 서신을 주고 아울러 목면, 삼베 등 물품을 시입하였다.

기축(5일), 종4위상 藤原朝臣冬嗣에게 정4위하를, 종5위상 良岑朝臣安世[62]에게 정5위하를 내렸다. 정3위 藤原朝臣園人을 우대신으로 삼았다. 종3위 藤原朝臣繩主를 中納言으로 삼고, 兵部卿은 종전대로 하였다. 종5위하 粟田朝臣飽田麻呂를 諸陵頭로 삼고, 중납언 정3위 藤原朝臣葛野麻呂[63]에게 民部卿을 겸직시키고, 외종5위하 山田造大庭을 主稅□로 삼고, 종5위하 布勢朝臣全嗣를 左近衛少將으로 삼았다. 참의 종3위 文室朝臣綿麻呂를 左衛門督으로 삼고, 大藏卿, 陸奧出羽按察使는 종전대로 하였다. 左少弁 정5위하 良岑朝臣安世에게 (左衛門)佐를 겸직시키고, 但馬介는 종전대로 하였다.

임진(8일), 渤海國 사람 高多佛에게 高庭高雄의 성명을 내렸다[64].

갑오(10일), (喪服으로 解官된) 정4위하 藤原朝臣眞夏을 원래의 관직으로 복귀시켰다.

을미(11일), 참의 정4위하 行右衛門督 겸 近江守 藤原朝臣緒嗣[65]에게 득도자 2

---

60 이들의 부친인 藤原内麻呂가 이해 10월에 사망하자 喪服의 규정에 따라 解官되었는데, 이 날 다시 復官된 것이다.

61 正良親王, 仁明天皇.

62 29쪽, 弘仁 2년(811) 6월 계해삭조 각주 58 참조.

63 13쪽, 弘仁 2년(811) 춘정월 을묘조 각주 7 참조.

64 弘仁 원년(810) 5월 병인조에, "발해사의 首領 高多佛이 탈주하여 越前國에 머물렀다"라는 기사가 나온다.

65 19쪽, 弘仁 2년(811) 2월 임오조 각주 32 참조.

인을 내렸다.

정유(13일), 참의, 左近衛大將 정4위하 藤原朝臣冬嗣[66]에게 득도자 2인을 내렸다.

을사(21일), (천황이) 芹川野에서 사냥을 즐겼다. 侍從 이상 및 山城, 攝津 양국의 국사에게 피복을 하사하였다.

기유(25일), 木工寮의 史生 6인을 증원하였다.

계축(29일), 제를 내려, "春宮坊의 舍人 600인은 관인 유자격자[67] 500인과 白丁 100인으로 구성되었다. 그러나 이들은 관에 출사할 마음이 없고, 白丁은 단지 자신 1代만 해당된다. 이에 따라 수년 후에는 근무할 사람이 부족하게 된다. 관인 유자격자 500인 중에서 外位 100인을 취해서 결원에 생기는대로 보충하도록 한다"라고 하였다.

◎ 弘仁 4년(813) 춘정월 을묘삭, 황제가 大極殿에 어림하여 신년하례를 받았다.

정사(3일), 소승도 傳燈大法師位 永忠이 나이가 들어 사직을 청했다. (천황은) 우대하는 조를 내려 허락하지 않았다.

기미(5일), 參河國 사람 외종5위하 物部敏久에게 物部中原宿禰의 성을 내렸다.

신유(7일), 5위 이상에게 豐樂院에서 연회를 베풀었다. 음악을 연주하고 차등 있게 녹을 내렸다. 정4위하 吉備朝臣泉에게 정4위상을, 종4위상 秋篠朝臣安人에게 정4위하를, 정5위하 石川朝臣河主 · 藤原朝臣道繼, 종5위상 安倍朝臣男笠에게 종4위하를 내렸다. 종5위상 藤原朝臣三守 · 大枝朝臣繼吉 · 坂上大宿禰鷹養에게 정5위하를, 종5위하 百濟王忠宗[68] · 安倍朝臣犬養 · 安倍朝臣益成 · 佐伯宿禰長繼 · 小野朝臣岑守에게 종5위상을 내렸다. 외종5위상 物部匝瑳連足繼, 정6

---

66 15쪽, 弘仁 2년(811) 춘정월 갑자조 각주 13 참조.

67 음위의 특혜를 받는 자손 혹은 内位 6위 이하 8위 이상의 적자인 位子.

68 桓武朝에서 종5위하에 서위되었고, 嵯峨朝에서 少納言, 左兵衛佐를 거쳐, 弘仁 5년(814)에 정5위하, 淳和朝 天長 6년(829)에 종4위상에 올랐다.

위상 高階眞人淨階 · 藤原朝臣弟河 · 紀朝臣興道, 종6위상 巨勢朝臣河繼, 정6위상 安倍朝臣益人, 종6위상 藤原朝臣柄繼, 정6위상 秋篠朝臣祖繼 · 大伴宿禰國道 · 坂田宿禰永河에게 종5위하를 내리고, 정6위상 文忌寸山守에게 외종5위하를 내렸다.

임술(8일), 종3위 五百井女王에게 정3위를 내리고. 정4위하 永原朝臣惠子 · 小野朝臣石子에게 종3위를, 종5위상 大原眞人淸子에게 정5위하를, 무위 橘朝臣綱子에게 종5위하를 내렸다.

갑자(10일), 종5위하 藤原朝臣弟川을 伊勢介로 삼고, 종5위상 和朝臣建男[69]을 遠江守로 삼고, 종5위하 安倍朝臣弟雄을 駿河守로 삼고, 정5위하 坂上大宿禰鷹養을 武藏守로 삼고, 시종 종5위상 藤原朝臣世嗣에게 下總介를 겸직시키고, 종5위하 藤原朝臣福當麻呂를 常陸介로 삼고, 少納言 종5위하 宇智王에게 信濃守를 겸직시키고, 左少弁 정5위하 良岑朝臣安世에게 但馬守를 겸직시키고, 左衛門佐는 종전대로 하였다. 종5위하 坂田宿禰永河를 (但馬)介로 삼고, 종5위상 大中臣朝臣智治麻呂를 備中守로 삼고, 左近衛少將 종5위상 佐伯宿禰長繼에게 阿波守를 겸직시켰다. 春宮亮 종5위하 淸原眞人夏野에게 讚岐介를 겸직시켰다. 左近衛少將 종5위하 布勢朝臣全繼에게 伊豫介를 겸직시켰다. 시종 종4위하 平野王에게 豐前守를 겸직시켰다. 종5위하 笠朝臣梁麻呂를 豐後守로 삼았다. 右衛門佐 종5위하 安倍朝臣雄能麻呂에게 (豐後)介를 겸직시켰다. 少納言 종5위상 百濟王忠宗[70]에게 左兵衛佐를 겸직시켰다.

무진(14일), 最勝王經의 강설이 끝났다. 학문을 쌓은 승 11인을 殿上에 불러 논의시키고, 물품을 희사하였다. 傳燈大法師位 勤操를 율사로 삼았다.

---

69 백제 무령왕을 조상으로 하는 和史氏의 후예 씨족, 延曆 16年(797)에 大宰大監에 서임되었고, 동 24년에 近江介, 平城朝 大同 3년(808)에 治部少輔, 동 4년에 駿河守가 되었고, 弘仁 4년(813)에 遠江守에 임명되었다.

70 散位頭 百濟王利善의 아들이고, 桓武朝에서 종5위하에 서위되었다. 延曆 23년(804)에 伊豫介에 임명되었고, 嵯峨朝에서는 少納言, 左兵衛佐에 임명되었고, 弘仁 5년(814)에 정5위하, 淳和朝 天長 6년(829)에 종4위상에 올랐다.

경오(16일), 左京人 종8위하 竹田臣門繼 등 6인에게 淸岑宿禰의 성을 내렸다. 시종 이상에게 연회를 베풀고 차등있게 녹을 내렸다.

신미(17일), (천황이) 남쪽 뜰에서 활쏘기를 관람하였다.

계유(19일), 東西 2寺에서 처음으로 夏安居를 행했다. 보시, 공양은 諸大寺의 사례에 준하게 하였다.

병자(22일), 後殿에서 曲宴을 열었다. 문인에게 시부를 짓게 하고 차등있게 녹을 내렸다.

정축(23일), 제를 내려, 伊勢國의 壹志郡, 尾張國의 愛智郡, 常陸國의 信太郡, 但馬國의 養父郡로 하여금 채녀에 어울리는 용모가 단정한 나이 16세 이상 20세 이하의 郡司의 딸이나 누이동생을 각 1인씩 공상하게 하였다.

무인(24일), 大和國 사람 종6위하 物部福麻呂에게 廣澄宿禰의 성을 내렸다.

기묘(25일), 정5위하 佐伯宿禰淸岑을 右少弁으로 삼고, 종5위하 文室眞人末嗣를 內匠助로 삼고, 종5위하 紀朝臣興道를 雅樂頭로 삼고, 종5위하 安倍朝臣節麻呂를 大炊助로 삼고, 외종5위하 林宿禰眞永을 鑄錢次官으로 삼았다. 정6위상 林忌寸稻主에게 외종5위하를 내렸다.

경진(26일), (천황이) 栗前野에서 사냥을 즐겼다. 5위 이상에게 피복을 내렸다.

○ 2월 병술(3일), 治部省에서 언상하기를, "종전의 규정에서는 승니가 출가할 때 度緣[71]을 주고 수계받는 날에 거듭 公驗을 지급하였다. 이것은 조사에 의거하여 명확히 하고, 용이하게 (승니신분의) 진위를 판별할 수 있다. (天平)勝寶 이래 수계받는 날, 度緣을 파기하고 公驗을 정지하여, 단지 10師[72]의 戒牒을 주어 이

---

71 得度한 승니에게 수여하는 국가공인의 신분증명서인 公驗이고, 度牒, 告牒이라고도 한다. 得度의 緣由를 기록한 문서라는 의미에서 일반적으로 度緣이라는 용어를 쓴다. 『令集解』 「僧尼令」 14 「令釋」, 동 21 「讃說」에 인용된 養老4년 2월 4일格에는 "凡僧尼給公驗, 其数有三, 初度給一, 受戒二, 師位給三"이라고 되어 있다. 得度 시에 度緣, 受戒 시에 戒牒, 僧位를 받는 師位 시 등 3종이 있다. 太政官이 발행하고, 治部省, 玄蕃寮의 담당관, 僧綱 등의 僧官이 서명하면 효력이 발생한다.

72 수계하는 날에 입회하는 戒和上, 敎授師, 羯摩師 3師와 7인의 증인을 말한다.

를 증명서로 삼았다. 여기에는 의심이 생길 여지가 있다. 개정하지 않으면 부정이 생길 우려가 있다. 삼가 바라건대, 도연을 파기하지 않고 영구히 증명서로 삼았으면 한다'라고 하였다. 이를 허락하였다. 다만 지금 이후로는 이 도연에는, 僧에게는 태정관인을 날인하고, 尼에게는 소관관사인 (治部省의) 印을 날인한다. 수계받을 때에 치부성에서는 도연의 말미에 수계의 연월 및 관인의 서명을 주기하고, 치부성 印을 날인한다. 승니가 畿外 지역에서 수계받는 경우에는 관할하는 관사에서 이에 준하여 시행하도록 한다. 지금까지 승에게 발급한 戒牒은 모두 승강에게 제출하여 소관 관사[73]에 보내고, 소관관사에서 심사하여 허위가 없는 지를 밝힌 후에 되돌려준다. 제출 기한에 대해서는 검토하여 정한다. 기한내에 제출하지 않거나 후에 날인하지 않고 가져온 것은 公驗으로 인정하지 않고 私度僧[74]으로 동일하게 취급한다. 만약 사망하거나 환속하면, 그 度緣, 戒牒은 조속히 치부성에 제출한다. 치부성에서는 연말에 태정관에 신고하고 폐기한다. 바라건대, 사악한 사람이 부정을 저지르지 못하게 하고, 원류를 깨끗하게 한다'라고 하였다.

갑오(11일), 門部의 검을 차는 요대의 색깔을 개정하였다. 左衛門府의 門部는 엷은 옥색으로 하고 右衛門府의 門部는 염색한 열은 옥색으로 하였다. 石見國에 乘田[75] 30정을 경작하게 하여, 그 수확물은 지난 해의 미납분을 보전하게 하였다. 경작에 드는 공임과 종자의 비용은 3년을 한도로 正稅를 빌리도록 한다. 임조료는 관례에 따라 (태정관에) 납입하게 하였다.

을미(12일), 河內國 사람 종8위상 難波忌寸氏主, 攝津國 사람 정6위상 輪波忌寸船人, 정6위상 日下部忌寸阿良多加 등에게 宿禰의 성을 내렸다.

병신(13일), 외종5위하 勇山連家繼를 대학박사로 삼고, 정5위하 大中臣朝臣魚取를 民部少輔로 삼고, 외종5위하 物部中原宿禰敏久를 大判事로 삼고, 외종5위

---

73 治部省와 玄蕃寮.
74 官의 허가를 받고 득도한 官度僧에 대하여 관의 허가를 받지 않고 출가한 승니를 말한다.
75 口分田을 반급하고 남은 잉여의 公田을 乘田이라고 하고, 이를 농민에게 경작시켜 수확의 일부를 賃租料로서 받는다.

하 日下部連高道를 大炊助로 삼고, 종5위하 安倍朝臣節麻呂를 造酒正으로 삼고, 종5위상 高階眞人遠成을 大和介로 삼고, 종5위상 三原朝臣弟平을 尾張守로 삼고, 외종5위하 緂連家繼[76]를 越中權介로 삼았다.

정유(14일), 上野國 甘樂郡의 大領 외종7위하 훈6등 壬生公郡守特에게 외종6위하를 내렸다. 호구를 증가시켜 백성이 바라는 바를 이루었기 때문이다.

기해(16일), (천황이) 交野에서 사냥을 즐겼다. 山埼驛을 行宮으로 삼았다. 이날, (山埼)津의 두부에서 화재가 발생하였다. 31채의 가옥이 불에 탔다. 이에 쌀, 목면을 차등있게 지급하였다. 또 駕輿丁[77] 및 左右衛土 등에게 녹을 차등있게 하사하였다.

신축(18일), (천황이) 水生野에서 사냥을 즐겼다. 山城國에서 봉헌하였다. 5위이상 및 山城, 河内, 攝津 등 제국의 국사에게 피복을 내렸다. 史生, 郡司에게는 목면을 차등있게 하사하였다. 이날 저녁이 되어 환궁하였다.

갑진(21일), 종5위상 紀朝臣咋麻呂를 刑部大輔로 삼고, 종5위상 大枝朝臣永山을 肥後守로 삼았다. 伊豫國 사람 훈6등 吉彌侯部勝麻呂 · 吉彌侯部佐奈布留 2인에게 野原의 성을 내렸다.

을사(22일), 大和國 平群郡의 전지 32정을 某 親王[78] 諱〈今上〉에게 주었다.

무신(25일), 制를 내려, "흉작으로 손실이 많은 해에는 토착민, 귀속한 蝦夷는 모두 재난을 입는다. 그러나 진휼하는 날에는 하이에게는 미치지 않는다. 기근의 고통은 피차 마찬가지인데, 구급의 혜택에 어찌 華蠻[79]의 구별이 있겠는가. 지금

---

76 58쪽, 弘仁 3년(812) 2월 임자조 각주 16 참조.

77 고관의 가마, 수레를 끄는 하급관인.『延喜式』권제45「左右近衛府」에는 "凡駕輿丁百人,〈隊正二人, 火長十人, 丁八十八人.〉"라고 하여 駕輿丁 100인이고 이중에 隊正 2인, 火長 10인, 丁, 88인으로 되어 있고,『延喜式』권제47「左右兵衛府」에 "凡駕輿丁, 五十人, 凡供奉行幸駕輿丁, 裝束十一具.〈中宮准此.〉"라고 하여 駕輿丁 50인으로 나와 있다. 이들에게 지급되는 의복, 식량 등도 상세하게 규정되어 있다.

78 후에 仁明天皇으로 즉위한 正良親王. 천황의 이름을 피하기 이해 某親王으로 표기하였다.

79 문명과 야만, 즉 천황의 덕화에 있는 일본의 공민과 이종족인 蝦夷.

이후로는 (蝦夷도) 평민에 준하여 지급하여 구제하도록 한다. 다만 훈위(를 받은 蝦夷), (하이 집단의) 촌장 및 식량을 받는 하이들은 (식량지급의) 범위에 포함하지 않는다"라고 하였다.

임자(29일), (천황은) 神泉苑에서 연회를 열고 문인들에게 詩賦[80]를 짓게 하였다. 음악을 연주하고 목면을 차등있게 하사하였다.

일본후기 권제22

80　韻文에 따라 시를 짓는 것.

日本後紀 卷第二十二〈起弘仁三年正月, 盡四年二月〉

左大臣正二位兼行左近衛大將臣藤原朝臣冬嗣等奉勅撰

太上天皇〈嵯峨〉

◎弘仁三年春正月庚申朔, 皇帝御大極殿, 受朝賀. 宴侍臣於前殿, 賜御被. 甲子, 勅, 大宰府去十二月二十八日奏云, 對馬嶋言, 今月六日新羅船三艘浮□西海. 俄而一艘之船著於下縣郡佐須浦. 船中有十人, 言語不通, 消息難知. 其二艘者, 闇夜流去, 未知所到. 七日船二十餘艘在嶋西海中, 燭火相連. 於是遂知賊船. 仍殺先着者五人, 五人逃走. 後日捕獲四人, 即衛兵庫, 且發軍士. 又遙望新羅, 每夜有火光數處. 由茲疑懼不止. 仍申送者. 爲問其事, 差新羅譯語幷軍毅等發遣已訖. 且准舊例, 應護要害之狀, 告管内幷長門·石見·出雲等國訖者. 所奏消息, 既是大事. 虛實之狀, 續須言上. 而久移年月, 遂無所申. 又要害之國, 必發人兵, 應疲警備. 解却之事, 期於何日. 宜言其由. 不得更怠. 又量事勢, 不足爲虞. 宜令停出雲·石見·長門等國護要害事. 丙寅, 無品佐味親王授四品, 正五位下多賀王正五位上, 無位石野王, 正六位上原王從五位下. 從四位上文室朝臣眞屋麻呂正四位下, 從四位下藤原朝臣今川從四位上, 正五位下百濟王教德·小野朝臣野主從四位下, 從五位上紀朝臣百繼正五位上, 從五位上池田朝臣春野·佐伯宿禰清岑·安倍朝臣眞勝正五位下. 從五位下紀朝臣南麻呂·藤原朝臣世嗣·大原眞人眞福從五位上. 正六位上文室眞人末嗣·藤原朝臣櫻麻呂·和朝臣繩繼·橘朝臣淨野·石川朝臣水長·藤原朝臣豐彦·大伴宿禰雄堅魚·粟田朝臣鯨·巨勢朝臣清野·三嶋眞人助成, 從六位下安倍朝臣豐柄·粟田朝臣飽田麻呂·石川朝臣淨道·秋篠朝臣男足, 從七位下八多朝臣桑田麻呂, 正七位上布勢朝臣全繼從五位下. 正六位上高丘宿禰弟越·滋野宿禰家譯·林忌寸眞永·勇山連家繼外從五位下. 宴五位已上, 賜祿有差. 丁卯, 正五位上紀朝臣百繼授從四位下, 正六位上布勢朝臣勝成從五位下, 正六位上簀奏惠師笠麻呂外從五位下, 從五位上藤原朝臣緒夏從四位下.
是日, 詔贈故下野介外從五位上高原連源從五位下. 以其善政傳于後代也. 辛
未, 右京人正六位上飛鳥戸造善宗, 河内國人正六位上飛鳥戸造名繼, 賜姓百
濟宿禰. 式部卿三品葛原親王爲兼大宰帥. 從三位巨勢朝臣野足爲中納言, 右
近衛大將如故. 從四位上藤原朝臣藤嗣爲參議, 參議從三位藤原朝臣繩主爲兵
部卿, 從五位下紀朝臣長田麻呂爲玄蕃頭, 從五位下藤原朝臣弟主爲大判事,
從五位下藤原朝臣福當麻呂爲典藥頭, 左中弁從四位下小野朝臣野主爲兼攝
津守, 外從五位下高丘宿禰弟越爲山城介, 從五位下秋篠朝臣男足爲伊賀守,
齋宮頭從五位下小野朝臣眞野爲兼伊勢權介, 外從五位下滋野宿禰家譯爲尾
張介, 左馬頭從五位上安倍朝臣男笠爲兼參河守, 從五位下淡海眞人有成爲
介. 少納言從五位下宇治王爲兼遠江守, 從五位下永上眞人河繼爲伊豆守, 從
五位下藤原朝臣眞川爲甲斐守, 參議右衛門督正四位下藤原朝臣緒嗣爲兼近
江守, 從五位下朝野宿禰鹿取爲介. 式部少輔從五位下小野朝臣岑守爲兼美濃
守, 内藏頭如故. 正五位下藤原朝臣道繼爲下野守, 從五位下安倍朝臣豐柄爲
介. 正五位下佐伯宿禰耳麻呂爲陸奧守, 從五位上藤原朝臣鷹養爲越中守, 外
從五位下秦宿禰智奈理爲越後介, 右近衛中將從四位下大野朝臣直雄爲兼丹
波守, 從五位下尾張連粟人爲丹後守, 大外記從五位上上毛野朝臣穎人爲兼因
幡介, 鑄錢長官從五位上大枝朝臣繼吉爲兼伯耆守, 從五位下石川朝臣清道爲
介. 從五位下藤原朝臣清繩爲出雲守, 從五位下三國眞人氏人爲美作介. 參議
從四位上秋篠朝臣安人爲兼備前守, 左大弁左兵衛督如故. 從五位下藤原朝臣
廣敏爲備中守, 外從五位下廣井宿禰眞成爲介. 從五位下御井王爲安藝守, 外
從五位下當宗忌寸家主爲阿波介, 參議從四位上藤原朝臣藤繼爲大宰大貳, 從
五位下藤原朝臣葛成爲少貳. 從五位上大枝朝臣永山爲肥後守, 大内記從五位
下菅原朝臣清人爲兼大掾. 諸陵頭從五位上永原朝臣最弟麻呂爲兼豐前守, 從
四位下紀朝臣百繼爲右近衛中將, 從五位下坂上大宿禰廣野爲少將. 從五位下
布勢朝臣全繼爲左衛門佐, 從五位下巨勢朝臣清野爲右兵衛佐. 乙亥, 宴侍臣,

賜祿有差.甲申,遊獵栗前野.五位已上及山城國掾已上賜衣被.乙酉,制,陸奧出羽按察使正五位上官,今改爲從四位下官.夷外從五位上宇漢米公色男,外從五位下爾散南公獨伎,播磨國印南郡權少領外從五位下浦田臣山人等三人,特聽節會入京.丙戌,正四位下春原朝臣五百枝授從三位.

○二月辛卯,陸奧國言,慶雲三年格云,身役十日以上免庸.二十日以上庸調俱免者.今征夷軍士役四十日以上也.伏請,准格幷延曆二十一年例,免除去年調庸者.許之.壬辰,屏風一帖,障子四十六枚,施入東寺.障子四十六枚,施入西寺.己亥,從五位下和朝臣繩繼爲散位助.正五位下田口朝臣息繼爲民部大輔,阿波守如故.從五位下紀朝臣和氣麻呂爲主計頭,從五位下石川朝臣弟道爲木工頭,從五位下多治比眞人繼益爲正親正,從四位上藤原朝臣今川爲左京大夫,越前守如故.從五位下菅原朝臣清公爲亮,從四位下藤原朝臣貞嗣爲右京大夫,外從五位上物部匝瑳連足繼爲鎭守將軍.辛丑,幸神泉苑.覽花樹.命文人賦詩,賜綿有差.花宴之節始於此矣.癸卯,遊獵水生野.甲辰,遊獵交野山城・攝津・河內等國獻物.賜侍從以上及國宰掾已上衣被.庚戌,復采女司.辛亥,山城國乙訓郡荒地賜大外記從五位上上毛野朝臣穎人,左大史正六位上朝原宿禰諸坂,左少史從七位下佐太忌寸豐長各一町.左京人從五位下阿倍長田朝臣節麻呂.從七位上阿倍長田朝臣高繼等八人,賜姓阿倍朝臣.壬子,從五位下小野朝臣諸野爲大膳亮,外從五位下縵連家繼爲典藥助.

○三月己未朔,諸司要劇,停米充錢焉.新羅人清漢波等流來.依願放還.丙寅,封一百戶施入秋篠寺.丁卯,異能之兵衛每府四人,准近衛給別祿月粮.癸酉,御大極殿.出雲國造外從五位下出雲臣旅人奏神賀辭.幷有獻物.賜祿如常.丁丑,從五位下百濟王教勝爲刑部少輔,外從五位下林忌寸眞永爲大炊助,從五位下多治比眞人船主爲右京亮.戊寅,勅,大同之初,令畿內講師,專預講說,令演眞諦.其諸寺雜事幷補三綱等,暫預僧綱.但國分寺者,國司講師相共檢校者.自令以後,部內諸寺,宜令講師永加檢校.其國分二寺,國司亦相共檢.其造寺用度者,講師別亦勘錄,每年申送於僧綱.遷替之日,令依舊例,責其解

由. 諸國亦宜准之. 己卯, 山城國乙訓郡陸田一町九段賜春日内親王. 外從五位
下雁高宿禰氏成爲近江權大目. 壬午, 右京人弓削宿禰立麻呂獻連理木. 丙戌,
雨雹.

○夏四月己丑, 定鎭守官員. 將軍一員, 軍監一員, 軍曹二員, 醫師弩師各一
員也. 癸巳, 幸神泉苑. 賜四位已上衾. 庚子, 出羽國田夷置井出公呰麻呂等
十五人賜姓上毛野緑野直. 壬寅, 右京人從七位上阿倍小殿朝臣大家賜姓阿
倍朝臣. 癸卯, 勅, 僧尼之制, 事明令條. 男女之別, 非無禮法. 頃者諸寺僧尼, 其
數寔繁. 外託勝因, 内虧戒律. 精進之行無顯, 淫犯之徒屢聞. 僧綱顏面, 不加捉
搦, 官司寬容, 無心糺正. 又法會之時, 懺悔之日, 男女混雜, 彼此無別. 非禮之
行, 不可勝論. 敗道傷俗莫甚於斯. 永言其弊, 理合懲肅. 宜令京職幷諸國, 示部
内諸寺及所有道場 等, 令加禁斷. 若不遵承, 輙容受一人已上者, 三綱幷入者
等, 竝科違勅罪. 所司不糺, 亦與同罪. 其病者可就寺治疾及請僧看病者, 經僧
綱若講師, 聽其處分. 檀越有可勾當寺内雜事者, 聽令暫入. 不得因此經, 宿留
連. 但寺家奴婢及尼寺鎭等不在禁限. 丙午, 大外記從五位下豐宗宿禰廣人爲
兼安藝介, 大内記從五位下菅原朝臣清人爲兼肥後介. 丁未, 廢紀伊國名草驛,
更置萩原驛.

○五月庚申, 勅, 諸國司, 公廨田之外營水陸田, 特立嚴制. 而諸國不率朝憲,
專求私利. 百端姦欺, 一無懲革. 或假他人名, 多買墾田, 或託言王臣, 競占腴
地. 民之失業, 莫不由此. 若亦有違犯者, 解却見任, 科違勅罪. 一如先勅. 買田
占地, 竝亦沒官. 從四位下小野朝臣石子‧永原朝臣惠子授正四位下, 正五位
下秋篠朝臣諸主‧藤原朝臣松子, 從五位上笠朝臣道成從四位下, 從六位上安
倍朝臣堅魚‧大伴宿禰全刀自‧秋篠朝臣室成‧安都宿禰吉子從五位下, 無
位秦忌寸廣刀自外從五位下. 是日, 制, 有封神社者, 神戸修造. 於無封社, 無人
修理. 自今以後, 宜令禰宜祝等修造. 每有小破, 隨即修作, 不得延怠使致大破.
國司屢加巡檢. 若禰宜祝等, 不勤修理, 令致破壞者, 竝從解却. 其有位者即追
位記, 白身者決杖一百. 國吏不檢閱, 有致破損者, 遷替之日, 拘其解由. 但遭風

火非常等損, 不甚修作者, 言上聽裁. 辛酉, 勅, 伊勢國多氣度會及飯高飯野等七郡神戸百姓等, 緣徵正稅, 必加刑罸. 已亂齋事, 或致逃散. 是以昔年停出舉. 自茲以後, 借求富民, 至于報償, 加利數倍. 舉者有罪, 償者受弊. 宜始自明年, 神稅之外, 舉正稅十三萬三千束, 以其息利, 充齋宮用. 壬戌, 御馬埒殿. 觀馬射. 乙丑, 伊勢國言, 傳馬之設, 唯送新任之司, 自外無所乘用. 今自桑名郡榎撫驛, 達尾張國. 既是水路, 而徒置傳馬, 久成民勞. 伏請, 一從停止, 永息煩勞. 許之. 丁卯, 始賜大膳職印. 己巳, 幸神泉苑. 木工寮獻物. 雅樂寮奏樂. 飲宴終日. 賜五位已上衣衾. 癸酉, 妃二品朝原內親王辭職. 許之. 乙亥, 賑給京中飢民. 丁丑, 遣使問玄賓法師, 兼施法服幷布三十端. 戊寅, 勅, 經國治家, 莫善於文, 立身揚名, 莫尙於學. 是以大同之初, 令諸王及五位已上子孫十歲已上, 皆入大學, 分業教習. 庶使拾芥磨玉之彦, 霧集於環林, 吞鳥雕蟲之髦, 風馳乎璧沼. 而朽木難琢, 愚心不移, 徒積多年, 未成一業. 自今以後, 宜改前勅, 任其所好, 稍合物情. 癸未, 妃四品大宅內親王辭職. 許之. 是日, 公卿奏曰, 臣聞, 垂範訓人, 事歸濟世. 改制易俗, 理會適時. 寔知道尙沿革, 政必裁成. 苟或未弘, 豈肯膠柱. 今此刪定令條, 是去神護景雲三年議請刪定. 而事有不允, 寢而莫行. 數十年後, 乃始頒下. 自爾以降, 訴訟逾繁. 事不便人, 理難取則. 今故謹詳可不, 輒請刊改. 冀合機宜, 用遵可久. 庶望, 景化風行而革弊, 群生日用而沐義, 俗弭奸邪, 家全緒業者. 許之. 文多不載. 乙酉, 令河內國講師便檢校和泉國部內之定額諸寺. 又上總國檢校安房國之諸寺, 越中國檢校能登國之諸寺. 爲元來不置講師也.

○六月戊子, 勅. 諸國夷俘等, 不遵朝制, 多犯法禁. 雖彼野性難化, 抑此教喩之未明, 宜擇其同類之中, 心性了事. 衆所推服者一人, 置爲之長, 令加捉搦. 是日, 始令參議從四位下紀朝臣廣濱, 陰陽頭正五位下阿倍朝臣眞勝等十餘人讀日本紀. 散位從五位下多朝臣人長執講. 己丑, 遣使造攝津國長柄橋. 庚寅, 賑給京中飢民. 辛卯, 薩摩國蝗. 免逋負稻五千束. 遣使修大輪田泊. 神祇官言, 住吉香取鹿嶋三神社, 隔二十箇年, 一皆改作. 積習爲常, 其弊不少. 今須除正殿

外, 隨破修理, 永爲恒例. 許之. 戊戌, 左京人從五位下出雲連廣貞賜姓宿禰, 河
內國人外從五位下林忌寸眞永, 右京人正六位上山口忌寸諸足, 内藏忌寸帶
足等賜姓宿禰. 辛丑, 大和國人故正六位上忍海原連鷹取追賜姓朝野宿禰. 鷹
取之子從五位下朝野宿禰鹿取言, 去延曆十一年詐爲叔父正六位上朝野宿禰
道長之子, 既得出身并改姓. 今道長自有繼嗣. 伏請, 還付本生, 得承家門者. 許
之. 又依鹿取請, 追改鷹取姓. 壬寅, 京中米貴. 出官倉米, 以減價糶貧民. 己酉,
勅, 頃者, 緇徒之間, 多犯法禁. 所司寬縱, 專任律教, 不加推勘. 朝憲稍弛, 爲弊
良深. 自令以後, 僧尼犯罪, 不論輕重, 一依僧尼令紀之. 庚戌, 幸於大堰. 山城
國獻物. 賜五位以上衣被. 壬子, 勅, 甘澤不降, 稍涉旬日. 眷彼南畝, 深軫于懷.
所冀神靈垂祐, 早致嘉雨. 宜走幣畿内, 祈於名神. 大納言正三位兼皇太子傅民
部卿勳五等藤原朝臣園人上表曰, 臣昔歲不揆庸菲, 頻歷外任, 自西及東. 惣十
有八年. 黎民疾苦, 政治得失, 耳聞目見, 頗無相錯. 夫銜綸出宰, 槪持綱紀. 親
民檢察, 良在郡領. 今依去年二月十四日詔旨, 譜第之事, 已復舊例. 況乎終身
之任得其人, 則遷替之吏, 高枕而治. 奕世之胤, 非其器, 則見任之司, 還招罪
責. 是以精選堪務, 沙汰言上. 而在京他人, 爭第競甲, 抑退國選, 越舊被任. 試
之政事, 未克宣風. 訪之民間, 誰有推服. 國吏月教而不覺, 郡内年弊而無興. 不
治之責, 還及牧宰, 外官之歎, 前後不殊. 方今仁風遠覃, 德政屢降. 然彫殘之
餘, 百姓猶困, 實由撫養之失人也. 伏請, 自今已後, 銓擬郡司, 一依言上. 若選
非其人, 政績無驗, 則署帳之官, 咸解見任, 永不敍用, 以懲將來. 天恩垂鑒, 儻
允臣請, 則今年擬帳, 悉從返却, 一定改帳, 明春始行. 庶令理治之聲, 起於當
年, 富康之謠流於後代. 不任犬馬懷主之懇, 謹奉表冒死以聞. 詔可. 左京人從
五位下秋篠朝臣上子・秋篠朝臣清子, 右京人從五位下秋篠朝臣室成, 從七位
上秋篠朝臣成等賜姓御井朝臣. 癸丑, 小鳥生大鳥. 丙辰, 左京人美作眞人豐庭
等三人賜姓淡海朝臣.

○秋七月丁巳朔. 勅, 頃者疫旱竝行, 生民未安. 靜言于此, 情切納隍. 但神明
之道, 轉禍爲福. 庶馮祐助, 除此災禍. 宜走幣於天下名神. 戊午, 御大極殿. 奉

幣於伊勢大神宮. 爲救疫旱也. 辛酉, 有野狐見朝堂院. 壬戌, 從四位下伊勢朝臣繼子卒. 贈從三位. 喪事所須. 令官給焉. 從四位下老人之女也. 天推國高彥天皇在儲宮納之. 生親王二男三女. 卒時年四十一. 癸亥, 幸神泉苑. 觀相撲. 命文人賦七夕詩. 己巳, 封五十戶施入招提寺. 癸酉, 陸奧國言, 屯田元二百町. 伏望, 定一百町, 爲鎭守儲者. 許之. 庚辰, 幸神泉苑. 賜陪侍者錢有差. 壬午, 賜山城・攝津・河內三國新錢各二百三十貫. 出擧取利, 充堤防用.

○八月丙戌朔, 正五位下田口朝臣息繼爲右中弁, 阿波守如故. 正五位下藤原朝臣綱繼爲民部大輔, 從五位下大伴宿禰小堅魚爲兵部少輔, 從四位上大庭王爲刑部卿, 從五位上藤原朝臣伊勢人爲因幡守, 從五位下石上朝臣美奈麻呂爲周防守. 戊子, 從五位上安倍朝臣眞直爲權左少弁, 豐後守如故. 從五位下藤原朝臣清本爲侍從. 正五位下御室朝臣今嗣爲圖書頭, 越後守如故. 從五位下菅原朝臣清公爲大學頭, 從五位下弟村王爲玄蕃頭, 從五位下藤原朝臣文山爲宮內少輔. 從五位下藤原朝臣清人爲主殿頭, 肥後介如故. 從五位下紀朝臣貞成爲左京亮. 庚寅, 上野國介從五位下息長眞人家成. 大掾正六位上酒人眞人人上等免. 以令郡司私役百姓也. 辛卯, 無品布勢內親王薨. 詔贈四品. 遣從五位下弟村王, 從五位下文室眞人末嗣等. 監護喪事. 親王者, 皇統彌照天皇第五女也. 母丸朝臣氏. 親王資性婉順, 貞操殊勵. 延曆十六年爲伊勢齋. 癸巳, 流僧良勝於多褹嶋. 以與女同車也. 辛丑, 勅, 檢承前格, 有燒亡官物, 以國司公廨填. 事乖弘恕. 自今以後, 必據法推決, 以懲將來. 俾夫監臨之官, 勤肅所部, 守掌之人, 愼其防衛者. 而頃者國司不勤肅清, 屢致失火. 爲避其責, 恒稱神災. 官物之損, 不可勝計. 救弊之道, 事資改張. 自今以後, 宜依前格, 不問神災人火, 令國郡司及稅長等, 依數填備. 其被差使出境之官, 不在此限. 但國司者, 以任中公廨填之, 若當遷替年有失火者, 只奪其年料填之. 戊申, 傳燈大法師善議卒. 本姓惠賀連. 河內國錦部郡人也. 法師, 入唐學問道慈大德之入室也. 少捐塵事, 早結道遊. 天資秀異, 氣稟沖和. 能持梵甲, 志願傳燈. 是以三論之家, 許號法將. 中道之理, 流布國家, 則伊人之力也. 才位不愜, 桃李成蹊. 千歲之名,

是謂不朽. 道極如休, 忽歸大暮. 人之云亡, 衆生不幸矣. 時年八十四. 辛亥, 從
五位下藤原朝臣濱主爲近江權介. 癸丑, 勅, 在攝津國悍獨田一百五十町. 宜令
國司耕種. 所獲苗子, 每年申官, 待被處分, 然後用之. 悍獨田者. 故大僧正行基
法師, 爲矜孤獨所置也. 乙卯, 從四位下安倍朝臣枚麻呂卒.

○九月戊午, 陸奧國遠田郡人勳七等竹城公金弓等三百九十六人言, 己等未
脫田夷之姓, 永貽子孫之恥. 伏請, 改本姓爲公民, 被停祿, 永奉課役者. 勅可.
唯卒從課役, 難勸遺類. 宜免一身之役. 仍賜勳七等竹城公金弓, 勳八等黑田竹
城公繼足, 勳九等白石公眞山等男女一百二十二人陸奧磐井臣. 勳八等竹城公
多知麻呂, 勳八等荒山花麻呂等八十八人陸奧高城連. 勳九等小倉公眞禰麻呂
等十七人陸奧小倉連. 勳八等石原公多氣志等十五人陸奧石原連. 勳八等柏原
公廣足等十三人椋椅連. 遠田公五月等六十九人遠田連. 勳八等意薩公持麻呂
等六人意薩連. 小田郡人意薩公繼麻呂, 遠田公淨繼等六十六人陸奧意薩連.
辛酉, 遊獵北野. 五位已上賜衣被. 甲子, 新羅人劉清等十人賜粮放還. 幸神泉
苑. 宴侍從已上. 奏妓. 命文人賦詩. 五位已上及文人賜祿有差. 乙丑, 右大臣從
二位兼左近衛大將藤原朝臣內麻呂, 中納言兼右近衛大將從三位勳三等巨勢
朝臣野足等上表曰, 臣聞, 鉤陳六位, 環北極以分輝. 衛尉八屯, 居西京而警夜.
誠以紫宮清切, 周衛無虧, 黃屋尊嚴, 不虞是備. 夫近衛, 元是依數長直. 職掌既
重, 儀式亦殊. 晝夜警護, 不離禁中. 常見宮省之事, 悉知出入之人. 大同之年,
爲左右府, 即停長直, 一從番上. 自茲上番下番, 遙去遙來. 苟守當番之直, 不顧
長久之法. 坐作進退, 稍忘其儀. 伏惟, 皇帝陛下, 道高萬古, 功邁百王. 漢光之
懸制戎規, 何能語美. 魏武之切言兵略, 未足稱奇. 臣等猥以庸虛, 得預簪紱. 職
司宿衛, 身統禁兵. 伏望, 左右近衛府, 府別簡其驍勇者五十人, 依舊長直. 自餘
相副, 亦令番上. 許之. 壬申, 從五位下息長丹生眞人文繼爲右京亮. 無位大宅
水取臣繼主授從五位下. 甲戌, 正六位上城部公小野麻呂授外從五位下. 乙亥,
勅, 依天平勝寶格, 東大寺四面二里之內, 不聽殺生. 今年序稍遠, 禁防彌薄. 宜
令便經國司, 新立標牓. 如有國師不檢, 即以違勅論者, 而今無識之徒, 不畏朝

憲, 國司講師, 禁制亦緩. 遂使奈苑之邊, 還作漁獵之地, 梵宇之下, 不異屠宰之場. 宜更禁止, 有犯科罪. 丙子, 右大臣從二位兼左近衛大將藤原朝臣内麻呂緣病上表辭職曰, 臣聞, 無德而進, 聖人誡其履危, 不才而尊, 有識陋其非據. 臣之虛薄, 久冒殊私. 懼切貼原, 荷重岱岳. 臣賴先緒, 忝齒朝端. 寵藉時來, 恩叨封邑. 誠當上調和四時, 下遂理萬物. 竭節投命. 報効絲豪, 空消日月, 無益聖朝. 尸素之譏, 臣爲其首. 禮記曰, 爲人臣者, 殺其身有益於君, 則爲之. 至如臣者, 進不能統理衆務, 以擧持綱維. 退不聞薦拔賢能, 而補裨時闕. 陛下垂乾巛育物之德, 體江海含容之大. 假臣光照之榮, 優臣不貲之分. 況復時屬昇平, 世返淳朴. 感恩勵力, 竊期懸車. 頃來渴病彌積, 兼暗眼精. 兩脚強疼. 行步失便. 内自省量, 既知不可. 在於物議, 更亦何疑. 若猶事□愚, 都迷止足. 恐斲不堪任, 遂致覆餗. 伏願, 辭罷官職, 養疾私第, 遙同葵藿, 朝夕傾心. 仰乞曲留宸暉, 即垂矜許. 然則陛下爵不失實, 愚臣免不避賢. 無任懇款覿懼之至. 謹詣朝堂, 奉表以聞. 遣中納言正三位藤原朝臣葛野麻呂就第, 優詔不許. 是日, 從四位下石川朝臣淨直卒. 丁丑, 曲宴. 奏樂. 賜侍臣祿有差. 庚辰, 遊獵於大原野. 右大臣從二位藤原朝臣内麻呂獻物. 侍從已上, 山城國司, 及右大臣子弟賜衣被. 辛巳, 勅, 恠異之事, 聖人不語, 妖言之罪, 法制非輕. 而諸國, 信民狂言, 言上寔繁, 或言及國家, 或妄陳禍福. 敗法亂紀, 莫甚於斯. 自今以後, 有百姓輒稱託宣者. 不論男女, 隨事科決. 但有神宣灼然, 其驗尤著者, 國司檢察, 定實言上. 壬午, 從五位上大枝朝臣永山爲刑部大輔, 從五位上紀朝臣咋麻呂爲肥後守.

○冬十月戊子, 令諸國神社神主, 相替之日與解由. 辛卯, 右大臣從二位藤原朝臣内麻呂薨. 詔贈從一位左大臣. 遣從三位藤原朝臣繩主, 從四位下藤原朝臣貞嗣等監護喪事. 内麻呂者, 贈太政大臣正一位房前之孫, 大納言正二位眞楯之子也. 奕世相家, 少有令望. 德量温雅, 士庶悅服. 大同初拜大納言, 兼近衛大將, 其年轉右大臣. 近衛大將如故. 任兼相將, 經事三主, 皆被信重. 上有所問, 不希指苟合. 如或不從, 不敢犯顏. 凡典樞機. 十有餘年, 靡有愆失. 昔日庶人他戶, 爲皇太子時, 桀跖之性, 好害名流. 有一惡馬, 馭必踣囓. 太子令内麻呂乘, 快見傷損. 惡馬低頭不動. 被鞭廻旋. 時人以爲非常之器. 薨于位.時年五十七. 乙巳, 式部省書生員定三十人. 省試手跡.令得出身. 癸丑, 官家功德封物, 停收東大寺, 收造東西二寺諸司. 出納充用之色, 一依前例. 廢常陸國安侯・河内・石橋・助川・藻嶋・棚嶋六驛, 更建小田・雄薩・田後等三驛.

○十一月戊辰, 制, 與解由日, 受領之官, 署名已畢, 任用之人, 依假不署. 如此之類, 式兵兩省, 依例勘返. 判官主典, 或假或病, 不加署名, 推量其理, 公私無妨. 自今以後, 勿更返却. 庚午, 制, 出羽國史生幷弩師歷同國司. 乙亥, 從五位下百濟王教俊授從五位上, 爲出羽守. 庚辰, 於豐樂院宴五位已上. 賜祿有差. 壬午, 贈四品布勢内親王墾田七百七十二町施入東西二寺. 癸未, 起從四位上藤原朝臣冬嗣, 從五位下福當麻呂・櫻麻呂等復本官.

○十二月丙戌, 調綿一萬五百屯施七大寺常住僧幷内供奉十禪師. 戊子, 攝津國河邊郡空地四十町賜某親王諱〈今上〉. 是日, 賜玄賓法師書, 兼施綿布等物. 己丑, 從四位上藤原朝臣冬嗣授正四位下, 從五位上良岑朝臣安世正五位下. 正三位藤原朝臣園人爲右大臣. 從三位藤原朝臣繩主爲中納言, 兵部卿如故.從五位下粟田朝臣饒田麻呂爲諸陵頭, 中納言正三位藤原朝臣葛野麻呂爲兼民部卿, 外從五位下山田造大庭爲主稅□, 從五位下布勢朝臣全嗣爲左近衛少將. 參議從三位文室朝臣綿麻呂爲左衛門督, 大藏卿陸奧出羽按察使如故. 左少弁正五位下良岑朝臣安世爲兼佐, 但馬介如故. 壬辰, 渤海國人高多佛賜姓名高庭高雄. 甲午, 起正四位下藤原朝臣眞夏復本官. 乙未, 參議正四位下行右衛門督兼近江守藤原朝臣緒嗣賜度二人. 丁酉, 參議左近衛大將正四位下藤原朝臣冬嗣賜度二人. 乙巳, 遊獵於芹川野. 侍從已上幷山城攝津兩國司賜衣被. 己酉, 加木工寮史生六員. 癸丑, 制, 春宮坊舍人六百人, 就中入色五百人, 白丁一百人也. 而入色者無心仕官, 白丁者唯在一身. 是以數年之後, 駈使乏人. 宜五百内, 取外位一百人, 隨闕補之.

◎弘仁四年春正月乙卯朔, 皇帝御大極殿, 受朝賀. 丁巳, 少僧都傳燈大法師

位永忠請老. 優詔不許之. 己未, 參河國人外從五位下物部敏久賜姓物部中原
宿禰. 辛酉, 宴五位已上於豐樂院. 奏樂, 賜祿有差. 正四位下吉備朝臣泉授正
四位上, 從四位上秋篠朝臣安人正四位下, 正五位下石川朝臣河主・藤原朝臣
道繼, 從五位上安倍朝臣男笠從四位下. 從五位上藤原朝臣三守・大枝朝臣繼
吉・坂上大宿禰鷹養正五位下, 從五位下百濟王忠宗・安倍朝臣犬養・安倍
朝臣益成・佐伯宿禰長繼・小野朝臣岑守從五位上. 外從五位上物部匝瑳連
足繼, 正六位上高階眞人淨階・藤原朝臣弟河・紀朝臣興道, 從六位上巨勢朝
臣河繼, 正六位上安倍朝臣益人, 從六位上藤原朝臣柄繼, 正六位上秋篠朝臣
祖繼・大伴宿禰國道・坂田宿禰永河從五位下, 正六位上文忌寸山守外從五
位下. 壬戌, 從三位五百井女王授正三位. 正四位下永原朝臣惠子・小野朝臣
石子從三位, 從五位上大原眞人清子正五位下, 無位橘朝臣綱子從五位下. 甲
子, 從五位下藤原朝臣弟川爲伊勢介, 從五位上和朝臣建男爲遠江守, 從五位
下安倍朝臣弟雄爲駿河守, 正五位下坂上大宿禰鷹養爲武藏守, 侍從從五位上
藤原朝臣世嗣爲兼下總介, 從五位下藤原朝臣福當麻呂爲常陸介, 少納言從五
位下宇智王爲兼信濃守, 左少弁正五位下良岑朝臣安世爲兼但馬守, 左衛門佐
如故. 從五位下坂田宿禰永河爲介. 從五位上大中臣朝臣智治麻呂爲備中守,
左近衛少將從五位上佐伯宿禰長繼爲兼阿波守. 春宮亮從五位下清原眞人夏
野爲兼讚岐介. 左近衛少將從五位下布勢朝臣全繼爲兼伊豫介. 侍從從四位下
平野王爲兼豐前守. 從五位下笠朝臣梁麻呂爲豐後守. 右衛門佐從五位下安倍
朝臣雄能麻呂爲兼介. 少納言從五位上百濟王忠宗爲兼左兵衛佐. 戊辰, 最勝
王經講畢. 延高學僧十一人於殿上論義, 施御被. 傳燈大法師位勤操爲律師. 庚
午, 左京人從八位下竹田臣門繼等六人賜姓清岑宿禰. 宴侍從以上, 賜祿有差.
辛未, 於南庭觀射. 癸酉, 於東西二寺始行坐夏. 其布施供養准諸大寺例. 丙子,
曲宴後殿. 命文人賦詩. 賜祿有差. 丁丑, 制, 令伊勢國壹志郡, 尾張國愛智郡,
常陸國信太郡, 但馬國養父郡, 貢郡司子妹年十六已上二十已下, 容貌端正, 堪
爲采女者各一人. 戊寅, 大和國人從六位下物部福麻呂賜姓廣澄宿禰. 己卯, 正

五位下佐伯宿禰清岑爲右少弁, 從五位下文室眞人末嗣爲内匠助, 從五位下紀朝臣興道爲雅樂頭, 從五位下安倍朝臣節麻呂爲大炊助, 外從五位下林宿禰眞永爲鑄錢次官. 正六位上林忌寸稻主授外從五位下. 庚辰, 遊獵於栗前野. 五位已上賜衣被.

○二月丙戌, 治部省言, 承前之例, 僧尼出家之時, 授之度緣, 受戒之日, 重給公驗. 據勘灼然, 眞僞易辨. 勝寶以來, 受戒之日, 毁度緣停公驗, 只授十師戒牒, 此之爲驗. 於事有疑. 如不改張, 恐致姧僞. 伏望, 不毁度緣, 永爲公驗者. 許之. 但其度緣, 自今以後, 僧者請太政官印, 尼者用所司之印. 至于受戒之時, 省竝於度緣末, 注受戒年月并官人署名, 即以省印印之. 其僧尼於外國受戒者, 當所之官, 准此行之. 承前所授僧戒牒者, 惣進僧綱, 即送所司, 所司計會, 明知不詐, 署印其末, 然後還授. 進盡之期, 斟量立限, 限内不進. 後賷白牒者, 不得爲驗, 一同私度. 若有身亡并還俗者, 其度緣戒牒, 早令進省. 省即年終申官毁之. 庶令姧人屏跡, 源流自澄. 甲午, 改門部釼帶色. 左門部着淺縹, 右門部淺縹纈. 令石見國營乘田三十町, 以其所獲, 塡故年未納. 營功種子, 借充正税, 限以三年. 地子依例輸之. 乙未, 河内國人從八位上難波忌寸氏主, 攝津國人正六位上輸波忌寸船人, 正六位上日下部忌寸阿良多加等賜姓宿禰. 丙申, 外從五位下勇山連家繼爲大學博士, 正五位下大中臣朝臣魚取爲民部少輔, 外從五位下物部中原宿禰敏久爲大判事, 外從五位下日下部連高道爲大炊助, 從五位下安倍朝臣節麻呂爲造酒正, 從五位上高階眞人遠成爲大和介, 從五位上三原朝臣弟平爲尾張守, 外從五位下縵連家繼爲越中權介. 丁酉, 上野國甘樂郡大領外從七位下勳六等壬生公郡守特授外從六位下. 以戶口增益, 爲民所懷也. 己亥, 遊獵於交野. 以山埼驛爲行宮. 是日, 津頭失火. 延燒三十一家. 給米綿有差. 又駕輿丁并左右衛士等, 賜綿有差. 辛丑, 遊獵水生野. 山城國奉獻. 五位已上幷山城 · 河内 · 攝津等國司賜衣被. 史生郡司賜綿有差. 是夕還宮. 甲辰, 從五位上紀朝臣咋麻呂爲刑部大輔, 從五位上大枝朝臣永山爲肥後守. 賜伊豫國人勳六等吉彌侯部勝麻呂 · 吉彌侯部佐奈布留二人姓野原. 乙巳, 大和國平群郡田三十二町賜某親王諱〈今上〉. 戊申, 制, 損稼之年, 土民俘囚, 咸被其災. 而賑給之日, 不及俘囚. 飢饉之苦, 彼此應同, 救急之恩, 華蠻何限. 自今以後, 宜准平民, 預賑給例. 但勳位村長及給粮之類, 不在此限. 壬子, 宴神泉苑. 命文人賦詩. 奏樂. 賜綿有差.

日本後紀 卷第二十二

일본후기 권제23 〈弘仁 4년(813) 3월에서 동 5년 6월까지〉

좌대신 정2위 行左近衛大將을 겸직한 臣 藤原朝臣冬嗣 등이 칙을 받들어 편찬하다.

太上天皇 〈嵯峨〉

◎ 弘仁 4년(813) 3월 신미(18일), 大宰府에서 언상하기를, "肥前國司가 금월 4일의 解文[1]에서 말하기를, 基肆団[2]의 校尉인 貞弓 등이 지난 2월 29일자 보고에서, 新羅人 150인이 5척의 배를 타고 小近嶋[3]에 도착하여 토착민과 싸웠다. 즉시 9인을 타살하고 101인을 포로로 잡았다고 한다. 또 같은 달 7일의 보고에서는 新羅人 一淸 등이 말하기를, 같은 나라 사람 淸漢巴[4] 등이 스스로 성조에 귀화하러 왔다. 운운"라고 하였다. (이에 조정에서는) "(이들을) 심문하여 명확히 밝혀 결정해야 한다. 만약 돌아가기를 원하면 원하는대로 귀국시키고, 귀화하기를 바라는 자는 관례에 따라 조치하도록 한다"라고 하였다[5].

금일 임관이 있었다. 공경이 주상하기를, "삼가 「名例律」을 살펴보니, 사람을 (강제로) 약취, 꾀어서 유괴 내지는 합의하에 매매하거나, 家人[6]이나 노비를 약

---

1 「公式令」11에 의하면, 8省 이하의 내외 관사가 태정관 혹은 관할 관사에 올리는 상신문서를 解文이라고 한다.

2 肥前國에 설치된 군단, 현재의 佐賀縣 三養基郡 基山町.

3 五島列島의 동부에 있는 小値賀島로 추정된다.

4 지난해인 弘仁 3년(812) 3월 기미삭조에 "신라인 淸漢波 등이 표류해 왔다. 원하는대로 돌려 보냈다"라고 하는 기사의 淸漢波와 동일 인물이다.

5 『日本紀略』弘仁 4년(813) 3월 신미조. 귀화인에 대해서는 규정에 따라 國, 郡에서 의복, 식량을 제공하고, 조정에 보고한 후, 해당국에 편적하여 안치한다. 「戶令」16 「没落外蕃」조에, "凡没落外蕃得還, 及化外人歸化化者, 所在國郡, 給衣糧, 具狀發飛驛申奏. 化外人, 於寬國附貫安置"라는 규정이 있다.

6 노비보다 상급의 천민, 매매가 금지되고 상속의 대상이다. 구분전은 노비와 같이 양민의 3

취, 꾀어서 유괴 혹은 혼인을 위한 매매, 그리고 사정을 알면서 매매하여 처첩으로 삼는 부류는 은사가 내려진 후, 100일 안에 자수하도록 되어 있다. 또 무릇 은사가 있어도 부정기재의 (호적 등의) 장부를 고치고, (부정 대부를) 징수해야 하는데, 이를 고치지 않고 납부하지 않으면, 각각 원래의 죄로 처벌한다고 규정되어 있다. 이를 보면, 단지 (律에서는) 이 2개의 조문에만 별도로 은사의 기한을 두고 있고, 여타의 범죄에 대해서는 규정이 없다. 따라서 많은 세월이 지나도 죄를 면제받게 된다. 무릇 죄과를 용서하는 일은 천황의 깊은 은혜이다. 고치고 스스로 새롭게 한다면 어찌 (위법을 해소하는 일이) 몇 년씩이나 걸리겠는가. 그러나 은사를 내려도 자수하는 자가 보이지 않고, 혹은 사면 전후의 범죄에 대해 반드시 그 내력을 찾아보지도 않는다. 따라서 대략적으로 부득이하게 은혜를 베풀고 있다. 이것은 (바로잡는) 기한을 두어야 하는데 제한이 없기 때문이다. 이에 악의 발단이 되고, 나쁜 일이 많이 일어난다. 바라건대 지금 이후로는 (앞의 2개 조문에 명시된 이외의) 여러 범죄가 사면의 대상이 되면, 사면령이 내려진 후 360일 이내에 자수하도록 한다. 만약 이 기한을 넘기면 사면의 범위에 포함하지 않도록 한다"라고 하였다. (천황은) 이 주상을 허락하였다.

○ 하4월 계미삭, 일식이 있었다. 칙을 내려, "종3위 藤原朝臣産子[7]에게 잠시 山城國 愛宕郡의 林寺에서 거주하게 하였다. 거주의 기간에 절 주변의 수목을 벌채하거나 우마의 방사, 오물 등을 방치해서는 안된다"라고 하였다.

신묘(9일), 右衛門府에서 새를 바쳤는데, 魚虎鳥와 비슷하였다. 깃털, 다리가 모두 적색이었다. 때의 사람들이 그 이름을 아는 사람이 없었다.

갑진(22일), 皇太弟[8]가 南池[9]에 행차하였다. 문인들에게 시부를 짓게 하였다. 우대신 종2위 藤原朝臣園人[10]이 和歌를 바쳐 읊기를, "오늘 연못가에서는 두견새

분의 1을 받는다.

7　光仁天皇의 夫人.

8　후에 淳和天皇으로 즉위하는 大伴親王.

9　淳和苑.

가 (平安)京은 千代을 번영한다고 지저기는 것을 듣게 되겠지요"라고 하였다. 이에 천황은 화답하여, "두견새가 지저기는 소리를 듣는 것을 和歌로 노래하는 자와 함께 짐도 천년의 번영을 듣는구나"라고 하였다. 대신은 감사의 예법을 표시하였다. 雅樂寮에서 음악을 연주하였다. 5위 이상에게 피복을 내리고, 제왕과 6위 이하의 藤原氏 및 문인들에게 목면을 차등있게 하사하였다.

○ 5월 병진(5일), (천황이) 馬埒殿에 어림하여 기마궁술을 관람하였다.

신유(10일), 攝津國에서 토끼를 잡았는데 머리 하나에 몸이 둘이었다.

무진(17일), (천황이) 玄賓法師[11]에게 서신과 삼베를 보냈다.

병자(25일), 칙을 내려, "치국의 요체는 백성의 풍요로움에 있다. 백성에게 저축이 있으면 흉년에 대비할 수 있다. 禹王은 9년간 치수를 하여 사람들은 굶주리지 않았고, 탕왕은 가뭄 7년에 백성이 생업을 잃어버리지 않은 자가 없었다. 지금 제국의 관리들은 (조정의) 위임에 심히 어긋나고 있다. 노역을 차출하는 시기를 잃어버려 농번기를 방해하고 혹은 오로지 착취만을 일삼으며 백성을 위무하는 마음이 없다. 이로 인해 백성이 생업을 잃어버리고 스스로 기근에 빠지고 있다. 재난을 입지 않았는데도 항상 백성이 굶주리고 있다고 보고되고 있다. 이에 매년 진휼하고 곳간은 거의 비어가고 있다. 갑자기 재난을 만나면 어떻게 구제할 것인가. 다스리지 못하는 폐해는 오직 이런 상태에 이르게 된다. 지금 이후로는 농업에 손해가 있거나 역병 등이 아니면 쉽게 진휼을 청할 수 없다"라고 하였다.

신사(30일), 종3위 文室朝臣綿麻呂를 정이장군으로 삼았다. 운운.

○ 6월 임오삭. 우대신 종2위 藤原朝臣園人이 주상하기를, "옛적의 일을 생각하여 노고에 대해 보답하는 것은 현명하고 사리에 밝은 위인의 유훈이다. 생명을 중시하고 사랑하는 것은 귀천이 따로 없다. 지금 천하에는 노복, 예속민을 갖고 있는 사람이 있다. 평생의 나날을 노역에 힘을 썼는데도 병에 걸리면 길거리에

---

10 66쪽, 弘仁 3년(812) 6월 임자조 각주 36 참조.
11 26쪽, 弘仁 2년(811) 5월 기유조 각주 53 참조.

나앉는다. 간호할 사람이 없어 마침내 굶주려 죽게된다. 이 폐해는 말로 다할 수 없다. 삼가 바라건대, 왕경, 기내 지역에 명하여 조속히 금지시켰으면 한다. 노상에서 죽어간 혼령들을 방치하지 않고, 천하에 많은 사람들이 천수를 다할 수 있도록 했으면 한다'라고 하였다. (천황이) 칙을 내려, "마땅히 금제해야 한다. 또한 위반자가 있으면 5위 이상은 이름을 주기하여 주상하고, 6위 이하는 蔭贖[12]을 막론하고 곧장 1백대에 처한다. 탄정대 및 京職, 제국에서는 이를 알고 규찰하지 않고, 坊令[13], 坊長[14], 國郡, 隣保[15]가 서로 숨기고 고발하지 않는다면 아울러 같은 죄로 처벌한다. 지금 이후로는 거듭 금지시키고, 주요 도로에 게시판을 세워 분명히 알리도록 한다'라고 하였다.

계미(2일), 岩見, 安藝 2국에 홍수가 발생하여 田租를 면제하였다.

갑신(3일), 大隅, 薩摩 2국에 황충의 피해로 미납된 조세를 면제하였다.

을미(14일), 탄정대의 少疏 1인을 충원하고 巡察彈正[16] 2인을 감원하였다.

을사(24일), 천황이 大堰에 행차하였다. 근시하는 신하들에게 녹을 내렸다.

○ 추7월 정사(7일), (천황이) 神泉苑에 행차하여, 씨름을 관람하였다. 문인에게 칠석의 시부를 짓게 하였다.

병인(16일), 後庭의 合歡樹 밑에서 연회를 열었다. 4위에게 錢[17] 3만문을, 5위

---

12 蔭에 의해 형을 면제, 감면받는 것이고, 贖은 일정액의 贖銅을 내고 실형을 면제받는 것이다. 蔭, 贖에 대한 규정은 「名例律」에 명시되어 있다.

13 坊令에 대해서는 「戶令」 4, 「取坊令」 조에, "凡坊令, 取正八位以下, 明廉强直, 堪時務者充"이라고 하여 정8위 이하 중에서 청렴하고 강직하며 시무를 할 수 있는 자를 취하여 충당한다고 되어 있다. 그러나 방령은 과역의 면제라는 특전이 있었지만, 별도의 녹봉이 없는 무급이었다. 왕경의 4坊 마다 백성 중에서 책임자를 두어 치안, 납세 등을 담당하였다.

14 坊令 밑에서 京 1坊 마다 두어 치안, 납세 등을 담당하였다. 백성 중에서 임명하였다.

15 「戶令」 9에는, "凡戶, 皆五家相保, 一人爲長, 以相檢察, 勿造非違"를 말한다. 5家를 保로 하여 상호 감시하는 제도.

16 탄정대의 주요 임무는 중앙행정의 감찰, 경내의 풍속을 감시하고, 左大臣 이하의 비위를 적발하고 주상한다. 관제는 尹, 弼, 忠, 疏 4등관제로 되어 있으며, 그 밑에 台掌, 巡察彈正이 있다.

에게 2만문 지급하였다.

임신(22일), 越後國 頸城郡의 무위 居多神에게 종5위하를 내렸다.

갑술(24일), 태정관에서 봉헌하였다. 5위 이상에게 피복을 내렸다.

경진(30일), 우근위, 우병위, 우위문 3府에서 봉헌하였다. 5위 이상에게 피복을, 6위 이하에게 의복을 내렸다.

○ 8월 경인(10일), 정6위상 大伴宿禰乎智人에게 종5위하를 내렸다.

을미(16일), (천황이) 皇太弟의 南池에 행차하였다. 문인에게 詩賦를 짓게 하였다. 아악료에서 음악을 연주하였다. 5위 이상에게 피복을 내렸다.

병신(17일), (천황이) 葛野川에 행차하였다.

정유(18일), 鑄錢官人에게 차등있게 녹을 내렸다. 剩錢[18]을 바쳤기 때문이다.

경자(20일), 葛井親王[19]이 원복을 행하였다. 군신들에게 연회를 베풀고 녹을 하사하였다.

○ 9월 무오(9일), (천황이) 神泉苑에 행차하였다. 群臣들에게 詩賦를 짓게 하였다. 목면을 차등있게 하사하였다.

계유(24일), (천황이) 皇太弟와 함께 淸凉殿에서 연회를 열었다. 구비한 장식품은 漢法[20]이었다.

병자(27일), 칙을 내려, "변경의 요충지를 외부의 침략으로부터 방어하고, 비상사태에 대비하기 위해서는 식량이 중요하다. 지금 대군이 자주 출동하는데, 저장된 식량은 모두 비어있다. (蝦夷의) 노략질은 여전히 남아있고, 비상의 상황은 예측하기 어렵다. 만약 저축해 두지 않으면 긴급의 사태에 어떻게 대처하겠는가. 陸奧, 出羽 양국의 公廨稻[21]는 正稅에 혼합하고, 그 대신 매년 信濃, 越後 2국에서

17　延曆 15년(796) 11월에 주조된 隆平永寶

18　장부에 기재되지 않은 錢.

19　桓武天皇의 제12황자.

20　唐의 풍습에 따른 장식품.

21　제국에서는 官稻를 농민에게 대출하고 그 이자의 일부를 관인의 급여, 국사의 수입에 사용하였다.

지급하도록 한다. 다만 흉작으로 정세에 혼합하지 못하여, 동시에 (陸奥, 出羽 양국의) 관인이 공해도를 받을 수 없는 경우에는 실상에 따라 (信濃, 越後 2국이) 서로 바꾸어 보내야 한다. (이러한 임시조치를) 정지하는 일에 대해서는 후의 칙을 기다리도록 한다"라고 하였다.

정축(28일), (천황이) 大原野에서 사냥을 즐겼다. 근시하는 신하 및 山城國의 (國司의 3등관인) 掾 이상에게 피복을 하사하였다.

기묘(30일), 고 布勢内親王[22]의 저택을 매각한 대금인 錢 1만관을 제사찰의 수리비용에 충당하였다. 친왕의 유언이기 때문이다.

○ 동10월 임오(3일), 名神에 봉폐하였다. 풍작에 대한 보답이었다.

계미(4일), (천황이) 北野에서 사냥을 즐겼다.

갑신(5일), 大隅, 薩摩 2국에 황충이 생겨 미납한 납세[23]를 면제하였다.

병술(7일), (천황이) 檪原野에서 사냥을 즐겼다. 근시하는 신하 및 山城國司에게 의복을 하사하였다.

계묘(24일), (천황이) 栗前野에서 사냥을 즐겼다.

갑진(25일), 공경이 주상하기를, "「職員令」에 의거하면, 少納言 3인, 中堅物 4인, 少監物 4인으로 되어 있다. 그러나 大同 연중에, 직무의 번잡도를 고려하여 다시 少納言 1인,, 中堅物 1인, 少監物 2인을 증원하였다. 이전과 지금은 적정 인원수가 달라, 상황에 따라 증감이 이루어져야 한다. 삼가 바라건대, 후에 증원된 인원은 감원하고 슈의 조문에 따랐으면 한다"라고 하였다. (천황은) 이 주상을 허락하였다.

정미(28일), 종4위하 左中弁 겸 攝津守 小野朝臣野主 등이 언상하기를, "猿女[24]의 기원에 대해서는 國史에 상세하다. 그후 단절되지 않고 지금도 여전히 존재하

---

22 桓武天皇의 제5황녀, 桓武天皇 치세에 伊勢斎宮이 되었다.
23 公出擧로 대부받은 稲를 상환하지 않은 것.
24 神祇官의 神職의 하나로, 縫殿寮에 대대로 출사하고, 大嘗祭, 鎮魂祭 등의 神事 때에 神楽舞 등에 봉사하는 女官.

고 있다. 또 猿女의 (생활을 지원하는) 養田은 近江國 和邇村과 山城國 小野郷에 있다. 지금 小野臣, 和邇部臣 등은 그 氏가 아닌데, 猿女를 바치고 있다. 그 사정을 잘 조사해 보면, 2씨 중에 養田의 이익을 탐하는 사람이 부끄러움을 생각하지 않으며, 어리석은 관리가 용인하고 감독하지 않기 때문이다. 이것은 선대에서 행해온 神事를 문란하게 하고, 씨족의 후예를 더럽히는 일이다. 세월이 지나면 이전부터의 관행으로 정착될까 걱정이다. 삼가 청컨대, 소관 관사에서는 엄중히 조사하여 관련없는 氏의 행위는 단절시켜야 한다. 그렇게 하면, 제사는 흐트러지지 않고 가문은 바로 잡을 수 있을 것이다"라고 하였다. (천황은) 이 언상을 허락하였다.

무신[25], □□, 肥前, 豊前, 薩摩, 大隅 5국이 대풍으로 피해를 입어 백성의 租, 調을 면제하였다.

○ 11월 경오(21일), 칙을 내려, "蝦夷의 본성은 평민과 다르다. 비록 조정의 교화를 따르고 있다고 해도 아직 야만성을 잊어버리지 않고 있다, 이에 제국의 국사에게 힘써 가르치고 깨닫게 해야 한다. 그러나 관리들은 조정의 뜻을 거스르고, 돌보지 않고 있다. 그들이 올린 사정은 날이 지나도 처리하지 않고 있다. 시름과 원망이 쌓여 마침내 반역을 일으키게 된다. 播磨介 종5위상 藤原朝臣藤成, 備前介 종5위하 高階眞人眞仲, 備中守 종5위상 大中臣朝臣智治麻呂, 筑前介 정6위상 榮井王, 筑後守 종5위하 弟村王, 肥前介 정6위상 紀朝臣三仲, 肥後守 종5위상 大枝朝臣永山, 豊前介 외종5위하 賀茂縣主立長 등으로 하여금 돈독하게 가르쳐 깨닫게 하고, 그들이 올린 고충은 조속히 처리하게 한다. 그 일이 중대하여 쉽게 결정하기 어려우면 (조정에) 언상하여 재가를 받도록 한다. 만약 이들을 돌보는 방법이 잘못되어 반역에 이르게 되어 입경해서 절차를 넘어 호소하게 된다면, 전담한 관인 등은 상황에 따라 처벌하도록 한다. 다만 이로인해 (蝦夷를 우대하

---

25 干支가 결락되어 있으나 丁未(28일)에 이어지고 있어 戊申(29일) 혹은 己酉(30일)에 해당한다.

고) 백성을 소홀히 해서는 안된다"라고 하였다.

임신(23일), 정5위상 多賀王에게 종4위하를 내렸다.

계유(24일), (천황이) 水生野에서 사냥을 즐겼다. 山城, 攝津, 河内 등의 제국에서 봉헌하였다. 근시하는 신하 및 3국의 (3등관) 掾 이상에게 피복을 내리고, (4등관) 目 이하에게는 목면을 차등있게 하사하였다. 칙을 내려 제국의 (2등관) 介 이상 1인을 선발하여 蝦夷를 전담시키고, 교체할 때에는 다시 선임하게 하였다.

병자(27일), (천황이) 芹川野에서 사냥을 즐겼다. 皇太弟가 봉헌하였다. 5위 이상에게 피복을 내렸다.

정축(28일), 삼베 140단, 錢 11관, 쌀 7석을 고 傳灯大法師位[26] 慈賢의 제자 승 등에게 보냈다. 대법사의 유언이라고 했지만, 사양하고 받지 않았다. 칙을 내려 강제로 사여하였다.

○ 12월 계사(15일), 칙을 내려, 大和國 添上郡의 隅山村에 있는 증 태정대신 정1위 藤原朝臣의 묘시의 동서 8정 남북 2정에 대해서 백성이 벌채하지 못하도록 하였다.

이해, 천하의 呉竹[27]이 보리와 같이 열매를 맺었는데 그후에 모두 시들어 버렸다.

◎ 弘仁 5년(814) 춘정월 기유삭, 천황이 대극전에 어림하여 신년하례를 하였다. 前殿에서 근시하는 신하에게 연회를 베풀었다, 물품을 하사하였다.

을묘(7일), 5위 이상에게 연회를 베풀고 차등있게 녹을 내렸다. 무품 仲野親王[28]에게 4품을 내리고, 정3위 藤原朝臣園人에게 종2위를, 종5위하 佐伯王 · 宇智

---

26 조정에서 승려의 智德, 年戒에 따라 주는 위계, 天平寶字 4년(760)에, 大法師位를 최고위로 하여, 그 밑에 傳灯, 修行의 2色을 두고, 제각기 法師位, 滿位, 住位, 入位의 4위를 두어 2色 9階으로 제정되었다.

27 吳나라에서 유래한다는 竹으로 볏과에 속하고 淡竹이라고도 한다. 60년마다 꽃이 피고 열매를 맺은 후에 시든다고 한다.

28 桓武天皇의 제12황자, 宇多天皇의 외조부.

王에게 종5위상을, 정6위상 榮井王에게 종5위하를, 정5위하 藤原朝臣道繼 · 良岑
朝臣安世 · 藤原朝臣三守, 종5위상 紀朝臣咋麻呂에게 종4위하를 내렸다. 종5위
상 佐伯宿禰社屋 · 安倍朝臣雄野麻呂 · 坂上大宿禰廣野에게 종5위상을 내렸다.
외정5위하 山田連弟分, 정6위상 藤原朝臣澤嗣, 종6위하 藤原朝臣高貞, 정6위하
石川朝臣廣主, 종7위하 紀朝臣善峯, 종6위하 浄野宿禰夏嗣, 종6위상 賀茂朝臣關
守, 정6위상 坂上宿禰關守, 종7위하 住吉朝臣豐繼에게 종5위하를 내렸다. 정6위
상 朝原宿禰諸坂 · 葛井連繼成[29], 종6위상 余浄繼[30]에게 외종5위하를 내렸다.

병진(8일), 정6위상 住吉朝臣繼麻呂에게 종5위하를 내렸다. 繼麻呂는 左近衛
府의 將監 豐繼의 父이다. 豐繼은 父에게 양보할 것을 청했다. 따라서 허락한 것
이다.

경신(12일), 임관이 있었다.

갑자(16일), 근시하는 신하에게 연회를 베풀고, 차등있게 녹을 내렸다.

을축(17일), (천황이) 馬埒殿에서 활쏘기를 관람하였다.

정묘(19일), 외종6위하 牡鹿連息繼, 蝦夷 훈6등 吉彌侯部奈伎宇 · 吉彌侯部痲
須 · 吉彌侯部弖僅奈에게 외종5위하를 내렸다.

기사(21일), 임관이 있었다.

신미(23일), 외종5위하 山田宿禰大庭에게 종5위하를 내렸다.

---

29 백제계 王辰爾의 후손으로 白猪史에서 葛井連으로 개성되었다. 일족 중에는 『續日本紀』延
曆 10년(791) 정월 계유조에는 葛井連道依 등이 宿禰 성을 받았고, 『日本三代實錄』 元慶 원
년(877) 12월 임오조에 葛井連直臣은 동족과 함께 菅野朝臣의 성을 받았으며 자신의 선조
가 백제국 사람이라고 기록하고 있다.

30 백제왕족의 성, 『新撰姓氏錄』 右京諸蕃下에, "高野造는 百濟國人 佐平 余自信의 후손이다"라
고 나온다. 余自信은 백제 멸망 후 『日本書紀』 天智 2년(663) 9월조에는 左平 余自信 등이 일
본으로 망명한 사실이 보인다. 『續日本紀』에는 余氏 인물이 다수 확인된다. 養老 원년(717)
정월조에 余眞人과 음양가로서 뛰어난 余秦勝이 나오고, 동 7년(723) 정월조에 余仁軍이 보
인다. 또 天平勝寶 3년(751) 정월조에 余義仁이 외종5위하에서 종5위하로 승진하였고, 天
平寶字 2년(758) 6월에는 余東人과 余益人이 百濟朝臣를 사성받았다. 동 5년(761) 3월에는
余民善女가 百濟公을 사성받았다. 余浄繼는 이들 중의 후손으로 생각된다.

○ 2월 기묘삭, 陸奧國에서 흰 꿩를 바쳤다.

을유(7일), 大隅國 曾於郡의 造嶋神31을 官社32로 편입하여 폐백을 지급하기로 하였다.

병술(8일), (천황이) 栗前野에서 사냥을 즐겼다. 山城國 및 彈正尹 明日香親王33이 봉헌하였다. 근시하는 신하들에게 의복, 이불을 하사하였다.

무자(10일), 蝦夷 제1등 遠膽澤公母志에게 외종5위하를 내렸다. 出雲에서 반란을 일으킨 하이를 토벌한 공적 때문이었다

신묘(13일), 외종5위하 當宗忌寸家主를 阿波國에 보내 하이들을 교화하였다.

계사(15일), 종6위하 住吉朝臣豐繼에게 종5위하를 내리고 左兵衛佐로 삼았다. 出雲國의 하이 吉彌侯部高来, 吉彌侯部俊子에게 각각 벼 3백속을 내렸다. 荒橿의 반란으로 처자가 해를 입었기 때문이다.

갑오(16일), (천황이) 交野에 순행하였다. 이날, 할미새 1만마리가 음양료의 비피나무에 모였다. 사람들이 보고 기이하게 여겼다.

을미(17일), (천황이) 交野에서 사냥을 즐겼다. 날이 저물자 山埼의 離宮으로 들어갔다. 河内國 및 掌侍 종5위하 安都宿禰吉子가 봉헌하였다. 4위 이상에게 물품을 하사하고, 5위 및 百濟王 등에게 의복을 내렸다.

병신(18일), (천황이) 水生野에서 사냥을 즐겼다. 攝津國에서 봉헌하였다.

기해(21일), 山城守 종4위하 藤原朝臣繼彦에게 종4위상을 내렸다. (山城)介 외종5위하 高丘宿禰弟越에게 외종5위상을, 攝津守 종4위하 小野朝臣野主에게 종4위상을, (攝津)介 종5위하 廣根朝臣諸勝에게 종5위상을, 河内守 종5위상 紀朝臣

---

31 『續日本紀』寶龜 9년(778) 12월 갑신조에, "지난 天平神護 연중(765-767)에 大隅國 해중에 신이 만든 섬이 있다. 그 이름이 大穴持神이라고 한다. 이에 이르러 官社로 하였다"라는 기사가 있다. 화산의 분출로 鹿兒島灣에 섬이 생긴 것을 말한다. 이를 신이 만든 섬이라는 의미의 造嶋神의 명칭이 나왔다고 보인다.

32 神祇官으로부터 폐백을 받아 봉폐하는 신사, 神名帳에 등재되고 祈年祭, 月次祭, 新嘗祭 등을 행한다.

33 桓武天皇의 제7황자.

南麻呂에게 정5위하를, (河内)介 종5위하 大伴宿禰雄堅魚에게 종5위상을 내렸다. 4위 이상에게 물품을 하사하고, 시종 및 3국의 (3등관) 掾 이상에게 의복을 내리고, (4등관) 目 이하 및 郡司에게 목면을 차등있게 하사하였다. 佐爲寺³⁴ 및 百濟寺³⁵에 목면 각 1백둔을 시입하였다. 이날, 천황이 交野에서 돌아왔다.

을사(27일), 칙을 내려, "자연의 이익은 公私가 함께 해야 한다. (어류, 동물 등의) 생물은 그 시기에 잡지 않으면 번식하기 어렵다. 지금 백성들은 치어를 즐겨 잡고 있는데, 많이 잡아도 쓸모없게 된다. 山城, 大和, 河内, 攝津, 近江 등의 제국에 명하여 금지하도록 한다. 다만 4월 이후에는 금지 제한이 없다"라고 하였다.

병오(28일), (천황이) 神泉苑에 행차하였다. 문인에게 시부를 짓게 하였다. 시종 및 시를 바친 자에게 목면을 차등있게 내렸다.

○ 3월 무신삭, 종5위상 百濟王忠宗³⁶에게 정5위하를 내렸다. (이날) 大安寺 僧 安澄이 죽었다. 法師의 俗姓은 身人部³⁷이고, 丹波國 船井郡 사람이다. 같은 절의 고승 善議의 제자이다. 크게 空宗³⁸을 열고, 밀교의 수법을 전했다. 그 논설은 매우 자세히 연구되어 있어 정교하고 거의 스승을 넘어서고 있다. 중 승정 勤操³⁹와 깊히 교류하여 함께 大乘의 가르침을 펼치고, 6道⁴⁰를 헤매는 사람들을 구제하기로 맹세하였다. 延曆 8년(789)부터 대대로 전하여 무궁하기를 기약하였다. 법사

---

34 大阪府 吹田市 佐井寺에 소재, 天平 7년(735)에 行基가 창건했다는 소전이 있다.

35 百濟寺는 백제왕씨의 氏寺이다. 交野郡은 百濟王氏의 본거지이며 桓武天皇은 생모가 백제계인 까닭에 이후의 천황들도 交野 지역에 자주 찾아 사냥을 하고 백제왕씨와 교유하였다.

36 78쪽, 弘仁 4년(813) 춘정월 갑자조 각주 70 참조.

37 六人部, 『新撰姓氏錄』 和泉國諸蕃에 "六人部連은 百濟公과 同祖이고, 酒王의 후예이다"라고 하여 백제계 도래씨족으로 나오고, 또 "百濟公은 百濟國 酒王으로부터 나왔다"고 한다. 酒王은 『日本書紀』 仁德紀 41년 3월조에는 酒君이 백제에서 왜국으로 건너갔다고 기재되어 있다. 『新撰姓氏錄』에는 六人部에 대해 神別로 부류된 기록도 있어 혼란이 있지만, 이 역시 도래계에서 일본계로 개변했을 가능성이 있다.

38 般若經에 기초한 一切空을 설한 종파.

39 天長 4년 5월조에 勤操에게 僧正을 추증한 기록이 나온다.

40 地獄, 餓鬼, 畜生, 修羅, 人, 天으로 이루어진 6道

는 사람됨이 현명하고 달변이었으며, 문답은 최고였다. 西大寺의 율사 泰演은 특히 호적수였고, 천황 면전에서 논쟁하여 서로 치열한 공방전을 벌였으나 (승부가 나지않아) 미륵이 나타나면 승부를 정하기로 하였다. 조정에서는 승강에 내정되었으나 임명장도 나오기 전에 일찍 죽었다. 춘추 52세였다.

신해(4일), 우대신 종2위 行皇太弟傅 藤原朝臣園人[41]이 주상하기를, "지난 大同 2년(807)에 정월의 2개의 節會을 정지하였다. 동 3년에 이르러서는 또 3월의 절회를 폐지하였다. 대체로 경비를 줄이기 위해서였다. 금년 정월에는 2개의 절회를 종전대로 복구하고, 9월의 절회는 3월에 준하기로 했다. 지난 弘仁 3년(812) 이래 새로 花宴이 추가되었다. 이를 延曆 시기에 준해서 보면, 花宴이 1개 증가하였다. 이를 大同 시기에 비교하면, 4개의 절회가 새로 행해지게 된다. 이들 절회에서 녹을 지급하기 때문에 창고의 저장물이 비어 부족하게 된다. 삼가 바라건대, (9월) 9일은 절회에서 제외하고 임시로 문장에 뛰어난 자를 선정하여 관할 관사에 통지하여 시를 짓게 했으면 한다. 사람들이 바라는 節綠의 지급을 중지하여 大藏이 비는 것을 줄였으면 한다"라고 하였다. 또 주상하기를, "延曆 10년(791)에, 천황이 交野에 순행하였다. 이때 畿內, 제국의 헌물을 금지하였다. 그러나 이 해에는 (금지령은) 지켜지지 않았다. 國郡의 관사에는 반드시 지키는 사람이 없다. 공헌이라고 말하면서 오히려 백성들을 힘들게 한다. 불온하다는 원망이 계속해서 그치지 않는다. 삼가 바라건대, 지금 이후로는 일체 금단했으면 한다. 다만 신하가 개인적으로 공진하려는 뜻은 금지하지 않도록 한다"라고 하였다. 이 주상을 허락하였다. (이날) 傳灯大法師 光意가 죽었다. 나이 78세였다.

○ 하4월 병신(19일), 무관 5위 이상에게 朝服, 位襖[42]의 착용을 허용하였다.

을사(28일), (천황이) 좌근위대장 정4위하 藤原朝臣冬嗣의 閑院[43]에 행차하였

---

41 66쪽, 弘仁 3년(812) 6월 임자조 각주 36 참조.
42 武官의 朝服으로 사용된 도포, 위계에 따라 색이 달라진다.
43 藤原冬嗣의 저택으로 閑院大臣으로 불리었다. 그후 藤原兼通이 소유하였고, 그의 아들 藤原 朝光도 거주하여 閑院大將, 閑院大納言이라고도 불리었다.

다. 잘 정돈된 연회시설이 우아하고 풍치가 있었다. 천황이 붓에 먹을 묻히자, 군신이 시를 헌상하였다. 때의 사람들은 아름다운 모임이라고 하였다. 冬嗣에게 종3위를 내렸고, 무위 藤原美都子[44]에게 종5위하를 내렸다. 5위 이상에게 피복을 하사하였다.

○ 5월 경술(4일), 새들이 태정관부에 모였다. 이를 잡으려고 해도 놀라지 않았다. 몸은 희고 머리는 검은 색이고, 양깃이 특히 길었고, 다리는 물새와 같았다. 사람들은 새 이름을 알지 못했다.

신해(5일), (천황이) 馬埒殿에 어림하여 기마궁술을 관람하였다.

갑인(8일), 조를 내려, "짐은 양위를 받아 황위에 올랐다. (백성에게) 친근하게 다가가는 덕이 부족하고, 교화는 멀리까지 미치지 못함을 부끄러워하고 있다. 덧없이 세월만 지나 아들딸이 점점 늘었다[45]. 무릇 자식이 (부모를 섬기는) 도리를 알지 못하면서 도리어 백성의 부모가 되었다. 욕되게도 (자식에게 지급하는) 封邑은 누적되고 헛되게 국고를 낭비하고 있다. 짐은 마음이 아프다. 친왕의 호를 삭제하고 朝臣의 성을 내리려고 한다[46]. 같은 호적에 편적하여 공무에 종사하게 하고, 처음 출사할 때에는 6위에 서위한다. 다만 친왕의 호를 받으면 새로 개정할 수는 없다. 같은 모친에서 태어나면 동일하게 (친왕으로) 한다. 여타의 상신할 일이 있으면 짐이 재가를 내린다. 무릇 현명하고 우매함에 따라 지혜는 다르지만, 양육하는 은혜는 동일하다. 짐은 사정없이 친왕을 폐지하고 자손을 분가시키는 것은 아니다. 천지가 흔들림없이 이어지는 것과 같이 皇土는 전해져 일어나는 것

---

44 藤原朝臣冬嗣의 처.

45 應永 33년(1426)에 편찬된 천황, 황족의 系圖에는 嵯峨天皇의 황자가 23인, 황녀가 27인으로 알려져 있다.

46 『新撰姓氏錄』左京皇別上의 필두에 源朝臣信이 나오고 그의 8인의 형제들 이름이 열기되어 있다. 이어 "信 등 8인은 今上의 親王인데 弘仁 5년(814) 5월 8일에 칙으로 성을 내리고 左京 1條 1坊에 편제하고, 信으로 戶主를 삼았다"다고 하여 그 사정을 말하고 있다. 『日本後紀』弘仁 6년(815) 6월 무오조에도 "황자 源朝臣信, 동생 弘 등을 左京에 貫附하였다"는 기록이 나온다.

이기 때문에 어찌 한때의 안락을 다투어 만대에 걸쳐 쇠락해가는 것을 잊어도 되겠는가. 두루 내외에 고지하여 이 뜻을 알리도록 한다"라고 하였다.

을묘(9일), 제를 내려, "新羅王子가 내조할 때, 만약 조공을 바친다는 뜻이 있으면, 渤海의 관례에 준하도록 한다. 다만 인국과의 우호관계를 맺고자 한다면, 예로서 응대하지 말고, 바로 돌려보낸다. 또 귀국길의 식량은 지급하도록 한다"라고 하였다[47].

이날, 공경이 주상하기를, "금월 8일의 조서에서, '덧없이 세월만 지나 아들딸이 점점 늘었다. 무릇 자식이 도리를 알지 못하면서 도리어 백성의 부모가 되었다. 욕되게도 封邑은 누적되고 헛되게 국고를 낭비하고 있다. 짐은 마음이 아프다. 친왕의 호를 삭제하고 朝臣의 성을 내리려고 한다. 같은 호적에 편적하여 공무에 종사하게 하고, 처음 출사할 때에는 6위에 서위한다'라고 하였다. 폐하는 혜안을 갖고 황위를 계승하여 덕화의 통치를 열었다. 그러나 의연 국가의 쇠퇴를 염려하여 강등하여 왕호를 없애려고 하였다. (폐하가 백성에게 베푼) 은혜와 보살핌은 장구하였고, 천하를 위한 계책은 신들은 아직 본적이 없다, 다만 우리 국가는 성스러운 황통이 이어지고 있고, 오행이 존재하지 않았던 태초부터 군신의 관계는 자연히 정해져 있다. 만약 (황자에게) 친왕의 호를 주지않고 신하의 지위로 한다면, 封邑의 수입은 (국가에) 의탁하게 되고, (천황으로부터) 분파된 사람을 비하하게 되어 후세에 식자들은 아마도 전시대의 온당하지 않음을 논할 것이다. 폐하의 선택을 취하기 어렵다. 감히 주상하지 않을 수 없어, 삼가 상신하는 바이다"라고 하였다. (천황은) 이를 불허하였다.

무오(12일), (천황이) 神泉苑에 행차하여, 曲宴을 열고 근시하는 신하에게 피복을 내렸다.

갑자(18일), 出雲國의 意宇, 出雲, 神門 3군이 미납한 16만속을 면제하였다. 하이의 반란이 있었기 때문이었다.

---

47 『日本紀略』弘仁 5년(814) 5월 을묘조.

기사(23일), 사자를 玄賓法師에게 보내 천황이 지은 시와 물품 30단을 하사하였다. 금일, 임관이 있었다.

이달, 해충이 柏原山陵의 수목을 갉아먹어 동북 사방 60장이 모두 말라버렸다.

○ 6월 병자삭. 이보다 앞서 중무경 4품 萬多親王[48], 우대신 종2위 藤原朝臣園人[49] 등이 칙을 받들어 姓氏錄[50]을 편찬하였다. 이에 이르러 완성하였다. 상표하여 말하기를, 운운.

무인(3일), 神泉苑 북쪽 담이 연고도 없이 스스로 무너졌다. 길이 45장이었다. 경내에 굶주린 백성들을 진휼하였다.

기축(14일), 神今食[51]의 제례를 神祇官에서 행하였다. 천황의 건강이 편치 않았기 때문이다.

갑오(19일), 鴨川에서 부정을 씻는 의식이 있었다. 신기관의 주상이 있었기 때문이다. 승 最澄[52]이 比叡山에서 오랫동안 거주하며 학문과 수행에 힘썼다. 이에 近江國의 벼 4백속을 시입하여 산사 생활의 경비에 충당하게 하였다.

---

48 桓武天皇의 제5황자, 延暦 14년(795)에 周防國의 전지 1백정, 산지 8백정을 받았다. 弘仁 8년(817)에 3품을 받았고, 이듬해에 式部卿에 임명되었다. 天長 5년(828)에, 大宰帥, 동 7년에 2품을 받았다.

49 66쪽, 弘仁 3년(812) 6월 임자조 각주 36 참조.

50 『新撰姓氏錄』, 왕경과 畿內 지역의 1182 씨족의 계보서이다. 皇別, 神別, 諸蕃으로 분류하여 씨족의 출자와 유래, 천황에의 봉사의 연원 등을 기록하였다. 본문 30권, 목록 1권으로, 현존하는 姓氏錄은 초략본이다.

51 궁정의 연중행사의 하나로 음력 6월, 12월 11일에 열리는 月次祭의 밤에 神嘉殿에서 天照大神에게 제사지내고, 천황 스스로 불을 지펴 밥을 지어 바치고, 함께 共食하는 의례이다.

52 일본 천태종의 開祖이고, 傳教大師로서 알려져 있다. 近江國 滋賀郡 古市郷 출신으로 俗名은 三津首廣野이다. 당에 유학승으로 갔다 온 후, 比叡山 延暦寺를 창건하여 天台宗을 열었다. 씨성인 三津首에 대해서는 『傳教大師和讚』 등에 後漢 황제의 자손인 登萬貴王의 末裔로 전하고 있는데, 그의 출생지인 古市郷에는 많은 도래인이 거주하고 있었고, 특히 백제계 도래씨족의 거주지이기도 하다. 중국의 저명한 황제를 출자로 하는 씨족의 대부분은 백제 등 한반도계가 많아 후에 개변했을 가능성도 있다.

갑진(29일), 常陸守 종3위 菅野朝臣眞道[53]가 죽었다. 나이 74세였다.

일본후기 권제23 (逸文)

---

53 백제계 도래씨족의 후예로 津史, 津連, 菅野朝臣으로의 씨성의 변화가 있다. 『新撰姓氏錄』
    우경제번하에, "菅野朝臣은 百濟國 사람 都慕王의 10세손 貴首王으로부터 나왔다"라고 출
    자를 밝히고 있다. 『公卿補任』延曆 24년(805) 菅野津道조에 "그 조상은 백제인이고 처음에
    津連의 성을 받았다"라고 하고, 동 弘仁 3년(812)의 菅野眞道 조에도 "그 조상은 백제인이
    다"라고 하여 조상의 출자를 기록하고 있다. 延曆 2년에 외종5위하에 서위된 후, 左兵衛佐,
    皇太子學士에 임명되었고, 伊豫介, 圖書助, 圖書頭, 伊豫守, 治部大輔, 民部大輔, 左兵衛督, 左
    大弁, 勘解由使의 장관을 역임하였다. 延曆24년에 參議에 올랐다. 『續日本紀』의 대표 편자
    이기도 한다. 菅野朝臣眞道의 관력으로 보면 그의 전기는 원래 상세하게 기록되었을 것이
    다. 이것은 완본이 아닌 逸文의 형태로 남아있기 때문이라고 생각된다.

日本後紀 卷第二十三〈起弘仁四年三月, 盡同五年六月〉

左大臣正二位兼行左近衛大將臣藤原朝臣冬嗣等奉勅撰

太上天皇〈嵯峨〉

◎弘仁四年三月辛未, 大宰府言, 肥前國司今月四日解稱, 基肆団校尉貞弓等, 去二月二十九日解稱, 新羅一百十人駕五艘船, 着小近嶋, 與土民相戰. 即打殺九人, 捕獲一百一人者. 又同日七日解稱, 新羅人一清等申之. 同國人清漢巴等, 自聖朝歸来. 云云. 宜明問定. 若願還者, 随願放還. 遂是化来者, 依例進止. 今日任官. 公卿奏, 謹案名例律, 凡略和誘人, 若和同相賣, 及略和誘家人奴婢, 若嫁賣之, 即知情娶買等雜類, 赦書到後, 百日内首. 又云, 凡會赦, 應改正徵收, 經責簿帳, 而不改正徵收者, 各論如本犯律. 由茲觀之, 唯此二條, 別立限極. 自餘雜犯, 無誘定程. 雖經多歲, 追從原免. 夫宥過肆罪, 渙汗惟深. 改旦自新, 寧涉年序. 而或雖經恩蕩, 未見首露. 或赦後赦前犯, 不必明尋其由緒. 大概不得已而施恩. 應立程而無限之所致也. 奸之爲端, 觸途多類. 伏望, 自今以後, 雜犯會赦可免者, 赦書出後, 三百六十日内言訖. 若過此期, 不入原例. 許之.

○夏四月癸未朔, 日有蝕之. 勅, 從三位藤原朝臣産子, 暫住於山城國愛宕郡林寺. 宜其居住之間, 不得伐損寺四邊之地樹木, 及放棄□馬藏物等. 辛卯, 右衛門府獻鳥. 似魚虎鳥, 羽毛觜足皆赤. 時人無知其名. 甲辰, 幸皇太弟南池. 命文人賦詩. 右大臣從二位藤原朝臣園人, 上歌曰. 祁布能比乃, 伊介能保度理爾, 保止度伎須, 多比良波知與止, 那久波企企都夜. 天皇和曰, 保止度伎須, 那久己惠企介波, 宇多奴志度, 度毛爾千世爾度, 和禮母企企多理. 大臣盡儛蹈. 雅樂寮奏樂. 賜五位已上衣被. 及諸王藤氏六位已下幷文人等綿. 各有差.

○五月丙辰, 御馬埒殿, 觀騎射. 辛酉, 攝津國獲兔. 一頭二身. 戊辰, 賜玄賓法師書幷布. 丙子, 勅, 治國之要, 在於富民. 民有其畜, 凶年是防. 故禹水九年, 人無飢色, 湯旱七歲, 民不失業. 今諸國之吏, 深乖委寄. 或差役夫失時, 妨廢農要, 或專事侵漁, 無心撫宇. 因此, 黎玄失業, 飢饉自随. 非緣災祲, 常告民飢. 仍年年賑給, 倉廩殆罄. 儻有災害, 何以相濟. 不治之弊, 一至於此. 宜自今以後, 非有田業損害, 及有疾疫等, 不得輒請賑給. 辛巳, 從三位文室朝臣綿麻呂, 爲征夷將軍. 云云.

○六月壬午朔.右大臣從二位藤原朝臣園人奏曰, 念舊酬勞, 賢哲遺訓. 重生愛命, 貴賤無殊. 今天下之人, 各有僕隷. 平生之日, 既役其力, 病患之時, 即出路邊. 無人看養, 遂至餓死. 此之爲弊, 不可勝言. 伏望, 仰告京畿, 早從禁止. 庶令路傍無夭枉之鬼, 天下多終命之人者. 勅, 宜令可禁制. 猶致違反者, 五位已上, 注名奏之, 六位已下, 不論蔭贖, 決杖一百. 臺及職國, 知而不糾, 及條令坊長, 國郡隣保, 相隠不告, 竝與同罪. 自今以後, 重加禁斷, 牓示要路, 分明告知. 癸未, 岩見・安藝二國大水, 免民逋租. 甲申, 大隅薩摩二國蝗. 免納稅. 乙未, 加彈正臺少疏一員, 巡察彈正二員. 乙巳, 幸於大堰. 賜侍臣祿.

○秋七月丁巳, 幸神泉苑, 觀相撲. 命文人賦七夕詩. 丙寅, 宴于後庭合歡樹下. 賜四位錢三萬, 五位二萬. 壬申, 越後國頸城郡無位居多神從五位下. 甲戌, 太政官奉獻.賜五位已上衣被. 庚辰, 右近衛, 右兵衛, 右衛門三府奉獻. 賜五位已上被, 六位已下衣.

○八月庚寅, 正六位上大伴宿禰乎智人授從五位下. 乙未, 幸皇太弟南池. 命文人賦詩. 雅樂寮奏樂. 賜五位已上衣被. 丙申, 幸葛野川. 丁酉, 賜鑄錢官人祿有差. 以進剰錢也. 庚子, 葛井親王冠. 宴群臣, 賜祿.

○九月戊午, 幸神泉苑. 命群臣賦詩. 賜綿有差. 癸酉, 宴皇太弟於清涼殿. 具物用漢法. 丙子, 勅, 邊要之地, 外寇是防, 不虞之儲, 以粮爲重. 今大軍頻出, 儲粮悉罄. 遺寇猶在, 非常難測. 若無貯蓄, 如機急何. 宜陸奧出羽兩國公廨, 混合正稅, 每年相換, 給於信濃越後二國. 但年穀不登, 無物混稅, 幷有不可得公廨之人, 合隨狀移送, 依實相換. 停止之事, 宜待後勅. 丁丑, 遊獵于大原野. 賜侍臣及山城國掾已上衣被. 己卯, 故布勢内親王家直錢一萬貫, 充修理諸寺料. 親王遺命也.

○冬十月壬午, 奉幣於名神. 報豐稔也. 癸未, 遊獵于北野. 甲申, 大隅薩摩二國蝗. 免未納稅. 丙戌, 遊獵于櫟原野. 賜侍臣及山城國司衣被. 癸卯, 遊獵栗前野. 甲辰, 公卿言, 據職員令, 少納言三員, 中堅物四員, 少監物四員. 而大同年中, 量事繁劇, 令員之□□, 更少納言一員, 中堅物一員, 少監物二員. 古今異宜, 增減隨時. 伏望, 省減後加, 一依令條. 許之. 丁未, 從四位下左中弁兼攝津守小野朝臣野主等言, 猿女之興, 國史詳矣. 其後不絕, 今尙見在. 又猿女養田, 在近江國和邇村, 山城國小野鄉. 今小野臣和邇部臣等, 既非其氏. 被貢猨女. 熟捜事緒, 二氏之中, 貪人利田, 不顧恥辱, 拙吏相容, 無加督察也. 亂神事於先代, 穢氏族於後裔. 積日經年, 恐成舊慣. 伏請, 令所司嚴加捉搦, 斷用非氏. 然則, 祭祀無濫, 家門得正者. 可之. □□, 肥前・豐前・薩摩・大隅五國風, 免民租調也.

○十一月庚午, 勅, 夷俘之性, 異於平民. 雖從朝化, 未忘野心. 是以, 令諸國司謹加教喩. 而吏乖朝旨, 不事存恤. 彼等所申, 經日不理. 含愁積怨, 遂致反逆. 宜令播磨介從五位上藤原朝臣藤成, 備前介從五位下高階眞人眞仲, 備中守從五位上大中臣朝臣智治麻呂, 筑前介正六位上 榮井王, 筑後守從五位下弟村王, 肥前介正六位上紀朝臣三仲, 肥後守從五位上大枝朝臣永山, 豐前介外從五位下賀茂縣主立長等, 厚加教喩, 所申之事, 早與處分. 其事既重, 不可輒決者, 言上聽裁. 若撫慰乖方, 令致反逆, 及入京越訴者, 專當之人等, 准狀科罪. 但不得因此令, 後百姓. 壬申, 正五位上多賀王授從四位下. 癸酉, 遊獵水生野. 山城攝津河內等國奉獻. 侍臣及三國掾已上賜衣被, 目已下綿各有差. 勅, 簡諸國介已上一人, 爲夷俘專當. 遷去之代, 更選下. 丙子, 遊獵芹川野. 皇太弟奉獻. 五位已上賜衣被. 丁丑, 布一百四十段, 錢一十一貫, 米七斛, 賻故傳灯大法師位慈賢弟子僧等. 稱師遺言, 辭而不受. 有勅強賜之.

○十二月癸巳, 勅, 在大和國添上郡隅山村, 贈太政大臣正一位藤原朝臣墓地, 東西八町南北二町, 勿令百姓侵伐. 此歲, 天下呉竹實如麦. 其後枯盡.

◎弘仁五年春正月己酉朔, 帝御大極殿, 受朝賀. 宴侍臣於前殿, 賜被. 乙卯, 宴五位以上, 賜祿有差. 無品仲野親王授四品, 正三位藤原朝臣園人從二位, 從五位下佐伯王・宇智王從五位上, 正六位上榮井王從五位下, 正五位下藤原朝臣道繼・良岑朝臣安世・藤原朝臣三守, 從五位上紀朝臣咋麻呂從四位下. 從五位上佐伯宿禰社屋・安倍朝臣雄野麻呂・坂上大宿禰廣野從五位上. 外正五位下山田連弟分, 正六位上藤原朝臣澤嗣, 從六位下藤原朝臣高貞, 正六位下石川朝臣廣主, 從七位下紀朝臣善峯, 從六位下淨野宿禰夏嗣, 從六位上賀茂朝臣關守, 正六位上坂上宿禰關守, 從七位下住吉朝臣豐繼從五位下. 正六位上朝原宿禰諸坂・葛井連繼成, 從六位上余淨繼外從五位下. 丙辰, 正六位上住吉朝臣繼麻呂, 授從五位下. 繼麻呂者, 左近衛將監豐繼父也. 豐繼請謙於父. 故可. 庚申, 任官. 甲子, 宴侍臣. 賜綿有差. 乙丑, 御馬埒殿觀射. 丁卯, 外從六位下牡鹿連息繼, 俘勳六等吉彌侯部奈伎宇・吉彌侯部痲須・吉彌侯部弖僅奈, 授外從五位下. 己巳, 任官. 辛未, 外從五位下山田宿禰大庭, 授從五位下.

○二月己卯朔, 陸奧國獲白雉. 乙酉, 大隅國曾於郡造嶋神, 預幣帛例. 丙戌, 遊獵於栗前野. 山城國及彈正尹明日香親王奉獻. 賜侍臣衣衾. 戊子, 夷第一等遠膽澤公母志, 授外從五位下. 以討出雲謀叛俘之功也. 辛卯, 遣外從五位下當宗忌寸家主於阿波國, 教喩夷俘. 癸巳, 從六位下住吉朝臣豐繼, 授從五位下, 爲左兵衛佐. 出雲國俘囚吉彌侯部高来・吉彌侯部俊子, 各賜稻三百束. 以遇荒櫃之, 亂妻孥被害也. 甲午, 幸交野. 是日. 鶺鴒萬集陰陽寮枇杷樹. 觀人異之. 乙未, 幸于交野. 日暮御山埼離宮. 河內國及掌侍從五位下安都宿禰吉子奉獻. 賜四位已上被, 五位幷百濟王等衣. 丙申, 遊獵水生野. 攝津國奉獻. 己亥, 山城守從四位下藤原朝臣繼彥, 授從四位上. 介外從五位下高丘宿禰弟越外從五位上, 攝津守從四位下小野朝臣野主從四位上, 介從五位下廣根朝臣諸勝從五位上, 河內守從五位上紀朝臣南麻呂正五位下, 介從五位下大伴宿禰雄堅魚從五位上. 賜四位已上衾, 侍從幷三國掾已上衣, 目已下及郡司綿各有差. 佐爲及百濟寺, 施綿各一百屯. 是日, 車駕至自交野. 乙巳, 勅, 水陸之利, 公私所俱.

捕之不時, 物無繁育. 如今, 百姓好捕小年魚. 雖所獲多, 於物無用. 宜仰山城大和河內攝津近江等諸國, 令加禁斷. 唯四月以後, 不在禁限. 丙午, 幸神泉苑. 命文人賦詩. 賜侍從及獻詩者綿有差.

　　〇三月戊申朔, 從五位上百濟王忠宗, 授正五位下. 大安寺僧安澄卒. 法師, 俗姓身人部, 丹波國船井郡人也. 同寺善議大德之入室也. 大啓空宗, 能傳密法. 論甚研精, 殆蹤于藍. 與贈僧正勤操, 結交深矣, 共誓弘演一乘津梁六趣. 起延暦八年, 世世相傳, 期之無窮. 法師爲人敏給, 問答絶倫. 西大寺律師泰演, 特爲仇敵, 奉對龍顏, 共爭折角, 彌勒出世, 勝負定矣. 朝議許以綱維之事. 未及印可, 先機早卒. 春秋五十二. 辛亥, 右大臣從二位兼行皇太弟傅藤原朝臣園人奏. 去大同二年, 停正月二節. 迄于三年, 又廢三月節. 大概爲省費也. 今正月二節, 復于舊例, 九月節准三月. 去弘仁三年已来, 更加花宴. 准之延暦, 花宴獨餘. 比此大同, 四節更起. 顧彼祿賜, 庫貯罄乏. 伏望. 九日者, 不入節會之例, 須臨時擇定堪文藻者, 下知所司. 庶絶他人之望, 省大藏之損. 又奏, 延暦十年, 車駕幸交野. 此時, 禁畿内諸國司獻物. 而比年間, 曾無遵行. 國郡官司, 比必其人. 寄言貢獻, 還煩百姓. 不穩之讖, 相續爲息. 伏望. 自今以後, 一切禁斷. 但臣下之志, 私有供進者, 不在禁限者. 許之. 傳灯大法師光意卒. 年七十八.

　　〇夏四月丙申, 武官五位已上, 廳朝服位襖通着. 乙巳, 幸左近衛大將正四位下藤原朝臣冬嗣閑院. 供張之宜, 尋有雅致. 天皇染翰, 群臣獻詩. 時人以爲佳會. 授冬嗣從三位. 無位藤原美都子從五位下. 賜五位以上衣被.

　　〇五月庚戌, 有鳥, 集太政官府. 捕之不驚. 白身黑頭, 兩翮殊長, 足似水鳥. 人不能名焉. 辛亥, 御馬埒殿觀馬射. 甲寅, 詔曰, 朕當揖讓, 纂踐天位. 德愧睦邇, 化謝覃遠. 徒歲序屢換, 男女稍衆. 未識子道, 還爲人父. 辱累封邑, 空費府庫. 朕傷于懷, 思除親王之號, 賜朝臣之姓. 編爲同籍, 從事於公, 出身之初, 一敍六位. 但前號親王, 不可更改. 同母後産, 猶復一列. 其餘如可開者. 朕殊裁下. 夫賢愚異智, 顧育同恩. 朕非忍絶廢體餘, 分折枝葉. 固以天地惟長, 皇土遞興, 豈競康樂於一朝, 忘凋弊於萬代. 宜普告内外, 令知此意. 乙卯, 制, 新羅王子来朝之日, 若有朝獻之志者, 准渤海之例. 但願修隣好者, 不用答禮. 直令還却. 且給還粮. 是日, 公卿奏狀, 今月八日詔書稱, 徒歲序屢換, 男女稍衆. 未識子道, 還爲人父. 辱累封邑, 空費府庫. 思除親王之號, 賜朝臣之姓, 編爲同籍, 從事於公, 出身之初, 一敍六位者. 陛下則哲承基, 窮神開花. 然猶垂顧彫弊, 降除王號. 抑恩育長久, 斯誓計天下, 未有臣等見之矣. 唯我國家, 聖緒一統, 初無五運. 君臣之位, 自然各定. 若除親王之號, 敍庶人之位, 託封邑之費, 卑枝葉之曹, 恐後世之有識, 謂前時之不穩. 枉言聖擇, 不敢不奏. 以申聞. 不許之. 戊午, 幸神泉苑, 曲宴. 賜侍臣衣被. 甲子, 免除出雲國意宇・出雲・神門三郡未納十六萬束. 緣有俘囚亂也. 己巳, 遣使賜玄賓法師御製詩, 兼施物三十段. 今日, 任官. 是月. 有虫, 食柏原山陵樹. 東北方六十丈許皆枯焉.

○六月丙子朔. 先是, 中務卿四品萬多親王, 右大臣從二位藤原朝臣園人等, 奉勅撰姓氏錄. 至是而成. 上表曰. 云云. 戊寅, 神泉苑北垣, 無故自潰. 長四十五丈. 賑給京中飢民. 己丑, 行神今食祭於神祇官. 緣聖體不適也. 甲午, 禊於鴨川. 緣神祇官奏也. 僧最澄久住比叡山, 學業共勤. 施近江國稻四百束, 以充山資. 甲辰, 常陸守從三位菅野朝臣眞道薨. 歲七十四.

日本後紀 卷第二十三 (逸文)

일본후기 권제24 〈弘仁 5년(814) 7월에서 6년 12월까지〉

좌대신 정2위 行左近衛大將을 겸직한 臣 藤原朝臣冬嗣 등이 칙을 받들어 편찬하다.

太上天皇〈嵯峨〉

◎ 弘仁 5년(814) 추7월 병오삭, 정6위상 大伴宿禰友足에게 종5위하를 내렸다. 종5위하 紀朝臣長田麻呂를 治部少輔로 삼고, 종5위하 藤原朝臣福當麻呂를 常陸守로 삼고, 左兵衛佐 종5위하 住吉朝臣豐繼에게 (常陸)介를 겸직시켰다. 종5위하 巨勢朝臣清野를 右衛門佐로 삼고, 종5위하 大伴宿禰友足을 右兵衛佐로 삼았다.

신해(6일), 尾張國 丹羽郡의 전지 24정을 夫人 종3위 橘朝臣 諱[1]에게 주었다.

임자(7일), (천황이) 神泉苑에 행차하여 씨름을 관람하였다.

을묘(10일), 종5위하 藤原朝臣賀祐麻呂에게 中務少輔를 겸직시키고, 武藏介는 종전대로 하였다. 종5위하 藤原朝臣文山을 侍從으로 삼고, 종5위하 紀朝臣長田麻呂를 治部大輔로 삼고, 종5위하 多治比眞人船主를 少輔로 삼고, 종5위상 大原眞人眞福을 民部大輔로 삼았다. 종5위하 藤原朝臣濱主에게 右京亮을 겸직시키고, 近江介는 종전대로 하였다. 齋宮頭[2] 종5위하 安倍朝臣寬麻呂에게 伊勢權介를 겸직시켰다.

신유(16일), (천황이) 葛野川에 행차하였다. 次侍從에게 피복을 하사하였다.

병인(21일), 大和, 河内 양국의 햇수가 오래 지난 미납한 벼 13만 4천속을 면제하였다. 백성이 궁핍하여, 상환을 감당하지 못했기 때문이다.

---

1 橘嘉智子. 橘奈良麻呂의 손이고, 贈太政大臣 橘清友의 딸이다. 嵯峨天皇의 夫人에서 皇后가 되고 이후 황태후, 태황태후로의 신분의 변화가 있다.
2 伊勢國에 설치된 齋宮寮의 장관.

기사(24일), 칙을 내려, "무릇 6년에 한번 班給하는 것은 슈의 조문에 정해져 있다[3]. 모름지기 그 연한에 따라서 제국에서 함께 班田하는 것이 이치이다. 그러나 大同 이래 역병이 발생하여 제국의 반전은 쇠락하여 행해지지 않는 일이 많다. 통상의 법으로 보면 이해할 수 없는 일이다. 늦게 반전한 국이 연한을 채우는 것을 기다려 일률적으로 전지의 실태를 조사한 후에 반전을 행하도록 한다"라고 하였다. (이날) 좌경대부 종4위상 藤原朝臣今川이 죽었다. 참의 종3위 巨勢麻呂의 아들이고, 좌대신 정1위 증 태정대신 武智麻呂의 손이다. 때의 나이는 66세였다.

경오(25일), 칙을 내려, "畿內, 近江, 丹波 등의 제국에서는 근년 한해가 빈발하여 심은 모가 많은 피해를 입었다. 국사는 방치하고 있어 백성은 피해를 입고 있다. (중국의 故事에는) 효부가 억울하게 죽음을 당해 東海 지역이 한발로 근심하게 되었는데 유능한 관리가 그 현으로 가서 (혼령을 위로하니) 徐州에 단비가 내렸다고 한다. 그러한 즉 화복이 일어나는 것은 반드시 국사로부터 나오는 것이다. 지금 이후로는 만약 가뭄이 있으면 국의 장관은 몸을 청결히 하고 좋은 단비가 내리도록 스스로 기도하고 힘써 삼가하고 경건해야 하며, 업신여기거나 욕보이지 말아야 한다. 만약 효험이 없으면 바로 언상한다. 이를 항상의 관례로 삼도록 한다"라고 하였다.

신미(26일), 종5위하 藤原朝臣濱主에게 대학두를 겸직시키고, 近江介는 종전대로 하였다. 종5위상 安倍朝臣清足을 형부대보로 삼고, 종4위하 紀朝臣咋麻呂를 좌경대부로 삼고, 종5위상 坂本朝臣佐太氣麻呂를 右京亮으로 삼고, 종5위하 藤原朝臣永貞을 造西寺 장관으로 삼고, 음양두 종5위하 小野朝臣諸野에게 備中介를 겸직시키고, 외종5위하 廣井宿禰眞成에게 종5위하를 내렸다.

○ 윤7월 경진(6일), (천황이) 神泉苑에 행차하였다.

---

3 「田令」21 「六年一班」條, "凡田, 六年一班.〈神田, 寺田, 不在此限〉若以身死, 應退田者, 每至班年即從收授"이라고 규정되어 있다. 이러한 규정에도 불구하고, 延曆 20년(781) 6월 5일 태정관부로부터 12년에 1회가 나타나고, 大同 3년(808) 7월 2일의 태정관부에 다시 6년에 1회가 복원되었다. 『類聚三代格』권15, 承和 원년(834) 2월 3일 태정관부 참조.

임오(8일), 산위 정4위상 吉備朝臣泉이 죽었다. 泉은 우대신 종2위 (吉備)眞備의 아들이다. 학자 가문의 자제이고, 자주 학문의 재능이 있다는 말을 들었다. 특히 성격이 편협하고 급했으며, 거스르는 일이 많았다. 延曆 초에 伊豫守로 나갔을 때, 부하에게 고발당해 詔使를 보내 조사를 받았다. 불경스런 말을 내뱉어 관리가 법에 따라 처벌할 것을 청하게 되었다. (桓武天皇은) 조를 내려, "그의 부친 고 우대신은 (唐에) 가서 학문을 쌓아 귀국하여 씨를 뿌리고 바람을 일으켜 도를 널리 알렸고, 마침내는 대신이 되어 천황의 국정을 도왔다. 이에 泉의 죄를 용서하고 이후에는 개선하도록 한다. 다만 현직은 해임하고 이전의 잘못을 경계하도록 하라"고 하였다. 후에 다시 견책받아 佐渡權守로 좌천되었다. 本縣인 (備中國으로) 돌아와 암울하게 보내며 뜻을 이루지 못했다. 大同 초에 賢臣의 후손이라는 이유로 관찰사에 부름을 받았다. 정사에 임해서는 일 처리에 원칙이 없었다. 고집이 강한 성격으로 나이가 들어도 변하지 않았다. 사망시의 나이는 72세였다.

병술(12일), (천황이) 神泉苑에 행차하였다. 5위 이상에게 피복을 하사하였다.

갑오(20일), 무위 春子女王에게 종5위하를 내렸다.

기해(25일), 내외의 제관사의 관인이 엷은 조복을 입는 것을 허용하였다.

신축(27일), (천황이) 北野에서 사냥을 즐겼다. 해가 저물어 嵯峨院[4]에 들어갔다. 근시하는 시신에게 피복을 내렸다.

계묘(29일), 美作國에서 흰 참새를 바쳤다. 포획한 사람에게 벼 4백속을 내렸다.

○ 8월 병오(3일), 종5위하 淨野宿禰夏嗣를 主殿助[5]로 삼았다.

정미(4일), 勘系所[6]에 書手[7] 3인은 그 노고에 준하여 위계를 서위하는데 차등이 있었다. 2등은 2계, 2등은 1계로 하였다.

---

4 平安京 외곽의 嵯峨 지역에 소재한 嵯峨天皇의 離宮, 嵯峨天皇의 시호는 이 지역명에서 유래한다.

5 主殿寮의 차관, 內裏의 생활용품의 관리와 공급을 담당하고, 시설관리 업무에도 관여한다. 大同 3년(808)에는 官奴司를 병합하여 官奴婢, 官戶를 관리하였다.

6 『新撰姓氏錄』 편찬을 위해 설치한 관사.

7 관사에서 문자, 문장을 서사하는 書生, 能筆家.

갑인(11일), (천황이) 皇太弟의 南池에 행차하였다. 문인에게 시부를 짓게 하였다. 春宮亮 종5위하 淸原眞人夏野에게 종5위상을 내리고, 大進 정6위상 橘朝臣長谷麻呂에게 종5위하를 내렸다. 4위 이상에게 피복을 하사하였다. 5위 및 春宮屬[8] 및 6위 이하의 王, 藤原氏 등에게 의복을 내렸다.

기미(16일), 무위 小繼女王에게 종5위상을 내렸다.

신유(18일), 大和國 八嶋寺에 嘉禾[9]가 있는데, 1개의 줄기에 이삭이 18개나 달렸다.

갑자(21일), 囚人 日下部土方을 사면하여 木工長上에 보임하였다. 土方는 攝津國 武庫郡 사람이다. 사적으로 鑄錢하여 족쇄를 채웠다. 堀河에서 노역하는데 자못 토목기술이 뛰어났다. 허물을 용서하고 재능을 취했다.

병인(23일), 귀화에 온 新羅人 加羅布古伊[10] 등 6인을 美濃國에 거주시켰다.

무진(25일), (천황이) 北野에서 사냥을 즐겼다.

기사(26일), (천황이) 栗栖野에서 사냥을 즐겼다.

신미(28일), 정6위상 甘南備眞人濱吉에게 종5위하를 내렸다. 종5위하 藤原朝臣永貞을 음양두로 삼고, 정5위하 安倍朝臣眞勝을 형부대보로 삼고, 참의 정4위하 藤原朝臣緖嗣[11]에게 宮內卿을 겸직시키고, 近江守는 종전대로 하였다. 외종5위하 壹伎直才麻呂를 園池正으로 삼고, 종5위상 安倍朝臣淨足을 造西寺長官으로 삼고, 종5위하 甘南備眞人濱吉을 日向守로 삼았다. 종4위하 良岑朝臣安世에

---

8 황태자의 거소인 春宮坊에 소속된 관인.

9 좋은 벼, 상서로운 벼라는 의미, 『延喜式』治部省式에는 下瑞로 나온다.

10 加羅가 관칭된 加羅布古伊이라는 인명은 신라에 복속된 加羅 출신이라는 의미로도 해석된다. 과거 가야국의 계보를 잇는 인물일 가능성도 있다. 『續日本紀』天平寶字 2년(750) 10월 갑자조에는, 美濃國席田郡의 대령 子人 등이 보고하기를, 자신들의 6세 선조인 乎留和斯知는 賀羅國에서 천황의 덕화를 흠모하여 내조했는데, 아직 성이 없어 국호에 따라 姓의 글자를 내려달라고 하여 賀羅造의 성을 주었다고 한다. 또 『新撰姓氏錄』未定雜姓 右京에 "加羅氏, 百濟國人都玖君之後也"라고 하고, 동 미정잡성 河內國에는 "大賀良, 新羅國郞子王之後也"이라고 하여 각각 加羅氏, 大賀良氏를 칭하고 있다.

11 19쪽, 弘仁 2년(811) 2월 임오조 각주 32 참조.

게 左衛門督을 겸직시키고, 但馬守는 종전대로 하였다. 참의 종3위 文室朝臣綿麻呂에게 右衛門督을 겸직시키고, 陸奧出羽按察使는 종전대로 하였다. 式部大輔 종4위하 藤原朝臣三守에게 左兵衛督을 겸직시키고, 美作權介는 종전대로 하였다. 종3위 春原朝臣五百枝에게 右兵衛督을 겸직시키고, 上野守는 종전대로 하였다.

임신(29일), 조를 내려, "짐은 삼가 황위에 오르고 대업을 계승하였다. 날이 저물어서야 밥을 먹으며 날이 밝기 전에 일어나 의관을 챙기면서 자주 천체를 변화를 관찰하였다. 몸은 비록 궁성에 있지만, 마음은 백성에게 다가가 있다. 7政[12]을 정비하여 홍수와 가뭄을 없애고, 9農[13]을 격려하여 인덕과 장수의 즐거움이 있기를 바라고자 한다. 금년에는 봄에 경작이 시작되어 개화의 시기를 기다리며 감사의 비가 적시니 가을에는 벼이삭이 고개를 숙이고 수확은 다하지 못하고 이랑에 남아있을 정도이다. 이것은 신령이 내린 상서로운 일이고, 佛子가 수행을 잘한 덕분이다. 짐은 이 아름다운 선물을 받은 것을 생각하면, 참으로 많은 신에게 정성을 기울이고 풍작을 기뻐하여 만백성에게 노고에 보답해야 한다. 천하의 국사에게 위임하여 투명하게 감독시켜 官社에 폐백을 바치도록 한다. 아울러 나이들은 승니 및 고령자, 홀아비, 과부, 고아, 독거노인으로 자활할 수 없는 자에게 각각 등급에 따라 진휼에 힘쓰고, 짐의 뜻을 알리도록 한다"라고 하였다.

○ 9월 경진(7일), 종4위하 百濟王教德[14]을 治部大輔로 삼고, 종5위하 紀朝臣長田麻呂를 宮内大輔로 삼고, 종5위하 大伴宿禰乎智人을 左京亮으로 삼고, 종5위하 中科宿禰善雄[15]을 동궁학사로 삼고, 종5위하 紀朝臣貞成을 造西寺 차관으로

---

12 7政은 정치의 근간이 되는 7가지 자연만물의 변화 원리, 즉 국정운영의 일정한 법칙을 말한다. 『書經』에 나오는 日月과 木火土金水의 5星, 天地人 및 春夏秋冬의 사시를 가리키고, 북두칠성의 움직임을 정치의 지침으로 생각하기도 한다.

13 九農은 중국고대의 전설상의 황제인 黃帝의 아들 少昊 시대에 설치되 농업에 관계된 9개의 관직을 말한다. 여기서는 지방관인 國司, 郡司를 가리킨다.

14 54쪽, 弘仁 3년(812) 정월 병인조 각주 4 참조.

15 개명 전의 中科巨都雄이다. 씨성은 津連에서 中科宿禰로 개성된 백제계 도래씨족인 王辰

삼았다.

임오(9일), (천황이) 神泉苑에 행차하였다. 문인들에게 賦詩를 짓게 하였다.

갑신(11일), 경기, 7도, 제국의 國分 2寺의 나이 80세 이상의 승니에게 목면 20둔을 각각 시입하였다. 100세 이상의 노인에게는 穀 2석을, 90세 이상에게는 1석을, 80세 이상에게는 5두를 내렸다. 홀아비, 과부, 고아 독거노인으로 자활할 수 없는 자에게 나이에 따라 1두에서 3두 이하를 지급하였다.

무자(15일), 明神에게 봉폐하였다. 풍작에 대한 보답이었다.

계사(20일), 우대신 종2위 行皇太弟傅 藤原朝臣園人이 주상하기를, "제국에서 수납한 관물은 창고의 종류, 명칭을 正稅帳에 상세히 주기해야 한다. 그러나 국사는 반드시 적임자가 아니다. (國府에 가까워) 편리한 郡의 稻는 (국사들의 봉록에 사용하는) 公廨稻로 충당하고, 백성에게 대부하는 공해도는 반드시 (교통이 불편한) 먼 郡의 것으로 충당하고 있다. 이 때문에 불편한 郡은 물자가 남아돌고, (國司의) 교제기에 이르러 모두 합산하여 기록하고 있다. 이러한 사례는 出雲國이 가장 많다. 저장해야 할 곳은 甲의 郡인데, 납입되는 곳은 乙의 장소이다. 장부상에는 창고에 온전히 보관되어 있으나, 물품은 화재 등으로 소진되고 있다. 삼가 바라건대, 지금 이후로는 두루 제국에 알려 장부에 의거하여 수납하고, 甲乙의 郡을 합산해서 기록하지 않도록 한다. 만약 장부와 실제가 서로 차이가 있으면, 실상에 따라 처벌한다. 관에서는 손실을 줄이고 백성에게는 혜택이 돌아갔으면 한다"라고 하였다. (천황은) 청한 바에 따랐다.

무술(25일), 종5위하 安倍朝臣益人을 雅樂頭로 삼고, 종5위하 大伴宿禰彌嗣를 大藏少輔로 삼고, 종5위하 路眞人年繼를 宮內少輔로 삼았다.

경자(27일), (천황이) 栗前野에서 사냥하였다. 날이 저물자 彈正尹 明日香親王

爾의 후예이다. 延曆 12년(793)에 大外記이 되었고, 동 16년 2월에 菅野眞道, 秋篠安人 등과 함께 『續日本紀』 편찬을 완료하여 상표문을 올렸다. 이때 그 공로로 종5위하에 서위되었다. 延曆 19년에 伊豫介가 되었다. 漢詩文에도 능하여 『凌雲集』, 『經國集』에 한시문을 남기고 있다.

의 宇治 별장에 들어갔다. 친왕이 봉헌하였다. 근시하는 신하들에게 피복을 하사하였다.

계묘(30일), 渤海國이 사자를 보내 방물을 바쳤다[16].

○ 동10월 정미(4일), 대설이 있었다.

계축(10일), (천황이) 北野에서 사냥을 즐겼다.

병진(13일), 新羅商人 31인이 長門國 豊浦郡에 표착하였다.

갑자(21일), 右諸衛府에서 봉헌하였다. 연회를 열고 음악을 연주하였다. 근시하는 신하 및 右衛門府, 右馬寮의 史生 이상에게 목면을 차등있게 내렸다.

을축(22일), 興福寺[17] 傳燈大法師位 常樓가 죽었다. 俗姓은 秦公忌寸이고, 山城國 葛野郡 사람이다. 법사는 어린 나이부터 속세를 싫어하여 출가하여 불법에 들어갔다. 타고난 자질이 총민하였고, 하루에 1만자의 경전을 음송하였다. 처음에 흥복사의 고승 善珠의 제자가 되고, 불법을 묻고 가르침을 받았다. 또 膳大丘, 土師乙勝과 교류하며 外傳[18]을 학습하였다. 나이 20세에 이르자 학업은 점점 진보되었다. 굳게 계율을 지키고 바른 불교의 가르침을 널리 펼쳤다. 찬술을 행하고 교단의 승려들로부터 존숭받았다. 일체중생을 구제하려는 청원을 내고 40여년간 법화경 124,960권을 전독[19]하였다. 아울러 매일 반야심경 1백권, 無染著陀羅尼[20] 108편을 음송하였다. 설사 아주 적은 시간이라도 일과에 흐트러짐이 없었다. 위로는 (국가, 부모의) 은혜와 사랑에 보답하고, 밑으로는 중생을 구제하였

---

16 발해대사는 王孝廉, 弘仁 6년(815) 정월 갑오조에 일본천황의 발해국왕에게 보내는 국서가 나온다.

17 興福寺는 藤原氏의 氏寺, 〈興福寺流記所引寶字記〉에는 天智 8년(669)에 藤原鎌足이 병중에 있을 때 부인 鏡女王이 藤原鎌足이 조영한 석가삼존상을 안치하기 위해 山城國 山階에 세운 山階寺에서 시작되고, 飛鳥로 천도하면 지명에 의거하여 廐坂寺로 명명하였다. 和銅3년에 平城京 천도에 동반하여 재이전되어 興福寺가 되었다.

18 불교 이외의 經史 등 여러 전적.

19 轉讀은 經題와 일부 내용을 발췌해서 전체를 독송하는 것.

20 불교의 주문의 일종으로 無染은 부정이나 오염되지 않은 청정한 상태를 말함.

다. 延曆 24년에 칙이 내려져, 秋篠寺에 거주하게 되었다. 弘仁 5년(814) 10월 22일 밤에 율사 勝義를 향해 弘誓願[21]을 음송하였다. 율사는 탄복하였다. 5경[22]이 지나자 음성이 끊어졌다. 춘추 74세였다.

정묘(24일), (천황이) 水生野에서 사냥을 즐겼다. 山城, 攝津 양국에서 봉헌하였다. 근시하는 신하 및 2국의 (국사 3등관) 掾 이상에게 피복을 하사하였다.

경오(27일), 大宰府에서 언상하기를, "新羅人 辛波古知 등 26인이 筑前國 博多津에 표착하였다. 온 이유를 물으니, 멀리서 (일본의) 풍속에 교화되기 위해 왔다"라고 하였다. (이날) 산위 종4위하 多賀王이 죽었다.

○ 11월 계유삭, 우대신 종2위 藤原朝臣園人, 중납언 종3위 巨勢朝臣野足이 봉헌하였다. 하루종일 연회를 열었다. 근시하는 신하에게 목면을 차등있게 주었다.

신사(9일), 出雲國의 田租를 면제하였다. 蝦夷의 반란 및 渤海使의 접대비용이 있었기 때문이다.

계미(11일), 종5위하 紀朝臣國雄을 主計頭로 삼고, 종5위상 藤原朝臣千引을 刑部大輔로 삼고, 정5위하 安倍朝臣眞勝을 造西寺 장관으로 삼고, 종5위하 紀朝臣和氣麻呂를 安房守로 삼았다.

기축(17일), 陸奥國에서 언상하기를, "膽澤, 德丹 2성은 國府로부터 멀리 떨어져 있고, 변경에 고립되어 있다. 城 주변 및 津輕의 하이들은 야만성을 예측할 수 없어, 비상사태에 대비하기 어렵다. 삼가 바라건대, 미리 말린 밥, 소금을 준비하여 2성에 수납해 두었으면 한다"라고 하였다. (천황은) 이 주상을 허락하였다.

임진(20일), 근시하는 신하에게 연회를 베풀고 五節舞[23]를 연주하였다. 차등있

---

21 보살이 불교를 구할 때 발원하는 誓願, 고통받는 세계의 중생들을 제도한다는 衆生無辺誓願度, 끝없는 번뇌를 끊고자 하는 煩惱無盡誓願斷, 헤아릴 수 없는 부처의 가르침을 배워 익히고자 하는 法門無量誓願學, 더할 나위없는 깨달음에 이르고자 하는 佛道無上誓願成 등 4개의 誓願을 四弘誓願이라고 한다.

22 오전 3시경.

23 궁정에서 행해지는 女舞, 大歌의 하나인 五節歌曲을 반주하며 행함. 五節의 의미는 五段의 節調에 의한 舞, 大嘗祭, 新嘗祭의 豊明節會에 개최된다.

게 녹을 내렸다.

갑오(22일), (천황이) 芹川野에서 사냥을 즐겼다.

○ 12월 계묘삭, 칙을 내려, "귀순, 항복하는 蝦夷는 앞뒤로 많은 숫자가 있었다. 편의에 따라 각지에 안치하였다. 관사, 백성들은 그 성명을 칭하지 않고 항상 夷俘라고 불렀다. 이미 皇化에 순응하고 있기 때문에 심히 부끄러워하고 있다. 조속히 고지하여 夷俘라고 호칭하지 않도록 한다. 지금 이후로는 관위에 따라 호칭한다. 만약 관위가 없으면 성명을 부르도록 한다"라고 하였다.

갑진(2일), 대설이 있었다. 종5위상 登美眞人藤津을 越中守로 삼았다.

임술(20일), (천황이) 芹川野에서 사냥을 즐겼다. 근시하는 신하에게 피복을 내렸다.

◎ 弘仁 6년(815) 춘정월 계유삭, 황제가 대극전에 어림하여 신년하례를 받았다. 渤海使가 열석하였다. 근시하는 신하에게 前殿에서 연회를 베풀고, 피복을 하사하였다.

정축(5일), 造瓷器生[24] 尾張國 山田郡 사람 三家人部乙麻呂 등 3인은 (기술을) 전수받아 학업을 이루었다. 雜生에 준하여 출사하게 하였다.

기묘(7일), 5위 이상 및 渤海使에게 연회를 베풀고 女樂을 연주하였다.

이날, 정4위하 藤原朝臣緒嗣[25] · 秋篠朝臣安人에게 종3위를, 종5위하 榎本王에게 종5위상을, 종4위하 紀朝臣廣濱 · 大野朝臣直雄에게 종4위상을, 정5위하 田口朝臣雄繼에게 종4위하를, 종5위상 高階眞人遠成 · 紀朝臣梶繼 · 高村宿禰田使 · 藤原朝臣藤成에게 정5위하를 내렸다. 종5위하 藤原朝臣諸主 · 大伴宿禰眞城麻呂 · 紀朝臣長田麻呂 · 巨勢朝臣諸成 · 高階眞人眞仲에게 종5위상을 내렸다. 외종5위상 高丘宿禰弟越[26], 정6위상 藤原朝臣八綱 · 藤原朝臣愛發 · 和氣朝臣眞綱

---

24 유약을 사용하여 도기 제작법을 습득하는 학생.
25 19쪽, 弘仁 2년(811) 2월 임오조 각주 32 참조.
26 天智 2年(663)에 백제 망명자인 沙門詠의 자손으로 일족은 樂浪河內, 高丘連, 高丘宿禰로의

·多治比眞人松成, 종6위상 甘備眞人高繼, 정6위상 高賀茂朝臣里人·橘朝臣氏公·紀朝臣家長·安倍朝臣諸根·大伴宿禰宅麻呂에게 종5위하를 내렸다. 정6위상 廣階宿禰象麻呂[27]·廣井宿禰貞名·御林宿禰清名·廣澄宿禰福麻呂·建王部公豐益에게 외종5위하를 내렸다. 渤海國 대사 王孝廉[28]에게 종3위를 내리고, 부사 高景秀에게 정4위하를, 판관 高英善, 王昇基에게 정5위하를 내렸다. 錄事 釋仁眞[29], 烏賢偲, 역어 李俊雄에게 종5위하를 내렸다. 녹을 차등있게 주었다. (이날) 산위 종4위하 田口朝臣雄繼가 죽었다. (또) 少僧都 傳燈大法師位 如寶가 죽었다. 大唐人으로 그 성은 알지 못한다. 계율을 굳게 지키고 파괴하는 일이 없었다. 기도는 천하의 발굴이었다. 기량이 크고 넓었으며 대국의 풍취가 있었다. 당대의 불교계를 감당할 수 있는 스승이었다.

경진(8일), 정6위상 石田王에게 종5위하를, 정5위하 大原眞人淨子에게 종4위하를, 외종5위하 凡直古刀自에게 종5위하를, 종8위하 百濟宿禰四千子[30], 무위 大網公嶋刀自에게 외종5위하를 내렸다.

임오(10일), 종5위하 小野朝臣眞野를 上總守로 삼고, 종5위하 八多朝臣桑田麻

씨성의 변화가 있다. 弘仁 3년(812) 정월에 외종5위하를 받았고, 동 12일에 山城介에 임명되었다.

27 『新撰姓氏錄』右京諸蕃上에, "廣階連은 魏 武皇帝의 아들 陳思王 植으로부터 나왔다"라고 한다. 중국계 도래씨족의 후예이다. 廣階連의 개성하기 이전의 성은 上村主이고, 이후 廣皆宿禰로 개성하였다.

28 弘仁 7년(816) 5월 정묘조에, 일본천황이 발해국왕에게 보내는 국서에, 작년에 발해사가 귀국 도중에 풍파를 만났고, 王孝廉은 역병에 걸려 사망했다고 전한다. 『文華秀麗集』에는 王孝廉의 시가 5수 남아있다.

29 『文華秀麗集』에 「七月禁中陪宴詩」가 채록되어 있다. 錄事 釋仁眞은 귀국하지 못한채 일본에서 사망하였다. 弘仁 7년(816) 5월 정묘조에 보이는 王孝廉과 함께 사망한 釋仁貞과 동일인물로 생각된다.

30 여기에만 보이는 인물이다. 百濟宿禰의 출자에 대해서는 弘仁 3년(812) 춘정월 신미(12일), "우경인 정6위상 飛鳥戶造善宗, 河內國 사람 정6위상 飛鳥戶造名繼에게 百濟宿禰의 성을 내렸다"고 한다. 또 『新撰姓氏錄』河內國諸蕃에는 "飛鳥戶造는 백제국주 比有王의 아들 琨伎王으로부터 나왔다"고 하듯이 백제 개로왕의 동생 昆支의 후예의 일족으로 생각된다.

呂를 (上摠)介로 삼았다. 右近衛中將 종4위하 紀朝臣百繼에게 美濃守를 겸직시
켰다. 중납언 종3위 巨勢朝臣野足에게 陸奧出羽按察使를 겸직시키고, 右近衛大
將은 종전대로 하였다. 종5위상 小野朝臣岑守[31]를 陸奧守로 삼고, 종5위하 甘南
備眞人高繼를 (陸奧)介로 삼았다. 외종5위하 朝野宿禰道守를 越前大掾으로 삼
고, 종5위상 安倍朝臣雄能麻呂를 左馬頭 겸 越中介로 삼았다. 縫殿頭 종5위하 伊
勢朝臣德嗣에게 美作權介를 겸직시키고, 종5위상 紀朝臣長田麻呂를 備前介로
삼고, 諸陵頭 종5위하 粟田朝臣飽田麻呂에게 豐後介를 겸직시키고, 종5위하 橘
朝臣氏公을 左衛門佐로 삼았다.

계미(11일), 형부성에서 언상하기를, 「'名例律」에는 '除名[32]'이 된 자는 6년 후에
서위를 허락한다. 免官이 된 자는 3년 후에 바로 앞 位를 2등 강등하여 서위한다.
免所居官[33] 및 官當[34]의 경우에는 1년 후에 직전의 位를 1등 강등하여 서위한다'
고 되어 있다. 「公式令」에는 '범죄로 제명이 되고, 아직 서위되지 않는 기간에 본
관지에서 사망할 때에는 형부성에 통지하고 제명자의 장부에서 삭제한다'고 규
정되어 있다. 지금 이 令에 의거하면, 除名과 免官된 자가 아직 서위되지 않는 기
간에 사망하면 다시 서위할 수는 없다. 그러나 본관지의 관사에서 보고하지 않아
서위를 담당하는 (式部省, 刑部省의) 官에서는 사망한 사실을 모르고 있다. 삼가
청컨대, 京職과 제국에 고지하여 令의 규정대로 (사망한 사실을) 통지하도록 청
원한다'라고 하였다. 이 주상을 허락하였다.

갑신(12일), 종5위하 賀茂朝臣關守를 大舍人助로 삼았다. 左近衛少將 종5위상

---

31 桓武朝 말에 少外記를 역임했으며, 大同 4년(809)에 嵯峨天皇의 즉위시에 종7위상에서 종5
    위하로 7단계 승진하면서, 右少弁에 임명되었다. 이후 內藏頭, 左馬頭, 治部大輔, 皇后宮大
    夫를 역임하였다. 弘仁 12년(821)에는 종4위하, 이듬해 참의 겸 大宰大貳, 天長 3년(826)는
    종4위상에 서위되었다.

32 官人의 名籍에서 삭제하는 일.

33 位階와 勳等을 박탈하는 것.

34 유배형의 실형에 대신하여 位階, 勳位를 1년간 박탈하는 것이다. 1년 후에 재차 서위될 때
    에는 1등 강등되어 서위된다.

佐伯宿禰長繼에게 內藏頭를 겸직시키고 阿波守는 종전대로 하였다. 종4위하 石川朝臣河主를 民部大輔로 삼고, 종5위하 橘朝臣長谷麻呂를 少輔로 삼았다. 외종5위하 御林宿禰清名을 主計助로 삼고, 종5위하 藤原朝臣愛發을 兵部少輔로 삼고, 종5위하 路眞人年繼를 宮內大輔로 삼고, 종5위하 大伴宿禰國道를 (宮內)少輔로 삼았다. 외종5위하 廣階宿禰象麻呂를 造酒正으로 삼고, 종5위하 和氣朝臣眞綱을 春宮大進으로 삼고, 정5위하 安倍朝臣眞勝을 造東寺 장관으로 삼고, 종5위하 秋篠朝臣全嗣를 造西寺 장관으로 삼았다.

을유(13일), 종5위하 八多朝臣桑田麻呂를 日向守로 삼았다.

병술(14일), 종4위하 藤原朝臣道繼를 大舍人頭로 삼고, 종4위하 紀朝臣咋麻呂를 兵部大輔로 삼고, 종4위하 藤原朝臣綱繼를 左京大夫로 삼고, 左馬頭 종5위상 安倍朝臣雄能麻呂에게 上野守를 겸직시키고, 右兵衛督 종3위 春原朝臣五百枝에게 下野守를 겸직시켰다.

정해(15일), 제를 내려, "攝津, 美濃, 丹波, 播磨 등의 제국에 있는 5품의 신분인 蝦夷로서 절회의 참가를 원하는 자는 國에서 작성한 解文을 주어 허락한다. 여타의 하이는 허락하지 않는다. 또 崇福, 梵釋 2寺는 수행자가 거주하는 청정한 지역이고 가람이 있는 성스러운 곳이다. 지금 듣는 바로는, 승려와 속인이 함께 모여있어 불교의 수행지가 부정을 타고 있다. 우마를 매어두거나 끌고다녀 더럽히고 있다. 近江國에 명하여 엄중히 금단한다. 만약 따르지 않는 자가 있으면, 5위 이상은 이름을 기록하고 6위 이하는 신병을 구류하여 함께 언상하도록 한다"라고 하였다.

무자(16일), (천황이) 豐樂院에 임하였다. 5위 이상 및 渤海使에게 연회를 베풀고 踏歌를 선보였다. 녹을 차등있게 내렸다.

기축(17일), (천황이) 豐樂院에 어림하여 활쏘기를 관람하였다.

임진(20일), 朝集堂에서 王孝廉 등에게 향응을 베풀고 음악을 연주하고 녹을 내렸다.

계사(21일), 尾張, 參河, 美濃, 越前, 但馬, 美作, 備前 등 제국에서 노역자

19,800인을 징발하여 朝堂院을 수리시켰다. 그 식대 및 왕복의 식량은 함께 正稅를 사용하였다.

갑오(22일), 渤海國使 王孝廉 등이 귀국하였다. (일본천황이) 국서를 주며 말하기를, "천황이 삼가 渤海王에게 문안드린다. 孝廉 등이 도착하여 서계를 보니 정성이 자세히 담겨져 있다. 선왕[35]께서 끝내 장수하지 못하고 갑자기 세상을 떠났다. 이를 들으니 슬프고 아픈 마음이 멈추질 않는다. 왕께서는 대대로 왕위를 이어가고 있으면서 후손들은 축복받고 번성하고 있다. 멀리서 사신을 보내 예로부터의 우호관계를 닦고 있다. 북해에서 바람의 상태를 보고 蟠木[36]을 향해 나루를 물으며 해뜨는 남녘 조정을 바라보고 거친 파도를 헤치며 방문하여 수호하였다. 오랫동안의 정성을 생각하고 매우 기뻐하며 위로하는 바이다. 전년에 (高)南容 등이 가져온 서계[37]에는 '南容이 재차 낡은 배를 타고 대해를 건넜는데, 삼가 송구스런 일이지만 그쪽 사자를 보내 함께 오기를 바란다'고 하였다. 짐은 먼곳에서 온 것을 고맙게 여겨 요청한 바를 들어주었다. 이에 林東仁[38]을 사자로 임명하여 2척의 배로 나누어 호송하여 보냈다. 東仁은 돌아올 때 서계를 가져오지 않았다. 그 이유를 말하기를, '啓를 고쳐서 狀이라고 한다. 종전의 예를 준수하지 않았다. 이로부터 출발하는 날, 포기하고 수령하지 않았다'고 하였다. 그 나라와는 수호를 닦은 지 유래가 오래되었다. 서신의 왕래에는 모두 선례가 있다. 오로지 (선례에) 어긋나는 일이며, 이것은 오만함이 크다. 무릇 스스로를 극복하여 예로 돌아오는 것은 성인의 밝은 가르침이다[39]. 이를 잃어버리면 쇠망한다는 것은 전

---

35 渤海의 定王, 大元瑜.
36 『史記』권제1 五帝本記 제1에, "북으로는 幽陵, 남으로는 交趾, 서쪽로는 流沙, 동으로는 蟠木에까지 이르렀다. 동식물, 여러 귀신들, 해와 달이 비치는 곳이라면 속하지 않은 것이 없었다"라는 문장을 인용한 것으로, 蟠木은 동쪽의 먼 지역이라는 의미이다.
37 弘仁 원년 (810) 9월 병인조에 高南容이 가져온 발해국왕의 서계.
38 弘仁 2년 10월 계해조에 발해국에서 귀국한 일본사절 林宿禰東人.
39 『論語』顔淵篇에, "顔淵問仁, 子曰, 克己復禮爲仁, 一日克己復禮, 天下歸仁焉"에서 나온 말이다.

적에 기록된 규범이다. 진실로 예의가 어긋나면 어찌 왕래를 소중히 여길 수 있겠는가. 지금 孝廉 등에게 물으니, ‘세대가 지나고 국왕이 바뀌면[40] 앞의 일은 알지 못한다. 지금 올린 서계는 통상과 다름이 없다. 그러나 종전의 예를 지키지 않았다면 잘못은 본국에 있다. 사죄하지 않은 것에 대해서는 오직 (일본조정의) 명에 따를 것이다’고 답하였다. 짐은 이미 지난 일에 허물을 묻지 않겠다. 스스로 새로워진 것을 받아들인다. 이런 까닭에 有司에게 칙을 내려 항례로 대접하게 하였다. 모두 이 마음을 살펴주었으면 한다”라고 하였다. 구름 낀 바다를 사이에 두고 있으니 상면할 길이 없다. 참으로 마음으로만 생각할 따름이다. 초봄이지만 추위가 남아있다. 왕 및 수령, 백성 모두 평안하고 잘 지내기 바란다. 보잘 것 없는 信物이지만, 별도로 목록을 기록하였다. 대략 이것으로 답신하고자 한다. 한두마디 다하지 못한 바가 있다”라고 하였다.

임인(30일), 정6위상 岡上連弟繼에게 외종5위하를 내렸다. 이날, 對馬의 史生 1인을 없애고, 新羅譯語를 두었다.

○ 2월 무신(6일), 궁궐의 정전에 모여 대학박사 및 학생 등이 (주제를 놓고) 논의를 하였다. 녹을 차등있게 하사하였다.

신해(9일), 越中國 介 정6위상 大伴宿禰黑成, 掾 정6위상 多治比眞人淸雄, 少目 종7위하 和邇部臣眞嗣 등을 면직하였다. 관물을 훔쳤기 때문이다. 그 (장관인) 守 종5위상 藤原朝臣鷹養, 大目 정6위상 上村主乎加豆良은 사망했기 때문에 그 죄를 묻지 않았다.

기미(17일), (천황이) 交野에 순행하였다.

경신(18일), 百濟王 등이 봉헌하였다. 5위 이상 및 6위 이하, 백제왕 등에게 녹을 차등있게 내렸다. .

을축(23일), (천황이) 交野에서 돌아왔다.

경오(28일), (천황이) 神泉苑에 행차하였다. 花宴[41]을 열고 문인에게 시부를 짓

40　제7대 국왕 定王 大元瑜가 812년에 사망하고 僖王 大言熙가 즉위하였다.

게 하였다. 근시하는 신하 및 문인에게 목면을 차등있게 하사하였다.

O 3월 계유(2일), 제를 내려, "渤海國 사자의 입조에는 연한이 있다. 객관의 시설은 항상 확실하게 정돈해 두어야 한다. 요즈음 질병에 걸린 백성이 이 객관에 가서 기거하고, 상을 당한 사람이 은신처로 삼고 있다. 객사와 담을 부수고 정원을 더럽히고 있다. 탄정대 및 京職에게 감독하도록 한다"라고 하였다.

갑신(13일), 종5위상 安倍朝臣眞直을 左少弁으로 삼았다. 左近衛府 소장 종5위하 布勢朝臣全繼에게 權左少弁을 겸직시키고, 伊豫介는 종전대로 하였다. 종5위하 和朝臣繩繼[42]를 中務少輔로 삼았다. 종5위하 藤原朝臣賀祜麻呂를 侍從으로 삼고, 武藏介는 종전대로 하였다. 종5위하 紀朝臣興道를 備前介로 삼았다.

신묘(20일), 칙을 내려, "군용의 요체는 말을 우선으로 삼는 것이다. 지금 듣는 바로는, 귀족, 권세가, 부호민들이 사자를 변경에 보내 蝦夷로부터 말을 구입하고 있다. 그 때문에 변경에서 소란이 일어나고 병마는 부족하다고 한다. 延曆 6년(787)의 格에 의거하여 陸奧, 出羽 양국의 말을 구입하는 것을 금지하고 있다. 만약 위반한다면 엄벌에 처하고, 말은 관에서 몰수한다. 다만 (병마에 적합하지 않은) 운송용 말은 금지에 포함하지 않는다"라고 하였다.

병신(25일), 종5위하 高賀茂朝臣里人을 神祇少副로 삼았다.

정유(26일), 春宮坊의 坊掌 2인을 두었다. 陸奧國 遠田郡 사람 竹城公音勝 등 35인에게 高城連의 성을 내리고, 眞野公營山 등 46인에게 眞野連을, 白石公千嶋 등 39인에게 白石連을, 遠田公廣楯 등 29인에게 遠田連을, 意薩公廣足 등 16인에게 意薩連의 성을 내렸다.

O 하4월 계묘(2일), 종5위하 大伴宿禰乎智人을 典藥助로 삼고, 종5위하 紀朝臣繼足을 左京亮으로 삼았다.

기유(8일), 攝津國 住吉郡의 땅 10정을 참의, 右大弁 종4위상 紀朝臣廣濱에게

---

41 꽃을 감상하며 개최하는 연회.
42 54쪽, 弘仁 3년(812) 정월 병인조 각주 5 참조.

주었다.

임자(11일), (천황이) 神泉苑에 행차하였다.

계해(22일), (천황이) 近江國 滋賀韓埼에 행차하여 崇福寺 앞을 지났다. 대승도 永忠 · 護命法師 등이 많은 승려들을 데리고 문밖에서 맞이하였다. 황제는 수레에서 내려 법당에 올라 예불하였다. 다시 梵釋寺를 지날 때, 수레를 멈추고 시부를 지었다. 皇太弟 및 군신이 모두 화답하였다. 대승도 永忠이 손수 차를 끓여 바쳤다. 천황이 피복을 하사하였다. 바로 천황이 배를 타고 호수를 유람하였다. (近江)國司가 풍속의 가무를 연주하였다. 5위 이상 및 掾 이하에게 피복을 내렸다. 史生 이하 郡司 이상에게 목면을 차등있게 하사하였다.

○ 5월 갑신(14일), 尙膳 종3위 永原朝臣惠子가 죽었다. 薩摩國에 황충이 발생해 調, 庸, 田租를 면제하였다.

을유(15일), 종5위하 橘朝臣長谷麻呂를 右少弁으로 삼고, 종5위하 多治比眞人松成을 主計頭로 삼고, 종5위하 紀朝臣國雄을 大藏少輔로 삼았다.

무자(18일), 渤海國使 王孝廉 등이 해상에서 역풍을 만나 표류하였다. 배의 노가 부러져 사용할 수 없게 되었다.

계사(23일), 越前國에 명하여 큰 배를 선정하여 渤海使를 태우도록 하였다.

기해(29일), 備前國 津高郡의 황무지 19정을 業良親王[43]에게 주었다.

○ 6월 경자삭, 종5위하 長岡朝臣岡成을 散位頭로 삼고, 종5위하 藤原朝臣承之를 駿河守로 삼았다.

임인(3일), 畿内 및 近江, 丹波, 播磨 등 제국에 차를 재배하여[44] 매년 바치게 하였다. 이날, 큰 우박이 내렸다. 内舍人 및 4위부의 舍人 이상에게 녹을 차등있게 내렸다.

갑진(5일), 京畿의 백성이 調로 납입하는 錢 50文을 이번에 개정하여 840문으

---

43 嵯峨親王의 제2황자.
44 茶 재배 관련 기사의 초견이다.

로 하였다[45].

계축(14일), 渤海大使 종3위 王孝廉이 죽었다. 조를 내려, "떠나는 자를 애도하고 마지막을 추서하는 것은 옛 규범에 많이 보이고, 충절을 기려서 사적을 기록하는 것은 이전부터 법규에 나오는 도리이다. 고 渤海國使 종3위 王孝廉은 조정을 방문하여 수호하고, 거친 파도에 표류하였다. 아직 귀국보고도 하지 못했는데, 하늘은 무심하다. 참으로 인명은 재천이라고 하지만, (사람의 목숨은) 풀잎의 이슬과 같아 머물게 하기는 어렵다. 사명을 띠고 돌아가지 못했으니 한스러울 뿐이다. 짐의 마음은 비통하여 영예로운 작위를 더하고자 한다. 죽어서 혼령이 있으면 황천을 비추게 될 것이다. 정3위를 내리도록 한다. 더욱이 信物을 보내고 사인들에게 녹을 지급한다. 앞서 준 것은 (난파되어) 젖어 손상되었기 때문이다[46].

을묘(16일), 河內國에서 장마가 들어 식량이 떨어진 戶에게 물품을 지급하여 진휼하였다.

무오(19일), 황자 源朝臣信[47], 동생 弘, 常, 明, 딸 貞姬, 潔姬, 全姬, 善姬 등 8인 및 우경인 종4위하 良岑朝臣安世, 종5위하 長岡朝臣岡成 등을 좌경으로 호적은 편입하였다.

---

45 『續日本紀』養老 6년(722) 9월 경인조에, "伊賀, 伊勢, 尾張, 近江, 越前, 丹波, 播磨, 紀伊 등 제국에 명하여 처음으로 調를 동전으로 바치게 하였다"라고 나온다. 그러나 和銅 5년(712) 12월 신축조에는, "제국이 보내는 調, 庸 등의 물품을 동전으로 교환하는 경우 전 5문을 삼베 1상으로 한다"라고 하여 이해가 調錢의 최초 기사로 나온다. 50문에서 840문으로 16배 이상이나 증가한 것은 아마도 新錢의 발행으로 舊錢의 가치가 10분의 1로 하락했기 때문일 것이다.

46 발해사가 탄 배가 난파를 만나 바닷물에 손상된 사실을 말한다. 귀국하지 못한채 일본으로 되돌아와 다시 물품을 지급한 것이다.

47 弘仁 5년(814) 5월에 동생 弘, 常과 함께 源朝臣의 성을 하사받아 臣籍이 되어 이번에 左京에 편적된 것이다. 天長 2년(825)에 무위에서 종4위상에 서위되었고, 동 3년에 侍從에 임명되었다. 이후 治部卿, 播磨權守를 거쳐 天長 8년(831)에 参議가 되었다. 이듬해 정4위하에 서위되고, 天長 10년 仁明天皇 즉위 직후에 종3위, 承和 2년(835)에 정3위, 嘉祥 3년(850) 文德天皇 즉위 후에 종2위에 이르고, 齊衡 4년(857)에 좌대신으로 승진하였고, 이듬해 清和天皇의 즉위와 동시에 정2위가 되었다.

신유(22일), 종5위하 秋篠朝臣祖繼를 民部少輔로 삼고, 종5위하 紀朝臣家長을 左京亮으로 삼았다.

계해(24일), 業子内親王이 죽었다. 사자를 보내 장의를 감독시켰다. 비단 31 필, 삼베 50단, 錢 2백貫文을 부의물로 보냈다. (차아)천황의 제1황녀이다. 모친 은 2품 高津内親王이다. 이날, 山城國 乙訓郡의 物集, 國背 2현에 천둥과 비바람 이 몰아쳐 백성의 가옥이 무너졌다. 낙뢰로 죽은 사람이 있었다. 이보다 앞서 큰 뱀이 인가로 들어왔다. 즉시 잡아죽였다. 얼마 지나지 않아 그 사람이 벼락을 맞 았다.

병인(27일), 播磨守 증 정4위하 賀陽朝臣豐年이 죽었다. 우경인이다. 유교경 전과 사서에 정통하였고, 관리등용시험에서 甲第[48]을 받았다. 지조와 의리를 지 켜며 비굴하지 않았다. 참된 지인이 아니면 교제하는 것을 좋아하지 않았다. 大 納言 石上朝臣宅嗣가 예의를 갖춰 돈독히 응대하고 藝亭院[49]에 초대하였다. 이에 (賀陽朝臣豐年은) 수년간 많은 서적을 널리 탐구하였다. 일본의 학자들 모두가 승 道融, 御船王[50]도 賀陽朝臣豐年에게는 미치지 못했다고 한다. 友人 小野永見

---

48 「選敍令」30 「秀才出身條」에, "凡秀才出身, 上上第正八位上, 上中正八位下, 明経上上第正八位 下, 上中従八位上, 進士甲第従八位下, 乙第及明法甲第大初位上, 乙第大初位下"라고 하여 등 급에 따라 관위를 수여하고 있다. 甲第는 종8위하부터 출사한다.

49 『續日本紀』天應 원년(781) 6월 신해조의 石上大朝臣宅嗣의 전기에는 "(寶龜) 11년(780)에 大納言으로 전임되었고 바로 정3위에 서위되었다. 宅嗣는 말과 용모에 격조가 있어 당시 이름을 알렸다. 풍경, 산수를 접할 때마다 시류에 따라 붓을 잡고 주제로 삼아 문장을 썼 다. 天平寶字 이후 宅嗣 및 淡海眞人三船은 문인의 필두가 되었다. 저술한 시부는 수십 수 이고, 세상에 전해져 대부분 음송되었다. 구 사저를 희사하여 阿閦寺로 삼았다. 절 내의 한 편에 특별히 外典의 서각을 설치하여 이름을 藝亭이라 하였다. 만약 학문을 좋아하는 사람 들이 와서 열람하고자 하면 자유롭게 허락하였다. 이 때문에 규칙을 기록하여 후세에 남겼 다"라고 하여 藝亭院 설치 기사가 나온다.

50 淡海三船, 天智天皇의 현손, 大友皇子의 증손, 式部卿 葛野王의 손, 内匠頭 池邊辺王의 子이 다. 天平 연간에 출가하여 元開라는 법명을 받았다. 天平勝寶 3년(751)에 眞人 성을 받아 臣 籍으로 降下되었으나 칙명으로 환속하여 御船王으로 되돌아간 후, 다시 淡海眞人의 성을 받고 淡海三船이라고 명명하였다. 天平寶字 5년(761)에 駿河守, 동 8년에 美作守, 近江介, 天

을 방문하여 붓을 잡고 '公' 자를 쓰면서, "삼공을 백안시한다[51]"라는 시를 지었다. 신분이 고귀한 자를 싫어했던 것이다. 延曆 연중에 동궁학사에 임명되었고, (平城天皇이) 즉위하면 종4위하에 서위되고 式部大輔가 되었다. 이미 藤原藥子가 권세를 휘둘러 훌륭한 현신들이 배척되었어도 홀로 평소의 생각대로 운명에 맡기고 침묵하였다. 그후 (평성)천황이 건강이 악화되어 황위를 嵯峨天皇에게 전하고, 平城京으로 거처를 옮길 때에 따라가지 않고 의연 본직[52]을 지켰으며, 그후 (평성천황이 伊勢巡行을 기도하는) 亂에 이르러서는 스스로 사퇴하였다. 차아천황은 그 큰 재능을 애석히 여겨 播磨守에 임명하고, 종신으로 맡게 하였다. 재임 3년에 병으로 경으로 들어와 宇治의 별장에서 병상에 누웠다. 옛적 仁德天皇과 宇治稚郎이 서로 (황위를) 양보했던 일은 國典[53]에 자세히 밝혀져 있다. 옛일을 기억하는 (현지의) 노인들 또한 이 전승을 말하고 있다. 병상에서 이 말을 들은 그는 추모하는 마음이 멈추지 않았다. 좌대신에게 부탁하여 (인덕천황을) 추모하여 사후의 신하가 되었다. 그가 사망하자 칙이 내려져, (인덕천황)릉 주변에 묻히는 것을 허락하였다. 정4위하로 추증하였다. 국의 명예로서 존숭되었다. 때의 사람들은 하늘로부터 받은 관작은 넘치는데 사람으로부터 받은 관작은 족하지 않다고 하였다. 때의 나이 65세였다.

이날, 우대신 종2위 겸 行皇太弟傅 藤原朝臣園人[54] 등이 표를 올려, 선조로부터 내려오는 功封을 (조정에) 반환하기를 구하며 말하기를, "신들의 高祖인 大織冠 內大臣 (藤原)鎌子[55]는 옛적 天豐財重日足姬天皇[56]의 치세에 천하를 바르게 다

平神護 2년(7660에 東山道巡察使, 神護景雲 원년(767)에 大宰少貳, 寶龜 2년(771)에 刑部大輔, 이후에 大學頭, 文章博士, 大判事, 刑部卿 등을 역임하였다.

51 白眼對三公. 조정의 公卿인 3大臣을 멸시한다는 의미이다.

52 式部大輔.

53 『日本書紀』仁德紀 즉위전기에 나온다.

54 66쪽, 弘仁 3년(812) 6월 임자조 각주 36 참조.

55 藤原鎌足,

56 皇極天皇(642-644).

스런 공으로 1만 5천호를 받았다. 계승자[57]인 아들 정1위 태정대신은 父의 구축한 사업을 계승하여 대신을 배출하는 가풍을 세웠다. 이로부터 慶雲 4년(707)에 칙으로부터 식봉 5천호를 받았다. 대신은 고사했는데, 천황은 청을 허락하고 (이를) 축소하여 2천호로 정해서 자손에게 전하게 하였다[58]. 天平神護 원년(765)에 종1위 우대신은 표를 올려 반환했는데, 寶龜 원년(770)에 칙으로부터 다시 돌려받았다. 大同 3년(808)에는 정3위 守右大臣 内麻呂가 또 표를 올려 반환했지만 허락하지 않았다. 신 등은 삼가 봉호를 받은 유래를 생각해 보면, 공로에 의한 일이다. 지금 신 등은 실로 은총을 점점 더 받고 있으나, 공적은 매우 미진하다. 은혜는 때마다 입고 있으면서 깊은 산중에 숨어 있는 것과 같다. 그럼에도 거듭 격별한 은총을 함부로 받아 오랜 세월이 지났다. 천지를 둘러보면 부끄럽고 두려울 뿐이다. 이것은 채워지면 꺼리라고 하는 옛적의 경계에 어긋나는 것이고, 대신으로서의 임무를 감당할 수 없게 된다. 삼가 바라건대, 전해져 온 공봉을 반환하여 만의 하나라도 (국가의 재정에) 보충하여 직무에 소홀하면서 녹을 먹는다는 비판을 피하고자 한다. 천착하여 굽어살피시어 마음으로부터의 청을 허락해 주었으면 한다. (이로부터) 가문의 행복이 영구히 지속되고 세상의 비판이 멈추게 되겠지요. 간절한 마음을 어찌할 수 없어 삼가 표를 올려 청하는 바이다"라고 하였다. (천황은) 이 주상을 불허하였다.

○ 추7월 신미(2일), 외종5위하 廣井宿禰貞名을 縫殿助로 삼고, 외종5위하 簀秦畫師笠麻呂를 西市正으로 삼고, 정5위하 藤原朝臣藤成을 播磨守로 삼고, 종5위하 淨野宿禰夏繼를 (播磨)介로 삼았다. 河内國 사람 외종5위하 勇山連家繼, 외종5위하 文繼, 정7위상 國嶋, 정7위하 眞繼 등의 호적을 우경에 편입하였다.

57　藤原不比等, 藤原鎌足의 제2자.

58　『續日本紀』慶雲 4년(708) 4월조에, "令文에 실려있는 선례로서 令의 규정대로 오래도록 지금부터 대대로 증여하여 식봉 5천호를 내리는 칙명을 받들도록 하라"고 분부하였다. 사양하며 받아들이지 않자 3천호를 감하고, 2천호를 내려서 1천호는 자손에게 전하게 하였다"라고 실려있다.

임신(3일), 河內國 사람 종7위하 高道連鯛釣 등 5인의 호적을 좌경에 편입하였다.

병자(7일), (천황이) 神泉苑에 행차하였다. 문인들에게 칠석의 시를 짓게 하였다.

임오(13일), 夫人 종3위 橘朝臣 諱〈嘉智子〉를 황후로 삼았다. 이날, 폭우가 내리고 천둥이 쳐, (황후를 세우는 의식의) 장소에 빗물이 넘쳐흘렀다. 참의 宮內卿 정4위하 藤原朝臣緖嗣[59] 閤門으로 나아가 宣命을 읽었다. 그 말씀에 이르기를(宣命體), "천황의 대명으로 내린 칙을 친왕들, 신들, 백관의 사람들, 천하의 공민들은 모두 듣도록 하라고 분부하였다. 또 천하의 정치는 혼자 할 수 있는 일이 아니고 반드시 내조가 있어야 한다. 예로부터 행해 온 일은 황후를 정하고 내조의 정치를 이루어야 한다고 항상 듣고 있다. 이런 까닭에 종3위 橘夫人을 황후로 정해기로 한다. 이 상황을 알고 봉사하라고 칙을 내린 천황의 말씀을 모두 듣도록 하라고 분부하였다"라고 하였다.

(이날) 황후의 父 정5위하 橘朝臣淨友에게 종3위를 내렸다. 종4위하 藤原朝臣貞嗣에게 종4위상을, 종5위하 橘朝臣永繼에게 종5위상을, 외종5위하 朝野宿禰道守·滋野宿禰家譯에게 종5위하를 내렸다. 종4위하 藤原朝臣綱繼를 大舍人頭으로 삼았다. 左衛門督 종4위하 良岑朝臣安世에게 左京大夫를 겸직시키고 但馬守는 종전대로 하였다. 종4위하 藤原朝臣道繼를 右京大夫로 삼고, 종4위상 藤原朝臣貞嗣를 皇后宮大夫로 삼고, 종5위하 紀朝臣繼足을 (右京)亮으로 삼았다. 종5위하 滋野宿禰家譯을 尾張守로 삼고, 종5위하 甘南備眞人濱吉을 石見守로 삼았다. 夫人 종3위 多治比眞人高子를 妃로 삼고, 종4위하 藤原朝臣緖夏를 夫人으로 삼았다. 河內國 사람 외종5위하 當宗忌寸家主 등 16인을 좌경의 호적에 편입하였다.

갑신(15일), 정3위 五百井女王에게 종2위를, 종4위하 藤原朝臣緖夏에게 종3위를, 종5위상 橘朝臣御井子에게 종4위하를 내렸다.

임진(23일), 종5위하 大中臣朝臣淵魚를 神祇大副로 삼고, 종5위하 甘南備眞人

59　19쪽, 弘仁 2년(811) 2월 임오조 각주 32 참조.

濱吉를 刑部少輔로 삼고, 종5위하 高賀茂朝臣里人을 美濃權介로 삼고, 종5위하 大中臣朝臣弟守를 石見守로 삼았다.

계사(24일), (천황이) 神泉苑에 행차하였다

갑오(25일), 조를 내려, "하늘이 백성을 생기게 하고, 관인을 두는 것은 재물을 풍족하게 하여 이롭게 하고, 천하에 교화시키기 위해서이다. 이에 백성의 나쁜 풍속을 구제하기 위해 밤을 지새우고 있다. 농부는 풍작을 기뻐하고 부인은 걱정 없이 옷감을 만들 수 있기를 생각하고 있다. 그러나 지난 5월 이후 홍수가 심해 전답을 영농할 수 없었다. 무릇 백성이 부족하면 군주는 누구와 더불어 족할 것인가. 좌우경, 기내의 금년도 전조를 납입하지 않도록 한다. 백성을 소중히 여기고 구휼에 힘쓰고자 하는 짐의 뜻에 따르도록 한다"라고 하였다. 이날, 제국사의 교체의 연한을 4년으로 하였다.

○ 8월 기해삭, 일식이 있었다.

신축(3일), 사자를 伊勢大神宮 및 賀茂大神에 보내 봉폐하였다. 장마가 그치지 않기 때문이다.

무신(10일), 외종5위하 廣澄宿禰福麻呂를 造西寺 차관으로 삼고, 종5위하 大中臣朝臣弟守를 丹後守로 삼고, 종5위하 紀朝臣貞成을 石見守로 삼았다.

신해(13일), 日向國의 軍毅 1인을 증원하였다.

병진(18일), 종4위하 橘朝臣常子에게 종3위를 내렸다.

갑자(26일), (천황이) 北野에서 사냥을 즐겼다.

을축(27일), 종5위하 弟村王을 筑後守로 삼았다.

정묘(29일), 우경인 소초위하 出□臣廣津麻呂 등 7인에게 春岑朝臣의 성을 내렸다.

○ 9월 신미(4일), 종5위하 藤原朝臣愛發을 中務少輔로 삼고, 종5위하 甘南備眞人濱吉을 主計頭로 삼고, 종5위하 菅野朝臣高世[60]를 兵部少輔로 삼고, 종5위하

---

60 參議 菅野朝臣眞道의 아들 大同 3년(808)에 정6위상에서 종5위하에 서위되었고, 弘仁 11년

多治比眞人松成을 刑部少輔로 삼았다. (이날) 少僧都 傳燈大法師位 常騰이 죽었다. 법사의 속성은 高橋朝臣이고 왕경인이다. 법사는 불교의 수행을 충분히 닦고 널리 경론을 연구하여 63권을 주석하였다. 후대에서는 불교의 이치가 여기에서 증명되었다고 우러러 보았다. 성격은 소박하였고 문장은 화려하지 않았지만, 이 치를 해석하는 데에는 독보적이고 누구보다도 우월하였다. 가히 불교계의 꽃이고 인륜의 모범이라고 일컬어졌다. 처음에 興福寺에 들어갔으나, 고 少僧都 忠芬과 갈등이 있어 西大寺로 옮겨 거주하였다. 불법을 지키고 마지막을 기다렸고 죽음과 함께 끝을 맺었다. 춘추 76세였다.

계사(26일), (천황이) 大原野에서 사냥을 즐겼다. 5위 이상 및 국사 掾 이상에게 피복을 하사하였다.

○ 동10월 경자(3일), 安房國에서 갈대 2개를 바쳤는데, 길이가 3장, 둘레가 1척이었다.

갑진(7일), 제를 내려, 皇后宮職의 舍人 150인을 白丁으로부터 임명하고, 그 외는 유자격자 중에서 보임하게 하였다.

임자(15일), 散事 종2위 百濟王明信[61]이 죽었다.

정사(20일), 散事 종3위 大原眞人明娘이 죽었다.

무오(21일), 외종5위하 江沼臣小竝을 陰陽助로 삼고, 종5위하 藤原朝臣豐彦을 長門守로 삼았다.

임술(25일), (천황이) 栗前野에서 사냥을 즐겼다. 5위 이상에게 피복을 내렸다. 칙을 내려, "친왕, 내친왕, 女御 및 3위 이상의 정실의 처자는 모두 蘇芳色[62]의

---

(820)에 周防守를 역임하였다.

61 右京大夫 百濟王理伯의 딸, 조부는 百濟王敬福이고, 우대신 藤原朝臣繼繩의 부인이다. 寶龜 원년(770)에 정5위하, 동 6년에 정5위상, 延曆 2년(783)에 정4위상 동 6년에 종3위에 이른다. 延曆 16년에 尚侍가 되었고, 동 18년에 정3위에 서위되었다. 백제계 도래씨족을 중용한 桓武天皇은 특히 百濟王明信을 총애하였다.

62 蘇芳은 열대산의 콩과에 속하는 식물로 그 줄기의 심재를 달여서 만드는 염료의 색. 어두운 보랏빛 적색. 平安時代 귀족들이 선호한 고귀한 색감이다.

상아제 장식칼을 휴대하게 하였다. 다만 붉은색 장식끈은 일체 금지하였다. 또여자는 짙은 남색, 붉은 차색 등의 복장은 착용할 수 없다. 다만 절회의 날에는금지하지 않는다. 5위 이상은 항상 장식칼 휴대를 허락하지만, 6위 이하는 금은으로 장식한 것은 허락하지 않는다. 내친왕, 孫王 및 女御[63] 이상, 4위 이상의 내명부, 4위 참의 이상의 정실의 처자, 대신의 손은 모두 금은으로 장식된 수레를타는 것을 허락한다. 그 외에는 일체 금지한다"라고 하였다.

○ 11월 정해(21일), 칙을 내려, "延曆의 格[64]에서는, '죄수에게 판결을 내리고집행하는 일은 (獄)令에 정식 조문이 있다. 시기에 따라 엄격히 사형을 집행하고어긋남이 없도록 한다. 그러나 추분이 지나 (형집행이) 지연되어 봄에 이르는 일이 있다[65]. 이것은 이미 법식에 어긋나고, 모두 준거가 없는 것이다. 사형죄는 연말까지 판결을 끝내야 한다'고 되어 있다. 지금 사형 집행에 있어서 가을, 겨울에집행해도 무방하다. 그러나 근자에 소관 관사에서는 반드시 연말에 이르러 사형의 집행을 주상하고 있다. 사형집행 문서가 발급되어 실시하는 관사에 전달되는기일을 생각하면, 遠國에 도달하는 것은 이듬해 봄이 되어야 한다. 지금 이후로는 10월초에 주상을 끝내도록 한다. 다만 11월 1일부터 12월 10일까지는 통상의제사가 행해짐으로 京官으로 하여금 이 기간에는 사형을 집행하지 않도록 한다"라고 하였다.

갑오(28일), (천황이) 水生野에서 사냥을 즐겼다. 5위 이상 및 양국의 국사 掾이상에게 피복을 내렸다. 이날, 제국의 正稅帳使, 計帳使의 일은 朝集使[66]에게 맡

---

63 後宮으로 들어가 천황의 침소에서 시중드는 侍妾의 신분으로 皇后, 中宮 다음의 신분이다. 주로 內親王 및 親王, 大臣의 딸들이고, 平安中期 이후에는 차기 皇后로 세워졌다.

64 延曆 14년(795) 8월 갑술조.

65 「獄令」 8에서는 입춘에서 추분에 이르는 시기에는 사형의 집행을 주상하지 못하도록 규정하고 있다.

66 大宰府, 諸國으로부터 근무평정 등을 기록한 행정문서인 朝集帳를 제출하고 행정보고 등을위해 매년 11월 1일까지 상경하여 정월의 원단의식에 참여하고 考文 등의 심사가 끝날 때까지 체재한다. 국사 중에서 유능한 인물을 선발하여 파견되었다. 朝集이라는 말은 조정에

기고, 별도로 파견하는 것을 허락하지 않았다. 사자의 왕래를 돕는 驛의 부담을 줄이기 위해서이다.

○ 12월 병오(10일), 大和國 사람 종5위하 朝野宿禰鹿取, 종5위하 道守 등 남녀 64인을 우경의 호적에 편입하였다.

계축(17일), (천황이) 芹川野에서 사냥을 즐겼다.

무오(22일), 常陸國의 板來驛을 폐지하였다.

을축(29일), 칙을 내려, "제국의 국사 등은 6년의 임기를 기한으로 하고 4년에 교체하는 것은 고려하지 않고 있다. 국내의 제반 업무는 오직 하나의 방침으로 하는 것은 아니다. 이번에 새로운 격이 갑자기 시행되어 (행정상으로) 생각에 차질이 생기는 일이 있다. 지난 가을 흉작으로 손해가 매우 심했다. 국사가 교체될 때에 정해진 (出擧한 稻를) 수납하지 못해 (인수인계서인) 解由를 받지못하는 일이 있다. 모름지기 내년 봄, 신구 교체시에 정무처리는 금년의 (흉작으로 인한) 손실로 미납된 것은 장부에 기록한다. 이어 후임의 국사로 하여금 延曆 25년(806) 4월 16일의 전년도의 미납분을 (후임국사가) 보전하도록 한 格[67]에 준하고, (후임이) 매년 징수해서 장부에 기록하여 언상하도록 한다. 다만, 返擧[68], 허위 납부, 결손, 미납이 있으면서 公廨稻를 받는 자에게는 법에 따라 처벌하도록 한다"라고 하였다.

◎ 금년도 大宰府 관내의 제국에 3개년간의 田租를 면제하였다. 흉년이 계속되었기 때문이다. 이해 5월부터 9월까지의 장마로 제국이 많은 피해를 입었다.

일본후기 권제24

모인다는 의미한다. 중앙에서는 式部省과 兵部省이 朝集使의 일을 담당하였다.

67 大同 원년(806) 3월 무자조에 보인다.

68 대부한 稻의 원금을 회수하지 못하고 이자만 수납한 일.

日本後紀 卷第二十四〈起弘仁五年七月, 盡六年十二月〉

左大臣正二位兼行左近衛大將臣藤原朝臣冬嗣等奉勅撰

太上天皇〈嵯峨〉

◎弘仁五年秋七月丙午朔, 授正六位上大伴宿禰友足從五位下. 從五位下紀朝臣長田麻呂爲治部少輔, 從五位下藤原朝臣福當麻呂爲常陸守, 左兵衛佐從五位下住吉朝臣豐繼爲兼介. 從五位下巨勢朝臣清野爲右衛門佐, 從五位下大伴宿禰友足爲右兵衛佐. 辛亥, 尾張國丹羽郡田二十四町賜夫人從三位橘朝臣諱. 壬子, 幸神泉苑. 觀相撲. 乙卯, 從五位下藤原朝臣賀祜麻呂爲兼中務少輔, 武藏介如故. 從五位下藤原朝臣文山爲侍從, 從五位下紀朝臣長田麻呂爲治部大輔, 從五位下多治比眞人船主爲少輔, 從五位上大原眞人眞福爲民部大輔. 從五位下藤原朝臣濱主爲兼右京亮, 近江介如故. 齋宮頭從五位下安倍朝臣寬麻呂爲兼伊勢權介. 辛酉, 幸於葛野川. 賜次侍從衣被. 丙寅, 免大和河內兩國遠年未納稻一十三萬四千束. 以百姓窮乏. 不堪辨進也. 己巳, 勅, 夫六年一班, 令條立制. 理須依其年限, 諸國共班. 而大同以來, 疾疫間發, 諸國班田, 零疊者多. 稽于通法, 理不可然. 宜待後班之國滿於年限, 一令校班. 左京大夫從四位上藤原朝臣今川卒. 參議從三位巨勢麻呂之男, 左大臣正一位贈太政大臣武智麻呂之孫. 時年六十六. 庚午, 勅, 畿內‧近江‧丹波等國, 頃年旱災頻發, 稼苗多損. 國司默然, 百姓受害. 其孝婦含寃, 東海蒙枯旱之憂, 能吏行縣, 徐州致甘雨之喜. 然則禍福所興, 必由國史. 自今以後, 若有旱者, 官長潔齋, 自禱嘉澍, 務致肅敬, 不得狎污. 如不應者, 乃言上之, 立爲恒例. 辛未, 從五位下藤原朝臣濱主爲兼大學頭, 近江介如故. 從五位上安倍朝臣清足爲刑部大輔, 從四位下紀朝臣咋麻呂爲左京大夫, 從五位上坂本朝臣佐太氣麻呂爲右京亮, 從五位下藤原朝臣永貞爲造西寺長官, 陰陽頭從五位下小野朝臣諸野爲兼備中介, 外從五位下廣井宿禰眞成贈從五位下.

○閏七月庚辰, 幸神泉苑. 壬午, 散位正四位上吉備朝臣泉卒. 泉者右大臣從二位眞備之子也. 孔門童子, 頻有所聞. 性殊偏急, 多忤於物. 延暦初, 出爲伊豫守, 被僚下告. 遣詔使勘問. 辭涉不敬, 有司執法請實恒科. 詔曰, 其父故右大臣, 往學盈歸, 播風弘道, 遂登端揆, 式翼皇猷. 宜宥泉辜, 令思後善. 但解見任, 以懲前惡. 後復以譴貶佐渡權守. 歸居本縣, 欝欝不得志. 大同之初, 以賢臣之後, 徵爲觀察使. 試于政事, 處置無紀. 剛戾之性, 老而不移. 卒時年七十二. 丙戌, 幸神泉苑. 賜五位已上被. 甲午, 無位春子女王授從五位下. 己亥, 聽內外諸司人着薄朝服. 辛丑, 遊獵北野. 日晚御嵯峨院. 賜侍臣衣被. 癸卯, 美作國獲白雀. 賜獲人稻四百束.

○八月丙午, 從五位下淨野宿禰夏嗣爲主殿助. 丁未, 直勘系所書手三人, 准勞敍階有差. 一等二階, 二等一階. 甲寅, 幸皇太弟南池. 命文人賦詩. 春宮亮從五位下淸原眞人夏野授從五位上, 大進正六位上橘朝臣長谷麻呂從五位下. 賜四位已上被, 五位幷春宮屬已上及六位已下王藤原氏等衣. 己未, 無位小繼女王授從五位上. 辛酉, 大和國八嶋寺有嘉禾. 一莖十八穗. 甲子, 免因人日下部土方, 補木工長上. 土方者, 攝津國武庫郡人. 以私鑄錢著鎖. 役於堀河, 頗善工巧. 仍棄瑕取才. 丙寅, 化來新羅人加羅布古伊等六人配美濃國. 戊辰, 遊獵北野. 己巳, 遊獵栗栖野. 辛未, 正六位上甘南備眞人濱吉授從五位下. 從五位下藤原朝臣永貞爲陰陽頭, 正五位下安倍朝臣眞勝爲刑部大輔, 參議正四位下藤原朝臣緒嗣爲兼宮內卿, 近江守如故. 外從五位下壹伎直才麻呂爲園池正, 從五位上安倍朝臣淨足爲造西寺長官, 從五位下甘南備眞人濱吉爲日向守. 從四位下良岑朝臣安世爲兼左衛門督, 但馬守如故. 參議從三位文室朝臣綿麻呂爲兼右衛門督, 陸奧出羽按察使如故. 式部大輔從四位下藤原朝臣三守爲兼左兵衛督, 美作權介如故. 從三位春原朝臣五百枝爲兼右兵衛督, 上野守如故. 壬申, 詔曰, 朕恭踐天位, 纂承洪基. 旰食宵衣, 星琯頻改. 雖躬居紫極, 而心遍黎民. 庶齊七政, 以無水旱之災, 勸九農, 以有仁壽之喜. 頃年以降, 春耕侯花, 不愆濯枝之潤, 秋稼垂穎, 可餘栖畝之粮. 是則神靈降祥, 佛子修善之所致也. 朕思膺斯嘉貺, 寄中實於百神, 欣彼豐稔, 報勤勞於萬姓. 宜委天下國宰, 明加檢校奉, 官社幣帛. 竝施給高年僧尼及耆老鰥寡孤獨不能自存者, 各有等級. 務在賙給. 稱朕意焉.

○九月庚辰, 從四位下百濟王教德爲治部大輔, 從五位下紀朝臣長田麻呂爲宮內大輔, 從五位下大伴宿禰乎智人爲左京亮, 從五位下中科宿禰善雄爲東宮學士, 從五位下紀朝臣貞成爲造西寺次官. 壬午, 幸神泉苑. 令文人賦詩. 甲申, 施京畿七道諸國國分二寺僧尼年八十已上每人綿二十屯. 賜老人百歲已上穀二斛, 九十已上一斛, 八十已上伍斗. 鰥寡孤獨之不能自存者, 量老幼三斗已下一斗已上. 戊子, 奉幣明神. 報豐稔也. 癸巳, 右大臣從二位兼行皇太弟傅藤原朝臣園人奏言, 諸國所收官物, 本倉色目, 具注稅帳. 而或國司非必其人. 便郡稻者, 即充公廨, 賜百姓者, 必於遠郡. 是以不便之郡, 物既贏餘, 至于交替, 通計彼此. 出雲國最多此類. 縱令應貯甲郡而納於乙處, 帳是全倉, 物爲煨燼. 伏望, 自今而後, 普知諸國, 依帳收納, 甲乙之郡, 不許通計. 若本倉相違, 准狀科處. 庶官家少損, 黎民蒙濟. 依請焉. 戊戌, 從五位下安倍朝臣益人爲雅樂頭, 從五位下大伴宿禰彌嗣爲大藏少輔, 從五位下路眞人年繼爲宮內少輔. 庚子, 遊獵栗前野. 日暮御彈正尹明日香親王宇治別業. 親王奉獻. 賜侍臣衣被. 癸卯, 渤海國遣使獻方物.

○冬十月丁未, 大雪. 癸丑, 遊獵北野. 丙辰, 新羅商人三十一人漂著於長門國豐浦郡. 甲子, 右諸衛府奉獻. 宴飲奏樂. 賜侍臣及右衛門府右馬寮史生已上綿有差. 乙丑, 興福寺傳燈大法師位常樓卒. 俗姓秦公忌寸, 山城國葛野郡人也. 法師幼齡厭俗, 出家入道. 天資聰敏, 日誦萬言. 初爲同寺善珠大德弟子, 請問內教. 又善膳大丘, 土師乙勝. 學習外傳. 年及二十, 學業漸進. 固持戒律, 闡揚眞宗. 和衆之中, 撰作被讓. 尋而發弘誓願, 四十年之間, 轉讀法華經一十二萬四千九百六十卷, 兼復每日誦般若心經一百卷, 無染著陀羅尼一百八遍. 縱在於造次, 無虧日科. 上酬恩愛, 下濟生靈. 延曆二十四年有勅, 屈置之秋篠寺. 弘仁五年孟冬十月二十二日夜, 對律師勝義, 高聲誦弘誓願. 律師合掌讚歎. 五更之後, 音氣乃絶. 春秋七十有四. 丁卯, 遊獵水生野. 山城攝津兩國奉獻. 賜侍臣已上及二國掾已上衣被. 庚午, 大宰府言, 新羅人辛波古知等二十六人漂著筑前國博多津. 問其來由. 遠投風化. 散位從四位下多賀王卒.

○十一月癸酉朔, 右大臣從二位藤原朝臣園人, 中納言從三位巨勢朝臣野足奉獻. 飲宴終日. 賜侍臣綿有差. 辛巳, 免出雲國田租. 緣有賊亂及供蕃客也. 癸未, 從五位下紀朝臣國雄爲主計頭, 從五位上藤原朝臣千引爲刑部大輔, 正五位下安倍朝臣眞勝爲造西寺長官, 從五位下紀朝臣和氣麻呂爲安房守. 己丑, 陸奧國言, 膽澤德丹二城, 遠去國府, 孤居塞表. 城下及津輕狄俘, 野心難測. 至於非常, 不可不備. 伏望, 豫備糒鹽, 收置兩城者. 許之. 壬辰, 宴侍臣. 奏五節舞. 賜祿有差. 甲午, 遊獵芹川野.

○十二月癸卯朔, 勅, 歸降夷俘, 前後有數. 仍量便宜安置. 官司百姓, 不稱彼姓名, 而常號夷俘. 既馴皇化, 深以爲恥. 宜早告知莫號夷俘. 自今以後, 隨官位稱之. 若無官位, 即稱姓名. 甲辰, 大雪. 從五位上登美眞人藤津爲越中守. 壬戌, 遊獵芹川野. 賜侍臣衣被.

◎弘仁六年春正月癸酉朔, 皇帝御大極殿. 受朝. 蕃客陪位. 宴侍臣於前殿. 賜御被. 丁丑, 造瓷器生尾張國山田郡人三家人部乙麻呂等三人傳習成業. 准雜生聽出身. 己卯, 宴五位以上幷渤海使, 奏女樂. 是日, 正四位下藤原朝臣緒嗣, 秋篠朝臣安人授從三位, 從五位下榎本王從五位上, 從四位下紀朝臣廣濱 · 大野朝臣直雄從四位上, 正五位下田口朝臣雄繼從四位下, 從五位上高階眞人遠成 · 紀朝臣梶繼 · 高村宿禰田使 · 藤原朝臣藤成正五位下. 從五位下藤原朝臣諸主 · 大伴宿禰眞城麻呂 · 紀朝臣長田麻呂 · 巨勢朝臣諸成 · 高階眞人眞仲從五位上. 外從五位上高丘宿禰弟越, 正六位上藤原朝臣八綱 · 藤原朝臣愛發 · 和氣朝臣眞綱 · 多治比眞人松成, 從六位上甘備眞人高繼, 正六位上高賀茂朝臣里人 · 橘朝臣氏公 · 紀朝臣家長 · 安倍朝臣諸根 · 大伴宿禰宅麻呂從五位下. 正六位上廣階宿禰象麻呂 · 廣井宿禰貞名 · 御林宿禰清名 · 廣澄宿禰福麻呂・建王部公豐益外從五位下. 渤海國大使王孝廉從三位, 副使高景秀正四位下, 判官高英善, 王昇基正五位下. 錄事釋仁貞・烏賢偲, 譯語李俊雄從五位下. 賜祿有差. 散位從四位下田口朝臣雄繼卒. 少僧都傳燈大法師位如寶卒. 大唐人, 不知何姓. 固持戒律, 無有缺犯, 至於呪願, 天下絶疇. 局量宏遠, 有大國之風. 能堪一代之, 壇師者也. 庚辰, 正六位上石田王授從五位下, 正五位下大原眞人淨子從四位下, 外從五位下凡直古刀自從五位下, 從八位下百濟宿禰四千子, 無位大網公嶋刀自外從五位下. 壬午, 從五位下小野朝臣眞野爲上總守, 從五位下八多朝臣桑田麻呂爲介. 右近衛中將從四位下紀朝臣百繼爲兼美濃守. 中納言從三位巨勢朝臣野足爲兼陸奧出羽按察使, 右近衛大將如故. 從五位上小野朝臣岑守爲陸奧守, 從五位下甘南備眞人高繼爲介. 外從五位下朝野宿禰道守爲越前大掾, 從五位上安倍朝臣雄能麻呂爲左馬頭兼越中介. 縫殿頭從五位下伊勢朝臣德嗣爲兼美作權介, 從五位上紀朝臣長田麻呂爲備前介, 諸陵頭從五位卜粟田朝臣飽田麻呂爲兼豐後介, 從五位下橘朝臣氏公爲左衛門佐. 癸未, 刑部省言, 名例律云, 除名者, 六載之後聽敍. 免官者, 三載之後降先位二等敍. 免所居官及官當者, 期年之後降先位一等敍. 公式令云, 犯罪除名, 未敍之間, 在本貫身死者, 申送刑部注除者. 今據此令, 除免之輩, 未敍身死, 不可更敍. 而本貫主司, 未嘗言上. 收敍之官, 無知存亡. 伏請, 告知職國, 爲例令言者. 許之. 甲申, 從五位下賀茂朝臣關守爲大舍人助. 左近衛少將從五位上佐伯宿禰長繼爲兼內藏頭, 阿波守如故. 從四位下石川朝臣河主爲民部大輔, 從五位下橘朝臣長谷麻呂爲少輔. 外從五位下御林宿禰清名爲主計助, 從五位下藤原朝臣愛發爲兵部少輔, 從五位下路眞人年繼爲宮內大輔, 從五位下大伴宿禰國道爲少輔. 外從五位下廣階宿禰象麻呂爲造酒正, 從五位下和氣朝臣眞綱爲春宮大進, 正五位下安倍朝臣眞勝爲造東寺長官, 從五位下秋篠朝臣全嗣爲造西寺長官. 乙酉, 從五位下八多朝臣桑田麻呂爲日向守. 丙戌, 從四位下藤原朝臣道繼爲大舍人頭, 從四位下紀朝臣咋麻呂爲兵部大輔, 從四位下藤原朝臣綱繼爲左京大夫, 左馬頭從五位上安倍朝臣雄能麻呂爲兼上野守, 右

兵衛督從三位春原朝臣五百枝爲兼下野守. 丁亥, 制.攝津・美濃・丹波・播磨
等國夷俘, 身帶五品, 願見節會者, 與國解放之. 自餘不在放例. 又崇福梵釋二
寺者, 禪居之淨域, 伽藍之勝地也. 今聞, 道俗相集, 還穢佛地. 繫馬牽牛, 犯污
良繁. 宜令近江國嚴加禁斷. 若有不從制者, 五位已上錄名, 六位已下留身, 竝
言上. 戊子, 御豐樂院. 宴五位已上及蕃客, 奏踏歌. 賜祿有差. 己丑, 御同院. 觀
射. 壬辰, 於朝集堂饗王孝廉等, 賜樂及祿. 癸巳, 發尾張・參河・美濃・越前
・但馬・美作・備前等國役夫一萬九千八百人, 修理朝堂院. 其食幷往還路粮,
竝用正稅. 甲午, 渤海國使王孝廉等歸蕃. 賜書曰, 天皇敬問渤海王. 孝廉等至,
省啓具懷. 先王不終遐壽, 奄然殂背. 乍聞惻怛, 情不能已. 王祚流累葉, 慶溢連
枝. 遠發使臣, 聿脩舊業. 占風北海, 指蟠木而問津, 望日南朝, 凌鯨波以修聘.
永念誠款, 歡慰攸深. 前年附南容等啓云, 南容再駕窮船, 旋涉大水. 伏望, 辱降
彼使, 押領同來者. 朕矜其遠來, 聽許所請. 因差林東仁充使, 分配兩船押送. 東
仁來歸不齎啓. 因言曰, 改啓作狀. 不遵舊例. 由是發日, 棄而不取者. 彼國修
聘, 由來久矣. 書疏往來, 皆有故實. 專輒違乖, 斯則長傲. 夫克己復禮, 聖人明
訓. 失之者亡, 典籍垂規. 苟禮義之或虧, 何須貴於來往. 今問孝廉等, 對云, 世
移主易, 不知前事. 今之上啓, 不敢違常. 然不遵舊例, 愆在本國. 不謝之罪, 唯
命是聽者. 朕不咎已往, 容其自新. 所以勅於有司, 待以恒禮. 宜悉此懷. 間以雲
海, 相見無由. 良用爲念也. 春首餘寒. 王及首領百姓竝平安好. 有少信物. 色目
如別. 略此還報. 一二無悉. 壬寅, 授正六位上岡上連弟繼外從五位下. 是日, 停
對馬史生一員, 置新羅譯語.

○二月戊申, 延大學博士及學生等於殿上立義. 賜祿有差. 辛亥, 越中國介正
六位上大伴宿禰黑成, 掾正六位上多治比眞人清雄, 少目從七位下和邇部臣眞
嗣等免. 以盜官物也. 其守從五位上藤原朝臣鷹養, 大目正六位上上村主乎加
豆良, 以身卒死, 勿論其罪. 己未, 行幸交野. 庚申, 百濟王等奉獻. 五位已上幷
六位已下及百濟王等賜祿有差. 乙丑, 車駕自交野還. 庚午, 幸神泉苑. 花宴. 命
文人賦詩, 侍臣及文人賜綿有差.

○三月癸酉, 制, 蕃國之使, 入朝有期. 客舘之設, 常須牢固. 頃者疾病之民, 就此寓宿, 遭喪之人, 以爲隱處. 破壞舍垣, 汚穢庭路. 宜令彈正臺幷京職檢校. 甲申, 從五位上安倍朝臣眞直爲左少弁. 左近衛少將從五位下布勢朝臣全繼爲兼權左少弁, 伊豫介如故. 從五位下和朝臣繩繼爲中務少輔. 從五位下藤原朝臣賀祜麻呂爲侍從, 武藏介如故. 從五位下紀朝臣興道爲備前介. 辛卯, 勅, 軍用之要, 以馬爲先. 今聞, 權貴之家, 富豪之輩, 通使於邊邑, 求馬於夷狄. 部内由其不肅, 兵馬所以闕乏. 宜依延曆六年格, 禁買陸奧出羽兩國馬. 若有犯違, 實以嚴科, 物即沒官. 但駄馬之色不在禁限. 丙申, 從五位下高賀茂朝臣里人爲神祇少副. 丁酉, 置春宮坊坊掌二員, 陸奧國遠田郡人竹城公音勝等三十五人賜姓高城連, 眞野公營山等四十六人眞野連, 白石公千嶋等三十九人白石連, 遠田公廣楯等二十九人遠田連, 意薩公廣足等十六人意薩連.

○夏四月癸卯, 從五位下大伴宿禰乎智人爲典藥助, 從五位下紀朝臣繼足爲左京亮. 己酉, 攝津國住吉郡地十町賜參議右大弁從四位上紀朝臣廣濱. 壬子, 幸神泉苑. 癸亥, 幸近江國滋賀韓埼. 便過崇福寺. 大僧都永忠・護命法師等, 率衆僧奉迎於門外. 皇帝降輿, 升堂禮佛. 更過梵釋寺. 停輿賦詩. 皇太弟及群臣奉和者衆. 大僧都永忠手自煎茶奉御. 施御被. 即御船泛湖. 國司奏風俗歌舞. 五位已上幷掾以下賜衣被, 史生以下郡司以上賜綿有差.

○五月甲申, 尚膳從三位永原朝臣惠子薨. 薩摩國蝗, 免調庸田租. 乙酉, 從五位下橘朝臣長谷麻呂爲右少弁, 從五位下多治比眞人松成爲主計頭, 從五位下紀朝臣國雄爲大藏少輔. 戊子, 渤海國使王孝廉等於海中, 值逆風漂廻. 舟楫裂折, 不可更用. 癸巳, 令越前國擇大船, 駕蕃客也. 己亥, 備前國津高郡荒廢田十九町賜業良親王.

○六月庚子朔, 從五位下長岡朝臣岡成爲散位頭, 從五位下藤原朝臣承之爲駿河守. 壬寅, 令畿内幷近江・丹波・播磨等國殖茶, 每年獻之. 是日, 大雷. 内舍人幷四衛府舍人以上賜祿有差. 甲辰, 京畿百姓調錢五十文, 今改定八百四十文. 癸丑, 渤海大使從三位王孝廉薨. 詔曰, 悼往飾終, 事茂舊範, 襃忠錄績, 義存先彝. 故渤海國使從三位王孝廉, 闕庭修聘, 滄溟廻艫. 復命未申, 昊蒼不憗. 寔雖有命在天, 薤露難駐, 而恨銜使命, 不得更歸. 朕慟于懷, 加贈榮爵. 死而有靈, 應照泉扃. 宜可正三位. 更賜信物幷使等祿. 以先所賜濕損也. 乙卯, 河內國澇, 賑給乏絕戶. 戊午, 皇子源朝臣信・弟弘・常・明・女貞姬・潔姬・全姬・善姬等八人, 右京人從四位下良岑朝臣安世, 從五位下長岡朝臣岡成等貫附左京. 辛酉, 從五位下秋篠朝臣祖繼爲民部少輔, 從五位下紀朝臣家長爲左京亮. 癸亥, 業子內親王薨. 遣使監護喪事. 賻絁三十一匹, 布五十端, 錢二百貫文. 皇帝之第一女也. 母曰二品高津內親王. 是日, 山城國乙訓郡物集・國背兩鄉雷風, 壞百姓廬舍. 人或被震死. 先是, 有大蛇入人屋. 即殺之. 未幾其人被震. 丙寅, 播磨守贈正四位下賀陽朝臣豐年卒. 右京人也. 該精經史, 射策甲科. 秉操守義, 無所屈撓. 自非知己, 不好造接. 大納言石上朝臣宅嗣, 禮待周厚, 屈藝亭院. 數年之間, 博究羣書. 中朝群彥, 皆以爲, 釋道融御船王之不若也. 尋友人小野永見, 命筆勒公字. 其詩曰, 白眼對三公. 貴勝惡之. 延曆年中, 任東宮學士, 及踐祚, 敍從四位下, 拜式部大輔. 既而女謁屢進, 英賢見排, 獨抱素懷, 任運玄默. 厥後天皇不豫, 傳立上嗣. 遷御平城, 不預追從, 猶守本職, 及于後亂, 自戢辭退. 今上惜其宏材, 任播磨守, 令得終身. 在任三年, 移病入京, 臥于宇治之別業. 昔仁德天皇與宇治稚郎相讓之事, 具著國典. 故老亦語風俗. 病裡聞之, 追感不已. 託左大臣, 慕爲地下之臣. 卒日有勅, 許葬陵下. 贈正四位下. 以崇國華也. 時人猶謂, 天爵有餘, 人爵不足. 時年六十有五. 是日, 右大臣從二位兼行皇太弟傅藤原朝臣園人等奉表乞還先祖功封曰, 臣等高祖大織冠內大臣鎌子, 在昔天豐財重日足姬天皇御宇也, 緣一匡之功, 賜封一萬五千戶. 胤子正一位太政大臣, 堂搆相承, 門風是存. 由茲, 慶雲四年勅賜封五千戶. 大臣固辭, 天恩允請. 即減定二千戶, 傳及子孫. 天平神護元年, 從一位右大臣抗表奉返, 寶龜元年勅更還賜. 大同三年正三位守右大臣內麻呂又抗表奉返. 不蒙允聽. 臣等伏料元緒, 事寄功勞. 今臣等冒寵苟進, 未効涓塵. 荷恩時來, 徒冥山岳. 而重叨殊私, 久淹歲序. 俯仰天地, 慙悚罔厝. 恐乖忌滿之遠誡, 必取覆餗

之近憂. 伏願, 奉納所傳功封, 以補萬一, 少塞素尸. 天鑒曲廻, 矜斯誠請. 則家
祚惟永, 物議復休焉. 無任丹懇切迫之至. 謹拜表陳請以聞. 不許.

　○秋七月辛未, 外從五位下廣井宿禰貞名爲縫殿助, 外從五位下簀秦畫師笠
麻呂爲西市正, 正五位下藤原朝臣藤成爲播磨守, 從五位下淨野宿禰夏繼爲
介. 河內國人外從五位下勇山連家繼, 外從五位下文繼, 正七位上國嶋, 正七位
下眞繼等貫附右京. 壬申, 河內國人從七位下高道連鯛釣等五人貫附左京. 丙
子, 幸神泉苑. 命文人賦七夕詩. 壬午, 立夫人從三位橘朝臣諱〈嘉智子〉爲皇
后. 是日, 暴雨雷鳴, 庭潦泛溢. 參議宮內卿正四位下藤原朝臣緒嗣進就閤門
宣命. 其詞曰, 天皇大命〈良萬止〉勅〈布〉大命〈乎〉, 親王等臣等百官人等天下
公民衆聞食〈止〉宣. 食國天下政〈波〉獨知〈倍伎〉物〈爾波〉不有. 必〈母〉斯理弊
〈乃〉政有〈倍之止〉, 自古行來〈魯〉事, 皇后定〈弖志〉, 閫中〈乃〉政〈波〉成物〈止
奈毛〉, 常〈毛〉所聞看行〈須〉. 故是以從三位橘夫人〈乎〉皇后〈止〉定賜〈布〉. 故
此狀〈乎〉悟而供奉〈止〉勅〈布〉天皇御命〈乎〉, 衆聞食〈止〉宣. 贈皇后父正五位
下橘朝臣淨友從三位. 授從四位下藤原朝臣貞嗣從四位上, 從五位下橘朝臣永
繼從五位上, 外從五位下朝野宿禰道守・滋野宿禰家譯從五位下. 從四位下藤
原朝臣綱繼爲大舍人頭. 左衛門督從四位下良岑朝臣安世爲兼左京大夫, 但馬
守如故. 從四位下藤原朝臣道繼爲右京大夫, 從四位上藤原朝臣貞嗣爲皇后宮
大夫, 從五位下紀朝臣繼足爲亮. 從五位下滋野宿禰家譯爲尾張守, 從五位下
甘南備眞人濱吉爲石見守. 夫人從三位多治比眞人高子爲妃, 從四位下藤原朝
臣緒夏爲夫人. 河內國人外從五位下當宗忌寸家主等十六人貫附左京. 甲申,
授正三位五百井女王從二位, 從四位下藤原朝臣緒夏從三位, 從五位上橘朝臣
御井子從四位下. 壬辰, 從五位下大中臣朝臣淵魚爲神祇大副, 從五位下甘南
備眞人濱吉爲刑部少輔, 從五位下高賀茂朝臣里人爲美濃權介, 從五位下大中
臣朝臣弟守爲石見守. 癸巳, 幸神泉苑. 甲午, 詔曰, 天生黎元, 樹之司牧, 所以
阜財利用, 化成天下. 是以欲濟弊俗, 達旦不已. 思使農夫有稔熟之歡, 婦功無
杼軸之歎. 而去五月以降, 雨水逆溢, 田疇不修. 夫百姓不足, 君孰與足. 宜俾

左右京畿内無出今年田租. 務存優恤,副朕意焉. 是日, 復諸國司遷替, 以四年
爲限.

○八月己亥朔, 日有蝕之. 辛丑, 遣使奉幣於伊勢大神宮幷賀茂大神. 以霖雨
不晴也. 戊申, 外從五位下廣澄宿禰福麻呂爲造西寺次官, 從五位下大中臣朝
臣弟守爲丹後守, 從五位下紀朝臣貞成爲石見守. 辛亥, 加日向國軍毅一員. 丙
辰, 授從四位下橘朝臣常子從三位. 甲子, 遊獵北野. 乙丑, 從五位下弟村王爲
筑後守. 丁卯, 右京人少初位下出□臣廣津麻呂等七人賜姓春岑朝臣.

○九月辛未, 從五位下藤原朝臣愛發爲中務少輔, 從五位下甘南備眞人濱吉
爲主計頭, 從五位下菅野朝臣高世爲兵部少輔, 從五位下多治比眞人松成爲刑
部少輔. 少僧都傳燈大法師位常騰卒. 法師, 俗姓高橋朝臣, 京兆人也. 法師道
業優潤, 博究經論, 注釋六十三卷. 後生仰之, 了證斯在. 爲人質素, 詞乏文華.
至於決釋義理, 獨步少儔. 可謂釋門之脂粉, 人倫之龜鏡者也. 初入興福寺, 與
故少僧都忠芬有隙. 移住西大寺, 守法待終, 與化而盡. 春秋七十有六. 癸巳, 遊
獵大原野. 五位以上及國司掾以上賜衣被.

○冬十月庚子, 安房國獻蘆二枝. 長各三丈, 圍一尺. 甲辰, 制, 皇后宮職舍人
者, 一百五十人以白丁補之. 除此之外以入色補之. 壬子, 散事從二位百濟王明
信薨. 丁巳, 散事從三位大原眞人明娘薨. 戊午, 外從五位下江沼臣小竝爲陰陽
助, 從五位下藤原朝臣豐彦爲長門守. 壬戌, 遊獵栗前野. 五位已上賜衣被. 勅,
親王内親王女御及三位已上嫡妻子, 竝聽著蘇芳色象牙刀子. 但緋色鞦勒一切
禁斷. 又禁女人著褐及黃櫨染等色. 唯節會日不在禁限. 五位已上聽恒服餝刀,
六位已下不得以金銀爲餝. 内親王孫王及女御已上, 四位已上内命婦, 四位參
議已上嫡妻子, 大臣孫, 竝聽乘金銀裝車. 自餘一切禁斷.

○十一月丁亥, 勅, 延曆格云, 斷決囚徒. 令有正文. 順時肅殺, 不可虧違. 或
過秋分節, 延入立春. 是既乖法式, 都無准的. 宜死罪者年終斷訖者. 今於行死
刑, 秋冬無妨. 而頃年有司, 必至年終, 乃奏刑書. 施行之後, 計其行程, 合入春
月, 以到遠國. 宜自今以後, 十月初斷奏訖. 但始自十一月一日至于十二月十

日, 常行祭事. 不得令京官此限内決死刑. 甲午, 遊獵水生野. 五位已上及兩國
掾以上賜衣被. 是日, 令諸國正稅帳計帳兩使, 便附朝集使, 不聽別差使. 以省
郵驛迎送也.

　○十二月丙午, 大和國人從五位下朝野宿禰鹿取, 從五位下道守等男女
六十四人貫于右京. 癸丑, 遊獵芹川野. 戊午, 廢常陸國板來驛. 乙丑, 勅, 諸國
司等, 各期六年之任, 不慮四歲之替. 國内雜務, 非唯一途, 今新格忽行, 心事相
違. 而去秋下稔, 損害殊甚. 定知遷替之人, 必累拘留. 宜須明春新舊交替之政,
依今年損所有未納, 隨帳分付. 即令後任國司, 准延曆二十五年四月十六日填
納舊年未納之格, 每年徵收, 附帳言上. 但有返舉虛納, 缺負未納, 而得公廨之
類, 准法科附.

　◎今年, 免大宰府管内諸國三箇年田租. 以頻年不登. 是歲, 自五月及九月霖
雨, 諸國多被其害焉.

日本後紀 卷第二十四

일본후기 권제25 〈弘仁 7년(816) 정월에서 동 8년 3월까지〉

좌대신 정2위 行左近衛大將을 겸직한 臣 藤原朝臣冬嗣 등이 칙을 받들어 편찬하다.

太上天皇〈嵯峨〉

◎ 弘仁 7년(816) 춘정월 정묘삭, 신년하례를 중지하였다 비가 내렸기 때문이다.

무진(2일), 皇帝가 대극전에 어림하여 신년하례를 받았다. 前殿에서 근시하는 신하들에게 연회를 베풀고 피복을 내렸다.

계유(7일), 군신들에게 연회를 베풀었다. 3품 葛原親王[1]에게 2품을 내렸다. 종5위상 直世王에게 정5위상을, 종5위하 高瀬王에게 종5위상을, 정6위상 巨倉王에게 종5위하를, 정5위하 坂上大宿禰鷹養 · 高階眞人遠成 · 高村宿禰田使에게 종4위하를, 종5위상 大伴宿禰人益 · 佐伯宿禰長繼 · 安倍朝臣雄能麻呂에게 정5위하를, 종5위하 大伴宿禰彌繼 · 藤原朝臣眞書 · 藤原朝臣友人 · 路眞人年繼 · 海眞人有成 · 安倍朝臣寛麻呂 · 三島眞人助成 · 安倍朝臣豊柄 · 物部匝瑳連足繼에게 종5위상을 내렸다. 정6위상 文屋眞人秋津 · 清原眞人長谷 · 多治比眞人清門 · 紀朝臣虎主 · 橘朝臣繼成 · 藤原朝臣村田 · 安倍朝臣眞度良 · 坂田朝臣弘貞, 정6위하 百濟王教貞[2], 종6위상 佐伯宿禰弓繼 · 和朝臣家主[3] · 小野朝臣繼手麻呂, 정7위상 布勢朝臣淨繼에게 종5위하를 내렸다. 정6위상 津宿禰梶吉 · 螺江部繼人, 종6

---

1 桓武天皇의 황자.
2 百濟王教貞에 대해서는 여기에만 보인다.
3 天長 5년(828) 춘정월에 종5위상에 서위되었다. 백제계 씨족인 和氏의 후예, 和史, 和朝臣으로 씨성의 변화가 있다. 『新撰姓氏錄』左京諸蕃下에 백제국 都慕王의 18세손인 武寧王으로부터 나왔다는 시조 전승이 있다.

위하 船連湊守⁴, 종7위하 高道連鯛釣 · 玉作佐比毛知 · 榮山忌寸百嶋⁵에게 외종5위하를 내렸다.

임오(16일), (천황이) 豊樂院에 어림하여, 次侍從 이상에게 연회를 베풀고 녹을 차등있게 내렸다.

계미(17일), (천황이) 豊樂院에 어림하여 활쏘기를 관람하였다.

신묘(25일), 황사비가 내렸다.

임진(26일), (천황이) 栗前野에서 사냥을 즐겼다. 근시하는 신하 및 山城國 (3등관인) 掾 이상에게 피복을 내렸다.

○ 2월 정유삭, 일식이 있었다.

기해(3일), 임관이 있었다.

갑진(8일), 임관이 있었다.

정미(11일), 일식이 있었다.

임자(16일), (천황이) 交野에 순행하였다. 율사 傳灯大法師位 勝美가 죽었다.

병진(20일), (천황이) 水生野에서 사냥을 즐겼다. 종4위하 百濟王教德⁶에게 종4위상을, 종7위하 百濟王勝義⁷에게 종5위하를 내리고, 수행한 종5위 이상, 山城,

---

4 船連氏는 백제계 도래씨족인 王辰爾의 후예로서 天武 12년(683)에 連을 받아 船連氏가 되었고, 船連湊守은 그 후예이다. 그는 嵯峨朝에서 少外記가 되었고, 弘仁 7년(816)에 종6위하에서 외종5위하에 서위되고 大外記에 임명되었다. 弘仁 10년(819)에 石見守로 지방관에 임명되었다. 天長 3년(826)에는 외정5위하에 서위되었고, 동 7년에 大外記로 복귀하였다.

5 『新撰姓氏錄』右京諸蕃上에, "淨山忌寸은 唐人 賜錄 沈淸朝로부터 나왔다"라고 하듯이 중국계 도래 씨족이다. 『續日本紀』延曆 3년(784) 6월 신축조에 唐人 賜錄 晏子欽 등이 榮山忌寸의 성을 받았다고 나온다. 賜錄은 당의 品服의 색이다.

6 陸奥鎭守將軍 百濟王俊哲의 아들, 延曆 7년(788)에 右兵庫頭에 임명되었고, 동 8년에 讚岐介, 延曆 18년(799)에 上總守를 역임하였다. 平城朝인 大同 3년(808)에 宮内大輔이 임명되고, 嵯峨朝에서는 治部大輔, 刑部卿을 역임하였다. 弘仁 3년(812)에 종4위하, 동 7년에 종4위상에 서위되었다.

7 桓武天皇에서 文德天皇까지 6명의 천황의 조정에서 출사한 百濟王氏, 어린 시절부터 대학료에서 공부하여 文章道를 배우고, 大同 원년(806)에 大學少允에 임명되었다. 동 4년에 右京少進, 弘仁 원년(810)에 藏人 겸 左衛門大尉가 되었다. 이어 弘仁 7년(816)년에 嵯峨天皇이 水

河内, 攝津 3국의 掾 이상에게 피복을 내리고, 佐爲, 百濟, 粟倉의 僧尼 3寺에 각각 목면 1백둔을 희사하였다. 이날, 천황이 交野에서 돌아왔다.

무오(22일), 후궁에서 하루종일 曲宴을 열고 근시하는 신하에게 피복을 내렸다.

신유(25일), (천황이) 典侍 종3위 小野朝臣石子의 長岡의 사저에 행차하였다. 문인에게 시부를 짓게 하였다. 石子에게 정3위를 내리고, 石子의 딸 무위 高賀茂朝臣伊豫人에게 종5위하를 내렸다. 5위 이상에게 피복을 내렸다.

계해(27일), (천황이) 嵯峨別館[8]에 행차하였다. 문인에게 시부를 짓게 하였다. 雅樂寮에서 음악을 연주하였다. 문인 이상에게 차등있게 목면을 내렸다.

갑자(28일), (천황이) 弁官의 曹司로 거처를 옮겼다. 궁중의 내리를 수리하기 때문이다.

○ 3월 경오(5일), 大宰府에 명하여 매년 새로 만든 명주 3천필을 바치게 하였다.

을해(10일), 임관이 있었다.

을유(20일), 散事 종4위하 多治比眞人明子가 죽었다. 나이 70세였다.

병술(21일), 승 最澄[9]이 天臺靈應圖 및 本傳集 10권[10], 新集聖經序 3권, 涅槃獅子吼品[11] 1권을 바쳤다. 훈 6등 吉彌侯部呰子에게 외종5위하를 내렸다.

정해(22일), 典侍 정3위 小野朝臣石子가 죽었다. 나이 71세였다.

임진(27일), 이날, 民部, 宮內 2省에서 술과 음식 및 錢 3백관을 봉헌하였다. 연회를 하루종일 열었다. 左右近衛에게 활을 쏘게 하였다. 과녁에 따라 錢을 주었다.

生野에서 사냥할 때 수행했는데 이때 종7위에서 종5위하에 8단계를 뛰어넘는 종5위하에 서위되었다. 동 10년에는 左衛門佐로 승진되었고 동 12년에는 종5위상에 서위되고, 동 13년에 但馬守가 되었다. 이후 淳和朝에서는 美作守, 右京大夫, 左衛門督을 역임하였고, 天長 4년(827)에 정5위하, 동 6년에 종4위하로 승진하였다. 承和 2년(835)에 종4위상에 서위되었고 宮內卿을 거쳐 동 6년에 종3위에 올라 公卿이 되었다.

8 嵯峨院, 嵯峨天皇의 別宮으로 보인다.

9 110쪽, 弘仁 5년(814) 6월 갑오조 각주 52 참조.

10 天臺大師의 智顗의 도상인 靈應圖, 本傳集은 그 傳記를 집성한 것.

11 『大般涅槃經』의 13品 중의 하나인 제11品.

○ 하4월 경자(5일), 弁官에서 봉헌하였다. 雅樂寮로 하여금 음악을 연주하게 하였다. 弁官, 史生 이상에게 피복을 내렸다. 이날, 大僧都 永忠이 죽었다. 永忠의 俗姓은 秋篠朝臣이고, 左京人이다. 寶龜 초에 입당 유학하였다. 延曆 말년에 견당사를 따라 귀국하였다. 대략 경론을 배우고 자못 音律을 이해하였다. 비록 석학이라고는 할 수 없지만, 두루 견문을 익혔다. 위엄과 예의가 있었고, 청정한 마음으로 삼가하고 부족함이 없었다. 나이 74세였다.

신축(6일), (천황이) 神泉苑에 행차하였다. 左右馬寮에서 錢 4백관을 봉헌하였다. 좌우의 近衛府에게 활을 쏘게 하고, 과녁에 적중하면 錢을 하사하였다.

을사(10일), 우대신 종2위 훈5등 皇太弟傅 藤原朝臣園人이 글을 올려 금년 5월의 절회를 중지할 것을 청했다. (천황은) 이를 허락하지 않았다.

기유(14일), 尙水[12] 종4위하 川原女王이 죽었다.

경신(25일), 천황이 환궁하였다.

임술(27일), 造酒司[13]의 史生 2인을 증원하였다.

계해(28일), 散事 종4위하 藤原朝臣東子가 죽었다.

갑자(29일), 木工寮에서 봉헌하였다. 근시하는 신하 및 木工寮의 充[14] 이상에게 물품을 내렸다.

○ 5월 정묘(2일), 사자를 보내 渤海副使 高景秀[15] 이하, 大通事 이상에게 여름옷을 지급하였다. 이날, 渤海國王에게 보내는 국서[16]에, "천황이 삼가 발해왕에게 문안드린다. 孝廉 등이 도착하여 서계를 보니 정성이 자세히 담겨져 있다. 선왕[17]

---

12 後宮 12司의 하나인 水司의 장관, 음료, 죽 등의 공진을 담당한다. 종7위 상당.
13 宮内省 소속으로 술, 식초 등을 제조하고, 천황, 제관사 등에 공급하고 節會 등에 사용한다.
14 4등관제의 제3관등, 頭, 助, 大少允, 大少屬으로 구성되어 있다.
15 대사 王孝謙의 사망으로 부사 高景秀가 대표로 나오는 것이다.
16 이때의 발해국서는 전년도 弘仁 6년(815) 정월 조에 보이는 발해국사 王孝謙 귀국편에 보낸 국서와 동일한 내용이지만, 귀국 도중의 표류와 파손으로 國書와 물품이 손실되어 다시 보낸 것이다.
17 渤海의 定王, 大元瑜.

께서 끝내 장수하지 못하고 갑자기 세상을 떠났다. 잠시 (이 소식을) 들으니 참담하여 마음을 어찌할 수 없다. 왕께서는 대대로 왕위를 이어가고 있으면서 후손들은 축복받고 번성하고 있다. 멀리서 사신을 보내 예로부터의 우호관계를 닦고 있다. 북해에서 바람의 상태를 보고 蟠木[18]을 향해 나루를 물으며 해뜨는 남녘 조정을 바라보고 거친 파도를 헤치며 방문하여 수호하였다. 오랫동안의 정성을 생각하며 매우 기쁘고 위로하는 바이다. 구름 낀 바다를 사이에 두고 있으니 상면할 길이 없다. 참으로 마음으로만 생각할 따름이다. 지난해 (王)孝廉 등이 귀국길에 올랐는데, 돌연 폭풍을 만나 표류하여 돌아왔다. 원래의 배가 파손되어 도해할 수 없었다. 다시 1척의 배를 만들었는데, 좋은 바람을 만나지 못했다. (王)孝廉이 역창이 걸려 갑자기 서거하였다. 王昇基, 釋仁貞[19] 등도 이어서 사망하여 심히 슬퍼하는 바이다. 이번에 高景秀에게 국서를 부탁하고, 아울러 信物을 보낸다. 한여름의 무더운 날씨이지만. 왕 및 수령, 백성 모두 평안하고 잘 지내기 바란다. 보잘 것 없는 信物이지만, 별도로 목록을 기록하였다. 대략 이것으로 답신하고자 한다. 한두마디 다하지 못한 바가 있다"라고 하였다[20].

경오(5일), (천황이) 馬埒殿에서 기마궁술을 관람하였다. 玄賓法師[21]에게 서신을 보내, "현보 스님께서는 절에서 명상을 추구하면서 석굴에서 은둔하고 있다. 봄은 꽃피는 것을 깨닫게 하여 스스로 피게 하고, 여름은 보리수의 그늘에서 한적하게 잠들고 있다. 계율의 빛으로 번뇌가 많은 속세를 비춰 불법의 힘으로 백성을 널리 구제하고 있다. 요즈음 무더운 날씨인데 수행 생활은 어떠하신가. 짐은 만기의 정무 속에서 오매불망하고 있다. (그대와는) 멀리 떨어져 있지만, 마음

---

18 蟠木은 동쪽의 먼 지역이라는 의미이다.

19 弘仁 6년(815) 정월조에 나오는 錄事 釋仁眞과 동일 인물이다.

20 『類聚國史』 권194 「渤海」下 弘仁 7년(816) 5월 정묘조.

21 玄賓法師의 俗姓은 弓削氏이고, 興福寺의 승 宣教에게 法相教學을 배웠다. 延曆 24년(806)에 大僧都에 임명됐지만 사퇴하였다. 嵯峨天皇의 신임이 두터웠고, 大同 4년(809)에 平城上皇의 치유를 위해 기도하였다. 弘仁 2년(811)부터 7년간 천황은 서신과 물품을 보내 예의를 표한 바 있다.

은 가까워 한번 생각으로 도달할 수 있다. 오색 비단은 (법사가) 좋아하는 물건이 아니다. 흰 삼베 30단을 수행의 경비로 사용했으면 한다. 도착하면 수령하도록 한다. 이만 글을 생략하여 마음을 전하고, 다하지 못한 바가 있다'라고 하였다.

기묘(14일), 式部省에서 언상하기를, "延曆 21년(802) 정월 7일자 勅에 의거하면, '신년하례에 불참한 5위 이상은, 3節²²의 綠을 지급하지 않도록 한다. 무릇 군주를 섬기는 길에는 신분이 귀하고 비천함에 차이가 없다. 관인의 죄를 징벌하는 일은 모름지기 획일적이지 않다'고 되어 있다. 그런데 지금 5위 이상은 문책하면서 6위 이하에게는 책임을 묻지 않는다. 이로 인해 해가 지게 되면, (의식을) 진행하는 (6위 이하의) 사람이 보이지 않는다. 삼가 지금 이후로는 봄, 여름의 季綠을 지급하지 않도록 하고, (신년의) 절회에 불참하는 태만을 바로잡도록 청하고자 한다. (이로부터) 조정의 의식은 질서를 바로 세우고 조정의 법을 가볍게 여기지 않도록 한다'라고 하였다. (천황은) 이 주상을 허락하였다.

○ 6월 기유(15일), 외종5위하 勇山連文繼²³에게 종5위하를 내렸다. 황제가 文繼에게『史記』를 배웠다. 이에 이르러 종료하여 이 (관위)를 수여한 것이다.

병진(22일), 伊勢大神宮의 宮司 종7위하 大中臣朝臣淸持가 부정타는 것을 꺼리지 않고 佛事를 행했다. 神祇官에서 이를 재앙의 빌미로 판단하였다. 부정을 씻는 의식에 재물을 내게 하고 현직을 해임하였다.

경신(26일), (천황이) 大堰에 행차하였다. 근시하는 신하 및 山城國의 掾 이상에게 피복을 하사하였다.

임술(28일), 神祇官에서 "高畠山陵²⁴의 수목을 벌채했는데, 龜卜의 점괘를 보니 재앙의 조짐이 보였다"라고 언상하였다. 칙을 내려, "짐이 마음으로부터 존숭하고 있는 것은 오직 山陵이다. 그런데 관사에서 감독에 힘쓰지 않아 이번에 재

---

22 정월 원단, 7일, 16일 節會. 절회시에는 5위 이상에게 綠을 내리고 있다.
23 弘仁 2년(811) 2월에 紀傳博士로서 大學助를 겸직하였고,『經國集』서문에 종4위하 동궁학사로 있었다. 侍講으로서『史記』를 강의한 것이다.
24 桓武天皇의 황후인 藤原乙牟漏의 능묘.

앙의 조짐이 보였다. 國典을 보면, 형벌은 가볍지 않다. 지금 이후로는 엄하게 금단하도록 한다'라고 하였다.

○ 추7월 경오(7일), (천황이) 神泉苑에 행차하여 씨름을 관람하였다.

무인(15일), 鑄錢司[25]를 폐지하였다.

계미(20일), 칙을 내려, "풍우가 불순하여 전답이 피해를 입고 있다. 이것은 국사가 제사를 중히 여기지 않았기 때문이다. 지금 듣건대, '현재 푸르른 묘목이 무성히 자라고 있다'고 한다. 마땅히 신령에게 공경하고 대풍작을 기원해야 한다. 좋은 곡물이 이랑에 가득차 백성들이 풍요롭게 되었으면 한다. 기내와 7국 제국에 그 장관이 부정을 씻고 삼가하여 명신에게 봉폐하여, 풍우가 멈추도록 기원하고 지나치지 않도록 한다'라고 하였다.

을유(22일), 山城國 紀伊郡의 飛鳥田神, 眞幡寸神을 官社에 편입하도록 하였다. 모두 鴨別雷神의 分社이다.

기축(26일), 後苑에서 曲宴을 열었다. 皇太弟에게 寶琴을 주고, 근시하는 신하에게 피복을 내렸다.

○ 8월 갑오삭, 칙을 내려, "蝦夷의 본성은 평민과 달라, 皇化에 따른다고 해도 야만성은 남아 있다. 이에 앞서 제국에 가르쳐 깨우치게 하였다. 지금 因幡, 伯耆 양국의 하이들은 마음대로 입경하고, 규칙을 무시하고 하찮은 일을 호소하고 있다. 이것은 국사들이 위무하는 방책을 잃어버리고 도리에 맞지않은 판단을 했기 때문이다. 지금 이후로는 철저히 훈도하고, 이러한 자가 있으면 국사에게 전담시켜 실상에 따라 처벌하도록 한다'라고 하였다.

을미(2일), 이세대신궁에 봉폐하였다.

계묘(10일), 정7위상 田口朝臣當持에게 종5위하를 내렸다.

기유(16일), 밤에 대풍이 불어 羅城門이 무너졌다. 경내, 제국이 많은 피해를

---

25 이때 폐지된 鑄錢司는 1년 6개월 후인 弘仁 9년(818) 정월 을축조에 鑄錢司의 명칭을 鑄錢使로 변경하여 長門國에 설치하였다.

입었다. 諸衛府의 근무자에게 祿을 주었다.

계축(20일), 칙을 내려, "玄賓法師는 備中國 哲多郡에 거주하고 있다. 고행한 지 오래되어 그 이로움은 칭송할만하다. 마땅히 법사가 생존하는 기간에 그 郡에서 납입하는 庸은 쌀을 중지하고 철을 바치게 하여 백성의 부담을 경감하도록 한다" 라고 하였다.

병진(23일), 공경이 주상하여 (다음과 같이) 말하였다.

"上總國의 夷灊郡에 불에 탄 관물을 벼이삭에 준해서 보면 57만 9백속이고 (소실된) 정창은 10동이다. 刑部省에서 죄를 판단하기를, '檢燒損使 산위 정6위상 大中臣朝臣井作 등의 보고에 의하면, 稅長 久米部當人은 화재가 났을 때, 도망가 자살했다. 그 마음을 추측해 보면, 어찌 범행하지 않았는데 돌연 자살했겠는가. (久米部)當人은 관물을 훔치러 들어갔고, 은폐를 꾀하기 위해 방화했을 것이라고 한다. (이에 형부성에서는) 律을 검토해보니, 當人의 범한 죄는 교수형에 해당한다. 그러나 자살했기 때문에 더 이상 논하지 않는다. 다만 신임 (上總)國守인 小野朝臣眞野, (上總)介 茨田宿禰文足 등은 부임한지 얼마안되어 화재가 일어난 원인이 (신임 국사의) 감독이 부실한 탓은 아니다. 이에 延曆 5년(786) 8월 7일의 格에 의하면, 神災, 人火를 불문하고 당시의 국사, 군사 및 稅長 등은 적은 양이라도 수량에 의거하여 보전하라고 되어 있다. 그러한 즉, 神災라고 하더라도 당시 (국사의) 公廨로 보전한다. 대저 公廨의 설치는 결손, 미납분 등을 보전하기 위한 것이기 때문이다. 모름지기 재임중인 국사, 군사 및 稅長 등이 함께 보전해야 한다'고 하였다. 형부성의 판단이 이와 같았다. 臣 등이 法의 의미를 검토해 보니, 외종5위하 守大判事[26] 物部中原宿禰敏久는 '법률가는 이러한 사안에 대해 범인의 신병을 구속할 수 있는데, 변상하게 한다. 만약 재물이 모두 없어진다면 사역시켜 변제받는다. 그러나 5년을 넘을 수는 없다. 연한이 이미 차게 되면 장물의 보전은 끝나 즉시 방면하게 된다. 이것은 조정에 손실이고 이익이 없는 것이다. 이

---

26 「選敍令」6에는 관위에 비해 관직이 높은 경우에는 守라고 하고, 낮은 관직이면 行이라고 한다.

에 延曆 5년 格에, '神災, 人火를 불문하고 당시 (현직에 있는 자가) 公廨로서 보전하라'고 하였다. 그러한 즉, 실로 결손, 미납분을 보전하는 것은 후임자에게 있다. 전임자가 직을 떠나면 새삼 재난(의 책임)을 추궁하지 않는다'고 하였다. (그러나) 태정관에서 심의한 바로는 이 일은 온당하지 않다. 이러한 까닭을 格에서는, '正倉이 화재가 발생하는 것은 반드시 神意에 의한 것이 아니다. 어떤 자가 (郡司 임용을 둘러싼) 해당 가문의 무리들이 현직에 있는 자에게 해를 가하기 위해 방화하고 있다. 감독에 있는 관리는 (장부상의) 허위납부 사실을 숨기기 위해 방화하기도 한다. 이를 보면, 格에서 말하는 대강은, 책임은 허위납부로 귀결된다. 또 郡司를 선임하는 것은 전임 국사가 행하는 바이다. 후임 국사가 부임해도 직무는 아직 모른다. 官印, 열쇠를 수령해도 교체(의 인수인계)는 끝나지 않는다. 이 기간에 번번히 失火가 일어나는 것이다. 전임자는 직을 떠난 이유를 들어 오로지 그 잘못을 피하고 있다. 신임자는 교체 당시에 혼자 보전해야 하는 힘든 상황에 있다. 무릇 허위납입은 전임자 때의 태만에 있다. 公廨는 후임국사의 봉록이다. 태만했던 (전임자의 책임을) 묵인하여 죄의 책임을 면제하고, 태만하지 않은 (후임자의) 매년의 봉록을 빼앗는 경우가 된다. 태만이 없는 자의 봉록으로 태만한 자의 손실을 메우는 사태가 된다. 일의 순서로 보면 실정에 근접하지 않는다. 지금 신들이 헤아려 본 바로는, 일에는 대소가 있고 정무에는 바쁘거나 한가할 때도 있다. 이러한 까닭에 (국사의) 업무 인수인계에는 이미 기한이 정해져 있다. 이번에 전임 국사 全成은 비록 직을 떠났지만, 이 사건은 수납한 당시에 일어났던 일이다. 후임 眞野는 비록 官印과 열쇠를 수령했지만, 화재가 난 것은 부임 때이다. 格의 의미를 새겨보면, 허위납부에 의심이 있다. 어느 누가 불을 내고 자살하겠는가. 책임을 물어 보전해야 한다면 감독이 소홀한데에 있지 않다. 왜냐하면, 부임한지 얼마 지나지 않았고, 교체의 인수인계가 기한내에 끝나지 않았으면, 그 사유를 말해야 한다. 가령 120일이 지나고, 그 후에 화재가 발생했다면, 후임 국사는 (그 책임에서) 벗어날 수 없다. 그러나 취임 이후 십수일이고 직무에 있는 지 얼마지나지 않은 상황에서 혼자 보전한다는 것은, 누가 전임자의 태만을 후임자의 책임으로 생각하겠는가. 삼가 천황의 재가를 받았으면 한다"라고 하였다. (천황은) 이 주상을 재가하였다.

정사(24일), (천황이) 冷然院에 행차하였다. 문인에게 시부를 짓게 하였다. 근시하는 신하에게 차등있게 녹을 내렸다.

경신(27일), (천황이) 嵯峨別館으로 행차하였다. 信濃國에서 언상하기를, "작년에 흉작으로 국내에 식량이 부족하다. 삼가 곡물 1만석을 商布로 구입하여 궁핍한 사람들을 구제했으면 한다"라고 하였다. 이를 허락하였다.

신유(28일), (천황이) 嵯峨²⁷에 행차하였다. 문인에게 시부를 짓게 하고, 음악을 연주시켰다. 근시하는 신하 및 山城國 掾 이상에게 피복을 하사하였다.

○ 9월 병인(4일), 천황이 건강이 좋지 않았다.

무진(6일), 이세대신궁에 봉폐하였다. 지난 8월 16일 밤에 대풍이 멈춘 것은 기도했기 때문이다.

신미(9일), 9일의 절회를 정지하였다. 천황의 몸이 평안하지 않기 때문이다.

정해(25일), 칙을 내려, 上總國 夷灊郡의 관물 57만여속이 이미 화재로 소실되었다. 이번에 생각하는 바가 있어 의사 이상은 모두 책임을 면제한다. 군령 이하는 관례에 따라 따라 보전하도록 하였다²⁸.

○ 동10월 갑오(3일), 산위 종4위하 多朝臣入鹿이 죽었다. 나이 58세였다.

기해(8일), 지진이 있었다.

신축(10일), 칙을 내려, "延曆 20년(801) 格에, 교화되지 않은 蝦夷들은 아직 국내의 풍속에 익숙하지 않기 때문에 교화의 기간 중에는 田租를 수납하지 않는다. 징수하는 기한은 후에 내리는 조를 기다리라고 되어 있다. 지금 하이들은 귀화한 지 오래되어 점점 내속화가 되었다. 구분전을 주고 6년이 지난 후에 전조를 수납하도록 한다"라고 하였다.

---

27 현 京都市 서북에 있는 嵯峨 근처.

28 郡司 4등관 전원 및 正倉의 관리를 담당했던 稅長.

계묘(12일), 玄賓法師에게 목면 1백둔을 시입하였다.

갑진(13일), 大宰府에서 新羅人 淸石珍 등 180인이 귀화했다고 언상하였다. 이에 時服 및 상경에 필요한 식량을 지급하고 편리한 배편으로 입경시키도록 하였다.

기미(28일), 임관이 있었다.

신유(30일), 무위 石作王에게 종5위하를 내렸다.

○ 11월 임술삭. 任官이 있었다.

기축(28일), 右의 諸衛府[29]에서 봉헌하였다. 음악을 연주하였다. 次侍從 이상에게 녹을 차등있게 내렸다

○ 12월 임진삭. 종3위 巨勢野足에게 종3위를 내렸다. 이날, 임관이 있었다.

병신(5일), 외종5위하 鷹高宿禰笠繼에게 종5위상을 내렸다.

을사(14일), 中納言 정3위 巨勢野足이 죽었다. 매, 개를 좋아하는 사람이었다. 나이 68세였다.

◎ 弘仁 8년(817) 춘정월 신유삭, 皇帝가 大極殿에 어림하여 신년하례를 받았다. 次侍從 이상에게 연회를 베풀고 피복을 하사하였다.

갑자(4일), 後庭에서 曲宴을 개최하였다.

정묘(7일), 5위 이상에게 연회를 베풀었다. 음악을 연주하고 차등있게 녹을 하사하였다. 4품 萬多親王[30]에게 3품을 내렸다. 종5위상 葛井王에게 정5위하를, 정6위상 永河王·繼野王에게 종5위하를, 종4위하 紀朝臣百繼에게 종4위상을, 정5위하 藤原朝臣藤成·大伴宿禰人益에게 종4위하를, 종5위상 安倍朝臣寬麻呂·橘朝臣永繼에게 정5위하를, 종5위하 中科朝臣善雄[31]·紀朝臣繼足·朝野宿禰鹿

---

29 左右近衛府, 左右衛門府, 左右兵衛府의 6衛府 중에서 右衛府 3개를 말한다.

30 桓武天皇의 제5황자, 弘仁 5년(814) 6월 병자삭조 각주 48 참조

31 延曆 10년(791)에 津連으로부터 中科宿禰로 개성하였다. 다만 中科宿禰에서 中科朝臣으로 개성한 사실은 사료상에 보이지 않는다. 津連氏는 王辰爾를 조상으로 하는 백제계 도래씨족의 후예, 延曆 7년(788)에 少外記, 동 12년에 大外記에 임명되었다. 동 16년에 외종5위하에 서위되었고, 동년 2월에 菅野眞道, 秋篠安人 등과 함께 『續日本紀』편찬을 완료하여, 종5위

取・橘朝臣氏公에게 종5위상을 내렸다. 외종5위하 當宗忌寸家主・廣井宿禰貞名, 정6위상 高階眞人弟仲, 정7위상 藤原朝臣行道, 정6위상 伊勢朝臣菊池麻呂・大中臣朝臣笠作・石川朝臣國助・橘朝臣常主・安倍朝臣豐永・大神朝臣枚人麻呂・大伴宿禰總成・笠朝臣永世, 종6위상 滋野宿禰貞道에게 종5위하를 내렸다. 정6위상 宗形朝臣勝麻呂・内藏宿禰帶足・廣階連眞象, 정6위하 吉田宿禰書主[32]에게 외종5위하를 내렸다.

신미(11일), 임관이 있었다.

병자(16일), 次侍從 이상에게 연회를 베풀고 차등있게 목면을 내렸다.

정축(17일), (천황)이 豐樂院에 어림하여 활쏘기를 관람하였다.

신사(21일), 後殿에서 曲宴을 열었다. 음악을 연주하고 근시하는 신하에게 목면을 차등있게 내렸다.

을유(25일), (천황이) 芹川野에서 사냥을 즐겼다. 次侍從 이상에게 피복을 내렸다.

○ 2월 신묘삭, 일식이 있었다.

임진(2일), 임관이 있었다.

하에 서위되었다. 동 17년에 巨都雄에서 善雄으로 개명하였고, 동 19년에 伊豫介로 지방관에 부임하였다. 嵯峨朝 弘仁 5년(814)에 황태자 大伴親王의 동궁학사에 임명되었고, 동 8년에 종5위상에 서위되었다. 한시문에도 밝아『凌雲集』,『經國集』에도 작품에 채록되어 있다.

32 백제 멸망 후 망명한 백제관인 吉大尙의 후예씨족, 후에 吉田連, 吉田宿禰로 개성하였다. 吉田宿禰書主의 주요 관력을 보면, 弘仁 8년(817) 정월에 외종5위하에 서위되고, 織部正에 임명되었다. 弘仁 9년(818) 정월에 和泉守, 동 12년 정월에 종5위하, 동 14년 정월에 종5위상에 서위되고 備前守에 임명되었다. 天長 5년(828) 2월에 筑後守, 동 8년에 2월에 左京亮에임명되었다. 『續日本後紀』承和 4년(837) 6월조에 右京人 左京亮 종5위상 吉田宿禰書主, 越中介 종5위하 吉田宿禰高世 등과 함께 興世朝臣의 성으로 개성된 사실을 전한다. 承和 7년정월에 信濃守가 되었고, 동 9년 정월에 정5위하에 서위되고, 동 12년 8월에 木工頭, 동 14년 정월에 종4위하에 올랐다. 嘉祥 3년(850) 8월에는 治部大輔를 마지막으로 동년 11월에사망하였다. 한편『文德實錄』嘉祥 3년(850) 11월 기묘조에는 興世朝臣(吉田宿禰) 書主에 대해 本姓이 吉田連이고 그 선조는 百濟에서 왔다고 기록하고 있다.

병신(6일), 神祇官에서 언상하기를, "祈年, 月次 등의 祭日에는, 제신사의 祝部 등은 모름지기 제사의 장소에 모여 폐백을 받아 신에게 공봉해야 한다. 그러나 근년에는 집회에 참석하지 않았다. 이로 인해 폐백 142개가 신기관의 창고에 수납되어 있는데, 수령받을 사람이 없기 때문이다. 삼가 바라건대 寶龜 6년(775) 格에 준하여 폐백을 반급하는 날, 참석하지 않은 祝部는 유위자, 무위자를 불문하고 모두 (해임하여) 본래의 신분으로 환원시켰으면 한다"라고 하였다. (천황은) 이 주상을 허락하였다.

기해(9일), (천황이) 瑞野에서 사냥을 즐겼다. 山城國에서 봉헌하였다. 次侍從 이상 및 山城國의 掾 이상에게 피복을 내렸다.

경자(10일), 安勅內親王[33]이 후궁에 봉헌하였다. 무품 安勅內親王에게 4품을 정5위상 藤原朝臣河子에게 종4위하를 내렸다. 親王의 모친이기 때문이다.

을사(15일), 大宰府에서 新羅人 金男昌 등 43인에 귀화했다고 언상하였다[34].

정미(17일), (천황이) 交野에 순행하였다.

경술(20일), 5위 이상 및 山城, 河內, 攝津 등의 제국의 掾 이상에게 피복을 하사하였다. 佐爲寺, 百濟寺, 粟倉寺에 각각 목면 1백근을 시입하였다. 이날 천황이 交野에서 돌아왔다.

신해(21일), 무품 甘南備內親王이 죽었다. 나이 18세였다. 사자를 보내 장의를 감독시켰다. 內親王은 皇統彌照天皇[35]의 제12황녀이다. 모친은 증 태정대신 藤原朝臣種繼의 딸이다.

○ 3월 갑신(25일), 참의 종4위상 藤原朝臣藤麻呂가 죽었다. 나이 45세였다.

병술(27일), 산위 종4위하 훈5등 御長眞人廣岳이 죽었다. 나이 69세였다.

일본후기 권제25 (逸文)

---

33 桓武天皇의 제13황녀.
34 『日本紀略』弘仁 7년(816) 2월 을사조.
35 桓武天皇.

日本後紀 卷第二十五〈起弘仁七年正月, 盡同八年三月〉

左大臣正二位兼行左近衞大將臣藤原朝臣冬嗣等奉勅撰

太上天皇〈嵯峨〉

◎弘仁七年春正月丁卯朔, 廢朝. 雨也. 戊辰, 皇帝御大極殿, 受朝賀. 宴侍臣於前殿, 賜被. 癸酉, 宴群臣. 授三品葛原親王二品. 從五位上直世王正五位下, 從五位下高瀬王從五位上, 正六位上巨倉王從五位下, 正五位下坂上大宿禰鷹養・高階眞人遠成・高村宿禰田使從四位下. 從五位上大伴宿禰人益・佐伯宿禰長繼・安倍朝臣雄能麻呂正五位下, 從五位下大伴宿禰彌繼・藤原朝臣眞書・藤原朝臣友人・路眞人年繼・海眞人有成・安倍朝臣寛麻呂・三島眞人助成・安倍朝臣豐柄・物部匝瑳連足繼從五位上. 正六位上文屋眞人秋津・清原眞人長谷・多治比眞人清門・紀朝臣虎主・橘朝臣繼成・藤原朝臣村田・安倍朝臣眞度良・坂田朝臣弘貞, 正六位下百濟王教貞, 從六位上佐伯宿禰弓繼・和朝臣家主・小野朝臣繼手麻呂, 正七位上布勢朝臣淨繼從五位下. 正六位上津宿禰梶吉・螺江部繼人, 從六位下船連湊守, 從七位下高道連鯛釣・玉作佐比毛知・榮山忌寸百嶋外從五位下. 壬午, 御豐樂院, 宴次侍從已上, 賜祿有差. 癸未, 御豐樂院, 觀射. 辛卯, 雨沙. 壬辰, 遊獵栗前野. 賜侍臣及山城國掾已上衣被.

○二月丁酉朔, 日有蝕之. 己亥, 任官. 甲辰, 任官. 丁未, 日有蝕之. 壬子, 幸于交野. 律師傳灯大法師位勝美卒. 丙辰, 遊獵於水生野. 授從四位下百濟王教德從四位上, 從七位下百濟王勝義從五位下, 賜陪從從五位已上, 山城河内攝津三國掾已上衣被, 施捨佐爲・百濟・粟倉僧尼三寺, 各綿一百屯. 是日, 車駕至自交野. 戊午, 於後宮曲宴終日, 賜近臣衣被. 辛酉, 幸典侍從三位小野朝臣石子長岡之第. 命文人賦詩. 授石子正三位, 無位高賀茂朝臣伊豫人從五位下, 即石子之女也. 賜五位已上衣被. 癸亥, 幸嵯峨別館. 命文人賦詩. 雅樂寮奏樂.

賜文人已上綿有差. 甲子, 遷御於弁官曹司. 以修造禁中也.

○三月庚午, 令大宰府每年新絹三千疋. 乙亥, 任官. 乙酉, 散事從四位下多治比眞人明子卒. 年七十. 丙戌, 僧最澄, 上天台靈應圖及本傳集十卷・新集聖經序三卷・涅槃獅子吼品一卷. 授勳六等吉彌侯部呰子, 外從五位下. 丁亥, 典侍正三位小野朝臣石子薨. 年七十一. 壬辰, 是日, 民部宮內兩省, 奉獻酒食幷錢三百貫. 宴飲終日, 令左右近衛射之, 隨中賜錢.

○夏四月庚子, 弁官奉獻. 令雅樂寮奏樂. 賜弁官史生已上衣被. 是日, 大僧都永忠卒. 永忠者, 俗姓秋篠朝臣, 左京人也. 寶龜初, 入唐留學. 延曆之季, 隨使歸來. 略學經論, 頗解音律. 雖不碩學, 而聞覽瞻. 善攝威儀, 無缺齋戒. 年七十四. 辛丑, 幸神泉苑. 左右馬寮, 奉獻開錢四百貫. 令左右近衛射, 中的賜錢. 乙巳, 右大臣從二位勳五等皇太弟傅藤原朝臣園人上書, 請停今年五月節. 不聽之. 己酉, 尙水從四位下川原女王卒. 庚申, 車駕還宮. 壬戌, 加造酒司史生二員. 癸亥, 散事從四位下藤原朝臣東子卒. 甲子, 木工寮奉獻. 賜侍臣及木工充已上被.

○五月丁卯, 遣使賜渤海副使高景秀已下, 大通事已上夏衣. 是日, 賜渤海國王書曰, 天皇啓問渤海王. 孝廉等至, 省啓具懷. 先王不終遐壽, 奄然殂背. 乍聞惻怛, 情不能已. 王祚流累葉, 慶溢連枝. 遠發使臣, 聿脩舊業. 占風北海, 指蟠木而問津, 望日南朝, 凌鯨波以修聘. 永念誠款, 歎慰攸深. 間以雲海, 相見無由, 良用爲念也. 去年孝廉等却廻, 忽遭惡風, 漂蕩還着. 本船破壞, 不勝過海. 更造一船, 未得風便. 孝廉患瘡, 卒然殞逝. 王昇基・釋仁貞等. 續物故. 甚以愴然. 今寄高景秀, 且有信物. 仲夏炎熱, 王及首領百姓, 竝平安好. 略此呈報, 指不一二. 庚午, 御馬埒殿觀馬射. 賜玄賓法師書曰, 賓上人, 凝思練耶, 晦跡石室. 春向覺花而獨咲, 夏影提樹而閑眠. 持戒之光, 自照燼宅, 護念之力, 普濟民衢. 比来炎熱, 禪居何如. 朕機慮之間, 不忘寤寐. 地遠心近, 一念即到. 錦繡綺羅, 不是得意之物. 白布三十端, 用助頭陀之資. 到乃領之. 約文申意, 不勞多及. 己卯, 式部省言, 據延曆二十一年正月七日勅, 賀正不參五位已上, 莫與三

節. 夫事君之道, 高卑惟同. 懲殿之罪, 理須盡一. 而今唯責五位已上, 不責六位
已下. 因茲, 到于日旰, 無人引進. 伏請, 自今以後, 脫春夏之祿, 肅不會之怠. 則
朝儀有序, 憲章不墜者. 許之.

〇六月己酉, 外從五位下勇山連文繼授從五位下. 皇帝受史記於文繼. 至是
畢, 仍有此授. 丙辰, 伊勢大神宮司從七位下大中臣朝臣清持, 有犯穢幷行佛
事. 神祇官卜之有祟. 科大祓, 解見任. 庚申, 幸大堰. 賜侍臣幷山城國掾已上衣
被. 壬戌, 神祇官言, 伐高畠山陵樹, 祟見龜兆. 勅, 朕情所敬, 唯在山陵. 而有司
不勤督察, 致此咎徵. 求之國典, 其刑非輕. 自今以後, 嚴加禁斷.

〇秋七月庚午, 幸神泉苑. 觀相撲. 戊寅, 廢鑄錢司. 癸未, 勅, 風雨不時, 田園
被害. 此則, 國宰不恭祭祀之所致也. 今聞, 今茲青苗滋茂. 宜敬神道, 大致豐
稔. 庶俾嘉穀盈畝, 黎元殷富. 宜仰畿內七道諸國, 其官長清慎齋戒, 奉幣名神,
禱止風雨, 莫致漏失. 乙酉, 山城國紀伊郡飛鳥田神・眞幡寸神, 預官社例. 竝
鴨別雷神之別也. 己丑, 曲宴後庭. 賜皇太弟寶琴, 侍臣等衣被.

〇八月甲午朔. 勅, 夷俘之性, 異於平民, 雖從皇化, 野心尚存. 是以, 先仰諸
國, 令加教喻. 今因幡伯耆兩國俘囚等, 任情入京, 越訴小事. 此則國吏等, 撫
慰失方, 判斷乖理之所致也. 自今以後, 篤加訓導, 有如此者, 專當國司, 准狀科
處. 乙未, 奉幣於伊勢大神宮. 癸卯, 正七位上田口朝臣當持, 授從五位下. 己
酉, 夜大風, 倒羅城門. 京中諸國, 亦多被害. 賜諸衛見侍者祿. 癸丑, 勅. 玄賓法
師, 住備中國哲多郡. 苦行日久, 利益可稱. 宜法師存生之時間, 彼郡庸者, 停米
進鉄, 以省民費. 丙辰, 公卿奏言, 上總國夷灊郡, 官物所燒, 准穎五十七萬九百
束, 正倉六十宇. 刑部省斷罪言. 檢燒損使散位正六位上大中臣朝臣井作等申,
稅長久米部當人, 臨失火時, 逃亡自殺. 推量意況, 豈無所犯, 忽自引乎. 可謂當
人侵盜官物, 謀而放火者. 案律, 當人所犯, 罪當絞刑. 而其身自殺. 仍更不論.
但新任守小野朝臣眞野・介茨田宿禰文足等, 就政日淺, 此火之起, 不緣不肅.
仍案延曆五年八月七日格, 不問神災人火, 令當時國司郡司, 及稅長等, 一物已
上, 依數填備. 然則, 實雖神災, 猶令當時公廨填納. 蓋以公廨之設, 本爲缺負故

也. 須在任國司郡司及稅長等, 共填備之者. 省斷如此. 臣等尋檢法意, 外從五位下守大判事物部中原宿禰敏久曰, 法家者, 如此事類禁得其身, 則自備償. 若資財乏盡, 役身相折. 然而, 不得過五歲. 年限既滿, 贓物未填. 即從原免. 斯則公家有損無益. 是以, 延曆五年格, 令不論神災人火, 以當時公廨填之. 良由缺負之設, 在後人也. 前人去職, 不更追咎者. 官議商量, 事不穩便. 所以者, 格云, 正倉被燒, 未必由神. 何者, 譜代之徒, 害傍人而相燒. 監主之司, 避虛納以放火. 因茲觀之, 格之大體, 責歸虛納也. 又選用郡司, 前人之所行. 後司乍到, 雜務未分. 雖領印鎰, 交替未畢. 在於此間, 會逢失火. 前司寄言去職, 專避其咎. 新任則交替當時, 獨以勞填. 夫虛納者, 舊時之怠也. 公廨者, 後司之料也. 有怠則默然免罪責, 無怠則每年奪料物. 以無怠之料, 備有怠之損. 事之爲緒, 不近物情. 今臣等商量, 事有大小, 政有閑忙. 是以, 分付受領, 既立程期. 今前司全成雖去職, 是收納之當時也. 後任眞野雖領印鎰, 而見災之當時也. 驗格意, 則疑涉虛納. 何者, 行火自殺. 責以填備. 則不緣不肅. 何者, 到任日淺, 凡交替之事, 限內未畢, 則宜言其由. 縱令無故過百二十日, 然後火起, 則後任官司, 更無所遁. 而就任以降, 十有餘日, 歷任不幾, 至于獨填, 誰甘心前怠後責. 伏聞天裁者. 奏可. 丁巳, 幸冷然院. 命文人賦詩. 賜侍臣祿有差. 庚申, 幸嵯峨別館. 信濃國言, 去年不登, 國內食乏. 伏請, 穀一萬斛, 交關商布以救窮弊者. 許之. 辛酉, 幸嵯峨. 命文人賦詩. 奏樂. 賜侍臣幷山城國掾已上衣被.

○九月丙寅, 聖體不予. 戊辰, 奉幣於伊勢大神宮. 去八月十六日夜, 爲停大風所禱也. 辛未, 停九日節. 以聖躬不平也. 丁亥, 勅, 上總國夷灊郡官物五十七萬餘束, 既被燒失. 今緣有所念, 醫師以上, 咸從免除. 郡領以下, 依例令填.

○冬十月甲午, 散位從四位下多朝臣入鹿卒. 年五十八. 己亥, 地震. 辛丑, 勅, 延曆二十年格云, 荒服之徒, 未練風俗, 狃馴之間, 不收田租. 其徵收限, 待後詔者. 今夷俘等, 歸化年久, 漸染華風. 宜授口分田, 經六年已上者, 從收田租. 癸卯, 施玄賓法師綿百屯. 甲辰, 大宰府言, 新羅人清石珍等一百八十人歸化. 宜賜時服及路粮, 駕於便船, 令得入京. 己未, 任官. 辛酉, 授無位石作王從五位下.

○十一月壬戌朔. 任官. 己丑, 右諸衛府奉獻. 奏樂. 賜次侍從已上綿有差.

○十二月壬辰朔. 從三位巨勢野足授正三位. 是日, 任官. 丙申, 外從五位下
鴈高宿禰笠繼授從五位上. 乙巳, 中納言正三位巨勢野足薨. 爲人好鷹犬, 云
云. 年六十八.

◎弘仁八年春正月辛酉朔, 皇帝御大極殿, 受朝賀. 宴次侍從已上於前殿, 賜
御被. 甲子, 曲宴後庭. 丁卯, 宴五位已上. 奏樂. 賜祿有差. 授四品萬多親王三
品. 從五位上葛井王正五位下, 正六位上永河王‧繼野王從五位下, 從四位下
紀朝臣百繼從四位上, 正五位下藤原朝臣藤成‧大伴宿禰人益從四位下, 從五
位上安倍朝臣寬麻呂‧橘朝臣永繼正五位下, 從五位下中科朝臣善雄‧紀朝
臣繼足‧朝野宿禰鹿取‧橘朝臣氏公從五位上, 外從五位下當宗忌寸家主‧
廣井宿禰貞名, 正六位上高階眞人弟仲, 正七位上藤原朝臣行道, 正六位上伊
勢朝臣菊池麻呂‧大中臣朝臣笠作‧石川朝臣國助‧橘朝臣常主‧安倍朝臣
豐永‧大神朝臣枚人麻呂‧大伴宿禰總成‧笠朝臣永世, 從六位上滋野宿禰
貞道從五位下. 正六位上宗形朝臣勝麻呂‧内藏宿禰帶足‧廣階連眞象, 正六
位下吉田宿禰書主外從五位下. 辛未, 任官. 丙子, 宴次侍從已上. 賜綿有差. 丁
丑, 御豐樂院觀射. 辛巳, 曲宴於後殿. 奏女樂. 賜侍臣已上綿有差. 乙酉, 遊獵
芹川野. 賜次侍從已上衣被.

○二月辛卯朔, 日有蝕之. 壬辰, 任官. 丙申, 神祇官言, 祈年月次等祭
日, 諸社祝部等, 事須參集祭庭, 受幣供神. 而比年之間, 未有參會. 仍幣帛
一百四十二裏, 收諸官庫,無人預付. 伏望, 准寶龜六年格, 頒幣之日, 不參祝部,
不論有位無位, 一切還本. 許之. 己亥, 遊獵于瑞野. 山城國奉獻. 次侍從已上及
山城國掾已上, 賜衣被. 庚子, 安勅内親王, 奉獻後宮. 無品安勅内親王授四品.
正五位上藤原朝臣河子從四位下. 親王母也. 乙巳, 大宰府言, 新羅人金男昌等
四十三人歸化. 丁未, 幸交野. 庚戌, 賜五位已上及山城河内攝津等國掾已上衣

被. 施佐爲百濟粟倉三寺, 各綿一百斤. 是日, 車駕至自交野. 辛亥, 無品甘南備內親王薨. 年十八. 遣使護喪事. 內親王者, 皇統彌照天皇第十二女也. 母贈太政大臣藤原朝臣種繼之女也.

○三月甲申, 參議從四位上藤原朝臣藤麻呂卒. 年四十五. 丙戌, 散位從四位下勳五等御長眞人廣岳卒. 年六十九.

日本後紀 卷第二十五 (逸文)

일본후기 권제26 〈弘仁 8년(817) 4월에서 동 9년 4월까지〉

　　좌대신 정2위 行左近衛大將을 겸직한 臣 藤原朝臣冬嗣 등이 칙을 받들어 편찬
하다.

太上天皇〈嵯峨〉

◎ 弘仁 8년(817) 하4월 경인삭, 임관이 있었다. 정5위하 安倍朝臣雄能麻呂에게
종4위하를, 종5위하 布勢朝臣全繼에게 종5위상을, 정6위상 藤原朝臣人竝에게 종5
위하를 내렸다.

　　임진(3일), (천황이) 冷然院에 행차하였다. 문인에게 시부를 짓게 하고, 근시하
는 신하 및 문인에게 피복을 내렸다.

　　을미(6일), 2품 朝原親王[1]에게 득도자 6인을 내렸다.

　　병오(7일), 칙을 내려, 운운. 나이 30세 이하의 총명한 자, 유자격자[2] 4인, 白丁[3]
6인을 선발하여 大學寮에서 漢語[4]를 학습시키게 하였다.

　　신해(22일), 임관이 있었다. 大宰府에서 新羅人 遠山知 등 144인이 귀화했다고
언상하였다[5].

　　갑인(25일), 2품 朝原内親王이 죽었다. 사자를 보내 장의를 감독시켰다. 친왕

1　桓武天皇의 제1황녀.
2　「學令」2「大學生」조에, "凡大學生, 取五位以上子孫, 及東西史部子爲之. 若八位以上子, 情願者
　　聽, 國學生, 取郡司子弟爲之.〈大學生式部補, 國學生國司補.〉並取年十三以, 十六以下, 聽令者爲
　　之"이라고 규정되어 있다. 대학료의 입학자격이 있는 유자격자는 學令에서 5위 이상의 자
　　손, 東西史部의 자를 말한다.
3　無位, 無官의 공민으로 庸, 調를 부담하는 正丁
4　수당시대의 長安을 중심으로 한 표준 중국어, 『延喜式』권제20, 大學寮式에, "凡漢語師并生並
　　賜時服, 人別夏絁四丈五尺, 冬絁一疋三丈, 綿四屯.〈食法見大膳, 大炊式〉"라고 하여 漢語의 師,
　　학생에게 계절의 의복과 絁, 綿을 지급하고 있다.
5　『類聚國史』권194「渤海」下 弘仁 8년(817) 하4월 신해조.

은 皇統彌照天皇[6]의 제2녀이다. 모친은 酒人内親王이다. 나이 39세였다.

○ 윤4월 임술(3일), 임관이 있었다.

을해(16일), (천황이) 嵯峨別館에 행차하였다. 문인에게 시부를 짓게 하였다. 5위 이상에게 피복을 내렸다. 산위 종4위하 坂上大宿禰鷹養이 죽었다.

무자(29일), 常陸國 사람 長幡部福良女에게 소초위상을 내렸다, 그 戸의 전조를 종신 면제하였다. 절조가 있었기 때문이다. 福良女는 同 郡의 吉彌侯部就忠의 처이다. 남편의 사망 후, 곡읍을 끊이지 않았고, 애절하여 행인에게 감동을 주었다.

○ 5월 계사(5일), (천황이) 馬埒殿에 어림하여, 기마궁술을 관람하였다.

기유(21일), 信濃, 長門 2국에 기근이 들어 사자를 보내 진휼하였다. 참의 종3위 行宮内卿 겸 河内守 藤原朝臣緒嗣[7]가 5월 29일에 황후로 추증된 藤原氏[8]의 國忌를 제외할 것을 청했다. (천황은) 이 주상을 허락하였다.

을묘(27일), 長野女王, 出雲家刀自女를 伊豆國으로 유배보냈다. 모두 内教坊[9]에 있는 여성이다. 함께 女孺로서 한방에서 살았다. 때에 長野가 서로 알고 있는 여성 船延福女가 갑자기 와서 長野와 함께 거주하게 되었다. 長野는 그녀가 얼마의 의류가 있는 것을 보고 훔치기 위해 家刀自女와 모의하여, 밤에 잠들고 있는 틈을 엿보고 목졸라 죽이고, 얼굴 피부를 벗겨 궁밖으로 유기하였다.

○ 6월 경신(2일), 율사 傳統大法師 修円을 室生山에 보내 비가 내리기를 기원하였다.

---

6 桓武天皇.

7 19쪽, 弘仁 2년(811) 2월 임오조 각주 32 참조.

8 藤原帶子. 式部卿 藤原百川의 딸이고, 平城天皇이 황태자 시절 비가 되었다. 延曆 13년(794) 5월에 사망하였고, 大同 원년(806) 6월에 황후로 추증되었다. 國忌는 皇祖, 先皇, 母后의 기일을 말한다. 『延喜式』 治部省式 國忌條에는 天智天皇, 光仁天皇, 桓武天皇은 고정되어 있고, 이하 9인이 열기되어있다. 天智系 황통에서는 光仁, 桓武로 이어지는 적통의식이 강하게 존재하고 있었다.

9 朝廷에서 여성에게 女樂, 踏歌 등을 교습시키는 곳, 節會, 内宴 등에 봉사하였다.

신유(3일), 筑前國 등 제국에 기근이 들어 진휼하였다.

임술(4일), 사자를 보내 천하제국에 기우제를 지냈다.

○ 추7월 임진(5일), 陸奧國에서 蝦夷 吉彌侯部等波醜 등이 귀복했다고 언상하였다. 칙을 내려, 이들 야만인들은 도망친지 오래되어 멋대로 생활하고 있다. 이번에 (陸奧國)守 小野朝臣岑守[10] 등은 그 야만성을 회유하여 교화에 복속시켰다. 이들을 품에 안기게 한 계책은 참으로 가상한 일이라고 하였다.

계묘(16일), 典侍 종4위하 橘朝臣安萬子가 죽었다. 조를 내려 종3위에 추증하고, 부의물을 보냈다. 安萬子는 황태후의 언니이다. 宮內卿 정3위 藤原朝臣三守에게 시집갔다.

갑진(17일), (천황이) 大堰에 행차하였다. 5위 이상 및 山城國 掾 이상에게 피복을 내렸다. 攝津國에서 거친 조수가 일어나 220인이 표류하여 죽었다고 언상하였다.

무신(21일), 右近衛, 右衛門, 右兵衛 등의 諸府에서 봉헌하였다. 5위 이상에게 피복을 내렸다.

○ 8월 무오삭, 散事 종3위 橘朝臣常子가 죽었다. 좌대신 橘諸兄의 증손이고, 정5위하 兵部大輔 島田麻呂의 딸이다. 桓武天皇은 후궁으로 입실시켜 총애하였다. 3품 大宅內親王을 낳았다. 延曆 연중에 종4위하를 내렸다. 환무천황이 사거하자 출가하여 尼가 되었다. (평성)태상천황은 공경하고 중히 여겨 종3위에 제수하였다. 사망시의 나이는 30세였다.

계유(16일), 임관이 있었다.

갑술(17일), (천황이) 北野에서 사냥을 즐겼다. 嵯峨院에 들어갔다. 5위 이상 및 山城國 掾 이상에게 피복을 하사하였다.

○ 9월 을미(9일), (천황이) 神泉苑에 행차하였다. 문인에게 시부를 짓게 하고, 녹을 차등있게 내렸다.

---

10 128쪽, 弘仁 6년(815) 춘정월 임오조 각주 31 참조.

병신(10일), 常陸國에서 언상하기를, "작년 11월 格에 의거하여, 모름지기 6년 이상 경과한 蝦夷에게 구분전에 대해 그 租를 징수해야 한다. 그러나 하이 등은 두터운 은혜를 입었으나 아직 가난을 면치 못하고 있다. 삼가 바라건대. 잠시 전조를 면제하여 하이를 예우했으면 한다"라고 하였다. 이를 허락하였다.

무술(12일), 야생 여우가 궁궐 위로 올라갔다.

기해(13일), (천황이) 馬埒殿에 어림하여 근시하는 신하들에게 녹을 차등있게 내렸다.

임인(16일), 中納言 종3위 겸 병부경 藤原朝臣繩主가 죽었다. 참의 종3위 馬養의 손이고, 참의 종3위 藏下麻呂의 자이다. 성격은 비록 술을 좋아했지만, 직무에 결하는 일은 없었다. 내외를 구별하지 않았고, 친족이 그를 추모하였다. 나이 58세였다.

병오(20일), 陸奧國에서 언상하기를, "반란을 일으킨 하이 吉彌侯部於夜志閇 등 동료 61인은 모두 붙잡았다. 모름지기 관례에 따라 신병을 진상해야 한다. 다만 개, 양과 같은 하찮은 정이지만, 의연 처자식을 생각하고 있다. 삼가 바라건대 성 주변에 거주시키고 처자식을 불러들였으면 한다"라고 하였다. 이를 주상을 허락하였다. (이날) 임관이 있었다.

신해(25일), (천황이) 大原野에서 사냥을 즐겼다. 5위 이상 및 山城國 掾 이상에게 피복을 내렸다.

○ 동10월 정사삭, 4품 佐味親王[11]을 彈正尹으로 삼고, 종3위 藤原朝臣緖嗣[12]를 中納言으로 삼고, 종4위하 多治比眞人今麻呂를 참의로 삼았다. 調의 綿 10,300둔을 6대사에 상주하는 승려에게 차등있게 내렸다.

계해(7일), 常陸國 新治郡에서 화재가 발생하였다. 不動倉 13동, 곡물 9,990석이 소실되었다.

---

11 桓武天皇의 제9황자.

12 19쪽, 弘仁 2년(811) 2월 임오조 각주 32 참조.

을축(9일), 玄賓法師에게 목면 1백둔을 시입하였다.

병인(10일), 尙侍 종2위 五百井(女王)이 죽었다.

병자(20일), 右近衛府에서 봉헌하였다. 음악을 연주하고, 근시하는 신하에게 목면을 차등있게 하사하였다.

정축(21일), 목면 1만둔을 7대사의 상주하는 승에게 시입하였다.

무인(22일), (천황이) 栗前野에서 사냥을 즐겼다.

기묘(23일), (천황이) 水生野에서 사냥을 즐겼다. 山城, 攝津 양국에서 헌물하였다, 5위 이상 및 양국의 掾 이상에게 피복을 내렸다.

○ 11월 계묘(18일), 임관이 있었다.

갑진(19일), 5위 이상에게 연회를 베풀었다. 女樂을 연주하고, 녹을 차등있게 하사하였다.

무신(23일), (천황이) 水生野에서 사냥을 즐겼다.

경술(25일), 대설이 있었다. 左右近衛府에 목면을 차등있게 하사하였다.

○ 12월 정묘(13일), 지진이 있었다.

무진(14일), (천황이) 芹川野에서 사냥을 즐겼다. 이날, 대설이 있었다.

임신(18일), 지진이 있었다.

갑술(20일), 지진이 있었다.

정축(23일), 정6위상 荒城朝臣廣野에게 외종5위하를 내렸다.

경진(26일), 伊勢國의 多氣, 度會 2군의 잡무는 모두 大神宮司에 맡기고, 그 (宮司의) 교체시의 인수인계는 國司와 동일하게 한다. (2郡은 神郡이기 때문에) 國司가 (형벌을) 처벌하는 것이 불가능하여 (郡의 행정을) 감독하기 어렵기 때문이다.

◎ 弘仁 9년(818) 춘정월 을유삭, 황제가 大極殿에 어림하여 신년하례를 받았다. 근시하는 신하에게 前殿에서 연회를 베풀고 물품을 하사하였다.

무자(4일), 정5위하 直世王·佐伯宿禰長繼에게 종4위하를 내렸다. 정6위상 百

濟王安義[13]·布勢朝臣海에게 종5위하를 내렸다.

신묘(7일), 5위 이상에게 연회를 베풀고 목을 차등있게 내렸다.

임진(8일), 여성의 서위가 있었다. 임관이 있었다.

정유(13일), 大宰府에서 新羅人 張春 등 14인이 와서 당나귀 4마리를 바쳤다고 언상하였다[14].

기해(15일), 칙을 내려, "근년 신년하례에 참석한 臣은 예법을 알지못해 행동양식에 잘못이 있는 자가 있다. 위엄과 예의를 결하고 있어, 누적된 습관을 고치지 못하고 있다. 소관 관사에서는 매년 12월이 되면 미리 교습시켜, 몸의 동작과 진퇴를 법도에 맞게 해야 한다. 다만 참의 및 3위 이상은 이 제한에 포함하지 않는다"라고 하였다.

경자(16일), 근시하는 신하에게 연회를 베풀고 목면을 차등있게 내렸다.

신축(17일), (천황이) 豊樂殿에 어림하여 활쏘기를 관람하였다.

을사(21일), 근시하는 신하와 曲宴을 열고 목면을 차등있게 내렸다.

무신(24일), (천황이) 芹川野에서 사냥을 즐겼다. 5위 이상에게 피복을 하사하였다.

갑인(30일), 시자를 보내, 出雲國에서 하이들이 불태운 관물을 조사시키고, 아울러 백성을 진휼하였다.

○ 2월 을묘삭. 임관이 있었다.

무오(4일), 산위 종4위하 坂田朝臣名弖麻呂가 죽었다.

신유(7일), (천황이) 栗前野에서 사냥을 즐겼다. 5위 이상에게 피복을 내렸다.

경오(16일), (천황이) 交野에 순행하였다.

---

13 弘仁 14년(823) 淳和天皇의 대상회에서 종5위상으로 승진하였다. 天長 7년(83)에 정5위상, 天長 10년(833)에 종4위하에 서위되었다. 『續日本後紀』承和 원년(834)에 右兵衛督에 임명되었다. 한편 『文德實錄』齊衡 원년(854) 4월 병진조에, 百濟王敎福의 전기에 百濟王安義가 부친으로 나온다.

14 『日本紀略』弘仁 9년(818) 춘정월 정유조.

계유(19일), (천황이) 환궁하였다.

갑술(20일), 임관이 있었다.

임오(28), (천황이) 神泉苑에 행차하였다. 문인에게 시를 짓게하고, 녹을 차등 있게 하사하였다.

○ 3월 경인(7일), 長門國司를 鑄錢使[15]로 개정하였다. 장관 1인, 차관 1인, 판관 2인, 주전 3인, 鑄錢師[16] 2인, 造錢型師[17] 1인, 史生 5인을 정했다.

임진(9일), 서위가 있었다. 임관이 있었다.

을미(12일), 종6위상 藤原朝臣是雄에게 종5위하를 내렸다.

임인(19일), 공경이 주상하기를, "근년에 홍수와 가뭄이 이어지고 있어, 백성의 농사에 피해가 적지 않다. 운운. 삼가 바라건대, 신하의 봉록을 줄여서 잠시라도 국가에 도움이 되고자 한다. 해마다 풍작을 이루면 바로 종전대로 복구하도록 한다"라고 하였다. (천황은) 이 주상을 허락하였다.

갑진(21일), 산위 종4위하 高階眞人遠成이 죽었다. 나이 62세였다.

병오(23일), 조를 내려, "운운. 조정의 의례 및 복장, 신분이 낮은 자가 높은 자를 대할 때의 무릎꿇는 작법은 남녀를 불문하고 唐의 제도에 따른다. 다만 5위 이상의 예복, 모든 조복의 색, 衛仗의 복장은 모두 종전의 관례에 따르고, 고쳐서는 안된다"라고 하였다.

무신(25일), 제를 내려, "朝堂院 등의 정무, 의식의 장에서 친왕 및 태정대신을 보면, 좌대신은 좌석에서 물러난다. 그 외는 모두 일어나 좌석 앞에 선다. 다만 6위 이하는 서서 허리를 구부리고 선다[18]. 또 諸衛府의 府生[19] 이상은 경호를 담당

---

15 錢의 주조를 목적으로 한 관사, 鑄錢司의 용어를 鑄錢使로 하였다. 이때 長門國에 설치된 鑄錢使는 長門國司의 직무도 겸하였다. 鑄錢所는 河內國, 周防國, 長門國 등지에 설치되었다. 平安時代 후기에는 화폐의 주조가 행해지지 않게 되어 鑄錢司가 설치되는 일은 없었다.

16 錢貨를 주조하는 공인의 장.

17 錢貨의 주형, 주물을 만드는 공인.

18 「儀制令」12「廳庁座上」조에는, "凡在廳座上見, 親王及太政大臣, 下坐. 左右大臣, 當司長官, 即動 坐, 以外不動"이라고 규정되어 있다.

할 때를 제외하고는 모두 피혁제 장화를 착용한다. 다만 횡도를 천띠로 찰 때에는 모름지기 마포로 만든 신을 이용한다. 또 피혁제 장화의 착용을 제외하고는 모두 마포제 신을 신도록 한다"라고 하였다.

○ 하4월 병진(3일). 사자를 京, 畿內에 보내 기우제를 행했다.

을해(22일), 이세대신궁에 봉폐하였다. 또 諸大寺 및 畿內의 제사찰, 산림의 禪場에서 경전의 전독과 예불을 행하였다. 비가 오기를 기원하기 위해서이다.

병자(23일), 太秦公의 절[20]에 화재가 발생하였다. 당탑이 모두 소실되었다. 이 날, 조를 내려, "운운. 작년에 추수는 가뭄으로 피해를 입었고, 지금은 모내기를 하기가 어려워졌다. 이것은 짐의 부덕이고 어찌 백성의 죄이겠는가. 운운. 하늘이 내리는 벌을 두려워하여 正殿을 피하고, 사자를 나누어 보내 조속히 여러 신들에게 폐백을 올리고자 한다. 짐과 황후의 물품 및 식사 등은 모두 삭감해야 한다. 左右馬寮의 사료도 일체 중지한다. 운운. 左右京職에 명하여 노상의 아사자의 시신을 수습하여 매장하고, 굶주림에 있는 백성들에게 특히 넉넉하게 구휼한다. 감옥에는 억울한 자가 있을 것이다. 마땅히 소관 관사[21]에게 취지를 알려 석방하도록 한다. 운운."이라고 하였다. 또 조를 내려, "근자에 음양이 조화를 이루지 못해 기후가 불순하고, 가뭄이 10일이나 계속되고 있다. 운운. 금월 26일부터 28일까지 3일간, 짐 및 공경 이하의 백관은 모두 소박한 식사[22]를 하고, 마음을 佛門으로 돌아가려고 한다. 무릇 승강도 정진하여 경전을 전독하고 짐의 평소의 마음을 따르도록 한다"라고 하였다.

정축(24일), 河內國에 기근이 들어 사자를 보내 구휼하였다. 大和國 吉野郡의 雨師神에게 봉폐하고 종5위하를 내렸다. 비가 오기를 기원하기 위해서이다.

---

19 잡사에 종사하는 하급직원.
20 秦河勝이 창건한 廣隆寺.
21 刑部省과 左右京職.
22 素食은 육류를 먹지않고 야채 중심의 식사를 말한다.

기묘(26일), 사자를 柏原山陵[23]에 보내 비가 오기를 기원하였다.

경진(27일), 前殿에서 인왕경을 독경하였다. 가뭄 때문이었다. 이날, 制가 내려져, 전각 및 諸門의 호칭을 개정하였다. 모두 현판에 표제를 달았다. 寢殿을 仁壽殿[24]으로 하고, 다음에 南殿을 紫宸殿로 칭했다. 운운.

일본후기 권제26 (逸文)

---

23 桓武天皇陵.
24 平安宮 內裏의 殿舍의 하나, 內裏의 중앙에 위치해 있어 中殿, 淸涼殿의 동쪽에 해당하기 때문에 東殿이라고도 한다. 천황의 거소였지만 후에는 淸涼殿이 거소가 되었다. 이곳에서 內宴, 相撲, 蹴鞠 등이 행해졌다.

日本後紀 卷第二十六〈起弘仁八年四月, 盡同九年四月〉

左大臣正二位兼行左近衛大將臣藤原朝臣冬嗣等奉勅撰

太上天皇〈嵯峨〉

◎弘仁八年夏四月庚寅朔, 任官. 正五位下安倍朝臣雄能麻呂授從四位下, 從五位下布勢朝臣全繼從五位上, 正六位上藤原朝臣人竝從五位下. 壬辰, 幸冷然院. 令文人賦詩. 賜侍臣及文人衣被. 乙未, 賜二品朝原親王度六人. 丙午, 勅, 云云. 宜擇年三十已下, 聰令之徒, 入色四人, 白丁六人, 於大學寮, 使習漢語. 辛亥, 任官. 大宰府言, 新羅人遠山知等一百四十四人歸化. 甲寅, 二品朝原內親王薨. 遣使監護喪事. 親王者, 皇統彌照天皇第二之女也. 母曰酒人內親王. 年三十九.

○閏四月壬戌, 任官. 乙亥, 幸嵯峨別館. 令文人賦詩. 賜五位已上衣被. 散位從四位下坂上大宿禰鷹養卒. 戊子, 常陸國人長幡部福良女, 授少初位上, 免其戶田租終身. 以有節行也. 福良女者, 同郡吉彌侯部就忠之妻也. 夫亡之後, 號泣不絕, 哀感行路.

○五月癸巳, 御馬埒殿, 觀馬射. 己酉, 信濃長門飢, 遣使賑給. 參議從三位行宮內卿兼河內守藤原朝臣緒嗣, 請除五月二十七日追贈皇后藤原氏之國忌. 奏可. 乙卯, 流長野女王・出雲家刀自女於伊豆國. 竝內教坊女也. 共住一房女孺也. 時有長野相知之女船延福女, 俄來寄住長野. 長野見其少許衣物, 與家刀自女謀, 夜伺其眠, 縊殺, 剝其顏皮, 棄於宮外.

○六月庚申, 遣律師傳統大法師修円於室生山祈雨. 辛酉, 筑前等國飢, 令賑給. 壬戌, 遣使天下諸國祈雨.

○秋七月壬辰, 陸奧國言, 俘吉彌侯部等波醜等, 歸降者. 勅, 此虜逋誅已久, 遊魂偸生. 今守小野朝臣岑守等, 優彼野心, 令服聲教. 懷携之權, 誠以嘉尙. 癸卯, 典侍從四位下橘朝臣安萬子卒. 詔贈從三位, 賻贈有數. 安萬子者, 皇太后

之姉. 適宮内卿正三位藤原朝臣三守. 甲辰, 幸于大堰. 五位已上及山城國掾已
上賜衣被. 攝津國言, 海潮暴溢, 漂殺二百二十人. 戊申, 右近衛・右衛門・右
兵衛等府奉獻. 五位已上賜衣被.

○八月戊午朔, 散事從三位橘朝臣常子薨. 左大臣橘諸兄之曾孫, 正五位下
兵部大輔島田麻呂之女也. 皇統彌照天皇, 納之後宮有寵. 生三品大宅内親王.
延曆年中, 授從四位下. 宮車晏駕, 出家爲尼. 太上天皇敬重之, 除從三位. 薨時
年三十. 癸酉, 任官. 甲戌, 遊獵北野. 便御嵯峨院. 賜五位已上及山城國掾已上
衣被.

○九月乙未, 幸神泉苑. 令文人賦詩. 賜祿有差. 丙申, 常陸國言, 依去年十一
月格, 須經六年以上夷俘口分田, 收其租. 而夷俘等, 雖霑厚恩, 未免貧乏. 伏
望, 暫免田租, 以優夷狄者. 許之. 戊戌, 有野狐, 登於殿上. 己亥, 御馬埒殿, 賜
侍臣祿有差. 壬寅, 中納言從三位兼兵部卿藤原朝臣繩主薨. 參議從三位馬養
之孫, 參議從三位藏下麻呂之子也. 性雖好酒, 職掌無闕. 遺忘内外, 親族慕之.
年五十八. 丙午, 陸奥國言, 叛俘吉彌侯部於夜志閇等之類六十一人, 竝就擒
獲. 事須依例, 進上其身. 但犬羊之情, 猶顧妻孥. 伏望, 留城下, 招其妻孥. 許
之. 任官. 辛亥, 遊獵大原野. 五位已上及山城國掾已上賜衣被.

○冬十月丁巳朔, 四品佐味親王爲彈正尹, 從三位藤原朝臣緒嗣爲中納言,
從四位下多治比眞人今麻呂爲參議. 以調綿一萬三百屯, 施七大寺常住僧有
差. 癸亥, 常陸國新治郡災. 燒不動倉十三宇, 穀九千九百九十石. 乙丑, 施玄賓
法師綿一百屯. 丙寅, 尚侍從二位五百井薨. 丙子, 右近衛府奉獻. 奏樂. 侍臣賜
祿有差. 丁丑, 綿一萬屯, 施七大寺常住僧. 戊寅, 遊獵栗前野. 己卯, 遊獵水生
野. 山城攝津兩國獻物. 五位已上及兩國掾已上賜衣被.

○十一月癸卯, 任官. 甲辰, 宴五位已上. 奏女樂. 賜祿有差. 戊申, 遊獵水生
野. 庚戌, 大雪. 賜左右近衛綿有差.

○十二月丁卯, 地震. 戊辰, 遊獵于芹川野. 是日, 大雪. 壬申, 地震. 甲戌, 地
震. 丁丑, 正六位上荒城朝臣廣野授外從五位下. 庚辰, 伊勢國多氣度會二郡雜

務, 悉預大神宮司, 交替付領, 一同國司. 以國司不獲行決罰也.

◎弘仁九年春正月乙酉朔, 皇帝御大極殿, 受朝賀. 宴侍臣於前殿, 賜被. 戊子, 正五位下直世王・佐伯宿禰長繼授從四位下. 正六位上百濟王安義・布勢朝臣海從五位下. 辛卯, 宴五位已上, 賜祿有差. 壬辰, 女敘位. 任官. 丁酉, 大宰府言, 新羅人張春等十四人来獻驢四. 己亥, 勅, 比年賀正之臣, 不諳禮容, 俛仰之間, 或致違失. 威儀有闕, 積慣無改. 宜令所司, 每至季冬月, 預加教習, 俾容止可觀, 進退可度. 但參議幷三位已上, 不在此限. 庚子, 宴侍臣, 賜綿有差. 辛丑, 御豐樂殿, 觀射. 乙巳, 曲宴侍臣, 賜綿有差. 戊申, 遊獵於芹川野. 賜五位已上衣被. 甲寅, 遣使檢出雲國賊燒官物, 兼賑給百姓.

○二月乙卯朔. 任官. 戊午, 散位從四位下坂田朝臣名弓麻呂卒. 辛酉, 遊獵于栗前野.賜五位已上衣被. 庚午, 幸于交野. 癸酉, 車駕還宮. 甲戌, 任官. 壬午, 幸神泉苑. 命文人賦詩, 賜祿有差.

○三月庚寅, 改長門國司, 爲鑄錢使. 定長官一員, 時間一員, 判官二員, 主典三員, 鑄錢師二員, 造錢型師一員, 史生五員. 壬辰, 敘位. 任官. 乙未, 從六位上藤原朝臣是雄授從五位下. 壬寅, 公卿奏曰, 頃年之間, 水旱相續, 百姓農業, 損害不少. 云云. 伏望, 省臣下封祿, 暫助國用. 年歲豐稔, 即復舊例. 許之. 甲辰, 散位從四位下高階眞人遠成卒. 六十二. 丙午, 詔曰, 云云. 其朝會之禮及常所服者, 又卑逢貴而跪等, 不論男女, 改依唐法. 但五位已上禮服, 諸朝服之色, 衛仗之服, 皆緣舊例, 不可改張. 戊申, 制. 朝堂公朝, 見親王及太政大臣者, 左大臣動座. 自餘共立床子前. 但六位以下, 磬折而立. 又諸衛府以上, 除衛仗之外, 皆着靴. 唯着布帶時, 須麻鞋, 又除着靴之外, 通着麻鞋.

○夏四月丙辰. 遣使京畿祈雨. 乙亥, 奉幣伊勢大神宮. 又令諸大寺及畿内諸寺山林禪場, 轉經禮佛.祈雨也. 丙子, 太秦公寺災. 堂塔無遺. 是日, 詔曰, 云云. 去年秋稼潐焦傷不收, 今茲新苗播殖望絕. 朕之不德, 百姓何辜. 云云. 今貪畏天威, 避茲正殿, 分使走幣, 徧於群神. 其朕及后服御物幷常膳等, 竝宜省減, 左右馬寮秣穀一切權絶. 云云. 仍令左右京職, 收葬道殣掩骼埋胔. 人民飢困, 特加賑贍. 狴圄之中, 恐有冤者. 宜令所司申慮放出. 云云. 又詔, 比者, 陰陽愆候, 炎旱掩旬. 云云. 起自今月二十六日, 迄于二十八日, 惣三箇日, 朕及公卿百官, 一皆素食, 歸心覺門. 凡厥僧綱, 精進轉經, 以副素懷. 丁丑, 河内國飢, 遣使賑給. 大和國吉野郡雨師神奉授從五位下. 祈雨也. 己卯, 遣使柏原山陵 祈雨. 庚辰, 於前殿, 講仁王經. 緣旱災也. 是日, 有制, 改殿閣及諸門之號. 皆題額之, 寢殿名仁壽殿, 次南名紫宸殿, 云云.

日本後紀 卷第二十六(逸文)

일본후기 권제27 〈弘仁 9년(818) 5월에서 10년 12월까지〉

좌대신 정2위 行左近衛大將을 겸직한 臣 藤原朝臣冬嗣 등이 칙을 받들어 편찬하다.

太上天皇〈嵯峨〉

◎ 弘仁 9년(818) 5월 무자(6일), (천황이) 武德殿[1]에 어림하여 기마활궁을 관람하였다.

신묘(9일), 山城國 愛宕郡의 貴布禰神를 大社로 삼았다.

계사(11일), 4품 明日香親王[2]이 상표하여, "운운. 삼가 親王의 호칭을 없애고 朝臣의 성을 받고자 한다. 운운"라고 하였다. (천황은) 이를 불허하였다.

을사(23일), 처음으로 齋院司[3]를 설치하였다. 宮主[4] 1인, 장관 1인 차관 1인, 판관 1인, 주전 2인이다.

○ 6월 계축삭, 일식이 있었다.

무진(16일), 종3위 藤原朝臣冬嗣[5]·藤原朝臣緒嗣[6]에게 정3위를 내렸다. 冬嗣를 大納言으로 삼고, 종3위 文室朝臣綿麻呂를 中納言으로 삼았다. 운운.

기사(17일), 傳灯大法師 玄賓이 죽었다. 춘추 80세가 넘었다.

계유(21일), 山城國 愛宕郡의 貴布禰神에게 종5위하에 봉하였다.

신사(29일), 大納言 정3위 行左近衛大將, 陸奧出羽按察使를 겸직한 藤原朝臣

1　이해 4월에 殿閣 등의 명칭의 개칭으로 馬埒殿에서 武德殿이 되었다.

2　桓武天皇의 제7황자, 이해 8월 갑술조에 久賀朝臣의 성을 받았다.

3　賀茂神社에 봉사하는 미혼의 황녀, 여왕 및 그 居所인 齋院의 일을 담당하는 관사,

4　宮主는 원래 神祇官에 설치되어 궁중이 神事의 일을 담당했는데, 齋宮 등에도 설치되었다.

5　15쪽, 弘仁 2년(811) 춘정월 갑자조 각주 13 참조.

6　19쪽, 弘仁 2년(811) 2월 임오조 각주 32 참조.

冬嗣가 상표하여, 운운. 조를 내려, 운운[7].

○ 추7월 계미삭, 임관이 있었다.

을유(3일), 讚岐國 多度郡의 소가 몸통이 하나이고 머리가 둘인 송아지를 낳았다.

기축(7일), 節會를 정지하였다. 가뭄 때문이다.

경인(8일), 木工寮의 史生 6인, 修理職[8]의 史生 8인, 齋院의 史生 2인을 정원으로 하였다.

병신(14일), 사자를 山城國 貴布禰神社에 보내, 大和國 室生山上의 龍穴 등의 장소에 보냈다. 비가 오기를 기원하기 위해서였다.

신해(29일), 明日香親王이 표를 올려 말하기를, "운운. 칙을 내려 운운[9]"이라고 하였다.

이달에 相模, 武藏, 下總, 常陸, 上野, 下野 등의 제국에 지진이 발행하였다. 산사태가 나고 계곡 몇 리가 매몰되었다. 압사한 백성들은 가히 셀 수 없을 정도이다.

○ 8월 무오(7일), 칙을 내려, "長門國 내의 불필요한 驛家는 11곳, 말은 55필이다. 조정의 사자가 왕래하는 데에는 필요가 없고, 공민에게는 사육에 비용이 든다. 역마다 □필을 두고, 나머지는 주전에 필요한 납의 원료를 운송하는 말로 사용하도록 한다"라고 하였다.

경오(19일), 제국에 사자를 보내 지진의 상황을 순찰하여, 피해가 심한 곳은 구휼하게 하였다. 조를 내려, "짐은 부족한 것이 많은데 삼가 황위에 오르고, 백성을 보살피려는 정성은 한시도 잊은 적이 없다. 王化의 바람은 융성한데, 아직 백

---

7 관련 내용은 모두 생략되어 있다

8 궁중의 각종 수리, 조영을 담당하는 관사. 天長 3년(826)에 木工寮에 합병되었으나 寬平 2년(890)에 부활되었다.

9 앞의 5월 계사조에, 4품 明日香親王이 상표하여, 親王의 호칭을 없애고 朝臣의 성을 받고자 청원했으나 천황은 불허하였다. 이 조에서도 동일한 내용이다.

성에게 미치지 않았다. (하늘이 내린) 재앙의 징표가 여기에 이르러 특히 심하다. 듣는 바로는 上野國 등의 지역에서는 지진이 재앙이 되어 홍수가 이어서 일어나 사람과 재물에 피해를 주고 있다고 한다. 비록 하늘의 섭리는 높고 심원하여 사람이 가히 말할 수 있는 일은 아니지만, 오로지 정치의 계책에 감응하는 것이 있고, 이것은 신령의 질책이다. 이로부터 오는 백성의 고통은 짐의 탓이고, 덕이 부족하고 낮두꺼움은 천하에 부끄러운 바이다. 속으로 이 질책을 생각하면 실로 탄식이 나온다. 어찌 백성이 위험에 있는데 군주 홀로 평안할 수가 있고, 자식이 근심하고 있는데 부모가 걱정하지 않을 수가 있겠는가. 이런 까닭에 특히 사자를 내려보내 위무하려고 한다. 지진과 수해로 인해 주거와 생업을 잃어버린 자들은, 사자가 현지에 있는 관사와 함께 조사하여 금년도 租, 調을 면제한다. 아울러 공민, 하이를 막론하고 正稅로 진휼하고, 가옥의 수리를 돕고, 기아와 노숙으로부터 벗어나게 해야 한다. 압사한 사람들은 신속히 (시신을) 수습하여 묻어주고, 너그럽게 정성을 다하여 짐의 백성을 보살피는 뜻에 따르도록 한다"라고 하였다.

갑술(23일), 4품 明日香親王[10] 등 남녀 4인에게 久賀朝臣의 성을 내렸다.

병자(25일), 畿内의 제국에 명하여 京戶[11]의 田租는 錢을 정지하고 稻로 수납하게 하였다.

기묘(28일), (천황이) 北野에서 사냥을 즐겼다. (천황이) 嵯峨院에 행차하였다. 문인에게 시부를 짓게 하고 근시하는 신하에게 의복을 하사하였다.

○ 9월 경인(9일), (천황이) 神泉苑에 행차하였다. 근시하는 신하에게 연회를 베풀고 문인에게 시부를 짓게 하였다. 녹을 차등있게 내렸다.

신묘(10일), 조를 내려, "하늘의 명을 받은 자는, 그 길은 백성을 사랑하는 일을 귀히 여기고, 황위에 있는 자는 사물을 구제하는데 우선 공을 드리고, 스스

---

10 桓武天皇의 제7황자.
11 左右京에 호적을 둔 戶이고, 京戶는 畿内 제국에서 口分田을 지급받아 田租를 납부한다.

로를 자제해서 사람의 원하는 바에 따라 행하고, 덕을 닦아 하늘의 마음을 이끌어내는 것이다. 정치의 계책은 때에 온화하게 하고, □□□□, 짐은 □□하고, 해가 지도록 휴식도 없이 乙夜[12]에 이르도록 잠자리에 드는 것도 잊고 있다. 그러나 사물의 이치는 알지 못하고 정성은 하늘을 움직이기에는 미흡하고, 조화를 이루기에는 이지러짐이 있다. 근자에 일어난 지진은 백성에게 피해를 주고 있다. 길흉은 사람의 행동에 하늘이 감응해서 나오는 것이고, 스스로 만들어지는 것이 아니다. 아마도 짐의 조칙이 사리에 어긋나고 바야흐로 백성의 마음을 잃어버렸을 것이다. 무거운 질책을 내리고 경계에 힘쓰도록 한 것이다. (짐은) 하늘의 위엄을 두려워하여 몸둘 바를 모르겠다. 이에 귀복의 점괘를 보니 때에 행하는 질책의 경고였다. 옛적 天平 연간에 이러한 이변이 있어 역병으로 국내가 피폐해졌다. 앞의 일을 잊지 않고 거울로 삼는다. (교훈은) 멀리 있는 것이 아니다. 백성이 어려움에 처하면, 누가 군주와 함께 할 것인가. 가만히 생각해 보니, 불교의 가르침은 심오하여 대자비를 우선으로 하고, 교리는 감추고 베풀지 않음이 없고, 교의는 심원하여 구제하지 않음이 없다. 또 질병의 재액을 없애는 일은 대저 전대의 전적에 기록되어 있다. 마땅히 천하 제국으로 하여금 승려를 불러 재회를 열고, 金光明寺에서 금강반야바라밀경을 5일간 전독하고, 아울러 부정을 씻는 의식을 행하여 재난을 없애야 한다. 또 기내, 7도 제국에서 주상한 弘仁 8년(817) 이전의 조세의 미납은 일체 징수를 중지한다. 좌우경 백성의 전조는 전년도 이전의 미납분은 주상의 여부를 묻지 않고 모두 면제한다. 바라건대, 불력이 비춰서 재앙의 근원을 미연에 방지하고, 신력이 복을 가져와 병의 근원을 뿌리채 뽑았으면 한다. 만약 허물이 짐 한사람에게 돌아간다면, 다른 사람은 요절하는 일은 없을 것이다. 그 재앙을 짐이 받고자 하고, 피할 생각은 없다. 周의 문왕이 책임을 자신에게 돌렸다고 하는데, 실로 따르는 바이다. 내말을 믿지 않는다고 해도 밝은 태양과 같이 명확하다.

---

12 밤 9시에서 11시 사이. 五夜의 두 번째, 二更, 밤늦은 시간을 말한다.

두루 전국에 알려 짐의 뜻을 알리도록 한다"라고 하였다.

임진(11일), 이세대신궁에 폐백을 바쳤다. 역병의 제거를 기원하기 위해서이다.

정미(26일), 형부경 종4위상 大庭王이 죽었다.

○ 동10월 을묘(5일), 임관이 있었다.

기미(9일), 山城國 愛宕郡의 貴布禰神에게 보은의 제사를 지냈다. 기우의 효험이 있었기 때문이다.

갑술(24일), (천황이) 栗前野에서 사냥하였다.

정축(27일), 목면 1만둔을 7대사에 상주하는 승려에게 시입하였다.

○ 11월 신사삭, 조를 내려, 운운. 錢의 문구를 고쳐서, 富壽神寶[13]라고 하였다.

을유(5일), 治部卿 4品 坂本親王이 죽었다. 사자를 보내 감독시키고, 동전, 비단, 목면, 쌀, 교역용 삼베 등을 부의물로 보냈다. 나이 26세였다.

경인(10일), 정3위 中納言 藤原朝臣葛野麻呂[14]가 죽었다. 나이 64세였다.

병오(26일), 筑後國 高良玉垂命神을 名神으로 하였다.

정미(27일), 동궁학사 종4위하 高村宿禰田使가 죽었다. 나이 76세였다.

○ 12월 신해(2일), 近江國 滋賀郡의 比良山 수목을 벌목하는 것을 금지하였다. 官用에 대비하기 위해서이다. 越前權守 종4위상 大野朝臣直雄이 죽었다. 나이 55세였다.

을축(16일), 丹波國 桑田郡의 出雲社[15]를 名神에 올렸다.

무진(19일), 우대신 종2위 겸 行皇太弟傅 藤原朝臣園人[16]이 죽었다. 천황이 남달리 심히 애통해 하였다. 사자를 보내 장의를 감독시켰다. 조를 내려, 좌대신 정

---

13 隆平通寶를 바꾼 것이다. 承和 2년(835) 2월에 承和昌寶의 발행까지 18년간 주조되었다. 天長 2년(825) 4월에는 長門國에 鑄錢使가 폐지되고 周防國에 鑄錢司가 설치되었다.

14 13쪽, 弘仁 2년(811) 춘정월 을묘조 각주 7 참조.

15 현 京都府 龜岡市에 있는 出雲神社, 承和 12년(845) 7월에 종5위하, 延喜 10년(910) 8월에 정4위상의 神階에 봉해졌다.

16 66쪽, 弘仁 3년(812) 6월 임자조 각주 36 참조.

1위에 추증하였다. 나이 63세였다.

◎ 弘仁 10년(819) 춘정월 경진삭, 신년하례를 중지하였다. 매서운 찬바람이
불었기 때문이다. 前殿에서 근시하는 신하에게 연회를 베풀고 피복을 내렸다.

병술(7일), (천황이) 豊樂殿에 어림하여, 5위 이상에게 연회를 베풀었다. 차등
있게 녹을 내렸다. 정5위하 葛井王에게 정5위상을, 종5위하 仲雄王 · 原王에게
종5위상을, 정6위상 高貞王 · 貞園王에게 종5위하를, 정4위하 橘朝臣安麻呂에게
정4위상을, 종4위상 紀朝臣廣浜에게 정4위하를, 정5위하 藤原朝臣道雄 · 佐伯宿
禰淸岑에게 종4위하를, 종5위상 石川朝臣嗣人 · 上毛野朝臣穎人 · 小野朝臣岑守
· 菅原朝臣淸公 · 紀朝臣長田麻呂 · 藤原朝臣友人 · 路眞人年繼 · 朝野宿禰鹿取
· 橘朝臣氏公에게 정5위하를, 종5위하 藤原朝臣永貞 · 大中臣朝臣乙守 · 紀朝臣
末成 · 大伴宿禰國道 · 坂田朝臣永河에게 종5위상을 내렸다. 외종5위하 物部中
原宿禰敏久 · 名草直道主 · 廣階宿禰象麻呂 · 高道連鯛釣, 정6위상 藤原朝臣長
岡 · 橘朝臣乙氏 · 坂上大宿禰淨野 · 藤原朝臣吉野 · 三嶋眞人岡麻呂 · 多治比眞
人貞成 · 和氣朝臣仲世 · 安倍朝臣倉繼 · 笠朝臣廣庭 · 巨勢朝臣馬乘 · 小野朝臣
瀧守 · 大伴宿禰淸貞 · 大枝朝臣總成 · 秋篠朝臣船長 · 紀朝臣綱麻呂에게 종5위
하를 내렸다. 정6위상 伊與部連眞佐 · □□大宿禰豊長에게 외종5위하를 내렸다.

경인(11일), 임관이 있었다.

계사(14일), 율사 勤操를 소승도로 삼았다.

을미(16일), 근시하는 신하에게 연회를 베풀고, 녹을 차등있게 내렸다.

병신(17일), 천황이 豊樂殿에 어림하여 활쏘기를 관람하였다.

기해(20일), 曲宴이 있었다.

을사(26일), (천황이) 芹川野에서 사냥을 즐겼다. 5위 이상에게 피복을 하사하
였다.

○ 2월 기유삭, 임관이 있었다.

계축(5일), 정6위상 奄智造吉備麻呂에게 외종5위하를 내렸다.

갑자(16일), 외정6위상 上毛野賀美公宗繼에게 외종5위하를 내렸다.

정묘(19일), 相摸國 金光明寺에 화재가 발생하였다.

무진(20일), 공경이 주상하여, "해마다 흉작으로 백성은 기근에 있고 창고는 다 비어있다. 창고에 구휼할 물건이 없어, 궁핍한 백성은 굶주리고 있는데 부끄러움을 잊어버리고 있다. 신 등은 삼가 바라건대, 畿內에 사자를 보내, 부호의 저장물을 조사하여, 곤궁한 사람들에게 무이자로 대여하고 추수기에 수량에 따라 상환하도록 한다. 그렇게 하면, 부자는 재물을 잃어버릴 걱정이 없고 가난한 자는 목숨을 보존하는 기쁨을 누릴 것이다"라고 하였다. (천황은) 이 주상을 허락하였다.

기사(21일), (천황이) 水生野에서 사냥을 즐겼다. 날이 저물자 河陽宮[17]에 들어갔다. 水生村의 궁핍한 자에게 쌀을 차등있게 주었다.

경오(22일), 5위 이상에게 피복을 내렸다. 천황이 환궁하였다.

계유(25일), (천황이) 神泉苑에 행차하여 근시하는 신하에게 연회를 베풀었다. 아울러 문인에게 시부를 짓게 하고 차등있게 녹을 내렸다.

○ 3월 기묘삭, 무지개가 태양을 관통하였다. 오늘 임관이 있었다.

경진(2일), 山城, 美濃, 若狹, 能登, 出雲 등의 제국에 기근이 들었다. 칙을 내려, "창고는 이미 비어있어 구휼할 물건이 없다. 무이자 대출을 하여 긴급한 상황을 구제해야 한다. 班給의 법[18]은 진휼의 관례에 준하도록 한다"라고 하였다.

임진(14일), 여물기 전의 보리를 말 사료로 사용하는 것을 금지하였다.

갑오(16일), 칙을 내려, 山城國 愛宕郡의 賀茂御祖 및 別雷二神의 제사를 中祀에 준하게 하였다.

기해(21일), 조를 내려, 짐은 생각하는 바가 있어 고 황자 伊豫[19]와 夫人[20] 藤原

---

17 山城國 乙訓郡 山崎에 있는 離宮.

18 『類聚三代格』권19, 弘仁 10년(819) 6월 2일 태정관부의 「應賑給法依例事」에서는 大男은 3속, 中男과 大女는 2속, 小男, 小女는 1속으로 하고 있다.

19 桓武天皇의 제3황자 伊豫親王, 이복형인 平城天皇의 즉위한 후, 모반사건의 혐의로 생모 藤原吉子와 함께 유배되어, 大同 2년(807) 11월에 현지에서 독약을 먹고 자살하였다.

20 桓武天皇의 夫人이고 伊豫親王의 생모.

吉子 등에게 본래의 관위, 호칭을 복원하기로 하였다.

○ 하4월 경술(3일), 勘本系使[21] 중무경 萬多親王[22], 중납언 藤原朝臣緒嗣[23] 등이 주상하여, "운운. 舊記[24]에 의거하여 잘못을 바로잡고자 한다"라고 하였다. (천황은) 이 주상을 허락하였다.

을묘(8일), 諸大寺의 安居料는 잠시 정지하기로 하였다, 국가의 비용이 소진되었기 때문이다. (干支 미상) 阿蘇神에게 종4위하, 훈5등을 내렸다.

○ 5월 무인삭, 임관이 있었다.

기묘(2일), 공경이 논의를 주상하기를, "倉庫令[25]에서는, '무릇 官倉에 결손이 있으면 징수해야 하는데, 만약 업무의 인수인게 후에 결손의 책임자가 아직 임지를 떠나지 않았으면 本倉에 납입한다. 이미 임지를 떠났다면, 후임지[26] 및 본관지[27]에서 납입하는 것을 허용한다'고 규정되어 있다. 지금 畿內의 국사는 이 슈에 치우치게 의거하여 결손의 물건을 모두 畿外의 국에서 보전하고 있다. 무릇 기내는 좌우경에 근접해 있어 (산출되는 稻穀은) 공용으로 광범위하게 쓰이고 있다. 이에 더하여 稻의 가격을 논하면, 기내와 기외는 현격한 차이가 있다[28]. 가까운 곳에서 잃어버린 것을 먼 곳에서 보전하는 것은 실로 심각한 폐해이다. 삼가 바라건대, 지금 이후로는 기내의 결손을 기외에서 보전하는 것을 정지했으면 한다"라고 하였다. (천황은) 이 주상을 허락하였다.

갑오(17일), (천황이) 神泉苑에 행차하였다. 貴布禰社에 봉폐하였다. 비를 기

---

21 『新撰姓氏錄』에 등재되어 있는 씨족들의 本系帳에 재검토하여 오류를 바로잡기 위해 설치한 관이다. 이에 대해 『新撰姓氏錄』 편찬을 위해 설치한 관은 勘系所이다.

22 桓武天皇의 제5황자, 弘仁 5년(814) 6월 병자삭조 각주 48 참조

23 19쪽, 弘仁 2년(811) 2월 임오조 각주 32 참조.

24 『新撰姓氏錄』序에, "臣等歷探古記, 博觀舊史"라고 하는 古記, 舊史에 해당한다.

25 「倉庫令」13, 「欠負官倉」條.

26 예를들면, 畿內의 국사가 손실을 내고 畿外의 국으로 부임한 경우에, 이어서 새로 부임한 畿內의 국사는 전임 국사의 근무지인 畿外의 國으로부터 손실을 보전한다는 의미이다.

27 본적지, 본관에 납입하는 것은 퇴관 이후의 일에 해당한다.

28 통상적으로 米價는 畿內가 畿外보다 비싸다.

원하기 위해서였다.

을사(28일), 정4위하 笠朝臣道成에게 종3위를 내렸다.

○ 6월 정미삭, 일식이 있었다.

경술(4일), 제를 내려, "朝堂院에서 제관사의 관인이 친왕, 대신을 만나면, 무릎 꿇고 엎드리지말고 허리를 숙이고, (자리에서 물러나는) 동작 대신에 기립한다. 태정관 少弁 이상이 처음에 그 位에 취임하면, 外記, 左右史 이하는 모두 일어난다. 만약 大弁 1인이 먼저 그 位에 취임하면, 후에 오는 大弁을 보면 일어나지 않는다. 中弁 이하가 먼저 그 位에 취임하여 뒤에 오는 大弁을 보면 일어난다. 8성, 탄정대의 장관이 처음 그 位에 취임하면, (차관인) 輔, 弼 이하 및 被官인 寮, 司의 장관 이하는 모두 일어난다. 형부성의 대판사도 여기에 따른다. 輔, 弼이 처음에 그 위에 취임하면, 8성, 탄정대 및 寮, 司의 (4등관인) 主典 이하는 일어나고, 判事, 屬도 여기에 준한다. 만약 장관이 먼저 자리에 앉아 있으면 일어나지 않아도 좋다. 寮, 司의 장관이 그 位에 취임해도 主典 이하는 일어나지 않는다. 다만 本司의 청사에서는 일어난다"라고 하였다. 이날, 경내의 곤궁한 사람들에게 錢을 지급하였다.

을묘(9일), 丹生川上의 雨師神 및 貴布禰神에게 백마를 바쳤다. 장마 때문이었다.

임술(16일), 大唐의 越州人 周光輪, 言升則[29] 등이 新羅人의 배에 승선하여 왔다. 唐國의 소식을 물으니, 光朝 등이 대답하기를, 우리들은 멀리 떨어진 州의 천한 사람이다. 京邑의 사정은 알지 못한다. 다만 지난 元和 11년(816)에 円州節度使[30] 李師道[31]가 병마 50만의 정예부대로 삼아 반란을 일으켰다. 천자가 諸道의

---

29 弘仁 11년(820) 정월에 발해사를 따라 귀국하였다.

30 山東省 북부를 관할하는 절도사, 靑州, 淄州, 萊州, 齊州, 登州 등 5주를 관할하였다.

31 李師道는 元和 10년(815) 8월에 반란을 일으켜 동 4년 2월에 주살되었다. 고구려 유민으로서 平盧節度使 檢校尙書 左僕射를 역임하였다. 조부는 평로절도사 守司空 饒陽君王 李正己이고, 부는 평로절도사 檢校司空 李納이다. 평로절도사 檢校司徒 겸 侍中인 李師古의 이복동생이다.

병을 징발하여 토벌했으나 이기지 못했다. 천하가 소란하고 어지럽다고 하였다.

정묘(21일), 임관이 있었다. 圖書頭 종4위하 御室朝臣今嗣가 죽었다. 나이 66세였다.

경오(24일), (천황이) 葛野川에 행차하였다. 5위 이상에게 피복을 내렸다.

○ 추7월 무인(2일), 丹生川上의 雨師神에게 흑마를 바쳤다. 비가 내리기를 기원하기 위해서였다. 참의 정4위하 行太宰大貳 紀朝臣廣浜이 죽었다. 나이 61세였다.

계사(17일), 이세대신궁, 大和國 大后山陵[32]에 사자를 보내, 모두 봉폐하고 비가 오기를 기원하였다.

갑오(18일), 조를 내려, "근자에 무더위와 한해가 수십일이나 계속되고 있다. (하늘이) 단비를 베풀지 않고 있다. 운운. 13大寺 및 大和國 定額寺에 상주하는 승에게 각각 해당 사찰에서 3일간 대반야경을 전독하게 하였다. 단비가 내리길 기원하기 위해서이다.

병신(20일), 京 안에 白龍이 나타났다. 폭풍우가 있었다, 백성의 가옥이 피해를 입었다.

신축(25일), 칙을 내려, "安藝國의 토지가 척박하여 전지의 등급은 (최하 등급인) 下下이다. 백성들의 농사는 아직 저축에는 이르지 못하고 있다. 이에 지난 大同 3년(808)에 6개년에 한해 국내의 전조를 (기준 수확량) 10分 중의 4分이면 면제하였다. 지금 이미 연한이 차서 피폐해진 백성은 아직 여유가 없다. 다시 4년간 연장하도록 한다"라고 하였다.

갑진(28일), 정6위상 上村主乙守에게 외종5위하를 내렸다. 乙守의 아들 豐田麻呂는 가창법이 뛰어나 천황은 이를 기뻐하였다. 그에게 외종5위하를 내렸으나, 豐田麻呂는 그의 부에게 양보하였다.

이달, 여름부터 비가 내리지 않았다. 제국에 피해를 입은 백성이 많았다.

32　光仁天皇의 황후인 井上内親王陵, 宇智陵.

○ 8월 병오삭, 금성이 낮에 보였다.

임자(7일), 정6위상 田口朝臣毛人에게 종5위하를 내렸다.

무진(23일), (천황이) 嵯峨院에 행차하였다. 문인에게 시부를 짓게 하고 녹을 차등있게 내렸다.

계유(28일), 貴布禰神에 봉폐하였다. 장마를 멈추게 하기 위해서이다.

갑술(29일), 遠江, 相模, 飛驒의 3국의 국분사에 화재가 발생하였다.

을해(30일), 丹生川上의 雨師神에게 봉폐하였다. (장마로) 날이 맑기를 기원하기 위해서였다.

○ 9월 기묘(4일), 임관이 있었다.

갑신(9일), (천황이) 神泉苑에 행차하였다. 문인에게 시부를 짓게 하고 녹을 차등있게 내렸다.

을유(10일), 칙을 내려, "崇福寺[33]는 선제가 조영한 곳이고, 승려의 거처이다. 지금 들건대, 근년에 불미스러운 일이 많다고 한다. 운운. 철저히 감독하여 선원을 더럽히지 말아야 한다. 주지하는 승려는 20인을 넘지 않도록 한다. 사망하여 결원이 있으면 (태정)관에 보고하여 채우도록 한다"라고 하였다.

○ 동10월 정미(2일), (천황이) 大原野에서 사냥을 즐겼다.

을묘(10일), (천황이) 冷然院에 행차하였다. 연회를 열고 음악을 연주하였다. 차등있게 녹을 내렸다.

갑자(19일), 民部省에서 언상하기를, "主稅寮의 공문은 大寶 원년(701)에서 大同 3년(808)에 이르기까지 무릇 8,071권을 분실하였다. 삼가 바라건대, 大同 4년부터 弘仁 7년(816)에 이르는 87권은 (당시의) 전임관에게 비용을 내게 하고 (현직의) 후임관이 서사하여 보전하도록 하고, 大同 3년 이전의 것은 모두 폐기처분했으면 한다[34]"라고 하였다. 이 주상을 허락하였다.

---

33 滋賀縣 大津市 滋賀里町에 소재, 天智天皇 7년(668)에 칙명으로 창건. 長寬 원년(1163)에 화재로 불타 현재는 초석, 기단 등이 남아있다.

34 「公式令」83「文案」條에는, "凡文案, 詔勅奏案, 及考案, 補官解官案, 祥瑞財物婚田良賤市估案.

을축(20일), (천황이) 交野에 순행하였다.

정묘(22일), 山城, 河内, 攝津 3국에서 봉헌하였다.

기사(24일), 천황이 交野에서 돌아왔다.

○ 11월 정축(3일), 薩摩國에 황충이 발생하여 田租를 면제하였다.

기묘(5일), 左右京職에 職掌을 두고, 職마다 2인으로 하였다.

신묘(17일), 修理職에서 언상하기를, "(賦役)슈에 의하면, '무릇 丁, 匠丁[35]을 사역시킬 때에는, 모두 10인마다 1인을 두어 火頭[36]로 삼는다. 질병 및 우천시에 작업이 어려운 날에는 식료를 반감한다. 결손된 노동력은 나중에 보충하도록 한다. 다만 병으로 결근한 자에게는 노동한 것과 같은 대가를 지불한다'고 규정되어 있다. 또 '飛驒國의 庸, 調을 함께 면제한다. 里마다 匠丁 10인을 징발하고, 匠丁 4인마다 廝丁[37] 1인을 지급한다'고 나온다. 근년에 木工寮의 예를 보면, 匠丁 130인 내에서, 5인의 廝丁과 工長 이외에는 모두 노역에 따르고 있다. 1년에 모두 합해 350일 이하, 333일 이상 근무하면 滿役으로 삼고 있다. 이것이 근거한 바는 법률상에는 보이지 않는다. 사람이 목석이 아니라면 어찌 능히 감당할 수 있겠는가. 삼가 청컨대, 슈에 의거하여, 병자에게는 노역할 때와 같이 대가를 지불하고, 노역에서 면제받고 있는 5인 이외의 廝丁을 노역에서 면제하고, 노역의 기한에 포함하지 않도록 한다. 즉 300일 이하 250일 이상을 1년의 노역 기간으로 삼았으면 한다. 그렇게 하면, 匠丁은 휴식을 취할 수 있고, 결손된 노역 일수를 보충할 수 있다"라고 하였다. (천황은) 이 주상을 허락하였다.

임진(18일), (천황이) 豐樂殿에 어림하여, 5위 이상에게 연회를 베풀었다. 女樂

如 此之類, 常留, 以外, 年別檢簡, 三年一除之. 具録事目爲記. 其須爲年限者, 量事留納, 限満准除"라는 규정이 있다. 이에 따르면 국가의 공문서는 詔, 勅, 奏案, 考案과 같은 중요문서는 영구 보존하고, 기타의 문서는 연도별로 검토하여 3년이 지나면 폐기하게 하였다.

35　飛驒國으로부터 매년 조정에 징발된 21세 이상 60세 이하의 正丁으로 목공기술로 봉사하고, 대신 調, 庸은 면제된다.

36　취사일을 하는 노역자.

37　사역자의 취사를 담당하는 자.

을 연주하였다, 녹을 차등있게 내렸다.

갑오(20일), 渤海國이 사자를 보내 방물을 바쳤다. 서계를 올려 말하기를, "(大)仁秀[38]가 문안드린다. 가을 중턱에 들어 이미 선선해졌다. 삼가 천황께서는 일상생활에 만복이 깃들기를 바란다. 이 (大)仁秀는 은혜를 입고 있다. 慕感德 등이 돌아와 삼가 (발해왕의) 안부를 묻는 서간을 받았다. 성의있는 위로는 마음을 윤택하게 하고, 기쁨의 정은 말로 표현할 수 없다. 이 (발해)사는 지난 날, 해로에서 강풍을 만나 배가 파손되고, 파도에 위태롭게 표류하였다. 천황께서는 때에 은혜를 내려, 도타운 후의를 받았다. 빈번히 기쁨의 선물을 베풀어 소중히 여기는 바이다. 실로 (마련해준) 배에 의지하여 귀국하였다. 내려준 정에 항상 감사함을 느끼고, 후의에 매우 행복해 하고있다. 삼가 생각하건대, 양국의 계속되는 우호는 지금이나 옛적이나 한결같다. 만리를 찾아 수호하는 일은 시종 변함이 없다. 삼가 文籍院述作郞[39] 李承英을 보내 서계를 주어 (조정에) 들어가 배견하고 아울러 감사의 말씀을 올리게 하였다. 보잘 것 없는 토산물이지만, 삼가 별도의 서장에 기록하였다. 삼가 (보낸 물품을) 살펴준다면 심히 행복할 따름이다. 구름낀 바닷길은 멀어 아직 배견하지는 못했다. 삼가 서계를 올리는 바이다"라고 하였다. (일본조정에서) 承英 등에게 물어 말하기를, "慕感德 등은 귀국하는 날, 칙서를 주지 않았다. 지금 올린 서계를 보면, '삼가 안부를 묻는 서간을 받았다'고 하였다. 이 말은 사실이 아니므로 이치로 보아 돌려보내야 한다[40]. 다만 서계의 언사가 공경함을 잃지않았다. 이에 그 과오를 용서하고 특별히 예우를 더하도록 한다"라고 하였다. 承英 등은 머리를 조아리며 "臣은 소국의 賤臣이고 단지 이 죄를 기다릴 뿐이다. 그러나 일월의 빛과 구름비의 시혜를 입어, 한겨울의 초목이

---

38 발해 제11대 宣王, 그의 4세조 大野勃은 大祚榮의 동생이다. 즉위 후 建興의 연호를 사용하였다.

39 唐의 秘書省 著作郞에 해당하는 관직이다.

40 弘仁 12년 11월 을사조에는 이때의 일본천황의 국서에 대해 발해왕의 답서가 실려있다. 여기에는 일본측이 칙서를 주지않았고, 발해측은 받았다고 하는 엇갈린 주장에 대해 전혀 언급이 없다.

봄을 맞이하고, 물이 고갈되어 가는 곳의 물고기가 물을 만난 기분이다. 감사한 나머지 나도 모르게 춤을 추게 된다"라고 하였다[41].

병신(22일), (천황이) 栗前野에서 사냥을 즐겼다.

경자(26일), (천황이) 芹川野에서 사냥을 즐겼다. 5위 이상에게 피복을 내렸다.

○ 12월 을사삭, 일식이 있었다.

경술(6일), 칙을 내려, "저수지의 물을 방류하여 물고기를 잡는 것은 금지한 지 오래되었다. 운운. 거듭 포고하여 다시는 그러한 일이 없도록 한다[42]"라고 하였다.

일본후기 권제27 (逸文)

---

41 『類聚國史』권제194, 「渤海」下 弘仁 10년 (820)11월 갑오조.

42 『類聚三代格』권16, 延曆 19년(800) 2월 3일 태정관부 「禁斷畿內七道諸國漁竭池水事」에, "右被右大臣宣偁. 奉勅, 益國之道務在勸農. 築池之設本脩漑田. 如聞猾民好漁決竭池水. 愚吏寬縱不加捉搦. 遂乃秋多池涸春夏水絶. 田疇荒損莫不由斯. 自今以後, 宜嚴禁斷, 如有□犯随事科決. 位蔭共若高. 散禁進上. 國郡不糺特置重科"라는 칙이 나온다. 이에 따르면, 저수지는 농업을 위해 만든 용수인데, 백성들이 물고기를 잡고, 관리들은 이를 묵인하는 사태를 지적하고, 이러한 일이 발생하면 엄중히 처벌하는 칙을 내리고 있다.

日本後紀 卷第二十七〈起弘仁九年五月, 盡十年十二月〉

左大臣正二位兼行左近衛大將臣藤原朝臣冬嗣等奉勅撰

太上天皇〈嵯峨〉

◎弘仁九年五月戊子, 御武德殿, 觀騎射. 辛卯, 山城國愛宕郡貴布禰神, 爲大社. 癸巳, 四品明日香親王上表曰. 云云. 伏乞. 除親王號, 賜朝臣姓. 云云. 不許. 乙巳, 始置齋院司. 宮主一員, 長官一員, 次官一員, 判官一員, 主典二員.

○六月癸丑朔, 日有蝕之. 戊辰, 從三位藤原朝臣冬嗣・藤原朝臣緒嗣, 授正三位. 拜冬嗣爲大納言, 從三位文室朝臣綿麻呂爲中納言. 云云. 己巳, 傳灯大法師玄賓卒. 春秋八十有餘. 癸酉, 山城國愛宕郡貴布禰神, 奉授從五位下. 辛巳, 大納言正三位兼行左近衛大將陸奧出羽按察使藤原朝臣冬嗣上表曰, 云云. 詔曰, 云云.

○秋七月癸未朔, 任官. 乙酉, 讚岐國多度郡有牛, 産犢一身二頭. 己丑, 停節. 爲旱也. 庚寅, 定木工寮史生六員, 定修理職史生八員, 定齋院史生二員. 丙申, 遣使山城國貴布禰神社, 大和國室生山上龍穴等處. 祈雨也. 辛亥, 明日香親王表曰, 云云. 勅, 云云. 是月, 相模・武藏・下總・常陸・上野・下野等國地震. 山崩谷埋數里. 壓死百姓, 不加勝計.

○八月戊午, 勅, 長門國部內, 不要驛家十一所, 馬五十五匹. 朝使無往還之要, 公民守飼之費. 宜每驛置□疋, 自餘充鑄錢料鉛駄. 庚午, 遣使諸國, 巡省地震, 其損害甚者, 加賑恤. 詔曰, 朕以虛昧, 欽若寶圖. 撫育之誠, 無忘武步. 王風尙囂, 帝載未熙. 咎懲之臻, 此爲特甚. 如聞, 上野國等境, 地震爲災, 水潦相仍, 人物凋損. 雖云天道高遠, 不加得言, 固應政術有, 致茲靈譴. 自貽民瘼, 職朕之由, 薄德厚顏, 愧于天下. 靜言厥咎, 實所興嘆. 豈有民危而君獨安, 子憂而父不念者也. 所以, 以殊降使者, 就加存慰. 其因震潦, 居業蕩然者, 使等與所在官司,同斟量, 免今年租調. 并不論民夷, 以正稅賑恤, 助修根宇, 使免飢露. 壓没之徒, 速爲斂葬, 務盡寬惠之旨, 副朕酒睠之心. 甲戌, 四品明日香親王之男女四人, 賜姓久賀朝臣. 丙子, 令畿内諸國京戸田租, 停錢收稻. 己卯, 遊獵于北野. 幸嵯峨院. 令文人賦詩. 賜侍臣衣.

○九月庚寅, 幸神泉苑. 宴侍臣. 命文人賦詩. 賜祿有差. 辛卯, 詔曰, 受上天之命者, 其道貴於愛民, 處皇王之位者, 其功先於濟物. 用能屈己以從人欲, 修德以迪靈心. 宜政術時雍□□□壽, 朕無臨□□□變年□. 旰日勿休, 乙夜忘寢. 而智不周物, 誠未動天, 至和有虧. 咎徵頻應. 比者地震, 害及黎元. 吉凶由人, 夭不自作. 或恐渙汗乖越, 方失甿心. 降茲厚譴, 以警眇躬. 畏天之威, 不遑寧處. 決之龜筮, 時行告咎. 昔天平年, 亦有斯變. 因以疫癘, 宇内凋傷. 前事不忘, 取鑑不遠. 縱百姓困, 孰與爲君. 竊惟, 佛旨沖奥, 大悲爲先, 理無微而不矜, 義無遠而不濟. 又祓除疾病, 抑有前典. 宜令天下諸國, 設齋屈僧, 於金光明寺, 轉讀金剛般若波羅密經五日, 兼遣修禊法, 除去不祥. 又畿内七道諸國言上, 弘仁八年以前租稅未納者, 一切停徵. 其左右京民租, 去年已往有懸負者, 不論言上, 不言上, 亦從原免. 庶幾, 冥道垂鑑, 塞患源於未流. 顯路提福, 拔疾根於將樹. 儻咎歸一己, 人無夭折. 欲移其災, 非志所避. 周文罪己, 實所仰止. 謂予不信, 有如皎日. 普告遐邇, 知朕意焉. 壬辰, 奉幣帛於伊勢大神宮. 祈除疫癘也. 丁未.

刑部卿從四位上大庭王卒.

○冬十月乙卯, 任官. 己未, 賽山城國愛宕郡貴布禰神. 以祈雨有驗也. 甲戌, 遊獵栗前野. 丁丑, 綿一萬屯, 施七大寺常住僧.

○十一月辛巳朔, 詔曰, 云云. 改錢文, 曰富壽神寶. 乙酉, 治部卿四品坂本親王薨. 遣使護喪事, 賻錢絁綿米商布等. 年二十六. 庚寅, 正三位中納言藤原朝臣葛野麻呂薨. 年六十四. 丙午, 筑後國高良玉垂命神, 爲名神. 丁未, 東宮學士從四位下高村宿禰田使卒. 年七十六.

○十二月辛亥, 禁伐近江國滋賀郡比良山材木. 以備官用也. 越前權守從四位上大野朝臣直雄卒. 年五十五. 乙丑, 丹波國桑田郡出雲社預名神. 戊辰, 右

大臣從二位兼行皇太弟傅藤原朝臣園人薨. 天皇痛惜殊甚, 遣使護喪事. 詔, 贈
左大臣正一位. 年六十三.

◎弘仁十年春正月庚辰朔, 廢朝. 緣風寒忿殺也. 宴侍臣於前殿, 賜御被. 丙
戌, 御豐樂殿, 宴五位已上. 賜祿有差. 正五位下葛井王授正五位上, 從五位下
仲雄王・原王從五位上, 正六位上高貞王・貞園王從五位下, 正四位下橘朝臣
安麻呂正四位上, 從四位上紀朝臣廣濱正四位下, 正五位下藤原朝臣道雄・佐
伯宿禰清岑從四位下, 從五位上石川朝臣嗣人・上毛野朝臣穎人・小野朝臣
岑守・菅原朝臣清公・紀朝臣長田麻呂・藤原朝臣友人・路眞人年繼・朝臣
宿禰鹿取・橘朝臣氏公正五位下. 從五位下藤原朝臣永貞・大中臣朝臣乙守
・紀朝臣末成・大伴宿禰國道・坂田朝臣永河從五位上. 外從五位下物部中
原宿禰敏久・名草直道主・廣階宿禰象麻呂・高道連鯛釣, 正六位上藤原朝
臣長岡・橘朝臣乙氏・坂上大宿禰浄野・藤原朝臣吉野・三嶋眞人岡麻呂・
多治比眞人貞成・和氣朝臣仲世・安倍朝臣倉繼・笠朝臣廣庭・巨勢朝臣馬
乘・小野朝臣瀧守・大伴宿禰清貞・大枝朝臣總成・秋篠朝臣船長・紀朝臣
綱麻呂從五位下. 正六位上伊與部連眞佐・□□大宿禰豐長外從五位下. 庚寅
任官. 癸巳, 律師勤操爲少僧都. 乙未, 宴侍臣. 賜祿有差. 丙申, 御豐樂殿, 觀
射. 己亥, 曲宴乙巳., 遊獵芹川野. 五位已上賜衣被.

○二月己酉朔, 任官. 癸丑, 正六位上奄智造吉備麻呂授外從五位下. 甲子,
外正六位上上毛野賀美公宗繼授外從五位下. 丁卯, 相摸國金光明寺災. 戊辰,
公卿奏曰, 頻年不稔, 百姓飢饉, 倉廩空盡. 無物賑稟, 窮民臨飢, 必忘廉恥. 臣
等伏望. 遣使畿内, 實錄富豪之貯, 借貸困窮之徒, 秋收之時, 依數俾報. 然則,
富者無失財之憂, 貧者有全命之歡. 許之. 己巳, 遊獵水生野. 日暮, 御河陽宮.
水生村窮乏者, 賜米有差. 庚午, 五位已上, 賜衣被. □□車駕還宮. 癸酉, 幸神
泉苑. 宴侍臣. 竝命文人賦詩. 賜祿有差.

○三月己卯朔, 有虹貫日. 今日, 任官. 庚辰, 山城・美濃・若狭・能登・出雲
等國飢. 勅, 倉貯已罄, 無物賑贍. 宜加借貸, 以救其急. 班給之法, 准賑給例. 壬

辰, 禁青麦食馬. 甲午, 勅, 山城國愛宕郡賀茂御祖幷別雷二神之祭. 宜准中祀. 己亥, 詔, 朕有所思. 宜復故皇子伊豫, 夫人藤原吉子等本位號.

○夏四月庚戌, 勘本系使中務卿萬多親王, 中納言藤原朝臣緒嗣等奏曰, 云云. 伏據舊記, 判定訛謬者. 許之. 乙卯, 諸大寺安居料, 暨從停止. 以國用乏絶也. 授阿蘇神, 從四位下勳五等.

○五月戊寅朔, 任官. 己卯, 公卿奏議曰, 倉庫令云, 凡缺損官倉應徵者, 若分付缺損之徒, 未離任者, 納本倉. 已去任者, 廳於後任及本貫便納. 今畿内國司, 偏據此令, 缺損之物, 咸填外國. 夫畿内者, 接近京華, 公用繁廣. 加以, 論稻貴賤, 内外懸隔. 而失近填遠, 爲弊良深. 伏望, 自今以後, 畿内缺損, 停填外國. 許之. 甲午, 幸神泉苑. 奉幣貴布禰社. 祈雨. 乙巳, 正四位下笠朝臣道成, 授從三位.

○六月丁未朔, 日有蝕之. 庚戌, 制, 諸司於朝堂, 見親王大臣, 以磬折代跪伏, 以起立代動座. 太政官少弁已上, 初就位者, 外記左右史已下皆立. 若大弁一人先就位者, 見後来大弁已下不起. 中弁已下先就位者, 見後来大弁即起. 省臺長官初就位者, 輔弼已下及所管寮司長官已下皆起. 判事屬劭之. 若長官先在座者, 不起. 寮司長官就位者, 主典已下皆起. 但本司廳起也. 是日, 京中窮弊者, 給錢. 乙卯, 奉白馬於丹生川上雨師神幷貴布禰神. 爲止霖雨也. 壬戌, 大唐越州人周光輪言升則等, 乘新羅人船来. 問唐國消息, 光朝等對曰, 己等遠州鄙人. 不知京邑之事. 但去元和十一年, 円州節度使李師道反, 所擁兵馬五十萬, 極爲精銳. 天子發諸道兵討, 未克. 天下騷擾. 丁卯, 任官. 圖書頭從四位下御室朝臣今嗣卒. 年六十六. 庚午, 幸葛野川. 五位已上賜衣被.

○秋七月戊寅, 奉黑馬於丹生川上雨師神, 祈雨. 參議正四位下行太宰大貮紀朝臣廣濱卒. 年六十一. 癸巳, 遣使於伊勢大神宮, 大和國大后山陵, 竝奉幣祈雨. 甲午, 詔曰, 頃者, 炎旱積旬, 甘液無施. 云云. 宜令十三大寺幷大和國定額寺常住僧, 各於當寺, 三个日轉讀大般若經. 以祈甘雨也. 丙申, 京中白龍見. 有暴風雨, 損民屋. 辛丑, 勅, 安藝國土地墝薄, 其田下下. 百姓農作, 未有盈儲.

是以, 去大同三年, 限六箇歲, 國內田租, 率十分免四. 今雖年限既滿, 弊民未贍. 宜更延以四年. 甲辰, 正六位上上村主乙守授外從五位下. 乙守之男豐田麻呂, 善蟬歌, 天皇悅之. 授外從五位下. 豐田麻呂讓父. 是月, 自夏不雨. 諸國被害者衆.

○八月丙午朔, 太白晝見. 壬子, 正六位上田口朝臣毛人授從五位下. 戊辰, 幸嵯峨院. 命文人賦詩. 賜祿有差. 癸酉, 奉幣貴布禰神. 爲止霖雨也. 甲戌, 遠江・相模・飛驒三國國分寺災. 乙亥, 奉幣丹生川上雨師神. 祈晴也.

○九月己卯, 任官. 甲申, 幸神泉苑. 命文人賦詩. 賜祿有差. 乙酉, 勅, 崇福寺者, 先帝所建, 禪侶之窟也. 今聞, 頃年之間, 濫吹者多. 云云. 宜加沙汰, 勿汚禪庭, 所住之僧. 不過二十人. 但有死闕, 言官乃補之.

○冬十月丁未, 遊獵於大原野. 乙卯, 幸冷然院. □宴奏樂. 賜祿有差. 甲子, 民部省言, 主稅寮公文, 自大寶元年, 至大同三年, 紛失凡八千七十一卷. 伏請, 自大同四年, 至弘仁七年, 八十七卷, 前官出料, 後官寫塡, 自大同三年以往, 一從免除. 許之. 乙丑, 幸交野. 丁卯, 山城・河內・攝津三國奉獻. 己巳, 車駕自交野還.

○十一月丁丑, 薩摩國蝗, 免田租. 己卯, 置左右京職掌. 每職二員. 辛卯, 修理職言, 據令, 凡役丁匠, 皆十人外給一人, 充火頭. 疾病及遇雨, 不堪執作之日, 減半食. 闕功令倍. 但疾病者, 給役日直. 又飛驒國庸調具免. 每里点匠丁十人. 每四丁給厮一人. 頃年, 木工寮例, 匠丁百三十人內, 充厮丁五人工長之外, 悉以從役. 總計一歲之內, 三百五十日已下, 三百三十三日已上, 乃爲滿役. 此所據, 未見法式. 人非木石, 何能或堪. 伏請, 依令, 疾病者給役日直, 放免厮丁者, 不入役限. 即三百日以下, 二百五十日已上, 爲一年役. 然則, 匠丁有休, 闕功省倍. 許之. 壬辰, 御豐樂殿, 宴五位已上. 奏女樂, 賜祿有差. 甲午, 渤海國遣使獻方物. 上啓曰, 仁秀啓, 仲秋已涼. 伏惟天皇, 起居萬福. 即此仁秀蒙恩. 慕感德等廻到, 伏奉書問. 慰沃寸誠, 欣幸之情, 言無以愈. 此使去日, 海路遭風, 船舶摧殘, 幾漂波浪. 天皇, 時垂惠領, 風義攸敦. 嘉貺頻繁, 供億珍重. 實賴船舶歸國, 下情每蒙感荷. 厚幸厚幸. 伏以, 兩邦繼好, 今古是常. 萬里尋修, 始終不替. 謹遣文籍院述作郎李承英, 賷啓入覲., 兼令申謝. 有少土物, 謹錄別狀. 伏垂昭亮幸甚. 雲海路遙, 未期拜展. 謹奉啓. 問承英等曰, 慕感德等, 還去之日, 無賜勅書. 今檢所上之啓云, 伏奉書問. 言非其實, 理宜返却. 但啓詞不失恭敬. 仍宥其過, 特加優遇. 承英等頓首言, 臣小國賤臣, 唯罪是待. 而日月廻光, 雲雨施澤, 寒木逢春, 涸鱗得水. 戴荷之至, 不知舞踏. 丙申, 遊獵栗前野. 庚子, 遊獵于芹川野. 五位已上賜衣被.

○十二月乙巳朔, 日有蝕之. 庚戌, 勅, 乾池捕魚, 禁制已久. 云云. 宜重布告, 勿令更然.

日本後紀 卷第二十七 (逸文)

일본후기 권제28 〈弘仁 11년(820) 정월에서 동 9월까지〉

좌대신 정2위 行左近衛大將을 겸직한 臣 藤原朝臣冬嗣 등이 칙을 받들어 편찬하다.

太上天皇〈嵯峨〉

◎ 弘仁 11년(820) 정월 갑술삭, 황제가 대극전에 어림하여 신년하례를 받았다. 문무의 王公 및 渤海使의 하례는 통상의 의례와 같았다. 豐樂殿에서 근시하는 신하들에게 연회를 베풀고 피복을 하사하였다.

기묘(6일), 조를 내려, "周의 公旦은 은상을 받아 자손이 7지족으로 번성하였고, 漢의 蕭何는 (공적이 있어) 예우하여 一門에서 10인의 제후가 나왔다. 藤(原)氏의 선조는 까마귀, 참새의 무리들을 조정에서 몰아내고 매의 가벼운 날개를 펼쳤다[1]. 운운. 이로인해 封戶를 포상받아 역대로 끊이지 않고 총 1만 5천호가 되었다[2]. 운운. (藤原氏가) 白丁의 신분이 되어도 5대까지 과역을 면제하고 대대로 관례로 삼도록 한다"라고 하였다.

경진(7일), 豐樂殿에서 5위 이상 및 발해사를 위해 연회를 열었다. 종4위상 藤原朝臣繼彦에게 정4위하를, 종4위하 多治比眞人今麻呂 · 良岑朝臣安世[3] · 藤原朝臣三守 · 平野王에게 종4위상을, 정5위상 葛井王에게 종4위하를 내렸다. 종5위하 御井王에게 종5위상을, 정6위상 大縣王에게 종5위하를 내렸다. 정5위하 安

---

1 645년 孝德朝에서 蘇我氏의 본종가인 蘇我入鹿을 멸하고 大化改新 정부를 수립하는데 1등 공신인 藤原鎌足의 행적을 말한다. 까마귀, 참새를 蘇我氏에 비유하고, 藤原氏를 매에 비유하고 있다.

2 弘仁 6년(815) 6월 병인조에, 우대신 藤原朝臣園人 등이 선조로부터 내려오는 功封을 조정에 반환을 청원하는 표를 올려, "臣들의 高祖인 大織冠 內大臣 (藤原)鎌子는 옛적 天豐財重日足姬天皇의 치세에 천하를 바르게 다스린 공으로 1만 5천호를 받았다"고 하였다.

3 29쪽, 弘仁 2년(811) 6월 계해삭조 각주 58 참조.

倍朝臣眞勝·橘朝臣永繼·上毛野朝臣穎人에게 종4위하를 내렸다. 종5위상 藤原朝臣伊勢人에게 정5위하를, 종5위하 藤原朝臣眞川·出雲宿禰廣貞·藤原朝臣浜主·高階眞人清階·橘朝臣長谷麻呂에게 종5위상을 내렸다. 정6위상 三原朝臣春上·春岡眞人廣海·大伴宿禰勝雄·百濟王益哲[4]·多治比眞人清貞·安倍朝臣永野·笠朝臣仲守·紀朝臣御依·藤原朝臣三成·安倍朝臣高繼에게 종5위하를 내렸다. 정6위하 林朝臣眞純·滋野宿禰貞主·桑原公腹赤·越智直吉繼·秦忌寸大山, 외정6위상 淺井直年繼에게 외종5위하를 내렸다. 또 渤海國에서 입조한 대사 李承英 등에게 차등있게 서위하였다[5].

갑신(11일), 임관이 있었다.

기축(16일), (천황이) 豐樂殿에 어림하자, 踏歌[6]를 공연하였다. 신하들 및 渤海使에게 연회를 베풀고 차등있게 녹을 하사하였다[7].

신묘(18일), (천황이) 豐樂殿에 어림하여 활쏘기를 관람하였다. 공경이 주상하여, "掃部[8], 内掃部[9] 2司는 비록 다르지만, 담당하는 일을 생각하면, 함께 좌석을 설치해야 한다. 그러나 공적 집회 및 임시의 자리에서는 서로 미루고 있어 자칫하면 업무가 지체된다. 일은 적은데 관사가 많으면 잡음이 일어난다. 신 등이 검토해 보니, 선왕은 모범을 보여 정무의 간소화를 기하고, 옛적의 현자는 시의에 따라 도모하여 업무에 개혁을 중시하였다. 삼가 바라건대, 양 관사를 하나로 합쳐 掃部寮라고 칭하고, 궁내성에 귀속시켜 직무에 전념하게 하게 하고, 동시에 번거로운 폐단을 없애고자 한다. 다만 관사의 정원은 主殿寮와 동일하게 한다. 삼가 천황의 재가를 받고자 한다"라고 하였다. (천황은) 이 주상을 재가하였다.

---

4 百濟王益哲은 여기에만 나온다.
5 『類聚國史』권제194,「渤海」下 弘仁 11년(820) 정월 경진조.
6 踏歌는 발을 구르면서 박자를 맞추고 노래를 부르는 것을 주요 내용으로 하는 궁중연회, 일반적으로 이를 歌垣이라고
7 『類聚國史』권제72, 歲時部三 十六日踏歌, 弘仁 11년(820) 정월 기축조.
8 大藏省의 被官으로 궁중행사 때에 시설물을 설치하고, 청소 등을 담당한다.
9 宮内省의 被官으로 궁중의 調度品의 조달, 관리를 담당한다.

정5위하 橘朝臣氏公에게 종4위하를 내렸다.

갑오(21일), (일본천황이) 발해왕에게 국서를 주며 말하기를, "천황이 삼가 渤海國王에게 문안드린다. (李)承英 등이 도착하여, (가져온) 서계를 보니 갖추어져 있다. 왕의 신의는 성품에 있고, 예의는 몸에 갖추고 있다. 발해의 계통을 이어서 지키고 예로부터의 우호를 실천해 나갔다. 구름을 관찰하고 높은 곳을 바라보면서 바람의 흐름을 향해 성의를 갖고 내항하였다. 세시로 사절을 보내 조정의 창고에 보배와 예물이 다함이 없다. 때마침 앞서 온 사자 (慕)感德 등은 탄 배가 파손되어 표류하여 도해할 수 없었다. 짐은 특별히 배 한척을 주어 돌아가게 하였다. 왕께서는 교화의 은혜를 입은 것을 잊지 않고, 전대의 좋은 관례를 따라 정성껏 사신을 보내 멀리서 감사에 보답하게 하였다. 여기에 진심을 생각하면 매우 기쁘다. (발해는) 멀리 격절한 지역으로 물안개를 사이에 두고 있다. 이에 북녘 봉우리를 바라보니 멀다고는 말할 수 없다. 돌아가는 편에 물품을 보내고, 목록은 별도로 기록한 바와 같다. 초봄이지만 추위가 여전하다. 무고하시고, 국내가 평안하길 바란다. 대략 이 정도로 보내지만, 다하지 못한 말이 많다[10]"라고 하였다.

을미(22일), 당 越州 사람인 周光翰, 言升則 등이 귀국을 청했다. 이에 渤海使를 따라 돌아가게 하였다[11].

정유(24일), 종4위상 良岑朝臣安世에게 정4위하를 내리고, 정6위상 佐伯宿禰大野에게 종5위하를 내렸다.

기해(26일), (천황이) 栗前野에서 사냥을 즐겼다.

경자(27일), 임관이 있었다.

○ 윤정월 계축(10일), 종5위상 安倍朝臣眞直에게 정5위하를 내렸다.

갑자(21일), 외종5위하 林朝臣眞純에게 종5위하를 내렸다.

을축(22일), (천황이) 芹川野에서 사냥을 즐겼다. 5위 이상에게 피복을 하사하

10　『類聚國史』권제194, 「渤海」下 弘仁 11년(820) 정월 경진조, 『日本紀略』해당 조문.

11　『日本紀略』弘仁 11년(820) 2월 을미조.

였다.

정묘(24일), 이보다 앞서 常住寺에서 사천왕상을 동으로 주조하였다. 이에 이르러 완성되어 近江國 梵釋寺로 옮겼다. 금일 임관이 있었다.

무진(25일), 兵部大輔 겸 右近中將 정5위하 朝野宿禰鹿取[12]가 표를 올려 병을 이유로 사직을 청했다. 칙을 내려 사직을 허락하고, 종4위하를 내렸다.

○ 2월 갑술삭, 조를 내려, "운운. 짐은 대소의 諸神事 및 12월에 諸陵에 봉폐할 때에는 비단 祭服을 입는다. 원단의 朝賀를 받을 때에는 곤면십이장(袞冕十二章)[13]을 착용하려고 한다. 하루하루의 정무를 듣고, 번국사의 예방을 받고, 봉폐 및 대소의 제절회에는 황금색 예복을 입으려고 한다. 황후는 제례를 보좌하는 예복으로 帛衣를 입고, □衣를 정월의 조하 때에 입고, 황금으로 장식된 예복은 대소의 제절회에 입는다. 황태자는 (천황의) 제례에 따라 행할 때 및 정월 조하에 袞冕九章[14]을 입는다. 매달 1일과 15일에 입조할 때, 정월 원단에 群官, 宮臣의 조하 및 대소의 제절회에서는 黃丹衣[15]를 입는다. 아울러 평상의 복장은 이 사례에 구애받지 않는다"라고 하였다.

정축(4일), (종전의 丁의 날에 행하던) 釋奠[16]을 정지하고 가운데 丁의 날로 정했다. (최초의 丁의 날이) 祈年祭에 해당하기 때문이다, 3개의 희생물[17]을 금기해야 하기 때문이다.

을유(12일), 河內國에 홍수가 들어 식료가 부족한 戶를 구휼하였다.

병술(13일), 鑄錢使의 판관 1인, 주전 1인을 감원하였다. 遠江, 駿河 양국에 거주하고 있는 新羅人 7백인이 반란을 일으켰다. 백성을 죽이고 가옥, 건물을 불태

---

12 15쪽, 弘仁 2년(811) 춘정월 갑자조 각주 14 참조.
13 袞冕은 곤룡포와 면류관을 말하고 12개의 紋章이 자수되어 있는 천자의 예복이다.
14 9개의 紋章이 자수되어 있는 황태자의 예복.
15 「衣服令」1 「皇太子」조에, "皇太子禮服, 禮服冠, 黃丹衣, 牙笏, 白袴, 白帶, 深紫紗褶, 錦襪, 烏皮"라는 예복의 규정이 나온다.
16 공자를 제사지내는 의례, 2월과 8월의 최초의 丁의 날에 행한다.
17 사슴, 고라니, 멧돼지의 犧牲物을 禁忌.

웠다, 양국에서 병을 징발하여 공격했으나 이기지 못했다. 伊豆國의 곡물을 훔쳐 배를 타고 바다로 나아갔다. 相模, 武藏 등 7국의 군사를 동원하여 힘을 합쳐 추격해 치니, 모두 그 잘못에 굴복하였다[18].

기축(16일), 사자를 보내 大和國 高市郡에 온천지를 조영하였다.

임진(19일), (천황이) 交野에 순행하였다. 5위 이상 및 山城, 攝津 양국의 국사에게 피복을 하사하였다.

○ 3월 을사(3일), 陰陽助 외종5위하 江沼臣小竝를 면직하고, 陰陽師 종8위상 道祖息麻呂에게 곤장 40대에 처하고, 음양생 무위 志斐人成, 廣幡浄嗣에게 곤장 각각 80대에 처했다, 모두 도박[19]을 했기 때문이다.

정미(5일), 경내의 굶주린 백성을 진휼하였다.

기유(7일), (蝦夷) 1등[20] 爾散南公阿波蘇에게 외종5위하를 내렸다.

○ 하4월 무인(7일), 7도 제국의 (國司 2등관) 介 이상에게 蝦夷을 전담하게 하였다.

경진(9일), 조를 내려, "위에 있는 자를 삭감하고 아래에 있는 자를 이익되게 하면 백성의 기쁨은 더할 나위없다. 시혜를 베풀고 자신을 책하는 것은 王者의 정치가 귀히 여기는 바이다. 요즈음 홍수와 가뭄이 때에 맞지 않게 와서 곡물이 여물지 않는다. 집에는 쌓아놓은 곡식이 없고, 호마다 영양실조에 걸린 얼굴빛이다. 하루의 굶주림은 3년의 세월과 같다. 이 말을 돌이켜보면, 매우 측은한 마음이 들어 베풀어야 한다. 천하의 백성이 지고 있는 미납이라고 언상한 조세 및 좌우경, 기내에서 弘仁 10년(819) 이전의, 7도 제국에서 동 9년 이전의 調, 庸의 미

---

18 『日本紀略』弘仁 11년(820) 3월 병술조.
19 재물을 걸어 도박하는 행위이다. 그 도박의 도구는 주사위를 갖고 盤上에서 하는 雙六, 樗蒲 등을 말한다. 博戱, 賭博戱라고 부른다. 「捕亡令」 13 「博戱」 조에는, "凡博戱賭財, 在席所有之物, 及句合出九得物, 爲人糺告. 其物悉賞糺人, 即輸物人, 及出九句合容止主人, 能自首者, 亦依賞例. 官司捉獲者, 減半賞之, 余没官. 唯賭得財者, 自首不在賞限, 其物悉没官"라고 하는 도박의 처벌 규정이 있다.
20 蝦夷에게 주는 작위.

납분은 수량의 다소를 불문하고 모두 면제한다. 혹은 아직 언상하지 않았으면 추징하지 않도록 하고, 아울러 작년에 무이자로 대부받은 빈민이 체납하여 변제하지 않은 자도 면제한다. 신사, 사원의 (出擧)稻 역시 이에 준한다. 비록 관의 창고가 충분하지 않아 국가의 재정이 여유는 없지만, 자식(인 백성)이 부자인데 (국가인) 부모가 가난한 일은 없다. 진심으로 힘써 베풀어야 한다. 짐의 뜻을 이루도록 한다"라고 하였다.

정유(26일), 和泉國에 기근이 들어 사자를 보내 구휼하였다.

무술(27일), 唐人 李少貞 등 20인이 出羽國에 표착하였다.

○ 5월 갑진(4일), 新羅人 李長行 등이 黑羊 2마리, 白羊 4마리, 山羊 1마리, 거위 2마리를 바쳤다.[21]

을사(5일), 천황이 武德殿에 어림하여 기마궁술을 관람하였다.

경술(10일), 讚岐國에 가뭄이 들어 구휼하였다.

신해(11일), 정6위상 佐味朝臣葛麻呂에게 외종5위하를 내렸다.

기미(19일), 임관이 있었다.

○ 6월 갑술(4일), 임관이 있었다.

기묘(9일), 임관이 있었다.

신사(11일), 因幡國 蝦夷 吉彌侯部決奈閇 등 6인을 土佐國으로 이주시켰다. 백성의 우마를 훔쳤기 때문이다.

정해〈(17일), (천황이) 冷然院에 행차하였다.

경인(20일), 무품 駿河内親王이 죽었다. 나이 20세였다. 사자를 보내 장의를 감독시켰다. 皇統彌照天皇[22]의 제14녀이다. 생모는 百濟氏[23]이다.

병신(26일), 名神에게 봉폐하였다. 비오기를 기원하기 위해서이다.

정유(27일), 제국에 大雲經[24]을 전독시켰다. 가뭄을 구제하게 위해서이다.

---

21 『日本紀略』弘仁 11년(820) 5월 갑진조.

22 桓武天皇.

23 百濟王貞香, 부친은 형부경을 지낸 정4위하 百濟王教德이다.

○ 추7월 정미(7일), (천황이) 神泉苑에 행차하여 씨름을 관람하였다.

임자(12일), (천황이) 葛野川에 행차하였다. 5위 이상에게 피복을 내렸다.

○ 8월 갑술(5일), 因幡, 伯耆, 石見, 安藝 등 4국의 미납된 稻 49만 9천속을 면제하였다.

병자(7일), (천황이) 北野에 행차하였다. 문인에게 시부를 짓게 하였다. 5위 이상에게 피복을 내렸다.

기묘(10일), (천황이) 神泉苑에 행차하였다.

병술(17일), (천황이) 冷然院에 행차하였다. 문인에게 시부를 짓게 하였다.

갑오(25일), 常陸國 鹿嶋神社의 祝禰, 宜에게 笏[25]을 소지하게 하였다.

○ 9월 무신(9일), (천황이) 神泉苑에 행차하였다. 5위 이상에게 연회를 베풀고, 문인에게 시부를 짓게 하였다. 녹을 차등있게 내렸다.

정사(18일), 散事 종4위하 藤原朝臣餘佐能子가 죽었다.

갑자(25일), (천황이) 大原野에 행차하였다. 5위 이상에게 녹을 차등있게 내렸다.

병인(27일), (천황이) 北野에 행차하였다. 5위 이상에게 피복을 내렸다.

일본후기 권28 (逸文)

---

24 大雲輪請雨經, 가뭄시에 용들에게 훈계하는 칙을 내려, 죄를 감하고 비를 내리게 하다는 내용을 기술하고 있다.
25 笏은 관인들의 의장용 도구이며 장방형의 판으로, 5위 이상은 상아제 笏, 6위 이하는 목제 笏을 소지하였다.

日本後紀 卷第二十八〈起弘仁十一年正月, 盡同九月〉

左大臣正二位兼行左近衛大將臣藤原朝臣冬嗣等奉勅撰

太上天皇〈嵯峨〉

◎弘仁十一年正月甲戌朔. 皇帝御大極殿, 受朝賀. 文武王公及蕃客朝賀, 如常儀. 宴侍臣於豐樂殿, 賜御被. 己卯, 詔曰, 周嘉公旦, 祚龍七胤, 漢禮蕭何, 一門十侯. 藤氏先祖, 逐烏雀於朝廷, 舒鷹鸇之輕翼, 云云. 是以, 褒賞封戶, 歷代不絕, 惣一萬五千戶. 云云. 宜自貫白丁, 迄于五世, 課役蠲除. 奕葉爲例. 庚辰, 宴五位已上及蕃客於豐樂殿. 從四位上藤原朝臣繼彥授正四位下. 從四位下多治比眞人今麻呂・良岑朝臣安世・藤原朝臣三守・平野王從四位上, 正五位上葛井王從四位下. 從五位下御井王從五位上. 正六位上大縣王從五位下, 正五位下安倍朝臣眞勝・橘朝臣永繼・上毛野朝臣穎人從四位下. 從五位上藤原朝臣伊勢人正五位下, 從五位下藤原朝臣眞川・出雲宿禰廣貞・藤原朝臣濱主・高階眞人清階・橘朝臣長谷麻呂從五位上. 正六位上三原朝臣春上・春岡眞人廣海・大伴宿禰勝雄・百濟王盈哲・多治比眞人清貞・安倍朝臣永野・笠朝臣仲守・紀朝臣御依・藤原朝臣三成・安倍朝臣高繼從五位下. 正六位下林朝臣眞純・滋野宿禰貞主・桑原公腹赤・越智直吉繼・秦忌寸大山, 外正六位上淺井直年繼外從五位下. 又渤海國入覲大使李承英等敍位有差. 甲申, 任官. 己丑, 御豐樂殿, 奏踏歌. 宴群臣及蕃客, 賜祿有差. 辛卯, 御豐樂殿, 觀射. 公卿奏曰, 掃部・内掃部二司雖異, 顧其所掌, 俱是舖設. 而公會幷臨時之座, 彼此相讓, 動致闕怠. 加以, 事少司多, 有不音便. 臣等商量, 先王垂範, 政期簡要. 往哲權宜, 事貴沿革. 伏望, 併兩爲一, 號掃部寮, 屬宮内省, 專濟職務, 且省煩弊. 但官員一同主殿寮. 伏廳天裁. 奏可. 正五位下橘朝臣氏公, 授從四位下. 甲午, 賜渤海王書曰, 天皇啓問渤海國王. 承英等至, 省啓具之. 王信義成性, 禮儀立身, 嗣守蕃緒, 踐修舊好. 候雲呂而聳望, 秉風律以馳誠. 行李無曠於歲時, 琛贄不盡於天府. 況前使感德等, 駕船漂破, 利涉無由. 朕特遣賜一舟還. 其依風之恩, 王受施勿忘, 追迪前良, 虔發使臣, 遠令報謝. 言念丹款, 深有嘉焉. 悠悠絶域, 煙水間之. 酒睽北嶺, 退不謂矣. 因還寄物, 色目如別. 春首餘寒. 比無恙也. 境局之内, 當竝平安. 略遣此不多及. 乙未, 唐越州人周光翰, 言升則等告請歸郷. 仍随渤海使以放還. 丁酉, 從四位上良岑朝臣安世授正四位下, 正六位上佐伯宿禰大野從五位下. 己亥, 遊獵于栗前野. 庚子, 任官.

○閏正月癸丑, 從五位上安倍朝臣眞直授正五位下. 甲子, 外從五位下林朝臣眞純授從五位下. 乙丑, 遊獵芹川野. 賜五位已上衣被. 丁卯, 先是, 鑄銅四天王像於常住寺. 至是功成, 遷近江國梵釋寺. 今日, 任官. 戊辰, 兵部大輔兼右近中將正五位下朝野宿禰鹿取, 以病上表乞解職. 有勅, 許其所辭, 授從四位下.

○二月甲戌朔, 詔曰, 云云. 其朕大小諸神事, 及季冬奉幣諸陵, 則用帛衣. 元正受朝則用衰冕十二章. 朔日受朝, 日聽政, 受蕃國使, 奉幣及大小諸會, 則用黄櫨染衣. 皇后以帛衣爲助祭之服, 以□衣爲元正受朝之服, 以鈿釵禮衣爲大小諸會之服. 皇太子從祀及元正朝賀, 可服衰冕九章. 朔望入朝, 元正受群官若宮臣賀, 及大小諸會, 可服黄丹衣. 竝常服者, 不拘此例. 丁丑, 停釋奠, 定仲丁. 緣當祈年祭, 可忌三牲也. 乙酉, 河内國澇. 賑貸乏絶戸. 丙戌, 省鑄錢使判官一員, 主典一員. 配遠江・駿河兩國新羅人七百人反叛. 殺人民, 燒屋舍. 二國發兵擊之, 不能勝. 盜伊豆國穀, 乘船入海. 發相模武藏等七國軍, 勠力追討, 咸伏其辜. 己丑, 遣使, 築大和國高市郡泉池. 壬辰, 幸交野. 五位已上及山城攝津兩國司賜衣被.

○三月乙巳, 陰陽助外從五位下江沼臣小竝免官, 陰陽師從八位上道祖息麻呂, 決笞四十, 生無位志斐人成・廣幡淨嗣, 各杖八十. 竝以博戲. 丁未, 賑給京中飢民. 己酉, 一等爾散南公阿波蘇授外從五位下.

○夏四月戊寅, 以七道諸國介以上, 爲夷俘專當. 庚辰, 詔曰, 損上益下, 民悅無疆. 施舍己責, 王政攸貴. 頃者水旱不適, 年穀弗登. 家無京坻之儲, 戸有菜疏之色. 一日餒乏, 事等三秋. 睠言思之, 情深恤隱. 期天下百姓所負租稅未納言上, 及調庸未進者, 左右京, 畿内弘仁十年以前, 七道諸國九年以前, 並不論多少, 咸宜蠲除. 或未言上, 無由追徵, 并去年借貸貧民逋負未報者亦免之. 神寺之稻, 亦宜准此. 雖府帑未充, 國度多遺, 而子富父貧, 未之有也. 務存優允, 稱朕意焉. 丁酉, 和泉國飢. 遣使賑給. 戊戌, 唐人李少貞等二十人, 漂著出羽國.

○五月甲辰, 新羅人李長行等進羖羊二, 白羊四, 山羊一, 鵞二. 乙巳, 御武德殿, 觀騎射. 庚戌, 讚岐旱, 賑給之. 辛亥, 正六位上佐味朝臣葛麻呂授外從五位下. 己未, 任官.

○六月甲戌, 任官. 己卯, 任官. 辛巳, 因幡國俘囚吉彌侯部決奈閇等六人, 移土佐國. 以盜百姓牛馬也. 丁亥, 幸冷然院. 庚寅, 無品駿河内親王薨. 年二十. 遣使監護喪事. 皇統彌照天皇第十四之女也. 母百濟氏.

丙申, 走幣名神, 祈雨也.

丁酉, 令諸國轉讀大雲經. 爲救旱也.

○秋七月丁未, 幸神泉苑, 觀相撲. 壬子, 幸葛野川, 賜五位已上衣被.

○八月甲戌, 免因幡 · 伯耆 · 石見 · 安藝等四國未納稻四十九萬九千束. 丙子, 幸北野. 令文人賦詩. 賜五位已上衣被. 己卯, 幸神泉苑. 丙戌, 幸冷然院. 令文人賦詩. 甲午, 令常陸國鹿嶋神社祝禰宜, 宜把笏.

○九月戊申, 幸神泉苑. 宴五位已上, 令文人賦詩. 賜祿有差. 丁巳, 散事從四位下藤原朝臣餘佐能子卒. 甲子, 幸大原野. 五位已上賜祿有差. 丙寅, 幸北野. 賜五位已上衣被.

日本後紀 卷二十八 (逸文)

일본후기 권제29 〈弘仁 11년(820) 10월에서 동 12년 12월까지〉

좌대신 정2위 行左近衛大將을 겸직한 臣 藤原朝臣冬嗣 등이 칙을 받들어 편찬하다.

太上天皇〈嵯峨〉

◎ 弘仁 11년(820) 동10월 기묘(10일), 궁중에서 供奉[1]하는 10선사 및 7대사승에게 목면 1만 5백둔을 시입하였다.

○ 11월 을사(7일), 조를 내려, "운운. 弘仁 8, 9년 사이에 수해와 한해로 흉작이 되어 관의 창고가 거의 바닥이 났다. 이에 공경이 자세히 논의하여, 잠시 5위 이상의 봉록 4분의 1을 할애하여 공용으로 사용하게 하였다. 지금 오곡은 자못 여물어 분배에 이용할 수 있게 되었다. (관인) 봉록의 수량은 종전대로 복구하도록 한다"라고 하였다.

기유(11일), 참의 종4위하 大宰大貳 安倍朝臣寬麻呂가 죽었다.

계축(15일), 공경이 상표하여, "신들은 듣건대, 운운. 군신이 논의하여 정한 봉록이 삭감된 것은 아울러 은지가 있어서 종전대로 복구하였다. 삼가 바라건대, 御膳도 동일하게 통상대로 했으면 한다[2]"라고 하였다.

경신(22일), 近江國에서 언상하기를, "國分僧寺[3]는 延曆 4년(785)에 화재로 소진되었다. 삼가 바라건대, 定額[4]의 國昌寺를 國分金光明寺로 삼았으면 한다. 다만 칙으로 서원해서 만든 석가장육상을 다시 만들어 봉공하고, 또 7중탑 1기

---

1 内供奉은 궁중의 内道場에서 봉사하고 천황의 간병, 안거를 기원하는 직무를 맡는 승직의 하나, 10禪師가 겸직하고 제국에서 고승이 선발되었다.
2 弘仁 9년(818) 4월 병자조에, "짐과 황후의 물품 및 식사 등은 모두 삭감해야 한다"라는 칙을 말한다.
3 比丘尼 사찰은 國分尼寺.
4 국가의 통제를 받는 사찰, 조정이 私寺의 폐단을 시정하기 위해 황족이나 귀족, 호족이 세운 사원 중에서 寺額을 주어 定額寺로 정했다. 半官半私의 성격을 갖는 사원.

를 수리하고자 한다. 운운"이라고 하였다. (천황은) 이 주상을 허락하였다.

○ 12월 계사(25일), 칙을 내려, "針生 5인을 두고 新修本草經[5], 明堂經[6], 劉涓子鬼方[7] 각 1부와 아울러 少公, 集驗, 千金, 廣洛方 등에 나오는 질병과 상처 치료법을 배우게 한다. 특히 월료를 지급하여 학업을 이루도록 한다. 운운"라고 하였다.

◎ 弘仁 12년(821) 춘정월 무술삭, 황제가 대극전에 어림하여 신년하례를 받았다.

임인(5일), 10조의 재판 판결의 조문을 정했다.

갑진(7일), 4품 明日香親王[8]에게 3품을 내리고 무품 賀陽親王[9]에게 4품을 내렸다.

병오(9일), 정3위 藤原朝臣冬嗣[10]를 우대신으로 삼았다.

정미(10일), 참의 종3위 行近江守 秋篠朝臣安人[11]이 죽었다. 나이 70세였다.

○ 2월 무인(11일), 칙을 내려, "운운. 100세 이상에게 곡 4석, 90세 이상에게 곡 3석, 80세 이상에게 곡 2석, 70세 이상에게 곡 1석을 내린다. 국사의 차

---

5 唐朝의 高宗이 蘇敬 등에게 편찬시킨 本草書, 陶弘景의『神農本草經』를 증보하여 새로 115종이 추가되었다. 일본에서도 견당사를 통해 수입되어 典藥寮의 의학생의 교재로 사용되었다.

6 六朝 시대의 西方子가 편찬한 의학서, 침술, 뜸뜨는 방법을 기록하고 있다.

7 외상 의학서. 중국 남북조 시대 齊의 東昏侯가 기왕의 의서를 수정하여 永元 원년(499)에 편찬하였다.

8 桓武天皇의 제7황자.

9 桓武天皇의 제10황자, 中務卿, 治部卿, 大宰帥 등을 역임하였다.

10 15쪽, 弘仁 2년(811) 춘정월 갑자조 각주 13 참조.

11 원래는 土師宿禰의 성이었지만, 후에 본거지 명칭에 따라 秋篠宿禰로 개성하고, 다시 朝臣의 성을 받아 秋篠朝臣이 되었다. 延曆 10년(791)에 종5위하에 서위되었고, 이후 少納言, 左少弁, 左中弁 등 태정관의 실무관료로 근무하는 한편, 右兵衛佐, 中衛少將 등의 무관도 겸직하였다. 延曆 16년(797)에 菅野朝臣眞道 등과 함께『續日本紀』를 편찬하여 정5위상으로 승진하였다. 延曆 24년(800)에 參議에 임명되어 공경이 되었다. 이후 弘仁 6년(815)에 종3위에 서위되었고, 嵯峨天皇의 명으로 편찬된『弘仁格式』에도 관여하였다.

관 이상이 직접 향읍을 순회하여 지급하도록 한다"라고 하였다.

갑신(17일), 칙을 내려, "문장박사는 종7위하의 관이다. 이번에 종5위하의 관으로 개정하도록 한다"라고 하였다.

○ 3월 경신(24일), 修理大夫[12] 종4위하 橘朝臣永繼가 죽었다. 고 정1위 좌대신 諸兄의 손이고, 종4위하 右中弁 入居의 장자이다. 비록 재능은 없었지만, 마음은 □□하였다. 대신의 자손으로서 출사하여 内舍人에 임명되었다. 伊豫親王의 사건에 연좌되어 □□□하였다. 종5위하에 서위되고 점차 종4위하에 이르렀다. 역임한 관에서는 □□□하였고 재직중에 병이 심했다. 사망시의 나이는 53세였다.

○ 하4월 경오(5일), 常陸國 筑波郡 사람 三村部黑刀自가 한번에 1남 2녀를 낳았다. 이에 벼 3백속을 내렸다.

○ 5월 병오(11일), 播磨國 사람이 땅을 파서 동탁[13] 1개를 얻었다. 높이 3척 8촌, 구경 1척 1촌이었다. 승려가 말하기를, 阿育王[14]의 塔鐸이라고 하였다.

임술(27일), 讚岐國에서 언상하기를, "작년부터 萬農池[15]의 제방 공사가 시작되었다. 사업의 공정은 크지만 (동원된) 백성은 적어, 성공은 기약하기 어렵

---

12 內裏의 修理와 조영을 담당하며, 令外官으로 신설되었다. 天長 3년(826)에 木工寮와 병합되어 폐지되었다.

13 『續日本紀』和銅 6년(713) 정묘조에, "大倭國 宇太郡의 波坂鄉 사람 대초위상 村君東人得이 長岡野의 지역에서 동탁을 얻어 바쳤다. 높이 3척, 구경 1척이고, 그 제작이 특이한 형상이고 음색이 음율에 어울렸다. 칙을 내려 관할 관사에 보관하게 하였다"라고 하여 최초의 동탁 발견 기사가 나온다. 『續日本後紀』承和 9년(842) 6월 신미조에, "若狹國進銅器, 其體頗似鐘, 是自地中所掘得也"라는 기록이 있고, 『三代實錄』貞観 2년(860) 8월 신묘조에, "參河國献銅鐸一, 高三尺四寸, 徑一尺四寸, 於渥美郡村松山中獲之, 或曰, 是阿育王之寶鐸也"라고 하여 參河國에서 바친 銅鐸을 阿育王의 寶鐸이라고 나온다.

14 기원전 268년경에서 기원전 232년 경에 재임했던 인도의 마우리아왕조의 3대왕인 아소카왕, 한역 음독하여 阿育王으로 쓰고 있다. 고대인도의 불교 수호의 왕으로 알려져 있다.

15 현재 香川縣 仲多度郡에 있는 관개용 저수지.

다. 승 空海[16]는 이 지역 토착인이다. 산속에서 좌선하여 새와 짐승과 친숙해졌다. 해외에 나가 구도하였고[17], 마음을 비우고 가서 실질을 얻어 돌아왔다. 이로 인해 승려와 속인 모두 (空海의) 풍모를 흠모하였고, 사람들은 그의 모습을 우러러 보았다. 머물고 있는 곳은 학생들로 성시를 이루었고, 나가면 추종하는 자가 구름떼 같았다. 지금은 고향을 떠나 왕경에 상주하고 있다. 백성들은 부모와 같이 연모하였다. 만약 법사가 돌아온다면, 반드시 신발을 거꾸로 신고서라도 맞이할 것이다. 삼가 청하건대, 법사를 別當[18]으로 삼아 그 일을 구제했으면 한다"라고 하였다. (천황은) 이 주상을 허락하였다.

○ 6월 기사(5일), 貴布禰, 丹生의 2신사에 봉폐하였다. 날이 개기를 기원하기 위해서이다.

○ 추7월 을사(11일), 산위 정4위하 橘安麻呂가 죽었다. 고 奈良麻呂의 장남이고, 고 정1위 좌대신 諸兄의 손이다. 모친은 종3위 大原眞人明의 딸이다. 자못 예절을 지키고, 아울러 고사에 지식이 있었다. 延曆 원년(782)에 종5위하에 서위되고, 이어서 종4위하에 이르렀다. 左中弁에 임명되었고, 常陸守로 전임되었다. 모친의 병으로 備前國으로 옮기기를 청했다. 마침내 伊豫親王의 외척이 된 까닭에 해임되어 귀경하였고, 弘仁 10년(819)에 이르러 정4위상에 서위되었다. 많은 관직을 역임했으나 청렴하고 절조가 있다는 평은 듣지 못했다. 때의 나이는 83세였다.

정사(23일), 新錢[19] 2만관을 空海法師에게 시입하였다.

○ 8월 병인(3일), 칙을 내려, "지금 기쁨의 벼이삭이 고개를 숙여, 바야흐로 풍작을 이루려고 한다. 그러나 풍수가 재난이 되어 피해를 입을지 걱정이다.

---

16 空海의 시호는 弘法大師

17 延曆 23년(804)에 학문승으로 견당사를 따라 당에 들어갔다가 大同 원년(806)에 귀국하였다.

18 절의 사무를 총괄하는 승관.

19 弘仁 9년(818) 11월에 錢 이름을 바꿔 주조한 富壽神寶.

마땅히 명신에 봉폐하여 추수를 기원해야 한다"라고 하였다.

무인(15일), 大神, 宇佐 2씨를 八幡大菩薩의 宮司로 삼았다.

신사(18일), 名神에 봉폐하여 풍작에 보답하였다. (이날) 동궁학사 종4위상 上毛野朝臣穎人이 죽었다. 종5위하 大川의 아들이다. 문장생으로 쉬운 역사부터 배웠다. 延曆 연중에 견당사의 錄事에 임명되었다. 만약 통역으로 언어가 통하지 않을 때에는 문자로서 전하여 唐人의 뜻을 알 수가 있었다. 귀국보고를 한 후에 그 공으로 발탁되어 외종5위하에 서위되었다. 大同 말년에 태상천황[20]이 平城宮으로 거처를 옮기면[21], 外記[22]의 局을 나누어 교대로 (平城, 平安 2개의) 궁에 근무하게 했다. 태상천황이 藤原藥子의 농단을 용인하여 동국으로 향하려고 할 때에, 수행자들은 어찌할 바를 몰랐다. 이때 穎人은 (平城京을) 나와서 (平安)京으로 들어가 자세한 사정을 주상하였다. 조정에서는 그 공을 기려 특별히 종5위상에 서위하였다. 갑자기 동궁학사에 임명되었고, 民部大輔로 전임되었다. 만년에는 술을 탐닉하였고 생을 마쳤다. 나이 56세였다.

○ 9월 기해(6일), (천황이) 우대신 (藤原冬嗣의) 閑院에 행차하였다. 문인에게 시부를 짓게 하였다.

갑인(21일), 종4위하 藤原朝臣緅麻呂가 죽었다. 증 태정대신 정1위 種繼의 제2남이다. 천성이 우둔하였고 문서를 기록하는 능력이 없었다. 대신의 자손이라는 이유로 내외의 관직을 두루 역임하였으나 명성을 떨친 적은 없었다. 단지 주색을 좋아하고 그외는 생각하는 일이 없었다. 때의 나이는 54세였다.

○ 동10월 정해(24일), 조를 내려, "운운. 요즈음 물의 정기가 시후를 잃어버려 하천이 범람하여 피해를 입고 있다. 河內國의 경계는 피해가 매우 심하다. 운운. 수확기의 농작물이 이로인해 손상되어 백성들이 실의에 빠지고 있다. 짐

---

20 양위한 平城天皇.
21 弘仁 원년(810) 9월 계묘조.
22 太政官의 4등관인 主典, 少納言 밑에 大外記, 少外記가 있으며 중무성의 內記가 작성한 조직을 교감하고, 태정관에서 천황에게 올리는 상주문을 작성한다.

은 지금 상황에 즉하여 그 지역을 지나면서 눈으로 보고 근심이 늘어나고 있다. 백성이 무슨 잘못이 있겠는가. 운운. 피해를 입은 郡은 3년간 과역을 면제하고, 더욱이 가난한 자에게는 작년에 부담해야 할 조세의 미납분 및 금년도 조세도 면제한다. 山城, 攝津 양국은 지세가 얽혀있고 河內國과 서로 접해있다. 하내국에서 일어난 범람은 반드시 (인접한) 양국에서도 피해를 입는다. 물가에 거주하는 백성으로 자산이 유실된 자는 금년도 조세를 납입하지 않도록 한다. 아울러 3국의 피해를 입은 빈궁한 자에게 조사하여 구휼하도록 한다"라고 하였다.

경인(27일), 천황이 交野로부터 돌아왔다. 수행한 친왕 이하, 5위 이상, 山城, 攝津 양국의 郡司에게 차등있게 녹을 내렸다.

○ 11월 을사(13일), 渤海國에서 사자를 보내 방물을 바쳤다. (발해)국왕이 서계를 올려, "(大)仁秀[23]가 문안드린다. 초가을이지만 여전히 덥다. 삼가 천황의 일상이 다복하리라 생각하고 있으며, 여기에 (大)仁秀는 은혜를 입고 있다. (李)承英 등이 돌아와 삼가 서계[24]를 올렸다. (사자를) 기다리고 있었는데, 훌륭한 선물을 내려주시니 떨리는 마음이 더할 뿐이다. 다만 貴國과 弊邦은 비록 하늘과 바다로 막혀있으나, 경계를 넘어 예물을 주고받아 신의는 돈독하다. 서신은 늘상 세시로 이어지고, 행복하게도 진기한 예물을 받고 있다. 돌이켜보면 생각해 주는 마음이 얼마나 두터운 일인가. (大)仁秀는 부족한 몸이지만, 다행히도 선대의 과업을 수호하였다. 바라건대 교린의 우호관계를 언제까지나 유지하고 정성을 펼쳐서 답습해 나가고자 한다. 삼가 (발해의 정성을) 살펴주시면 심히 다행스러운 일이라고 생각한다. 삼가 政堂省[25] 左允 王文矩[26] 등을 보

23 발해 제11대 宣王, 그의 4세조 大野勃은 大祚榮의 동생이다.
24 弘仁 10년(819) 11월 갑오조에 나오는 일본천황의 발해국왕에게 보내는 국서.
25 발해 3省 중 하나, 장관은 大內相이며, 그 밑에 左司政, 右司政이 설치되었고, 이들 보좌하는 左允, 右允이 있다.
26 弘仁 13년(822) 정원에 신년하례에 참석하고, 일본천황의 국서를 갖고 귀국한다. 이후 天長 4년(827) 12월에 일본에 왔고, 『續日本後紀』嘉祥 원년(848) 12월에 3번째 파견되어 이

내, 서계를 지참시켜 (일본) 조정에 들어가 (천황을) 배견하게 하였다. 멀리서 국가의 예의를 닦고, 한결같은 마음의 정을 쏟고자 한다. 보잘 것 없는 토산물의 봉납은, 삼가 별지에 기록하였다. 도착하면 살펴주시기 바란다. (일본에서 본 발해는) 청산의 극한 지역이고 벽해는 하늘에 이어져 있어 배알하는 일은 뜻대로 되지 않지만, 오래사시기를 바라며 삼가 서계를 바치고자 한다"라고 하였다[27].

기미(27일), 물수리[28]가 물고기를 잡아 紫宸殿 앞의 版位[29]에 모여 있었다. 보는 사람들이 기이한 일이라고 생각하였다.

○ 12월 병인(4일), 畿內의 제국에 각각 박사, 의사를 배치하였다.

경인(28일), 칙을 내려, "무릇 화를 없애고 복을 가져오기 위해서는 불교의 가르침이 근본이 된다. 불교를 널리 이롭게 하는 것은 반드시 사람에 의한다. 지금 이후로는 마음 속에 (국분사 승이 되려고) 誓願한 승려를 제외하고, 해당 국의 백성으로 나이 60세 이상이고 마음과 행동이 정돈되어 있으며, 시종일관 변하지 않는 자를 선택하여 득도시켜서 해당국의 國分寺 僧의 결원을 보충하도록 한다"라고 하였다.

일본후기 권제29 (逸文)

들해 5월에 귀국하였다.
27 『類聚國史』권제194, 「渤海」下 弘仁 12년(821) 11월 을사조, 『日本紀略』해당 조문.
28 雎鳩, 매목 수릿과에 속한 새. 부리가 길고 날카로운 갈고리 모양으로 어류를 잡아먹고 서식한다.
29 조정에서 의식 등에 참석하는 관인의 좌석의 위치를 표시하기 위해 설치한 목제 판. 크기는 4방 7촌으로 21cm 정도이고 두께는 5촌이다.

日本後紀 卷第二十九〈起弘仁十一年十月, 盡同十二年十二月〉

左大臣正二位兼行左近衛大將臣藤原朝臣冬嗣等奉勅撰

太上天皇〈嵯峨〉

◎弘仁十一年冬十月己卯, 綿一萬五百屯, 施內供奉十禪師, 幷七大寺僧.

○十一月乙巳, 詔曰, 云云. 其弘仁八九年之間, 水旱不登, 府庫消耗. 因公卿詳議, 暫割五位已上封祿四分之一, 以均公用. 如今, 五穀頗熟, 支用可均. 宜封等數, 復之舊例. 己酉, 參議從四位下大宰大貳安倍朝臣寬麻呂卒. 癸丑, 公卿上表白, 臣聞, 云云. 其群臣議定, 所減封祿等, 竝有恩旨, 被復舊例. 伏望, 御膳亦同復常. 庚申, 近江國言, 國分僧寺, 延曆四年火災燒盡. 伏望, 以定額國昌寺, 爲國分金光明寺. 但勅本願釋迦丈六, 更應奉造. 又修理七重塔一基. 云云. 許之.

○十二月癸巳, 勅, 置針生五人, 令讀新修本草經, 明堂經, 劉涓子鬼方各一部, 兼少公, 集驗, 千金, 廣洛方等中治瘡方, 特給月料, 令成其業. 云云.

◎弘仁十二年春正月戊戌朔, 皇帝御大極殿, 受朝賀. 壬寅, 定十條斷例. 甲辰, 授四品明日香親王三品, 無品賀陽親王四品. 丙午, 正三位藤原朝臣冬嗣, 爲右大臣. 丁未, 參議從三位行近江守秋篠朝臣安人薨. 年七十.

○二月戊寅, 勅, 云云. 宜賜百歲已上穀四斛, 九十已上三斛, 八十已上二斛, 七十已上一斛. 其國司次官已上, 巡行鄉邑, 親自稟給. 甲申, 勅, 文章博士, 是從七位下官. 今改爲從五位下官.

○三月庚申, 修理大夫從四位下橘朝臣永繼卒. 故正一位左大臣諸兄之孫, 從四位下右中弁入居之長子也. 雖無才藝心存□□, □丞相胤, 起家任內舍人. 緣坐伊豫親王□□□, 敍從五位下, 稍至從四位下. 所歷□□□居職病甚. 卒時年五十三.

○夏四月庚午, 常陸國筑波郡人三村部黒刀自, 産一男二女. 賜稻三百束.

○五月丙午, 播磨國有人, 掘地獲一銅鐸, 高三尺八寸, 口径一尺二寸. 道人云, 阿育王塔鐸. 壬戌, 讃岐國言, 始自去年, 隉萬農池. 公大民少, 成功未期. 僧空海此土人也. 山中坐禪, 獸馴鳥狎. 海外求道, 虛往實歸. 因茲, 道俗欽風, 民庶望影. 居則生徒成市, 出則追從如雲. 今離舊土, 常住京師. 百姓戀慕如父母. 若聞師来, 必倒履相迎. 伏請, 充別當, 令濟其事. 許之.

○六月己巳, 奉幣貴布禰丹生二社. 祈霽也.

○秋七月乙巳, 散位正四位下橘安麻呂卒. 故奈良麻呂之第一男, 故正一位左大臣諸兄之孫也. 母從三位大原眞人明娘也. 爲□□□頗守禮節, 兼知古事. 延曆元年, 敍從五位下, 續至從四位下. 任左中弁, 遷常陸守. 緣母病, 而請遷備前. 遂以伊豫親王外戚, 解任還京. 至弘仁十年, 敍正四位上. 歷職雖多, 廉隅不聞. 時年八十三. 丁巳, 新錢二萬, 施空海法師.

○八月丙寅, 勅, 今嘉穀垂穗, 多念方熟. 恐風水爲災, 致其傷害. 宜奉幣名神, 以禱秋稼也. 戊寅, 以大神宇佐二氏, 爲八幡大菩薩宮司. 辛巳, 奉幣名神報豐稔也. 東宮學士從四位上上毛野朝臣穎人卒. 從五位下大川之子也. 稍習文章生小史事. 延曆年中, 任遣唐使錄事. 若有譯語, 語所不通, 以文言傳之, 唐人得意也. 復命之後, 以功擢敍外從五位下. 大同之末, 太上天皇, 遷御平城之日, 外記分局, 遞直彼宮. 太上天皇, 容用女謁, 將向東國, 陪從人等, 周章失圖. 于時, 穎人脱身入京, 具奏委曲. 朝廷褒其功, 特授從五位上. 俄而任東宮學士, 遷民部大輔. 晚年沈酒而終. 年五十六.

○九月己亥, 幸于大臣閑院. 命文人賦詩. 甲寅, 從四位下藤原朝臣縵麻呂卒. 贈太政大臣正一位種繼之第二男也. 爲性愚鈍, 不便書記. 以鼎職胤, 歷職內外, 無所成名. 唯好酒色, 更無餘慮. 時年五十四.

○冬十月丁亥, 詔曰, 云云. 頃者, 陰精失候, 坎德成災. 河內國境, 被害尤甚. 云云. 秋稼以之淹傷, 下民由其昏墊. 朕今即事, 經歷斯地, 屬目增憂, 兆庶何辜. 云云. 其被害所郡, 給復三年, 尤貧下者, 去年負租稅未報, 及當年租稅, 亦蠲除之. 其山城攝津兩國, 地勢犬牙, 與此相接. 見此知彼, 害必汎濫. 濱水百姓, 流失資産者, 勿出今年租税. 竝三國被害貧窮, 量加賑給. 庚寅, 車駕至自交野. 陪從親王以下五位已上, 山城攝津兩國郡司, 賜祿有差.

○十一月乙巳, 渤海國遣使獻方物. 國王上啓曰, 仁秀啓. 孟秋尙熱. 伏惟, 天皇起居萬福, 即此仁秀蒙恩. 承英等至, 伏奉書問, 用院勤佇. 俯存嘉睍, 慄戢伏增. 但以, 貴國弊邦, 天海雖阻, 飛封轉幣, 風義是敦. 音符每嗣於歲時, 惠賚幸承於珍異. 眷念之分, 一何厚焉. 仁秀不才, 幸修先業. 交好庶保於終始, 延誠冀, 踵於尋修. 伏惟, 照鑑幸甚. 謹遣政堂省左充王文矩等, 賫啓入覲, 遠修國禮, 以固勤情. 奉少土毛, 謹錄別紙. 惟垂檢到. 青山極地, 碧海連天. 拜謁未由. 伏增鴻涯. 謹奉啓. 己未, 雎鳩執魚, 集紫宸殿前殿版位. 見人異之.

○十二月丙寅, 畿內諸國, 各置博士醫師. 庚寅, 勅, 夫消禍植福, 釋教爲本. 弘道利物, 必依其人. 自今以後, 心願之外, 宜擇當國百姓, 年紀六十以上, 心行既定, 始終無變者度之, 即補當國國分僧之闕焉.

日本後紀 卷第二十九 (逸文)

일본후기 권제30 〈弘仁 13년(822) 정월에서 동 14년 4월까지〉

좌대신 정2위 行左近衛大將을 겸직한 臣 藤原朝臣冬嗣 등이 칙을 받들어 편찬하다.

太上天皇〈嵯峨〉

◎ 弘仁 13년(822) 춘정월 계사삭, 황제가 대극전에 어림하여 신년하례를 받았다. 京官, 문무의 王公 이하 및 渤海使[1], 朝集使 등의 좌석의 위치는 의례의 규정과 같았다.

갑오(2일), 明日香親王[2]에게 득도자 1인을 내렸다.

을미(3일), 대납언 정3위 민부경을 겸직한 藤原朝臣緒嗣[3]가 주상하기를, "예전에 황공하게도 육오·출우안찰사로서 먼길을 왕래하면서 대략 백성의 고통을 알고 있다. 백성의 무거운 노역은 驛子[4]를 넘는 것은 없다. (여름철) 태양이 뜨겁게 달아오르면, 긴 언덕길로 향하면서 흐르는 땀을 먹고, 엄동의 세찬 추위에는 짧고 허름한 옷을 입고 얼음판을 걷는다. 생업을 돌아보지 못하고 항상 (驛使의) 행로 준비에 피로해 있다. 삼가 바라건대, 제국의 驛子는 書生[5]의 사례에 준하여[6] 매 호마다 2백속의 벼를 무이자로 대부하고, 아울러 역 주변에 좋은 전지를 선정

---

1 弘仁 12년(821) 11월에 일본에 온 王文矩를 대사로 한 발해사 일행.
2 桓武天皇의 제7황자.
3 19쪽, 弘仁 2년(811) 2월 임오조 각주 32 참조.
4 驛家에 소속된 驛戶의 丁男, 驛馬를 사육하고 驛使를 보내고 맞이하는 역할을 담당하였다. 「賦役令」19에는 驛子의 雜徭, 庸이 면제된다고 규정되어 있다.
5 式部省, 治部省, 兵部省 등 및 大宰府, 國司, 郡司 등의 관사에서 문서행정에 종사하는 하급관인, 書記官, 書記에 해당한다.
6 『類聚三代格』146, 大同 2년(807) 4월 15일자 태정관부에는 제국의 書生에게 대부하기 위해, 大國에서 1만속, 上國에서 8천속, 中國에서 6천속, 下國에서 4천속을 내도록 하였다.

해 1곳으로 (구분전을) 합해 주었으면 한다"라고 하였다, (천황은) 이 주상을 허락하였다.

기해(7일), (천황이) 豊樂殿에 어림하여 군신 및 渤海使에게 연회를 베풀었다[7]. 무품 高丘親王[8]에게 4품을 내렸다. 정3위 藤原朝臣緖嗣에게 종2위를, 정4위하 藤原朝臣眞夏에게 종3위를, 종5위하 岩田王에게 종5위상을, 무위 豊江王, 정6위상 岡谷王에게 종5위하를, 종4위하 石川朝臣河主・佐伯宿禰長繼・橘朝臣氏公・佐伯宿禰清岑에게 종4위하를 내렸다. 정5위상 路眞人年繼・石川朝臣繼人・藤原朝臣伊勢人에게 종4위하를 내렸다. 정5위하 坂本朝臣佐多氣麻呂에게 정5위상을 내렸다. 종5위상 清原眞人夏野・大宿禰伴繼□・出雲宿禰廣貞・藤原朝臣浜主・橘朝臣長谷麻呂에게 정5위하를 내렸다. 종5위하 橘朝臣清野・藤原朝臣承之・文室朝臣弟貞・大中臣朝臣淵魚・住吉朝臣豊繼・大伴宿禰友足・多治比眞人育治・秋篠朝臣男足・紀朝臣善岑・坂田朝臣弘貞에게 종5위상을 내렸다. 외종5위하 清川忌寸斯麻呂・秦忌寸大山, 정6위하 紀朝臣深江・大春日朝臣穎雄, 종6위상 小野朝臣弟貞・藤原朝臣家雄, 정7위상 小治田朝臣常房, 종7위상 多治比眞人弟人에게 종5위하를 내렸다. 정6위하 殖栗連浄成, 종6위하 額田國造今足, 정7위하 大藏忌寸横佩, 종8위상 上毛野朝臣眞綱, 외정6위상 國造道吉에게 외종5위하를 내렸다.

계묘(11일), 임관이 있었다.

무신(16일), (천황이) 豊樂殿에 어림하여, 5위 이상 및 발해사에게 연회를 베풀었다. 踏歌를 연주하며 공연하였다. 渤海國使 王文矩 등이 打毬[9]를 하였다. 목면 2백둔을 주어 내기 경기를 하게 하였다. 소관 관사에서 음악을 연주하고 발해사

---

7 『類聚國史』권제194,「渤海」下 弘仁 13년(822) 정월 기해조,

8 平城天皇의 제3황자, 嵯峨天皇의 황태자로 세워졌으나, 藥子의 變으로 폐위되었다. 이번에 복위되어 4품을 받은 것이다.

9 양편으로 나누어 馬上에서 혹은 바닥에서 스틱으로 홍백색의 공(목제를 둥글게 만들어 가죽이나 포로 둘레를 감싼 것)을 상대의 골문에 넣은 경기.

를 이끌고 춤을 추었다. 녹을 차등있게 내렸다[10].

기유(17일), (천황이) 豐樂殿에 어림하여 활쏘기를 관람하였다[11].

임자(20일), 王文矩 등에게 朝集殿에서 향응을 베풀었다[12].

계축(21일), (王)文矩 등이 귀국하였다. (발해)국왕에게 국서를 주면서 말하기를, "천황이 삼가 渤海國王에게 문안드린다. 사신이 (일본에) 이르러 (가져온) 서계를 보니, 심히 정겨운 마음이 가득 담겨있다. 짐은 덕이 부족하고 재능이 없는데, 삼가 선대의 과업을 지키면서 선린의 마음을 갖고 멀리서 오는 내방객을 친절하게 배려하고 있다. 왕께서는 습속의 예악을 전하고 (발해왕의) 의관을 이어가면서, 기량은 모범이고 사물을 통찰하며 마음과 영혼이 아름답게 드러나고 있다. 예의는 변치않고, 덕을 행함에 항상 같다. 곤란한 일을 꺼리지 않고 빈번히 조빙하여 왔다. 대해를 횡단하여 돛단배로 창파를 헤치며 기러기의 행렬을 따라 보배로운 예물을 가져오니, 궁전에서는 (사자를 맞이하는) 풍악을 울렸다. 君子가 있지 아니하면, 능히 國이라고 할 수 있겠는가[13]. 여기에 정성을 생각하면, 한 시라도 잊을 수가 없다. 풍속과 경역은 달라도 북두칠성과 견우성은 (하늘 아래) 동일하다. 가는 길이 멀어 친애의 마음뿐이고 뵐 수가 없다. 보잘 것 없는 國信物을 보내니, 도착하면 수령해 주었으면 한다. 초봄이지만, 여전히 춥다. 평안하게 잘 지내시기를 바란다. 금일 (사절이) 돌아가는 편에 보낸다. 이만 생략하지만 다하지 못함이 있다[14].

정사(25일), (천황이) 北野에서 사냥을 즐겼다.

무오(26일), 좌우경의 大夫를 종4위하 (상당)관으로 하였다.

기미(27일), (천황이) 芹川野에서 사냥을 즐겼다.

---

10 『類聚國史』권제72, 歲時部3 十六日踏歌.

11 『類聚國史』권제194, 「渤海」下 弘仁 13년(822) 춘정월 기유조.

12 『類聚國史』권제72, 歲時部3 十六日踏歌.

13 『春秋左傳』文公12년조, "襄仲曰, 不有君子, 其能國乎"에서 인용한 것이다. 『三國史記』列傳 乙支文德傳에도 "傳曰, 不有君子, 其能國乎, 信哉"라고 인용되어 있다.

14 『類聚國史』권제194, 「渤海」下 弘仁 13년(822) 춘정월 기유조, 『日本紀略』해당 조문.

○ 2월 계해삭, 임관이 있었다.

기사(7일), (천황이) 栗前野에서 사냥을 즐겼다.

무인(16일), 제를 내려, "5위 이상의 고령자는 조정회의에 참석하지 못하지만 節錄은 지급할 따름이다"라고 하였다.

임오(20일), 천황이 水生野에서 사냥을 즐겼다.

계미(21일), 천황이 芹川野에서 사냥을 즐겼다.

병술(24일), 임관이 있었다. (이날) 산위 종4위하 藤原朝臣道繼가 죽었다. 道繼는 종5위하 鳥養의 손이고, 증 종2위 대납언 小黑麻呂의 제2자이다. 재능이 있다는 말은 듣지 못했고, 무예는 약간 소질이 있었다. 술과 매를 좋아했으며, 나이들어 점점 후덕해졌다. 때의 나이는 67세였다.

경인(28일), (천황이) 神泉苑에 행차하였다. 근시하는 신하에게 연회를 베풀고 문인에게 시부를 짓게 하였다. 차등있게 녹을 내렸다.

○ 3월 을사(14일), 공경이 주상하기를, "洪範 8政[15]에 食을 으뜸으로 삼는다. 운운. 삼가 바라건대, 近江國의 호수[16]에 접에 있는 諸郡의 穀 10만석을 穀倉院에 수납하고, 越前國의 곡물을 옮겨 편의에 따라 그 대신으로 보전했으면 한다"라고 하였다. 청한대로 하였다.

병오(15일), 임관이 있었다.

○ 하4월 신유삭, 일식이 있었다.

무인(18일), (천황이) 冷然院에 어림하였다.

○ 5월 계사(4일), 伊勢守 종4위하 藤原朝臣藤成이 죽었다 우대신 종2위 魚名의 제5남이다. 말을 더듬어 언어가 부자연하였다. 내외의 관직을 역임하였고, 이래도 좋고 저래도 좋다는 성격이다. 때의 나이는 47세였다.

---

15 유가의 경전인『西經』제1편에 나오는 정치철학, 鴻範이라고도 한다. 8政에는 一曰食, 二曰貨, 三曰祀, 四曰司空, 五曰司徒, 六曰司寇, 七曰賓, 八曰師로 되어 있다. 이를 순서대로 해석하면, 1.식료, 2.재화, 3.제사, 4.토지, 5.교육, 6.치안, 7.외교, 8.국방이다.

16 琵琶湖.

정유(8일), 임관이 있었다.

임인(13일), 石見國에 기근이 들어 진휼하였다.

○ 6월 임술(3일), 傳灯大法師位 最澄[17]이 언상하기를, "무릇 석가여래가 정한 계율은 성질의 변화에 따라 다르고, 중생의 깨달음이 일어나는 마음도 대승과 소승의 구별이 있다. 삼가 바라건대, 천태법화종의 年分 득도자[18] 2인을 比叡山[19]에서 매년 춘3월 선제의 국기일[20]에, 법화경의 制에 따라 득도, 수계시켜 12년간 산에서 나가는 것을 불허하는 4가지 법화삼매의 수행법을 수련시키고자 한다. 그렇게 하면, 대승계가 정착해서 영구히 聖朝[21]에 전할 수 있다. 산림에서 정진하여 영겁의 시기까지 펼칠 수 있다'라고 하였다. (천황은) 이를 허락하였다.

계해(4일), 傳灯大法師位 最澄이 죽었다. 운운. 延曆 말에 (단기유학인) 請益生으로 당에 건너갔다. 皇太子詹事[22] 陸淳이 台州刺史로 좌천되어 있을 때, 이따금 天台宗의 道邃和尙을 초청해 座主로 삼았다. (最澄은 和尙의) 강연에 참석하여 학문을 배웠다. (불교의 깨달음의 기회가 된) 좋은 인연으로 감명받아 한번에 환희를 느꼈다. 천태종 관련 서적 3백여권을 서사하여 마친 후, 바로 본직으로 돌아와 이별하고 (견당사 일행과 함께) 京으로 향했다. 이윽고 견당사를 따라 귀국하여 천태종의 교의를 널리 펼쳤다. 운운. 나이 54세였다.

경진(21일), 尾張國의 熱田神[23]에게 종4위하를 주었다

갑신(25일), 임관이 있었다.

○ 추7월 경인(2일), 제를 내려, "요즈음 무더운 여름 가뭄이 10일이나 계속되

---

17 110쪽, 弘仁 5년(814) 6월 갑오조 각주 52 참조.

18 천황에게 주상해서 그해의 일정수의 得度者를 허가하는 일, 이를 年分度者라고 한다.

19 最澄이 개창한 延曆寺가 소재, 정식 명칭은 比叡山延曆寺, 현재 滋賀縣 大津市에 소재한 표고 848미터의 比叡山 전체를 境內로 하는 천태종 총본산의 寺院이다.

20 桓武天皇의 忌日, 大同 원년(806) 3월 17일에 사망하였다.

21 日本國.

22 동궁의 사무를 담당하는 관인, 일본의 春宮大夫에 해당한다.

23 三種의 神器의 하나인 草薙劍을 제사지내는 熱田神社의 주재신.

어 논의 모가 말라가고 있다. 무릇 물을 끌어들여 논에 댈 때에는 모두 아래로부터 시작한다. 관개의 일은 빈자가 먼저하고 부자는 뒤에 한다. 이것은 법령[24]에 조문이 나와있고, 때의 제도를 명시하고 있다. 그러나 인정은 거칠고 오만하여 여전히 법령을 위반하고 있고, 물의 이용은 매우 치우치고 있어 쟁송이 자주 일어나고 있다. 거듭 고지하여 금제하도록 한다"라고 하였다.

신묘(3일), 修理職[25]에 算師 1인월 두었다.

계사(5일), 기내 제국에 사자를 보내 기우제를 지냈다.

갑오(6일), 조를 내려, "운운, 요즈음 절기가 순조롭지 않아 좋은 비가 내리지 않고, 무더운 여름 가뭄이 10일이나 계속되고 있다. 여러 신에게 급히 폐백을 올렸는데, 조금도 감응이 없다. 『詩經』에서 '가뭄이 대단히 심하다. 근심으로 가슴이 불타는 듯하다'라고 말하지 않았던가. 짐 및 황후가 사용하고 있는 물품을 삭감한다. 운운. 그 4위에게는 벼 3천석을, 5위는 8백석을, 6위 이하는 3백석을 보태도록 한다"라고 하였다.

병신(8일), 新錢[26] 1백관을 가난한 諸王에게 지급하였다. 山城國에 기근이 들어 진휼하였다. 甲斐國에 역병이 발생하여, 사자를 보내 진휼하였다. 이날, 공경 등이 말하기를, "운운. 삼가 바라건대 5위 이상의 봉록을 잠시 삭감하도록 한다. 운운."이라고 하였다. (천황은) 이 주상을 허락하였다.

신축(13일), 임관이 있었다.

을사(17일), 新羅人 40인이 귀화하였다[27].

○ 8월 무오삭, 제국에 명하여 國分寺, 國分尼寺에서 7일 7야의 悔過를 하게 하

---

24 「雜令」12「取水漑田」조, "凡取水漑田, 皆從下始. 依次而用. 其欲緣渠造碾磑. 經國郡司, 公私無妨者, 聽之. 卽須修治渠堰者, 先役用水之家"라고 하여 관련기록이 나오고, 관개용 논밭에 물을 댈 때의 규정을 말하고 있다.

25 궁중의 각종 수리, 조영을 담당하는 관사. 天長 3년(826)에 木工寮에 합병되었으나 寬平 2년(890)에 부활되었다.

26 富壽通寶.

27 『日本紀略』弘仁 13년(822) 추7월 을사조.

였다. 이울러 신사를 수리하고 청결하게 하였다. 재해가 빈발하고 한해의 곡물이 여물지 않기 때문이다.

경신(3일), 乙訓, 廣湍, 龍田 등의 神에게 종5위하를 내렸다.

계유(16일), 相模守 종4위하 藤原朝臣友人이 죽었다. 우대신 종1위 是公의 자이고, 종3위 乙麻呂의 손이다. 소인배의 근성을 가졌고, 예의와 법도를 지키지 않았다. 仙道를 좋아했으나, 도술은 부리지 못했다. 大同 초에 伊豫親王의 모반사건에 연좌되어 下野國守로 좌천되었다. 弘仁 연중에 은사를 받아 입경하여 종4위하를 받았고, 갑자기 相模守에 임명되었다. 발병하여 재임중에 사망하였다. 나이 56세였다.

○ 9월 병신(9일), (천황이) 神泉苑에 어림하여 근시하는 신하에게 연회를 베풀고 문인에게 시부를 짓게 하였다. 차등있게 녹을 내렸다.

정미(20일), 典侍 종4위하 淸原朝臣吉子가 죽었다.

계축(26일), 常陸國에서 언상하기를, "蝦夷 吉彌侯部小槻麻呂가 말하기를, 우리들은 조정에 귀화한 지 20년이 지났고, 점차 천황의 덕화에 감화되어 생계를 유지할 수 있었다. 삼가 바라건대, 호적에 편적된 백성으로 영구히 과역을 부담했으면 한다"라고 하였다. 칙을 내려, "무릇 조정의 교화를 바라는 마음은 참으로 가상한 일이다. 마땅히 公戶로 편입하는 것을 허락한다. 다만 과역은 부과하지 않는다"라고 하였다.

갑인(27일), (천황이) 北野에서 사냥을 즐겼다.

○ 윤9월 무오삭, 정6위상 橘朝臣百枝에게 종5위하를 내렸다. 임관이 있었다.

○ 동10월 갑오(8일), (천황이) 河陽宮에 행차하였다. 交野에서 사냥을 즐겼다.

계묘(17일), 형부경 종4위상 百濟王敎德[28]이 죽었다.

---

28 陸奧鎭守將軍 百濟王俊哲의 아들, 延曆 7년(788)에 종5위하 右兵庫頭에 서임되었다. 동 8년에 讚岐介, 동 18년에 上總守을 역임하였다. 大同 3년(808)에 宮內大輔에 임명되었고, 이후 治部大輔, 刑部卿를 역임하고, 弘仁 3년(812)에 종4위하, 동 7년에 종4위상에 이르렀다. 형제 중에 百濟王敎德, 百濟王敎俊, 百濟王敎法이라고 하여 敎를 돌림자로 쓰고 있다.

병오(20일), 4품 賀陽親王[29]을 형부경으로 삼았다.

임자(26일), 임관이 있었다.

○ 11월 정사삭, 朔旦이 동지[30]이다. 백관이 축하를 올렸다. 조를 내려, "神은 功을 이루어도 그 공적으로 내세우지 않는다. 만물은 생명을 이루는 것에 기뻐하고, 그 성덕은 이루 다할 수 없고, 만백성은 숨겨진 용도를 밝힌다. 따라서 천하에 덕화의 빛이 미치어 음양을 잘 다스려 생명을 원대하게 감싸고 위대한 공적을 세상에 밝혀 퍼지게 한다. 짐은 부족한 몸으로 황송하게도 황위를 이어 다스리고 있다. 얼음 위를 밟으며 말을 타고 달리듯이 항상 두려운 마음이다. 최근 有司가 주상하기를, '금년 11월 삭일이 동지에 해당한다. 하나의 마무리이자 새로운 시작이고, 하늘의 기년을 얻은 것이다. (동지의) 추위에 律管에 넣은 재가 퍼지면[31], 절기의 양기가 조금씩 일어나게 된다. 동지의 경사에 대해서는 앞의 모범이 없지는 않다'고 한다. 장수를 가져온다는 뜻은 대저 이전부터 듣고 있다. 짐은 덕이 부족한데, 어찌 홀로 仁의 축복을 받을 수 있겠는가. 천하와 더불어 이 복을 다같이 누려야 할 것이다. 弘仁 13년 11월 24일 동트기 이전에 일어난 금고죄 이하는 경중을 묻지말고 모두 사면하도록 한다. 다만, 팔학, 고의 살인, 모의 살인, 강도와 절도, 사주전, 통상의 사면에서 면제되지 않는 자 및 관물을 결손시킨 자들은 사면의 범위에 포함하지 않는다. 만약 사면하기 이전의 일을 신고한 자에게는 그 죄로서 죄를 묻는다. 가문의 음서의 특권이 끊어진 자 및 재능이 현저한 자

---

29 桓武天皇의 제10왕자, 大宰帥를 역임하였다.

30 음력으로 11월 1일인 朔旦이 冬至가 되면 축하의 날로 인식되어, 조정에서는 형벌의 은사, 조세의 면제, 관인에 대한 敍位 등을 행한다. 역법상으로 20년에 1회씩 돌아오는데, 朔旦冬至의 해로부터 다음 삭단동지의 전년도까지의 19년을 1章이라고 한다. 『續日本紀』 延曆 3년(784) 11월 무술삭(1일), 칙을 내려, "11월 1일은 동지가 되는 것은, 이것은 역대에서도 드물게 만나는 현상이고, 王者의 상서로운 표시이다. 짐은 부덕하여 지금에야 길상을 얻어 축하하여 선물을 내리고자 한다. 모두가 이 상서를 기뻐해야 할 것이다. 王公 이하에게 물품을 내리고, 경기 지역의 당해년 전조를 모두 면제한다"라고 하였다.

31 중국고대에서는 추위, 더위 등을 알기 위해 12律管 속에 재를 채워넣어 밀실에 두고, 율관으로부터 재가 날아가는 모양을 보고 이를 판단했다고 한다.

에게는 특별히 높은 관위를 내려 고위직에 나가도록 한다. 내외의 文武官으로 주전 이상에게 위계 1급을 서위한다. 재경의 정6위상 관인 및 史生 이하 直丁 이상에게는 (그 실적을) 헤아려 물품을 지급한다. 바라건대, 은택과 영예를 국내에 베풀어 하늘의 영묘한 (동지의 朔旦의) 선물에 보답해야 한다. 전국에 두루 고지하여 짐의 뜻을 알리도록 한다"라고 하였다.

(이날) 정4위하 藤原朝臣繼彦·紀朝臣百繼에게 종3위를, 정4위하 平野王에게 정4위상을 내렸다. 종4위하 直世王에게 종4위상을 내렸다. 정5위하 高瀬王에게 종4위하를, 종5위상 弟野王에게 정5위하를, 종5위하 野倍王에게 종5위상을, 정6위상 氷上王에게 종5위하를, 종4위하 安倍朝臣男笠·安倍朝臣雄能麻呂에게 종4위상을, 정5위하 藤原朝臣浜主에게 종4위하를, 종5위상 中臣朝臣道成·百濟王元勝[32]·大伴宿禰國道에게 정5위하를 내렸다. 종5위하 石上朝臣美奈麻呂·藤原朝臣廣敏·長岡朝臣岡成·藤原朝臣葛成·大伴宿禰山道·和朝臣綱繼[33]·粟田朝臣鯨·石川朝臣清道·藤原朝臣八綱·藤原朝臣愛發·大伴宿禰宅麻呂·滋野宿禰家譯·佐伯宿禰弓繼·高階眞人弟中에게 종5위상을 내렸다. 외종5위하 林朝臣山主·貞江連繼人·眞苑宿禰雜物, 정6위상 橘朝臣氏人·紀朝臣名虎·坂上大宿禰鷹主·石上朝臣雖·小野朝臣石雄·大神朝臣池守·文室朝臣綿人·藤原朝臣衛·大原眞人浄主·藤原朝臣貞主·上毛野公祖繼·安倍朝臣安麻呂·池田朝臣黒主·佐伯宿禰巻繼·笠朝臣年嗣에게 종5위하를 내렸다. 여성에게 서위하였다.

신유(5일), 임관이 있었다.

신사(25일), 임관이 있었다.

계미(27일), (천황이) 瑞野에서 사냥을 즐겼다.

---

32 延暦 16년(797) 정월에 安房守에 임명되었고, 동 23년 4월에 內兵庫正, 大同 원년(806) 2월에 鍛冶正에 임명되고, 동 3년 11월에 종5위상에 서위되었고, 동 4년에 大判事에 임명되었고, 天長 3년(826)에 정5위상에 서위되었다.

33 이름은 繩繼라고도 표기한다. 54쪽, 弘仁 3년(812) 정월 병인조 각주 5 참조.

○ 12월 을사(19일), 임광이 있었다.

갑인(28일), 중납언 종3위 行春宮大夫, 左衛門督, 陸奥·出羽按察使를 겸직한 良岑朝臣安世[34]가 상소하여, "운운. 또 河内國에는 諸家의 장원이 도처에 있고, 토착인의 소유는 적은데 京戸는 너무 많다. 삼가 바라건대, 京戸, 토착인을 묻지 말고 전지 1정을 경작하는 자에게 正税 30속을 出擧했으면 한다. 운운."라고 하였다. 이 상소를 허락하였다.

◎ 弘仁 14년(823) 춘정월 정사삭, 천황이 大極殿에 어림하여 신년하례를 받았다. 豊樂殿에서 근시하는 신하에게 연회를 베풀고 피복을 하사하였다.

신유(5일), 서남쪽에 혜성이 나타났다가 3일후에는 보이지 않았다.

계해(7일), (천황이) 豊樂殿에 어림하여 군신들에게 연회를 베풀었다. 차등있게 녹을 내렸다. (이날) 무위 高棟王에게 종4위하를 내리고, 종5위하 繼野王에게 종5위상을, 정6위상 津嶋王·山名王·岡野王에게 종4위상을 내렸다. 종4위상 佐伯宿禰長繼에게 정4위하를 내렸다. 종4위하 藤原朝臣道雄·紀朝臣長田麻呂에게 종4위상을 내렸다. 정5위하 坂上大宿禰廣野·橘朝臣長谷麻呂에게 종4위하를 내렸다. 종5위하 藤原朝臣河主·藤原朝臣浄本·粟田朝臣飽田麻呂·安野宿禰文繼·吉田宿禰文主[35]에게 종5위상을 내렸다. 정6위상 藤原朝臣常嗣·春原朝臣永世·藤原朝臣豊主·高階眞人石川·多治比眞人興宗·橘朝臣氏守·紀朝臣諸繼·雀部朝臣家繼·永世朝臣公足·縣犬養宿禰浄人에게 종5위하를 내렸다. 정6위상 安野宿禰眞繼·百濟公繼嶋[36]·□岐史眞鷹·栗前連名正·河内忌寸

---

34 29쪽, 弘仁 2년(811) 6월 계해삭조 각주 58 참조.

35 이 인물은 여기에만 보이다. 백제망명 관인인 달솔 吉大尚의 후예이다. 일본에 망명 후 吉田連, 吉田宿禰, 興世朝臣으로의 성의 변화가 있다.

36 이 인물은 여기에만 보인다. 『續日本紀』天平寶字 5년(761) 3월조에 백제망명인의 후예인 余民善女 등 4인에게 百濟公을 사성한 기록이 보인다. 『新撰姓氏錄』左京諸蕃下에, "百濟公은 百濟國 都慕王의 24세손인 汝淵王으로부터 나왔다"고 한다. 또 동 右京諸蕃下의「百濟公」조에는 天平寶字 3년(758)에 鬼室氏가 百濟公으로 개성한 사실을 전하고 있다. 弘仁 2년

浄浜・廣宗連絲繼・阿閉臣氏成에게 외종5위하를 내렸다.

갑자(8일), 정6위상 丹治比宿禰村人에게 외종5위하를 내렸다. 여성에게 서위하였다.

병인(10일), 임관이 있었다.

병자(20일), 新錢 1백관을 大和國에 지급하였다. 益田池의 축조 비용에 충당하기 위해서이다.

정축(21일), 常陸國 종5위하 筑波神을 官社로 삼았다. 자주 영험을 보였기 때문이다.

갑신(28일), (천황이) 芹川野에서 사냥을 즐겼다. 근시하는 신하 및 山城國 국사에게 피복을 하사하였다.

○ 2월 병술삭. 좌우경의 기아에 있는 백성에게 錢을 하사하였다

정유(12일), (천황이) 栗前野에서 사냥을 즐겼다.

경술(25일), 興福寺의 승 中源, 庚信과 元興寺의 승 永繼 등을 遠江國으로 유배보냈다. 모두 간음을 범했기 때문이다.[37]

계축(28일), (천황이) 무품 有智子內親王[38]의 산장에 행차하였다. 천황이 기분 좋게 시를 지으니, 군신들이 시를 바쳤다. 차등있게 녹을 내렸다. 이날, (有智子)內親王에게 3품을 내리고, 종5위하 藤原朝臣常房・巨勢朝臣識人에게 종5위상을, 정6위상 文室朝臣永年에게 종5위하를, 종5위하 交野女王・永原朝臣眞殿에게 종5위상을, 무위 坂本朝臣宮繼에게 종5위하를 내렸다.

---

(811) 4월 기축조에, 阿波國 사람 百濟部廣濱 등 1백인에게 百濟公의 성을 내렸다. 따라서 백제공으로 개성한 것은 백제왕족인 余氏 뿐아니라 다른 씨족도 있어 백제공의 씨성을 받은 자들이 어느 계통인지 명확하지 않다.

37 「僧尼令」1에는 僧尼가 간음을 하는 경우에는 속세법에 의해 관사에서 처벌된다고 한다. 한편 「名例律」上 19에는, "奸〈謂奸, 他妻妾及與和者〉"라고 하여, 남의 처첩과 화간하는 경우를 말한다. 「雜律」22의 逸文에, "凡姦者, 徒一年, 有夫者, 徒二年"이라고 하여, 간통의 경우는 도형 1년이지만, 남편이 있는 경우에는 2년형을 내리고 있다.

38 嵯峨天皇의 황녀.

이달에 천하에 대역병이 발생해 사망자가 적지 않았다. □海道가 매우 심했다.

○ 3월 병진삭, 越後國의 江沼, 加賀 2군을 나누어 加賀國으로 하였다. 국의 영토가 광활하여 백성들이 힘들어 하였다. 이날, 임관이 있었다.

계해(8일), 東大寺에서 1백명의 승에게 藥師法을 독경하게 하였다. 역병을 없애기 위해서였다.

신미(16일), 京師에 미가가 많이 올라 백성들이 모두 굶주렸다. 이에 穀倉院[39]에서 곡물 1천석을 출하하여 싼 값으로 빈민에게 주었다. 백성들이 좋아하였다.

갑술(19일), 下野國 芳賀郡 사람 吉彌侯部道足女에게 소초위상을 내리고, 종신 전조를 면제하였으며 집과 마을 어귀에 표식을 세워 그 행실을 기렸다. 동 군의 少領 下野公豐繼의 처이다. 남편의 사망후에 재혼하지 않기로 맹서하고 항상 묘 옆에서 거주하며 곡소리를 끊이질 않았다.

병자(21일), 임관이 있었다.

정축(22일), 좌우경에 기근이 들어 穀倉院의 곡물을 내어 진휼하였다.

○ 하4월 을유삭, 임관이 있었다.

갑오(10일), 천황이 冷然院으로 거처를 옮겼다. 조를 내려, "우대신 藤原朝臣冬嗣[40]에게 말하기를, 짐은 황위를 皇太弟에게 전하려고 생각한다. 지금 바야흐로 마음속에 품고 있던 것을 이루려 한다. 까닭에 궁으로부터 떠나는 것이다"라고 하였다. (이에) 冬嗣가 말하기를, "성인의 일은 오직 성인만이 안다. 지금 폐하는 정무를 성인에게 맡기려고 한다. 천하에 매우 행복한 일이다. 다만 근년에 풍작을 회복하지 못하고 있다. 만약 1인의 천황과 2인의 太上天皇을 받들게 되면, 신은 천하에 어려움이 심해질 것이라고 생각한다. 신이 바라는 것은, 잠시 풍년이 되는 것을 기다린 후에 황위를 전해도 늦지 않을 것이다"라고 하였다. 천황은 말하기를, "짐의 마음은 평소부터 정해져 있다. 또 현인을 추거해서 양위한다는 것

---

39 民部省의 피관, 畿內 제국의 調의 錢, 제국에 있는 무주지의 位田, 職田 및 没官田, 大宰府의 稻 등을 수납하는 곡창이고 관리하는 관사. 빈민 구제, 대학료의 학문료 등에 사용되었다.
40 15쪽, 弘仁 2년(811) 춘정월 갑자조 각주 13 참조.

은 오직 천하를 위해서이다. 현군이 정치에 임하는데 어찌 풍작이 회복하지 않음을 근심하는가"라고 하였다.

경자(16일), 천황이 前殿에 어림하여, 今上[41]을 데리고 와서 말하기를, "짐은 원래 公子[42] 출신으로, 처음에 생각하지도 않았는데, (평성)태상천황이 세세하게 칭찬하며 황위에 오르게 하여 마침내 짐에게 양위하였다. 스스로 사양했지만, 허락받지 못했다. (황위에 올라) 나날이 근심하고 있었는데, 얼마지나지 않아 몸에 두 창이 생겨 오래도록 나아지지 않았다. 정무는 지체되었고, 우대신 藤原朝臣園人에게 명하여 神璽를 다시 (平城太上天皇에게) 바치고자 하였다. 짐은 처음에 한적한 곳으로 돌아가고자 하는 뜻이 있었으나 태상천황이 청한 바를 윤허해 주지 않았다. 이때 사악한 자가 태상천황과 짐을 균열시키려는 일이 있었다. 공경은 서로 논의하여 태상천황측의 소수의 무리들을 축출하였다[43]. 태상천황은 (짐의) 진심을 알아차리지 못하고 동쪽으로 들어가려는 계획을 세웠다. 군신들은 사직이 불안하다고 하여 병사를 보내 이를 막았다. 짐의 거짓없는 마음은 백일하에 들어났다. 짐은 덕이 부족하지만, 재위한 지 14년이 되었고, 황태제는 짐과 더불어 나이도 같다. 짐은 비록 사람을 보는 능력은 부족하지만, 황태제와 오랫동안 함께 지냈다. 황태제는 현명하고 어질고 효심이 있다. 짐은 이를 통찰하고 있는 바이다. 황태제에게 황위를 전하고자 한지 이미 여러해가 지났다. 지금 품고 있던 생각을 이루려고 하니, 이를 알도록 한다"라고 하였다. 今上[44]은 자리에서 벗어나 무릎을 꿇고 말하기를, "신은 어리석고 재능이 없으면서 황족의 갈래로 되어 있다. 옛적에 신분이 높은 자가 스스로 화를 면하지 못할 것을 근심한 일이 생각난다. 이따금 聖明한 천황을 만나 새로 태어난 기분으로 이보다 큰 행복은 없

---

41 皇太弟 大伴親王으로 淳和天皇으로 즉위.

42 公子는 천자나 제왕의 서자라는 의미이지만, 여기서는 황태자로서가 아니라 천황의 동생인 皇太弟, 즉 적통이 아닌 방계로서 천황에 즉위했다는 것을 말한다.

43 平城天皇의 측근에서 봉사하며 국정을 농단하던 藤原藥子, 藤原仲成 등의 인물들.

44 皇太弟인 淳和天皇.

었는데, 또 무엇을 바라겠는가. 그러나 폐하는 특별히 (저를) 이끌고 황공하게도 황위 계승자로 삼았다. 그러나 스스로는 결점이 많아 황위를 감당할 수 없다는 것을 자주 우대신에게 말했다. 두려움에 떨면서 지금에 이르고 있다. 그런데 지금 다시 大寶를 우매한 사람에게 주려고 하니, 마음과 정신이 혼미하고 당혹스럽다. 감히 칙명을 받을 수가 없다'라고 하였다. 이에 (천황이) 답하여 말하기를, "금일 이전에 짐은 황태제를 아들과 같이 대우해 왔다. 금일 이후에는 짐을 자식과 같이 대하도록 한다'라고 하였다. 今上은 표를 올려, "신은 듣건대, 운운". 천황은 허락하지 않았다. 조를 내려(宣命體), "現神으로 大八洲를 다스리는, 운운[45]". 다음날, 今上은 冷然院으로 입조하여, 거듭 거부하는 표를 올려 (황위의) 사퇴를 진술하며, "운운". 천황은 마침내 허락하지 않았다.

일본후기 권제30 (逸文)

---

45 嵯峨天皇의 양위의 宣命으로 기술되어 있었을 것이다.

日本後紀 卷第三十〈起弘仁十三年正月, 盡同十四年四月〉

左大臣正二位兼行左近衛大將臣藤原朝臣冬嗣等奉勅撰

太上天皇〈嵯峨〉

◎弘仁十三年春正月癸巳朔, 皇帝御大極殿, 受朝. 京官文武王公以下, 及蕃客朝集使等, 陪位如儀. 甲午, 賜明日香親王度一人. 乙未, 大納言正三位兼民部卿藤原朝臣緒嗣奏言, 昔恭陸奧出羽按察使, 往還遠路,略知人苦. 民之重役, 莫過驛子. 畏景揚炎, 則向長坂而飲汗, 嚴冬□烈, 則被短褐而履氷. 不顧生業, 常疲送迎. 伏望. 諸國驛子, 准書生之例, 每戶量給借貸稻二百束, 兼擇驛下好田, 混授一處. 許之. 己亥, 御豐樂殿, 宴群臣及蕃客. 授無品高丘親王四品. 正三位藤原朝臣緒嗣從二位, 正四位下藤原朝臣眞夏從三位, 從五位下岩田王從五位上, 無位豐江王,正六位上岡谷王從五位下, 從四位下石川朝臣河主・佐伯宿禰長繼・橘朝臣氏公・佐伯宿禰清岑從四位下. 正五位上路眞人年繼・石川朝臣繼人・藤原朝臣伊勢人從四位下. 正五位下坂本朝臣佐多氣麻呂正五位上. 從五位上清原眞人夏野・大伴宿禰繼□・出雲宿禰廣貞・藤原朝臣濱主・橘朝臣長谷麻呂正五位下. 從五位下橘朝臣清野・藤原朝臣承之・文室朝臣弟貞・大中臣朝臣淵魚・住吉朝臣豐繼・大伴宿禰友足・多治比眞人育治・秋篠朝臣男足・紀朝臣善岑・坂田朝臣弘貞從五位上. 外從五位下清川忌寸斯麻呂・秦忌寸大山,正六位下紀朝臣深江・大春日朝臣穎雄, 從六位上小野朝臣弟貞・藤原朝臣家雄, 正七位上小治田朝臣常房, 從七位上多治比眞人弟人從五位下. 正六位下殖栗連淨成, 從六位下額田國造今足, 正七位下大藏忌寸橫佩, 從八位上上毛野朝臣眞綱, 外正六位上國造道吉外從五位下. 癸卯, 任官. 戊申, 御豐樂殿, 宴五位已上及蕃客. 奏踏歌. 渤海國使王文矩等打毬. 賜綿二百屯爲賭. 所司奏樂, 蕃客率舞. 賜祿有差. 己酉, 御豐樂殿, 觀射. 壬子, 饗王文矩等於朝集殿. 癸丑, 文矩等歸蕃. 賜國王書曰, 天皇啓問渤海國王.

使至省啓, 深具雅懷. 朕以菲昧, 虔守先基, 情存善隣, 慮切来遠. 王俗傳禮樂, 門襲衣冠. 器範淹通, 襟靈劭舉. 其儀不貳, 執德有恒. 靡憚艱究, 頻令朝聘. 絶鯤瞑而掛帆, 駿奔滄波, 随雁序而輸琛. 罄制絳闕, 不有君子, 其能國乎. 言念血誠, 無忘興寢. 風馬異壤, 斗牛同天. 道之云遙, 愛而不見. 附少國信, 至宜領受. 春初尚寒, 比平安好. 今日還次, 略此不悉. 丁巳, 遊獵于北野. 戊午, 左右京大夫, 爲從四位下官. 己未, 遊獵于芹川野.

○二月癸亥朔, 任官. 己巳, 遊獵于栗前野. 戊寅, 制, 五位已上,高年者, 不預朝會. 但賜節錄而已. 壬午, 遊獵于水生野. 癸未, 遊獵于芹川野. 丙戌, 任官. 散位從四位下藤原朝臣道繼卒. 道繼者,從五位下鳥養之孫, 贈從二位大納言小黑麻呂之第二子也. 才能不聞, 武藝小得. 好酒及鷹. 老而彌篤. 時年六十七. 庚寅, 幸於神泉苑. 宴侍臣, 命文人賦詩. 賜祿有差.

○三月乙巳, 公卿奏曰, 洪範八政, 以食爲首. 云云. 伏望, 近江國緣江諸郡, 穀十萬斛, 收穀倉院, 尋運越前國物, 便填其代. 云云. 依請. 丙午, 任官.

○夏四月辛酉朔, 日有蝕之. 戊寅, 御冷然院.

○五月癸巳, 伊勢守從四位下藤原朝臣藤成卒. 右大臣從二位魚名之第五男. 口吃言語涉. 歷任内外, 無可無不可. 時年四十七. 丁酉, 任官. 壬寅, 石見國飢.賑給.

○六月壬戌, 傳灯大法師位最澄言, 夫如来制戒, 随機不同, 衆生發心, 大小亦別. 伏望, 天台法花宗年分度者二人, 於比叡山, 每年春三月先帝國忌日, 依法花經制, 令得度受戒, 十二箇年, 不廳出山, 四種三昧, 令得修練. 然則, 一乘戒定, 永傳聖朝, 山林精進, 遠勸塵劫. 許之. 癸亥, 傳灯大法師位最澄卒. 云云. 延曆末入唐請益. 皇太子詹事陸淳, 左降台州刺史. 會屈天台宗道邃和尚爲座主. 儻預講筵, 稟學略了. 良緣有感, 一面爲歡. 助寫宗書三百餘卷訖, 即復本職, 拜別上京. 既而随使歸来, 弘演宗義. 云云. 年五十有四. 庚辰, 尾張國熱田神奉授從四位下. 甲申, 任官.

○秋七月庚寅, 制, 頃日, 炎旱涉旬, 田苗枯損. 夫引水漑田, 皆從下始. 灌漑之事, 先貧後富, 是即, 法令立文, 時制所明. 人情暴慢, 猶犯典禮, 溉用偏頗, 爭訴良繁. 宜重下知, 得加禁制. 辛卯, 修理職置算師一員. 癸巳, 遣使畿内諸國, 祈雨. 甲午, 詔曰, 間者, 嘉雨騫應, 炎旱淹旬. 走幣群神, 聊無攸感. 詩不云乎. 旱既太甚. 憂心如熏. 朕幷皇后服御物, 宜從省撤廢. 云云. 其四位給籾千斛. 五位八百斛, 六位已下三百斛. 丙申, 以新錢百貫, 班給諸王貧者. 山城國飢, 賑給. 甲斐國疾疫. 遣使賑給. 是日, 公卿等言, 云云. 伏望, 五位以上封祿曁亦減省. 云云. 許之. 辛丑, 任官. 乙巳, 新羅人四十人歸化.

○八月戊午朔, 令諸國於國分二寺, 七日七夜悔過, 兼修清神社. 爲災害頻發, 年穀不登也. 庚申, 奉授乙訓, 廣湍, 龍田等神從五位下. 癸酉, 相模守從四位下藤原朝臣友人卒. 右大臣從一位是公之男, 從三位乙麻呂之孫. 爲人碨碨, 不護禮度. 雖好仙道, 控地不登. 大同之初, 緣坐伊豫親王事, 左降下野國守. 弘仁年中, 有恩入京, 授從四位下, 俄任相模守. 病發卒官. 年五十六.

九月丙申, 御神泉苑, 宴侍臣. 命文人賦詩. 賜祿有差. 丁未, 典侍從四位下清原朝臣吉子卒. 癸丑, 常陸國言, 俘囚吉彌侯部小槻麻呂云, 己等自歸朝化, 經二十箇年, 漸染皇風, 兼得活計. 伏望, 爲編戶民, 永從課役者. 勅, 夫仰化之情, 信有可愍. 宜廳附公戶, 莫科課役. 甲寅, 遊獵于北野.

○閏九月戊午朔, 正六位上橘朝臣百枝授從五位下. 任官.

○冬十月甲午, 幸河陽宮, 遊獵于交野. 癸卯, 刑部卿從四位上百濟王教德卒. 丙午, 四品賀陽親王爲刑部卿. 壬子, 任官.

○十一月丁巳朔, 朔旦冬至. 百官奉賀. 詔曰, 神功不宰, 萬物樂其遂生. 聖德無外, 億兆述其藏用. 故能光宅區宇, 經緯陰陽, 大庇生靈, 闡揚鴻烈. 朕以眇身, 忝膺司牧. 履薄乘奔, 常懷恐懼. 比有司奏偁, 今年十一月, 朔旦冬至. 終而復始, 得天之紀. 灰飛寒律, 節興微陽. 踐長之慶, 非無故實. 延祚之義, 抑有前聞. 朕之寡德, 何獨當仁. 思與天下, 同享斯福. 自弘仁十三年十一月二十四日昧爽以前, 徒罪已下, 無問輕重, 皆咸從免除. 但八虐, 故殺人, 謀殺人, 強竊二盜, 私鑄錢, 常赦所不免者, 及缺負官物之類, 不在赦限. 若以赦前事, 相告言

者, 以其罪罪之. 其門蔭久絶, 及才効早著, 特加崇班, 用申光寵. 内外文武官主
典以上, 敍爵一級. 在京正六位上官人, 及史生以下直丁以上, 宜量賜物. 庶施
恩榮於赤縣, 答靈貺於蒼天. 布告遐邇, 知朕意焉. 授正四位下藤原朝臣繼彦・
紀朝臣百繼從三位, 正四位下平野王正四位上. 從四位下直世王從四位上. 正
五位下高瀬王從四位下, 從五位上弟野王正五位下, 從五位下野倍王從五位
上, 正六位上氷上王從五位下, 從四位下安倍朝臣男笠・安倍朝臣雄能麻呂從
四位上, 正五位下藤原朝臣濱主從四位下, 從五位上中臣朝臣道成・百済王元
勝・大伴宿禰國道正五位下. 從五位下石上朝臣美奈麻呂・藤原朝臣廣敏・
長岡朝臣岡成・藤原朝臣葛成・大伴宿禰山道・和朝臣綱繼・粟田朝臣鯨・
石川朝臣清道・藤原朝臣八綱・藤原朝臣愛發・大伴宿禰宅麻呂・滋野宿禰
家譯・佐伯宿禰弓繼・高階眞人弟中從五位上. 外從五位下林朝臣山主・貞
江連繼人・眞苑宿禰雜物, 正六位上橘朝臣氏人・紀朝臣名虎・坂上大宿禰
鷹主・石上朝臣雛・小野朝臣石雄・大神朝臣池守・文室朝臣綿人・藤原朝
臣衛・大原眞人浄主・藤原朝臣貞主・上毛野公祖繼・安倍朝臣安麻呂・池
田朝臣黒主・佐伯宿禰巻繼・笠朝臣年嗣從五位下. 女敍位. 辛酉, 任官. 辛巳,
任官. 癸未, 遊獵于瑞野.

　○十二月乙巳, 任官. 甲寅, 中納言從三位行春宮大夫左衛門督陸奥出羽按
察使良岑朝臣安世上疏曰, 云云. 又河内國, 諸家庄園, 往往而在. 土人數少, 京
戸過多. 伏望, 不論京戸土人, 營田一町者, 出擧正税三十束. 云云. 許之.

　◎弘仁十四年春正月丁巳朔, 御大極殿, 受朝賀. 宴侍臣於豐樂殿, 賜被. 辛
酉, 有星. 孛于西南, 三日而不見. 癸亥, 御豐樂殿, 宴群臣. 賜祿有差. 無位高棟
王授從四位下, 從五位下繼野王從五位上, 正六位上津嶋王・山名王・岡野王
從四位上. 從四位上佐伯宿禰長繼正四位下. 從四位下藤原朝臣道雄・紀朝臣
長田麻呂從四位上. 正五位下坂上大宿禰廣野・橘朝臣長谷麻呂從四位下. 從
五位下藤原朝臣河主・藤原朝臣浄本・粟田朝臣飽田麻呂・安野宿禰文繼・

吉田宿禰文主從五位上. 正六位上藤原朝臣常嗣・春原朝臣永世・藤原朝臣豐主・高階眞人石川・多治比眞人興宗・橘朝臣氏守・紀朝臣諸繼・雀部朝臣家繼・永世朝臣公足・縣犬養宿禰淨人從五位下. 正六位上安野宿禰眞繼・百濟公繼嶋・□岐史眞鷹・栗前連名正・河內忌寸淨濱・廣宗連絲繼・阿閇臣氏成外從五位下. 甲子, 正六位上丹治比宿禰村人授外從五位下. 女敍位. 丙寅, 任官. 丙子, 新錢百貫, 賜大和國. 充築益田池料. 丁丑, 常陸國從五位下筑波神爲官社. 以靈驗頻著也. 甲申, 遊獵于芹川野. 賜侍臣幷山城國宰衣被.

○二月丙戌朔. 賜錢左右京飢民. 丁酉, 遊獵于栗前野. 庚戌, 流興福寺僧中源・庾信, 元興寺僧永繼等遠江國. 竝緣婬犯也. 癸丑, 幸無品有智子內親王山庄. 上欣然賦詩. 群臣獻詩者衆. 賜祿有差. 是日, 內親王授三品, 從五位下藤原朝臣常房・巨勢朝臣識人從五位上, 正六位上文室朝臣永年從五位下, 從五位下交野女王・永原朝臣眞殿從五位上, 無位坂本朝臣宮繼從五位下. 是月, 天下大疫, 死亡不少. □海道, 尤甚.

○三月丙辰朔, 割越後國江沼・加賀二郡, 爲加賀國. 以部內闊遠, 民人愁苦也. 是日, 任官. 癸亥, 令百僧於東大寺行藥師法. 欲除疾疫也. 辛未, 京師米貴, 人皆飢乏. 出穀倉院穀一千斛, 減價賣與貧民. 百姓悅焉. 甲戌, 下野國芳賀郡人吉彌侯部道足女, 授少初位上, 免田租終其身, 標門閭以褒至行也. 同郡少領下野公豐繼之妻也. 夫死之後, 誓不再醮, 常居墓側, 哭不絕聲. 丙子, 任官. 丁丑, 左右京飢. 出穀倉院穀, 賑給.

○夏四月乙酉朔, 除目. 甲午, 帝遷冷然院. 詔右大臣藤原朝臣冬嗣曰, 朕思傳位于皇太弟矣. 今將果宿心. 故避宮焉. 冬嗣曰, 聖唯知聖. 今陛下, 以萬機, 付託聖人. 天下幸甚. 但比年之間, 豐稔未復. 若一帝二太上皇, 臣恐天下難堪. 臣願, 蹔待年復, 然後傳位, 於事不晚. 帝曰, 朕心素定. 又推賢讓位, 唯爲天下. 賢君臨政, 何憂年之未復乎. 庚子, 帝御前殿, 引今上曰, 朕本諸公子也. 始望不及, 於太上天皇, 曲垂褒餝, 超登儲貳, 遂遜位于朕. 躬辭不獲免, 日愼一日. 未幾而身嬰疹疾, 彌留不廖. 爲萬機擁滯, 令右大臣藤原朝臣園人, 奉還神璽. 朕始有歸閑之志, 太上天皇不允所請. 當此之時, 有小人之言, 令太上皇, 與朕有隙. 公卿相共議, 逐君側群少. 太上天皇不察愚款, 有入東之計. 群臣不安社稷, 遣邀之. 朕赤心有皦日. 朕以寡昧, 在位十有四年. 太弟與朕, 春秋亦同. 朕雖乏知人之鑑, 與太弟周旋年久. 太弟之賢明仁孝, 朕之所察. 仍欲傳位於太弟, 已經數年. 今果宿心, 宜知之. 今上避座跪言, 臣以闇劣, 疏派天潢. 昔屬世花溘, 自謂不免於禍. 會逢聖明, 更同再生. 幸莫大焉, 又何所望. 而陛下殊奬, 忝茲儲兩. 然身有犬馬之病, 不堪承祧之狀, 屢語右大臣. 戰戰恐恐, 得到于今. 而今復以大寶, 俯授愚蒙. 心魂迷惑, 不敢承勅. 仍答曰, 今日以前, 朕遇太弟如子. 今日以後, 遇朕亦如子耳. 今上奉表曰, 臣聞, 云云. 帝不廳. 詔曰, 現神〈止〉大八洲所知, 云云. 翌日, 今上朝于冷然院, 重抗表陳讓曰, 云云. 帝遂不許.

日本後紀 卷第三十 (逸文)

일본후기 권제31 〈弘仁 14년(823) 4월에서 동 11월까지〉

좌대신 정2위 行左近衛大將을 겸직한 臣 藤原朝臣冬嗣 등이 칙을 받들어 편찬하다.

太上天皇〈淳和〉

천황의 諱는 大伴이고, 桓武天皇의 제3자이다. 모친은 증 황태후 藤原朝臣旅子이고, 증 태정대신 정1위 (藤原)百川의 장녀이다. 弘仁 원년(810) 9월 경술에 皇太弟로 세워졌다.

◎ 弘仁 14년(823) 4월 경자(16일), 양위를 받아 천자가 되었다. 내용은 太上天皇紀[1]에 상세하다.

임인(18일), (천황이) 東宮에서 나와 (거처를) 內裏로 옮겼다. 먼저 시종 종4위하 恒世王[2]을 황태자로 삼았다. 태자는 표를 올려 고사하였다. 이에 正良親王[3]을 세워 황태자로 삼았다. 조를 내려(宣命體), "천황은 詔旨를 내려, 운운". 이날, 좌우경에 사자를 보내 병에 걸린 백성을 구휼하였다. 이날, 임관이 있었다.

계묘(19일), 태상천황[4]이 權中納言 藤原朝臣三守[5]를 보내 (자신의 아들인 正良親王이) 황태자를 사퇴한다는 表書를 今上(天皇)에게 올리게 하였다. 그 표서를

---

1 앞의 권30 弘仁 14년(823) 4월 경자조 嵯峨天皇紀의 기술을 말한다. 같은 날 경자조의 연속된 내용이 권30, 권31로 나뉘어 있다.
2 淳和天皇의 제1황자.
3 嵯峨天皇의 제2황자, 후에 仁明天皇.
4 嵯峨天皇.
5 藤原南家의 祖인 좌대신 藤原武智麻呂의 증손이고, 阿波守 藤原眞作의 5남이다. 嵯峨天皇의 총애를 받아 弘仁 14년(823)에 中納言이 되었고, 누이동생 美都子는 嵯峨天皇의 尚侍가 되었다. 그후, 大納言, 右大臣에 올랐다. 딸 貞子는 仁明天皇의 후궁으로 들어갔다.

담은 함 및 부대 장식품은 諸臣의 상표와 동일하였다. 다만 중무성을 거치지 않고 직접 내리에 봉정하였다. 표에서 말하기를, 운운[6]. 즉시 三守로 하여금 돌려보내 바치도록 하였다.

갑진(20일), (천황이) 太上天皇에게 표를 올려 말하기를, "臣[7] 諱〈淳和〉가 말씀드린다. 삼가 어제 올린 (태상천황의) 조에서 '황자 正良(親王)을 황태자로 삼는 것을 허락하지 않는다'고 하였다. 운운". 이보다 앞서 황태자는 權中納言 藤原朝臣三守의 집으로 거처를 옮겼다. 즉시 三守 등을 보내 (궁중으로) 맞이하였다. 호위 병사가 황태자가 탄 수레를 전후에서 진을 정렬하며 待賢門[8]에 이르렀다. 다시 동궁의 수레를 타고 (東宮)坊으로 들어갔다.

을사(21일), 이세대신궁에 폐백을 바쳤다. 즉위를 고하기 위해서이다. 황태자가 처음으로 黃丹服[9]을 착용했으며, 칼을 차고 내리에 들어가 2번 절하고 (예법의) 몸동작을 하였다.

병오(22일), 先太上天皇[10]은 전 大和守 종3위 藤原朝臣眞夏를 보내 평성궁에 있던 제관사를 정지해야 한다는 서장을 가져왔다. 즉시 소수의 (평성경의) 관인들을 조정에 되돌려 바쳤다.

정미(23일), 조를 내려, "자세히 역대 (조정)을 살펴보고, 멀리 전왕들을 비추어 보면, 사정에 따라 별도의 칭호를 쓰고, 때에 따라 호칭을 달리한다. 태상천황은 이로운 기운을 만나 황위에 올랐으며 도리를 취하고 기회를 따랐다. 학문과 교화는 거대한 붕새[11]와 같이 날개를 폈고, 무공은 태양과 나란히 하여 빛났다. 보이

6　황태자를 사양하는 이유를 담은 내용이다. 이복동생인 淳和天皇에게 양위한 嵯峨天皇으로서는 자신의 아들이 황태자가 되는 것은 새로운 분쟁이 될 것임을 생각하고 사전 조치를 취한 것으로 보인다.

7　즉위한 천황이 양위한 태상천황에게 자신을 낮추어 臣이라고 표현하였다.

8　平安京 大內裏의 외곽 12문 중의 하나.

9　황태자가 의식때 입는 정장.

10　平城太上天皇을 말한다. 2명의 태상천황이 생겨, 양위한 嵯峨天皇과 구별하기 위해 이보다 앞서 퇴위한 平城太上天皇을 先太上天皇이라고 지칭한 것이다.

거나 보이지 않는 곳에서도 (사람들은 嵯峨를 천황으로) 추대하려는 마음을 품고 기뻐했으며, 예찬의 목소리는 내외에 미치었다. 성취하면 마음에 두지 않았으며, 이루면 안주하지 않았다. 황위나 천자의 수레에 마음이 없었다. 사해에 베풀고 떨쳤으며, 고매함은 만방에 알려졌다. (그러나) 끝내 천황의 호칭을 가진 신분이면서 겸양하여 신하와 같이 낮추고 있다. 이것은 지난 세월을 되돌아보면, 전대미문의 일이다. 지금에 논의해 봐도 참으로 원칙에 통하지 않는다. 그러한 즉, 名號를 바르게 하지 않으면, 원칙에 어긋나고 원칙에 어긋나면 일은 이루어지지 않는다. 성인은 명칭으로 부르는 것이 아니지만, 호칭한 예의는 예로부터의 사례가 없는 것은 아니다. 마땅히 존호를 올려 태상천황으로 하고, 황태후는 태황태후로, 황후는 황태후로 한다"라고 하였다.

무신(24일), (嵯峨)太上天皇이 서장을 올려 말하기를, "천지의 기운이 처음으로 열릴 때, 군주가 세워지게 된다. 천명이 있어 (군주에 오르는 것은) 정해진 것이 아니고, 덕이 있는 자를 도와 (군주로) 삼는 것이다. 천심은 사람의 일이고, 현명하고 능력있는 자를 선택한다. 부끄럽게도 (짐은) 덕이 없고 부족한데, 몸과 마음이 피로해질 만큼 정무를 본지 십수년이 되었다. 썩은 채찍으로 말을 타고 달리는 두려움을 안고, 얼음 위를 걷는 떨리는 마음이었다. 마침내 황위를 떠나서 마음속에 품고있던 것을 이루게 되었다. 세속에서 벗어나 바람과 구름을 벗으로 삼으려고 하는 것은 실은 이유가 있다. 예법에 따라 존호를 주는 것은 단지 나 자신만이 아니고, 황후 역시 이와같다. 비록 황위에 오른 것은 (황태제가) 원하는 마음이 아니었고, 감히 나의 명을 거역하지 못했기 때문이다. 참으로 흡족한 마음이다. 무릇 秦代 이전에는 例가 없고, 漢代가 되면 처음으로 (존호의) 칭호가 나타나게 된다. 지금 (폐하의) 詔旨에 어긋나지만, (秦代) 이전의 소박한 상태에 따르고자 한다. 우매한 마음을 살피어 청한대로 해주었으면 한다"라고 하였다. (천황은) 사자를 보내 固關使[12]를 불러들였다.

---

11 鵬鳥, 날개 길이가 3천리나 되어 1번의 날갯짓으로 9만리를 난다고 하는 전설의 새.

기유(25일), 諸山陵에 사자를 보내 즉위의 사유를 고했다.

(淳和天皇이 차아태상천황에게 말하기를), "臣 諱〈淳和〉는 (嵯峨太上天皇에게) 말씀드린다. 삼가 (태상천황이 보낸) 詔旨를 보니, 존호를 올리는 것을 허락하지 않았다. 마음과 정신이 나간 상태이고, 어찌할 바를 모르겠다. 삼가 태고의 시기에는 인민이 처음으로 출현하여 비록 君臣의 도리가 나타났지만, 존비의 질서는 명확하지 않았다. 위에 있는 자는 나무 꼭대기의 가지와 같았고, 밑에 있는 자는 야생의 사슴뿔과 같았다. 황량하고 소박하여 지식을 얻기가 어려웠다. (전설상의 3皇 시대의) 天皇, 地皇 이래, 名號가 처음으로 나타나, 복희, 신농 이후에는 칭호가 명확하게 일컬어졌다. 그러한 즉, 세상은 인심이 도타울 때도 박할 때도 있고, 현재와 과거의 시대가 있는 것이다. 만약 황량한 풍속을 사물의 명칭과 교화를 갖춘 시대에 두려고 하면, 이것은 (무위자연을 주장하는) 노자와 장자의 이야기로 세상을 등지는 것이다. 또 선양의 주인공으로서 堯舜보다 모범인 것은 없지만, 요순이 帝號를 버리고 서인과 같이 되었다는 말은 듣지 못했다. 어찌 아침에 남면에 있던 군주가 저녁에 북면의 신하가 될 수 있겠는가. 진실로 가르쳐 인도하고 풍속을 바르게 하기 위해 예를 갖추지 않으면 안된다. 군신의 상하는 예가 아니면 정해지지 않는다. 폐하는 황태자가 되고나서 황위를 계승하여 천하에 군림한지 이미 12년이 지났다. 백성은 폐하의 능력을 알고 풍속이 聖化에 순응하였고, 황태후 전하는 후궁으로 위치를 바르게 하고, 폐하와 한몸이 되었다. 그런데 존호를 없애는 것은 도리에 맞지 않다. 삼가 바라는 것은, 겸양의 집념에서 물러나 역대의 통상의 규범에 따랐으면 한다. 무릇 천하에 존재하는 것은 실로 행복이 넘치게 될 것이다"라고 하였다.

(淳和天皇의 書에 대해 嵯峨太上天皇이 말하기를) "갑자기 詔旨를 보니, 삼가 도타운 배려를 받았다. 어찌 덕이 부족하고 재능이 없는 몸으로 그 존호를 감당할 수 있겠는가. 어리석은 뜻을 이루고자 하면, 도리어 (폐하의 뜻을) 거스르는

---

12 율령제 하에서 교통, 군사상의 요충지에 설치된 関을 지키기 위해 칙명으로 파견된 사자.

일이 되어 두려울 뿐이다. 고사하는 일은 이에 중지하고자 한다. 다만 사용하는 물품 및 제관사의 봉사하는 자들은 모두 되돌리고자 한다. 그렇게 하는 일이 국가의 비용을 유지하고 충족시키는 일이고, 홀로 조용한 삶을 이루는 것이다. 바라건대, 성은을 내려 청한 바에 따라 시행해 주었으면 한다"라고 하였다.

(이날) 우대신 종2위 藤原朝臣冬嗣가 (사직하는) 표를 올렸지만, 허락하지 않았다. 中納言 종3위 良岑朝臣安世[13]가 천황의 양위를 받은 일, 황태자를 정한 일을 柏原山陵[14]에 고했다. 그 내용에서 말하기를(宣命體), "천황은 황공하게도. 운운"이라고 하였다.

경술(26일), 中納言 겸 右近衛大將 종3위 훈4등 文室朝臣綿麻呂가 죽었다. 나이 59세였다.

신해(27일), "臣 諱〈嵯峨太上天皇〉가 (平城太上天皇에게) 말씀드린다. 삼가 (평성태상천황의) 칙서를 받드니, 은혜와 위로가 내려졌다. 아울러 (태상천황의) 존호를 사퇴하고 싶다고 하였다. 이 말씀을 듣고 놀라고 두려워 염려되었다. 신은 특별히 인도받아 황송하게도 황위를 이었고, 치세한 지 10년이 더 지났다. 그러나 황위는 지극히 공적인 자리이고, 천하는 1인의 소유물이 아니다. 신은 범용하고 덕이 부족한데, 어찌 오래도록 (황위에) 있겠는가. 산수에 의지하여 백년을 보내면서 음악과 독서를 벗삼아 일생을 마치고자 한다. 따라서 천하의 정무는 어진 후사에게 전하고, 모든 정치의 일은 다시 관여하지 않는다. 참으로 (평성태상천황의) 조의 뜻에 답하고자 하니 남에게 손을 내민다는 비난을 받지 않을까 두려웠다. 이에 칙서를 취하여 今上(天皇)에게 보냈다. 바로 답신이 있었지만, 윤허받지 못했다. 신은 번잡한 경비를 줄이고 태상천황의 호를 사퇴하고자 했으나, 今上은 오로지 옛 규범에 의거하여 또다시 허락하지 않았다. 마음과 실제가 상위가 있다면 삼가 살펴주었으면 한다"라고 하였다.

(이날) 황제가 즉위하였다[15]. 조를 내려, 말하기를(宣命體), "明神으로 大八洲

---

13 29쪽, 弘仁 2년(811) 6월 계해삭조 각주 58 참조.
14 桓武天皇陵.

國을 다스리는 천황이 조를 내려 말씀하기를, 친왕, 제왕, 백관의 사람들, 천하의 공민은 모두 듣도록 하라고 분부하였다. 말조차 꺼내기 황송한 明神으로의 倭根子天皇[16]이 천황으로서의 과업을 계승하고, 말조차 꺼내기 황송한 近江의 大津宮에서 통치한 (天智)天皇이 정한 법[17]에 따라, 봉사하라는 분부를 받아 두려워 나아가지도 물러나지도 모른채 황공하다고 하신 천황의 말씀을 들으라고 하였다. 그러나 천황이 대좌에서 천하를 통치하는데에는 현인의 좋은 보좌를 얻어야 천하를 평안히 다스릴 수 있다고 듣고 있다. 이런 까닭에 (천황의) 대명으로 말씀하기를, 짐은 비록 재능이 없고 부족하지만, 친왕들을 비롯하여 왕들, 신하들이 받들고 보좌해야 물려받은 천하의 정치는 평안히 봉사할 수 있다고 생각한다. 이에 정직한 마음으로 천황의 조정에 모두 협력하고 봉사하라는 천황의 칙을 모두 듣도록 하라고 분부하였다. 별도로 말씀하기를, 봉사하는 사람들 중에 봉사의 실정에 따라 관위를 올려주도록 한다. 또 이세대신궁을 비롯하여 제신사의 禰宜, 祝等 등에게 관위 1계를 내린다. 또 좌우경 및 畿內 5국의 홀아비, 과부, 독거노인, 고아로서 자활할 수 없는 사람들에게 물품을 내리도록 한다. 또 제국의 기아에 있는 공민에게 가에 대여한 稻의 미납을 모두 면제하라고 한 천황의 말씀을 모두 듣도록 하라고 분부하였다"라고 하였다.

　이날, 이슬비가 (의식의 장) 정원을 적셨다. 군신, 백관이 모두 8성의 건물에 정렬하여 배례의 의식을 거행하였다. 종2위 藤原朝臣冬嗣에게 정2위를 내렸다. 정3위 藤原朝臣緒嗣[18]에게 종2위를, 종3위 良岑朝臣安世에게 정3위를, 무위 繼枝王에게 종4위하를. 종5위상 榎本王·仲雄王에게 정5위하를, 종5위하 石野王·巨倉王에게 종5위상을, 정6위하 楠野王에게 종5위하를 내렸다. 종4위상 藤原朝

15　淳和天皇의 즉위식을 말한다.

16　淳和天皇.

17　天智天皇이 정했다고 하는 不改常典, 황위계승의 원칙에 대해서 기술한 법전, 平安朝에서는 천황 즉위의 詔에서 그 취지를 언급하고 있다.

18　19쪽, 弘仁 2년(811) 2월 임오조 각주 32 참조.

臣繼業·石川朝臣河主·橘朝臣氏公에게 정4위하를, 종4위하 藤原朝臣綱繼·紀朝臣咋麻呂에게 종4위상을, 정5위하 淸原眞人夏野·大伴宿禰彌繼에게 종4위하를, 종5위상 高階眞人净階·文室朝臣弟直·坂田朝臣弘貞·和朝臣綱繼[19]·藤原朝臣净本, 종5위하 都宿禰腹赤에게 정5위하를, 종5위하 笠朝臣仲守에게 종5위상을, 외종5위하 廣階連眞象, 정6위상 藤原朝臣越雄·石川朝臣永津·藤原朝臣安永·甘南備眞人屋麻呂·大伴宿禰眞臣, 종6위상 藤原朝臣輔嗣·藤原朝臣春繼, 종7위상 多治比眞人建麻呂에게 종5위하를, 종6위하 羽咋公吉足에게 외종5위하를 내렸다.

임자(28일), 大伴宿禰의 성을 고쳐서 伴宿禰로 하였다. 諱[20]에 저촉되기 때문이다.

○ 5월 갑인삭. 여성에게 서위가 있었다. 또 임관이 있었다. 山城國 愛宕郡의 貴布禰神社에 봉폐하였다. 장마를 그치게 하기 위해서이다. 조를 내려, "운운. 皇妣[21]가 운운. 수명이 오래되지 않은 시기에 일찍이도 승천하였다[22]. 짐은 어려서 모친의 자애로운 보살핌을 받지못했다. 존호를 추증하여 황태후로 삼는다"라고 하였다. 사자를 제도의 명신에게 보내 봉폐하였다. 황제가 비로소 즉위하였다.

병진(3일), 장마가 그치지 않아 폐백 및 말을 大和國 雨師神社에 바쳤다.

무오(5일), (천황이) 紫宸殿에 어림하여 근시하는 신하에게 연회를 베풀었다. 중무성이 소관 관사를 이끌고 통상과 같이 창포[23]를 바쳤다. 날이 저물자 차등있게 녹을 내렸다. 伊賀國의 굶주린 백성과 병자를 구휼하였다. 甲斐國의 적의 우두머리 吉彌侯部井出麻呂 등 어른, 아이를 포함한 남녀 13인을 모두 伊

---

19 이름은 繩繼라고도 표기한다. 54쪽, 弘仁 3년(812) 정월 병인조 각주 5 참조.

20 淳和天皇의 諱인 大伴의 '大' 자와 같기 때문이다.

21 淳和天皇의 생모인 藤原旅子

22 『續日本紀』延曆 7년(788) 5월 신해조에 30세의 나이로 세상을 떠났다. 이때 淳和天皇은 3세였다.

23 菖蒲, 다년생 풀로서 뿌리를 창포로 쓴다. 단오날에는 창포로 삶은 물로 머리를 감고 목욕을 하는 풍습이 있고, 사악한 기운을 쫓는 풀로 알려져 있다.

豆國으로 유배보냈다.

　기미(6일), 조를 내려, "운운. 외조부 증 우대신 종2위 藤原朝臣(百川), 외조모 尙縫 종3위 藤原氏, 운운. 높은 반열에 올려 저세상을 밝혀 평안히 하고자 한다. 외조부에게 태정대신 정1위, 외조모에게 정1위를 추증한다"라고 하였다. 금년도 제국에서 역병이 유행하여 백성이 궁핍하고 피폐해지고 있다. 이에 씨름하는 사람의 공진을 정지하였다. 조가 내려져, 좌우경, 5기내 제국에 진휼하였다.

　갑자(11일), "臣 諱〈平城太上天皇〉가 (淳和天皇에게) 말씀드린다. 선제[24]는 불초의 자식을 버리지 않았는데, 잘못하여 황위를 욕되게 하였다. 어리석고 자질이 부족한데 이에 더하여 질병이 있다. 이에 황위에 있는 것이 두려워 (차아)태상천황에게 양위하였다. (차아)태상황제는 (淳和天皇이) 현인임을 알아보고 양위했으며 자취를 숨기고 본성대로 지내고 있다. 이 훌륭한 일을 보고 깊히 감격하였다. 이에 太上天皇의 호를 사퇴한다는 글을 (차아)태상천황에게 올렸다. (차아태상천황은) 답신의 조를 내려, '모든 정치의 일은 아는 바가 없어, 臣[25]의 서장을 받아 今上(天皇)에게 올렸는데, 윤허받지 못했다'고 하였다. 이 (차아태상천황) 말씀을 듣고 수없이 전율이 흘렀다. 지금 순화천황은 오로지 옛 규범에 의거하여 (차아)태상천황을 존숭하는 것은 더욱 도리에 맞고 천하가 매우 기뻐할 것이다. 다만 신이 청한 바는 아직 윤허하지 않았다. (신은) 세상에 없는 은혜를 받고 있지만, 이것은 마음 속의 바라는 바가 아니다. 대저 (폐하는) 때의 왕호를 박탈하는 것을 『禮記』에 어긋난다고 의심하는가. 아마도 사람이 원하고 하늘이 따르는 것은 또한 그 자체로 훌륭한 규범이다. 따라서 마음 속에 하고자 하는 바에 따라 존호를 버리고 받은 물품을 되돌리고, 소유하고 있는 제관사의 관인도 모두 반환하려고 한다. 무릇 옛 성인이 예를 내려 교시한 바는, 본래 나라를 구제하고 백성을 평안하게 하기 위함이다. 위에 (사람이) 많으면 아래가 고통을 받는데,

---

24　桓武天皇.
25　平城太上天皇

어찌 예라고 할 수 있겠는가. 이에 더하여 1국 내에 2명의 太上天皇이 있다는 것은 해외, 국내에서도 이전에는 들어본 적이 없다. 삼가 바라건대, 폐하께서는 굽어 살피시어 허락해 주었으면 한다. 7일의 곡을 못이겨 감히 죽을 각오로 표를 올린다"라고 하였다. 先太上天皇[26]은 산위 종5위하 秦奈理를 보내 태상천황의 호를 사퇴하고, 물품의 반환을 청하는 서장을 今上天皇에게 올렸다. (今上은) 칙을 내려, "이 서장에는 앞뒤에 신이라고 칭하고 있는데, 이것은 表의 체재이므로 감히 개봉해서는 안된다. 조속히 사자에 부쳐 반송한다"라고 하였다. (이에) 즉시 우대신 (藤原冬嗣)의 서장을 첨부하여 전 大和守 藤原朝臣眞夏의 집에 보냈다.

(이날) 우대신 겸 左近衛大將 藤原朝臣冬嗣가 상표하여 (左近衛)大將의 사직을 구했으나 허락하지 않았다.

정묘(14일), 임관이 있었다.

임신(19일), 先太上天皇은 權右少弁 息長眞人文繼에게 부쳐서 (태상천황) 호를 없애고 (봉사해 온) 제관사의 정지를 구하는 서장을 올려 말하기를, "嵯峨太上天皇이 답신을 내려, '平城太上天皇의 존호의 삭제를 구하는 서장을 今上에게 봉정했는데, 허락하지 않았다'고 하였다. 속으로 사정을 가만히 생각해보니, 조정의 권위에 기생하여 살아온지 12년이 지났는데, 존호를 받고 봉록이 지급되어 심히 부끄러울 따름이다. 관의 창고가 줄어드는 것은 존호로부터 발생하고, 세상사의 번잡하고 한가로움은 (부속된) 사람으로부터 일어난다. 존호가 없고 사람이 없으면 번거로운 일이 어찌 있겠는가. 이에 태상천황호와 관사를 일체 반환하려고 한다. 그러나 정성이 하늘을 움직이지 않았고 구한 바는 여전히 공허하다. 무릇 귀인들이 소란해지는 것은 晉의 백성이 오히려 혐오하는 바인데[27], 하물며 2인의 태상천황을 세우면 어찌 좋은 禮라고 할 수 있겠는가. 무릇 천황의 명령인데 그물망을 벗어날 수는 없지만, 관사의 활동은 그대로 두면서 속세를 벗어나는 것은 허락하지 않았다. 삼가 바라건대, 존호의 위세를 거두어 태상천황으로서의 예

---

26 平城太上天皇.
27 『春秋左氏傳』僖公 5년조에, "狐裘蒙茸, 一國三公, 吾誰適從"이라는 문장을 인용한 것이다.

우를 없애고 불쌍히 여기시어, 불법에 귀의하여 평안히 지내고자 한다. 어찌 일부러 겸양을 드러내려고 하겠는가. 지성을 다하고 꾸미는 일이 없다"라고 하였다.

계유(20일), 조를 내려, "천지의 운행이 순조로우면 백성은 그 자애에 의지하고, 비구름이 베풀어지면 생명들은 그 혜택을 입는다. 따라서 황위에 올라 정무를 행하면서 때에 따라 은혜를 베풀면, 하늘이 감응하여 은혜를 나누어준다. 짐의 천황으로서의 과업은 달리는 말을 모는 것과 같다. 밝은 세상을 여는 소임을 받아 살얼음 위를 걷는 마음을 잊지 않는다. 모든 정무가 어그러질까 두려워하고, 백성 1인이라도 편안해지지 않음을 우려하고 있다. 힘써 보살피고 깊은 은혜를 베풀려고 한다. 지금은 만물이 융성해지는 여름철이고 양육해 가는 시기이다. 양의 기운으로 나아가는 규범에 따라 시의적절하게 은택을 베풀고자 한다. 승강 및 왕경, 기내의 제사찰의 지혜와 덕행이 있는 승니 및 80세 이상의 승려에게 헤아려 물품을 시입하고자 한다. 畿外의 승니에게는 100세 이상은 사람마다 곡물 4석, 90세 이상은 3석, 80세 이상은 2석을 내린다. 5위 이상의 자손으로 20세 이상인 자는 특별히 음서의 단계에 따라 서위한다. 남보다 뛰어난 영농에 힘쓰는 力田人[28]에게는 관위 1계를 서위한다. 효자, 효순, 義夫, 節婦는 그 집과 마을 입구에 표식을 하고, 종신 과역을 면제한다. 조속히 포고하여 짐의 뜻을 알리도록 한다"라고 하였다.

신사(28일), (차이)태상천황이 조를 내려, "운운. 사망한 누이동생 高志内親王[29]은 나와는 같은 어머니의 배에서 나왔고, 선제[30]가 사랑했던 딸이다. 운운. 꽃다운 나이에 겨를도 없이 갑자기 죽음을 맞이하였다. 황태자를 恒世親王으로 삼으려고 했지만, 폐하는 살펴 결정하지 않고 억지로 우매한 나의 아들[31]을 세웠다. 재삼 빌면서 (恒世親王을 세울 것을) 청했지만, 들어주지 않았다. 운운"이라고 하였다.

---

28 『續日本紀』養老 5년(721) 4월 계묘조, "천하제국에 명하여 力田之人을 추천하라", 天平 14년(742) 8월 갑술조에도, " 좌우경, 기내 4국, 7도의 국사 등에게 孝子, 順孫, 義夫, 節婦, 力田人의 명부를 올리라"고 한 기록이 나온다.
29 淳和天皇의 妃이고 恒世親王의 생모.
30 桓武天皇.
31 正良親王, 仁明天皇으로 즉위.

○ 6월 을유(2일), 태상천황에게 1,500호, 황태후에게 1000호을 봉호를 봉공하였다. 천황은 (태상천황에게) 표를 올려, "삼가 지난달 28일 詔旨에서, 운운"이라고 하였다.

병술(3일), 천황이 대극전에 어림하여, 이세대신궁에 폐백을 헌상하였다. 齋内親王을 정하는 것을 정지하기 위해서이다.

정해(4일), 사자를 보내 貴布禰, 乙訓, 廣瀬, 龍田 4神에게 봉폐하였다. 또 吉野의 河上雨師神社에 폐백과 말을 바쳤다. 비를 기원하기 위해서이다. 越前國에서 언상하기를, "丹生郡에는 鄕의 18곳, 驛이 3곳이 있다. 이 중에서 9향, 1역을 분할하여 새로 1군을 세워 명칭을 今立郡으로 하고, 加賀國 江沼郡의 13향, 4역 중에서 5향, 2역을 분할하여 새로 1군을 세워 명칭을 能美郡으로 하고, 加賀郡의 16향, 4역 중에서 8향, 2역을 분할하여 새로 1군을 세우고 명칭을 石川郡으로 했으면 한다. 지역이 넓고 사람이 많기 때문이다"라고 하였다.

기축(6일), 1품 高志内親王[32]을 황후로 추증하였다. 조를 내려(宣命體), "천황의 대명으로, 운운. 증 1품 高志内親王. 운운. 추증하여 황후를 내린다. 운운"라고 하였다.

갑오(11일), 정3위 多治比眞人眞宗이 죽었다. 참의 종3위 永野의 딸이다. 처음에 桓武天皇의 후궁으로 들어가 6인의 친왕을 낳았다. 운운. 정2위에 추증하였다. 때의 나이 55세였다.

병신(13일), (多治比眞人眞宗의 장의에) 葬司를 임명하였다. 4위 2인, 5위 5인, 6위 이하 11인이었다.

정유(14일), "천황의 말씀으로 夫人 多治比眞人. 운운"이라고 하였다(宣命體).

을사(22일), 除目[33]이 있었다.

정미(24일), 지진이 있었다.

○ 추7월 병진(4일), 和泉國의 大鳥, 積川 양 신사에 폐백을 바쳤다. 비를 기원

---

32 桓武天皇의 황녀, 생모는 皇后 藤原乙牟漏, 平城天皇과 嵯峨天皇은 모두 친오라비이다.
33 平安時代 이래 大臣 이외의 제관직을 임명하는 조정의 의식.

하기 위해서이다.

기사(17일), 雨師神에게 비를 기원하기 위해 폐백을 올렸지만, 아직 징후가 없었다. 이에 궁성내에 불사를 위한 시설을 설치하고 7일간 독경하고, 살생을 금지하였다.

신미(19일), 長門國[34]의 錢의 주조는 타국에 없는 노고가 있는데, 매년 가뭄과 역병으로 백성이 피폐해졌다. 이에 당해년의 庸을 면제하였다. 美濃, 阿波 양국에서 기아와 질병을 언상하여 진휼하였다.

임신(20일), 三河, 遠江 양국에 해마다 가뭄과 역병이 생겨 함께 당해년의 庸을 면제하였다.

갑술(22일), 越後守 종4위하 伴宿禰彌嗣가 죽었다. 종3위 伯麻呂의 아들이다. 延曆 19년(800)에 종5위하에 서위되고, 大宰少貳에 임명되었다. 弘仁 7년(816)에 종5위상, 동 13년에 정5위하, 동 14년에 종4위하에 서위되었다. 자못 步射에 능했고, 매와 개를 좋아하였다. 성질이 고약하였고, 남을 화살로 쏘는 것을 꺼리지 않았다. 만년이 되어 마음을 고쳐 포악하고 오만하다는 소리를 듣지 않았다. 때의 나이는 63세였다.

정축(25일), 고 3품 중무경 伊豫親王, 고 종3위 夫人 藤原朝臣吉子의 위호를 원래대로 복위하였다[35]. 帳内, 資人도 법에 따라 행하도록 하였다.

○ 8월 계미(2일), 조를 내려, "운운. 국사, 군사는 실상을 조사하여 관위를 내린다. 천하의 父의 후계자[36]의 경우에는, 6위 이하는 1계를 서위한다. 다만 6위 이상은 헤아려 물품을 지급한다. 또 弘仁 12년 이전에 미납한 調, 庸은 모두 면제한다"라고 하였다. 금일, 서위가 있었다.

정해(6일), 近江國에 많은 병자가 생겼다. 조를 내려, 곡물 2천석을 지급하였

---

34 弘仁 9년(818) 3월에 長門國에 長門國司를 고쳐서 鑄錢使로 했다고 나온다.

35 大同 2년(807)에 일어난 모반사건의 혐의로 藤原吉子, 伊豫親王 모자가 처벌받아 유배지에서 자살하였다. 후에 무죄로 인정되어 사후에 복권된 것이다.

36 嫡子를 말한다.

다. 병치료에 충당하기 위해서였다.

기축(8일), 천황이 대극전에 어림하여 이세대신궁에 봉폐하였다.

계사(12일), 지진이 있었다.

신축(20일), 임관이 있었다.

○ 9월 임오삭, 일식이 있었다.

신유(10일), 정7위하 香山連全繼[37]에게 외종5위하를 내리고, 日向守로 삼았다.

임술(11일), (천황이) 大極殿의 後殿에 어림하여 이세대신궁에 폐백을 바쳤다.

계해(12일), 태상천황이 嵯峨莊에 행차하였다. 이보다 앞서 中納言 藤原朝臣 三守가 행차에 대해 주상하였다. 황제는 즉시 有司에게 칙을 내려 수레와 호위를 갖추도록 하였다. 태상천황은 받지 않았다. 황제가 재삼 간곡히 청했지만, 태상천황은 고사하였다. 마침내 말을 타고, 선두 병마, 호위병 없이 떠났다.

정묘(16일), 임관이 있었다.

계유(22일), 참의 종4위상 宮內卿 藤原朝臣道雄이 죽었다. 나이 53세였다.

을해(24일), (천황이) 武德殿에 행차하였다. 信濃國에서 공납하는 말[38]을 인도하는 행사를 관람하였다. 친왕 이하, 참의 이상에게 1필씩 주었다.

병자(25일), 승 10인, 사미 10인을 내리에 초청하여 금강반야경을 봉독하게 하였다.

기묘(28일), 2품 葛原親王[39]을 중무경 겸 大宰帥로 삼고, 3품 萬多親王[40]을 식부

---

37 『新撰姓氏錄』 左京諸蕃下에, "香山連은 百濟國人 達率 荊員常으로부터 나왔다"라고 하듯이 백제계 후예씨족이다. 『續日本紀』 神龜 원년(724) 5월조에 荊軌武에게 香山連이라는 씨성을 주었다고 한다. 天平神護 원년(765) 정월 기해조에는 정6위상에서 외종5위하로 승진한 香山連賀是麻呂가 있다. 『續日本後紀』 承和 2년(835) 11월 신유조에는 香山連淸貞이 宿禰로 개성하였고, 그 선조의 출자 百濟國人이라고 기록하고 있다.

38 『延喜式』 권제48 「左右馬寮」에는 信濃國에서 공납하는 말은 山鹿牧, 鹽原牧 등 16개 목장이고, 牧監을 두고있다. 할당된 말은 매년 80필이며, 國司, 牧監이 목장에서 검인하고, 치아가 고르고 4세 이상된 가용할 수 말을 조련시켜 이듬해 8월에 牧監이 공상한다고 규정되어 있다. 이외에도 甲斐國에서 60필, 武藏國에서 50필, 上野國에서 50필 등 지에서 공납하고 있다.

39 桓武天皇의 황자.

경으로 삼고, 3품 恒世親王[41]을 치부경으로 삼았다. 이외에도 임관이 있었으나 기재하지 않는다.

경진(29일), 4품 佐味親王[42]을 중무경으로 삼고, 2품 葛原親王을 彈正尹으로 삼고, 大宰帥는 종전대로 하였다.

○ 동10월 갑신(4일), 大嘗會의 御禊[43]를 위해 裝束司[44] 및 次第司[45]를 임명하였다.

정해(7일), 술시[46]에 內裏의 延政門의 회랑에서 화재가 발생하였다. 左近衛陣 사람들이 몰려들어 바로 진화하였다. 맑게 갠 밤에 바람도 잦아들어 화재는 크게 번지지 않았다.

계사(13일), 皇后院에서 대승도 空海法師에게 황후의 건강을 기원하는 법회를 3일 밤낮으로 열었다.

신축(21일), 해시[47]에 대장성 14동 長殿에 화재가 발생하였다. 彈正尹 葛原親王, 右衛門督 紀朝臣百繼, 左大弁 直世王, 右大弁 伴宿禰國道 등이 도착해서 진화하였다. 左右衛府[48]에서 동서의 京에 사람들을 불러모았다. 수많은 사람들이 몰려왔어도 진화할 수 없었다. 불길은 거세져 잿더미가 된 건물은 무수하였다. 용사 30여인이 북쪽 長殿에 올라 물먹인 천막으로 진화하였다. 이날 밤, 대신 이하가 내리에서 대기하고, 궁문의 출입을 모두 금지하였다. 날이 밝자 화재진압에 공인 있는 자를 선정해 주상한 후, 목면을 하사하였다. 이날, 3품 恒世親王을 中

---

40 110쪽, 桓武天皇의 제5황자, 弘仁 5년(814) 6월 병자삭조 각주 48 참조
41 淳和天皇의 제1황자.
42 桓武天皇의 제9황자.
43 천황 즉위 후 大嘗會 전달에 賀茂川 등에서 행하는 부정을 씻는 의식.
44 천황의 즉위의례, 대상제, 순행 등의 의식에 衣裝, 설비 등을 담당하는 임시 관사..
45 조정의 의식, 대상제, 순행 등의 행사에 도로의 왕래, 행렬 등이 흐트러지지 않도록 준비하는 관사.
46 오후 8시경.
47 오후 10시경.
48 左右의 近衛府, 兵衛府, 衛門府.

務卿으로 삼았다.

임인(22일), 肥後國 阿蘇郡에 진좌해 있는 종4위하 훈5등 建磐神에게 특별히 해당군의 봉호 20호를 내렸다. 이 신은 심한 가뭄이 들었을 때 기도했더니 비가 내렸다. 나라를 보호하고 백성을 구제하여 의지하지 않은 자가 없었다.

갑진(24일), (천황이) 佐比河에 행차하였다. 부정을 씻는 의식을 하기 위해서 이다. 칙이 내려져, 경내의 빈궁한 백성을 진휼하였다. 천황은 부정을 씻는 의식을 끝내고 頓宮에 들어가 수행한 5위 이상에게 관례에 따라 피복을 내렸다.

무신(28일), 紀伊國 백성의 庸을 면제하였다. 매년 흉작이었기 때문이다.

○ 11월 계축(3일), 천황이 대극전에 어림하여 이세대신궁에 폐백을 올렸다. 대상제를 행하기 위해서이다.

병진(6일), 눈이 내렸다.

계해(13일), 서위가 있었다. 4품 賀陽親王을 치부경으로 삼았다. 우대신 정2위 藤原朝臣冬嗣, 대납언 종2위 藤原緖嗣 등이 淸涼殿에서 구두로 주상하기를, "聖王의 즉위가 이어지고, 대상제가 빈번히 거행되니 천하는 시끄러워지고 인민은 많이 피폐해지고 있다. 그러나 神의 의식을 행하지 않을 수 없다. 모름지기 이번 대상회는 꾸미는 것을 정지하고 폐해를 없애야 한다"라고 하였다. 천황은 칙을 내려 답하기를, "원래 꾸미는 것을 좋아하지 않고, 다만 神事을 하는 것 뿐이다"라고 하였다. 바로 대신이 주상하기를, "청하는 것은, 대납언 緖嗣에게 그 일을 감독시키는 것이다"라고 하였다. 칙을 내려 "청한 바에 따르라"고 하였다. 이에 緖嗣가 청하여 중납언 良岑朝臣安世, 참의 伴宿禰國道를 감독으로 삼고, 편의대로 治部省 청사를 행사의 사무소로 하였다. 齋院은 점을 쳐서 정하기로 하였다. 궁내성을 悠紀所로 삼고, 중무성을 主基所로 삼고, 가건물을 지어 의식을 장으로 하였다. 다만 齋場[49]은 관례에 따라 北野로 정했다. 애호하는 금은

49　대상제에 사용하기 위해 悠紀, 主基로 정해진 국으로부터 공상되는 稻, 제사의 공물 등을 보관하고, 제례 때의 술을 양조하는 곳.

으로 새긴 장식물은 일체 사용하지 않기로 하였다. 단지 좌석의 표지판은 신목으로 만들어 귤과 목면 등으로 장식하고, 悠紀, 主基의 글자를 기입하여 榊樹 가지에 부착한다. 무릇 검소하게 하여 神事에 올린다. 소요된 正稅는 悠紀, 主基 2국에서 각각 바친 10만속이다. 후에 국사가 신청한 바에 따라 각각 추가된 5만속은 줄이도록 하였다. 또 悠紀, 主基 양국의 잡물을 운반을 담당한 노역자에게는 각각 운반 동안의 식량의 지급하였다. 이것은 자주 대상회가 열려 國民이 피폐해지기 때문이다. 巡察彈正[50] 8인 중에서 2인을 줄이고 6인으로 정했다.

경오(20일), (천황이 조를 내렸다. 宣命體), "천황의 대명으로 내린 말씀을 모두 듣도록 하라고 분부하였다. 悠紀, 主基로 봉사한 2국의 국사, 군사 등은 주야로 태만함이 없이 근무하고, 성실히 봉사했기 때문에 상을 내리기로 한다. 또 봉사하는 사람들 중에 그 봉사하는 상황에 따라 상을 내린 사람도 있다. 또 천황의 마음에 들도록 하여 상을 받으려는 사람도 있다. 이런 까닭에 관위를 올려 준다고 한 천황의 말씀을 모두 듣도록 하라고 분부하였다"

(이날) 종3위 藤原朝臣三守에게 정3위를, 정5위하 原王에게 정5위상을, 종5위하 石作王에게 종5위상을, 정6위상 永野王·占野王에게 종5위하를, 정4위하 石川朝臣河主에게 정4위상을, 정5위하 藤原朝臣浄本에게 종4위하를, 정5위하 文室朝臣弟直에게 정5위상을 내렸다. 종5위하 笠朝臣梁麻呂·大中臣朝臣淵魚·石川朝臣浄道에게 정5위하를, 종5위하 文室朝臣長谷·小野朝臣眞野·清原眞人長谷·百濟王安義[51]·坂上大宿禰清野·三原朝臣春上·安部朝臣吉人·藤原朝臣家雄·藤原朝臣豐主에게 종5위상을 내렸다. 정6위상 藤原朝臣野繼·安部朝臣浜主·藤原朝臣伊勢雄·紀朝臣廣總·伊勢朝臣福人·藤原朝臣永雄·伴宿禰浄臣·紀朝臣長江·高向朝臣永繼에게 종5위하를 내렸다. 외종5위하 石占忌寸水直에게 외종5위상을, 정6위상 飯高宿禰全雄·城原連繼直에게 외종5위하를 내렸다.

---

50 탄정대의 관제는 尹, 弼, 忠, 疏 4등관제로 되어 있으며, 그 밑에 台掌, 巡察彈正이 있다.

51 嵯峨朝 弘仁 9년(818)에 종5위하에 서위되었고, 天長 10년(833)에 종4위하, 承和 원년(834)에 右兵衛督에 임명되었다.

(천황이 조를 내렸다. 宣命體), "천황의 대명으로 칙을 내린 말씀을 모두 들으라고 분부하였다, 神祇官 사람들을 비롯하여 大嘗會에 참석하여 봉사한 悠紀, 主基 2국의 국사, 군사, 백성 및 관인 등으로 番上 이상에게 물품을 내린다. 또 悠紀國의 작년도 언상한 (관에서 대부받고 상환하지 않은 稻의) 미납분, 主基國의 금년도 庸物을 면제한다. 또 占卜에 관계한 2郡司에게는 특별히 물품을 더하여 내린다고 분부하였다".

신미(21일), 제관사의 5위 이상에게 녹을 차등있게 내렸다. 여성의 서위가 있었다. 운운.

임신(22일), 加賀國에서 渤海國 入覲使[52] 101인이 도착한 상황을 언상하였다 [53]. 해시에 순찰하던 대장성 舍人 등이 대장성에 화재가 났다고 소리질렀다. 左右大弁 등이 달려가 진화에 나섰다. 숯불을 가진 사람이 동쪽 14동 長殿[54]의 동면에 있는 석가래에 집어넣고, 불을 끄면서 물품을 반출하였다. 우파새 3인, 藏部 1인이 직접 들어가 물건을 훔쳤다. 바로 우바새 1인을 포승하였다. (우배새는) 앞서 진술하기를, "우리들의 모의는 소요하는 사이에 군중들에게 섞여 물건을 훔치는 일이었다. 지난달 20일 밤의 화재도 자신들이 행위였다"고 하였다. 다음날 아침에 칙사 左右近衛少將이 추문하자 말을 회피하기도 하고 사실을 토로하기도 하였다. 사건의 규명이 끝나지 않아 우파새를 檢非違使에 넘겨 감옥에 가두고, 藏部는 형구를 채워 수감하였다. 이때 5위 이상으로 특히 용기있던 사람들을 궁궐 광장에 불러 물품을 하사하였다.

갑술(24일), 左兵衛督 종4위상 藤原朝臣綱繼를 사자로 임명하여 八幡大神[55],

---

52 入朝하여 군주를 배견하는 사자.

53 『類聚國史』권194「渤海」下 弘仁 14년(823) 11월 임신조.

54 대장성의 창고군의 하나.

55 현재의 大分縣 宇佐市 南宇佐에 鎭座, 祭神은 譽田別尊(應神天皇)이 主神이고 比賣大神(宗像三女神), 神功皇后을 八幡三神으로 모시고 있다. 『延喜式』권제10 神名帳下 豊前國 宇佐郡에 「八幡大菩薩宇佐宮〈名神大〉」라고 기록되어 있다. 일찍부터 神佛習合이 되어 八幡大菩薩이라고 칭했다.

樫日廟[56]에 폐백을 바쳤다. 편의적으로 大宰府의 목면 3백둔을 사자에게 주었다.

을해(25일), 종4위하 清原眞人夏野를 참의로 삼았다.

무인(28일), 눈이 내렸다.

○ 12월 임오(2일), 눈이 내렸다.

계미(3일), 눈이 내렸다

갑신(4일), 조를 내려 말하기를, "옛적의 왕은 천명을 받아 황위에 올랐다. 정치의 본질은 계속 변하고 좋고 나쁨이 한결같지 않지만, 풍속을 교화하여 정치를 행하고, 규범을 보이고 가르쳐 인도하는 것은 고금으로 통하고 동일하다. 근자에 음양이 불순하고 가뭄과 역병이 반복해서 일어나고 있다. 작물이 여물지않아 백성이 피폐해지고 있다. 짐은 하늘의 운을 받아 황위에 즉위하여 천황의 과업을 이어서 받들고 영원히 선정을 생각하면서 침식을 잊을 정도이다. 옛적 (요임금이) 허술한 궁을 지을 때 단지 3단으로 쌓았을 뿐이고[57], (한의 효문제는) 노대를 만드는데 10가구의 자산에 해당한다고 하여 중지했다고 한다[58]. 이 말을 상기하여 넓은 생각으로 덕행을 마음에 품는 것이다. 무릇 세상을 구제하는 길은 관습에 집착하지 않고 시의에 따라야 한다. 어찌 고집하여 일을 어렵게 만들어도 좋겠는가. 지금 (짐은) 세상을 구제하고, 백성의 괴로움을 구휼하는데 힘쓰고자 한다. 공경은 각자 생각하는 바를 진술하고 (짐의) 미치지 않는 곳을 바로잡도록 한다. 지금 세상은 경박하고 국가는 쇠퇴해 있다. 예복은 준비하기 어렵고 조정의 의식도 결하는 일이 많다. 흉년이 계속되어 예복의 착용을 정지한다. (공경들이) 논의하여 정한 후에 주상하도록 한다"라고 하였다.

---

56 福岡市 東區 香椎에 鎭座해 있는 香椎宮, 仲哀天皇, 神功皇后를 祭神으로 하고 應神天皇, 住吉大神을 配祀한다. 香椎의 표기는 橿日, 樫日, 香襲라고도 한다. 『萬葉集』(957-961)의 題詞에는 神龜 5년(728) 11월에 大宰府 관인이 香椎廟에 奉拜했다고 하여 廟라는 표기가 보이고, 天平寶字 3년(761) 8월 기해조, 동 6년 11월 경인조에도 香椎廟라고 되어있어 9세기에는 香椎廟가 공식 명칭이었던 것같다.

57 『史記』太史公自序.

58 『史記』孝文帝紀에 나오는 고사.

병술(6일), 대설이 내렸다.

무자(8일), 存問渤海客使[59]를 정지하였다. 금년에는 폭설로 왕래할 수가 없다. 칙을 내려, 國守[60] 종4위하 紀朝臣末成, 掾 秦宿禰嶋主 등에게 관례에 준해서 存問을 행하게 하였다[61].

기축(9일), 지진이 있었다.

임진(12일), 공경이 거듭해서 주상하기를, "천지는 백성을 감싸고 떠받치며, 그 덕에 화합하는 자가 성인이고, 일월의 운행과 같이 밝히는 것은 천자이다. 삼가 황제 폐하는 천지의 덕을 체현하여 황위에 올라 천자로서의 정치를 행하고, (법망의) 3면을 열어 내외에 자애를 베풀고 신분의 고하 모두 편안하게 은택을 입고 있다. 그러나 아직 온화하고 안락함에 이르지 못함을 염려하고 계시어, 죽음을 무릅쓰고 솔직한 말씀을 구하고자 한다. 신 등은 재능과 계책이 부족한데 황공하게도 높은 자리에 있으면서 폐하의 뜻을 따르지 못하고 있어 매우 떨리고 부끄럽다. 어리석은 생각이지만 모름지기 주상하는 바이다. 예복은 詔에 따라 정지하고, 다만 황태자 및 참의, 참의가 아닌 3위 이상인 자, 아울러 특별한 직을 맡은 사람들은 종전의 관례에 따랐으면 한다"라고 하였다.

갑오(14일), 좌우경에 굶주린 백성을 진휼하였다.

무술(18일), (缺文[62]).

계묘(23일), 대승도 長惠, 소승도 勤操, 대법사 空海 등을 淸涼殿에 초청하여, 大通方廣[63]의 법회를 거행하게 하였다. 밤새도록 진행하고 마쳤다.

일본후기 권제31 (逸文)

---

59 일본에 도착한 발해사에 대해 조정에서 그 사정을 묻기위해 현지에 파견하는 사자.
60 당시 紀朝臣末成은 加賀守, 越前守를 겸직하고 있었다.
61 『類聚國史』권194「渤海」下 弘仁 14년(823) 12월 무자조.
62 이날의 기록은 빠져있다.
63 참회의 공덕으로 전생에 지은 죄를 없앴다는 참회멸죄를 역설한 법회, 그 경전을 大通方廣經이라고 한다.

日本後紀 卷第三十一 〈弘仁十四年四月, 盡同十一月〉

左大臣正二位兼行左近衛大將臣藤原朝臣冬嗣等奉勅撰

太上天皇〈淳和〉

天皇諱大伴, 桓武天皇之第三子也. 母曰贈皇太后藤原朝臣旅子, 贈太政大臣正一位百川之第一女也. 弘仁元年九月庚戌, 立爲皇太弟.

◎十四年四月庚子, 受讓爲天子. 事具太上天皇紀. 壬寅, 出自東宮, 遷御内裏. 先立侍從從四位下恒世王, 爲皇太子. 太子上表固辭. 仍立正良親王, 爲皇太子. 詔曰, 天皇〈我〉詔旨. 云云. 是日, 遣使左右京, 賑給病民. 是日, 任官. 癸卯, 太上皇, 差權中納言藤原朝臣三守, 令賚辭皇太子書, 上今上. 其書函幷机等裝束, 一同諸臣上表. 但不經中務, 直奉内裏. 表曰, 云云. 即令三守奉返. 甲辰, 上表太上皇曰, 臣諱〈淳和〉言. 伏奉昨詔, 不許立皇子正良爲皇太子. 云云. 先是, 皇太子, 移權中納言藤原朝臣三守宅. 即差三守等迎之. 兵衛陳列御車前後, 至待賢門. 更御輦入坊. 乙巳, 奉幣帛伊勢大神宮. 告即位也. 皇太子始着黄丹服, 帶劍參入内裏, 再拜舞踏. 丙午, 先太上天皇, 差前大和守從三位藤原朝臣眞夏, 令賚可停止平城宮諸司狀. 即率官人, 少許奉返. 丁未, 詔曰, 詳觀列代, 緬鑑前王, 或因事以別名, 或乘時而異號. 太上天皇, 利見踐曆, 執象循機. 文教與鵬翼齊飛, 武功將日車竝運. 樂推之望, 幽顯猶剋. 謳歌之誠, 華夷未已. 爲而不恃, 爲而弗居. 纖介紫宸, 錙銖黄屋. 施擔四海, 高謝萬邦. 遂乃抑損天皇之號, 俯同人臣之例. 稽諸往古, 未有前聞. 論之當今, 實非通元. 然則, 名不正即言不順. 言不順即事不成. 聖人無名, 雖絶言象. 稱謂之儀, 非無故實. 宜猶上尊號, 爲太上天皇, 皇太后曰太皇太后, 皇后爲皇太后. 戊申, 太上天皇上書曰, 元氣肇開, 樹之以君. 有命不恒, 所輔惟德. 天心人事, 選賢與能. 辱以菲薄, 憂勞庶政, 十有餘載. 馭朽兢懷, 履冰悚慄. 遂避大寶, 得果宿心. 即懷物表, 欲狎風雲, 實有以也. 而随禮法, 蒙加尊號, 非唯一身, 后又如此. 雖承邦儀非復情願, 不敢拒命. 諒爲愜心. 夫秦代以往, 故實不聞. 漢年而還, 稱謂初著. 今違詔旨, 欲從古朴. 冀照愚心, 使依所請. 遣使追固關使. 己酉, 遣使諸山陵, 告即位之由. 臣諱〈淳和〉言, 伏奉詔旨, 不許奉復尊號. 心魂蕩遷, 罔知攸措. 伏以, 太古之時, 人民初載, 君臣之理雖著, 尊卑之序未明. 上如標枝, 下如野鹿. 鴻荒朴略, 難得而知也. 天皇地皇以来, 名號始顯, 伏犧神農之後, 稱謂既彰. 然則, 世有淳醨, 時有今古. 若推鴻荒之風於名教之代, 此老莊之談, 所以見棄於世也. 又禪讓之主, 莫盛於堯舜. 未聞堯舜除却帝號, 還同庶人. 豈有朝爲南面之主, 而夕爲北面之臣哉. 誠知, 教訓正俗, 非禮不備. 君臣上下, 非禮不定. 陛下當璧所鍾, 早承先緒, 君臨天下, 已踰一紀. 民知帝力, 俗染聖風. 皇太后殿下, 正位宮壼, 同體至尊. 而竝除尊號, 不近物情. 伏願, 屈謙光之固執, 允歷代之通典. 凡在天下, 良爲幸甚. 忽省詔旨, 伏承周厚. 豈伊菲薄, 堪彼尊號. 欲遂愚意, 還恐迕忤旨. 固辭之事, 於此而罷. 但服御之物, 及諸司應直者, 悉從奉返. 然則, 國用之支既足, 獨静之趣稍得. 冀廻聖慮, 依請施行. 右大臣從二位藤原朝臣冬嗣上表不許. 差中納言從三位良岑朝臣安世, 天皇受讓, 并定皇太子事, 告于柏原山陵. 其詞曰, 天皇恐〈美〉恐〈美毛〉. 云云奏. 庚戌, 中納言兼右近衛大將從三位勳四等文室朝臣綿麻呂薨. 年五十九. 辛亥, 臣諱〈嵯峨太上天皇〉言, 伏奉勅書, 垂示恩慰, 兼期除尊號, 聞命驚惕, 跼焦非遙. 臣蒙殊奬, 忝嗣鴻基, 勵治十有餘載. 然大寶者, 是至公之器也. 天下者, 非一人之有也. 臣之庸薄, 何可久妨. 思欲託山水而送百年, 翫琴書以了一生. 故以, 萬機之務, 傳於賢嗣, 八柄之權, 非復所知. 苟欲答来詔之意. 恐貽代庖之譏焉. 因執勅書, 奉達今上. 即有還報, 事不獲允. 臣爲省繁費, 除上皇號, 今上固據古典, 亦不見許. 心迹相違, 伏惟垂照. 皇帝即位. 詔曰, 明神〈止〉大八洲國所知天皇詔〈良痲止〉宣勅〈乎〉, 親王諸王百官人等天下公民衆聞食宣. 掛畏〈岐〉明神坐, 倭根子天皇〈良我〉皇〈乃〉, 此天日嗣高座之業〈乎〉, 掛畏〈岐〉近江〈乃〉大津〈乃〉宮〈爾〉御宇〈之〉天皇〈乃〉, 初賜〈比〉定賜〈部流〉法随〈爾〉, 仕奉〈止〉仰賜〈比〉授賜〈比〉授賜〈閇波〉, 頂〈爾〉受賜〈利〉懼〈利〉, 進〈母〉不知〈爾〉退〈母〉不知〈爾〉, 恐〈美〉大座〈久止〉宣天皇勅聞食. 然皇〈止〉大座〈弖〉天下治賜君〈波〉, 賢人〈乃〉良佐〈乎〉得〈天〉, 天下〈乎波〉平〈久〉治賜〈爾〉在〈止奈母〉聞行〈須〉. 故是以大命宣〈久〉, 朕雖拙劣, 親王等始〈弖〉王等臣等〈乃〉相穴〈奈比〉奉〈利〉相扶奉〈牟〉事〈牟〉依〈弖之〉, 此仰賜〈比〉授賜〈閇流〉食國〈乃〉天下之政〈波〉, 平〈久〉安〈久〉仕奉〈閇之止奈母〉所念行. 是以, 以正直之心, 天皇朝廷〈乎〉衆助仕奉〈止〉宣天皇勅, 衆聞食〈止〉宣. 辭別宣〈久〉, 仕奉人等中〈爾〉, 其仕奉狀随〈爾〉, 冠位上賜〈比〉治賜〈夫〉. 又大神宮〈乎〉始〈天〉, 諸社〈乃〉禰宜祝等〈爾〉給位一階. 又左右京五畿内鰥寡孤獨〈乃〉不能自存〈乃〉人等, 給御物〈夫〉. 又諸國〈乃〉飢公民〈爾〉賜〈流〉借貸稻〈乃〉未納, 悉免賜〈久止〉勅天皇大命〈乎〉, 衆聞食〈止〉宣. 此日, 零雨庭濕. 群臣百官, 皆悉陳列八省殿上, 行拜禮事. 從二位藤原朝臣冬嗣正二位. 正三位藤原朝臣緒嗣從二位, 從三位良岑朝臣安世正三位, 無位繼枝王從四位下. 從五位上榎本王・仲雄王正五位下, 從五位下石野王・巨倉王從五位上, 正六位下楠野王從五位下. 從四位上藤原朝臣繼業・石川朝臣河主・橘朝臣氏公正四位下, 從四位下藤原朝臣綱繼・紀朝臣咋麻呂從四位上, 正五位下清原眞人夏野・大伴宿禰彌繼從四位下, 從五位上高階眞人浄階・文室朝臣弟直・坂田朝臣弘貞・和朝臣綱繼.藤原朝臣浄本, 從五位下都宿禰腹赤正五位下, 從五位下笠朝臣仲守從五位上, 外從五位下廣階宿禰連眞象, 正六位上藤原朝臣越雄・石川朝臣永津・藤原朝臣安永・甘南備眞人屋麻呂・大伴宿禰眞臣, 從六位上藤原朝臣輔嗣・藤原朝臣春繼, 從七位上多治比眞人建麻呂從五位下. 從六位下羽咋公吉足外從五位下. 壬子, 改大伴宿禰, 爲伴宿禰. 觸諱也.

　○五月甲寅朔. 女敍位. 又任官. 奉幣山城國愛宕郡貴布禰神社. 爲止霖雨也. 詔. 云云. 皇妣, 云云. 降年不永, 早從昇天. 朕在幼稚, 已違慈顧. 追上徽號, 爲皇太后. 差使奉幣諸道名神. 以皇帝始即位也. 丙辰, 依霖雨不止. 差使令奉幣幷馬大和國雨師神社. 戊午, 御紫宸殿, 宴侍臣. 中務省率所司, 獻菖蒲如常.

日暮賜祿有差. 賑給伊賀國飢病民. 甲斐國賊首吉彌侯部井出麻呂等, 大少男
女十三人, 悉配流伊豆國. 己未, 詔曰, 云云. 外祖父贈右大臣從二位藤原朝臣,
外祖母尚縫從三位藤原氏, 云云. 宜加崇班, 式照幽壤. 外祖父加太政大臣正一
位, 外祖母加正一位. 今年諸國, 疫氣流行, 百姓窮弊, 仍停止相撲人. 有詔. 賑
給左右京五畿內諸國. 甲子, 臣諱〈平城太上天皇〉言, 先帝不棄丹朱, 謬辱丕
業. 懦性不佞, 添以錮疾. 仍懼尸位, 禪太上皇. 太上皇帝, 看賢讓國, 遁跡頤性.
屬斯能事, 感激更邃. 是以, 除號之書, 奉太皇帝. 報詔曰. 八柄之權, 非復所知.
因執臣書, 奉達今上, 事不獲允者. 膺斯絲綸, 戰栗倍百. 今明主, 固據古典, 尊
太上皇, 尤合物宜, 宇宙幸甚. 唯至于臣之所請, 未得允廳. 乃雖恩出不世, 而事
匪宿望. 蓋疑時王奪號, 禮經所諱. 抑以人欲天隨, 復自茂典也. 故緣心攸欲, 除
號撤物, 所有諸司, 一切奉返. 夫古聖所以垂禮者, 本爲濟國安民焉. 上多下苦.
豈謂禮乎. 加之, 一國之內, 有兩太皇, 瀛表寰中, 未詳前聞. 伏願陛下, 曲垂鑑
許. 不任七日之哭, 敢上萬死之狀. 先太上天皇, 差散位從五位下秦奈理, 令賫
請除太上天皇號幷撤服御物書, 奉上今上. 勅, 此書首尾稱臣. 此表體也. 不可
敢開. 宜附使早奉返者. 即副大臣書, 送前大和守藤原朝臣眞夏所. 右大臣兼左
近衛大將藤原朝臣冬嗣上表, 謝大將職. 不許. 丁卯, 任官. 壬申, 先太上天皇,
附權右少弁息長眞人文繼, 上除號停諸司書曰, 太皇報勅曰, 執愚除號書, 奉
達今上, 事不獲允者. 下情潛思, 松羅年顏踰紀, 加號折裹. 椒悚歲深. 苟念, 倉
府實耗, 據號而生, 世事繁閑由人而起. 無號無人, 物累何有. 仍皇號諸司, 一切
奉上. 而誠未動天, 所乞猶曠. 夫狐裘蒙茸, 晋人尚嫌. 況乎太皇雙立, 豈謂懿禮
哉. 凡一天號令, 雖罔所遁, 六府囂煩, 烟霞不許. 伏願, 曲降殞霜之期, 破前貪
於後約, 殊垂崩城之感, 安西魂於北邙. 豈借鳴謙. 至誠靡華. 癸酉, 詔曰, 乾坤
交泰, 庶品賴其仁, 雲雨行施, 群生仰其澤. 故提衡御極, 握契登樞, 莫不因時而
布恩, 應天而分惠也. 朕居纘戎之業, 有若馭奔. 受光啓之符, 無忘履薄. 懼八政
之或舛, 憂一物之未安. 務存含育, 情深施生. 今盛德在火, 長養應期. 思迪順
陽之令範, 以播乘時之沛澤. 其僧綱及京畿內諸寺僧尼, 智行有聞, 幷八十已

上, 宜量施物. 但外國僧尼者, 百歲已上穀每人四斛, 九十已上三斛, 八十已上二斛. 天下給侍高年百歲已上賜人三斛, 九十已上二斛, 八十已上一斛. 其五位已上子孫年二十已上者, 特敍當蔭之階. 力田之輩, 業超眾者, 宜敍爵一階. 孝子順孫義夫節婦, 表其門閭, 終身勿事. 速令頒下, 知朕意焉. 辛巳, 太上天皇詔曰, 云云. 亡妹高志内親王者, 下愚之同胞, 先帝之愛女也. 云云. 舜年不暇, 杳徑俄零. 以恒世親王爲皇太子, 陛下不垂矜察, 強立愚男. 再三起請, 卑聽莫應. 云云.

○六月乙酉, 奉充封戶, 太上天皇一千五百烟, 皇太后一千烟. 皇帝上表曰, 伏奉去月二十八日詔旨, 云云. 丙戌, 天皇御大極殿, 獻幣帛于伊勢大神宮. 爲停齋内親王也. 丁亥, 差使奉幣貴布禰・乙訓・廣瀬・龍田四神. 又奉幣帛馬吉野河上雨師神社. 祈雨也. 越前國言上, 丹生郡管鄉十八驛三. 割九鄉一驛, 更建一郡, 號今立郡. 加賀國江沼郡管鄉十三驛四, 割五鄉二驛, 更建一郡, 號能美郡, 加賀郡鄉十六驛四, 割八鄉二驛, 更建一郡, 號石川郡. 以地廣人多也. 己丑, 追立贈一品高志内親王爲皇后. 詔曰, 天皇大命, 云云. 贈一品高志内親王. 云云. 追〈天母〉皇后〈止〉贈賜〈部止〉. 云云. 甲午, 正三位多治比眞人眞宗薨. 參議從三位永野之女也. 初桓武天皇入之掖庭, 生六親王. 云云. 贈正二位. 時年五十五. 丙申, 任葬司. 四位二人, 五位五人, 六位已下十一人. 丁丑, 天皇詔旨〈良麻止〉, 夫人多治比眞人. 云云. 乙巳, 除目. 丁未, 地震.

○秋七月丙辰, 奉和泉國大鳥積川兩社幣. 以祈雨也. 己巳, 奉幣雨師神, 祈雨, 未有徵應. 仍城内設法筵, 一七箇日讀經. 禁止殺生也. 辛未, 長門國鑄錢, 勞異他國. 連年旱疫, 人民乏絶. 仍免當年庸. 賑給美濃阿波兩國言上飢病姓. 壬申, 三河遠江兩國, 頻年旱疫. 竝免當年庸. 甲戌, 越後守從四位下伴宿禰彌嗣卒. 從三位伯麻呂之男也. 延曆十九年, 敍從五位下, 任大宰少貳. 弘仁七年從五位上, 十三年正五位下, 十四年從四位下. 頗便步射, 若好鷹犬. 爲人疾惡, 不憚射人. 晚而改操, 暴慢不聞. 時年六十三. 丁酉, 故三品中務卿伊豫親王, 故從三位夫人藤原朝臣吉子, 復號位. 帳内資人, 又依法行之.

○八月癸未, 詔曰, 云云. 國郡司者, 量狀授爵. 天下爲父後者, 六位已下, 敍爵一等. 唯正六以上,宜量賜物. 又去弘仁十二年已往,調庸未進, 咸從免除. 今日, 敍位. 丁亥, 近江國多病人. 詔, 且給穀二千斛, 以充疫料. 己丑, 天皇御大極殿, 奉幣伊勢大神宮. 癸巳, 地震. 辛丑, 任官.

○九月壬午朔. 日有蝕之. 辛酉, 授正七位下香山連全繼外從五位下, 爲日向守. 壬戌, 御大極殿後殿, 奉幣帛伊勢大神宮. 癸亥, 太上天皇幸嵯峨莊. 先是, 中納言藤原朝臣三守, 奏可行幸狀. 皇帝即勅有司, 令設御輿及仗衛. 太上天皇不受. 皇帝再三苦請, 太上皇帝固辭. 遂騎馬, 無前驅幷兵仗. 丁卯, 任官. 癸酉, 參議從四位上宮内卿藤原朝臣道雄卒. 年五十三. 乙亥, 幸武德殿. 覽信濃國御馬. 賜親王已下參議已上各一匹. 丙子, 請僧十口沙彌十口於内裏, 奉讀金剛般若經. 己卯, 二品葛原親王爲中務卿兼大宰帥, 三品萬多親王爲式部卿, 三品恒世親王爲治部卿. 自餘任官, 不注載之. 庚辰, 四品佐味親王爲中務卿. 二品葛原親王爲彈正尹, 大宰帥如故.

○冬十月甲申, 任大嘗會御禊裝束司幷次第司. 丁亥, 戌剋, 失火内裏延政門北掖. 左近衛陣人等走集即撲滅. 夜晴風静, 火不大延. 癸巳, 於皇后院, 令大僧都空海法師, 行息災之法, 三日三夜. 辛丑, 亥剋, 失火大藏十四間長殿. 彈正尹葛原親王, 右衛門督紀朝臣百繼, 左大弁直世王, 右大弁伴宿禰國道等, 到著令撲. 左右衛馳東西京, 呼告集衆. 千勢高屬, 不能制止. 盛炎飛揚, 迸落無數. 勇士三十許人, 登北長殿, 濕幕撲之. 是夜, 大臣已下侍内裏, 諸門皆禁出入. 明朝擇拔有功, 奏聞賜綿. 是日, 三品恒世親王爲中務卿. 壬寅, 坐肥後國阿蘇郡從四位下勳五等建磐神, 特奉充當郡封二十戶. 此神, 亢旱之時, 祈則降雨. 護國救民, 靡不賴之. 甲辰, 幸佐比河. 修御禊事也. 有勅, 賑恤京中窮乏之輩. 祓除了御頓宮. 陪從五位已上, 依例賜衣被. 戊申, 免紀伊國民庸. 連年不登也.

○十一月癸丑, 天皇御大極殿, 奉獻幣帛伊勢大神宮. 爲御大嘗也. 丙辰, 雪降. 癸亥, 敍位. 四品賀陽親王爲治部卿, 右大臣正二位藤原朝臣冬嗣, 大納言從二位藤原緒嗣等, 於清涼殿, 口奏言, 聖王相續, 大嘗頻御, 天下騷動, 人民多弊. 然神態不得已. 須此度大嘗會停飾省弊者. 天皇勅答, 元不好飾, 唯事神態耳者. 即大臣奏云, 請令大納言緒嗣檢校其事者. 勅依請. 於是緒嗣請中納言良岑朝臣安世, 參議伴宿禰國道, 爲檢校. 便以治部省廳, 爲行事所. 唯齋院依卜筮定之. 以宮內省, 爲悠紀所, 以中務省, 爲主基所, 作借家用之. 但齋場依例定北野. 一切不用玩好金銀刻鏤等之餝. 唯標者, 以榊造之, 用橘幷木綿等飾之. 即書悠紀主基字, 以著樹末. 凡以清素. 供神態耳. 所用正稅, 悠紀主基各十萬束. 後依國司所請, 各加五萬, 以從省約也. 又悠紀主基兩國雜物擔夫, 各給路粮. 斯以頻有大嘗會, 國民凋弊者也. 巡察彈正八員, 減二員, 定六員. 庚午, 天皇大命〈良痲止〉勅大命〈乎〉, 諸聞食〈止〉宣. 悠紀主基〈爾〉奉仕〈流〉二國〈乃〉國司郡司等, 日夜怠事無〈久〉務〈米〉志痲理, 伊佐乎志久仕奉〈流爾〉依〈弖〉治賜〈布〉. 又奉仕人等中〈爾〉, 其奉仕〈流〉狀〈乃〉随〈仁〉, 治賜人〈毛〉在. 又御意〈乃〉愛盛〈爾〉治賜人〈毛〉在. 故是, 以冠位上賜治賜〈波久止〉詔天皇大命〈乎〉, 衆聞食〈止〉宣. 授從三位藤原朝臣三守正三位, 正五位下原王正五位上, 從五位下石作王從五位上. □□永野王・占野王從五位下, 正四位下石川朝臣河主正四位上, 正五位下藤原朝臣浄本從四位下, 正五位下文室朝臣弟直正五位上. 從五位下笠朝臣梁麻呂・大中臣朝臣淵魚・石川朝臣浄道正五位下, 從五位下文室朝臣長谷・小野朝臣眞野・清原眞人長谷・百濟王安義・坂上大宿禰清野・三原朝臣春上・安部朝臣吉人・藤原朝臣家雄・藤原朝臣豐主從五位上. 正六位上藤原朝臣野繼・安部朝臣濱主・藤原朝臣伊勢雄・紀朝臣廣總・伊勢朝臣福人・藤原朝臣永雄・伴宿禰浄臣・紀朝臣長江・高向朝臣永繼從五位下. 外從五位下石占忌寸水直外從五位上, 正六位上飯高宿禰全雄・城原連繼直外從五位下. 天皇〈我〉大命〈良痲止〉勅大命〈乎〉, 衆聞食〈止〉宣, 神祇官人等〈乎〉始〈弖〉, 大嘗會〈爾〉參出來〈弖〉, 仕奉〈流〉悠紀主基二國〈乃〉國司郡司百姓, 及官人等〈止毛〉番上已上〈爾〉御物賜〈布〉. 又悠紀國〈乃〉去年言上未納, 主基國〈乃〉當年庸物免賜〈不〉. 又卜食〈流〉二郡司〈仁波〉特御物加賜〈波久止〉宣. 辛未, 賜諸司五位已上祿有差. 女敍位. 云云. 壬申, 加賀國言上, 渤海國入覲使一百一人到著狀. 亥刻, 巡大藏舍人等, 呼失火於大藏省. 左右大辨等, 奔波檢校. 有人持炭火, 揷束十四間長殿東面長押. 且撲火, 且出物. 優婆塞三人, 藏部一人, 親入盜物. 即著縛優婆塞一人. 先申云, 己等所謀, 騷動之間, 雜衆取物. 去月二十日夜失火, 又己等所爲. 到明朝, 勅使左右近衛少將推問, 或爭避, 或吐實. 依事未盡, 優婆塞降非違禁鋼, 藏部降囚獄着鈦. 于時, 攞集大庭五位已上尤勇士人賜物. 甲戌, 差左兵衛督從四位上藤原朝臣綱繼充使, 奉幣帛於八幡大神樫日廟. 便以大宰府綿三百屯賜使. 乙亥, 從四位下清原眞人夏野爲參議. 戊寅, 降雪.

○十二月壬午, 雪雨. 癸未, 降雪. 甲申, 詔曰, 古之王者, 受命膺籙. 文質相變, 損益不同, 興風致治, 垂範□訓, 通之古今, 其揆一也. 頃者, 陰陽錯謬, 旱疫更侵. 年穀不登, 黎甿残耗. 朕運鍾寶曆, 嗣奉洪基, 永思善政, 已忘寢食. 昔, 卑宮創構, 只爲三等之階, 露臺將營, 猶愛十家之産. 興言遠想, 載懷景行. 夫濟世之道, 不加守株. 隨時之宜, 豈合膠柱. 今欲要救流俗, 勤恤民隱. 公卿宜各陳所思, 以匡不逮, 靡有隱諱. 其時世澆醨, 邦國顚瘁. 禮服難弁, 多闕朝賀. 凶年之間, 欲停着用. 宜議定奏之. 丙戌, 大雪降. 戊子, 停止存問渤海客使. 今年雪深, 往還不通. 勅, 便令守從四位下紀朝臣末成, 掾秦宿禰嶋主等, 准例存問. 己丑, 地震. 壬辰, 公卿覆奏曰, 乾坤覆載, 合其德者聖人, 日月運行, 齊其明者元后. 伏惟, 皇帝陛下, 體元立極, 執契提衡, 開三面而中外荷其至仁, 撫五鉉而卑高頼其愷澤. 猶慮雍之未熙洽, 更求不諱之直言. 臣等, 才略庸疎, 忝居非據, 無副天旨, 震愧兼深. 愚意攸及, 尋須上聞. 其禮服者, 依詔停止. 但皇太子及參議非參議三位已上, 竝預職掌人等, 依舊著焉. 甲午, 賑給左右京飢民. 戊戌, (缺文). 癸卯, 請大僧都長惠, 少僧都勤操, 大法師空海等於清涼殿, 行大通方廣之法. 終夜而畢也.

日本後紀 卷第三十一 (逸文)

일본후기 권제32 〈天長 원년(824) 정월에서 동 12월까지〉

좌대신 정2위 行左近衛大將을 겸직한 臣 藤原朝臣冬嗣 등이 칙을 받들어 편찬하다.

太上天皇 淳和

◎ 天長 원년(824) 춘정월 신해삭, 황제가 대극전에 어림하여 신년하례를 받았다. 근시하는 신하 이상에게 紫宸殿에서 연회를 베풀고 피복을 하사하였다.

갑인(4일), 중납언 종3위 藤原朝臣貞嗣[1]가 죽었다. 나이 66세였다.

을묘(5일), 발해사절단[2]의 대사 이하 錄事 이상에게 겨울철 의복료를 지급하였다[3]. 조를 내려, 운운. 弘仁 15년(824)을 개정하여 天長 원년으로 하였다.

정사(7일), 종4위하 淸原眞人夏野에게 종4위상을, 종5위하 大縣王에게 종5위상을, 정6위상 石見王에게 종5위하를, 종4위하 石川朝臣繼人에게 종4위상을, 정5위상 文室眞人弟直, 정5위하 藤原朝臣愛發에게 종4위하를, 정5위하 高階眞人浄階에게 정5위상을, 종5위상 藤原朝臣文山·紀朝臣善岑에게 정5위하를, 종5위하 文室朝臣秋津·物部中原宿禰敏久·藤原朝臣吉野·伴宿禰勝雄·紀朝臣御依에게 종5위상을 내렸다. 정6위상 伴宿禰嗣枝·藤原朝臣嗣宗에게 종5위하를, 외종5위하 奄智造吉備麻呂에게 외종5위상을, 정6위상 白鳥村主茂麻呂에게 외종5위하를 내렸다. 임관이 있었다.

갑자(14일), 最勝會[4]에 참가한 승들이 殿上에서 관례대로 논의를 행하였다.

---

1 藤原南家의 藤原巨勢麻呂의 10男, 皇后宮의 大夫, 藏人頭를 거쳐 弘仁 10년(819)에 參議가 되었다. 이후 종3위에 서위되었고, 中納言, 宮內卿을 역임하였다. 『日本後紀』 편자의 1인으로 참여했지만, 완성을 보지 못하고 사망하였다.
2 전년도 11월 22일에 加賀國에 내항한 사절단.
3 『類聚國史』 권194 「渤海」 下 天長 원년(824) 춘정월 을묘조.
4 金光明最勝王經을 강설하는 법회.

정묘(17일), (천황이) 궁마를 행하는 궁[5]에 어림하여 활쏘기를 관람하였다.

무진(18일), (상품을 걸고 행하는) 내기 활쏘기를 하여, 右近衛, 右兵衛가 함께 승리하였다[6].

○ 2월 임오(3일), (천황이) 조를 내렸다(宣命體). "천황이 조를 내려 분부한 말씀을 渤海國의 사자 등은 모두 들으라고 분부하였다. 그 국왕은 국가의 예로서 사자를 보내 봉사하였다. 사자들은 거친 파도를 넘어 찬바람도 잊고 건너왔다. 관례에 따라 (조정에) 불러 예우해야 하지만, 근년에 국마다 흉작이 되어 백성이 피폐해졌다. 또 역병이 발생하였다. 때는 농번기에 들어있어 (사절을) 맞이하고 보내는 백성의 고통이 있기 때문에, 이번에는 (조정에) 부르지 않기로 한다. 평안하고 조용한 곳으로 옮겨, 의지하기 좋은 바람을 기다려 본국으로 돌아가도록 하고, 큰 물품을 내린다고 한 천황의 말씀을 모두 듣도록 하라고 분부하였다[7]".

병술(7일), 사시[8]에, 태양이 무색으로 양단에 둥근 테 모양의 작은 빛이 있어 마치 무지개와 같았다. 엷은 구름이 이어서 동서로 길게 늘어져 주름과 같았다.

무자(9일), 임관이 있었다. 彈正大弼 종4위하 橘朝臣長谷麻呂가 죽었다. 兵部大輔 정5위하 嶋田麻呂의 제2자이다. 어려서부터 학문을 좋아해 자못 『史記』와 『漢書』를 읽었다. 성격이 온화하고 부드러워 세상 물정에 역행하는 일이 없었다. 판결에 임할 대에는 법령을 위반하지 않았다. 술을 마시고 걱정을 잊었다. 마침내 병에 빠져 죽었다. 나이 46세였다.

○ 3월 경술삭, 美濃國에서 백성들이 굶주리고 병이 들었다고 언상하였다. 조를 내려 진휼하였다.

정사(8일), 조를 내려, "짐은 하늘의 도움을 받지못해 어려서 모친을 여의고 품

5   武德殿.
6   상품을 걸고 하는 활궁 경기는 정월 17일의 다음날 거행한다. 천황이 임석하고, 좌우의 近衛府와 兵衛府가 걷거나 달리면서 활을 쏜다. 승자는 패자에게 罰酒를 주고, 승자의 대장은 연회를 베푼다.
7   『類聚國史』권194 「渤海」下 天長 원년(824) 2월 임오조.
8   오전 10시 전후.

안의 가르침을 받지 못했다. 이미 母가 자식을 그리워하는 마음은 멀어지고, 세월은 가파르게 흘러 쌓인지 오래되었고[9], 소식은 아득하여 이르지 못한다. 북극성을 보면 마음이 억눌리고, 백운을 바라보니 (그리움에) 쓰러져 죽을 것 같다. 기일을 추모하는 길에는 禮制에 제한이 있지만, 그리움의 슬픔은 마음 속에서 사라지지 않는다. 5월 4일은 황태후가 승하한 날이다. 어찌 기일 다음날 (5월5일 단오절을) 마음대로 즐길 수 있겠는가. 5월의 절회는 정지해야 한다. (그러나) 무릇 황위를 엿보는 일을 단절시키고 이치로서 무장을 갖추는 것이다. 사악한 자들을 막는 일은 실로 군비이고, 국가의 대사에는 결할 수 없다. 종전의 관례에 따라 舍人, 병사들을 열병시키고자 한다. 이것은 안정된 상황에서 위기를 생각하는 길이다. 경들은 의논하여 주상하도록 한다"라고 하였다.

을해(26일), 공경이 거듭하여 주상하기를, "하늘은 만물에 기운을 베풀지만, 많은 생명 중에 사람보다 귀한 것은 없다. 황위에 오른 (폐하의) 성덕에 어찌 효를 더하겠는지요. 삼가 생각하건대, 황제폐하의 깊은 정은 끝이 없고 (모친에 대한 생각은) 종신토록 간절할 것이다. 남풍이 불면 (떠난 모친을) 잊을 수 없고, 찬 샘물을 보면, (효행을) 영원히 추모하게 된다. 이에 (忌日이 있는) 5월의 절회를 즐기는 것을 정지하였다. 모든 군신들은 비통한 마음을 건딜 수가 없다. 기마궁술은 무예에 있어서 가장 중요하다. 冀北의 좋은 말도 조련하지 않으면 부리기 어렵고, 山西의 궁마에 능숙한 자도 연습을 쌓아야 기량을 발휘할 수 있다. 좋은 생각이 있다. 무릇 9월 9일은 소위 重陽節[10]이고, 성대한 연회를 개최하여 궁마술을 관람할 수 있는 시절이고, 서늘한 바람이 불어 말은 살찌고 사람은 한가롭다. 옛 王者는 이날에 궁마술을 관람하였다. 삼가 바라건대, 이 좋은 節日에 궁마의 행

---

9 淳和天皇이 태어난지 2년 후인 延曆 7년(788) 5월에 생모 藤原旅子가 30세의 나이로 사망하여, 햇수로 37년째가 된다.

10 음력으로 陽의 수인 9가 두 번 겹치는 9월 9일을 重陽의 節이라고 세시풍속으로서 祝日로 인식되었다. 홀수가 겹치는 1월 1일의 元旦, 3월 3일은 曲水의 연회, 5월 5일의 단오절, 7월 7일의 칠월칠석도 重陽의 절에 해당한다.

사장에 행차했으면 한다. 신 등은 조를 받들어 제관사에 지시하여 시행했으면 한다"라고 하였다.

정축(28일), 新羅人 165인에게 乘田[11] 24정 8단을 주어 口分田으로 삼고, (작물의) 종자 및 농기구 구입자금을 주었다[12].

○ 하4월 경진삭, 천황이 대극전에 어림하여 告朔의 의식을 행했다[13].

을유(6일), (천황이) 대극전의 後殿에 어림하였다. 少納言 종5위상 繼野王, 中臣神祇大副 정5위하 大中臣朝臣淵魚, 忌部大祐 정6위상 忌部宿禰雲梯 등을 이세대신궁에 보내 御劍[14] 및 폐백을 올렸다. 재앙이 일어났기 때문이다.

병술(7일), 能登國에서 표류해 온 新羅琴[15] 2면, 手韓鉏[16] 2개, 剗碓[17] 2개를 朝集使에 부쳐 진상하였다[18].

무자(9일), 임관이 있었다.

갑오(15일), 祝部 枚麻呂를 정1위, 훈1등 賀茂別雷大社의 祝에 보임하였다.

을미(16일), 종8위상 鴨縣主淨益을 정1위, 훈1등의 賀茂御祖大社의 祝으로 삼았다.

병신(17일), (천황이) 越前國에서 진상한 渤海國의 信物 및 대사 (高)貞泰 등이 별도로 바친 공물을 관람하였다. 또 契丹 大狗 2마리, 猲子[19] 2마리를 천황 앞에서 진상하였다[20].

---

11 口分田을 지급하고 남은 전지.
12 『類聚國史』159「口分田」天長 원년(824) 3월 정축조. 弘仁 7년(816) 10월, 동 8년 2월과 4월, 동 13년 7월에 신라인 귀화기사가 나온다.
13 매월 초하루 천황이 대극전에서 각관사에서 주상한 관리의 근무, 출근일를 기록한 공문서를 열람하는 의식
14 천황 소유의 太刀.
15 신라 12현의 현악기로, 正倉院에는 실물이 남아있다.
16 호미, 괭이.
17 방아. 곡물을 빻는데 쓰는 방아에는 디딜방아, 연자방아, 물레방아 등이 있다.
18 『日本紀略』天長 원년(824) 하4월 병신조.
19 大狗는 큰개, 猲子는 小狗 작은 개. 契丹産 개이라는 의미.

경자(21일), 淡路國에서 백성이 굶주리고 있다고 언상하였다. 조를 내려 진휼하였다. 渤海副使 璋璿의 別貢物을 되돌려보냈다[21].

신축(22일), (천황이) 神泉苑에 행차하였다. 발해에서 보낸 개를 시험하여 정원에 있는 사슴을 쫓게 하였다. 도중에 멈춰버렸다.

임인(23일), 임관이 있었다.

정미(28일), 丹波國 의사 정7위하 大村直諸繩에게 正稅 4백속을 지급하여 질병 치료에 충당하였다. 15대사 및 畿內 5국, 7도 제국에 대반야경을 봉독시켰다. 역병, 가뭄을 방지하기 위해서이다.

○ 5월 경술(2일), 기내 5국, 7도 제국의 신들에게 봉폐하였다. 역병의 기운을 물러나게 하기 위해서이다.

기미(11일), 新羅人 辛良金貴[22], 賀良水白[23] 등 54인을 陸奧國에 안치하고 법의 규정에 따라 과역을 면제하고, 아울러 乘田을 구분전으로 충당하였다[24].

계해(15일), 渤海에 보내는 칙서에 날인하였다. 일월 날짜 위에 도장을 날인하였다[25]. 이보다 10여일 앞서 약을 진상한 까닭에 (천황은) 紫宸殿에는 나가지 않았다.

을축(17일), 임관이 있었다.

무진(20일), 조를 내려(宣命體), "천황의 어명으로 내린 말씀을, (발해) 객인에게 듣도록 하라고 조를 내렸다. 객인이 국으로 돌아갈 때에는 근처에 있는 국들이

---

20 『類聚國史』권194「渤海」下 天長 원년(824) 4월 병신조.

21 『類聚國史』권194「渤海」下 天長 원년(824) 4월 경자조.

22 辛良金貴는 辛良를 씨명으로 '가라'로 음독하고 있다. 만약 辛良金를 씨명으로 볼 경우에, '시라기'로 읽어 신라의 의미로도 이해할 수 있다.

23 신라인 辛良金貴, 賀良水白의 辛良, 賀良는 모두 '가라'로 음독하고 있다. 참고로 弘仁 5년 (814) 8월 병인조에 귀화한 신라인 加羅布古伊 등 6인을 美濃國에 안치했다는 기록이 있다. 加羅布古伊의 加羅도 辛良, 賀良도 동일 씨명이다. 가야계 신라인으로도 생각할 수 있다.

24 『類聚國史』159「口分田」天長 원년(824) 3월 정축조.

25 『類聚國史』194「渤海」下 天長 원년(824) 5월 계해조.

(발해)국왕에게 녹을 주고 아울러 (대사) 高貞泰에게는 (천황의) 물품을 주고 향연을 베풀라고 분부하였다"라고 하였다[26].

기사(21일), 정5위하 南淵朝臣弘貞에게 종4위하를 내렸다.

○ 6월 무인삭, 진휼하였다.

무자(12일), 安藝國에서 가뭄, 역병이 이어지고, 다수의 요절하는 자가 나오고 있다고 언상하였다. 조를 내려 진휼하도록 하였다.

계사(16일), 鑄錢司 장관 종5위하 小治田朝臣眞人에게 종5위상을, 차관 정6위상 藤原朝臣豐吉에게 종5위하를 내렸다.

경자(23일), (천황이) 神泉苑에 행차하여 左右馬寮의 말을 관찰하였다.

갑진(27일), (천황이) 神泉苑에 행차하여 좌우경의 굶주린 백성을 물품을 하사하였다.

을사(28일), 常陸守 종4위상 佐伯宿禰淸岑에게 정4위하를, 越前守 종4위하 紀朝臣末成에게 종4위상을 내렸다.

○ 추7월 갑인(7일), 平城天皇[27]이 사망하였다.

을묘(8일), 御葬裝束司[28]를 임명하였다.

병진(9일), (천황이) 조사를 올려 말하기를(宣命體), "경외하는도다. 황위를 물려주고 平城宮에 계신 천황의 시호를 황공하게도 조사로서 올린다. 臣 未[29]는 경외하는 日本根子天皇의 천지와 함께 일월과 함께 영원히 밝게 전하는 바의 시호로서 日本根子天推國高彦尊이라고 칭하여 올린다고, 황송한 마음으로 조사로 말씀드린다. 臣 未"라고 하였다.

기미(12일), 楊柳陵[30]에 장례지냈다. 천황은 식견과 도량이 깊고 영민하였고,

26　『類聚國史』194「渤海」下 天長 원년(824) 5월 무진조.

27　앞서 기술된 先太上天皇의 용어를 『類聚國史』의 편자가 平城天皇으로 고친 것으로 보인다.

28　천황, 황후의 장의를 위해 설치한 임시 관직, 御葬司와 裝束司를 합친 말이다.

29　未는 某이 의미, 천황의 이름을 忌諱하기 위해 표현인데, 여기서는 某 대신 未라고 하고, 淳和天皇은 자신을 낮추어 臣이라고 하였다.

30　『延喜式』권제21,「諸陵寮」, "楊梅陵.[平安宮御宇日本根子推國高彦尊天皇, 在大和國添上郡, 兆域

지혜와 계책이 깊히 통했으며, 친히 만기를 수행하고, 스스로를 극복하면서 정성을 쏟았다. 번잡한 비용을 줄이고 진기한 물품의 공상을 금지하였다. 법령을 엄정히 정비하여 아래의 질서가 이루어져 옛 현명한 왕 누구도 능가하지 못했다. 그러나 심성은 시기심이 많았고, 위에 있으면서 너그럽지 못했다. 즉위초에 (이복)동생 (伊豫)親王과 그의 생모를 죽이고, 아울러 연좌되어 체포된 자가 많았다. 때의 사람들이 논하기를, 남용한 형벌이었다고 하였다. 그 후 총애하는 여인에게 마음을 기울여 그 부인에게 정무를 위임하였다. 암탉이 새벽에 우는 것을 경계하라는 것은 이 집안이 망한다는 것이다[31]. 오호 애석하도다. 춘추 51세였다. 시호는 天推國高彦天皇이다.

정묘(20일), 종4위상 橘朝臣海子가 죽었다.

을해(28일), 조를 내려 말하기를, "요즈음 하늘이 불행을 내려 先太上天皇이 승하하였다. (영혼은) 白雲을 타고 돌아오지 않고, 그리워하고 있지만 이미 멀어졌다. 짐은 부덕한데도 욕되게도 황위를 지키고 있다. 이 재앙을 위문하고 영원히 마음 속에 애도하고 추모하고자 한다. 무릇 복상의 제도는 고금으로 행해지는 것이며, 예의 본뜻에도 맞고 도리에도 취소하기 어렵다. 그러나 공경이 (복상을 하지 말라는 평성태상천황의) 顧命[32]을 준수해야 한다고 말한 것은 국정이 소홀해질 것을 우려했기 때문이다. 복상을 해제하는 기간은 예제에도 1달을 넘지 않는다. 遺命의 취지에도 그 의의는 어긋나지 않는다. 이런 까닭에 마음의 정을 내려놓고 공경의 청한 바에 따른다. 두루 내외에 고지하여 이 뜻을 알리도록 한다"라고 하였다.

○ 8월 정축삭. 名神에게 폐백을 올렸다. 풍우로 인한 피해를 없애기 위해서이다.

갑신(8일), 조를 내려, 운운. (嵯峨)太上天皇에게 봉호 5백호를 추가하였다.

東西二町, 南北四町, 守戶五烟.] 右五, 遠陵"이라고 나온다. 현재의 奈良市 佐紀町에 소재.

31　『書經』牧誓에, "古人有言曰, 牝鷄無晨, 牝鷄之晨, 惟家之索"에서 유래한 것이다. 사마천의 『史記』州本紀에도 실려있다.

32　평성태상천황의 임종시의 유언.

을유(9일), 태상천황의 칙이 내려져, 弘仁 원년(810)의 權任官 및 유배된 사람들을 모두 입경하도록 하였다[33].

경인(14일), 伊勢齋内親王이 野宮에 들어가 때의 次第司[34]를 임명하였다.

계사(17일), 사자를 伊勢大神에 보내 봉폐하였다. 풍우의 조화를 지원하기 위해서이다.

정유(21일), 종3위 右衛門督 겸 播磨權守 紀朝臣百繼, 종4위상 行越前守, 加賀守 紀朝臣末成 등이 주상에 따라 紀氏神을 폐백을 받는 신사로 하였다.

○ 9월 기유(4일), 임관이 있었다.

을묘(10일), 조를 내려(宣命體), "천황의 말씀으로 말조차 꺼내기 황송한 大神의 어전에 언상한다고 아룁니다. 多氣의 齋宮은 大神宮으로부터 멀리 떨어져 있어 매사 불편하여, 이로 인해 度會의 離宮을 점을 쳐 정하고, 항상 齋宮으로 해야 할 상황을 삼가 말씀드린다고 아룁니다"라고 하였다. 勘解由使[35]의 정원을 정했다. 장관 1인, 차관 2인, 판관 3인, 주전 3인, 史生 8인이다.

경신(19일), 우대신 겸 左近衛大將 藤原朝臣冬嗣가 표를 올려 말하기를, "운운". (천황은) 이에 답하는 칙을 내려 (사직을) 허락하지 않았다.

을축(20일), 임관이 있었다.

신미(26일), 山城國의 궁핍하고 피폐해진 백성을 구휼하였다. 이날, 무품 因幡内親王이 죽었다. 桓武天皇의 딸이다.

임신(27일), 천황이 소복을 입고 있어 정무를 보지 않았다. 목면 1만둔을 동서의 兩寺[36], □大寺 및 畿内 5국의 제사찰의 상주하는 승니에게 시입하였다. 高雄寺를 定額寺로 삼고 아울러 득도자의 정원, 경전의 독송 등을 정했다. 정5위하 行

---

33 平城太上天皇이 양위 후에 일어난 藥子의 변 등에서 좌천되거나 유배된 사람들에 대한 사면조치이다.

34 조정의 의식, 천황의 순행 등에 왕래의 질서를 유지하기 위해 설치한 관.

35 국사가 교대할 때 사무의 인수인계를 증명하는 解由狀을 심사하는 직, 국사의 부정을 감시하는 역할을 한다.

36 東寺와 西寺.

河内守 和氣朝臣眞綱, 종5위하 彈正少弼 和氣朝臣仲世 등이 언상하기를, "신은 듣건대, '父가 구상하여 子가 이루는 것을 大孝라고 한다. 公을 위해 좋은 일을 바치는 것을 지극한 忠이라고 한다. 이것이 충이고 이것이 효인데, 따르지 않으면 안된다'고 한다. 옛적 (神護)景雲 연중에 승 道鏡이 아첨하고 간사한 짓으로 천자의 거소에 올라 욕되게도 법왕의 호를 참칭하였다. 마침내 야심을 품고 사악한 뜻을 이루기 위해 群神에게 폐백을 바쳤다. 허위로 일을 꾸며 아첨하는 자에게 사주하였다. 이에 八幡大神이 황위 계승자가 없는 것을 걱정하고, 이와같은 자가 장차 발흥하는 것을 우려하였다. 神兵의 예리한 칼끝으로 몇년이나 싸워왔다. 그들은 많고 우리는 적어 사악이 강했고 정의가 약했다. 大神은 스스로의 위력으로 감당하기 어렵다고 생각하여, 佛力의 훌륭한 가호를 빌었다. 이에 (稱德天皇의) 꿈속으로 들어가 (팔번대신에게) 사자를 보내도록 청했다. (천황의) 칙이 내려져, 臣들의 망부 종3위 民部卿 (和氣)淸麻呂가 (천황의) 꿈에 대해 직접 이야기를 들었다. 이에 도경에게 황위를 물려주는 것에 대해 大神에게 말하도록 하였다. 淸麻呂는 詔旨를 받들어 宇佐神宮으로 향했다. 이때 大神의 託宣으로 '무릇 神에게는 크고 작은 신이 있고, 善神, 惡神도 있다. 선신은 사악한 제사를 싫어하고, 탐욕한 신은 사악한 폐백을 받는다. 나는 황통을 융성하게 하고, 국가를 구제하기 위해 一切經을 서사하고 불상을 조영하고, 최승왕경 1만권을 독송하고 하나의 가람을 세워서 흉악한 역도를 하루아침에 제거하여, 사직을 만대에 굳건히 지키고자 한다. 너는 이 말을 알고 잊어서는 안된다'고 하였다. 淸麻呂는 大神에게 맹세하여 말하기를, '국가가 평안해진 후에, 반드시 다음 천황에게 주상하여 신의 기원을 받들어 이루고, 뼛가루가 되도록 목숨을 바쳐 신의 말을 흐트러짐이 없도록 하겠다'고 하였다. (京으로) 돌아와 이 말을 주상했으나, 때를 잘못 만나 몸은 감옥형이 내려지고 마침내 변경의 大隅國으로 유배되었다. 다행히 神力을 입어 다시 왕경으로 들어오게 되었다. 後田原天皇[37]의 寶龜 11년(780), 수차례 이 일을

37　光仁天皇.

주상하였다. 천황은 감탄하여 새로 (사원을 조영하라는) 조서를 만들었으나, 실행되지 않는 사이에 양위하는 일을 마주하였다. 天應 2년(782)에 다시 주상하자, 柏原先帝[38]는 바로 앞의 조서를 두루 천하에 고지하였다. 延曆 연중에 이르러 개인적으로 가람을 세워 神願寺라고 칭했다. 천황은 앞의 공적을 치하하여 神願寺를 定額寺로 삼았다. 그러나 지금 이 사찰의 주변은 오염이 되어 寺域으로서 마땅하지 않다. 삼가 바라건대 高雄寺를 바꾸어 이를 定額寺로 하고, 명칭은 神護國祚眞言寺로 하고, 불상은 大悲胎藏 및 金剛界 등으로 했으면 한다. 眞言을 이해하는 승 27인을 선발하여 영원히 국가를 위해 三密法門을 수행시키고, 승려의 결원이 있으면, 수도승을 선택하여 보임했으면 한다. 또 곧고 절조있는 사미 17인을 선발하여 守護國界王經 및 調和風雨成熟五穀經 등을 전독시키고, 주야로 교대하여 그 독송이 중단되지 않으면 7년 후에 득도시키고자 한다. 첫째는 (八幡)大神의 大願을 성취하고, 둘째는 국가의 재난을 없애는 것이다"라고 하였다. (천황은) 칙을 내려, "(짐) 1대의 기간에 매년 득도자 1인을 허락하고, 또 備前國의 논 20정을 2대에 상속하여 功田으로 하여 그 사원에 시입한다. 神의 기원이 이루어지면 다시 2대를 연장한다. 그 외는 청한대로 한다"라고 하였다.

○ 동10월 병자삭, 多褹嶋司를 정지하고, 大隅國에 예속시켰다.

병술(11일), 陵戸 5烟을 先太上天皇의 산릉에 충당시켰다.

무자(13일), 常陸國의 蝦夷 公子部八代麻呂 등 21인이 과역을 부담하겠다고 청하자, 이를 허락하였다.

신축(26일), 황태자가 後宮으로 (황후 正子內親王을) 알현하였다. 이에 仁壽殿의 동쪽 누각에 조촐한 주연을 베풀고, 東宮坊의 관인 이상에게 녹을 내렸다.

○ 11월 정사(13일), 정6위상 平田忌寸小成에게 종5위하를 내렸다.

무오(14일), 下野國 사람 三村部吉成女에게 관위 2계를 서위하고, 그 戶의 전조를 종신 면제하였다. 정절을 기리는 것이다. 吉成女는 고 主帳[39] 외대초위상 훈

---

38 桓武天皇.
39 郡司의 4등관.

8등 輕部豐益의 처이다. 남편이 사망한 후, 항상 묘지를 청소하고, 정절을 지켜 재가할 마음이 없었다. 그 지조와 행실을 헤아려보니 가히 節婦라고 칭송할만 하였다.

경신(16일), 임관이 있었다.

신유(17일), 山城國의 토지 5정 9단을 대학료에 지급하였다.

○ 12월 을해삭, 황태자가 中殿에서 (천황을) 알현하였다. 曲宴이 개최했는데, 참의 이상이 참석하였다.

신사(7일), 우대신 정2위 겸 行左近衛大將 藤原朝臣冬嗣[40] 등이 언상하기를, "삼가 옛 규범을 살펴보고, 멀리 지난 전적을 보니, 元正은 한해의 시작으로 만물이 모두 (은혜를) 누리고, 만백성이 두루 조정에 알현하기 위해 기다리고, 많은 오랑캐들이 모여들어 조정의 은택을 우러러보고 있다. 지금 폐하는 (복상으로) 근심하며 심히 슬픔에 젖어있다. 신상제의 연회는 이미 정지되었다. 아마도 원단의 하례도 또한 정지될 것이나. 『春秋』에서 말하는 의례에는, 곡을 끝내는 백일 후에는 吉禮를 행할 수 있다. 삼가 바라건대, 원단의 하례, 연회, 祿의 하사 등의 행사는 모두 종전의 규범에 따랐으면 한다"라고 하였다. (천황이) 조를 내려, "짐은 때에 맞춰 제도를 정비하고 비로소 정무를 보았다. 그러나 상을 당한 슬픔을 어찌 잊을 수 있겠는가. 하물며 마음속에 사무친 아픔은 늘어날 뿐이다. 연회를 여는 것은 아직 마음에 견디기 어렵다. 지금 경들이 청한 바는 도리로서 물리치기 어렵다. 마땅히 내년 원단의 하례는 받기로 하고, 조회를 마친 후에는 다시 복상으로 돌아서 복상기간을 종료한다. 군신과 함께 하는 연회 및 음악을 정지하지만, 節祿은 종전의 관례에 따라 내리도록 한다"라고 하였다.

갑오(20일), 조를 내려(宣命體), "천황의 어명으로 石作의 산릉[41]에 말씀하기를, 앞서 산릉지가 불온하다고 생각하여, 점복의 점괘에 따라 금월 20일에 산릉을

---

40 15쪽, 弘仁 2년(811) 춘정월 갑자조 각주 13 참조.
41 淳和天皇의 親王 때의 妃인 高志內親王의 陵.

이전하기로 정했다. 그러나 (복상의) 장애가 있어 금년에는 이전할 수 없게 되었다. 내년 겨울에 이전하는 까닭에 齋内親王[42]을 위로하고 은혜를 베풀도록, 左大弁 종4위상 直世王을 사자로 보낸다고 한 천황의 어명을 말씀드린다고 아룁니다"라고 하였다.

신축(27일), 종5위상 三原朝臣春上, 종5위하 藤原朝臣廣敏에게 정5위하를 내렸다.

일본후기 권제32 (逸文)

---

42 高志内親王의 소생인 氏子内親王.

日本後紀 卷第三十二〈起天長元年正月, 盡同十二月〉

左大臣正二位兼行左近衛大將臣藤原朝臣冬嗣等奉勅撰

太上天皇 淳和

◎天長元年春正月辛亥朔, 皇帝御大極殿, 受朝賀. 宴侍從已上於紫宸殿, 賜被. 甲寅, 中納言從三位藤原朝臣貞嗣薨. 年六十六. 乙卯, 賜渤海客徒大使已下錄事已上陸人, 冬衣服料. 詔曰, 云云. 可改弘仁十五年, 爲天長元年. 丁巳(7日), 授從四位下清原眞人夏野從四位上, 從五位下大縣王從五位上, 正六以上石見王從五位下, 從四位下石川朝臣繼人從四位上, 正五位上文室眞人弟直, 正五位下藤原朝臣愛發從四位下, 正五位下高階眞人淨階正五位上, 從五位上藤原朝臣文山 · 紀朝臣善岑正五位下, 從五位下文室朝臣秋津 · 物部中原宿禰敏久 · 藤原朝臣吉野 · 伴宿禰勝雄 · 紀朝臣御依從五位上. 正六位上伴宿禰嗣枝 · 藤原朝臣嗣宗從五位下, 外從五位下奄智造吉備麻呂外從五位上, 正六位上白鳥村主茂麻呂外從五位下. 任官. 甲子, 最勝會衆僧, 於殿上論議, 例也. 丁卯, 御射宮, 觀射也. 戊辰, 賭射. 右近衛右兵衛竝勝之.

○二月壬午, 詔曰, 天皇〈我〉詔〈良萬止〉宣大命〈乎〉, 渤海國〈乃〉使等衆聞食〈止〉宣〈不〉. 其國王國禮〈止之弖〉, 差使〈天〉奉渡〈世利〉. 使等凌麁波〈岐〉, 忘寒風〈天〉參来〈氣利〉. 随例〈爾〉召治賜〈無止〉爲〈禮止毛〉, 國國比年不稔〈之天〉, 百姓〈良毛〉弊〈多利〉. 又疫病〈毛〉發〈禮利〉. 時〈之〉農時〈爾〉臨〈三〉, 送迎〈流爾毛〉百姓〈乃〉苦〈美〉有〈爾〉依〈弓奈毛〉, 此般〈波〉召賜〈奴〉, 治不賜〈奴〉. 平〈久〉静〈爾〉治賜〈布〉所〈爾〉傳〈弓〉, 便風〈乎〉待〈天〉, 本國〈爾〉退還〈止〉爲〈弓奈毛〉, 大物賜〈久止〉宣天皇〈我〉大命〈乎〉, 衆聞食〈止〉宣. 丙戌, 巳時, 日無色, 輪暈兩傍小有光, 宛似虹. 薄雲承之, 東西延蔓, 亦如引縠. 戊子, 任官. 彈正大弼從四位下橘朝臣長谷麻呂卒. 兵部大輔正五位下嶋田麻呂之第二子也. 少小遊學, 頗讀史漢. 温柔作性, 不逆物情. 臨時斷決, 不違法令. 縱酒忘憂. 遂沈病□. 年四十有六.

○三月庚戌朔, 美濃國言上, 百姓飢病. 詔令賑給. 丁巳, 詔曰, 朕以不天, 幼
罹哀疾, 未奉懷袖之教也. 已違勤斯之思. 歲月崢嶸, 其積久, 音塵眇邈, 不能
逮. 瞻紫極, 以摧屠, 望白雲而殞越. 雖慎終之道, 禮制有限, 而追遠之悲, 胸襟
無洩. 其五月四日者, 皇太后昇遐之日也. 何隣忌景, 遑恣良遊. 五月之節, 宜從
停廢. 夫□絕窺覦, 理資武備. 防閑姦宄, 實屬戎昭, 國之大事, 不可而闕. 思欲
依舊事, 以閱人徒. 是則居安慮危之道也. 卿等宜議奏聞. 乙亥, 公卿覆奏言, 玄
功播氣, 群生莫貴乎人. 紫極提衡, 聖德詎加於孝. 伏惟, 皇帝陛下, 情深罔極,
事切終身. 凱風以無忘, 瞻寒泉而永慕. 爰臻忌月, 停此娛遊. 凡厥群臣, 不任悽
感. 但馬射之道, 於武尤要. 冀北龍駒, 不調則難馭, 山西猿臂, 資習而增氣. 奇
哉. 夫九月九日者, 所謂重陽也. 龍沙廣宴之辰, 馬臺高賞之序, 風至時涼, 馬肥
人暇. 古之王者, 多以茲日, 有觀馬射. 伏望, 乘此良節, 以臨射宮. 臣等請奉詔.
付外施行. 丁丑, 授新羅人一百六十五人, 乘田二十四町八段, 爲口分田, 賜種
子幷農調度價.

○夏四月庚辰朔, 天皇御大極殿, 視告朔事. 乙酉, 御大極後殿, 差使少納言
從五位上繼野王, 中臣神祇大副正五位下大中臣朝臣淵魚, 忌部大祐正六位上
忌部宿禰雲梯等, 奉獻御劍幷幣帛于伊勢大神宮. 有崇故也. 丙戌, 能登國, 所
漂著新羅琴二面, 手韓鉏二隻, 到碓二隻, 附朝集使進上. 戊子, 任官. 甲午, 以
祝部枚麻呂, 補正一位勳一等賀茂別雷大社祝. 乙未, 以從八位上鴨縣主淨益,
爲正一位勳一等賀茂御祖大社祝. 丙申, 覽越前國所進渤海國信物幷大使貞泰
等別貢物. 又契丹大狗二口, 矮子二口, 在前進之. 庚子, 淡路國言上民飢. 詔令
賑給. 返却渤海副使璋璿別貢物. 辛丑, 幸神泉苑. 試令渤海狗, 逐苑中鹿. 中途
而休焉. 壬寅, 任官. 丁未, 給丹波國醫師正七位下大村直諸繩, 正稅四百束, 充
病料. 令十五大寺幷五畿內七道諸國, 奉讀大般若經. 防疫旱也.

○五月庚戌, 奉幣五畿內七道諸國諸神. 謝疫氣也. 己未, 新羅人辛良金貴,
賀良水白等五十四人, 安置陸奧國, 依法給復, 兼以乘田充口分. 癸亥, 印遣渤

海勑書, 日月上一踏. 先是十餘日, 依進御藥, 不御紫宸殿. 乙丑, 任官. 戊辰, 詔曰, 天皇〈我〉御命〈良萬止〉詔命〈乎〉, 客人〈倍〉聞食〈止〉詔〈布〉.客人〈倍乃〉國〈爾〉還退〈倍支〉時近在〈爾〉依〈弖〉, 國王〈爾〉賜祿〈比〉, 幷貞泰〈爾〉御手〈都〉物賜〈比〉, 饗賜〈波久止〉宣. 己巳, 授正五位下南淵朝臣弘貞從四位下.

○六月戊寅朔, 賑給. 戊子, 安藝國言上. 旱疾相幷, 夭亡有數. 詔加賑給. 癸巳, 授鑄錢司長官從五位下小治田朝臣眞人從五位上, 次官正六位上藤原朝臣豐吉從五位下. 庚子, 幸神泉苑, 覽左右馬寮御馬. 甲辰, 幸神泉苑賑給京兆飢民. 乙巳, 授常陸守從四位上佐伯宿禰清岑正四位下, 越前守從四位下紀朝臣末成從四位上.

○秋七月甲寅, 平城天皇崩. 乙卯, 任御葬裝束司. 內辰, 奉誄曰, 畏哉讓國而平城宮〈爾〉御坐〈志〉天皇〈乃〉, 天〈都〉日嗣〈乃〉御名事〈遠〉, 恐〈牟〉恐〈母〉誄曰. 臣未, 畏哉日本根子天皇〈乃〉, 天地〈乃〉共長〈久〉, 日月〈乃〉共遠〈久〉, 所白將去御謚〈止〉稱白〈久〉, 日本根子天推國高彥尊〈止〉稱白〈久止〉, 恐〈牟〉恐〈母〉誄白. 臣未. 己未, 葬於楊柳陵. 天皇識度沈敏, 智謀潛通, 躬親萬機, 克己勵精, 省撤煩費, 棄絕珍奇. 法令嚴整, 群下肅然. 雖古先哲王不過也. 然性多猜忌, 居上不寬. 嗣位之初, 殺弟親王子母, 竝逮治者衆. 時議以爲淫刑. 其後傾心內寵, 委政婦人. 牝雞戒晨, 惟家之喪. 嗚呼惜哉. 春秋五十一, 謚天推國高彥天皇. 丁卯, 從四位上橘朝臣海子卒. 乙亥, 詔曰, 頃者, 上天降禍, 先太上天皇昇遐. 白雲之馭不歸, 蒼梧之望已遠. 朕以匪德, 忝守鴻基. 于茲閔凶, 永懷哀慕. 夫喪紀之制, 著自古今, □達禮情, 理難降殺. 而今公卿奉遵顧命, 恐闕萬機. 釋縗之期, 禮不踰月, 遺睠之旨, 義在難違. 所以奪情, 從彼所請. 普告內外, 知此意焉.

○八月丁丑朔. 奉幣帛名神. 祈除風雨損也. 甲申, 詔曰, 云云. 奉加太上天皇封五百戶. 乙酉, 太上天皇有勅, 弘仁元年權任流人等, 皆盡聽入京. 庚寅, 任伊勢齋內親王入野宮次第司. 癸巳, 遣使奉幣伊勢大神. 爲調風雨也. 丁酉, 依從三位右衛門督兼播磨權守紀朝臣百繼, 從四位上行越前加賀守紀朝臣末成等奏, 紀氏神□□□幣帛例.

○九月己酉, 任官. 乙卯, 詔曰, 天皇詔旨〈爾〉坐, 掛畏〈支〉大神〈乃〉大前〈爾〉申給〈閇止〉申〈久〉, 多氣〈乃〉齋宮, 大神宮〈止〉離遠〈天〉, 每事〈爾〉無便. 因茲〈天〉, 度會〈乃〉離宮〈乎〉卜定〈天〉, 常齋宮〈止〉須倍伎狀申出事〈乎〉, 恐〈美〉恐〈美毛〉申給〈久止〉申. 定勘解由使員, 長官一員, 次官二員, 判官三員, 主典三員, 史生八員. 庚申, 右大臣兼左近衛大將藤原朝臣冬嗣上表曰, 云云. 報勅不許. 乙丑, 任官. 辛未, 賑給山城國窮弊百姓. 是日, 無品因幡内親王薨. 桓武天皇女也. 壬申, 帝著素服, 不聽朝. 以綿一萬屯, 施東西兩寺幷□大寺及五畿内諸寺常住僧尼也. 以高雄寺, 爲定額, 幷定得度經業等. 正五位下行河内守和氣朝臣眞綱, 從五位下彈正少弼和氣朝臣仲世等言, 臣聞, 父構子終, 謂之大孝. 營公獻可, 謂之至忠, 惟忠惟孝, 不可不順者也. 昔景雲年中, 僧道鏡, 以佞邪之資, 登玄扈之上, 辱借法王之號. 遂懷窺覦之心. 偏邪幣御群神, 行權謿御佞党. 爰八幡大神, 痛天嗣之傾弱, 憂狼奴之將興. 神兵尖鋒, 鬼戰連年. 彼衆我寡, 邪强正弱. 大神歎自威之難當, 仰佛力之奇護. 乃入御夢, 請使者. 有勅, 追引臣等故考從三位民部卿清麻呂, 面宣御夢之事. 仍以天位讓道鏡事, 令言大神. 清麻呂奉詔旨, 向宇佐神宮. 于時大神託宣, 夫神有大少, 好惡不同. 善神惡淫祀, 貪神受邪幣. 我爲紹隆皇緒, 扶濟國家, 寫造一切經及佛, 諷誦最勝王經萬卷, 建一伽藍, 除凶逆於一旦, 固社禝於萬代. 汝承此言, 莫有遺失. 清麻呂對大神誓云, 國家平定之後, 必奏後帝, 奉果神願, 粉骨音殞命, 不錯神言. 還奏此言. 遭時不遇, 身降刑獄, 遂配荒隅. 幸蒙神力, 再入帝都. 後田原天皇, 寶龜十一年, 數奏此事. 天皇感嘆, 親制詔書. 未行之間, 遇讓位之事. 天應二年又奏之. 柏原先帝, 即以前詔, 普告天下. 至延曆年中, 私建伽藍, 名曰神願寺. 天皇追嘉先功, 以神願寺, 爲定額寺. 今此寺地勢汚穢, 不宜壇場. 伏望, 相替高雄寺, 以爲定額, 名曰神護國祚眞言寺. 佛像一依大悲胎藏及金剛界等. 簡解眞言僧二七人, 永爲國家, 修行三密法門. 其僧有闕, 擇有道行僧補之. 又簡貞操沙彌二七人, 令轉讀守護國界王經, 及調和風雨成熟五穀經等. 晝夜更代, 不斷其聲, 七年之後, 預得度. 一則大神之大願, 二則除國家之災難者. 勅, 一代之間, 每年聽度一人, 又備前國水田二十町, 賜傳二世, 爲功田者, 入彼寺充, 果神願者, 更延二世. 自餘依請.

○冬十月丙子朔, 停多褹嶋司, 隸大隅國. 丙戌, 陵戸五烟, 奉充先太上天皇. 戊子, 常陸國俘囚公子部八代麻呂等二十一人, 願從課役. 許之. 辛丑, 皇太子謁見後宮. 便於仁壽殿東檻下, 聊設酒肴, 賜坊官已上祿.

○十一月丁巳, 授正六位上平田忌寸小成從五位下. 戊午, 下野國人三村部吉成女敍位二級, 終身免其戸田租. 旌節行也. 吉成女者, 故主帳外大初位上勳八等輕部豐益妻也. 夫死之後, 常掃墳墓, 操志貞潔, 無心再嫁. 量彼志行, 可謂節婦者. 庚申, 任官. 辛酉, 賜山城國地五町九段大學寮.

○十二月乙亥朔, 皇太子參謁於中殿. 曲宴. 參議已上預. 辛巳, 右大臣正二位兼行左近衛大將藤原朝臣冬嗣等言, 伏稽舊章, 退觀往冊, 元正首祚, 品物咸享. 萬國旁戻, 佇朝覲於夏庭, 百蠻會同, 仰膏澤於漢闕. 今陛下煢然, 在疚哀感猶深. 其新嘗宴會, 既從停廢. 恐至元正, 復停大禮. 春秋之義, 卒哭之後, 得行吉禮. 伏望, 元日朝賀, 享賜等事, 一隨舊典. 詔曰, 朕雖逼諸權制, 始觀萬機, 而遏密之悲, 何曾弭忘. 況霜露所感, 觸目增傷. 讌會之儀, 情未忍觀. 今卿等所請, 理叵專抑. 宜以明年元日受朝, 朝畢後, 服色復素, 終于諱月. 其享群臣, 及樂懸竝停. 但准舊例, 賜節祿也. 甲午, 詔曰, 天皇〈我〉御命〈良萬止〉, 石作〈乃〉山陵〈爾〉申給〈久〉, 前〈爾〉山陵地不穩〈止〉思所行〈止〉卜申〈爾〉依〈天〉, 今月〈乃〉二十日〈乎〉以〈弖〉, 山陵奉移〈牟止〉定〈太理支〉. 而有障〈弖〉, 今年〈波〉奉遷事不得成〈奴〉. 来年冬時〈爾〉奉遷〈牟可〉故〈爾〉, 齋內親王〈乎〉矜惠賜〈止之弖奈毛〉, 左大弁從四位上直世王〈乎〉使〈爾〉差〈天〉, 申給〈不〉天皇〈我〉御命〈乎〉, 申給〈久止〉申. 辛丑, 授從五位上三原朝臣春上, 從五位下藤原朝臣廣敏正五位下.

日本後紀 卷第三十二 (逸文)

일본후기 권33 〈天長 2년(825) 정월에서 동 12월까지〉

좌대신 정2위 行左近衛大將을 겸직한 臣 藤原朝臣冬嗣 등이 칙을 받들어 편찬하다.

太上天皇 淳和

◎ 天長 2년(825) 춘정월 을사삭, 신년하례를 중지하였다. 천황이 (병이 들어) 약을 복용했기 때문이다.

정미(3일), 근시하는 신하에게 前殿에서 연회를 베풀고 이불을 하사하였다.

무신(4일), 掖庭公主[1]가 冷然院[2]에서 (천황을) 알현하였다. 수행한 대부 이하에게 녹을 내렸다.

경술(6일), 掖庭公主가 冷然院에서 돌아갔다. 따라온 命婦 등에게 별칙으로 서위하였다.

신해(7일), 종4위상 淸原眞人夏野에게 정4위하를, 종4위하 伴宿禰國道에게 종4위상을, 무위 善棟王에게 종4위하를, 정5위하 佐伯王에게 정5위상을, 종5위하 弟村王에게 정5위상을 내렸다. 정6위상 大石王 · 遠賀王에게 종5위하를 내렸다. 종4위하 橘朝臣淸野에게 종4위상을, 정5위상 高階眞人淸階, 정5위하 藤原朝臣文山 · 藤原朝臣廣敏 · 三原朝臣春上에게 종4위하를 내렸다. 종5위상 長岡朝臣岡成 · 藤原朝臣葛成 · 巨勢朝臣淸野 · 淸原眞人長谷에게 정5위하를 내렸다. 종5위하 藤原朝臣淸綱 · 巨勢朝臣淸野 · 石川朝臣廣主 · 橘朝臣弟氏 · 藤原朝臣三成 · 百濟王慶忠[3] · 大野朝臣眞鷹 · 伴宿禰氏上 · 藤原朝臣輔嗣에게 종5위상을

---

1 淳和天皇의 후궁인 正子內親王으로 嵯峨太上天皇의 황녀이다. 掖庭은 왕궁의 옆에 있는 殿舍를 의미한다.

2 嵯峨天皇이 弘仁 연간에 퇴위 후에 거주할 목적으로 後院을 조영하였다.

3 百濟王慶仲이라고도 한다. 出羽守 百濟王敎俊의 아들, 天長 2년(825)에 종5위상에 서위되었

내렸다. 정6위상 藤原朝臣大津 · 藤原朝臣常永 · 藤原朝臣朝繼 · 橘朝臣永名 · 紀朝臣末守 · 安部朝臣大家 · 田中朝臣千尋 · 忌部宿禰雲梯에게 종5위하를 내렸다. 외종5위하 石占忌寸水直에게 외정5위하를 내렸다. 정6위상 忠宗宿禰末繼 · 六人部連門繼 · 上毛野公清瀬 · 弘世連彌足에게 외종5위하를 내렸다.

임자(8일), 정6위상 大原眞人貞成 · 賀茂朝臣伊勢麻呂에게 종5위하를 내렸다. 외종5위하 河內忌寸清浜에게 외정5위하를 내렸다. 여성에게 서위하였다. 임관이 있었다.

을묘(11일), 정5위하 清原眞人長谷에게 종4위하를 내렸다.

병진(12일), 尙闈⁴ 종3위 笠朝臣道成이 죽었다.

정사(13일), 종5위하 家藤原朝臣雄敏에게 종5위상을 내렸다.

경신(16일), 복상⁵ 때문에 踏歌를 행하지 않았다. 다만 주연을 열고 및 녹을 내렸다.

신유(17일), 칙을 내려, 射禮는 국가의 대사이고, 결할 수 없다고 하였다. 이에 우대신을 建禮門의 南庭에 보내 6위부를 검열하였다. 과녁에 따라 차등있게 녹을 하사하였다. 신시⁶에 지진이 있었다.

기사(25일), 임관이 있었다.

○ 2월 기축(15일), 우대신⁷의 관사 별관의 구역 북방에 있는 무주지에 大納言⁸의 별관으로 만들게 하였다.

고, 承和 4년(837)에 정5위하, 동 6년에 종4위하 民部大輔에 이른다. 이후 武藏守를 역임하였고, 承和 7년(840)에 우대신 藤原三守의 사망시에 그의 저택을 방문하여 천황의 조를 전달한 바 있다.

4 後宮 12司의 하나인 闈司에 근무하는 女官, 궁중의 열쇠를 관리하고 출납을 담당하였다. 尙闈, 典闈, 女孺 등이 있다.

5 平城太上天皇의 사망으로 喪中이다.

6 오후 4시경.

7 藤原朝臣冬嗣

8 이때의 大納言은 藤原緒嗣, 淳和天皇의 외척으로 곧 우대신의 자리에 오른다.

경자(26일), 지진이 있었다.

임인(28일), 우대신이 상표하여 (左近衛)大將의 사직을 청했다.

○ 3월 갑자(21일), 常陸國 사람 丈部子氏女에게 관위 2계를 서위하고, 그 호의 전조를 종신 면제하였다. 정절을 기리는 것이다. 子氏女는 나이 15세에 동향인 훈7등 新治直軍와 결혼하여 18년이 지났는데, 남편이 사망한 후, 항상 묘지를 청소하며 조석으로 비통하게 울었다, 비록 많은 세월이 흘렀지만, 그 절조는 변하지 않았다.

을축(22일), 筑前國 사람 舍人 臣福長女는 (한번에) 3인을 출산했는데, 아들 2인, 딸 1인이었다. 이에 정세 4백속을 지급하였다.

정묘(24일), 2품 行彈正尹 葛原親王[9]가 상표하여, "臣의 자녀를 모두 平朝臣의 성을 받았으면 한다"라고 하였다. (천황은) 이를 허락하지 않았다.

계유(30일), 攝津國의 淀川 이남의 4군을 和泉國에 예속시켰다.

○ 하4월 정축(4일), 乳長上[10]을 개칭하여 乳師로 하였다.

무인(5일), 정2위 藤原朝臣冬嗣[11]를 좌대신으로 삼고, 近衛大將은 종전대로 하였다. 종2위 藤原朝臣緒嗣[12]를 우대신으로 삼았다.

경진(7일), 조를 내려, "천지는 만물을 창조하고 이를 감싸고 덕으로서 널리 베풀었다. 제왕은 세상을 구제하고 백성의 고통을 불쌍히 여겨 자애를 깊게 하는 일이다. 따라서 농사에 힘쓰고 죄인을 불쌍히 여기고, 많은 백성을 풍족하고 장수하게 하고, 교화를 권장하여 질서를 유지하고, 온화하고 즐거운 시대에 이르게 하는 것이다. 짐은 삼가 황위를 이어받아 천황의 과업을 지켜왔다. 그러나 멀

---

9 桓武天皇의 황자로 桓武平氏의 祖이다. 이해 7월 정미에 다시 상표하여 平朝臣의 성을 인정받았다. 관력을 보면, 延曆 22년(803) 治部卿을 시작으로 大藏卿, 彈正尹, 式部卿, 大宰帥을 역임하였고, 天長 8년(825)에는 1품에 올랐다. 특히 식부경으로 33년을 봉직하였다. 그의 薨傳에 정무에 통달하였고 우수한 준재로 사서에도 해박했다고 전한다.

10 宮內省 산하의 典藥寮의 乳牛院의 직원으로, 약용의 우유를 채취하는 직무이다.

11 15쪽, 弘仁 2년(811) 춘정월 갑자조 각주 13 참조.

12 19쪽, 弘仁 2년(811) 2월 임오조 각주 32 참조.

리 보지 못하여 부끄럽고 어두운 곳을 밝히는 등불이 되지 못함을 사과하는 바이다. 밤새 잠못이루고 백성의 고통에 마음 아파하며 날이 저물어도 식사하는 것도 잊고, 깊은 계곡에 임하는 두려운 마음이다. 듣는 바와같이 제국에서는 줄곧 역병이 멈추지 않는다고 한다. 또 大宰府에서 언상하기를, '肥後國 阿蘇郡에 있는 神靈池는 가뭄이나 홍수가 나도 물이 줄거나 늘어나지 않는다. 그런데 이유없이 20여장이나 고갈되었다'고 한다. 지난 延曆 연중에 이러한 괴이한 일이 있었는데, 당시의 점괘에서는 가뭄과 역병으로 (하늘이) 허물을 알렸다. 앞의 일은 잊을 수 없고 금일에 비추어 보면, 정치의 도리가 어긋나서 이와같은 괴이한 일을 경계하고 있는 것은 아닌가 의심된다. 옛적 周의 문왕은 덕을 닦아 지진의 재앙을 없애고 (春秋時代의) 宋의 景宗은 힘써 노력하여 妖星[13]의 재앙을 제거했다고 한다. 이로부터 알 수 있는 것은 德은 반드시 요사스러움을 이기고, 善은 재난을 이겨 제거한다는 것이다. 이러한 재앙을 불식시키고자 하면, 오직 佛力에 의해서이다. 사찰마다 몸과 마음을 청결히 하여 자애의 마음으로 불사를 행해야 한다. 홀아비, 과부, 독서노인, 고아, 자활할 수 없는 자에게 사정에 따라 구휼하도록 한다. 와병으로 도움을 받지 못하는 많은 사람들이 사망하고 있다. 무릇 國郡司는 백성의 부모이고, 포기하고 돌보지 않는다면, 어찌 자식을 양육하는 부모라고 할 수 있겠는가. 개개의 집을 방문하여 곡식과 약을 지급하여 구제할 수 있도록 한다. 또 지난 弘仁 13, 14년의 두해에 調, 庸의 미납자는 면제한다. 전국에 고지하여 이 뜻을 알리도록 한다'라고 하였다.

임오(9일), 우대신 藤原朝臣緒嗣[14]가 (사직을 청하는) 표를 올렸으나, 칙을 내려 허락하지 않았다.

계미(10일), 攝津國의 國府를 豊島郡家의 남쪽 지역으로 옮겼다.

병술(13일), 우대신이 (사직하는) 표를 올렸으나, 허락하지 않았다. (이날) 산

---

13 흉사의 전조를 보인다는 星으로 재난을 가져온다는 괴이한 星이다. 혜성, 유성 들을 가리킨다.
14 19쪽, 弘仁 2년(811) 2월 임오조 각주 32 참조.

위 종4위하 紀朝臣田上이 죽었다. 종7위하 猿取의 손이고, 증 우대신 정2위 船守의 제3남이다 延曆 22년에 종5위하에 서위되었고, 大同 원년에 종5위상이 되어 相模守에 임명되었고, 동 3년에 정5위하에 서위되었다. 임기가 차서 입경하고, (평성태상천황을) 따라 平城京으로 갔으며 종4위하를 받았다. 무예를 가업으로 하고 재능이 특출했다는 평판이 있었고, 정무에 이르러서는 민심을 잃어버리는 일이 없었다. 弘仁 초에 佐渡權守로 좌천되었다. 사면받아 귀향했으나 갑자기 사망하였다. 때의 나이는 56세였다.

정해(14일), 임관이 있었다.

기축(16일), 우대신이 (사직하는) 표를 올렸으나, 허락하지 않았다.

○ 5월 을미[15], 좌대신 藤原冬嗣 등이 상표하여 신하의 봉록의 삭감을 주청하였다. (천황은) 이를 허락하였다.

경술(8일), 우대신 藤原緖嗣가 상표하여, 봉호 1천호를 국가의 비용으로 바친다고 하였다. 칙을 내려, 청한 바에 따르기로 하였다.

계축(11일), 좌대신 藤原冬嗣가 상표하여 봉호의 삭감을 청했다.

을묘(13일), 칙을 내려 불허하였다.

계해(21일), 우대신의 봉호 2천호 중, (1천호를) 상표에 따라 조정에 수납하였다.

을축(23일), 임관이 있었다.

무진(26일), 명법박사의 관위를 종7위하의 관으로 하였다.

경오(28일), 사망한 5위 이상과 대학의 제박사의 교체시에 (인수인계의 증명서인) 解由에 대해 책임을 묻지않기로 하였다.

○ 6월 을해(3일), 폭우가 내리고 벼락이 치자, 돌연 中務省 북문의 버드나무에 낙뢰가 있었다. 節婦 別公今虫賣에게 관위 2계를 서위하고 종신 그 戸의 전조를

---

15 이달에 乙未의 날은 없다. 일간지의 오류이거나 다른 달의 기록이 잘못 들어간 것으로 생각된다.

면제하고 정절의 행실에 대해 표식을 세웠다.

신사(9일), 산위 종4위상 훈7등 紀朝臣長田麻呂가 죽었다. 中判事[16] 정6위상 末松의 손이고, 정6위상 相模介 稻手의 자이다. 사서를 배우지 않았지만, 많은 잡기를 갖고 있었다. 스스로 평안하고 청빈했으며 명리를 구하지 않았다. 가히 푸른 소나무와 같은 (변치않는) 절조가 있다고 일컬을만 하였다. 때의 나이 71세였다.

○ 추7월 계묘(2일), 정4위하 淸原眞人夏野에게 종3위를 내리고 중납언에 임명하였다

정미(6일), 2품 行彈正尹 겸 大宰帥 葛原親王[17]이 상표하여, 자식을 아끼어 (皇籍으로부터 분리하여) 왕호를 포기했으면 한다고 하였다. (천황이) 이를 허락하였다.

무신(7일), 정5위하 都宿禰腹赤이 죽었다. 나이 37세였다.

경술(9일), 임관이 있었다.

신해(10일), 若狹國의 遠敷郡을 분리하여 大飯郡을 세웠다.

○ 윤7월 을해(4일), 柏原山陵[18]에 사자를 보내 말씀을 올렸다. 그 말에(宣命體), "운운. 肥後國의 阿蘇郡에 神靈池가 고갈되었다. 운운"이라고 고했다.

정축(6일), 무품 菅原内親王이 죽었다. 桓武天皇의 제16황녀이다.

정해(16일), 彈正尹 佐味親王이 죽었다. 환무천황의 제9황자이다. 용모와 예의가 반듯하였고, 자못 여색을 좋아하였다. (淳和)天皇이 즉위의 날에 조당에 열석했는데, 갑자기 병으로 쓰러졌고, 당나귀와 같은 소리를 내었다. 수레에 태워 나갔으나 며칠 지나지 않아 죽었다. 때의 나이 33세였다.

경인(19일), 궁중, 좌우경, 畿內 5국, 7도 제국에 인왕호국반야경을 강설하게 하였다. 종전의 관례에 따라 呪願文은 미리 당시의 문장에 뛰어난 자에게 작성

---

16 刑部省의 품관으로 大判事, 少判事와 제소송을 판결한다.

17 桓武天皇의 황자, 治部卿, 大藏卿, 式部卿, 大宰帥 彈正尹, 中務卿 등을 역임하였고 1품에 올랐다. 天長 2년(825)의 자녀가 平氏 성을 받아 臣籍으로 내려가 桓武平氏의 祖가 되었다.

18 桓武天皇陵.

하게 했다. 소승도 傳灯大法師位 空海가 東宮에서 행하는 강사에 배정되어 갑자기 생각을 담아 강설에 앞서 작성하였다. 그 문장에는 (다음과 같이 말하였다). "커다란 덕을 가진 3尊[19]은 윤회하는 6개 세계[20]의 부모이다. 그 주거는 끝이 없는 깨달음의 세계이고, 멸하지 않는 진리의 공간에 세워져있다. 5眼[21]이 높은데서 비추는 능력은 태양의 빛을 견줄 바가 아니다. 끝없는 자비의 마음은 두루 감싸고 지키며, 구름같은 은혜는 어찌 비교할 수가 있겠는가. 병에 걸린 많은 중생들을 치료하는데 거를이 없고, 훌륭하고 큰 은혜는 말로 할 수 없을 정도이다. 삼가 바라건대, 우리 황제폐하는 백억의 제일이고 덕을 얻어 다스리고 있다. 중생들을 불쌍히 여겨 (苦海에) 발을 넣고 손을 내밀어 구제하고 있다. 수렁에 빠진 1인이라도 있으면 마음아파하고, 늘상 만민의 평안을 걱정하고 있다. 삼가 天長 2년(825) 윤7월 19일, 궁중 및 畿内 5국 7도에 1백의 설법 좌석을 마련해 악마를 떨게하는 연 8백인의 승려를 불러 하루에 2번 인왕호국반야경을 강설하기로 한다. 보살의 5忍[22]의 의의를 밝히고, 나쁜 기운의 안개를 걷어내고, 2諦[23]의 진리를 명확히 하여 곧 상서로운 전조를 가져오게 되어, 이 선행은 모두 천황을 돕고 받들게 될 것이다. 삼가 바라건대 5대력 보살의 분노상이 이 윤검을 휘둘러 악마를 항복시키고 부처가 16보살의 모습으로 나타나 보검으로 적을 무찔러 복과 장수를 가져오고, 황위는 영원해져 바위보다도 오래 지속되고 옥체는 금강석보다도 굳건해 지기를 바라고자 한다. 선을 베푸는 바람은 사방에 퍼지고 안정되어 만민의

---

19 釋家와 양 협시보살인 普賢菩薩과 文殊菩薩.

20 원문의 六趣는 6道 즉 지옥, 아귀, 축생, 수라, 인간, 천상의 6개의 세계를 윤회하는데, 중생이 업보에 의해 혼란한 상태를 3尊이 구하고 이들의 부모라는 의미이다.

21 仁王經에 나오는 부처의 5개의 五眼은 肉眼, 天眼, 慧眼, 法眼, 佛眼으로 이루어진다.

22 五忍은 보살의 5가지의 수행단계를 말하고 法理를 깨달아 마음이 평안히 머무는 정도에 따라 伏忍, 信忍, 順忍, 無生忍, 寂滅忍으로 나눈다.

23 諦는 변치 않는 진리로 眞諦와 俗諦를 말한다. 진제는 불교를 깨우친 사람들에게 알려진 4聖諦, 緣起, 中道 등의 진리를 말하고, 속제는 세상의 일반 사람들에게 알려진 도리를 뜻한다.

곳간에는 9년의 식량을 저장하고, 길에 떨어진 물건을 줍지않고, 그 帝의 존재를 잊고 아무것도 하지 않아도 (다스리고 있음을) 깨닫게 된다. 천자는 선조에 복을 빌고, 3통의 능력을 증가시키고, 진리에 이를 수 없는 근원을 발본하고, 항상 깨달음의 세계에서 노닐수 있게 될 것이다. 태상천황은 선계에서 선인과 함께 언제까지나 지내고, 훌륭한 덕은 그 향기가 천년이나 전하게 될 것이다. 황태자의 명성은 周 문왕의 세자에 동일하고 덕은 석가와 비견되고, (천황의 부재시에) 국을 대행하는 명성은 점점 새로워지고, 천황의 덕을 이어받아 공적은 잃지 않을 것이다. 궁중의 여관은 아름다움을 더하고, 문무백관은 능력을 발휘하여 천자의 주위에서 힘을 다하고, (천자의 덕이 백성에게 미치는) 남풍이 불어 (백성의) 불만을 해소하도록 한다. 가마솥에 요리한 음식이 남아돌고, 관위, 관대가 다함이 없고, 두루 어두운 세계를 윤택하게 하고, 널리 동식물에 미치게 된다. 함께 깨달음의 감로수를 받아 해탈의 연화대에 오를 수 있게 된다".

(이어서) 강설하였다. "(금년은) 계사년 가을의 쓸쓸한 계절이다. 城 중의 일대 諸天과 그 자식들은 몸과 마음을 정결히 하여 불교에 귀의하도록 한다. 감히 불타, 달마, 승도에게 고한다. 무릇 하늘이 감싸주지 않으면 인민은 어떻게 살아갈 것이며, 대지가 바쳐주지 않는다면, 초목은 누구에게 의지할 것인가. 생명있는 영혼 중에서 사람이 가장 귀하다. 귀하게 하는 원천은 군주이고 왕이다. 군주는 사람의 아버지이고 백성은 군주의 자식이다. 자식이 병들어 치료하지 않으면 아버지가 어찌 안심할 수 있겠는가. 인체의 병은 약과 침으로 치료하고, 마음의 치료는 심오한 불법이 능히 치료한다. 불도는 석가의 가르침은 최고중의 최고이고, 仁王尊經은 오묘하고 또 오묘하다. 여기에 귀의하면, 신력으로 구제받을 수 있다. 만약 이 경을 읽으면 모든 병이 홀연히 없어진다고 한다. 이런 까닭에 제석천이 한번 이 경을 읽으면 아수라의 군은 기와가 깨치고 얼음이 녹듯 한다. 普明王이 다시 강설하면 斑足王의 분노는 구름과 안개와 같이 살아진다. 까닭에 천지의 괴이함을 가라앉힐 수 있고, 백성을 도탄에서 구제할 수 있다. 천황의 어전, 황태자의 궁, 畿內 5국, 7도 제국에서는 도장을 장엄하게 꾸미고, 좋은 공양물을 진열

하고, 1백인의 고승의 자리를 설치하고 8백인의 훌륭한 승려를 불러 5종의 반야를 독송하여 내외의 국토를 수호하고자 한다. 우러러 기원한다. 운운".

임진(21일), 和泉國에 소속된 강남의 4개군을 정지시키고 攝津國으로 환원하였다. 백성이 소요를 일으켜 생업을 고려하지 않을 수 없었다.

계사(22일), 常陸國 사람 右近衛府의 將曹 종8위상 훈8등 中臣鹿嶋連貞忠가 득도를 청원하여 허락하였다.

○ 8월 계묘(3일), 임관이 있었다.

무신(8일), 대학박사, 학생 등을 紫宸殿으로 불러, 논의시키고 차등있게 녹을 내렸다. 박사 종5위하 伊豫部連眞貞의 논지가 우수하였다. 칙이 내려져 바로 次侍從에 임명하게 되었다.

정묘(27일), 畿內 5국, 7도의 순찰사를 임명하였다.

기사(29일), 참의 종3위 多治比眞人今麻呂가 죽었다. 나이 73세였다.

○ 동10월 기유(10일), 태상천황[24]이 交野에서 사냥을 즐겼다. 좌대신이 수행하였다. 中納言 清原眞人夏野 및 藏人 3인을 보내 공봉하게 하였다.

갑인(15일), 정6위상 百濟王教養[25]에게 종5위하를, 종5위상 藤原三成에게 정5위하를, 정6위상 藤原豐繼에게 종5위하를 내렸다.

을축(26일), 조를 내리기를(宣命體), "천황의 어명으로 石作山陵[26]에 말씀하기를, 앞서 산릉의 지세가 불온하다는 점괘가 나옴에 따라 금년 겨울에 이전하기로 하였다. 그러나 齋內親王이 (伊勢神宮에) 들어가려는 해에 종종의 일이 번잡하게 일어나 바빠서 이전할 수 없게 되었다. 내년 봄에 이전하기로 하여 左大弁 종4위상 直世王, 大藏大輔 종4위하 藤原朝臣淨本 등을 사자로 보낸다고 한 천황의 말씀을 아뢴다"라고 하였다. 散事 종4위하 縣犬甘宿禰淨濱이 죽었다.

병인(27일), 임관이 있었다.

---

24 嵯峨太上天皇.
25 百濟王教養는 여기에만 보인다.
26 淳和天皇이 親王 시절의 妃, 高志內親王의 陵.

○ 11월 기사삭, (천황이) 술잔을 들어 군신들에게 권했다. 날이 저물자 주연이 무르익었다. 악기와 노래가 함께 연주되었고 즐거움을 만끽하고 마쳤다. 녹을 차등있게 하사하였다.

경오(2일), 施藥院 직원에 使, 판관, 주전, 의사 각 1인을 두었다.

경진(13일), 우대신이 상표하여 운운.

병신(28일), (차아)태상천황의 40세 연세를 축하하였다[27]. 해가 기울자 이어서 등불을 밝혔다. 아악을 연주하였다. 중납언 정3위 良岑朝臣安世[28]가 남 계단으로부터 내려가 춤을 추었고, 군신들도 데리고 춤을 추었다. 날이 저물고 눈비가 내렸다. 아름다운 妓女가 도구를 들고 춤을 추었고, 밤이 되어 끝났다. 녹을 차등있게 내렸다. (천황이) 우대하는 조를 내려, 解由를 받지 못한 大夫 등에게도 모두 녹을 하사하였다. 또 참의 이상에게는 별도로 태상천황의 피복을 하사하였다.

무술(30일), 황태자 臣 正良(親王)이 언상하기를, "臣은 듣긴대, 예가 지극하면 질책받는 일이 없고, 천지가 서로 부합하여 하나가 된다. 대음악은 (조화를 이루어) 개별 소리는 희미해져 신명이 화합하게 된다고 하다. 요임금이 성진의 운행을 보고, 신묘한 역법을 정했고, 순임금은 雷雨에 흔들리지 않고 황금의 어새를 받아 즉위하였다. 공자가 말하기를, '반드시 (王者가 즉위한 후) 한세대가 지난 후에 仁이 이루어진다'고 했다. 참으로 이 말을 새기고 있다. 漢이 일어나 孝文帝에 이르는 40년 동안에 무릇 4인의 황제가 재위하였다. 桓武聖帝로부터 지금에 이르기까지 曆을 헤아려보면 40년이고, 世를 계산하면 4인의 천황이다. 諱[29]의 나이 (각각) 40세이다. 합하면 120년이 된다. 이것은 성스러운 정치를 행한 역법상의 상서로운 일이다. 삼가 생각하건대, 천황 40년 (축하의 산수) 후에는 (새로운) 4 帝의 시작이고 성운이 여기에 모이고 지덕이 성할 것이다. 행함은 순임금

---

27 장수를 축하하는 행사를 算賀라고 한다. 算은 연령이고 賀는 장수를 축하한다는 의미이다. 40세로부터 10년마다 행하는 의식이다. 정사에서는 이 기록이 처음 나온다.

28 29쪽, 弘仁 2년(811) 6월 계해삭조 각주 58 참조.

29 嵯峨太上天皇와 淳和天皇.

과 같고, 자애는 한의 문제보다도 도탑다. 점점 예악에 힘쓰고 또한 수명은 장수하게 될 것이다. 황태자로 있으면서 처음으로 삼가며 폐하의 연세에 재앙이 없기를 바라며, 천하가 함께 축하하고 백성이 기뻐하고 있음을 알 수 있다. 저는 매우 행복하며 또한 진실로 기쁨에 차있다. 보잘 것 없는 물건으로 감히 곤룡포를 더럽히게 되겠지만, 삼가 의복, 琴 등을 바치고자 한다. 이것은 작은 물건이 아니라 간절한 마음의 귀한 표시이다. 삼가 폐하에게 바라는 것은, 이 옷을 입고 점차 無爲의 통치를 융성하게 하고, 이 커다란 악기를 다루어 순임금의 치세를 다시 구가했으면 한다. 壯年의 축하는 앞서 의식이 행해지지 않은 것은 아니지만, 臣이 된 자식으로서의 성의를 참을 수가 없다. 무릇 聖人의 나이는 하늘로부터 받는 것이고, 신하가 장수를 축복해도 어떤 이익이 있는지 모르겠으나 마음 속의 감정을 말로 표현하지 않을 수 없다. 바라건대, 멀리 (日月星) 3辰과 함께 북극의 자리를 수호하고, 멀리서 만수를 바라고 항상 남산과 같이 무궁하기를 빌고 있다. 臣은 어려서부터 늘상 은혜를 입었고, 욕되게도 황태자가 되었지만, 일찍이 3善[30]이 없었다. 그러나 성상의 정은 거듭 미쳤고 자애와 가르침은 계속되었다. 영예로운 은혜는 깊었고 은총은 남보다 도타웠다. 남산의 대나무를 베어도 은혜를 다 기록하지는 못한다. 동해의 큰 거북이라도 어찌 (폐하의) 덕에 미칠 수가 있겠는가. 이에 군신과 함께 삼가 마음 속의 생각을 나타내었다. 경축의 마음을 참을 수가 없어, 삼가 표를 올리는 바이다"라고 하였다.

○ 12월 신축(3일), 隱岐國이 역마를 타고와서, 渤海國使 高承祖 등 103인이 내착했다고 주상하였다[31].

임인(4일), 越前守 종4위상 紀朝臣末成이 죽었다. 大納言 정3위 (紀朝臣)古佐美의 제9자이다. 弘仁 초에 종5위하에 서위되었다. 동 12년에 정5위하에 서위되었는데 갑자기 종4위하를 받고, 天長 원년(824)에 종4위상에 서위되었다. 어려

---

30 군주를 섬기고 부모를 모시고 어른을 공경하는 일.
31 『類聚國史』194「渤海」下 天長 2년(825) 12월 신축조,『日本紀略』해당 조. 이때의 발해사절은 이듬해 5월에 입경하였다.

서부터 총명하여 깨달음이 있었고, 널리 서적을 읽었다. 나이 20세에 임시 式部丞[32]이 되었는데, 당시의 여론은 (紀朝臣末成의) 겸직을 허용하였다. 外官으로서 伊豫介에 임명되었고, (이후) 出雲, 常陸, 大和, 越前의 國守를 역임하였는데, 모두 직무를 잘 수행했다는 평을 들었다. 다만 명성에는 실질을 동반해야 한다. 길면 자르고 짧으면 잇는 편의적인 방식이었다. 때의 나이는 45세였다. 정4위상에 추증되었다.

을사(7일), 大內記 정6위상 布瑠宿禰高庭을 領客使[33]로 정하고, 임시 出雲國介로 삼았다. (정식) 領客使의 명칭은 주어지지 않았다.

정사(19일), 諸道의 순찰사가 紫宸殿에서 (천황을) 배견하였다. 일을 마친 후 동측 계단 아래에서 각각 녹을 하사받았다. 우대신 (藤原朝臣)緖嗣가 (사직의) 표를 올렸는데, 칙으로 답하여 허락하지 않았다.

일본후기 권제33 (逸文)

---

32 式部省의 判官, 大丞은 정6위하, 少丞은 종6위상의 상당관.

33 발해사는 영접하는 사절. 외국사절이 도착지에 파견되어 왕경에 들어올 때까지의 제반 일을 담당한다. 「關市令」7 「蕃客」 조에는 번객이 처음 關所에 들어오는 날, 소지한 모든 물건을 關司에서 담당관인과 함께 자세히 기록하여 관할 관사에 보고한다고 되어 있다. 「令義解」의 주석에서는 담당관인은 領客使를 말한다고 한다.

日本後紀 巻三十三〈起天長二年正月, 盡同十二月〉

左大臣正二位兼行左近衛大將臣藤原朝臣冬嗣等奉勅撰

太上天皇 淳和

◎天長二年春正月乙巳朔, 廢朝賀. 以候御藥也. 丁未, 宴侍臣於前殿. 賜被. 戊申, 掖庭公主參覲冷然院. 賜陪從大夫已下祿. 庚戌, 掖庭公主自冷然院還, 其追從命婦等別勅敍位. 辛亥, 授從四位上清原眞人夏野正四位下, 從四位下伴宿禰國道從四位上, 無位善棟王從四位下, 正五位下佐伯王正五位上, 從五位下弟村王正五位上. 正六位上大石王·遠賀王從五位下. 從四位下橘朝臣清野從四位上, 正五位上高階眞人清階, 正五位下藤原朝臣文山·藤原朝臣廣敏·三原朝臣春上從四位下. 從五位上長岡朝臣岡成·藤原朝臣葛成·巨勢朝臣清野·清原眞人長谷正五位下. 從五位下藤原朝臣清綱·巨勢朝臣清野·石川朝臣廣主·橘朝臣弟氏·藤原朝臣三成·百濟王慶忠·大野朝臣眞鷹·伴宿禰氏上·藤原朝臣輔嗣從五位上. 正六位上藤原朝臣大津·藤原朝臣常永·藤原朝臣朝繼·橘朝臣永名·紀朝臣末守·安部朝臣大家·田中朝臣千尋·忌部宿禰雲梯從五位下. 外從五位下石占忌寸水直外正五位下. 正六位上忠宗宿禰末繼·六人部連門繼·上毛野公清瀨·弘世連彌足外從五位下. 壬子, 授正六位上大原眞人貞成·賀茂朝臣伊勢麻呂從五位下. 外從五位下河內忌寸清濱外正五位下. 女敍位. 任官. 乙卯, 授正五位下清原眞人長谷從四位下. 丙辰, 尙闈從三位笠朝臣道成薨. 丁巳, 授從五位下家藤原朝臣雄敏從五位上. 庚申, 爲諒闇, 無視踏歌. 但賜酒肴及祿. 辛酉, 勅曰, 射禮者, 國家大事, 不可而闕. 因遣右大臣於建禮門南庭, 簡閱六衛. 随中賜祿有差. 申刻, 地震. 己巳, 任官.

○二月己丑, 右大臣外曹司町北方公地, 造作大納言休息局. 庚子, 地震. 壬寅, 右大臣上表, 謝大將職.

○三月甲子, 常陸國人丈部子氏女, 敍位二級, 終身免其戸田租. 用旌貞節也. 子氏女, 年十五適於同鄉人勳七等新治直軍, 經十八箇年, 夫死之後, 常掃墳墓, 朝夕悲泣. 雖經多年, 無變其志. 乙丑, 筑前國人舍人臣福長女, 産兒三人〈男二, 女一〉. 給正稅四百束. 丁卯, 二品行彈正尹葛原親王上表, 臣之男女, 一皆賜姓平朝臣. 不許. 癸酉, 攝津國江南四郊, 隷和泉國.

○夏四月丁丑, 改乳長上, 爲乳師. 戊寅, 正二位藤原朝臣冬嗣爲左大臣, 近衛大將如故. 從二位藤原朝臣緒嗣爲右大臣. 庚辰, 詔曰, 天地造物, 覆燾之德以弘. 帝王濟世, 卹隱之仁斯深. 故能務稽矜獄, 登群黎於富壽, 陶風湛紀, 致一代之雍熙. 朕恭承叡託, 嗣守鴻基. 而誠慙經遠, 明謝燭幽. 通宵輟寢, 軫納隍之情, 日旰忘食, 懷臨谷之懼. 如聞, 諸國往往, 疫癘不止. 又大宰府言上, 在肥後國阿蘇郡神靈池, 遭旱澇不增減. 而無故涸渴二十餘丈者. 去延曆年中, 有此恠. 當時卜之, 旱疫告咎. 前事不忘, 取鑑今日, 疑是, 政術有乖, 戒以不祥歟. 昔周文引過, 消震地之災, 宋景屬精, 移妖星之咎. 乃知, 德必勝妖, 善克除患. 欲攘茲殃, 唯資法力. 宜每寺齋戒, 以修仁祠. 鰥寡孤獨, 不能自存者, 量加振贍. 其臥病之徒, 無人救養, 多致死亡. 凡國郡司, 爲民父母. 棄而不顧, 豈稱子育. 宜一一到門, 給穀與藥, 令得存濟. 又免除去弘仁十三, 四兩個年調庸未進. 宜告遐邇, 使知此意焉. 壬午, 右大臣上表藤原朝臣緒嗣, 勅不許. 癸未, 遷攝津國治御豐島郡家以南地. 丙戌, 右大臣上表. 不許. 散位從四位下紀朝臣田上卒. 從七位下猿取之孫, 贈右大臣正二位船守之第三男也. 延曆二十二年, 敍從五位下, 大同元年敍從五位上, 任相模守, 三年敍正五位下. 秩滿入京, 追徒平城, 授從四位下. 家業武藝, 才華興聞. 至於從政, 不失民心. 弘仁之初, 以謫任佐渡權守, 會赦歸鄉. 俄而卒. 時年五十六. 丁亥, 任官. 己丑, 右大臣上表. 不許.

○五月乙未, 左大臣藤原冬嗣等上表, 奏請臣下封祿. 許之. 庚戌, 右大臣緒嗣上表, 以封一千戸, 奉仕國用. 勅, 依請. 癸丑, 左大臣冬嗣上表, 請減封. 乙卯, 勅, 不許. 癸亥, 右大臣封戸二千烟, 依表收公. 乙丑, 任官. 戊辰, 明法博士官位從七位下官. 庚午, 薨卒五位已上, 大學諸博士, 停責解由.

○六月乙亥, 暴雨雷動, 霹靂中務北門柳. 節婦別公今虫賣, 敍位二級, 終身免戶田租, 以旌節行. 辛巳, 散位從四位上勳七等紀朝臣長田麻呂卒. 中判事正六位上末松之孫, 正六位上相模介稻手之子也. 不涉史傳, 多兼少技. 自安清貧, 不營名利. 可謂青松之下, 必有清風者. 時年七十一.

○秋七月癸卯, 授正四位下清原眞人夏野從三位, 任中納言. 丁未, 二品行彈正尹兼大宰帥葛原親王上表, 割愛子息, 庶捨王號. 許之. 戊申, 正五位下都宿禰腹赤卒. 年三十七. 庚戌, 任官. 辛亥, 若狹國割遠敷郡, 建大飯郡.

○閏七月乙亥, 奉遣使柏原山陵. 其詞曰, 云云. 肥後國阿蘇郡〈爾〉在〈留〉神靈池涸渴〈多利〉. 云云. 丁丑, 無品菅原內親王薨. 桓武天皇第十六皇女也. 丁亥, 彈正尹佐味親王薨. 桓武天皇第九皇子也. 容儀閑雅, 頗好女色. 天皇踐祚之日, 行立朝堂, 暴疾倒臥. 呼聲似驢. 輿病而出, 不經幾日薨. 時年三十三. 庚寅, 令宮中, 左右京, 五畿內, 七道諸國, 講說仁王護國般若經. 承前之例, 呪願文者, 豫仰當時進文章者作. 少僧都傳灯大法師位空海, 被配東宮講師, 卒爾瀝思, 講前即成. 其詞曰, 唐矣三尊, 耶孃六趣. 構殿大虛之無際, 建都妙空之不生. 五眼高照, 爀日之光非儔, 四量普覆, 靉雲之冪何喩. 吾子多病, 醫藥不遑, 奇哉大哉, 欲談舌卷. 伏惟, 我皇帝陛下, 百億之一, 一得之貞. 悲物濡足, 濟時申手. 切軫一物納隍, 常憂萬黎安堵. 謹天長二年閏七月十九日, 於宮中及五畿七道, 設一百師子座, 延八百怖魔人, 一日兩時, 奉演仁王護國般若經. 五忍開義, 忽塞許咎氣之務, 二諦審理, 乍聚休徵之祥. 總此白業, 奉資聖體. 伏願, 教令五忿, 揮輪劍而降魔怨, 自性十六, 麾惟寶而滋福壽. 洪祚永永, 哈芥石於猶短, 玉體堅密, 咲金剛於易滅. 十善之風, 扇四天, 以不鳴條, 萬民之稟, 貯九年, 以不捨遺. 忘其帝力, 悟其垂拱. 上福七廟, 益彼三明, 永拔無明根, 常遊大覺觀. 太上天皇, 姑射之遊, 與八仙無其極, 襄城之德, 千葉流其芳, 宸位貳君, 名齊文王世子, 德比悉達薩埵. 監國之譽彌新, 紹搆之功不墜. 宮貴飛美, 文武効能. 繞北極而竭力, 仰南風而解慍. 鼎食有餘, 冠帶無盡. 普潤幽明, 廣及動植. 共沐般若之甘露, 同昇解脫之蓮臺. 開題, 維照陽之大荒, 白藏之相節. 城中一

大諸天所子, 洗身澄心, 投誠歸命. 敢告佛馱達磨僧伽. 夫高天不覆, 人民何生,
厚地不載, 草木誰憑. 所生之尤靈, 惟人爲貴. 爲貴之原, 惟君惟王. 君是人父,
民則君子. 子病不瘉, 父何以安. 四大之疾, 藥針所治, 一心之患, 深法能療. 聞
道, 大雄調御, 天中之天, 仁王尊經, 玄之又玄. 歸之仰之, 神力能救. 若讀若誦,
萬沴忽消. 是故, 釋提一誦, 修羅之軍, 瓦碎水銷. 普明二說, 斑足之忿, 雲卷霧
散. 所以爲鎮乾〻之變怪, 濟元元之塗炭. 謹於紫微極殿, 青春鳳樓, 五畿之内,
七道諸國, 嚴飾道場, 陳列妙供, 敷一百師子座, 屈八百龍象, 奉宣五種之般若,
守護内外之國土. 仰願, 云云. 壬辰, 停隸和泉國江南四箇郡, 還附攝津國. 百姓
騷動, 無顧私業也. 癸巳, 常陸國人右近衛將曹從八位上勳八等中臣鹿嶋連貞
忠願得度. 許之.

○八月癸卯, 任官. 戊申, 召大學博士學生等於紫宸殿, 令論議. 賜物有差. 博
士從五位下伊豫部連眞貞, 論詞可嘉. 有勅, 即補次侍從. 丁卯, 任五畿内七道
巡察使. 己巳, 參議從三位多治比眞人今麻呂薨. 年七十三.

○冬十月己酉, 太上天皇遊獵于交野. 左大臣陪從焉. 遣中納言清原真人夏
野并藏人三人, 令供奉. 甲寅, 授正六位上百濟王教養從五位下, 從五位上藤
原三成正五位下, 正六位上藤原豐繼從五位下. 乙丑, 詔曰, 天皇〈我〉御命〈爾〉
坐〈世〉, 石作〈乃〉山陵〈爾〉申給〈久〉, 前〈爾〉山陵地不穩〈止〉思所行〈止卜〉申
〈爾〉依〈天〉, 今年〈乃〉冬時〈爾〉奉遷〈止〉申賜事了. 然〈乎〉齋内親王〈乃〉參
入賜〈布〉年〈爾之弖〉, 種種事繁恩〈之弖〉, 奉遷事不得成〈奴〉. 明年〈乃〉春時
〈爾〉可奉遷事〈乎〉, 左大弁從四位上直世王, 大藏大輔從四位下藤原朝臣淨本
等〈乎〉使〈爾〉差〈弖〉申給〈不〉, 天皇〈我〉御命〈乎〉, 申給〈久止〉申. 散事從四位
下縣犬甘宿禰淨濱卒. 丙寅, 任官.

○十一月己巳朔, 擧酒, 以屬群臣. 投暮宴酣. 琴歌并奏, 極歡而罷. 賚祿有
差. 庚午, 置施藥院使, 使, 判官, 主典, 醫師各一員. 庚辰, 右大臣上表, 云云. 丙
申, 奉賀太上天皇五八之御齡. 白日既傾, 繼之以燭. 雅樂奏樂. 中納言正三位
良岑朝臣安世, 下自南階舞. 群臣亦率舞. 投暮雨雪, 輕花拂舞, 冒夜而罷. 賜祿

有差. 優詔, 未得解由大夫等, 皆預賜祿之例. 又別賜參議已上, 冷然御被. 戊戌, 皇太子臣正良言, 臣聞, 至禮不讓, 天地同符. 大音希聲, 神明合契. 堯以星辰欽若, 藏白玉之神圖, 舜以雷雨不迷, 受黃金之符璽. 孔子曰, 必世然後仁. 誠哉是言. 漢興至孝文四十歲, 凡四帝也. 自桓武聖帝, 訖於當今, 推曆四十箇年, 計世四帝. 諱齡四十, 總計三四十二, 爲百二十歲. 寔聖政馭曆之祥也. 伏惟, 天皇四十年之後, 四帝之初, 聖運斯鍾, 至德盛矣. 行同虞舜, 仁敦漢文. 逾勤禮樂之方, 亦當春秋之富. 震居初穆, 仰仙齡之無凶. 天下同歡, 知黎元之有慶. 已深私祚, 更足欣誠. 輙効獻芹, 敢塵旒袞. 謹上衣琴等. 非加涓塵, 貴表懇殼. 伏願陛下, 御此服色, 彌隆垂衣之風, 撫彼鯤絃, 再發虞琴之操. 壯年之慶, 非無前儀, 臣子之誠, 不能黙爾. 凡雖聖人之算, 自天祐之, 華封之壽, 更有何益, 而中心所感, 不勝形言. 冀遙懸三辰, 俱護北極之坐, 遠仰萬壽, 每陪南山之基. 臣拔自髫年, 夙蒙覆潤. 辱眞萬國, 曾無三善. 而聖情重疊, 慈誨慇懃. 榮深施道, 寵優列幄. 伐南山之竹, 未足書思. 抑東海之鼇, 那堪負德. 因與群臣, 伏表丹款. 無任悚賀. 謹奉表以聞.

○十二月辛丑, 隱岐國馳驛奏上, 渤海國使高承祖等百三人到来. 壬寅, 越前守從四位上紀朝臣末成卒. 大納言正三位古佐美第九子也. 弘仁初敍從五位下, 十二年敍正五位下, 俄授從四位下, 天長元年敍從四位上. 幼而聰悟, 博覽文籍. 年二十試調式部丞. 時議許其兼擧. 出任伊豫介, 歷出雲·常陸·大和·越前守, 竝以幹濟聞. 但名者實之賓也. 斷長繼短, 寬簡之耳. 時年四十五. 追贈正四位上. 乙巳, 大內記正六位上布瑠宿禰高庭, 定領客使, 借出雲國介. 不稱領客使. 丁巳, 諸道巡察使辭見紫宸殿. 訖即於東階下, 各賜祿. 右大臣緒嗣上表. 勅答, 不許.

日本後紀 卷第三十三 (逸文)

일본후기 권제34 〈天長 3년(826) 정월에서 동 12월까지〉

좌대신 정2위 行左近衛大將을 겸직한 臣 藤原朝臣冬嗣 등이 칙을 받들어 편찬하다.

太上天皇〈淳和〉

◎ 天長 3년(826) 춘정월 무진삭. 황제가 대극전에 어림하여 신년하례를 받았다. 내리에서 근시하는 신하에게 연회를 베풀고 피복을 하사하였다.

경오(3일), 해시[1]에 左兵衛府의 주방에서 화재가 발생하여 하녀 1인이 질식해 죽었다. 금일, 산위 종4위상 石川朝臣繼人이 죽었다. 정4위하 難波麻呂의 손이고, 종4위상 豐人의 아들이다. 延曆 13년(794)에 종5위하에 서위되었고, 大同 3년(808)에 종5위상, 弘仁 13년(822)에 종4위하, 天長 원년에 종4위상이 되었다. 성격이 소박하여 꾸미는 바가 없었다. 내외의 관을 역임하였고, 좋은 평도 나쁜 평도 듣지 않았다. 국의 원로로서 고위직을 받았다. 사망시의 나이는 86세였다.

임신(5일), 지진이 있었다. 左兵衛府의 화재로 인하여 남쪽 정원에서 부정을 씻는 의식을 행했다.

갑술(7일), (천황이) 豐樂殿에서 연회를 열었다. 정4위하 藤原朝臣繼業에게 종3위를, 종4위하 小野朝臣岑守에게 종4위상을, 무위 高枝王에게 종4위하를, 종5위하 雄豐王에게 종5위상을, 정6위상 粟生王에게 종5위하를, 정5위하 藤原朝臣世嗣에게 종4위하를, 정5위하 百濟王元勝[2]에게 정5위상을, 종5위하 安野宿禰文繼에게 정5위하를, 종5위하 巨勢朝臣河嗣 · 紀朝臣虎主 · 藤原朝臣人竝 · 和氣朝

1 오후 10시경
2 百濟王氏의 일족으로 관력을 보면, 延曆 16년(797) 정월에 安房守, 동 23년 4월에 内兵庫正, 大同 원년(806) 2월에 鍛冶正에 임명되었다. 동 3년 11월에 종5위상에 서위되었고, 동 4년에 大判事에 임명되었으며 弘仁 13년(822)에 정5위하에 서위되었다.

臣仲世・大江朝臣總成・藤原朝臣葛守・林朝臣山主・藤原朝臣常嗣・廣階宿禰眞象에게 종5위상을 내렸다. 정6위상 藤原朝臣諸成・布瑠宿禰高庭, 외종5위하 坂上忌寸今繼[3]・羽咋公吉足에게 종5위하를, 외종5위하 奄智造吉備麻呂・船連湊守[4]에게 외정5위하를 내렸다. 정6위상 宮原宿禰村繼・大崗忌寸豐繼에게 외종5위하를 내렸다. 녹을 차등있게 내렸다.

을해(8일), 정6위상 三繼王・伊勢朝臣永嗣에게 종5위상을 내렸다. 여성에게 서위하였다.

신사(14일), 지진이 있었다.

무자(21일), 임관이 있었다.

경인(23일), 지진이 있었다. 외종5위하 遠田臣人綱・上毛野賀茂公宗繼에게 외정5위하를, 외정6위상 磐城臣藤成・上毛野陸奧公吉身에게 외종5위하를 내렸다.

을미(28일), (천황이) 芹川野에 행차하여 사냥을 즐겼다. 종4위하 源朝臣信[5]을 시종으로 삼고, 山城國 別當[6]인 중납언 종3위 清原眞人夏野가 국사를 이끌고 약간의 물품을 바쳤다. 군신 및 國司의 판관 이상에게 피복을 하사하였다.

병신(29일), 和泉國에 저수지 5곳을 만들게 하였다. 백성의 요망에 따른 것이다.

○ 2월 신축(4일), 임관이 있었다.

계축(16일), 備前國의 田原池를 정지하고 神埼池를 축조하였다.

신유(24일), 지진이 있었다. 石作山陵을 개장하는 관을 임명하였다.

---

3 백제계 도래씨족인 東漢氏의 후예씨족, 弘仁 5년(814)에 성립한 『凌雲集』에 한시문이 2수가 수록되어있다. 公文書의 직무인 大外記, 대학료의 교관인 紀傳博士를 역임하였다. 그의 이러한 경력으로 淳和朝 『日本後紀』 편찬에도 참여한 것이다.

4 『日本書紀』 欽明紀 14년(553) 7월조에, 蘇我大臣이 천황의 칙을 받들어 백제 도래씨족인 王辰爾를 파견하여 선박에 관련된 일을 기록하게 하였는데, 이때 왕진이는 船長로서 船史의 씨성을 받았고, 天武 12년(683)에 사성받아 船連氏가 되었다. 船連湊守는 嵯峨朝 전반에 少外記에 임명되었고, 弘仁 7년(816)에 외종5위하에 서위되어 大外記가 된다. 弘仁 10년(819)에 石見守로 임명되었고, 天長 3년(826)에 정5위하에 서위되었다.

5 134쪽, 弘仁 6년(815) 6월 무오조 각주 42 참조.

6 국별로 설치된 別當은 國司의 행정을 감독한다. 公卿이 겸직하였다.

임술(29일), 당 유학승 靈船[7]의 남녀의 동생에게 阿波國의 벼 1천속을 하사하였다.

　○ 3월 무진삭, 우대신 종2위 겸 行皇太子傅 臣 藤原朝臣緖嗣[8]가 언상하기를, "지난 天長 원년(824) 정월 24일의 상표에 의거하여, 渤海의 입조는 12년으로 정했다. 그런데 지금 (당 유학승) 靈仙[9]의 서신을 갖고온 이유로 교묘하게 약속한 기한을 어겼다. 이에 되돌려보내자는 문서를 지난해 12월 7일 언상하였다. 그러나 어느 사람은 '지금 (嵯峨太上天皇으로부터 淳和天皇으로의) 兩君의 절세의 양위는 이미 堯舜(의 선양)을 넘어섰다. 이를 내부적으로 두고 (외부에) 알리지 않는다면, 大仁의 아름다운 명성은 어떻게 해외에 전할 수 있겠는가'라고 논했다. 臣은 생각하기를, 『日本書紀』에서 운하기를, '譽田天皇이 사망했을 때, 당시의 태자 菟道稚郎子가 大鷦鷯尊에게 양위하였다. 고사하며 어찌 선제의 명을 거스르고 가볍게 弟干의 말을 따를 수 있겠는가, 라고 말했다. 형제는 서로 양보하며 감히 위에 나가지 않았다. 태자는 菟道에 궁을 조영하고 지냈다. 皇居를 비어둔지 3년이 지났다. (이에) 태자는 내가 오래살아 천하가 힘들어졌구나, 라고 말하면서 마침내 菟道宮에서 자살하였다. 大鷦鷯尊은 비통해하며 슬퍼운 것은 예를 넘은 것이다. 천황의 위에 나아가 難波高津宮에 도읍을 정했다'고 한다. 자세한 것은 『일본서기』에 있다. 상세히 기록할 수는 없다. 당시의 양위의 아름다움은 해외에 전하지 못했다. 이러한 앞선 현인의 지혜와 사려는 깊이 국가를 되돌아본 것이다. 그러한 즉 선왕의 옛 전적은 만대의 불후의 사서가 되었다. 또 전해 듣건대, 『禮記』에 운하기를, '무릇 禮라고 하는 것은 친소관계를 정하고, 혐오와 의심을 판단하며, 같고 다른 점을 분별하고, 옳고 그름을 밝히는 것이다. 禮는 말을 함

7　靈仙이라고도 한다. 延曆 23년(804)에 당에 유학승으로 長安에서 수행하면서 漢譯佛經 사업에도 참여하였다. 발해사를 중개로 하여 靈善의 서신을 일본에 전하고, 일본조정에서는 사금을 보내기도 하였다. 『續日本後紀』承和 9년(842) 3월, 4월조 및 『入唐求法巡禮行記』에 관련 내용이 나온다.

8　19쪽, 弘仁 2년(811) 2월 임오조 각주 32 참조.

9　앞의 당 유학승 靈船.

부로 하지 않으며 禮는 분수를 넘지 않는다'고 한다. 그러나 渤海使節은 이미 詔旨를 거스르고 함부로 입조하였다. 편향되게 쓸모없는 서신을 용인한다면, 아마도 종전의 규범이 훼손될 것이다. 실제로 이들은 상인이고, 인국의 사절로는 족하지 않다. 이 상인을 사절로 삼는 것은 국가의 손해이고, 정치의 근본에도 부합하지 않는다. 이에 더하여 요즈음 (국가의) 제반 행사로서, 첫째, 증 황후의 개장[10], 둘째, 御齋會, 셋째 加勢山의 수로 및 飛鳥의 보, 관개수로의 굴삭, 넷째, 7도 및 기내순찰사, 다섯째, 발해사절을 조정에 부르는 일 등 해야 할 일이 쌓여있고, 번다하여 겨를이 없다. 또 근년 가뭄과 역병이 이어지고, 사람과 물자가 모두 소진되어가고 있다. 한번 진휼하고 나면 正稅의 도곡이 부족해진다. 하물며 때는 농번기에 있어 운송에 폐해가 많으며, 노역에 징발되면 백성은 힘들어지고, (물품을) 공급하면 정세는 손실이 날 것이다. 무릇 군주에게 간언하는 신하가 없다면 천하는 어찌 보존할 것인가. 백성의 근심은 종식되지 않고 천재는 소멸되기 어렵다. 1인의 천하가 아니고, 이것은 만인의 천하이다. 만약 지금 백성을 잃게 된다면, 德은 후세의 현인에게 부끄럽게 남을 것이다. 삼가 발해사절이 입경하는 것을 정지했으면 한다. 즉 도착한 국에서 돌려보내고, 동시에 조정의 위엄을 과시하고 또 백성의 고충을 없애야 한다. 다만 (정해진) 기한에 따라 입조한다면, 모름지기 종전의 관례로부터 대접해야 한다. 臣 緖嗣는 오랫동안 와병중이고 마음과 정신이 혼미해져 있으나, 폐하의 은혜는 사경을 헤매어도 잊을 수가 없다. 어리석은 신의 마음으로부터의 진심을 말하지 않을 수가 없어 삼가 거듭 표를 올리는 바이다'라고 하였다. (천황은 이를) 불허하였다[11].

기사(2일), 妃 종2위 多治比眞人高子가 죽었다. 종1위에 추증하였다. 나이 39세였다. 사자를 저택에 보내 조를 내리기를, "운운". 蝦夷 2인을 득도시켰다.

정축(10일), 柏原天皇[12]을 위해 西寺에서 7일간 화엄경을 설법하였다. 별도로

---

10 高志内親王의 石作山陵으로의 改葬.
11 『類聚國史』194「渤海」下 天長 3년(826) 3월 무진삭조, 『日本紀略』해당 조.
12 桓武天皇.

조정의 논의가 있어, 사직한 대승도 護命法師[13]를 講師로 삼았다. 공경 이하는 그 일에 관계하였다. 그 경전은 (차아)태상천황의 친필이다. 자줏빛 종이에 金으로 글자를 쓰고, 옥제 봉에 자수한 책표지로 두루마기로 만들었고, 1점 1획은 기세가 강한 필체로 구술을 이어놓은 별과 같이 정렬되어 있었고 눈부시게 빛났다. 보는 사람은 칭송하여 書聖이라고 하였다. 鍾繇[14], 逸少[15]도 오히려 이를 능가하지 못했다. 운운. 또 불당은 장엄하였고, 종종의 法具는 진기하고 특이한 것이었다.

갑신(19일), 조를 내려(宣命體), "천황의 詔旨로서 내린 말씀을 듣도록 하라고 분부하였다. 종8위하 出雲臣豐持를 國造로 임명하고 관위를 올려주고, 천황이 친히 물품을 하사한다고 한 말씀을 들으라고 분부하였다"라고 하였다.

을미(28일), 임관이 있었다.

○ 하4월 임인(5일), 황제가 南池에 행차하였다, 문인을 불러 시부를 짓게 하고, 차등있게 물품을 내렸다.

정미(10일), (천황이) 神泉苑에 행차하였다.

기유(12일), 지진이 있었다.

○ 5월 정묘삭, 산위 종4위상 安部朝臣男笠이 죽었다. 延曆 17년(798) 5위하에 서위되고 右兵衛佐가 되었으며, 전임되어 左馬頭 겸 參河守에 임명되었다. 弘仁 초에 종5위상에 서위되고 駿河守에 임명되었다. 갑자기 종4위하에 서위되고 主殿頭에 보임되었으며 이어서 종4위상이 내려졌다. 성격은 소박하였으나 학문적 재능은 없었다. 내외의 관을 역임하였고, 세평은 좋지도 나쁘지도 않았다. 매를 조련하는 법은 누구보다도 뛰어났다. 桓武天皇의 총애를 받아 자주 천황의 측근에서 봉사하였다. 사망시의 나이는 74세였다. (이날) 3품 恒世親王이 죽었다. 今

---

13 護命法師는 弘仁 14년(823)에 大僧都를 사직하고 天長 4년(827) 11월에 僧正에 임명되었다.
14 後漢 말, 삼국으 魏의 정치가이자 서예가, 秦漢 이래의 명필로서 칭해졌고, 예서, 해서, 행서에 능했다.
15 東晋의 서예가 王羲之. 逸少는 字.

上의 제1황자로서, 모친은 증 황후[16]이고, 환무천황의 황녀이다. 나이 22세였다. 천황이 비통해하여 오래도록 조정에 나오지 않았다.

갑술(8일), 渤海使節 대사 高承祖 등이 입경하였다[17]. 鴻臚館에 안치하였다[18].

병자(10일), 恒世親王을 山城國 愛宕郡의 鳥部寺 이남에 매장하였다.

무인(12일), 渤海國使 政堂信[19] 少卿[20] 高承祖에게 정3위를 주었다. 부사 高如岳 정4위상, 판관 王文信, 高孝英 2인에게 정5위상을 내리고, 錄事 高成仲, 陳崇彦 2인에게 종5위상을 주었다. 譯語 李隆郎, 李承宗 2인에게 종5위하를, 6위 이하 11인에게도 서위가 있었다[21].

경진(14일), 발해사절이 加賀國[22]으로 돌아갔다[23].

신사(15일), (천황이 발해국왕에게 보내는 국서에서), "천황이 삼가 渤海國王에게 문안드린다. 사자 (高)承祖 등은 재당 학문승 靈仙의 표문과 물품을 받아 왔다. 서계를 보니 모두 갖추어져 있으며, 아름다운 위로의 말이 깊이 실려있다. (渤海國)王의 신뢰는 금석과 같고, 곧은 지조는 푸른 소나무와 같다. (발해사는) 국명을 받들어 장안으로 가기 위해 오대산의 준령과 같은 아득함을 개의치 않았고[24], 인국과의 우호를 돈독히 하기 위해 일본에 만리의 항해를 스스로 헤쳐왔다.

---

16 高志內親王.
17 작년 12월 3일에 도착하여 반년만에 입경한 것이다.
18 『類聚國史』194「渤海」下 天長 3년(826) 5월 갑술조.
19 발해관제 3省의 하나인 政堂省, 장관은 大內相
20 6부의 하나인 信部의 차관인 少卿.
21 『類聚國史』194「渤海」下 天長 3년(826) 5월 무인조.
22 발해사가 귀국하는 출항지. 현재의 石川縣
23 『類聚國史』194「渤海」下 天長 3년(826) 5월 경진조.
24 일본조정에서는 唐 長慶 5년(825)에 長安의 오대산에서 수행하고 있는 유학승 靈仙(靈船)에게 사금을 보냈고, 靈仙은 감사의 서신과 불사리를 일본에 보낸다. 이때 중개했던 인물이 발해승 貞素이다. 즉 貞素는 장안에 가서 靈仙을 만나 서신과 불사리를 전하기 위해 발해사와 함께 일본에 온 것이다. 또한 발해사가 일본에서 귀국할 당시, 貞素는 일본조정으로부터 사금 1백량을 靈仙에게 전해주기 위해 太和 2년(828) 4월 7일 오대산을 찾았지만, 그는 이미 사망한 뒤였다. 이 내용에 대해서는 圓仁의 『入唐求法巡禮行記』권3, 開成 5년

(발해와 일본은) 안개와 파도로 멀리 격해 있지만, 신의와 정성으로 긴밀해지고 있다. 훌륭한 군자의 바른 마음과 깊은 사려에, 감격의 마음은 말로 나타낼 수 없다. 토지의 산물을 받으니 멀리서 깊은 정을 느낀다. 답례의 信物은 보잘 것 없지만, 별도로 봉함하여 보낸다. (발해의) 승 貞素의 지조가 결한 바가 없음은[25] (高)承祖가 모두 알고 있다. 날씨는 아직 덥다. 왕께서는 무고하시길 빈다. 소략하지만 마음을 전하고, 다시 번거로운 말은 피하도록 한다"라고 하였다[26].

기축(23일), 좌우경의 기아에 있는 백성을 구휼하였다.

임진(26일), 정6위하 文室朝臣富田麻呂에게 종5위하를 내렸다.

갑오(28일), 좌대신[27]이 (사직을 청하는) 표를 올렸다.

을미(29일), 조를 내려, 운운.

○ 6월 무술(2일), 참의 종4위하 橘朝臣常主가 죽었다. 세간에서 말하기를, "常主는 땔감을 쌓아두고 그 위에서 불에 타 숨졌다"고 하였다. 칙사가 와서 사정을 조사받았다. 나이 40세였다.

기해(3일), 7월 7일의 相撲節을 변경하여 16일로 정했다. (平城太上天皇)의 國忌를 피하기 위해서이다.

임인(6일), 지진이 있었다. 승 1백인을 (천황의) 御在所 및 대극전에 초청하여, 3일간 대반야경을 전독하게 하였다. 역병을 방지하고 풍년을 기원하기 위해서이다.

갑진(8일), 俊子内親王이 죽었다. 태상천황의 황녀이다.

병오(10일), 愛宕郡 愛宕寺의 南山에 장사지냈다.

병진(20일), 相撲司[28]를 임명하였다.

---

(840) 7월 3일자에 渤海國僧 貞素가 쓴 「哭日本國內供奉大德靈仙和尚詩 幷書」에 자세하다.

25 원문에는 "操行所缺者"로 나오지만, '無'를 보입해 "操行武無缺者"라고 해야 貞素의 행적과 부합한다.

26 『類聚國史』194「渤海」下 天長 3년(826) 5월 신사조.

27 좌대신은 藤原冬嗣, 그는 7월 기축에 사망한다.

28 相撲司는 平安時代 매년 7월의 相撲節會에 맞춰 式部省에 설치된 임시관사(후에 兵部省에

정사(21일), 임관이 있었다.

○ 추7월 경진(15일), 임관이 있었다. 4품 賀陽親王[29]을 중무경으로 삼았다.

신사(16일), (천황이) 豐樂殿에 어림하여 씨름을 관람하였다. 서쪽에서 慶雲[30]이 보였다. 그 형상은 5색에 서로 섞여 있었고, 염직한 명주같았다.

기축(24일), 좌대신 정2위 겸 行左近衛大將 藤原朝臣冬嗣[31]가 죽었다. 도량과 재능을 갖추고 온화하며 여유가 있었고, 식견과 넓은 아량이 있었다. 재능은 문무를 겸하고 있으면서, 덕행은 변화에 잘 화합하였고, 너그러운 마음으로 사람을 접했으며 많은 사람들의 환심을 얻었다. 운운. 봉호의 수입을 나누어 빈약한 자들을 베풀었고, 학관을 세워 자제들에게 학문을 권장하였다. 나이 52세였다.

신묘(26일), 사자를 大臣의 深草鄕 별장에 보냈다. 조를 내려, 운운. 정1위에 추증하였다. 山城國 愛宕郡의 深草山에 장사지냈다. 攝津國 垂水莊의 공전 1정 8단을 齋院司에 사여하였다.

○ 8월 정유(2일), 종4위상 安部朝臣雄能麻呂가 죽었다. 종5위하 億宇麻呂의 손이고, 因幡守 종5위상 人成의 자이다. 弘仁 원년에 종5위하에 서위되었고, 동 8년에 종4위하, 동 13년에 종4위상이 되었다. 처음에 매를 조련하는 기술을 습득하였다. 다른 재능, 학식은 없었지만, 고위, 고관이 된 것은 일신의 행운이었다.

무술(3일), 대학박사 종5위상 伊豫部連眞貞 및 直講, 학생 등을 紫宸殿에 불러, 불교경전에 대해 토론하게 하였다. 이것은 관례였다. 녹을 하사하였다.

무신(13일), 종5위상 藤原朝臣家雄·藤原朝臣吉野에게 정5위하를 내렸다.

병진(21일), 정5위하 藤原朝臣家雄에게 종4위하를 내렸다. 임관이 있었다.

설치), 奈良時代에는 拔出司라고 불리었고, 매년 節會가 열리기 1개월전에 中納言, 參議, 侍從으로부터 복수 추천받아 中務省에서 선임하였다. 정원은 3위에서 5위 중에서 좌우 12명씩 24명이 선출되었다. 그 밑에 부속인으로 丞, 大舍人, 樂人이 임명되었다.

29 桓武天皇의 제10황자.

30 『延喜式』卷第21, 式部省式에 慶雲은 "狀若烟非烟, 若雲非雲"라고 하면서 大瑞의 범위로 규정하고 있다.

31 15쪽, 弘仁 2년(811) 춘정월 갑자조 각주 32 참조.

임술(27일), 좌우경의 굶주리고 병든 자 및 수해를 입은 백성 등을 진휼하였다.

○ 9월 병인(2일), 河內國 澁河郡의 황폐지, 공한지 20정을 典藥寮에 사여하였다.

기사(5일), 조를 내려, 운운.

경오(6일), 伊豫守 종4위상 安倍朝臣眞勝이 죽었다. 大宰大監 정6위상 三綱의 자이다. 延曆 연중에 종5위하에 서위되고, 음양두에 임명되었다. 弘仁 11년(820)에 종5위하에 서위되고 神祇伯에 임명되었으며, 甲斐守, 伊豫守를 역임하였다. 천성이 순박하고 아첨하는 것을 좋아하지 않았다. 노장사상을 배워서 내용을 말하고 유창하게 읽었지만, 그 뜻과 이치에 대해서는 정통하지 못했다. 역임한 직에서는 자못 너그럽고 조용하다고 평해졌다. 사망시의 나이는 73세였다.

계유(9일), 內裏에서 연회를 베풀고 문인 이상에게 차등있게 녹을 내렸다.

을해(11일), 천황이 八省院에 어림하여 이세대신궁에 폐백을 바쳤다.

정축(13일), 정6위상 長田王·藤原朝臣浜雄·佐伯宿禰福成에게 종5위하를 내렸다. 임관이 있었다.

갑신(20일), 河內國의 若江, 澁河 2군의 토지 20정을 음양료에 충당하였다.

기축(25일), 임관이 있었다.

○ 동10월 병신(2일), 천황이 栗前野에 행차하여 사냥을 즐겼다. 시종 및 狩長, 非侍從[32], 山城國의 掾 이상에게 피복을 하사하였다.

임인(8일), 임관이 있었다.

기유(15일), 정6위상 多治比眞人門成에게 종5위하를 내렸다.

기미(25일), 정6위상 藤原朝臣貞吉에게 종5위하를 내렸다.

○ 11월 정축(14일), 畿內 5국의 校田使[33]를 임명하였다.

---

32 조정의 의식, 행사 시에 侍從의 직무를 보조하기 위해 둔 직이 次侍從이고, 非侍從은 비상시에 侍從의 부재시에 임시로 맡은 직.

33 校田은 班田을 준비하기 위해 전지의 현황을 파악하고 校田帳, 校田圖를 작성한다. 이때 파견된 사자를 校田使 라고 한다.

을유(22일), 지진이 있었다.

기축(26일), 임관이 있었다.

○ 12월 갑진(16일), 눈비가 내렸다.

을사(13일), 지진이 있었다.

병오(14일), 사자를 나누어 보내 諸陵에 荷前[34]의 폐백을 바쳤다.

무신(16일), 천황이 大原野에 행차하여 사냥을 즐겼다. 친왕 이하 근시하는 신하 및 狩長[35], 5위의 非侍從 이상에게 차등있게 녹을 내렸다.

기미(27일), 조를 내려, "짐은 재능이 부족한데도 황위를 계승하여, 살얼음을 밟고 있는듯이 두렵고, 썩은 채찍으로 말을 모는 기분으로 삼가고 있다. 좋은 은택은 백성에게 미치지 않고 감화는 전국으로 펼쳐지지 않고 있다. 스스로 극복하고 마음을 삼가고 있으나 (백성을) 구제할 바를 알지 못하고 있다. (이런 와중에) 갑자기 공경이 갖고 온 표를 보니, 慶雲[36]의 상서를 축하하는 내용이 있었다. 짐은 덕을 행한 바를 듣지 못했는데, 사물이 감응한 것은 부끄러운 일이다. 도리로서 감화시키지 못하고 있는데, 어찌 신령을 움직일 수 있겠는가. 다만 뛰어난 백관이 직무에 태만하지 않으면 신령의 효력이 없어도 남아도는 축하가 나타나는 것이다. 만민이 넉넉하지 않고 하늘의 법칙이 순조롭지 않은데, 기린, 봉황이 나와도 짐은 여전히 두렵다. 스스로 재능이 없고 부족함을 생각하면, 어찌 경하가 나타난 것일까. 짐은 이 상서에 해당하지 않기 때문에 公 등은 마땅히 정지해야 한다"라고 하였다.

(이에 대해) 우대신 종2위 겸 皇太子傅 臣 藤原朝臣緒嗣[37] 등이 언상하기를, "臣

---

34 제국으로부터 공상된 첫수확한 벼를 연말에 길일을 택해 천황 및 외척의 묘에 바치는 의식, 이 묘에 파견되는 사자를 荷前使라고 한다.

35 수렵의 행사 시에 대장으로 근무하는 무관.

36 『續日本紀』慶雲 원년(704) 5월 갑오조에도, "서쪽 누각 위에 慶雲이 보였다. 조를 내려 천하에 사면을 내리고, 연호를 고쳐 慶雲 원년이라고 하였다"라고 하여 백성들에게 축하의 덕을 베풀고 있다. 神護景雲 원년(767) 8월 계사조에도 景雲이 나타나 연호를 天平神護 3년을 神護景雲 원년으로 改元하였고, 대사면을 내리는 등 축하의 덕을 베풀었다.

은 듣건대, 天道는 말로서 표시하지 않고, 현인을 기다려 복을 나타내고, 神은 일을 주재하지 않아도 어진 군주에 부합하는 상서를 내린다. 따라서 순임금 치세에 景雲이 들어와 노래하고 기뻐하였고, 복희의 시대에는 채색 구름이 나타나고, 黃帝의 시대에는 공업이 널리 베풀어졌다고 한다. 삼가 생각하건대, 황제폐하의 덕은 천지와 같고, 자애는 만물을 도탑게 한다. 하늘과 더불어 덕이 화합하면서 오히려 추위와 더위의 불균형을 걱정하고, 땅의 재보인 (풍작)을 가져오게 하면서 또한 백성에게 베풀지 못함을 두려워하고 있다. 삼가 少外記 종6위하 都宿禰廣田麻呂, 左大史 정6위상 御野宿禰淸庭 등이 주상한 것을 보니, '지난 7월 16일 申時에 5색 구름이 豊樂殿의 서쪽에 보였다'고 한다. 또 紀伊國守 종5위하 占野王 등이 주상하기를, '지난 8월 28일 에 慶雲이 海部郡 賀多村의 伴嶋 하늘에서 보였다'고 한다. 또 大宰大貳 참의 종4위상 小野朝臣岑守[38] 등의 주상에는, '지난 7월 7일에 慶雲이 筑前國 那賀郡 상공에서 보였다'고 한다. 모두 채색의 문양으로 아름답고 수려함은 특출하였다. 신 등은 삼가 생각해보니, 『孫子瑞應圖[39]』에 慶雲은 태평에 감응한다고 하고, 『禮斗威儀[40]』에는 정치가 화평하면 慶雲에 이르고, 『孝經援神契[41]』에는 덕이 산릉에 이르면 慶雲이 나타난다고 한다. 무릇 (慶雲이 보인) 殿의 칭호는 豊樂이며 사해가 기뻐하는 증험이고, (賀多村의 伴嶋에서 보인) 嶋 명칭은 폐하의 諱[42]이다. (폐하) 1인에게 축하를 표시한 것이다. 이것은 실로 예전에 없는 드문 것이고, 역대 치세에서도 만나기 어려운 일이다. 신 등은 다행히도 번창하는 시기를 맞이하여 자주 세상의 드문 상서를 볼수 있게 되었다. 이

---

37 19쪽, 弘仁 2년(811) 2월 임오조 각주 32 참조.

38 128쪽, 弘仁 6년(815) 춘정월 임오조 각주 32 참조.

39 祥瑞에 대해 기술한 책, 『隋書』經籍志에 "瑞圖讚二卷〈梁有孫柔之瑞應圖記, 孫氏瑞應圖讚各三卷, 亡"이라고 나온다.

40 참위설에 대한 논한 서적.

41 孝經援神契는 『孝經』에 근거하여 미래 예언의 참위설로서 후한대에 만들어졌다. 『隋書』經籍志의 「孝經援神契七卷〈宋均注〉」를 말한다.

42 淳和天皇의 諱는 大伴으로 慶雲이 보인 賀多村의 伴嶋의 伴과 동일하다는 것.

것은 손뼉치고 뛰어오르고 싶을 정도이고, 실로 통상의 백배의 기쁨을 참을 수가 없다. 삼가 표를 올려 축하를 말씀드리는 바이다"라고 하였다. 종5위상 紀朝臣御依에게 정5위하를 내렸다.

신유(29일), 우대신 종2위 겸 行皇太子傅 藤原朝臣緖嗣[43] 등이 언상하기를, "신은 듣건대, 하늘은 위대함을 이루고, 하늘이 행하는 道는 성인에 어울린다. 천황이 천지의 기운을 체현하고 천황의 덕에 감응하여 영묘한 상서를 내린다. 따라서 붉은 깃털의 새가 (문왕의) 집에 머물러 周氏 (왕조) 7백년의 치세를 열었고, 흰 이리가 (金鉤를 물고) 조정에 들어와 殷家 (왕조)의 帝位가 융성했다고 한다. 삼가 생각하건대, 황제폐하는 즉위하여 책력을 실천하고 법도를 취하여 상황에 대응하였다. 殷의 탕왕이 3면의 그물망을 풀어 시혜를 베풀었고, 夏의 우왕은 많은 백성들의 죄를 보고 마음 아파하여 눈물을 흘렸다. 이에 천지의 상서가 이름을 달리하여 모이고, 도첩에 부응하는 상서가 나타나고, 동시에 별들이 어어지고 있다. 폐하는 겸양하게 (자신은 상서에) 해당하지 않는다고 하였다. (前漢의 文人) 長卿이 말하기를, '하늘이 하는 일에 (사람은) 사리에 어둡다. 따라서 진귀한 상서를 고사해서는 안된다'고 한다. 삼가 바라건대, 커다란 자애를 굽어 내리시고, 아래로는 신하의 정성을 받아들이고 위로는 하늘의 마음에 따랐으면 한다. 이 기쁨을 참을 수가 없어 표를 봉정하여 말씀을 올리는 바이다"라고 하였다.

임술(30일), 조를 내려, "짐은 덕이 부족한데도 욕되게도 군주의 자리에 나아가, 달리는 말에 탄 마음으로 걱정하고 백성의 고통을 생각하니 정신이 나간 느낌이다. 야밤에도 잠못이루고 사방이 편치않음을 근심하고 있다. 자거나 깨어있어도 먹는 것도 잊고, 통치해야 할 방법과 다른 것은 아닌지 두려워하고 있다. 근자에 상서로운 구름이 나타나, 내외에서 출현했다고 하는 공경의 축하의 상표를 보니, (짐에게는) 해당되지 않는다고 했는데, 또한 자주 주상하였다. 이를 추측할 수는 없으나, 참으로 (주상한) 표문과 같다고 해도, 어찌 (상서의 출현이) 나에

---

43 19쪽, 弘仁 2년(811) 2월 임오조 각주 32 참조.

게 (유래하고) 있다고 할 수 있겠는가. 이것은 7廟의 영령에 감응한 은혜이고, 천지가 감응하여 상서의 징험에 이른 것이다. 지금 하늘에 보답하고자 조상에게 의탁하여 백성들에게 은혜를 베풀어 이 축하의 선물을 함께 나누고자 한다. 천하에 대사면을 내린다. 天長 3년 12월 30일 동트기 전에 일어난 사형죄 이하는 경중을 막론하고, 발각되지 않았거나 발각되었거나, 미결수이거나 기결수이거나, 수감되어 있는 죄인은 모두 사면하도록 한다. 다만 팔학, 사주전, 강도와 절도, 통상의 사면에서 면제되지 않는 자는 사면에 포함하지 않는다. (慶雲을) 처음 본 자로서 5위 이상인 자에게는 관위 1계를 올려주고, 6위 이하는 2계를, 정6위상은 아들 1인에게 돌려서 2계를 내린다. 白丁은 해당 戸의 금년도 調, 庸을 면제한다. 내외의 문무관, 주전 이상은 관위 1계를 더한다. 다만 정6위상인 자는 아들 1인에게 대신 내린다. 만약 자식이 없는 자는 헤아려 물품을 지급한다. 5위 이상의 자손으로 나이 20세 이상인 자에게는, 또한 음위에 해당되어 서위한다. 친하의 노인으로 100세 이상에게는 곡물 3석을 내리고, 90세 이상은 2석, 80세 이상은 1석을 내린다. 홀아비, 과부, 독거노인, 고아, 자활할 수 없는 자는 조사하여 진휼한다. 효자, 효순, 의부, 절부는 집과 마을 어귀에 표식을 세워 현창하고 종신 과역을 면제한다. 두루 전국에 고지하여 모두 알도록 한다"라고 하였다.

일본후기 권제34 (逸文)

日本後紀 卷第三十四〈起天長三年正月, 盡同十二月〉

左大臣正二位兼行左近衛大將臣藤原朝臣冬嗣等奉勅撰

太上天皇〈淳和〉

◎天長三年天長三年春正月戊辰朔.皇帝御大極殿,受朝賀.宴侍臣於内裏,賜被. 庚午, 亥剋失火左兵衛府厨院,灰滅厮女一人. 今日,散位從四位上石川朝臣繼人卒. 正四位下難波麻呂之孫, 從四位上豐人之男也. 延暦十三年叙從五位下, 大同三年從五位上, 弘仁十三年從四位下, 天長元年從四位上. 性質素無所飾. 歷任内外, 毀譽不聞. 國之元老, 被授崇班. 卒時年八十六. 壬申, 地震. 縁左兵衛府失火事, 祓除於南庭. 甲戌, 賜宴於豐樂殿. 授正四位下藤原朝臣繼業從三位, 從四位下小野朝臣岑守從四位上, 無位高枝王從四位下, 從五位下雄豐王從五位上, 正六位上粟生王從五位下, 正五位下藤原朝臣世嗣從四位下, 正五位下百濟王元勝正五位上, 從五位下安野宿禰文繼正五位下, 從五位下巨勢朝臣河嗣・紀朝臣虎主・藤原朝臣人竝・和氣朝臣仲世・大江朝臣總成・藤原朝臣葛守・林朝臣山主・藤原朝臣常嗣・廣階宿禰眞象從五位上. 正六位上藤原朝臣諸成・布瑠宿禰高庭, 外從五位下坂上忌寸今繼・羽咋公吉足從五位下. 外從五位下奄智造吉備麻呂・船連湊守外正五位下. 正六位上宮原宿禰村繼・大崗忌寸豐繼外從五位下. 賜祿有差. 乙亥, 授正六位上三繼王・伊勢朝臣永嗣從五位上. 女叙位. 辛巳, 地震. 戊子, 任官. 庚寅, 地震. 授外從五位下遠田臣人綱・上毛野賀茂公宗繼外正五位下, 外正六位上磐城臣藤成・上毛野陸奧公吉身外從五位下. 乙未, 幸芹川野遊獵. 從四位下源朝臣信爲侍從, 山城國別當中納言從三位清原眞人夏野, 率國司, 聊獻物. 賜群臣及國司判官以上衣被. 丙申, 和泉國, 令築池五處. 從民望也.

○二月辛丑, 任官. 癸丑, 備前國, 停田原池, 築神埼池. 辛酉, 地震. 任改葬石作山陵司. 壬戌, 賜唐留學僧靈船之弟妹, 阿波國稻一千束.

○三月戊辰朔. 右大臣從二位兼行皇太子傅臣藤原朝臣緒嗣言, 依去天長元年正月二十四日上表, 渤海入朝, 定以一紀. 而今寄言靈仙, 巧敗契期. 仍可還却狀, 以去年十二月七日言上. 而或人論曰, 今有兩君絶世之讓, 已越堯舜. 私而不告, 大仁芳聲, 緣何通於海外. 臣案, 日本書紀云. 譽田天皇崩, 時太子莵道稚郎子, 讓位于大鷦鷯尊. 固辭曰. 豈違先帝之命, 輒從弟王之言. 兄弟相讓, 不敢當之. 太子興宮於莵道而居. 皇居空之, 既經三歲. 太子曰, 我久生煩天下哉. 遂於莵道宮自薨. 大鷦鷯尊悲慟越禮. 即天皇位, 都難波高津宮. 委曲在書紀, 不能以具盡. 于時讓國之美, 無赴海外. 此則先哲智慮, 深顧國家. 然則先王之舊典, 萬代之不朽者也. 又傳聞, 禮記云. 夫禮者, 所以定親疏, 決嫌疑, 別同異, 明是非也. 禮不辭費, 禮不踰節. 而渤海客徒, 既違詔旨, 濫以入朝. 偏容拙信, 恐損舊典. 實是商旅, 不足隣客. 以彼商旅, 爲客損國, 未見治體. 加以, 比日雜務行事, 贈皇后改葬〈一〉, 御齋會〈二〉, 掘加勢山溝幷飛鳥堰溝〈三〉, 七道畿內巡察使〈四〉, 可召渤海客徒〈五〉, 經營重疊, 騷動不遑. 又頃年旱疫相仍, 人物共盡. 一度賑給, 正稅缺少. 況復時臨農要, 弊多遞送, 人疲差役, 稅損供給. 夫君無爭信, 安存天下. 民憂未息, 天災難滅. 非一人天下, 是萬人天下. 縱今損民焉, 德有慙後賢. 伏請, 停止客徒入京. 即自著國還却, 且示朝威, 且除民苦. 唯依期入朝, 須用古例. 臣緒嗣雖久臥疾牀, 心神既迷, 而恩主之至, 半死無忘. 愚臣中誠, 不獲不陳, 謹重奉表以聞. 不許. 己巳, 妃從二位多治比眞人高子薨. 贈從一位. 年三十九. 遣使就第詔曰, 云云. 度俘囚二人. 丁丑, 奉爲柏原天皇, 於西寺限七箇日, 說法華經. 別有朝議. 請致仕大僧都護命法師, 爲講師. 公卿以下供其事. 其經太上天皇手跡也. 紫紙金字, 玉軸繡帙, 一点一畫, 有體有勢, 珠連星列, 爛然滿目. 觀人稱曰書聖. 鍾繇逸少, 猶未足, 云云. 又佛堂莊嚴, 種種法物, 盡奇窮異. 甲申, 詔曰, 天皇〈我〉詔旨〈良萬止〉宣〈布〉詔旨〈乎〉, 聞食〈倍止〉宣. 從八位下出雲臣豐持〈乎〉國造〈爾〉任賜〈霑〉, 冠位上賜〈比〉, 大御手物賜〈久止〉宣〈布〉詔〈乎〉, 聞食〈閇與止〉宣. 乙未, 任官.

○夏四月壬寅, 皇帝幸於南池, 召文人令賦詩, 賜祿有差. 丁未, 幸神泉苑. 己酉, 地震.

○五月丁卯朔, 散位從四位上安部朝臣男笠卒. 延曆十七年敍從五位下任右兵衛佐, 遷任左馬頭兼參河守, 弘仁初敍從五位上任駿河守, 俄敍從四位下拜任主殿頭, 尋授從四位上. 性質素, 無才學. 歷職內外, 不聞善惡. 調鷹之道, 冠絕衆倫. 桓武天皇寵之. 屢侍龍顏. 卒時年七十四. 三品恒世親王薨. 今上第一皇子, 母贈皇后, 桓武天皇之皇女也. 年二十二. 天皇悲痛, 久不視朝. 甲戌, 渤海客徒大使高承祖等入京. 安置鴻臚館. 丙子, 葬恒世親王於山城國愛宕郡鳥部寺以南. 戊寅, 渤海國使政當信少卿高承祖授正三位. 副使高如岳正四位上, 判官王文信‧高孝英二人正五位上, 錄事高成仲‧陳崇彥二人從五位上. 譯語李隆郎‧李承宗二人從五位下, 六位已下十一人. 又有敍位. 庚辰, 渤海客徒, 歸加賀國. 辛巳, 天皇啓問渤海國王. 使承祖等, 轉送在唐學問僧靈仙表物来. 省啓悉之, 載深嘉慰. 王信確金石, 操貞松筠. 褰國命於西秦, 五臺之嶺非邈, 敦隣好於南夏, 萬里之航自通. 煙波雖遼, 義誠密邇. 有斐君子, 秉心塞淵, 感激之懷, 不可遵說. 土宜見贈, 深領遠情. 答信輕毛, 別附檢到. 其釋貞素, 操行(無)所缺者, 承祖周悉. 風景正熱. 王無恙也. 略此寄懷, 不復煩云. 己丑, 賑給左右京飢民. 壬辰, 授正六位下文室朝臣富田麻呂從五位下. 甲午, 左大臣上表. 乙未, 詔曰, 云云.

○六月戊戌, 參議從四位下橘朝臣常主卒. 世云, 件常主積薪, 居其上燒死. 有勅使被問. 年四十. 己亥, 改七月七日相撲, 定十六日. 避國忌也. 壬寅, 地震. 屈一百僧於御在所及大極殿, 限三箇日, 轉讀大般若經. 防疫癘, 祈豐年也. 甲辰, 俊子內親王薨. 太上天皇皇女也. 丙午, 葬愛宕郡愛宕寺以南山. 丙辰, 任相撲司. 丁巳, 任官.

○秋七月庚辰, 任官. 四品賀陽親王爲中務卿. 辛巳, 御豐樂殿, 覽相撲. 慶雲見西方. 其狀五色相雜, 如夾纈絹. 己丑, 左大臣正二位兼行左近衛大將藤原朝臣冬嗣薨. 器局溫裕, 職量弘雅. 才兼文武, 道叶變諧. 寬容接物, 能得衆人歡心. 云云. 分封戶以施貧弱, 建學館而勸子弟. 年五十二. 辛卯, 遣使就大臣深草

別業, 詔曰, 云云. 贈正一位. 葬于山城國愛宕郡深草山. 攝津國垂水庄公田一
町八段, 賜齋院司.

○八月丁酉, 從四位上安部朝臣雄能麻呂卒. 從五位下億□麻呂之孫, 因幡
守從五位上人成之子也. 弘仁元年敍從五位下, 八年從四位下, 十三年從四位
上. 初以調鷹得達. 無他才學. 品秩顯要, 一身之幸也. 戊戌, 召大學博士從五位
上伊予部連眞貞及直講‧學生等於紫宸殿, 令講論經義. 例也. 賜祿. 戊申, 授
從五位上藤原朝臣家雄‧藤原朝臣吉野正五位下. 丙辰, 授正五位下藤原朝臣
家雄從四位下. 任官. 壬戌, 賑給左右京飢病及被水害百姓等.

○九月丙寅, 河內國澁河郡荒廢閑地二十町, 充典藥寮. 己巳, 詔曰. 云云. 庚
午, 伊豫守從四位上安倍朝臣眞勝卒. 大宰大監正六位上三綱之子也. 延曆年
中敍從五位下, 任陰陽頭, 弘仁十一年敍從四位下, 任神祇伯, 歷甲斐伊豫守.
天資質樸, 不好祇媚. 學老莊, 能口白讀如流, 不精義理. 所歷之職, 頗稱寬靜.
卒時七十三. 癸酉, 賜宴於內裏, 文人已上, 賜祿有差. 乙亥, 天皇御八省院, 奉
幣帛於伊勢大神宮. 丁丑, 授正六位上長田王‧藤原朝臣濱雄‧佐伯宿禰福成
從五位下. 任官. 甲申, 河內國若江, 澁河兩郡地二十町, 充陰陽寮. 己丑, 任官.

○冬十月丙申, 天皇幸栗前野遊獵. 賜侍從及狩長非侍從幷山城國掾已上衣
被. 壬寅, 任官. 己酉, 授正六位上多治比眞人門成從五位下. 己未, 授正六位上
藤原朝臣貞吉從五位下.

○十一月丁丑, 任五畿內校田使. 乙酉, 地震. 己丑, 任官.

○十二月甲辰, 雨雪. 乙巳, 地震. 丙午, 分使奉諸陵荷前幣. 戊申, 車駕幸大
原野遊獵. 賜親王以下侍臣及狩長五位非侍從以上祿, 各有差. 己未, 詔曰, 朕
以菲薄, 嗣膺丕基, 踐冰虔虔, 馭朽敬敬. 膏澤不浹於黎庶, 風化莫澄於寰區.
剋己惕懷, 未知攸濟. 忽見公卿來表, 有賀慶雲之瑞. 朕德行無聞, 以慙感物.
道化有缺, 何用動神. 但惟俊乂百工, 存職匪懈. 雖靈芝不効, 慶有餘焉. 萬民
不贍, 帝則未順. 雖麟鳳在野, 吾猶懼矣. 自顧庸虛, 何之慶賀. 朕尙不敢當之.
公等宜且停矣. 右大臣從二位兼皇太子傅臣藤原朝臣緒嗣等言, 臣聞, 天道無

言, 待哲后而呈祉, 神功不宰, 値仁君而降祥. 故景雲入歌, 有虞之化逾穆, 伏氣絞彩, 軒轅之業克宣. 伏惟, 皇帝陛下, 德等二儀, 仁敦萬物, 與天合德, 尚憂寒暑之不均, 將地侔貨, 猶恐黎元之未給. 伏見少外記從六位下都宿禰廣田麻呂, 左大史正六位上御野宿禰清庭等奏稱. 去七月十六日申時, 有五色雲, 見於豐樂殿之西. 又紀伊國守從五位下占野王等奏稱, 去八月二十八日, 慶雲見於海部郡賀多村伴嶋上. 又大宰大貳參議從四位上小野朝臣岑守等奏稱, 去七月七日, 慶雲見于筑前國那賀郡之上. 竝皆彩色紛郁, 美麗非常. 臣等謹案, 孫子瑞應圖曰, 慶雲太平之應也. 禮斗威儀曰, 政和平則慶雲至. 孝經援神契曰, 德至山陵則慶雲出. 夫殿號豐樂, 驗四海之歡娛, 嶋名聖諱, 表一人之有慶. 斯實曠古之所希, 歷世之所難逢. 臣等幸値會昌之期, 頻覩希世之瑞. 其爲抃躍. 寔百恒品, 不勝悅予之至. 謹拜表陳賀, 以聞. 授從五位上紀朝臣御依正五位下. 辛酉, 右大臣從二位兼行皇太子傅藤原朝臣緒嗣等言, 臣聞, 惟天爲大, 叶天道者聖人. 惟皇體元, 應皇德者靈貺. 故丹羽止戸, 周氏開七百之期, 白狼入朝, 殷家隆九五之祚. 伏惟, 皇帝陛下, 登樞踐曆, 執象應機. 解殷帝之羅, 去三面而流惠, 垂夏王之泣, 傷萬姓之有辜. 是以, 天瑞地符之祥, 異名而影集, 應圖合謀之貺, 同時而星連. 陛下, 謙讓而不當. 長卿有云, 且天爲質闇, 珍符固不可辭也. 伏望, 鴻慈曲垂, 以納下臣之款, 且副上天之心. 不任鳧藻之至, 奉表陳乞.以聞. 壬戌, 詔曰, 朕以昧德, 忝纂君臨, 乘奔軫懷, 納隍銷志. 分宵廢寢, 憂萬方之未安. 興晨忘飡, 懼八政之或殊. 近有非雲, 見諸內外公卿表賀, 辭不敢當, 尚亦頻奏. 推之不得. 誠如来表. 豈謂在己. 此則七廟之靈, 感恩如在, 二儀之感, 徵祥自臻. 今欲報德蒼天, 寄彼祖宗, 播惠黎氓, 共斯嘉貺. 可大赦天下. 自天長三年十二月三十日昧爽以前, 大辟已下, 罪無輕重, 未發露, 已發露, 未結正, 已結正, 繫囚見徒咸悉赦除. 但犯八虐, 私鑄錢, 強竊二盜, 常赦所不免者. 不在赦限. 其初見人, 五位者進位一階, 六位已下者二階, 正六位上者廻授一子二階, 白丁免當戶今年調庸. 內外文武官, 主典已上, 加位一級. 但正六位上者, 廻授一子. 若無子者, 宜量賜物. 五位已上子孫年二十已上者, 亦敍當蔭之階. 天下老人, 百歲已上賜穀三斛, 九十已上二斛, 八十已上一斛. 鰥寡孤獨不能自存者, 量加賑恤. 孝子順孫義夫節婦, 旌表門閭, 終身勿事. 普告遐邇, 咸使知聞.

日本後紀 卷第三十四 (逸文)

일본후기 권제35 〈天長 4년(827) 정월에서 동 12월까지〉

　좌대신 정2위 行左近衛大將을 겸직한 臣 藤原朝臣冬嗣 등이 칙을 받들어 편찬하다.

　太上天皇〈淳和〉
　◎ 天長 4년(827) 춘정월 계해삭, 신년하례를 정지하였다. 천황이 약을 복용했기 때문이다.
　갑자(2일), (천황이) 宜陽殿 행랑 아래에서 친왕 이하 시종 이상을 불러 주연을 열고 피복을 하사하였다.
　을축(3일), 太上天皇이 친왕 및 源氏[1]를 仁壽殿[2]으로 불러 피복을 내렸다.
　정묘(5일), 칙을 내려, 大和國 高市郡에 있는 증 황후[3]의 간전 10정을 천황의 치세에 한해서 橘寺에서 춘추로 행하는 悔過[4]의 비용으로 시입하였다. 목면 3백둔을 川原寺[5]에서 경전을 음송하는데 (비용으로) 사용하게 하였다. 동서 2寺에서 각각 49인의 승을 불러 7일간 藥師悔過를 하게 하였다.
　정축(15일), 기내의 校田使[6]를 임명하였다.

1　嵯峨太上天皇은 황태자 正良親王을 비롯하여 5인의 親王, 12인의 內親王이 있고, 臣籍으로 내려간 源氏 성의 자식은 아들 17인, 딸 15인이다. 應永 33년(1426)에 간행된 천황, 황족의 계도인『本朝皇胤紹運錄』에 전해지고 있고,『群書類從』에 수록되어 있다.
2　181쪽, 弘仁 9년(818) 4월 경진조 각주 24 참조.
3　淳和天皇의 생모 藤原旅子.
4　불교에서 삼보에 대해 지은 죄나 과오를 참회하는 일. 佛事의 대상이 藥師如來이면 藥師悔過 이라 하고, 阿彌陀悔過, 釋迦悔過, 觀音悔過 등으로 말한다.
5　飛鳥寺, 藥師寺, 大官大寺와 함께 飛鳥의 4대사로 칭한다. 7세기후반 天智天皇 시대에 조영된 것으로,『日本書紀』에는 창건의 기술이 보이지 않는다. 平城京 천도시에 飛鳥寺, 藥師寺, 大官大寺는 이전했지만, 川原寺는 弘法寺라는 이름으로 그대로 飛鳥에 자리잡았다.
6　校田은 班田을 준비하기 위해 전지의 현황을 파악하고 校田帳, 校田圖를 작성한다. 이때 파

무인(16일), 内舎人의 吉人[7] 10인을 차출하여 香油[8]를 지참시켜 10선사 正忠 등이 주지하는 사찰에 보냈다. 지난 12월 그믐날부터 천황의 몸이 편치않아 紫宸殿에 들지 못했다. 황태자 이하 시종 이상에게 녹을 내리고 踏歌를 관람하였다. (천황이) 조를 내리기를(宣命體), "천황의 詔旨로서 말씀하신 대명을 모두 들으라고 분부하였다. 요즈음 찬바람을 맞지 않으려고 생각하여, 금일 연회는 평상과 같이 개최하지 않는다. 그러나 평상과 같이 행하는 답가를 보고 나서 퇴정하고 물품을 내린다고 분부하였다"라고 하였다. 황태자 이하는 소리내어 답하고 배례의 동작을 취했다. 녹을 차등있게 내렸다.

신사(19일), 조를 내리기를(宣命體), "천황의 詔旨로서 稲荷神 앞에 언상한다고 아룁니다. 요즈음 천황의 몸이 치유되지 않아 점괘를 보니, 稲荷神社의 나무를 베어낸 죄에 빌미가 되었다고 한다. 그러나 이 나무는 先朝의 御願寺[9] 탑 목재로 사용하기 위해 東寺가 벌목한 것이다. 지금 빌미가 되었다고 한 까닭에, 삼가 内舎人 종7위하 大中臣朝臣雄良을 사자로 보내고, (벌목에 대한) 예의로서 종5위하 관위를 올린다. 참으로 신의 마음에 의한 것이라면, 시일이 지나지 않게 치유해 해주었으면 한다. 신의 마음에 의한 것이 아니라도, 신이 위력으로 보호하고 도움을 받아, 몸이 편안해지기를 바란다고 한 천황의 詔旨를 아룁니다"라고 하였다.

계미(21일), 制를 내려(宣命體), "천황의 詔旨로서 내린 대명을 모두 들도록 하라고 분부하였다. 봉사하는 사람들 중에 그 봉사의 상황에 따라 상을 내릴 사람이 있다. 또 순찰사가 검찰한 주상으로부터도 있다. 천황의 마음으로부터 총애를 받아 내려야 할 사람도 1, 2인 있다. 이런 까닭에 관위를 올려준다고 한 천황의 말씀을 모두 들도록 하라고 분부하였다"라고 하였다.

견된 사자를 校田使 라고 한다.

7 6衛府의 하급직, 大舎人 중에서 선발되어 内裏의 諸門을 경비하였다.

8 佛事에 사용되는 방향제.

9 桓武天皇의 御願寺인 東寺, 御願寺는 천황, 황후의 발원으로 조영되고 지정된 사찰.

(이날) 종4위상 直世王에게 정4위하를, 종4위하 南淵朝臣弘貞에게 종4위상을, 정5위상 佐伯王에게 종4위하를, 정5위하 弟野王에게 정5위상을, 종5위하 貞園王 · 占野王에게 종5위상을 내렸다. 정6위상 山階王 · 長川王에게 종5위하를, 종4 위하 朝野宿禰鹿取 · 菅原朝臣淸公 · 藤原朝臣浜主 · 藤原朝臣淨本에게 종4위상 을 내렸다. 정5위하 藤原朝臣吉野에게 종4위하를, 정5위하 池田朝臣春野에게 정 5위상을 내렸다. 종5위상 藤原朝臣山人 · 紀朝臣興道 · 百濟王勝義[10] · 安部朝臣 吉人 · 興原宿禰敏久에게 정5위하를 내렸다. 종5위하 伴宿禰淨貞 · 林朝臣眞純 · 伊與部斂眞貞 · 藤原朝臣衛 · 坂上大宿禰鷹主 · 藤原朝臣春繼 · 藤原朝臣長良 에게 종5위상을 내렸다. 정6위상 藤原朝臣宮房 · 永原朝臣門繼 · 紀朝臣野長 · 登美眞人直名 · 藤原朝臣淸澄 · 安部朝臣豐內 · 佐伯宿禰諸成 · 路眞人永名 · 石 川朝臣英多麻呂 · 大中臣朝臣井作 · 橘朝臣眞毦 · 布勢朝臣長人 · 三國眞人訓秀 에게 종5위하를 내렸다. 외정5위하 石占忌寸水直 · 奄智造吉備麻呂, 외종5위상 益田連滿足에게 외정5위상을 내렸다. 정6위상 淸庭朝臣眞豐 · 安道宿禰嗣雄 · 秦宿禰嶋主 · 八戶史磯道 · 紀朝臣國守에게 외종5위하를 내렸다.

갑신(22일), 조를 내리기를(宣命體), "천황의 詔旨로서 내린 말씀을 모두 듣도록 하라고 분부하였다. 순찰사가 검찰하여 주상한 국들의 郡司들 중에 봉사한 상황 에 따라 근무성적을 칭찬하고, 관위를 올려준다고 한 천황의 말씀을 모두 듣도록 하라고 분부하였다"라고 하였다. (이날) 정6위상 高向史公守 · 美努宿禰淸貞, 외 정6위상 久米舍人虎取 · 賀祜臣眞柴 · 佐伯直鈴伎麻呂 · 久米直雄田麻呂에게 외종 5위하를 내렸다.

정해(25일), 節婦 豊前國 사람 難波部首子刀自賣에게 그 戶의 과역, 전조를 종 신 면제하도록 하였다. 子刀自賣는 나이 18세에 下毛郡의 임시 大領 蕨野勝宮守 에게 시집을 가서 □□한지 20년이 되었다. 남편 宮守가 사망하자 子刀自賣는 홀 로 빈방을 지키고, 지금 10년이 되었다. 원근의 남자들이 구혼한 일이 적지 않았

---

10   155쪽, 弘仁 7년(816) 2월 병진조 각주 7 참조.

다. 그러나 같은 묘에 묻힐 생각으로 재혼할 마음이 없었다. 사랑하는 亡夫가 남긴 옷을 침상 위에 두고 홀로 지키며 조석으로 볼 때마다 부여잡고 있었으며, 또한 맛있는 음식이 있으면 반드시 혼령에 올렸다. 인근 마을에서 칭찬하지 않는 사람이 없었다. 이에 집과 마을어귀에 표식을 세워 그 정조를 기렸다.

신묘(29일), 정6위상 船連乙山[11]에게 외종5위하를 내렸다. 임관이 있었다.

○ 2월 신축(10일), 任官이 있었다.

정사(26일), (천황이) 제를 내렸다(宣命體). "천황이 삼가 말씀드린다고 아룁니다. 운운. 금월 27일 正子内親王[12]을 황후로 정했다. 또 伊勢의 齋内親王은 본래 자주 병이 들어 齋의 일을 감당하기 어렵다는 이유로, 京都로 돌아오는 일을 중납언 종3위 淸原眞人夏野, 大舍人頭 종4위상 藤原朝臣淨本 등을 보내 삼가 말씀드린다고 아룁니다".

기미(28일), 제를 내려(宣命體), "現神으로 大八洲國을 통치하는, 운운. 이에 正子内親王을 황후로 정했다. 운운"이라고 하였다. 종5위상 橘朝臣弟氏 · 大枝朝臣總成에게 특별히 정5위하에 서위하고, 당일 황후궁직에 임명하였다. 이어 황제가 紫宸殿에 어림하여 시종 이상에게 주연을 베풀었다. 謝座[13], 謝酒[14]는 의례대로 하였다. 6위부에서 예물을 바쳤다. 연회가 무르익자 和琴을 연주하였다. 이어서 아악료에서 음악을 연주하였다. 殿上, 행랑 아래에 있던 군신들이 모두 춤을 추었다. 날이 저물자 계속해서 등불을 밝혔다. 목면, 삼베를 차등있게 내렸다.

경신(29일), 참의 式部大輔 종4위상 南淵朝臣弘貞, 右京大夫 종4위하 藤原朝臣文山을 보내, 伊勢의 内親王이 귀경하는 상황을 石作山陵에 알렸다.

11　船連氏는 백제계 도래씨족인 王辰爾의 후예로서 天武 12년(683)에 連을 받아 船連氏가 되었다. 船連乙山은 여기에만 나온다.

12　淳和天皇의 황후이고, 嵯峨太上天皇의 딸이다. 仁明天皇으로 즉위하는 正良親王과는 2난생 쌍둥이로 태어났다.

13　조정의 연회에 참석한 군신들이 殿上의 자리에 앉아 취하는 감사의 예법.

14　조정의 연회에서 천황이 군신에게 술잔을 줄 때 군신이 취하는 예법.

○ 3월 기사(8일), 무품 賀樂內親王[15]에게 4품을 내렸다.

경오(9일), 종5위하 藤原朝臣村田을 肥後守로 삼고, 바로 종5위상을 내렸다. 임관이 있었다.

임신(11일), 외종5위하 飯高宿禰姉綱에게 종5위하를 내렸다.

갑술(13일), 河內國의 황무지 50정을 대학료에 주었다. (이날) 산위 종4위하 藤原朝臣伊勢人이 죽었다. 증 태정대신 武智麻呂의 손이고, 참의 종3위 巨勢麻呂의 제7자이다. 延曆 22년(802)에 종5위하에 서위되었고, 弘仁 13년(813)에 종4위하에 이르렀다. 성격은 이치에 맞게 정연하였고 제반업무에 능숙하였다. 농민의 기질이 있어 다소 세상 물정에 소원하였다. 근무에는 힘썼으나 자못 관용과 용서가 없어, 부하, 동료들이 힘들어 하였다. 나이 69세였다.

○ 하4월 계사(2일), (천황이) 대극전에 어림하여, 伊勢大神宮에 폐백을 바쳤다. 참의 左大辨 정4위하 直世王, 中臣 산위 종5위하 大中臣朝臣笠作을 칙사로 하여, (천황이) 制를 내렸다(宣命體). "천황의 대명으로 度會[16]의 五十鈴川[17] 위에 진좌하고 있는 황조대신[18]의 어전에 말씀드린다. 지금 근시하고 있는 齋內親王은 본래 자주 병이 들어 齋를 행하는데 감당하기 어려워 물러나고자 하여, 참의 정4위하 直世王, 中臣 산위 종5위하 大中臣朝臣笠作을 사자로 보내 곤部의 어깨띠를 걸치고 몸을 청결히 하여 禮의 폐백을 소지시켜 올린다고 한 천황의 조를 말씀드린다고 아룁니다. 별도로 말씀하기를, (새로운) 齋內親王은 점괘로 정하고, 점에 부합하는 내친왕을 보낸다고 하는 상황을 말씀드린다고 아룁니다".

정유(6일), (천황이) 南池에 행차하였다. 문인을 부르고, 천황이 시를 지었다. 황태자 이하 천황의 시에 응답하여 시를 바쳤다. 차등있게 녹을 하사하였다.

신축(10일), (천황이) 紫宸殿에 어림하여 大宰大貳로 부임하는 朝野宿禰鹿

---

15 桓武天皇의 황녀.

16 伊勢神宮에 있는 神郡.

17 伊勢神宮의 경역에 흐르는 하천.

18 皇祖神인 天照大神.

取[19]의 전별회를 가졌다. 특히 5위 이상의 문인을 불러 시제없이 짓도록 하였다. 천황의 시가 소개되었다. 주연이 무르익자 아악료에서 음악을 연주하였다. 鹿取에게 피복을 하사하였다.

을사(14일), (천황이) 神泉苑에 행차하여, 주변을 둘러보고 낚시질을 하였다.

무신(17일), 지진이 있었다.

계축(23일), (천황이) 神泉苑에 행차하여 낚시를 즐겼다.

정사(26일), 산위 정4위하 佐伯宿禰淸岑이 죽었다. 종5위하 男人의 손이고, 종5위하 人麻呂의 아들이다. 延曆 24년(805)에 종5위하에 서위되고, 弘仁 13년(822)에 종5위상에 이르렀다. 온화한 얼굴로 사람을 대했으며, 화난 모습을 보이지 않았다. 완급의 조절에는 자못 부족했지만, 청렴한 마음으로 절조하는 일은 우러러 칭찬할만 하였다. 정치의 교화는 멀리까지 미치고 지방에서의 나쁜 소문으로 경세하는 일은 없었다. 나만, 일찍이 上野守에 재임할 때, 정해진 出擧 외에, 새로 출거를 증가시켰다. 국에 미납분이 번잡하게 많아지고, 백성이 부담으로 고통받아 도망가는 일이 있었다. 常陸守로 옮겨 재임할 때도 또 이러한 행정을 하여 백성은 시름하였고, 통치에 명성은 결여되었다. (부하) 국사가 (조정에) 언상하여, 드디어 정지하였다. 임기가 차서 입경하였고, 豊嶋[20]의 별장에서 임종하였다. 때의 나이는 66세였다.

○ 5월 계해(3일), 임관이 있었다.

무진(8일), 중 승정 傳灯大法師位 勤操가 죽었다. 운운. 神護景雲 4년(770) 가을에 칙이 내려져, 궁중 및 山階寺[21]에서 1천인의 승을 독도했을 때, 법사는 그 중의 1인이었다. 춘추 74세였다.

---

19 15쪽, 弘仁 2년(811) 춘정월 갑자조 각주 14 참조.
20 攝津國 豊島郡.
21 藤原氏의 氏寺인 興福寺를 말한다. 〈興福寺流記所引寶字記〉에 의하면 天智 8년에 藤原鎌足이 병중에 있을 때 부인 鏡女王이 藤原鎌足이 조영한 석가삼존상을 안치하기 위해 山城國 山階에 세운 山階寺에서 시작되어, 和銅 3년(710)에 平城京와 함께 이전되어 興福寺가 되었다.

경오(10일), 칙이 내려져 승정으로 추증하였다. 武藏國에서 흰 꿩을 바쳤다.

갑술(14일), 해시에 천둥이 치고 비가 내렸다. 이날 밤에 황후가 황자를 낳았다. 아들이었다.

경진(20일), 冷然院[22]에서 황자의 탄생을 축하하였다. 5위 이상에게 피복을 내렸다. (천황이) 중납언 良岑朝臣安世[23], 동궁학사 종5위하 滋野朝臣貞主 등에게 조를 내려, 近代[24]의 시인이 지은 시를 편집하고 20권으로 하여 『經國集[25]』이라고 명명하였다.

신사(21일), 기내, 7도 제국에 사자를 보내 폐백을 올려 비를 기원하였다. 100인의 승을 대극전에 불러 대반야경을 3일간 전독하였다.

병술(26일), 비를 기원하기 위해, 소승도 空海에게 불사리를 내리로 가져오게 하여 예배하고 灌浴[26]을 하였다. 해시가 지나자 하늘이 어두어지면서 비가 내렸다. 몇시간이 지나자 비가 그쳤다. 땅이 3촌 정도 젖었다. 이것은 사리의 영험이 감응한 것이다.

○ 6월 임진(2일), 河内, 播磨 등의 제국에 준하여 易田[27] 500정을 설치하였다.

기해(9일), 임관이 있었다. 4품 仲野親王[28]을 中務卿으로 삼고, 4품 阿保親王[29]을 上總太守로 삼았다.

---

22 嵯峨太上天皇의 거소.

23 29쪽, 弘仁 2년(811) 6월 계해삭조 각주 58 참조.

24 당시의 시점에서 오래되지 않은 시기를 말한다. 여기서는 『經國集』 편찬의 상한인 慶雲 4년 (707) 이전 시기를 말한다.

25 일본 최초의 칙찬 漢詩文集으로, 시기는 慶雲 4년(707)에서 天長 4년(827) 까지이다. 작자는 淳和天皇, 石上宅嗣, 淡海三船, 空海 등 178인의 작품 1000여편이 수록되어 있다. 현존하는 것은 모두 6권이다.

26 불사리에 불전에 바치는 물, 香水를 뿌려 목욕시키는 의식.

27 토지의 질이 척박하여 격년으로 경작하는 전지, 口分田으로 지급할 때에는 2배의 면적을 할당한다.

28 桓武天皇의 제12황자, 宇多天皇의 외조부.

29 平城天皇의 제1황자.

신해(21일), 相撲司[30]를 임명하였다. (정원은) 3위가 2인이고, 4위가 8인, 5위가 14인이었다.

임자(22일), (천황이) 神泉苑에 행차하였다. 참석한 中納言 이하 大舍人 이상에게 차등있게 商布를 하사하였다.

갑인(24일), 尾張守 종4위하 路眞人年繼가 죽었다. 종5위하 野上의 손이고, 정7위상 正道의 아들이다. 延曆 22년(803)에 종5위하에 서위되어 兵部少輔에 임명되었고, 出雲守가 되었다. 弘仁 4년(813)에 이어서 宮內大輔로 옮겼고, 相模介에 임명되고, 동 10년에 정5위하에 서위되었다. 정치적 명성이 저견되어 (相模)守로 전임되었다. 동 13년에 종4위하에 서위되고, 河內守에 임명되었는데, 갑자기 修理大夫로 옮겼다. 天長 3년(826)에 丹波守에 임명되었고, 尾張守로 옮겼다. 비록 文才는 없었지만, 직무에 힘쓰고 태만하지 않았다. 때의 나이 70세였다.

기미(29일), 近江國 高島郡의 황폐지 152정을 彈正臺에 지급하였다.

○ 추7월 계해(4일), 정6위상 高階眞人清上[31]에게 종5위하를 내렸다.

을축(6일), 황제가 神泉苑에 행차하여 낚시를 하였다.

신미(12일), 대지진이 일어났다. 많은 가옥, 건물이 무너졌다. 하룻동안 대지진이 1번, 작은 지진이 7, 8번 있었다.

계유(14일), 땅이 흔들리고 멈추지 않았으며, 해시에는 땅이 크게 흔들렸다. 지진이 있을 때마다 모두 소리가 났다.

갑술(15일), 진동이 있었다.

을해(16일), 지진이 2번 있었다.

무인(19일), 지대진이 2번 있었다.

경진(21일), 지진이 있었다.

신사(22일), 지진이 있었다.

---

30 313쪽 각주 28 참조.
31 天武天皇의 장자인 高市皇子를 祖로 하는 皇別 씨족으로 후에 朝臣으로 개성하였다. 이 인물은 여기에만 나온다.

임오(23일), 정5위하 大宅水取臣繼主에게 종4위하를 내렸다.

계미(24일), 묘시에 지진이 있었다. 오후 4刻[32]에 지진이 있었다. 야밤에 다시 지진이 있었다.

갑신(25일), 진동이 있었다. 비가 내렸다. 술시에 지진이 있었다.

병술(27일), 지대진이 있었다.

무자(29일), 지진이 있었다.

기축(30일), 지진이 있었다. 오시에 다시 크게 흔들렸다. 미시에 다시 흔들렸다.

○ 8월 임진(3일), 지진이 있었다.

갑오(5일), 지진이 있었다.

을미(6일), 오시에 지진이 있었다. 자시에 지진이 있었다. 축시에 또 지진이 있었다.

정유(8일), 지진이 있었다.

무술(9일), 동궁학사 정5위하 安野宿禰文繼에게 종4위하를 내렸다.

신축(12일), 지진이 있었다.

계묘(14일), 땅이 흔들리고, 소리가 천둥같았다.

갑진(15일), 지진이 있었다. 참의, 大藏卿 종4위하 藤原朝臣愛發[33] 등을 보내, 東大寺 盧舍那大佛로 하여금 (지진으로부터) 굳건히 지켜달라는 사유를 佐保山陵[34]에 고하게 하였다. 그 말에는 "천황이 삼가, 말씀드린다. 운운"이라고 하였다.

32　오후 12시 반.

33　藤原北家의 우대신 藤原内麻呂의 아들, 大同 4년(809)으로 선발되어 역사, 한문학을 학습하였고, 嵯峨天皇의 詔에 응해서 漢詩를 헌상하였다. 관력을 보면, 春宮大進을 시작으로, 式部丞, 兵部少輔, 民部大輔, 左少弁, 右中弁을 거쳐 天長 원년(824)에 종4위하 藏人頭, 동 3년에 참의가 되었다. 이후 大藏卿, 左大弁, 左衛門督을 역임하였고, 동 9년에 종3위 中納言에 서임되었다. 承和 7년(840)에는 정3위 大納言으로 승진하였다.

34　聖武天皇의 산릉은 佐保山南陵이라 하고, 光明皇后의 陵은 佐保山東陵이라고 한다. 佐保山은 奈良市 佐保山町에 위치해 있는 山이다.

을사(16일), 신시에 지진이 있었다. 皇后宮亮 정5위하 大枝朝臣總成이 芝草[35] 4뿌리를 바쳤다. 그중에서 큰 것은 2척 정도이고, 형상을 이루고 있으며 보라색이었다. 하나의 뿌리에 끝이 2개이고, 줄기에는 마디가 있고, 마디 사이는 1촌 정도이다. 어지럽게 휘어져있으며 곧지 않았고, 끝부분이 희었다. 總成이 말하기를, "典侍 繼子女王의 궁중의 숙소 마루 밑에서 자라고 있다"라고 하였다.

무신(19일), 지진이 있었다.

경술(21일), 대풍이 불어 가옥이 전복되었다.

신해(22일), 지진이 있었다.

계축(24일), 진시에 땅이 흔들렸다. 유시에 또 땅이 흔들렸다.

갑인(25일), 임관이 있었다.

정사(28일), 巡察大屬을 정8위상의 관으로, 少屬을 대초위상의 관으로 정했다.

○ 9월 경신삭, 지진이 있었다. 소리가 천둥과 같았다.

신유(2일), 지진이 어제와 같았다.

병인(7일), 땅이 흔들렸다.

정묘(8일), 땅이 흔들렸다. 소리가 천둥과 같았다.

무진(9일), 또 지진이 어제와 같았다.

기사(10일), 땅이 흔들렸다.

임신(13일), 지진이 있었다. 소리가 났다.

갑술(15일), 지대진이 있었다. 소리가 났다.

기묘(20일), 지진이 있었다. 소리가 천둥과 같았다.

신사(22일), 지진이 있었다. 소리가 천둥과 같았다.

○ 동10월 경인(3일), 지진이 있었다. 소리가 천둥과 같았다. 寅時에 또 땅이 흔들렸다.

임진(4일), 酉時에 지진이 있었다.

---

35 신비로운 약초로 祥瑞로 인식되었다.

을미(7일), 임관이 있었다.

기해(11일), 지진이 있었다. 소리가 천둥과 같았다. 인시에 또 지진이 있었다.

정미(19일), (천황이) 紫宸殿에 어림하였다. 右衛府, 右馬寮, 右兵庫寮에서 (내기) 경마에 져서 물품을 바쳤다. 차등있게 녹을 내렸다.

무신(20일), (천황이) 紫宸殿에 어림하여 주연을 베풀었다. 군신이 취기가 오르자 춤을 추었다, 천황이 琴을 켜고 노래를 불렀다. 즐거움은 단지 말로 할 수 없을 정도였다. (천황의) 조가 내려져, 장식꽃 비녀를 하사하였고 사람들은 머리에 꽂고 노래를 불렀다. 날이 저물자 右近衛府에서 음악을 연주하였다. 연회가 끝나자 군신들에게 피복을 내렸다.

○ 11월 갑자(6일), 내리에 여우의 울음소리가 있었다. 이에 사자를 보내 柏原山陵[36] 및 後大枝山陵[37]에 보고하였다. 그 말에, 말하기를, 운운.

병인(8일), 전 대승도 護命[38]을 승정으로 삼았다.

기사(11일), 護命은 승강을 이끌고 조정에 들어와 축하 배례를 하였다. (천황은) 물품을 하사하였다.

계유(15일), 지진이 있었다.

경진(22일), 대지진이 있었다. 소리가 천둥과 같았다.

임오(24일), 지진이 있었다.

계미(25일), (천황이) 柏原山陵[39]에 고하니, 그 내용에 (다음과 같이) 말하였다 (宣命體). "천황이 삼가 말씀올린다고 아룁니다. 御陵의 나무를 베어내는 일에 대

---

36 桓武天皇의 생모인 高野新笠의 陵.
37 桓武天皇의 夫人이고 淳和天皇의 생모인 藤原旅子의 陵.
38 護命은 法相宗의 승, 속성은 도래계인 秦氏이다. 元興寺 小塔院에 묘가 남아있어, 小塔院 僧正이라고도 한다. 護命法師는 弘仁 14년(823)에 大僧都를 사직하고 天長 4년(827) 11월에 승정에 임명되었다. 일본의 法相敎學의 대성자로서, 원흥사의 법상종이 흥복사의 법상종을 능가하는 원동력이 되었다. 眞言宗의 空海와도 친교가 있고 空海로부터 80세 축하의 시를 받기도 하였다(『性靈集』권10).
39 桓武天皇의 山陵.

해, 檢見使[40] 등이 말하기를, '매장된 장소 위에 나무가 자랐다고 하여, 이를 제거하여 청결하게 모시기 위해, 참의 정4위하 直世王, 좌경대부 정4위상 石川朝臣河主 등을 보내 상황을 삼가 말씀드린다'고 아룁니다"라고 하였다.

정해(29일), 지진이 있었다.

○ 12월 무자삭. 지진이 있었다.

기축(2일), 지진이 있었다.

신축(14일), 淸行僧 100인을 대극전에 불러 대반야경을 3일간 전독하였다. 지진을 멈추기 위해서이다.

계묘(16일), 지진이 있었다. 눈이 내렸다.

을사(18일), 정6위상 藤原朝臣貞雄에게 종5위하를 내리고, 정6위상 海直淡海에게 외종5위하를 내렸다.

병오(19일), 지진이 있었다.

임자(25일), 정6위상 林朝臣土主에게 종5위하를 내렸다.

계축(26일), 의복 및 음식, 여러 폐백 등을 갖추어 北宮[41]에 바쳤다. 황자의 탄생을 축하하기 위해서이다.

병진(29일), 눈비가 내렸다.

일본후기 권제35 (逸文)

---

40 柏原山陵의 상태를 조사하기 위해 파견된 사자.
41 淳和天皇의 황후인 正子內親王의 내리의 거소.

日本後紀 巻第三十五〈起天長四年正月, 盡同十二月〉

左大臣正二位兼行左近衛大將臣藤原朝臣冬嗣等奉勅撰

太上天皇〈淳和〉

◎天長四年春正月癸亥朔, 停朝賀. 爲候御藥也. 甲子, 於宜陽殿廂下, 召親王
已下侍從已上, 命酒食, 賜被. 乙丑, 太上天皇之親王, 幷源氏召仁壽殿, 賜衣被.
丁卯, 勅. 以在大和國高市郡贈皇后墾田十町, 限御世, 施入橘寺春秋悔過料. 以
綿三百屯, 誦經於川原寺. 於東西二寺, 各屈四十九僧, 使修藥師悔過一七日. 丁
丑, 任畿内校田使. 戊寅, 差内舍人吉人十人, 令持香油, 向十禪師正忠等住寺. 從
去十二月晦日, 聖體不予, 不御紫宸殿. 皇太子已下, 侍從已上, 賜祿觀踏歌, 詔曰,
天皇〈我〉詔旨〈良萬止〉宣〈布〉大命〈乎〉, 諸衆聞食〈倍止〉宣. 比来寒風〈爾〉不當
給御座〈爾〉依〈天〉, 今日〈乃〉豐樂〈理〉如常〈久〉不聞食. 然〈毛〉常〈母〉見〈留〉踏
歌, 見〈太倍〉爲退〈止〉爲〈弓奈毛〉, 御物賜〈波久止〉宣. 皇太子已下, 稱唯拜舞. 賜
祿有差. 辛巳, 詔曰, 天皇詔旨〈止〉, 稲荷神前〈爾〉申給〈閇止〉申〈佐久〉, 頃間御體
不愈大坐〈須爾〉依〈弓〉, 占求〈留爾〉, 稲荷神社〈乃〉樹伐〈禮留〉罪, 祟〈爾〉出〈太
利止〉申〈須〉. 然〈毛〉此樹〈波〉, 先朝〈乃〉御願寺〈乃〉塔木〈爾〉用〈牟我〉爲〈爾止〉
之天〉, 東寺〈之〉所伐〈奈利〉. 今成祟〈利止〉申〈我〉故〈爾〉, 畏〈天奈毛〉, 内舍人
從七位下大中臣朝臣雄良〈乎〉差使〈天〉, 禮代〈爾〉從五位下〈乃〉冠授奉〈理〉治
奉〈留〉. 實〈爾〉神〈乃〉御心〈爾志〉坐〈波〉, 御病不過時日, 除愈給〈倍〉. 縱〈比〉神
〈乃〉御心〈爾波〉不在〈止毛〉, 威神〈乃〉護助給〈波牟〉力〈爾〉依〈天之〉, 御躬〈波〉
安〈萬利〉平〈支〉給〈牟止〉所念食〈止〉奉憑〈流止〉申給〈布〉天皇詔旨〈乎〉, 申給
〈波久止〉申. 癸未, 制曰, 天皇〈我〉詔旨〈良末止〉大命〈乎〉, 衆聞食〈閇止〉宣. 仕
奉人等中〈爾〉, 其仕奉狀〈乃〉随〈爾〉治賜人〈毛〉在. 又巡察使〈乃〉檢〈弓〉奏賜人
〈毛〉在. 御意〈乃〉愛盛〈爾〉治賜人〈毛〉一二在. 故是以冠位進賜治賜〈波久止〉勅
天皇〈我〉大命〈乎〉, 衆聞食〈閇止〉宣. 授從四位上直世王正四位下, 從四位下南

淵朝臣弘貞從四位上, 正五位上佐伯王從四位下, 正五位下弟野王正五位上, 從五位下貞園王・占野王從五位上. 正六位上山階王・長川王從五位下, 從四位下朝野宿禰鹿取・菅原朝臣清公・藤原朝臣濱主・藤原朝臣淨本從四位上. 正五位下藤原朝臣吉野從四位下, 正五位下池田朝臣春野正五位上. 從五位上藤原朝臣山人・紀朝臣興道・百濟王勝義・安部朝臣吉人・興原宿禰敏久正五位下. 從五位下伴宿禰淨貞・林朝臣眞純・伊與部敏眞貞・藤原朝臣衛・坂上大宿禰鷹主・藤原朝臣春繼・藤原朝臣長良從五位上. 正六位上藤原朝臣宮房・永原朝臣門繼・紀朝臣野長・登美眞人直名・藤原朝臣清澄・安部朝臣豐内・佐伯宿禰諸成・路眞人永名・石川朝臣英多麻呂・大中臣朝臣井作・橘朝臣眞毬・布勢朝臣長人・三國眞人訓秀從五位下. 外正五位下石占忌寸水直・奄智造吉備麻呂,外從五位上益田連滿足外正五位上. 正六位上清庭朝臣眞豐・安道宿禰嗣雄・秦宿禰嶋主・八戸史磯道・紀朝臣國守外從五位下. 甲申, 詔曰, 天皇〈我〉詔旨〈良末止〉勅大命〈乎〉, 衆聞食〈閇止〉宣. 巡察使〈乃〉檢〈弖〉奏賜〈閇流〉國々〈乃〉郡司等中〈爾〉, 其仕奉狀〈乃〉隨〈爾〉, 勤〈美〉譽〈志美名毛〉冠位上賜〈比〉治賜〈波久止〉勅天皇〈我〉大命〈乎〉, 衆聞食〈閇止〉宣. 授正六位上高向史公守・美努宿禰清貞, 外正六位上久米舍人虎取・賀祜臣眞柴・佐伯直鈴伎麻呂・久米直雄田麻呂外從五位下. 丁亥, 節婦豐前國人難波部首子刀自賣, 免其戸課役田租, 終身勿事. 子刀自賣, 年十有八歲, 適下毛郡擬大領蕨野勝宮守, □□二十箇年, 夫宮守死去. 子刀自賣, 獨守空室, 十歲于茲矣. 遠近庶士, 求之不少. 而有諒同穴, 無心再醮. 愛亡夫之遺衣, 置獨守之牀上, 朝夕每見, 追攀不息, 亦得甘珍, 必供亡靈, 隣里無不稱歎. 仍表門閭, 以旌貞操也. 辛卯, 授正六位上船連乙山外從五位下. 任官

〇二月辛丑, 任官. 丁巳, 制曰, 天皇恐恐〈毛〉奏賜〈閇止〉白〈久〉, 云云. 今月二十七日,正子内親王〈乎〉皇后〈止〉定賜〈布〉. 又伊勢〈乃〉齋内親王本病屢發〈弖〉, 奉齋之事〈爾〉不堪〈止〉所奏〈流爾〉依〈弖〉, 京都〈爾〉還參上〈倍支〉事〈乎〉, 中納言從三位清原眞人夏野, 大舍人頭從四位上藤原朝臣淨本等〈乎〉使差〈弖〉, 恐恐〈毛〉奏賜〈久止〉白. 己未, 制曰, 現神〈止〉大八洲國. 云云. 是以,

正子内親王〈乎〉皇后〈止〉定賜〈不〉. 云云. 從五位上橘朝臣弟氏・大枝朝臣總
成, 特敍正五位下. 卽日, 任宮司. 皇帝更御紫宸殿, 賜侍從已上飮. 謝座謝酒如
儀. 六衛府獻御贄. 酒酣奏和琴. 次雅樂寮奏音聲. 殿上廊下, 群臣咸率舞. 白日
既昏, 繼以明燭. 賜綿布有差. 庚申, 遣參議式部大輔從四位上南淵朝臣弘貞,
右京大夫從四位下藤原朝臣文山, 申伊勢內親王歸京之狀石作山陵.

○三月己巳, 授無品賀樂內親王四品. 庚午, 從五位下藤原朝臣村田爲肥後
守, 卽授從五位上. 任官. 壬申, 授外從五位下飯高宿禰姉綱從五位下. 甲戌, 河
內國荒閑地五十町, 給大學寮. 散位從四位下藤原朝臣伊勢人卒. 贈太政大臣
武智麻呂之孫, 參議從三位巨勢麻呂之第七子也. 延曆二十二年敍從五位下,
弘仁十三年至從四位下. 性理整正, 能練衆務. 佃客之質, 稍遠物情. 雖勤□□,
頗無寬恕, 僕友苦之. 年六十九.

○夏四月癸巳, 御大極殿, 奉幣帛伊勢大神宮. 勅使參議左大辨正四位下直
世王, 中臣散位從五位下大中臣朝臣笠作, 制曰, 天皇〈我〉大命〈爾〉坐, 度會
〈乃〉五十鈴之川上〈爾〉坐皇大神〈乃〉大前〈爾〉申給〈久〉, 今侍〈留〉齋內親王
〈波〉, 本病屢發〈弖〉, 奉齋〈爾〉不堪〈爾〉依〈弖〉, 令退出狀〈乎〉, 參議正四位下
直世王, 中臣散位從五位下大中臣朝臣笠作〈乎〉差使〈弖〉, 禮代之大幣帛〈乎〉,
忌部弱肩〈爾〉, 太手次取掛, 持齋〈波理〉捧令持〈弖〉, 進給〈布〉御詔〈乎〉申給
〈久止〉申. 辭別〈弖〉申給, 齋內親王〈波〉, 令卜食定〈弖〉, 卜〈爾〉合〈武〉內親王
〈乎〉, 追可進狀〈乎〉申給〈久止〉申. 丁酉, 幸南池. 召文人有御製. 皇太子以下,
應製獻詩. 賜祿有差. 辛丑, 御紫宸殿, 賜鎭西大貳朝野宿禰鹿取餞. 特召五位
已上文人, 命賦雜詩. 有御製. 酒酣, 雅樂寮奏音聲. 賜鹿取御被. 乙巳, 幸神泉
苑. 歷覽垂釣. 戊申, 地震. 癸丑, 幸神泉苑, 遊釣. 丁巳, 散位正四位下佐伯宿禰
淸岑卒. 從五位下男人之孫, 從五位下人麻呂之男也. 延曆二十四年敍從五位
下, 弘仁十三年至從四位上. 溫顏借人, 不見怒色. 韋弦之間, 頗闕相濟. 淸情之
操, 仰有可稱. 政遠所致, 邊城無風塵之警. 但嘗任上野守之時, 例擧之外, 更申
加擧. 國多未納之煩, 民有逋負之苦. 選任常陸守, 又行此政. 百姓愁之, 治名斯

闕. 國宰言上, 遂從停止. 秩滿入京, 終于豐嶋之別業. 時年六十五.

○五月癸亥, 任官. 戊辰, 贈僧正傳灯大法師位勤操卒. 云云. 景雲四年秋, 有勅於宮中及山階寺, 度一千僧. 法師即千勤之一也. 春秋七十四. 庚午, 有勅, 贈僧正位. 武藏國獻白雉. 甲戌, 亥刻, 雷鳴雨降. 此夜, 皇后誕生皇子, 男也. 庚辰, 冷然院賀皇子新誕, 賜五位已上衣被. 詔中納言良岑朝臣安世, 東宮學士從五位下滋野朝臣貞主等, 撰近代詩人所作之詩, 勒成二十卷, 名曰經國集. 辛巳, 遣使畿内七道諸國, 奉幣祈雨. 屈一百僧於大極殿, 轉讀大般若經三箇日. 丙戌, 依祈雨, 令少僧都空海, 請佛舍利内裏, 禮拜灌浴. 亥後, 天陰雨降. 數剋而止. 濕地三寸. 是則舍利靈驗之所感應也.

○六月壬辰, 准河内播磨等國, 置易田五百町. 己亥, 任官. 四品仲野親王爲中務卿, 四品阿保親王爲上總太守. 辛亥, 任相撲司. 三位二人, 四位八人, 五位十四人. 壬子, 幸神泉苑. 見參中納言已下大舍人已上, 賜商布有差. 甲寅, 尾張守從四位下路眞人年繼卒. 從五位下野上之孫, 正七位上正道之男也. 延曆二十二年敍從五位下, 任兵部少輔, □出雲守. 弘仁四年累遷宮内大輔, 任相模介, 十年敍正五位下. 政聲著聞, 轉任守. 十三年敍從四位下, 任河内守, 俄遷修理大夫. 天長三年任丹波守, 遷尾張守. 雖無文才, 恪勤不懈. 時年七十. 己未, 近江國高島郡荒廢地一百五十二町, 給彈正臺.

○秋七月癸亥, 授正六位上高階眞人清上從五位下. 乙丑, 皇帝幸神泉苑, 垂釣. 辛未, 地大震. 多頹舍屋, 一日之内, 大震一度, 小動七八度. 癸酉, 地動不止, 亥刻, 地大震. 每地震皆有聲. 甲戌, 震動. 乙亥, 地震二度. 戊寅, 地大震二度. 庚辰, 地震. 辛巳, 地震. 壬午, 授正五位下大宅水取臣繼主從四位下. 癸未, 卯刻, 地震. 午四剋, 地震. 夜半, 地亦震. 甲申, 震動. 雨降. 戌刻, 地震. 丙戌, 地大震. 戊子, 地震. 己丑, 地震. 午剋, 亦大動. 未刻, 亦動.

○八月壬辰, 地震. 甲午, 地震. 乙未, 午剋, 地震. 子剋, 地震. 丑刻, 亦地震. 丁酉, 地震. 戊戌, 授東宮學士正五位下安野宿禰文繼從四位下. 辛丑, 地震. 癸卯, 地動, 有聲如雷. 甲辰, 地震. 遣參議大藏卿從四位下藤原朝臣愛發等, 奉固東大寺盧舍那大佛之由, 申於佐保山陵. 其詞曰, 天皇恐恐〈毛〉. 云云. 乙巳, 申刻, 地震. 皇后宮亮正五位下大枝朝臣總成, 獻芝草四株. 其中, 大者長二尺許, 其爲狀也, 紫丹色, 元一而末二, 枝往往有節, 節間一寸許, 撓曲不直. 最末差白. 總成曰, 典侍繼子女王禁中宿處板敷下生. 戊申, 地震. 庚戌, 大風, 屋宇顛覆. 辛亥, 地震. 癸丑, 辰刻, 地動. 酉刻, 又地動. 甲寅, 任官. 丁巳, 定巡察大屬正八位上官, 少屬大初位上官.

〇九月庚申朔, 地震. 聲如雷. 辛酉, 亦如之. 丙寅, 地動. 丁卯, 地動. 聲如雷. 戊辰, 亦如之. 己巳, 地動. 壬申, 地震. 有聲. 甲戌, 地大震. 有聲. 己卯, 地震, 聲如雷. 辛巳, 地震. 聲亦如雷.

冬十月庚寅, 地震. 聲如雷. 寅剋, 又地動. 壬辰, 酉剋, 地震. 乙未, 任官. 己亥, 地震. 聲如雷. 寅剋, 又地震. 丁未, 御紫宸殿. 右衛府寮獻走馬輪物. 賜祿有差. 戊申, 御紫宸殿賜飲. 群臣醉舞, 帝彈琴而歌. 樂只叵談. 有詔賜花葉之簪, 人人挿頭詠歌. 投暮, 右近衛奏樂. 宴畢, 賜群臣衣被.

〇十一月甲子, 大内有狐鳴. 仍遣使柏原竝後大枝山陵申告. 其詞曰, 云云. 丙寅, 前大僧都護命爲僧正. 己巳, 護命率僧綱入賀. 賜以御被. 癸酉, 地震. 庚辰, 地大震. 聲如雷. 壬午, 地震. 癸未, 告柏原山陵詞云, 天皇畏畏〈毛〉申賜〈閇止〉申〈久〉, 御陵木切〈禮留〉事, 檢見使等申〈久〉. 御在所上〈爾〉木生〈多利止〉申〈爾〉依〈弖〉, 掃却〈介〉淨奉〈牟我〉爲〈爾〉, 參議正四位下直世王, 左京大夫正四位上石川朝臣河主等〈乎〉差使〈天〉, 奉出〈須止〉申賜〈布〉狀〈乎〉, 畏畏〈毛〉申賜〈波久止〉申. 丁亥, 地震.

十二月戊子朔. 地震. 己丑, 地震. 辛丑, 屈請清行僧百口於大極殿, 轉讀大般若經三個日. 爲停地震. 癸卯, 地震. 雪降. 乙巳, 授正六位上藤原朝臣貞雄從五位下. 正六位上海直淡海外從五位下. 丙午, 地震. 壬子, 授正六位上林朝臣土主從五位下. 癸丑, 設服御物及飲食雜贄等, 獻於北宮. 賀皇子誕生也. 丙辰, 雨雪.

日本後紀 卷第三十五 (逸文)

일본후기 권제36 〈天長 5년(828) 정월에서 동 12월까지〉

　　좌대신 정2위 行左近衛大將을 겸직한 臣 藤原朝臣冬嗣 등이 칙을 받들어 편찬하다.

　　太上天皇 淳和

　　◎ 天長 5년(828) 춘정월 무오삭, 황제가 大極殿에 어림하여 신년하례를 받았다. 내리에서 근시하는 신하에게 연회를 베풀고 피복을 하사하였다.

　　기미(2일), 황태자 이하가 후궁[1]에 (신년) 축하를 올렸다. (천황이) 차등있게 물품을 내렸다.

　　갑자(7일), 천황이 豐樂殿에 임하였다. 종3위 春原朝臣五百枝에게 정3위를, 종4위상 藤原朝臣綱繼에게 정4위하를, 정5위상 弟野王에게 종4위하를, 종5위하 豐江王에게 종5위상을, 정6위상 近棟王·御仲王에게 종5위하를 내렸다. 정5위하 和氣朝臣眞綱·紀朝臣善岑·安部朝臣吉人에게 종4위하를, 정5위하 大中臣朝臣淵魚에게 정5위상을 내렸다. 종5위상 笠朝臣仲守·巨勢朝臣淸野·藤原朝臣雄敏·藤原朝臣常嗣에게 정5위하를 내렸다. 종5위하 石川朝臣弟道·和朝臣家主[2]·藤原朝臣長岡·文室朝臣大田·紀朝臣深江·大春日朝臣穎雄·貞江連繼人·橘朝臣氏人·伴宿禰眞臣·羽咋公吉足에게 종5위상을 내렸다. 정6위상 藤原朝臣良房·坂上大宿禰正野·安部朝臣安仁·伴宿禰黑成·藤原朝臣貞守·多治比眞人遠永·田口朝臣佐波主·當麻眞人廣道·高橋朝臣廣野, 외종5위하 安野宿禰眞繼·百濟公綱繼[3]·忠宗宿禰末繼에게 종5위하를 내렸다. 외종5위하 宗形朝

1　황후 正子內親王.
2　弘仁 7년(816) 정월에 종5위하를 받았다. 백제계 씨족인 和氏의 후예, 和史, 和朝臣으로 씨성의 변화가 있다. 『新撰姓氏錄』 左京諸蕃下에 백제국 都慕王의 18세손인 武寧王으로부터 나왔다는 시조 전승이 있다.

臣勝麻呂에게 외종5위상을 내렸다. 정6위상 安原宿禰諸勝·御野宿禰淸庭·山邊公淸野·刀岐直淨浜에게 외종5위하를 내렸다. 차등있게 녹을 하사하였다.

을축(8일), 여성에게 서위하였다.

병인(9일), 정6위상 藤原朝臣貞成·橘朝臣廣雄·笠朝臣數道·粟田臣鹿主에게 종5위하를 내렸다.

기사(12일), 임관이 있었다. 3품 萬多親王[4]을 大宰帥로 삼고, 式部卿은 종전대로 하였다.

갑술(17일), 황제가 射宮에 어림하여, 射禮를 관람하였다. 但馬國에서 역마를 타고 와서 渤海人 100여인이 내착했다고 언상하였다[5].

정축(20일), 종5위하 壹岐直才麻呂를 壹岐島造[6]에 임명하였다. 畿內의 班田使를 임명하였다.

○ 2월 기축(2일), 但馬國司가 渤海王의 서계 및 (발해의) 中臺省의 첩장[7]을 서

3　이 인물은 여기에만 보인다. 『新撰姓氏錄』 左京諸蕃下에, "百濟公은 百濟國 都慕王의 24세손인 汝淵王으로부터 나왔다"고 한다. 또 동 右京諸蕃下의 「百濟公」 조에는 天平寶字 3년(758)에 鬼室氏가 百濟公으로 개성한 사실을 전하고 있다. 弘仁 2년(811) 4월 기축조에, 阿波國 사람 百濟部廣濱 등 1백인에게 百濟公의 성을 내렸다. 따라서 백제공으로 개성한 것은 여러 계통이 있어 백제공의 씨성을 받은 자들이 어느 계통인지 명확하지 않다.

4　桓武天皇의 제5황자, 弘仁 5년(814) 6월 병자삭조 각주 48참조

5　『類聚國史』194 「渤海」 下 天長 5년(828) 정월 갑술조.
　『類聚三代格』 권18, 天長 5년(828) 정월 2일의 太政官符 「應充客徒供給事」 에는 "右得但馬國解偁, 渤海使政堂左允王文矩等一百人, 去年十二月二十九日到着. 仍遣國博士正六位下林朝臣遠雄勘事由. 并問違期之過, 文矩等申云, 爲言大唐淄靑節度康志睦交通之事, 入覲天庭, 違期之裡, 逃罪無由. 又擬却歸, 船破粮絶, 望請, 陳貴府, 舟檝相濟者. 且安置郡家. 且給粮米者, 違期之過不可不責. 宜彼食法減半恒數。以白米充生新者, 所定如件" 라는 내용이 실려있다. 이때의 발해사는 政堂左允 王文矩 등 100인이고, 지난해 12월 29일에 도착한 것으로 나온다. 但馬國에서는 國博士 林朝臣遠雄을 보내 일본에 온 사유를 묻고 내항의 기한이 어긋났다고 하여 귀국시켰다. 『續日本後紀』承和 9년(842) 3월 신축조에는 王文矩가 이전에 일본에 왔던 발해사로부터 일본측이 부탁한 당에 유학중인 일본승 靈仙에게 보내는 황금에 대해 소식을 전하고, 동시에 교역을 위해 내항한 것이다.

6　율령제하에서 諸國의 國造에 상당.

사하여 진상하였다.[8]

신묘(4일), 지진이 있었다.

갑오(7일), (천황이) 紫宸殿에 나아갔다.

을미(8일), 임관이 있었다.

무술(11일), 지진이 있었다.

기해(12일), 宜子女王[9]을 齋王으로 정했다.

경자(13일), 西大寺[10]의 四王堂[11]에 있는 고 정4위하 吉備朝臣由利[12]가 서사하여
바친 일체경을 法隆寺에 이전하여 이 사찰의 經으로 하였다. 좌경 3조 1방, 山城
國 愛宕郡의 토지를 회수하여 (冷然)院에 편입시켰다.

신축(14일), 지진이 있었다.

정미(20일), (천황이) 紫宸殿에 어림하여 근시하는 신하에게 술을 하사하였다.
주연이 무르익을 때 아악료에서 음악을 연주하였다. 참석한 5위 이상에게 녹을
차등있게 내렸다. 우대신 藤原朝臣緒嗣가 상표하였다. 칙을 내려 답하기를, "운

---

7 발해국의 中臺省에서 일본의 太政官에 보내는 牒狀.

8 『類聚三代格』권18, 天長 5년(828) 정월 2일의 太政官符「應寫取進上啓牒事」에는 "右蕃客來
朝之日所着. 宰吏先開封函, 細勘其由. 若違故實, 隨卽還却, 不勞言上. 而承前之例, 待使到到,
乃開啓函。理不可然, 宜國司開見寫取進之"이라고 나온다. 이에 따르면, 일본에 내착한 발해
사에 대해 현지 국사는 먼저 발해왕의 국서를 개봉하여 그 사유를 묻고, 만약 옛 서식과 다
르면 돌려보내고, 문서를 서사하여 조정에 보내도록 지시하고 있다. 다만 태정관부의 날짜
는 정월 2일인데 『日本後紀』에는 정월 16일로 되어 있어 차이가 있다.

9 桓武天皇의 황녀인 仲野親王의 딸.

10 寶龜 11년(780)의 『西大寺資財流記帳』에 의하면, 西大寺 창건의 경위에 대해 天平寶字 8년(764)
9월에 孝謙上皇이 藤原惠美押勝의 난의 평정을 기원해서 금동사천왕상의 조영을 발원했는데,
그는 동년 10월에 重祚하여 稱德天皇이 되었고, 이듬해에 西大寺가 창건되었다. 西大寺의 寺名
은 東大寺에 대한 상대적인 의미를 있다. 奈良時代에는 약사금당, 미륵금당, 사왕당, 11면당,
동서의 5중탑 등 장대한 가람으로 南都 7大寺의 하나로 자리잡은 대가람이었다.

11 사천왕상을 안치한 堂.

12 吉備朝臣吉備의 딸 혹은 누이동생. 奈良朝의 稱德天皇의 신임이 두터웠다. 사망시의 관위는
종3위이지만, 본문에서는 일체경을 서사할 때의 天平神護 2년(766) 10월(『大日本古文書』
25-352) 당시의 관위 정4위하를 그대로 인용한 것이다.

운"이라고 하였다. 사자를 (藤原朝臣緖嗣의) 저택에 보내 (칙서를) 주었다.

임자(25일), (천황이) 小安殿[13]에 어림하였다. 산위 종5위하 三繼王을 이세대신궁에 사자로 보내 봉폐하였다. 그 내용에는 (다음과 같이) 말하였다(宣命體), "천황의 대명으로 五十鈴의 河上에 진좌하고 계신 대신의 어전에 말씀드린다. 氏子(內)親王[14]을 大神의 御杖代[15]로 보냈다. 그러나 지금 병이 나서 물러나 교체하게 되었는데, 중무경 4품 仲野親王[16]의 딸인 宜子女王을 보내기로 하여, 王散位[17] 종5위하 三繼王, 中臣神祇大祐 정6위상 大中臣朝臣天品, 忌部少史 정8위상 齋部友主 등을 보내 말씀드린다".

계축(26일), 종3위 藤原朝臣繼彦이 죽었다. 운운. 자질이 총민하였고, 식견과 도량이 있었다. 천문, 역법에 매우 밝았고, 현악기, 관악기를 능숙하게 다루었다. 몇잔의 술을 마셔도 음악에 오류가 있으면 반드시 바로잡았다. 나이 80세였다.

갑인(27일), 鎭東按察使[18] 伴朝臣國道의 전별회가 있었다. 천황이 시를 지었다. 피복 및 여러 진기한 기호물을 하사하였다.

○ 3월 기미(3일), 지진이 있었다.

계해(7일), 임관이 있었다.

갑자(8일), 천황의 몸이 편치 않아서 자주 약을 복용하였다.

병인(10일), 지진이 있었다.

을해(7일), 公卿을 임명하였다[19].

갑신(28일), 筑前國 사람 難波部安良賣에게 관위 2계를 서위하고, 그 戶의 전

---

13 大極殿의 後殿.

14 淳和天皇의 제1황녀.

15 伊勢齋王, 御杖代는 伊勢의 天照大神의 지팡이가 되어 봉사하는 자를 말한다.

16 桓武天皇의 제12황자.

17 관직이 없는 諸王

18 陸奧 · 出羽按察使.

19 『公卿補任』에 의하면, 이날, 藤原三守가 大納言, 淸原夏野가 權大納言, 三原春上이 參議에 보임되었다.

조를 면제하였다. 安良賣는 부모를 함께 여의고 나서, 항상 묘에 배례하고, 조석으로 애도하였다. 또 나이 16세에 宗像郡 大領 외정7위상 宗形朝臣秋足에게 시집갔는데, 秋足이 죽은 지 15년이 지나자 원근의 지역에서 구혼을 청했다. (그러나) 죽을 때까지 (재혼하지 않는) 뜻을 맹세하였다. 유교의 가르침에 그 효와 절조는 가히 칭찬할만 하였다.

○ 윤3월 정해(2일), 陸奧守 종5위하 笠朝臣廣庭에게 종5위상을 내렸다.

기축(4일), (천황이) 神泉苑에 행차하여 낚시를 하였다. 左近衛府에서 때의 진미를 바쳤다.

갑오(9일), 임관이 있었다. 右兵衛督 종4위하 훈7등 坂上大宿禰廣野가 죽었다. 大納言 증 종2위 田村麻呂의 제2자이다. 弘仁 초에 종5위하에 서위되었고, 右兵衛佐에 임명되었다. 부친이 사망해 파직되었는데, 다시 (복직하여) 右衛門佐에 임명되었다. 右近衛少將으로 옮기고 伊勢守를 겸직하였다. 陸奧守로 전출되었고, 임기가 차서 (귀경하여) 右兵衛督에 임명되었다. 젊어서부터 용감하다는 소리를 들었다. 다른 재능은 없었지만, 곧고 흔들리지 않았으며 절조는 가히 칭찬할만 하였다. 술을 과도하게 마셔 병이 나 사망하였다. 때의 나이 42세였다.

을미(10일), 豊前國의 蝦夷 吉彌侯部衣良由는 백성 360인에게 술과 음식을 베풀었으며, 豊後國 蝦夷 吉彌侯部良佐閇는 백성 327인에게 벼 964속을 베풀었다. 이에 衣良由에게 소초위하에 서위하고, 良佐閇에게는 종6위상에 서위하였다.

병신(11일), 종4위상 藤原朝臣浄本에게 정4위하를 내렸다.

정유(12일), (천황이) 南池에 행차하였다. 노닐던 물고기가 먹이에 몰려들고 군신들이 낚시대를 드리우자 무수한 물고기가 걸려들었다. 천황이 탄 배가 涼書殿으로 나아갔다. 문인을 불러 봄날의 한가로운 정원을 시제로 삼아 시를 짓게 하였다. 헌시한 자가 23인이었다.

경자(15일), 越前國의 정세 벼 5백속을 采女 角鹿直福貴子에게 주었다.

임자(27일), 大中臣朝臣春繼를 伊豆國으로 유배보냈다. 萩原王을 활로 쏘아 죽었기 때문이다.

○ 하4월 정묘(13일), 칙이 내려져, 특별히 비구니 19인을 득도시켰다. 대학료에 지급하는 河內國 渋河郡의 50정 6단 중에서 전지 6단, 메마른 땅 4정 6단을 內教坊에 주었다.

신사(27일), (천황이) 武德殿에 어림하여 기마궁술을 관람하였다.

계미(29일), 渤海客[20] 대사 이하 梢工[21] 이상에게 명주, 목면을 차등있게 주었다[22].

○ 5월 정유(13일), 정6위상 小野朝臣豊雄에게 종5위하를 내렸다.

정미(23일), 매우 많은 비가 내려, 경내의 도로가 넘쳐흘렀다. 강이 범람하고 산사태가 일어나 홍수가 발생하여 많은 사람과 물건이 떠내려갔다. 사자를 좌우경에 보내 진휼하였다.

○ 6월 정사(3일), 지진이 있었다.

기미(5일), 지진이 있었다.

갑자(10일), 備前國의 간전 4정 6단을 大瀧寺의 전지로 삼았다, 종전의 관례에 따라 寺田으로 주기하였다.

을축(11일), 讚岐權守 종4위하 高瀬王이 죽었다. 나이 77세였다.

기사(15일), (천황이) 紫宸殿에 어림하여 군신에게 술을 하사하였다. 內藏寮의 錢 3백관을 내어 참석한 시종 이상에게 차등있게 하사하였다.

신미(17일), (천황이) 神泉苑에 행차하여 낚시를 즐겼다.

정축(23일), (천황이) 神泉苑에 행차하였다. 右衛門府에서 물품을 바쳤다. 천둥이 치고 비가 내렸다. 산사태가 나서 물이 범람하였다. 清行僧 30인에게 부탁하여 野寺에서 대반야경을 전독하게 하였다. 수해를 방지하기 위해서이다.

기묘(25일), 지진이 있었다.

임오(28일), 越後國의 곡물 1만석을 빈궁한 사람들에게 나누어 주었다. 기아의 고통을 구제하기 위해서이다.

---

20 지난해 12월 29일에 但馬國에 도착한 王文矩 등 발해사 일행.

21 물건을 실어나르는 잡역부.

22 『類聚國史』194「渤海」下 天長 5년(828) 하4월 계미조.

○ 추7월 병신(13일), 肥前國 사람 白丁 吉彌侯部奧家에게 소초위상을 내렸다. 奧家는 천황의 교화에 동화되고 지시에 순응하여 뜻을 평민과 같이 하였고, 힘써 공적인 일에 나아가, 관사 및 용수지, 배수로, 도로, 다리 등을 조영, 수리하였고 태만하지 않았다. 이에 더하여 국사가 관내에 들어오는 날, 送迎의 예의를 다하여 진퇴의 과오를 범하지 않았다. (蝦夷의) 야만성을 드러내지 않으며 선행은 칭찬할만 하였다.

임자(29일), 조를 내려, "짐은 재능이 부족한데, 제왕의 과업을 이어 바른 도를 행하려고 해도 이루지 못하고, 덕화는 백성에 미치지 못하여 부끄럽다. 봄의 얼음판을 걷듯이 두려운 마음으로 날로 근심하여 권태로울 겨를이 없을 정도이고, 위태로운 수레를 타고 있는 기분으로, 저녁이 되면 어떻게 이 두려움을 잊을 수가 있을까 (생각하고 있다). 그러나 (짐의) 부덕으로 세상을 밝힐 수가 없고, 마음을 다해도 고지에는 이르지 못하고, 조화가 이지러져 있어 거듭 재앙의 징후가 나타나고 있다. 요즈음 땅의 질서가 어그러져 산사태, 지진이 일어나고 있다. 이변은 스스로 일어나는 것이 아니고, 재앙은 사람으로부터 나온다. 아마도 이것은 8개 정치의 원칙에 어긋나 나홀로 잃어버린 바가 되었다. 속으로 이 과오를 생각하면, 책임은 짐에게 있다. 하늘의 위엄이 두려워 선잠을 취해도 잊을 수가 없다. 이에 천하의 감옥에 억울하게 갇혀있는 자들의 사정을 다시 조사하여 그들의 주장을 말할 수 있게 한다. 또 도로에 방치된 시신을 수습하여 유골을 매장하도록 한다. 노인을 사역에 징발하지 말고, 일에 맞는 사람을 시키고, (61세 이상의) 老丁의 요역은 영원히 면제한다. 80세 이상 및 홀아비, 과부, 고아, 독거노인, 자활할 수 없는 자에게는 절차에 따라 등급을 정하여 물품을 지급한다. 조속히 반포하여 모두에게 알리도록 한다"라고 하였다. (이날, 참의 春上原表朝臣五百枝가) 상표하여 사직을 청했다.

○ 8월 갑자(11일), 우대신 종2위 겸 行皇太子傅 藤原緖嗣[23] 등이 언상하기를,

---

23 19쪽, 弘仁 2년(811) 2월 임오조 각주 32 참조.

"신은 듣건대, '음양이 균형을 이루어 황제의 덕이 다스려지면 편안해진다. 천지가 어떠한 마음이면 천황의 다스림이 이지러지고 지진과 재앙이 일어나는 것인가. 신의 섭리가 어긋나지 않으면 神佛의 마음과 부합하게 된다'고 한다. 삼가 생각하건대, 황제폐하는 하나를 얻어 천하의 표준으로 삼고, (천지인) 3자에 통해 정치를 행하고 있다. (춘추전국시대에) 鄒나라의 거북이 (식물을 먹으니) 온화해지고, 주변 지역이 태양의 온기를 받아 상서로운 구름과 아름다운 잎이 창공에 떠올라 축하를 나타내고, 신비한 芝草가 궁중에서 서식하여 상서를 보이고 있다. 모두가 융성한 시대라고 하는데, 어찌 바르지 않다고 할 수 있겠는가. 신 등은 삼가 지난 달 29일의 조를 보니, 대지의 질서가 어그러져 산사태, 지진이 일어나는 것을, 이 재앙을 폐하 자신의 책임이라고 생각하고 있다. 신 등은 황공하고 부끄러워 숯불에 타는 (고통스런) 느낌이다. 무릇 견책의 사유는 신하에게 연유하고, 재해가 일어나는 것은 반드시 군주에게 있는 것이 아니다. 이런 까닭에 탐하고 어지럽히는 것은 황충으로부터 발생하지만, 책임은 군주에게 있는 것은 아니다. 멋대로 일어나는 지진은 신하에게 있다. 신들이 (폐하를) 보좌하지 못하여 하늘의 다스림이 오래도록 보이지 않았다. (신들이) 조화롭게 정무를 이끌지 못했는데, 어찌 (폐하와 신하를) 동일하게 말할 수 있겠는가. 마침내 신하의 잘못을 군주의 걱정으로 뒤바꾼 것이다. 바로 고위직의 영예를 누리면서 (폐하의) 마음을 애태우고, 공경이 되어 은혜를 받아도 보답하지 못하는 몸이 되고 있다. 황공한 마음 금할 수 없어 표를 올리는 바이다"라고 하였다.

신미(18일), 천지의 재변이 있어 柏原先陵[24]에 봉폐하여 기원하였다. 그 내용에는 (다음과 같이) 말했다(宣命體). "천황이 삼가 말씀드린다고 아룁니다. 요즈음 천지의 이변이 일어나, 이런저런 일을 생각해보니, 말하기조차 황송한 천황이 조정에 가호를 내리고 위로하면, 평안하고 무사할 수 있다고 생각하여, 대납언 정3위 良岑朝臣安世, 좌경대부 정4위상 石川朝臣河主 등의 사자를 보내니 가호를 내려주

---

24 桓武天皇陵.

시기를 삼가 말씀드린다고 아룁니다".

을해(22일), (천황이) 神泉苑에 행차하였다.

정축(24일), (천황이) 北山의 신에게 기도하였다. 그 내용에는 (다음과 같이) 말했다(宣命體), "천황의 詔旨로 北山의 신에게 말씀드린다고 아룁니다. 지난 5월 23일, 봉우리와 골짜기가 붕괴되고, 경내에 홍수가 일어났다. 아마도 이것은 평상의 정치에 결함이 있어서인가, 신의 뜻에 거슬림이 있는 것은 아닌지 의심된다. 이로인해 행하는 바를 삼가고 두렵다고 생각하고 있다. 大神이 이 뜻을 알고 천하가 평안하도록 베풀어줌으로 무사할 수 있다고 생각하여, 시종 종4위하 高枝王, 神祇少副 정6위상 大中臣朝臣礒守를 사자로 보내 예로서 폐백을 갖고 바치는 일을 말씀드린다고 아룁니다".

○ 9월 정해(5일), 尙侍 종3위 藤原美都子가 죽었다. 나이 48세였다.

임진(10일), (천황이) 神泉苑에 행차하였다. 9월 9일 절회의 시를 짓게 하였다. 차등있게 녹을 내렸다.

경자(18일), (천황이) 武德殿에 행차하여, 信濃國에서 바치는 말을 살펴보았다. 참의 이상에게 (말을) 나누어 주었다.

무신(26일), (천황이) 北野에서 사냥을 즐겼다. 山城國司가 물품을 바쳤다. 수행한 종5위 이상 및 산성국사의 (4등관) 目 이상에게 차등있게 녹을 하사하였다.

○ 동10월 을묘(3일), 美濃國의 菩提寺, 伊豫國의 彌勒寺, 肥後國의 浄水寺를 定額寺로 하였다.

정사(5일), 땅이 진동하였다.

기사(17일), 右馬大充 정6위상 百濟王善義[25]를 종5위하에 서위하였다.

갑술(22일), 대지진이 있었다.

을해(23일), 지진이 있었다.

무인(26일), 동궁학사 종4위하 安野宿禰國道가 죽었다. 나이 56세였다.

---

25 『續日本後紀』承和 11년(844) 정월에 종5위상으로 승진하였다.

○ 11월 기축(7일). 임관이 있었다.

갑오(12일), 참의 종4위하 伴宿禰國道가 죽었다. 延曆 4년(784)에 부친의 일에 연좌되어[26] 佐渡國으로 유배되었다. 국의 관리는 (國道를) 스승이자 친구로 삼아 의문되는 바를 질문하였다. (佐渡)國의 국아에서 작성한 문안이 이 사람으로부터 나왔다. (佐渡國의) 국정에 어려움이 있을 때, 맡기고 또 友人 (國道)에게 조언을 얻었다. 24세에 은칙을 받아 입경하였다. 금년에 다시 안찰사[27]를 겸직하여 변경의 기무를 맡기 위해 임지로 나아갔다. (사망시의) 나이는 61세였다. 종3위 佐伯宿禰長繼가 죽었다. 나이 59세였다.

병신(14일), 伊勢國 員弁郡의 공한지 1백정을 勅旨田[28]으로 삼았다.

갑진(22일), 천황이 豊樂殿에 어림하여 군신에게 연회를 베풀고 차등있게 녹을 내렸다.

정미(25일), 지진이 있었다. 3품 大宅内親王[29]이 출가하여 입도하였다.

○ 12월 임자삭, 눈비가 내렸다. (천황이) 紫宸殿에 어림하여 조정의 告朔[30]을 행했다. 조정의 의식이 끝나자 근시하는 신하에게 연회를 베풀었다. 좌우근위부에서 東國의 노래를 연주하였다. 차등있게 목면을 내렸다.

병인(15일), 備前國의 벼 1천속을 大和國 靈感寺에 시입하였다.

일본후기 권제36 (逸文)

---

26 부친이 藤原繼人이 藤原鍾繼의 암살사건의 주모자였기 때문에 연좌되어 유배되었다.

27 陸奧出羽按察使.

28 8세기말부터 황실 독자의 재원에 충당하기 위해 개간된 전지로 不輸租田이다.

29 桓武天皇의 제8황녀, 平城天皇의 妃.

30 매월 삭일에 천황이 대극전에서 각 관사에서 올린 관리의 근무, 출근일수를 기록한 문서를 어람하는 의식.

日本後紀 卷第三十六〈起天長五年正月, 盡同十二月〉

左大臣正二位兼行左近衛大將臣藤原朝臣冬嗣等奉勅撰

太上天皇 淳和

◎天長五年正月戊午朔, 皇帝御大極殿, 受朝賀. 宴侍臣於内裏, 賜被. 己未, 皇太子已下, 奉賀後宮. 賜物有差. 甲子, 御豐樂殿, 授從三位春原朝臣五百枝正三位, 從四位上藤原朝臣綱繼正四位下, 正五位上弟野王從四位下, 從五位下豐江王從五位上, 正六位上近棟王・御仲王從五位下. 正五位下和氣朝臣眞綱・紀朝臣善岑・安部朝臣吉人從四位下. 正五位下大中臣朝臣淵魚正五位上. 從五位上笠朝臣仲守・巨勢朝臣清野・藤原朝臣雄敏・藤原朝臣常嗣正五位下. 從五位下石川朝臣弟道・和朝臣家主・藤原朝臣長岡・文室朝臣大田・紀朝臣深江・大春日朝臣頴雄・貞江連繼人・橘朝臣氏人・伴宿禰眞臣・羽咋公吉足從五位上. 正六位上藤原朝臣良房・坂上大宿禰正野・安部朝臣安仁・伴宿禰黒成・藤原朝臣貞守・多治比眞人遠永・田口朝臣佐波主・當麻眞人廣道・高橋朝臣廣野, 外從五位下安野宿禰眞繼・百濟公綱繼・忠宗宿禰末繼從五位下. 外從五位下宗形朝臣勝麻呂外從五位上. 正六位上安原宿禰諸勝・御野宿禰清庭・山邊公清野・刀岐直淨濱外從五位下. 賚祿有差. 乙丑, 女敍位. 丙寅, 授正六位上藤原朝臣貞成・橘朝臣廣雄・笠朝臣數道・粟田臣鹿主從五位下. 己巳, 任官. 三品萬多親王爲大宰帥, 式部卿如故. 甲戌, 皇帝御臨射宮, 觀射禮. 但馬國馳驛言, 渤海人百餘人来着. 丁丑, 從五位下壹岐直才麻呂, 任壹岐島造. 任畿内班田使.

○二月己丑, 但馬國司, 寫渤海王啓, 中臺省牒案進上. 辛卯, 地震. 甲午, 御紫宸殿. 乙未, 任官. 戊戌, 地震. 己亥, 宜子女王, 奉定齋王. 庚子, 在西大寺四王堂, 故正四位下吉備朝臣由利之奉寫一切經, 充法隆寺, 爲寺經. 左京三條一坊, 山城國愛宕郡白田收充院. 辛丑, 地震. 丁未, 御紫宸殿, 賜侍臣酒. 酒酣, 雅樂寮奏音聲. 賜見參五位已上祿有差. 右大臣藤原朝臣緒嗣上表, 勅答曰, 云云. 遣使就第賜之. 壬子, 御小安殿, 遣使散位從五位下三繼王, 奉幣大神宮. 其詞曰, 天皇〈我〉大命〈爾〉坐, 五十鈴〈乃〉河上〈爾〉稱辭定奉大神〈乃〉大前〈爾〉申給〈久〉, 氏子親王〈乎〉, 大神御杖代〈止之弖〉奉入〈多留〉親王〈爾〉在. 而今身安〈爾〉依〈天〉退出〈留〉替〈爾〉, 中務卿四品仲野親王〈乃〉女, 宜子女王〈乎〉, 王散位從五位下三繼王, 中臣神祇大祐正六位上大中臣朝臣天品, 忌部少史正八位上齋部友主等差使〈弖〉申給〈久止〉申. 癸丑, 從三位藤原朝臣繼彦薨. 云云. 性聰敏有識度, 尤精星曆, 亦熟絃管. 雖三爵之後, 曲誤必顧之. 年八十. 甲寅, 賜鎮東按察使伴朝臣國道餞. 有御製. 賜衣被及雜珍玩物.

○三月己未, 地震. 癸亥, 任官. 甲子, 聖躬乖和, 頻羞御藥. 丙寅, 地震. 乙亥, 任公卿. 甲申, 筑前國人難波部安良賣, 敍位二階, 免戶田租. 安良賣, 父母共沒, 常拜塚塋, 朝夕盡哀. 亦年十有六, 嫁宗像郡大領外正七位上宗形朝臣秋足. 秋足死于今十五年, 遠近聘之, 誓死終志. 本之名教, 孝節可嘉.

○閏三月丁亥, 授陸奧守從五位下笠朝臣廣庭從五位上. 己丑, 幸神泉苑, 垂釣. 左近衛府獻時味. 甲午, 任官. 右兵衛督從四位下勳七等坂上大宿禰廣野卒. 大納言贈從二位田村麻呂第二子也. 弘仁初敍從五位下, 任右兵衛佐. 遭父喪罷職. 更任右衛門佐, 遷任右近衛少將, 兼伊勢守, 出陸奧守, 秩滿任右兵衛督. 少以武勇聞. 無他才藝, 執直不□, 節操可嘉. 飲酒過度, 病發而卒. 時年四十二. 乙未, 豐前國俘囚吉彌侯部衣良由, 輸酒食百姓三百六十人. 豐後國俘囚吉彌侯部良佐閇, 輸稻九百六十四束, 資百姓三百二十七人. 衣良由敍少初位下, 良佐閇敍從六位上. 丙申, 授從四位上藤原朝臣淨本正四位下. 丁酉, 幸南池. 遊魚貪餌, 群臣垂竿. 効獲無數. 御船就涼書殿. 即召文人, 令賦春日閑園. 獻詩者二十三人. 庚子, 越前國正稅稻五百束, 給采女角鹿直福貴子. 壬子, 大中臣朝臣春繼, 流伊豆國. 因射殺萩原王也.

○夏四月丁卯, 有勅, 特令度尼十九人. 河內國澁河郡田六段, 畠四町四段, 割大學所賜五十町六段內, 給內教坊. 辛巳, 御武德殿, 覽馬射. 癸未, 渤海客大使已下梢工已上, 賜絹綿有差.

○五月丁酉, 授正六位上小野朝臣豐雄從五位下. 丁未, 降雨殊甚. 京中往路汎溢. 或川決山崩水潰, 人・物多漂. 遣使賑給左右京.

○六月丁巳, 地震. 己未, 地震. 甲子, 備前國墾田四町六段, 爲大瀧寺田, 據舊注寺田也. 乙丑, 讚岐權守從四位下高瀬王卒. 年七十七. 己巳, 御紫宸殿, 賜飲群臣. 召內藏寮錢三百貫, 賜見參侍從已上有差. 辛未, 幸神泉苑, 遊釣. 丁丑, 幸神泉苑. 右衛門獻物. 雷鳴雨降, 山崩水溢. 囑清行僧三十人, 於野寺轉誦大般若經. 防水害也. 己卯, 地震. 壬午, 越後國穀一萬斛, 班給窮民. 以濟餓苦也.

○秋七月丙申, 肥前國人白丁吉彌侯部奧家敍少初位上. 奧家, 既染皇風, 能順教令, 志同平民, 動赴公役, 修造官舍及池溝道橋等, 未有懈倦. 加以, 國司入部之日, 送迎有禮, 進退無過. 野心既忘, 善行可嘉. 壬子, 詔曰, 朕以菲虛, 丕紹睿業. 道謝藏用, 化慚中孚. 春氷兢兢, 日慎無倦, 秋駕懍懍, 夕惕何忘. 而薄德靡昭, 翹心未高, 至和有虧, 咎徵荐臻. 頃者, 坤德愆敍, 山崩地震. 妖不自作, 咎寔由人. 疑是八政或乖, 一物失所歟. 靜言厥過, 責在朕躬. 兢畏天威, 無忘鑑寐. 其天下狴犴, 有冤滯者, 有司覆審情狀, 令得申理. 又收葬道殣, 掩骼埋胔, 斑白不提, 指事使人, 老丁之徭, 永從寬免. 八十已上, 及鰥寡孤獨, 不能自存者, 節級賜物. 早以頒示, 咸使聞知矣. 上表辭退.

○八月甲子, 右大臣從二位兼行皇太子傅藤原緒嗣等言, 臣聞, 陰陽平分, 帝德修以休若. 天地何心, 皇道虧以震皷. 神理不違, 冥符契合者, 伏惟, 皇帝陛下, 得一居貞, 通三馭極, 鄒龜浹和, 交區負煦. 祥雲玉葉, 泛碧宇而飛慶, 靈芝金莖, 犯丹墀而吐瑞. 僉云盛明. 豈不宜乎. 臣等伏見去月二十九日明詔, 坤德愆敍, 山崩地震. 引咎聖躬, 寄噴睿慮. 臣等, 恐伏愧慚, 如蹈炎炭. 夫譴譎之来, 或緣股肱, 災害之興, 未必元首. 是以, 貪擾生蝗, 噴非漢主. 專擅震地, 歸宋臣. 臣等翼亮未効, 天工永曠, 不曾涓塵於和燮, 詎可髣髴於平均. 遂使臣下之過, 翻爲君上之勞. 方知鏗鏘榮章, 爲焦心之佩, 槐棘垂陰, 非涼身之地. 不任屏營慊懇之至, 奉表以聞. 辛未,爲有天地災變, 奉幣柏原先陵起請之. 其詞曰, 天皇恐〈美〉恐〈美毛〉申賜〈止〉申〈久〉, 頃間天地變異有〈爾〉依〈天〉, 左右〈爾〉念〈爾〉, 掛畏〈支〉天皇〈我〉朝廷〈乃〉護賜〈比〉矜賜〈波牟爾〉依〈天之〉, 平〈介久〉無事〈久〉有〈倍之止〉念賜〈天奈毛〉, 大納言正三位良岑朝臣安世, 左京大夫正四位上石川朝臣河主等差使〈天〉, 護賜〈比〉矜賜〈布倍支〉狀〈乎〉, 恐〈美〉恐〈美毛〉申給〈波久止〉申. 乙亥, 幸神泉苑. 丁丑, 禱北山神. 其詞曰, 天皇〈我〉詔旨〈止〉, 北山神〈爾〉申給〈倍止〉申〈久〉. 去五月二十三日, 嶺谷崩潰〈天〉, 京中水溢〈利〉. 疑是常政有闕〈波加〉, 爲當神道有妨〈波加〉. 因茲〈天〉念所行〈志〉畏〈知〉懼〈理〉賜〈不〉. 大神〈奈〉此意〈乎〉知食〈天〉, 天下平〈介久〉, 惠給〈比〉助給〈爾〉依〈天奈毛〉, 事無〈波〉可有〈支止之天〉, 侍從從四位下高枝王, 神祇少副正六位上大中臣朝臣礒守差使〈天〉, 禮代〈乃〉幣〈乎〉令捧賷〈天〉獻出事〈乎〉申給〈止〉申.

○九月丁亥, 尙侍從三位藤原美都子薨. 年四十八. 壬辰, 幸神泉苑. 使賦重陽之詩. 賜祿有差. 庚子, 御武德殿, 覽信濃國御馬. 頒給參議已上. 戊申, 遊獵北野. 山城國司獻物. 扈從五位已上及山城國司目已上, 賜祿有差.

○冬十月乙卯, 美濃國菩提寺, 伊豫國彌勒寺, 肥後國淨水寺, 預定額寺. 丁巳, 地震動. 己巳, 敍右馬大充正六位上百濟王善義從五位下. 甲戌, 大地震. 乙亥, 地震. 戊寅, 東宮學士從四位下安野宿禰國道卒. 年五十六.

○十一月己丑. 任官. 甲午, 參議從四位下伴宿禰國道卒. 延曆四年, 依坐父事, 配流佐渡國. 宰吏當師友, 就問所疑. 國裏文案出自伊人. 延難之治, 隨又得友. 二十四年有恩赦入京. 今年復兼按察使, 爲關邊機, 尋赴於任所. 年六十一. 從三位佐伯宿禰長繼薨. 年五十九. 丙申, 伊勢國員辨郡空閑地一百町, 爲勅旨田. 甲辰, 御豐樂殿, 賜宴群臣, 賜祿有差. 丁未, 地震. 三品大宅內親王, 出家入道.

○十二月壬子朔, 雨雪. 御紫宸殿聽朝. 朝罷之後, 賜宴侍臣. 左右近衛奏東國之歌. 賜綿有差. 丙寅, 備前國稻一千束, 充大和國靈感寺.

日本後紀 卷第三十六 (逸文)

일본후기 권제37 〈天長 6년(829) 정월에서 동년 12월까지〉

좌대신 정2위 行左近衛大將을 겸직한 臣 藤原朝臣冬嗣 등이 칙을 받들어 편찬하다.

太上天皇〈淳和〉

◎ 天長 6년(829) 춘정월 임오삭, 천황이 대극전에 어림하여 신년하례를 받았다. 의식이 끝나자 紫宸殿에서 시종 이상에게 연회를 베풀고 피복을 하사하였다.

무자(7일), 종4위하 藤原朝臣愛發에게 종4위상을 내렸다. 무위 正躬王에게 종4위하를, 종5위상 磐田王에게 정5위하를 내렸다. 종5위하 楠野王에게 종5위상을, 정6위상 雄貞王 · 美能王에게 종5위하를 내렸다. 종4위상 紀朝臣咋麻呂에게 정4위하를, 종4위하 百濟王忠宗[1]에게 종4위상을, 정5위상 池田朝臣春野, 정5위상 伴宿禰勝雄에게 종4위하를, 정5위하 巨勢朝臣清野에게 정5위상을 내렸다. 종5위상 安部朝臣豐柄 · 藤原朝臣河主 · 林朝臣山主 · 高根朝臣眞象에게 정5위하를 내렸다. 종5위하 藤原朝臣安繼 · 藤原朝臣房嗣 · 藤原朝臣菊池麻呂 · 石川朝臣國助 · 多治比眞人貞成 · 滋野宿禰貞主 · 小野朝臣石雄 · 春原朝臣永世에게 종5위상을 내렸다. 정6위상 藤原朝臣助 · 文室眞人池主 · 橘朝臣繼麻呂 · 路眞人浜繼 · 大中臣朝臣永嗣 · 佐伯宿禰内人 · 藤原朝臣貞公 · 紀朝臣竝木 · 多治比眞人石雄 · 田中朝臣眞氏 · 嶋田朝臣清田[2], 외정5위하 豐住朝臣綿成 · 額田宿禰今

---

1 百濟王敬福의 손이고, 散位頭 百濟王利善의 아들이다. 桓武朝에서 종5위하에 서위되었고, 延曆 23년(804)에 伊豫介에 임명되었다. 嵯峨朝에서는 少納言 겸 左兵衛佐에 임명되었고, 弘仁 4년(813)에 종5위상, 동 5년에 정5위하에 올랐다. 淳和朝 天長 7년(830) 5월에 사망하였다.

2 『日本後紀』 편찬에 참여한 1인, 대학료에서 經書와 史書를 섭렵하였고, 大學少屬, 大宰少典, 内藏少屬을 역임하였다. 弘仁 4년(813)에는 『日本書紀』 講書를 받은 1인으로 이름을 올리고 있다. 淳和朝에서 少外記, 大外記, 勘解由判官, 下野権掾 등을 역임하였고, 天長 6년(829)에는 종5위하에 서위되었다. 仁明朝에서는 大外記, 宮内少輔, 治部少輔, 伊賀守를 역임하였고, 文

足에게 종5위하를 내렸다.

기축(8일), 정6위상 藤原朝臣宗成·伊勢朝臣武良吉志에게 종5위하를, 정6위상 上毛野公氣多麻呂에게 외종5위하를 내렸다.

경인(9일), 山城國의 토지 2단 3백보를 大屋寺에 시입하였다.

갑오(13일), 임관이 있었다.

○ 2월 병진(6일), 山城國 愛宕郡의 토지 5단을 内藏寮의 점토 채취지로 하였다.

경오(10일), 5기 7도의 名神에 봉폐하여 봄비를 기원하였다.

임신(22일), 임관이 있었다.

무인(28일), 승 100인, 사미 100인을 초청하여 대극전에서 3일간 대반야경을 독경하였다. 단비를 기원하기 위해서이다.

○ 3월 경진삭, 땅이 크게 흔들렸다.

기축(10일), 大和國 高市郡 賀美鄉에 있는 甘南備山의 飛鳥社를 同郡 同鄉의 鳥形山으로 이전하였다. 신의 託宣에 의한 것이다.

임신(13일), 임관이 있었다.

을미(16일), 若狭國의 比古神의 神主[3]에 和朝臣宅繼[4]를 담당시켰다. 宅繼이 제출한 문안에 말하기를, "古記를 검토해 본 바에 의하면, '養老 연중에 역병이 자주 발생하여 병사한 자가 많았다. 때도 없는 홍수, 가뭄으로 곡물이 여물지 않았다. 宅繼의 증조인 赤麻呂는 불도에 귀의하여 깊은 산중에서 마음을 닦았다. 大神이 이에 감동하여 사람으로 변하여 말하기를, 이 땅은 내가 거주하는 곳이다. 나는 신의 몸을 받아 고뇌가 매우 깊다. 불법에 귀의하여 신의 몸에서 벗어나려고 한다. 이 소원을 이루지 못하면 재해가 일어날 뿐이다. 너희는 나를 위해 수행하도록 하라'고 고했다. 이에 赤麻呂는 바로 도장을 세우고, 불상을 만들어 神願寺라

德朝 仁壽 원년(851)에 종5위하에 이른다.

3 神社에서 神事에 봉사하는 神官, 神職.

4 백제 무령왕을 원조로 하는 백제계 후예씨족, 여기에만 보인다.

고 칭하고 大神을 위해 수행하였다. 이후 곡물은 풍작을 이루고 사람은 요절하는 일이 없었다. 운운"이라고 하였다.

○ 하4월 경술삭, (천황이) 紫宸殿에서 근시하는 신하에게 주연을 베풀고 차등 있게 녹을 내렸다.

갑인(5일), 천황이 南池에 행차하였다. 문인에게 시부를 짓게 하고 차등있게 녹을 내렸다.

을축(16일), 山城國 愛宕郡의 구릉 1곳을 右衛門督 紀朝臣百繼 등에 주어 신을 제사하는 장소로 삼았다.

병인(17일), 칙을 내려, "듣는 바로는, 제국에서는 최근에 역병이 자주 발생하여 백성이 일찍 사망하고 있다고 한다. 출가에 의한 공덕은 헤아리기 어려운 신묘한 것이 있다. 100인의 승을 득도시켜 이 재앙을 끝내려고 한다. 바라건대, 백성이 인덕으로 장수하고, 만물이 조화를 이루도록 한다. 治部省, 玄蕃寮, 僧綱은 불교계의 각 종파의 지도자 중에서 훌륭한 자를 이끌고 (출가 희망자에게) 시험을 치르게 하고, (매년 정해진 정원의) 年分 득도자와 동일하게 득도시킨다. 법화경 혹은 최승왕경을 암송시키고 禪行에 우수하고 그 증험이 사람들에게 알려진 자들은 또한 동일하게 득도시키도록 한다"라고 하였다.

기사(20일), (천황이) 武德殿에 어림하여 제국의 목장에서 진상한 망아지를 살펴보았다.

병자(27일), (천황이) 무덕전에서 기마궁술을 관람하였다.

정축(28일), (천황이) 무덕전에 어림하였다.

○ 5월 갑신(6일), 인시에서 미시에 이르기까지 천둥을 동반한 비가 내렸다. 5위 이상 및 諸衛府의 관인에게 녹을 내렸다.

병술(8일), 尙闈[5] 종4위하 秋篠朝臣室子가 죽었다. 나이 49세였다.

---

5 後宮 12司의 하나인 闈司에 근무하는 女官, 궁중의 열쇠를 관리하고 출납을 담당하였다. 尙闈, 典闈, 女孺 등이 있다.

정해(9일), 園地司[6] 토지 4단을 內膳司[7] 膳部[8]의 사무실 용지로 하였다.

정유(19일), 승 10인에게 일체경을 八幡大菩薩宮寺[9]에서 전독하게 하였다.

경자(22일), 종2위 藤原朝臣産子[10]가 죽었다. 弘仁 연간에 후궁으로 들어갔다. 사망시의 나이는 69세였다.

정미(29일), 낮에 금성이 보였다. 수일간 없어지지 않았다.

○ 6월 신해(3일), 京職의 絶戶[11]에게 반급되는 (口分)田을 정지하였다. 부정하게 횡령을 일삼기 때문이다[12].

정묘(19일), (천황이) 神泉苑에 행차하였다. 차등있게 녹을 내렸다. 出雲守 정4위상 平野王이 죽었다. 나이 49세였다.

무진(20일), 相撲司를 임명하였다.

기사(21일), 因幡國 高草郡 사람 曾爾連廣刀自女가 한번에 1남 2녀를 낳았다. 正稅 3백속을 지급하여, 유모 1인과 3년간의 양곡료에 충당하도록 하였다.

경오(22일), 종4위하 平朝臣善棟이 죽었다. 1품 葛原親王의 제2남이다.

병자(28일), 蝦夷 훈12등 吉彌侯部長子가 부모와 함께 천황의 덕화에 귀의하여, 尾張國으로 옮겨 살게 하였다. 야만성을 듣지 못했고 효행이 지극하였다. 특

---

6 궁내성 소속으로 離宮, 정원을 관리하고, 조정에 공진하는 야채, 과일을 재배한다. 寬平 8년(896)에 內膳司에 병합되었다.

7 궁내성 소속으로 천황의 식사를 담당한다.

8 조리를 담당하는 部民, 내선사에는 40명이 소속되었다.

9 宇佐神宮의 경내에 있는 神宮寺.

10 天平寶字 5년(761)에 출생하여 天長 6년(829) 5월 22일에 사망하였다. 嵯峨天皇(786-824)의 夫人으로 되어 있으나 나이가 25년이 많아 光仁天皇의 夫人이 아닌가 추정되고 있다.

11 1인도 없는 호구를 말한다. 5등 이상의 친족이 없을 때에는 호적, 계장으로부터 삭제되고 그 호의 구분전, 園地 등은 관에 몰수되고 家人, 노비 등은 해방된다. 「田令」 15, 「園地」 조에, "凡給園地者, 隨地多少均給, 若絶戶還公"이라고 하여 絶戶의 園地를 몰수한다고 나오고, 「喪葬令」 13, 「身喪戶絶」 조에는, "凡身喪, 戶絶無親者, 所有家人奴婢及宅資, 四隣五保, 共爲檢校財物營, 盡功德, 其家人奴婢者, 放爲良人"이라고 하여 절호의 가인, 노비는 양인으로의 신분해방을 규정하고 있다.

12 絶戶의 전지를 은폐하여 私領으로 삼는 행위를 말한다.

별히 관위 3계를 내리고 동족에게 권장하도록 하였다.

○ 추7월 기묘(2일), (천황이) 神泉苑에 행차하였다.

정해(10일), 황후가 황자를 출산하였다. 공경이 연이어 축하하였다.

계사(16일), (천황이) 神泉苑에 행차하여 씨름을 관람하였다.

갑오(17일), (천황이) 내리에서 씨름을 관람하였다.

병신(19일), 越中國 蝦夷 훈8등 吉彌侯部江岐麻呂에게 종8위상에 서위하였다. 江岐麻呂는 천황의 덕화에 순응하여 양민과 뜻을 같이 하였다. 동족을 가르쳐 깨닫게 하여 예의를 지키게 하였다. 문관의 관위를 주어 (蝦夷를) 장려하고자 하였다.

○ 8월 기유(2일), 이날에 (천황이) 또 씨름을 관람하였다.

경술(3일), (천황이) 南池에 행차하였다. 문인을 불러 시부를 짓게 하였다. 아악료에서 음악을 연주하였다. 날이 저물자 피복을 하사하였다.

기미(12일), (천황이) 神泉苑에 행차하였다.

정묘(20일), 2품 酒人内親王이 죽었다. 廣仁天皇[13]의 황녀이다. 모친은 증 吉野皇后이다. 용모는 아름다웠고, 성격은 부드럽고 소박했으며 기품이 있었다. 어려서 齋宮으로 들어갔는데 장년이 되어 돌아왔다. 갑자기 3품에 서위되었고, 桓武天皇의 후궁으로 들어가 총애를 듬뿍 받았으며 황자 朝原内親王을 낳았다. 성품은 거만했으며 감정조절이 안되어도 천황은 금지하지 않았고, 하고자 하는대로 두었다. 음란한 행위가 점점 심해지고 자제하지 못했다. 弘仁 연중에 나이들어 쇠함을 배려하여 특별히 2품을 내렸다. 항상 東大寺에서 1만등의 법회를 열고 사후의 깨달음으로 삼고자 했고, 승려들은 이를 널리 펼쳤다. 사망시의 나이는 76세였다. 山城國 愛宕郡의 공전 4단 1백보를 紫野院[14]의 경비로 충당하였다.

갑술(27일), 貴布禰社, 丹生川上의 雨師社에 봉폐하였다. 다만 雨師神에는 白

---

13 光仁天皇.
14 淳和天皇의 離宮.

毛의 御馬를 딸려보냈다. 장마를 멈추게 하기 위해서였다.

○ 9월 계미(6일), 지진이 있었다.

신묘(14일), (천황이) 내리에서 연회를 베풀었다. 제관사 및 諸衛府에서 함께 물품을 바쳤다. 차등있게 녹을 내렸다.

갑오(17일), (천황이) 神泉苑에 행차하였다. 문인을 불러 차등있게 녹을 하사하였다.

기해(22일), (천황이) 武德殿에 어림하여 信濃國에서 바친 御馬를 살펴보았다.

○ 동10월 정미삭, (천황이) 武德殿에 어림하여 甲斐國에서 바친 말을 살펴보았다.

신해(5일), 임관이 있었다.

병진(10일), (천황이) 泥潭池에 행차하여 물새를 잡았으며, 紫野院에 들어갔다. 山城國에서 헌물하였다. 날이 저물자 아악료에서 음악을 연주하였다. 시종, 5위의 狩長 및 (紫野)院의 봉사자, 山城國의 掾 이상에게 차등있게 물품을 내렸다.

계해(17일), 종6위하 百濟王慶世[15]에게 종5위하를 내렸다.

을축(19일), 甲斐國 사람 節婦 上村主萬女에게 관위 2계를 서위하고, 해당 호의 전조를 종신 면제하였다. 萬女는 나이 15세에 小長谷直淨足에게 시집가 3남 1녀를 낳았다. 지난 大同 3년(808)에 淨足이 사망하였다. 그 이후 예로서 경건하게 혼령을 대하기를, 여전히 살아있는 것과 같이 말하여, 마을 사람들이 이를 칭찬하였다.

정묘(21일), 지진이 있었다.

무진(22일), 右衛府에서 헌물하였다. 차등있게 녹을 내렸다.

기사(23일), (천황이) 殿上에서 연회를 베풀고 음악을 연주하였다.

---

15 부친은 出羽守 百濟王敎俊이고, 民部大輔 百濟王慶仲(慶忠)의 동생이다. 承和 12년(845) 정월에 종5위상으로 승진하였고, 동 14년 12월에 齋院長官이 되었고, 嘉祥 3년(850) 5월에 御齋會의 藥師寺使에, 貞觀 원년(859) 2월에 刑部大輔에, 동년 4월에 次侍從에 임명되었다.

갑술(28일), (천황이) 栗前野에 행차하여 사냥을 즐겼다. 친왕 이하 4위 이상에게 천황의 의복을 하사하였다. 5위 이하 및 山城國의 掾 이상에게 의복을 하사하였다. 山城國에서 관례에 따라 물품을 바쳤다. 또 우대신이 헌물하였다. 해시가 되어 환궁하였다.

○ 11월 정축삭, 일식이 있었다.

갑신(8일), 목면 1만 5백둔을 諸大寺의 승들에게 희사하였다.

병술(10일), 佐渡國 사람 丈部若刀自가 한번에 3남을 낳았다. 정세 3백속을 지급하고, 유모 1인, 3년간의 양곡료로 사용하게 하였다.

정해(11일), 藤原朝臣全雄에게 사형죄 1등을 감하여 遠國으로 유배형에 처했다. 첩 飛鳥戶造福刀自賣를 살해했기 때문이다.

정유(21일), (천황이) 芹川野에 순행하여 사냥을 즐겼다.

○ 12월 을축(19일), 참의 정3위 春原朝臣五百枝가 죽었다. 나이 70세였다. 산위 종4위상 橘朝臣淸野가 죽었다. 弘仁 3년(812)에 종5위하에 서위되었고, 동 13년에 정5위하에, 동년 중에 종4위하에, 天長 2년(825)에 종4위상이 되었다. 성질이 소박하였고, 욕심이 적었으며, 交野에서 은거하였고, 출사에 뜻이 없었다. 태황태후의 숙부가 되어 고위직을 받았다. 사망시의 나이는 80세였다.

경오(24일), (천황이) 賀茂川에 행차하였다. 부정을 씻는 의식을 행했다. 의식을 마치고 녹을 하사하였다.

계유(27일), 武藏國의 공한지 250정을 西院[16]의 勅旨田[17]으로 삼았다.

○ (月日 누락), 승정 傳燈大法師位 護命[18] 등이 주상하여 말하기를, "護命 등이 듣건대, 재난을 없애고 복과 상서를 가져오기 위해서는 仁王法門이 가장 중요하다고 한다. 따라서 普明은 (百座仁王會를 열어) 班足王의 죽음에서부터 면할 수 있었고, 帝釋天은 (仁王會의 공덕으로) 頂生의 군으로부터 보호받을 수 있었다.

---

16 淳和天皇의 後院인 淳和院.

17 8세기말부터 황실 독자의 재원에 충당하기 위해 개간된 전지로 不輸租田이다.

18 311쪽, 天長 3년(826) 3월 정축조 각주 13 참조.

이에 더하여 가뭄이 자주 나타나고 역병이 발생하고 있다. 삼가 바라건대, 畿內 5국에 봉호, 전지, 원지를 소유하고 있는 사찰에 1백의 자리를 만들게 하여, 인왕반야경을 강설했으면 한다. 그렇게 하면, 은혜의 비가 내리고 역병이 빨리 종식될 것이다"라고 하였다.

일본후기 권제37 (逸文)

日本後紀 卷第三十七〈起天長六年正月, 盡同年十二月〉

左大臣正二位兼行左近衛大將臣藤原朝臣冬嗣等奉勅撰

太上天皇〈淳和〉

◎天長六年春正月壬午朔, 天皇御大極殿, 受朝賀. 事畢, 宴侍從已上於紫宸殿, 賜衣被. 戊子, 授從四位下藤原朝臣愛發從四位上. 無位正躬王從四位下, 從五位上磐田王正五位下. 從五位下楠野王從五位上, 正六位上雄貞王・美能王從五位下. 從四位上紀朝臣咋麻呂正四位下, 從四位下百濟王忠宗從四位上, 正五位上池田朝臣春野, 正五位上伴宿禰勝雄從四位下, 正五位下巨勢朝臣清野正五位上. 從五位上安部朝臣豐柄・藤原朝臣河主・林朝臣山主・高根朝臣眞象正五位下. 從五位下藤原朝臣安繼・藤原朝臣房嗣・藤原朝臣菊池麻呂・石川朝臣國助・多治比眞人貞成・滋野宿禰貞主・小野朝臣石雄・春原朝臣永世從五位上. 正六位上藤原朝臣助・文室眞人池主・橘朝臣繼麻呂・路眞人濱繼・大中臣朝臣永嗣・佐伯宿禰内人・藤原朝臣貞公・紀朝臣竝木・多治比眞人石雄・田中朝臣眞氏・嶋田朝臣清田, 外正五位下豐住朝臣綿成・額田宿禰今足從五位下. 己丑, 授正六位上藤原朝臣宗成・伊勢朝臣武良吉志從五位下, 正六位上上毛野公氣多麻呂外從五位下. 庚寅, 山城國地二段三百步, 施入大屋寺. 甲午, 任官.

○二月丙辰, 山城國愛宕郡五段地, 賜内藏寮埴地. 庚午, 奉幣五畿七道名神. 祈春雨也. 壬申, 任官. 戊寅, 請僧百口, 沙彌百口, 於大極殿, 奉讀大般若經三箇日. 以祈甘雨也.

○三月庚辰朔, 地大震. 己丑, 大和國高市郡賀美鄉甘南備山飛鳥社, 遷同郡同鄉鳥形山. 依神託宣也. 壬申, 任官. 乙未, 若狹國比古神, 以和朝臣宅繼爲神主. 宅繼辭云. 據檢古記, 養老年中, 疫癘屢發, 病死者衆. 水旱失時, 年穀不稔. 宅繼曾祖赤麻呂, 歸心佛道, 練心深山. 大神感之, 化人語宣, 此地是吾住處. 我稟神身,苦惱甚深. 思歸依佛法, 以免神道, 無果斯願, 致災害耳. 汝能爲吾修行者. 赤麻呂即建道場, 造佛像, 號曰神願寺, 爲大神修行. 厥後, 年穀豐登, 人無夭死. 云云.

○夏四月庚戌朔, 於紫宸殿, 賜飮侍臣, 賜祿有差. 甲寅, 車駕幸南池. 令文人賦詩. 賜祿有差. 乙丑, 山城國愛宕郡丘一處, 給右衛門督紀朝臣百繼等. 爲祭祀神地. 丙寅, 勅曰. 如聞, 諸國頃日, 疫癘間發, 百姓夭死. 出家功德, 不可思議. 宜度百僧, 弭此凶禍. 庶幾, 納群生於仁壽, 致品物於中和. 省寮僧綱, 率宗師長其道者, 課試之, 一同年分. 其諳誦法華若最勝王經, 及禪行傑焉, 驗聽衆者, 亦同預之. 己巳, 御武德殿, 覽諸國攸進駒. 丙子, 御武德殿, 覽馬射. 丁丑, 御武德殿.

○五月甲申, 自寅時至于未時, 雷同雨降. 賜五位已上及諸衛祿. 丙戌, 尙閣從四位下秋篠朝臣室子卒. 年四十九. 丁亥, 園地司地四段, 賜内膳司膳部曹司處. 丁酉, 令僧十口, 轉讀一切經八幡大菩薩宮寺. 庚子, 從二位藤原朝臣産子薨. 弘仁之比, 入掖庭. 薨年六十九. 丁未, 太白晝見. 連日不已.

○六月辛亥, 停授京職絶戸田. 爲奸盜也. 丁卯, 幸神泉苑. 賜祿有差. 出雲守正四位上平野王卒. 年四十九. 戊辰, 任相撲司. 己巳, 因幡國高草郡人曾爾連廣刀自女, 産一男二女. 給正稅三百束, 充乳母一人三箇年粮料. 庚午, 從四位下平朝臣善棟卒. 一品葛原親王第二男也. 丙子, 俘囚勳十二等吉彌侯部長子, 與父母共歸皇化, 移配尾張國. 野心不聞, 孝行已著. 特敍三階, 俾勸倫輩.

○秋七月己卯, 幸神泉苑. 丁亥, 皇后誕生皇子. 公卿連賀. 癸巳, 御神泉苑, 覽相撲. 甲午, 内裏覽相撲. 丙申, 越中國俘囚勳八等吉彌侯部江岐麻呂敍從八位上. 江岐麻呂, □染皇化, 志同良民, 敎喩等倫, 興行禮儀. 仍敍文位, 俾申勸勵.

○八月己酉, 於是日, 亦覽相撲. 庚戌, 幸南池. 召文人令賦詩. 雅樂寮奏樂. 日暮賜衣被. 己未, 幸神泉苑. 丁卯, 二品酒人内親王薨. 廣仁天皇之皇女也. 母贈吉野皇后也. 容貌姝麗, 柔質窈窕. 幼配齋宮, 年長而還. 俄敍三品, 桓武納之掖庭, 寵幸方盛, 生皇子朝原内親王. 爲性倨傲, 情操不修, 天皇不禁, 任其所欲. 姪行彌增, 不能自制. 弘仁年中, 優其衰慕, 特授二品. 常於東大寺, 行萬灯之會, 以爲身後之資, 緇徒普之. 薨時年七十六. 山城國愛宕郡公田四段一百歩, 充紫野院. 甲戌, 奉幣貴布禰社, 丹生川上雨師社. 但雨師神, 副以白毛御馬. 爲停霖雨也.

○九月癸未, 地震. 辛卯, 宴於内裏. 諸司幷諸衛府竝有獻物. 賜祿有差. 甲午, 幸神泉苑. 召文人, 賜祿有差. 己亥, 御武徳殿, 覽信濃國御馬.

○冬十月丁未朔. 御武徳殿, 覽甲斐國御馬. 辛亥, 任官. 丙辰, 幸泥潭池, 羅獵水鳥, 御紫野院. 山城國獻物. 日暮, 雅樂寮奏音聲. 侍從幷狩長五位及院預, 山城國掾已上, 賜祿有差. 癸亥, 敍從六位下百濟王慶世從五位下. 乙丑, 甲斐國人節婦上村主萬女, 敍位二級, 終身免戸田租. 萬女, 年十五, 嫁小長谷直浄足, 生三男一女. 去大同三年, 浄足死去. 自爾以後, 禮敬虛靈, 猶申如在, 村里稱之. 丁卯, 地震. 戊辰, 右衛府獻物. 賜祿有差. 己巳, 宴於殿上. 奏音樂. 甲戌, 天皇幸栗前野遊獵. 親王已下四位以上, 賜御被. 五位已下及山城國掾已上, 賜御衣. 山城國依例獻物. 又右大臣獻物. 亥時, 還宮.

○十一月丁丑朔. 日有蝕之. 甲申, 綿一萬五百屯, 施捨諸大寺衆僧. 丙戌, 佐渡國人丈部若刀自産三男. 給正税三百束, 乳母一人, 三箇年粮料. 丁亥, 藤原朝臣全雄, 降死罪一等, 處之遠流. 殺妾飛鳥戸造福刀自賣故也. 丁酉, 行幸芹川野遊獵.

○十二月乙丑, 參議正三位春原朝臣五百枝薨. 年七十. 散位從四位上橘朝臣清野卒. 弘仁三年授從五位下, 十三年正五位下, 同年至從四位下, 天長二年從四位上. 性質素, 少所欲, 隱居交野, 無意出仕. 爲太皇太后叔父, 被授崇班. 卒時年八十. 庚午, 天皇幸賀茂川. 修禊事也. 禊畢賜祿. 癸酉, 武藏國空地二百五十町, 爲西院勅旨田.

○(月日 缺), 僧正傳燈大法師位護命等奏稱, 護命等聞, 消災難, 致福祥, 仁王法門最要. 是故, 普明免班足之死, 帝釋擁頂生之軍. 加以旱頻現, 疫癘始起. 伏乞於五畿内有封戸, 田園寺, 命立一百講座, 演説仁王般若經. 然則高雨忽零, 疫癘早息.

日本後紀 卷第三十七 (逸文)

일본후기 권제38 〈天長 7년(830) 정월에서 동 윤12월까지〉

좌대신 정2위 行左近衛大將을 겸직한 臣 藤原朝臣冬嗣 등이 칙을 받들어 편찬하다.

太上天皇〈淳和〉

◎ 天長 7년(830) 춘정월 병자삭, 신년하례를 정지하였다. 비가 내렸기 때문이다.

정축(2일), (천황이) 대극전에 어림하여 하례를 받았다. 左衛門督 淸原眞人長谷, 治部卿 종4위상 源朝臣信[1] 등이 올린 阿波國의 景雲 및 越前國의 木連理 등의 상서를 주상하였다. 주상이 끝나자 환궁하였다. 紫宸殿에 어림하여 근시하는 신하에게 연회를 베풀고 피복을 하사하였다.

무인(3일), 군신이 황후궁에 축하의 배례를 하고, 피복을 하사받았다. 또 황태자에게 축하의 배례를 하였다. 연회와 물품의 하사는 평상과 같이 하였다.

기묘(4일), 천황이 紫宸殿에 어림하자 황태자가 지팡이[2]를 바쳤다.

경진(5일), 황후[3]가 冷泉院[4]에 배알하였다. 신년하례를 위해서이다.

임오(7일), 정4위하 藤原朝臣綱繼에게 종3위를, 종5위상 弟村王에게 정5위하를, 종5위하 氷上王에게 종5위상을, 정6위상 津守王 · 有雄王에게 종5위하를 내렸다. 종4위하 平朝臣高棟에게 종4위상을, 정5위상 大中臣朝臣淵魚, 정5위하 藤原朝臣三成 · 笠朝臣仲守에게 종4위하를 내렸다. 종5위상 百濟王安義[5] · 善道宿

---

1 134쪽, 弘仁 6년(815) 6월 무오조 각주 47 참조.

2 정월 최초의 卯日에 사악한 기운을 쫓는 지팡이를 천황에게 바치는 의식, 이 지팡이를 卯杖이라고 한다.

3 正子內親王, 嵯峨天皇의 황녀이고, 仁明天皇과는 이란성 쌍둥이이다.

4 嵯峨太上天皇의 거소가 冷然院.

5 百濟王氏의 일족, 종5위상 百濟王玄風의 아들, 嵯峨天皇, 淳和天皇, 仁明天皇를 모셨다. 형제로 百濟王勝義, 百濟王安義, 百濟王善義가 있다. 百濟王安義는 嵯峨朝 弘仁 9년(818)에 종5위

禰眞貞・伴宿禰眞臣에게 정5위하를 내렸다. 종5위하 多治比眞人船主・三嶋眞
人岡麻呂・石川朝臣橋繼・小野朝臣宗成・橘朝臣百枝・紀朝臣長江에게 종5위
상을 내렸다. 정6위상 文室朝臣眞室・紀朝臣盛麻呂・藤原朝臣新緝・藤原朝臣
貞根・平朝臣淸人・大枝朝臣福成에게 종5위하를 내렸다. 정6위상 御船宿禰賀
祜[6]・井原宿禰繼足・吉田宿禰高世[7]에게 외종5위하를 내렸다.

계미(8일), 여성에게 서위를 하였다.

갑신(9일), 눈비가 내렸다.

정해(12일), 지진이 있었다. 임관이 있었다.

신묘(16일), (천황이) 紫宸殿에 어림하여 연회를 열고 踏歌를 연주하였다.

임진(17일), (황제가) 豐樂院에 행차하여 활쏘기 의식을 관람하였다.

정유(22일), 지진이 있었다.

무술(23일), 近江國의 황폐전 37정 8단, 공한지 25정 5단을 典藥寮에 지급하
였다.

경자(25일), 천황이 鴨川에 행차하여 부정을 씻는 의식을 하였다.

계묘(28일), 出羽國에서 역마로 전하여 주상하기를, "秋田城에 진주하는 국사
정6위상 行介 藤原朝臣行則은 금월 3일 유시에 보낸 牒에서 '금일 진시에 대지진

하에 서위되었고, 동 14년에 淳和天皇의 대상제에서 종5위상을 받았다. 天長 10년(833)에 종4
위하가 되었고, 承和 원년(834)에 右兵衛督에 임명되었다. 承和 4년 12월 2일에 사망하였다.

6　여기에만 보이는 인물이다. 御船宿禰는 백제계 도래씨족으로 6세기전반에 이주한 王辰爾의
후예씨족이다. 씨성은 船史에서 天武 12년(683)에 船連으로 개성하였다. 『三代實錄』貞觀 5
년(863) 8월 기사조에 우경인 船連助道 등 6인에게 菅野朝臣의 씨성을 주고, 河內國 丹比郡
인 船連貞直에게 御船宿禰의 씨성을 주었다고 기록하고 있다. 그리고 『三代實錄』元慶 원년
(877) 12월조에는 船連副使麻呂에게 菅野朝臣의 씨성을 주고, 그의 선조는 百濟人이라고 기
록하고 있다. 御船宿禰의 일족으로는 『續日本後紀』承和 10년(843) 6월 을미조에 御船宿禰氏
主가 나온다. 그는 대학박사의 지위에서 월중국의 장관인 越中守를 겸한다고 기록되어 있
다. 菅野朝臣과 船連貞直은 같은 조상에서 나온 동족이다.

7　백제망명 관인인 달솔 吉大尙의 후예이다. 일본에 망명 후 吉田連, 吉田宿禰, 興世朝臣으로의
씨성의 변화가 있다. 天長 7년(830)에 외종5위하에 서위되고, 大膳亮, 越中介, 右京亮을 역임
하였다.

이 일어나 천둥소리와 같았다. 바로 성곽, 관사 및 사천왕사의 장육불상, 사왕당사 등이 모두 무너지고 성내의 가옥이 도괴되어 죽은 백성이 15인이고, 부상자는 100여인이다. 지금까지 듣지 못한 초유의 일이다. 땅이 갈라진 정도는 어느 곳은 30여장, 어느 곳은 20여장이었고, 이를 피해간 곳은 없었다. 또 성 주변의 큰강인 秋田河는 물이 모두 고갈되어 물줄기가 도랑같았다. 하천 바닥이 갈라져 물이 새어나가 바다로 흘러간 것이 아닌가 의심된다. 관리와 백성들은 소동이 일어나 아직 자세히는 조사하지 못했다. 添河, 覇別河 양안이 각각 붕괴되어 막혔다. 물이 범람하여 인근의 백성은 거친 물살에 휩쓸릴 것을 두려워하여 다투어 산등성이로 올라갔다. 이치로 보아 손실물을 자세히 기록하여 역마로 첩장을 올려야 하지만, 진도가 일시에 7, 8도나 되고, 바람과 눈이 함께 불어닥치고 있으며, 지금까지 멈추지 않아 앞으로의 피해를 알 수 없는 상황이다. 관사는 눈속에 파묻혀 있어 기록할 수도 없다. 무릇 변경의 방비는 城이 근본이지만, 지금은 이미 무너져 내려 어찌 비상에 대처할 수 있겠는가. 이에 모름지기 諸郡에서 지원병을 차출하여 현재의 병사들을 도와 예기치않은 사태에 대비해야 한다'고 하였다. 신은 아직 자세히 헤아려보지 않았지만, 사태는 예상 밖으로 크다. 이에 또 원병 5백인을 차출하여 배치하고, 슈에 준해서 역마로 언상하는 바이다. 다만 피해 물자에 대해서는 상세히 기록하여 뒤이어 언상하기로 한다"라고 하였다.

○ 2월 임자(7일), 임관이 있었다.

을묘(10일), 山城國의 논 5단, 밭 1단 2백보를 春宮坊에 사여하였다.

병진(11일), 武藏國의 공한지 220정을 勅旨田[8]으로 삼았다. 또 정세 1만속을 개발료로 충당하였다.

정사(12일), 정4위하 百濟王慶命[9]에게 종3위를 내렸다.

---

8 8세기말부터 황실 독자의 재원에 충당하기 위해 개간된 전지로 不輸租田이다.

9 出羽守 百濟王敎俊의 딸, 嵯峨天皇의 후궁이 되어 弘仁 5년(814)에 善姬, 이어서 定, 鎭, 若姬를 낳았다. 이들 자식들은 모두 源朝臣의 성으로 개성하여 臣籍이 되었다. 承和 3년(836)에 尙侍가 되고 종2위에 올랐다. 사후에 종1위로 추증되었다.

계해(18일), 攝津國 쌀 5백석을 生嶋의 勅旨田 개발비로 충당하게 하였다.

갑자(19일), 下野國의 공한지 4백정을 勅旨田으로 삼았다.

경오(25일), 越前國의 정세 3백속, 철 1천정을, 그 국의 鹿菻鄕 保嶮道의 백성 上毛野陸奧公□山에게 주었다.

○ 3월 을유(11일), 近江國 벼 2천속, 越前國의 벼 1,200속을 基貞親王家[10]에 주었다. 순찰사가 조사한 攝津國의 乘稻[11] 28,300속을 河邊郡 勅旨田의 개발 비용으로 충당하였다.

○ 하4월 갑진삭, 3품 萬多親王[12]에게 2품을 내렸다. 大和國의 女孀 多米宿禰刀自女를 得選[13]으로 삼았다.

을사(2일), 황제가 대극전에 어림하여, 出雲國의 國造 出雲臣豐持가 바친 5종의 신보를 및 여러 토산물을 살펴보았다. 환궁하여 豐持에게 종6위하를 내렸다.

병오(3일), 황제가 神泉苑에 행차하였다.

무신(5일), 阿波國의 논 12정 2단을 밭으로 하였다. 백성에게 반급한 구분전의 수로의 제방이 높아 물을 끌어올 수 없기 때문이다.

갑인(11일), 천황이 南池에 행차하였다. 涼書殿에 어림하여 문인에게 시부를 짓게 하였다. 문인 이상에게 차등있게 녹을 내렸다.

을묘(13일), 천황이 鴨川에 가서 부정을 씻는 의식을 행하였다. 紫野院의 낚시터에 행차하여 유유히 헤엄치는 물고기를 바라보았다. 神祇官의 宮主 이상에게 차등있게 녹을 내렸다.

임술(19일), 참의 종4위상 小野朝臣岑守[14]가 죽었다. 出雲國造가 신보를 바치던 날, 조당에서 오랫동안 서있었다. 이에 병이 나서 죽었다. 나이 53세였다.

---

10 淳和天皇의 황자.
11 口分田 등을 반급하고 남은 전지를 乘田이라 하고, 이를 경작시켜 나오는 수확물을 乘稻라고 한다.
12 桓武天皇의 제5황자, 110쪽, 弘仁 5년(814) 6월 병자삭조 각주 48 참조
13 천황의 식사 등에 봉사하는 女官.
14 128쪽, 弘仁 6년(815) 춘정월 임오조 각주 31 참조.

계해(20일), (천황이) 武德殿에 어림하여 활쏘기 의식을 관람하였다.

갑자(21일), 2품 萬多親王이 죽었다. 桓武天皇의 제5황자이고, 모친은 中務大輔 藤原朝臣鷲取[15]의 딸이다. 1품에 추증하였다. 나이 43세였다.

무진(25일), 조를 내리기를, "짐은 능력이 부족한데도, 삼가 황위에 올라 (天地人) 세 신령을 경외하면서 천하(의 통치)를 걱정하고 있다. 백성의 교화에는 아직 미흡하고, 천황으로서의 통치는 여전히 답답하다. 허물의 질책은 부르지 않아도 이르게 된다. 듣는 바와같이, 出羽國의 지진은 재앙이 되어 산하의 형태가 바뀌었고, (秋田)城은 붕괴되고 사람과 물자는 손상되었다. 백성은 죄도 없이 별안간 비명의 죽음을 만났다. 참으로 정치의 도리가 이지러져 이러한 신령의 질책이 내려진 것이다. 짐이 덕이 부족하여 천하에 부끄럽다. 가만히 이 재앙을 생각하면, 수렁에 빠진 고통의 배가 된다. 무릇 漢 왕조에 산이 붕괴할 때에 황제가 덕을 닦아 재앙을 없애고, 周代의 지진이 일어났을 때, 선정의 말로 감화시켜 재난을 멈추게 했다. 그러한 즉, 스스로를 극복하고 백성을 구제하기 위해서는 옛 일을 모범으로 삼지 않을 수 있겠는가. 특히 사자를 보내 위문하고자 한다. 백성의 주거와 생업이 지진으로 붕괴된 자에게는 사사가 관한 소재의 관리와 협의해서 당해년의 租, 調를 면제하고, 아울러 공민과 蝦夷를 불문하고 창고를 열어 구휼하고, 백성의 가옥의 수리를 도와 생업을 잃지 않도록 해야 한다. 매몰되어 죽은 자들은 조속히 매장하도록 한다. 힘써 너그러운 은혜를 베풀어 짐의 뜻을 알리도록 한다"라고 하였다.

기사(26일), 大宰府 관내 및 陸奧, 出羽 등 제국에서 역병이 유행하여 요절하는 자가 점점 많아지고 있다. 畿內 5국, 7도 제국으로 하여금 수행에 정진하고 있는 승 20인 이상을 뽑아 각각 국분사에서 3일간 금강반야경을 전독하게 하였다. (재앙의) 불상사를 없애기 위해서이다. 이 기간에 살생을 금지하였다.

경오(27일), 出雲國의 정세 5백속을 采女 神門臣富繼에게 주었다.

---

15 左大臣 藤原魚名의 아들, 寶龜 2년(771)에 종5위하 伊勢員外介에 서임되고, 동 3년에 伊勢介, 동 5년에 伊勢守와 伊勢國司로 승진하였다. 동 6년에 종5위상에 서위되었고, 후에 造宮大輔, 中務大輔, 上野守로 재임하였다.

계유(30일), (천황이) 武德殿에 어림하여 경마를 관람하였다. 春宮亮 종4위하 藤原朝臣三成이 죽었다. 조부는 참의 종3위 巨勢麻呂이고, 부는 종5위상 眞作이다. 三成은 弘仁 11년(820)에 종5위하에 서위되어 갑자기 主殿頭에 임명되었으며, 이어서 春宮亮으로 옮겼다. 天長 2년(825)에 정5위하에 서위되고 越中守를 겸직하였다. 동 7년에 종4위하에 서위되었다. 천성이 삼가고 심지가 깊었으며 언어에 흠이 없었다. 당대의 조정에 琴에 능한 인물이었다. 琴을 연주하는 사람은 이미 떠났는데, 누가 이를 다시 계승할 것인가. 사망시의 나이는 45세였다.

○ 5월 병자(3일), 정6위상 石川朝臣宗益에게 종5위하를, 정6위상 大宅臣宮處麻呂에게 외종5위하를 내렸다.

무인(5일), 임관이 있었다.

기묘(6일), 대극전에 100인의 승을 불러 대반야경을 7일간 전독하게 하였다. 지진 및 역병의 재앙을 제거하기 위해서였다.

신묘(18일), 종4위상 百濟王忠宗[16]이 죽었다. 때의 나이 64세였다.

을미(22일), 長門國의 外島 1곳을 勅旨嶋[17]로 삼았다. 다만 그 안에 있는 公私田의 땅은 권리의 문서가 명확하기 때문에 이번 조치에 해당되지 않는다.

병신(23일), 山城國의 정세 1만속, 伊賀國의 정세 3만속, 紀伊國의 정세 1만속 도합 5만속을 大和國에 충당하여 出擧의 (원금) 稻로 삼았다. 국의 사용처는 많지만, 정해진 출거는 부족했기 때문이다.

○ 6월 갑진삭, 정4위하 尚世王에게 종3위를, 종4위상 南淵朝臣弘貞 · 藤原朝臣愛發에게 정4위하를 내렸다.

정미(4일), 종4위하 源朝臣弘[18] · 源朝臣常[19]에게 종4위상을 내렸다. 임관이 있

---

16 조부는 百濟王敬福이고, 부는 散位頭 百濟王利善이다. 桓武朝에서 종5위하에 서위되고 延曆 23년(804)에 伊豫介, 弘仁 4년(813)에 종5위상, 이듬해 정5위하에 올랐다. 天長 6년(829)에 종4위상이 되었다.

17 천황을 위해 지정된 섬, 무언가의 산출되는 물자를 공상한 것으로 보인다

18 嵯峨天皇의 황자, 弘仁 5년(814)에 형제인 信, 常과 함께 源朝臣의 성을 받았다. 天長 5년(828)에 무위에서 종4위하에 서위되고, 동 7년 8월에 宮內卿에 서임되었다. 承和 원년(834)

었다. 2품 葛原親王[20]을 式部卿으로 삼았다.

신해(8일), 女孺 伊勢國 사람 村主宮道, 遠江國 사람 小長直縵을 함께 采女로 보임하였다.

을축(22일), 節婦 風早直益吉女에게 관위 2계를 서위하고, 그 호의 田租를 종신 면제하였다. 益吉女는 남편의 사후에도 사모의 정을 멈추지 않았고, 출가하여 깨달음에 이르렀으며 정절과 지조를 지켰다. 이런 까닭에 서위하여 정조를 표창한 것이다.

정묘(24일), 종3위 百濟王慶命[21]에게 位封 외에 특별히 50烟을 주었다.

○ 추7월 갑술(2일), 長門國의 백성을 진휼하였다. 가뭄으로 피해를 구제하기 위해서였다.

무인(6일), 대납언 정3위 良岑朝臣安世[22]가 죽었다. 종2위에 추증하였다. 태상천황[23]이 사자를 애도하는 (장송의 노래인) 挽歌 2편을 지었다. 어려서부터 매, 개를 좋아하고, 가마궁술을 일삼았다. 그 외의 기예도 다재다능하다는 평판이 있었

에 정4위하에 서위되고, 仁明朝에서는 治部卿, 刑部卿 등을 역임하였고, 동 9년에 참의가 되어 議政官으로 治部卿, 左大弁을 겸직하였다. 동 14년에 종3위, 嘉祥 원년(848)에 中納言에 임명되었고, 仁壽 원년(851)에 정3위에 오르고, 貞観 원년(859)에 大納言에 이르렀다.

19 嵯峨天皇의 황자로 弘仁 5년(814)에 형 信, 弘과 함께 源朝臣의 성을 하사받아 臣籍으로 내려갔다. 淳和朝 天長 5년(828)에 무위에서 종4위하에 서위되어 兵部卿에 임명되었다. 동 7년에 종4위상, 동 8년에 종3위에 서위되어 공경이 되었다. 동 9년에 21세의 나이로 中納言이 되었다. 天長 10년(833)에 仁明天皇의 즉위시에 정3위, 承和 5년(838)에 大納言에 임명되었고, 동 7년에 우대신 겸 東宮傅가 되었고, 동 8년에 종2위에 올랐다. 承和 11년에는 33세의 나이로 태정관의 수반이 되었다. 嘉祥 3년(850)에 文德天皇의 즉위 후에 정2위가 되었다. 형제인 信, 定, 弘과 함께 嵯峨 源氏로서 조정의 제일의 정체세력으로 등장하였다. 한시문에도 능하여 『經國集』에도 수록되어 있으며 『古今和歌集』에도 시가를 남기고 있다.。

20 桓武天皇의 황자.

21 百濟王敎俊의 딸, 嵯峨天皇의 후궁으로 善姫, 定, 若姫를 낳았다. 자녀들은 源朝臣의 성을 받아 臣籍이 되었다. 慶命은 後宮으로 권력을 잡았다고 전해지며, 承和 3년(836)에 尚侍가 되었다. 종2위로 사망한 후에 종1위로 추증되었다.

22 29쪽, 弘仁 2년(811) 6월 계해삭조 각주 58 참조.

23 嵯峨太上天皇, 良岑朝臣安世과는 異母兄弟.

다. 성인이 되어 처음으로 『孝經』을 읽고, 책을 내려놓고 감탄하여 말하기를, "명분과 교화의 극치가 여기에 있었는가"라고 하였다. (天長3년) 7월에는 친형 좌대신 (藤原)冬嗣가 죽었다[24]. 병을 이유로 조정에 나가지 못했다. 조정의 칙사가 누차 재촉했지만, 궁중에는 들어가려고 하지 않았다.

임오(10일), (천황이) 大宰府에서 공진된 연례의 염직물을 어람하였다. 5위 이상에게 (해당) 服色의 직물을 내렸다.

갑신(12일), 사자를 18개 사찰에 보내 독경하게 하였다, 畿內 5국, 7도 제국의 名神에게 봉폐하였다. 재앙을 물리치기 위해서이다.

무자(16일), 천황이 神泉苑에 행차하여, 씨름을 관람하였다. 신시에 천둥이 치고 비가 내리고, 유시에는 내리의 서북 모퉁이에 있는 사무관사에 벼락이 쳤다. 좌우근위부에서 역마를 타고 내리로 달려들어와 (낙뢰에 의한) 神火를 진화하였다. 술시에는 천둥소리가 멈췄다. 바로 천황이 환궁하였다. 참석한 제관사의 관인 이하, 위문부의 門部 이상에게 차등있게 녹을 내렸다. 천황이 씨름을 관람하지 않았다. 낙뢰가 있어 삼가하기 위해서이다.

경인(18일), 相撲司에서 씨름꾼을 이끌고 冷然院에 들어왔다. .

신묘(19일), 우대신 藤原朝臣緖嗣[25]가 (사직을 청하는) 표를 올렸다. (천황이) 조로서 답하여 불허하였다.

계사(21일), 玄暉門[26] 밖의 담장 옆에서 낙뢰를 씻는 의식을 행하도록 하였다. 大藏卿 종3위 藤原淨本이 죽었다. 나이 61세였다.

병신(24일), 이세대신에게 봉폐하였다. 천황의 몸이 편치 않았기 때문이다.

○ 8월 을사(4일), 종4위하 藤原朝臣吉野에게 정4위하를 내렸다. 임관이 있었다. 4품 仲野親王[27]을 大宰帥로 삼았다.

---

24 314쪽, 天長 3년(826) 7월 기축조 참조.

25 19쪽, 弘仁 2년(811) 2월 임오조 각주 32 참조.

26 平安京 內裏의 내곽의 12門의 하나. 북면 중앙에 있다.

27 桓武天皇의 제12황자.

무신(7일), 병부성에 扶省掌[28] 2인을 두었다.

을묘(14일), 지진이 있었다. 内豎[29] 眞野王이 (상서로운 식물인) 芝草 한줄기를 바쳤다.

병진(15일), 右諸衛府에서 (내기) 씨름에 패해 물품을 바쳤다. 군신이 상품으로 받았고, 즐거움을 만끽한 후 마쳤다.

신유(20일), 좌경인 永原朝臣峯雄을 특별히 득도시켰다.

정묘(26일), 황후가 冷然院에 나아가 새로 지은 (황후의 모친의) 침전을 축하하고 아울러 진기한 물품을 바쳤다.

무진(27일), 황후가 환궁하였다. 齋女王이 이세대신궁에 들어가기 위해 賀茂川에서 부정을 씻는 의식을 행했다. 봉사한 제관사에 차등있게 녹을 내렸다.

경오(29일), 개가 栖鳳樓에 올라가 짖었다.

신미(30일), 建禮門의 남쪽 정원에서 부정을 씻는 의식을 거행하였다. 齋女王이 이세대신궁에 들어가기 때문이다.

○ 9월 을해(4일), 建禮門 앞에서 부정을 씻는 의식을 하였다. 후궁에서 개가 죽었기 때문이다.

정축(6일), 천황이 대극전에 어림하여 이세대신궁에 폐백을 올렸다. 齋女王이 들어가기 때문이다.

경진(9일), (천황이) 내리에 문인을 불러 시부를 짓게 하였다. 문인 이상에게 차등있게 녹을 내렸다.

을유(14일), 大膳職[30]의 유실된 잡물 14종, 대여하고 받지 못한 잡물 34종에 대해 장부에서 삭제하기로 하였다. 藥師寺에서 매년 최승왕경의 법회를 열도록 하였다. 中納言 종3위 겸 行中務卿 直世王이 주상하기를, "이 (藥師)寺는 淨御原天皇[31]

---

28 8省의 史生 아래, 使部 위에 둔 하급직원인 省掌의 일을 배우는 보조 인력.
29 内裏에서 잡사에 종사하는 중소관인, 令外官인 内豎所의 감독하에 있었다.
30 궁내성 소속으로 조정의 연회 등에 요리를 담당.
31 天武天皇.

이 황후를 위해 건립한 것이다. 황후는 近江朝 천황[32]의 딸이다. 여자로서 지켜야 할 교훈을 받아 타고난 성격을 바르게 하였다. 황제의 귀여움을 받아 이 절을 세운 것이다. 그러나 완성도 되기 전에 천황이 세상을 떠났다. 황후는 비통해하여 불법에 귀의하였고, 마침내 보찰을 이루었다. 지금 시입되어 있는 封物의 전지는 재정에 충당하는데 여유가 있다. 학승은 점점 많아지고 설법은 오히려 적다. 무릇 부처의 자비는 믿지 않으면 감응하는 일이 드물다. 지극한 이치는 단순하지만, 설명하지 않으면 알기 어렵다. 청컨대, 매년 법회를 개설하고, 훌륭한 고덕의 승을 초청해서 최승왕경을 강설하여 심오한 진리를 보일수 있도록 한다. 편의적으로 播磨國의 賀茂郡에 있는 수전 70정을 재원으로 충당하려고 한다. 깨달음의 경지에 이르는 부처의 가르침을 펼쳐 선대의 영령을 위로하고, 부처의 큰 자비로 천황의 수명을 늘리고, (일월성진의) 3광이 소멸하기까지 불교의 가르침이 멸하지 않고, 오악이 숫돌에 닳을 때까지 경전의 독송은 그치지 않기를 바라고자 한다. 여러 강설과 논의를 행하여 뜻을 바로 정하고, 항례로 삼았으면 한다"라고 하였다. (천황은) 조를 내려 이를 허락하였다.

임진(21일), 천황이 대납언 淸原眞人夏野[33]의 새로 지은 산장에 행차하였다. 시인 30인을 택하여 천황의 시에 답하는 시부를 짓게 하였다. 시종 및 문인에게 녹을 내렸다. (산장의) 주인 (淸原眞人夏野)의 부인 무위 葛井宿禰庭子[34], 제2남 정6위상 瀧雄에게 종5위하를 내렸다.

계사(22일), (천황이) 武德殿에 어림하여 信濃國에서 공진한 말을 살펴보았다.

---

32 天智天皇.

33 天武天皇의 황자인 舍人親王의 손인 小倉王의 아들, 延曆 23년(804)에 父의 상표로 淸原眞人을 사성받았다. 藏人頭, 左近衛, 參議를 비롯하여 天長 2년(825)에 종3위 中納言 겸 左衛門督이 되고, 左近衛大將, 民部卿을 역임하였고, 동 9년(832)에 우대신에 올랐다. 『日本後紀』편찬에도 관여하였고, 동 10년에는 『令義解』를 찬진하였다.

34 이 인물은 여기에만 보인다. 葛井宿禰는 白猪史, 葛井連으로 씨성의 변천이 있다. 『日本書紀』欽明紀 30년(569)조에 王辰爾의 조카 膽津이 白猪史의 씨성을 받았고, 『續日本紀』養老 4년(720) 4월에 白猪史가 葛井連으로 개성되었다고 한다.

갑오(23일), 정6위상 大荒城臣眞□에게 외종5위하를 내렸다.

○ 동10월 을사(5일), 천황이 北野에 행차하였다. 참의 左近衛中將 종4위하 文室朝臣秋津이 물품을 바쳤다. 천황이 紫野院에 들어갔다. 근시하는 신하 및 山城國의 (4등관) 掾 이상에게 차등있게 녹을 내렸다.

정미(7일), 대납언 정3위 行彈正尹을 겸직한 臣 藤原朝臣三守 등이 (弘仁格式의 시행을) 언상하여, "신은 들건대. 劉安[35]이 운하기를, 法은 천하의 규칙이고, 군주가 헤아려 정하는 제도라고 한다. 이 말은 진실이다. 그러한 즉, (천지인) 3덕에 통하고 통치의 규칙을 세우는 군주가, 만물의 이치를 체득하고 있는 군주가, 덕과 예로서 펼치지 않음이 없고, 규칙을 정하고 법령을 세워서 교화를 시행한다. 세상은 쉬운 일도 있지만, 중대한 일도 있고, 혹은 연혁에 따르거나 개혁해야 할 일도 있다. 사람들의 윤리를 규제하고 질서를 세워 지키는 것이다. 臣은 가만히 생각해보니, 우리의 옛적 文武天皇이 大寶 원년(701)에 율령을 제정하여 천하에 시행하였고, 악을 멈추고 선을 권장하는 일을 밝히고 인륜의 법식을 정했다. 다만 율령의 법전은 대강의 골격에 머물러있어, 큰 틀과 세부적인 것이 함께 갖춰져야 한다. 式의 조문은 여전히 결여되어 있어, 이를 정치의 법칙에서 논하면 아직 충분하지 않다. 앞서의 조정에서 延曆 연중에 공경에게 지시하여 우수한 인물을 선정하여 (편찬을) 지휘하도록 하였다. 이후 시간은 점차 흘러갔고, 종전의 조문을 누차 개정하였다. 토론하여 취사했지만, 자칫하여 연수가 지나 弘仁시기에 이르러 이내 중단되어 버렸다. 이에 여러 관인들이 분담하여 새롭게 편찬을 계속하여 단기간에 이루려고 했지만, 세월이 지나버렸다. 삼가 생각해보니, 황제 폐하의 덕은 위대하고 작위없이 이치에 맞으며, 천년이나 지속될 지역을 다스리고 만물을 위무하여 평화로운 세상에 들어가게 될 것이다. 소위 천지가 서로 통하여 상서로운 징조가 두루 미치는 것은, 정치가 공을 이루어 음악을 만드

---

35 漢 고조의 손으로, 淮南王에 봉해졌다. 문학, 방술에 능했고 『淮南子』 21권을 편찬하였다. 『淮南子』는 도가사상을 중심으로 유가, 법가, 천문, 지리에 이르는 제학설을 담았다.

는 때이고, 정치를 안정시켜 예를 제정하는 날이다. 신들은 원래 좌대신 중 정1위 겸 行左近衛大將 藤原朝臣冬嗣, 정3위 중남언 藤原朝臣葛野麻呂, 참의 종3위 行近江守 秋篠朝臣安人, 참의 종4위상 橘朝臣常主 등 4인의 신이 함께 조를 받들어 황공하게도 편수를 담당하게 되었다[36]. 이후 4인의 신은 연이어 사망하였다. 생존자는 단지 臣 등 2인[37] 뿐이다. 무릇 집필에서부터 조사, 연구를 다하여 궁궐에 나아가 봉진하는 바이다. 삼가 내외에 선포하여 모두 시행했으면 한다"라고 하였다. (천황은) 制를 내려 허락하였다.

무신(8일), 한 마리의 비둘기가 承明門 서쪽 회랑에 날라 들어왔다.

경술(10일), 한마리의 꿩이 날아와 左衛門 영내의 建春門 북쪽 담 난간에 앉아 있었다. 衛士가 활을 쏘아 잡았다.

갑인(14일), 임관이 있었다.

을묘(15일), 出羽國에서 出擧稻를 늘리기로 하고, 論定稻 6만속, 公廨稻 14만속으로 하였다. 인민이 늘어나고 아울러 관인들의 봉록이 부족했기 때문이다. 出羽國의 蝦夷 道君千前麻呂를 특별히 득도시켰다. 열심히 노력했기 때문이다.

정사(17일), 東大寺 승 傳灯大法師位 延勝을 10선사에 보임하였다.

기미(19일), 山階寺 승 智興이 陸奥國 信夫郡의 한 구역에 세운 절을 菩提寺라고 칭하고, 定額寺로 삼았다.

경신(20일), 右諸衛府에서 경마에 패해 물품을 바쳤다. 차등있게 녹을 내렸다.

을축(25일), 궁성 내의 御井町의 남방 2분의1 정을 中務省의 주방용지로 주었다.

정묘(27일), 천황이 北野에 행차하여 메추라기, 꿩은 잡고, 물새는 쫓아내었다.

---

36 『類聚三代格』 권제1「弘仁格式」 序에, "詔大納言正三位兼行左近衛大將陸奥出羽按察使 臣 藤原朝臣冬嗣, 故正三位行中納言 臣 藤原朝臣葛野麻呂, 參議從三位行近江守 臣 秋篠朝臣安人, 參議從四位上行春宮大夫廉行左兵衛督式部大輔 臣 藤原朝臣三守, 從五位下守左近衛少將 臣弘仁格式의 편수 담당자 藤原朝臣冬嗣, 藤原朝臣葛野麻呂, 秋篠朝臣安人, 藤原朝臣三守, 橘朝臣常主, 物部中原宿禰敏久 6인의 이름이 보인다.

37 藤原朝臣三守와 物部中原敏久.

嵯峨院에 들어가 5위 이상에게 피복을 내렸다.

○ 11월 을해(5일), 지진이 있었다.

경진(10일), 산위 종3위 藤原朝臣眞夏[38]가 죽었다. 운운. 자질이 꾸며서 말을 하고, 수시로 처세를 바꾸었다. 음악에 기묘한 재능이 있었다. 大同 초에 大嘗會 장소에서 많은 공을 들여 장식물을 만들어 성대한 舞를 연출하였다. 아악료의 (막대한) 비용은 이로부터 시작되었다고 할만하였다. 나이 57세였다.

신사(11일), 무위 菅生朝臣氏刀自를 御巫[39]로 삼았다.

정해(17일), 神祇官, 8省, 彈正臺, 左右京, 春宮坊, 勘解由使, 6衛府, 左右兵庫 등의 관사에 格式을 알리고 시행하였다.

무자(18일), 추위가 심했다. 칙이 내려져 여러 신하들에게 술을 대접하였다. 차등있게 녹을 내렸다.

신묘(21일), 천황이 神嘉殿에 어림하여 新嘗의 神事를 행했다.

임진22일), 5위 이상에게 내리에서 연회를 베풀고 차등있게 녹을 내렸다.

계사(23일), 女王, 內外命婦에게 녹을 하사하였다.

을미(25일), (천황이) 栗前野에 행차하였다. 山城國에서 헌물하였다. 수행한 친왕 이하, 暗野[40]의 6위 및 山城國의 掾 이상에게 차등있게 녹을 내렸다.

정유(27일), 備前國의 공한지 50여정을 勅旨田[41]으로 삼았다.

기해(29일), 임관이 있었다. 伯耆國에 굶주린 백성이 생겨 구휼하였다.

경자(30일), 基良親王[42]이 元服을 행하고 천황에게 배알하였다. 천황은 근시하는 신하에게 琴歌을 연주시켰다. 친왕에게 피복을 내렸다. 대납언 藤原朝臣三守

---

38 右大臣 藤原内麻呂의 장남이고 모친은 백제계 씨족인 百済永繼, 延暦 22년(803)에 종5위하 中衛権少将을 시작으로, 春宮亮, 右近衛中将, 武蔵守, 内蔵頭, 美作守, 山陰道観察使, 造平城 宮使, 參議, 伊勢守, 刑部卿 등 내외의 관직을 두려 역임하였다. 최종 관위는 종3위.

39 神祇官의 女巫.

40 사냥터의 사정을 잘 아는 관인.

41 8세기말부터 황실 독자의 재원에 충당하기 위해 개간된 전지로 不輸租田이다.

42 嵯峨天皇의 황자.

에게 어의를 내렸다.

○ 12월 임인(2일), 명경박사에 준하여 醫經을 강의하는 박사의 비용을 지급하기로 하였다.

을사(5일), 備前國의 곡물 450석을 橫串의 勅旨田 개발 비용으로 충당하였다.

신해(11일), 황제가 神今食[43]의 일로서 神嘉殿에 갔다가 날이 밝자 환궁하였다.

병진(16일), 황제가 芹川野에 행차하였다. 山城國司가 헌물하였다. 친왕 이하 山城國 掾 이상에게 차등있게 녹을 내렸다.

경신(20일), (천황이) 建禮門에 어림하여 諸陵에 폐백을 바쳤다[44].

정묘(27일), 정4위상 武藏守 石川朝臣河主가 죽었다. 右大弁 종3위 石足의 손이고, 중남언 정3위 겸 宮內卿 右京大夫인 豐成野의 제10자이다. 延曆 13년(794)에 종5위하를 받고, 동 25년에 정5위하, 弘仁 4년(813)에 종4위하, 동 14년에 정4위상이 되었다. □□□18度, 처음에 불교와의 인연으로 출가했지만, 환속하여 출사하였다. 자못 불교와 그외의 경전을 배웠고, 아울러 기술을 알고 있었다. 桓武天皇 때에 조영사업이 성행하였다. 여기에 편승하여 몸을 바쳐 이익을 취했으나 욕심이 많아 베푸는 일이 없었다, 나이 77세였다.

○ 윤12월 임신(2일), 천황이 北野에 행차하였다. 大納言 清原眞人夏野의 雙岡의 저택에 들렀다. 주인은 친족을 데리고 배례하였다. 근시하는 신하 이하 山城國 掾 이상에게 차등있게 녹을 내렸다.

무인(8일), 名僧 10인을 궁중에 불러 3일 주야로 佛名經[45]을 독송하며 참회의 의식을 행하였다.

계미(13일), 우대신 藤原朝臣緖嗣[46]가 상표하여. 운운.

---

43 궁정의 연중행사의 하나로 음력 6월, 12월 11일에 열리는 月次祭의 밤에 神嘉殿에서 天照大神에게 제사지내고, 천황 스스로 불을 지펴 밥을 지어 바치고, 함께 共食하는 의례이다.

44 제국에서 공진된 첫 수확한 벼를 연말의 吉日에 천황 및 외척의 묘 등 10陵 8墓에 바치는 의식.

45 제불의 이름을 부르면서 죄를 참회하고 소멸을 기원하는 의식.

46 19쪽, 弘仁 2년(811) 2월 임오조 각주 32 참조.

병술(16일), 종5위상 大野朝臣眞鷹에게 정5위상을 내리고, 바로 右近衛中將으로 삼았다.

무자(18일), 종4위하 文室眞人弟直이 죽었다. 조부는 대납언 종2위 智努王이고 부친은 大宰大貳 종4위하 與伎이고, 모친은 종4위하 平田孫王이다. 後太上天皇[47]이 어렸을 때 모친과 사별하였다. 桓武天皇은 모친 품에서 떨어진 것을 불쌍히 여겨 여왕 (平田孫王)을 양모로 삼았다, 延曆 20년(801)에 종5위하에 서위되고 土左守에 임명되었다. 이어서 左大舍人助, 大監物으로 전임되었다. 弘仁 14년 (823)에 정5위하에 서위되었다. 天長 원년(824)에 종4위하에 서위되고 治部大輔에 임명되었다. 上野守, 備中守를 역임하고, 天長 3년에 播磨守에 임명되었다. 재임 중에 비방받는 일도 칭찬받는 일도 없었다. 성품이 바르지 않았고 절조가 없었다. 또 사물을 분별하지도 못했다. 수명을 다하고 생을 마쳤다. 때의 나이 61세였다.

갑오(24일), 승 5인을 청하여 금강반야경을 봉독하고, 아울러 神祇官에서 부정을 없애는 의식을 행하였다. 物怪[48]에 사죄하기 위해서이다.

병신(26일), 정5위하 興原宿禰敏久[49]에게 정5위상을 내렸다. 格式을 만든 공로 때문이다.

일본후기 권제38 (逸文)

---

47 淳和太上天皇.
48 사람에게 빙의하여 병을 일으키는 등 고통스럽게 하는 怨靈, 死靈, 生靈, 귀신, 요괴 등을 말한다.
49 平安時代의 明法學者로 弘仁 4년(813)에 物部氏에서 物部中原宿禰라는 복성을 받았고, 天長 연간에 興原宿禰를 사성받았다. 大同 3년(808)에 외종5위하를 받은 후 明法博士가 되었다. 弘仁 4년(813)에 大判事에 임명되었고, 『弘仁格式』, 『令義解』의 편찬에 참여하여 정5위상에 서위되었다.

日本後紀 卷第三十八〈天長七年正月,盡同閏十二月〉

左大臣正二位兼行左近衛大將臣藤原朝臣冬嗣等奉勅撰

太上天皇〈淳和〉

◎天長七年春正月丙子朔, 停朝賀也. 雨也. 丁丑, 御大極殿, 受賀. 左衛門督清原眞人長谷, 奏治部卿從四位上源朝臣信等所奏阿波國景雲, 幷越前國木連理等瑞. 奏畢還宮, 御紫宸殿, 宴侍臣, 賜御被. 戊寅, 群臣拜賀皇后宮, 賜衣被. 又賀皇太子. 宴賞如常. 己卯, 天皇御紫宸殿. 皇太子獻御杖. 庚辰, 皇后謁冷泉院. 爲賀正也. 壬午, 授正四位下藤原朝臣綱繼從三位, 從五位上弟村王正五位下, 從五位下氷上王從五位上, 正六位上津守王・有雄王從五位下. 從四位下平朝臣高棟從四位上, 正五位上大中臣朝臣淵魚. 正五位下藤原朝臣三成・笠朝臣仲守從四位下. 從五位上百濟王安義・善道宿禰眞貞・伴宿禰眞臣正五位下. 從五位下多治比眞人船主・三嶋眞人岡麻呂・石川朝臣橋繼・小野朝臣宗成・橘朝臣百枝・紀朝臣長江從五位上. 正六位上文室朝臣眞室・紀朝臣盛麻呂・藤原朝臣新緼・藤原朝臣貞根・平朝臣清人・大枝朝臣福成從五位下. 正六位上御船宿禰賀祐・井原宿禰繼足・吉田宿禰高世外從五位下. 癸未, 女敍位. 甲申, 雨雪. 丁亥, 地震. 辛卯, 御紫宸殿, 賜宴. 奏踏歌. 壬辰, 皇帝幸豐樂院, 覽射禮. 丁酉, 地震. 戊戌, 近江國荒廢田三十七町八段, 空閑地二十町五段, 賜典藥寮. 庚子, 天皇幸鴨川禊之. 癸卯, 出羽國驛傳, 奏云. 鎭秋田城國司正六位上行介藤原朝臣行則, 今月三日酉時牒稱, 今日辰刻, 大地震動, 響如雷霆. 登時, 城廓官舍, 幷四天王寺丈六佛像, 四王堂舍等, 皆悉顚倒, 城內屋仆, 擊死百姓十五人, 支體折損之類, 一百餘人也. 歷代以來, 未曾有聞. 地之割辟, 或處三十許丈, 或處二十許丈, 無所不辟. 又城邊大河, 云秋田河, 其水涸盡, 流細如溝. 疑是, 河底辟分, 水漏通海歟. 吏民騷動, 未熟尋見. 添河・覇別河, 兩岸各崩塞. 其水氾溢, 近側百姓, 懼當暴流, 競陟山崗. 理須細錄損物馳牒, 而震動一時七八度, 風雪相幷, 迄今不止, 後害難知. 官舍埋雪, 不能弁錄. 夫邊要之固, 以城爲本. 今已頹落, 何支非常. 仍須差諸郡援兵, 相副見兵, 備不虞者. 臣未審商量, 事在意外. 仍且差援兵五百人配遣, 准令馳驛言上. 但損物色目, 細錄追上.

○二月壬子, 任官. 乙卯, 山城國水田五段, 陸田一段二百步, 賜春宮坊. 丙辰, 武藏國空閑地二百二十町, 爲勅旨田. 又正稅一萬束, 充開發料. 丁巳, 授正四位下百濟王慶命從三位. 癸亥, 攝津國米五百斛, 充開生嶋勅旨田料. 甲子, 下野空閑地四百町, 爲勅旨田. 庚午, 越前國正稅三百束, 鉄一千廷, 賜作□國鹿□保嶮道百姓上毛野陸奧公□山.

○三月乙酉, 近江國稻二千束, 越前國稻一千二百束, 充基貞親王家. 巡察使, 出攝津國乘稻二萬八千三百束, 充開河邊郡勅旨田料.

○夏四月甲辰朔, 授三品萬多親王二品. 大和國女嬬多米宿禰刀自女預得選. 乙巳, 皇帝御大極殿, 覽出雲國國造出雲臣豐持所獻五種神寶, 兼所出雜物. 還宮授豐持從六位下. 丙午, 皇帝幸神泉苑. 戊申, 阿波國水田一十町二段, 混雜陸田. 班民口分田, 埌處岸高, 無便導水也. 甲寅, 天皇幸南池. 御涼書殿, 命文人賦詩. 文人已上, 賜祿有差. 乙卯, 天皇幸鴨川禊之. 御紫野院釣臺, 觀遊魚. 神祇官宮主已上, 賜祿有差. 壬戌, 參議從四位上小野朝臣岑守卒. 出雲國造獻神寶之日, 久立朝堂. 病發而卒. 年五十三. 癸亥, 御武德殿, 覽射禮. 甲子, 二品萬多親王薨. 桓武天皇第五皇子, 母中務大輔藤原朝臣鷲取女也. 贈一品. 年四十三. 戊辰, 詔曰朕以菲昧, 祗膺瑤圖, 黃畏三靈, 憂勤四海. 景化未孚, 皇猷尙齷. 咎徵之噴, 不招而臻. 如聞, 出羽國, 地震爲災, 山河致變, 城宇頹毀, 人物損傷. 百姓無辜, 奄遭非命. 誠以政道有虧, 降此靈譴. 朕之寡德, 愍乎天下. 靜念厥咎, 甚倍納隍. 夫漢朝山崩, 據修德以攘災, 周郊地震, 感善言而弭患. 然則, 剋己濟民之道, 何能不師古哉. 所以, 特降使臣, 就加存撫. 其百姓居業震陷者, 使等與所在官吏議量, 脫當年租調, 幷不論民夷, 開倉廩賑, 助修屋宇, 勿使失職. 壓亡之倫, 早從葬埋. 務施寬恩, 式稱朕意. 己巳, 大宰管內, 及陸奧出羽等國, 疫癘流行, 夭死稍多. 令五畿内七道諸國, 簡精進僧二十已上, 各於國分寺, 三個日轉讀金剛般若經, 以除不祥. 已事之間, 殺生禁斷. 庚午, 出雲國正稅稻五百束, 給采女神門臣富繼. 癸酉, 御武德殿, 覽競馬. 春宮亮從四位下藤原朝臣三成卒. 祖參議從三位巨勢麻呂, 父從五位上眞作. 三成, 弘仁十一年從五位下, 俄任主殿頭. 尋遷春宮亮. 天長二年敍正五位下, 兼越中守. 七年敍從四位下. 天資慎密, 言語無瑕. 一朝能琴之士也. 人琴已往, 誰復繼之. 卒時年四十五.

○五月丙子, 授正六位上石川朝臣宗益從五位下, 正六位上大宅臣宮處麻呂外從五位下. 戊寅, 任官. 己卯, 屈百僧於大極殿, 轉讀大般若經一七日. 爲除地震及疫癘之災也. 辛卯, 從四位上百濟王忠宗卒. 時年六十四. 乙未, 長門國外嶋一處, 爲勅旨嶋. 但其内之公私田地, 公驗灼然, 不在此例. 丙申, 山城國正稅一萬束, 伊賀國正稅三萬束, 紀伊國正稅一萬束, 合五萬束, 充大和國, 爲擧料. 國用處多, 例擧不足也.

○六月甲辰朔, 授正四位下尙世王從三位, 從四位上南淵朝臣弘貞 · 藤原朝臣愛發正四位下. 丁未, 授從四位下源朝臣弘 · 源朝臣常從四位上. 任官. 二品葛原親王爲式部卿. 辛亥, 女孺伊勢國人村主宮道, 遠江國人小長直縵, 竝補采女. 乙丑, 節婦風早直益吉女, 敍位二階, 終身免其戶田租. 益吉女, 夫死後, 攀慕不止, 落餝歸眞, 節操難奪. 所以, 敍之位階, 用旌貞潔也. 丁卯, 從三位百濟王慶命, 位封之外, 特給五十烟.

○秋七月甲戌, 賑給長門國民. 救旱損也. 戊寅, 大納言正三位良岑朝臣安世薨. 贈從二位. 太上天皇製挽歌二篇. 少好鷹犬, 事騎射. 自餘伎藝, 皆稱多能. 比及成立, 始讀孝經. 捨書而歎曰, 名教之極, 其在茲乎. 七月同母兄左大臣冬嗣薨逝, 謝病不上. 中使屢催, 不肯入禁中. 壬午, 御覽大宰府例進染綾. 賜五位已上當色. 甲申, 遣使十八寺, 令讀經. 奉幣五畿内七道諸國名神. 爲攘災也. 戊子, 天皇幸神泉苑, 覽相撲. 申刻, 雷雨, 酉剋, 霹靂内裏西北角曹司. 左右近衞, 騎乘御馬, 馳入内裏, 撲滅神火. 戌刻, 雷聲乃止. 即帝還宮. 見參諸司官人已下, 衛門門部已上, 賜祿有差. 不覽相撲. 肅霹靂也. 庚寅, 相撲司率相撲等, 參冷然院. 辛卯, 右大臣藤原朝臣緒嗣上表. 詔報不許. 癸巳, 玄暉門外中重掖, 命祓霹靂事. 大藏卿從三位藤原淨本薨. 年六十一. 丙申, 奉幣伊勢大神. 聖體不和也.

○八月乙巳, 授從四位下藤原朝臣吉野正四位下. 任官. 四品仲野親王爲大宰帥. 戊申, 置兵部省扶省掌二人. 乙卯, 地震. 内豎眞野王, 上芝草一莖. 丙辰, 右諸衛府奉相撲輪物. 群臣陪賞, 極歡而罷. 辛酉, 左京人永原朝臣峯雄, 特預得度. 丁卯, 皇后詣冷然院, 奉賀新造寢殿, 兼獻珍麗. 戊辰, 皇后還宮. 齋女王, 爲參入伊勢大神宮, 禊賀茂川. 賜供奉諸司祿有差. 庚午, 犬登栖鳳樓而吠. 辛未, 大祓於建禮門南庭. 爲齋女王參入伊勢大神宮也.

○九月乙亥, 於建禮門前大祓. 依掖庭犬死也. 丁丑, 天皇御大極殿, 奉獻幣帛伊勢大神宮. 依齋女王參入也. 庚辰, 内裏召文人, 令賦詩. 賜文人已上祿有差. 乙酉, 大膳職無實雜物十四種, 未返上雜物三十四種, 從矜免也. 令藥師寺每年設最勝王經之會. 中納言從三位兼行中務卿直世王奏稱, 此寺, 淨御原天皇爲皇后而所建立也. 皇后, 近江帝之女. 柔範光暢, 毗贊天倫. 皇帝嘉寵, 建斯仁祠. 而創基未竟, 宮車晏駕. 皇后含悲歸佛, 終成寶刹. 如今, 所入封物田地, 充用有剩. 學衆稍多, 說法猶少. 夫大雄慈悲, 不信而希應. 至理澹泊, 不詮而難知. 請, 每年開設齋筵, 屈宿德, 演說尊經, 決擇奧義. 便以在播磨國賀茂郡水田七十町, 充其供料. 庶扇覺風而慰先靈, 飛慈雲而增聖壽. 三光縱沈, 慧炬無滅, 五嶽如礪, 梵聲不止. 諸講讀就此試定, 立爲恒例. 詔許之. 壬辰, 天皇幸大納言清原眞人夏野新造山莊. 擇詞客三十人, 令賦詩. 應製也. 賜侍從及文人祿. 授主人室無位葛井宿禰庭子, 第二男正六位上瀧雄從五位下. 癸巳, 御武德殿, 覽信濃御馬. 甲午, 敍正六位上大荒城臣眞□外從五位下.

○冬十月乙巳, 車駕幸北野. 參議左近衛中將從四位下文室朝臣秋津獻物. 御紫野院. 侍臣及山城國掾已上, 賜祿有差. 丁未, 大納言正三位兼行彈正尹臣藤原朝臣三守等言. 臣聞. 劉安有云. 法者天下之準繩, 而人主之度量. 信哉此言也. 然則, 通三建極之后, 得一居貞之君, 莫不敷德禮, 以宣規, 設法令, 而裁化. 世輕世重, 或沿或革. 銜勒人倫, 隄防品彙者也. 臣竊案. 我昔文武天皇, 大寶元年甫制律令, 施行天下, 沮勸既甄, 彝倫式序. 但律令之典, 止擧本綱, 至於體履相須. 式條猶缺, 論之政術, 因有未周. 所以先朝, 延曆年中, 降綸言於卿相, 揮折簡於英髦. 厥後時漸遷, 舊例屢改. 討論取捨, 動歷年所. 至於弘仁, 乃以絕筆. 於是, 分置群官, 更令摘續, 欲成之不日, 而歲月其除. 伏惟, 皇帝陛下, 德參丕偉, 道契無爲. 應千載而撰寰區, 撫萬物而納壽域. 所謂, 天地交泰, 禎符咸臻. 功成作樂之時, 治定制禮之日也. 臣等, 元與左大臣贈正一位兼行左近衛大將藤原朝臣冬嗣, 正三位中納言藤原朝臣葛野麻呂, 參議從三位行近江守秋篠朝臣安人, 參議從四位上橘朝臣常主等四臣, 共稟宸詔, 忝預編修. 爾来四臣相尋薨卒. 其存者唯臣等兩人而已. 以夫鉛槧已下, 研覈惟究, 詣闕奉進. 伏望. 宣布中外, 盡使遵行. 制可. 戊申, 一鳩飛入承明門西廊. 庚戌, 一雌雉来, 集左衛門陣, 建春門以北垣欄中. 衛士射而獲. 甲寅, 任官. 乙卯, 增加出羽國出擧論定稻六萬束, 公廨稻十四萬束. 人民蕃息, 兼邊吏乏資也. 出羽國俘囚道君千前麻呂, 特預得度. 褒精進也. 丁巳, 東大寺僧傳灯大法師位延勝, 補十禪師. 己未, 山階寺僧智興, 造建陸奧信夫郡寺一區. 名菩提寺, 預定額寺例. 庚申, 右諸衛府, 奉獻競馬負物. 賜祿有差. 乙丑, 宮內御井町南方半町, 給中務省廚地. 丁卯, 天皇幸北野, 獵鶉·雉·拂水鳥. 便幸于嵯峨院, 賜五位已上衣被.

○十一月乙亥, 地震. 庚辰, 散位從三位藤原朝臣眞夏薨. 云云. 性有飾詞, 随時容身. 音樂之間, 能盡其妙. 大同初, 預大嘗會所, 造千功之標, 調八佾之舞. 可謂大樂之費, 從此而起者也. 年五十七. 辛巳, 無位菅生朝臣氏刀自, 爲御巫. 丁亥, 頒行神祇, 八省, 彈正, 左右京, 春宮, 勘解由, 六衛, 左右兵庫格式. 戊子, 寒氣緊切. 有勅, 擧酒賜群臣. 賚祿有差. 辛卯, 天皇御神嘉殿, 以申如在. 壬辰, 宴五位已上於內裏. 賜祿有差. 癸巳, 賜女王內外命婦祿. 乙未, 幸栗前野. 山城國獻物. 賜陪從親王已下暗野六位, 及山城國掾已上祿有差. 丁酉, 備前國空閑地五十許町, 充勅旨田. 己亥, 任官. 賑給伯耆國飢民. 庚子, 基良親王加元服,拜謁至尊. 帝命侍臣琴歌. 賜親王被衣. 大納言藤原朝臣三守御衣.

○十二月壬寅, 准明經博士, 賜講醫典博士料. 乙巳, 備前國穀四百五十斛, 爲□橫串勅旨田料. 辛亥, 皇帝, 有神今食事. 御神嘉殿, 拂曉還宮. 丙辰, 皇帝, 幸芹川野. 山城國司獻物. 親王已下國掾已上, 賜祿有差. 庚申, 鳳輦臨建禮門, 分幣諸陵. 丁卯, 正四位上武藏守石川朝臣河主卒. 右大弁從三位石足之孫, 中納言正三位兼宮内卿右京大夫豊成野第十子也. 延暦十三年授從五位下, 二十五年正五位下, 弘仁四年從四位下, 十四年正四位上, □□□一十八度, 初託緣出家, 還俗更仕. 頗學内外, 兼知工巧. 桓武天皇之時, 造作爲宗, 允從當時, 容身取利, 有欲無施. 年七十七.

○閏十二月壬申, 天皇幸北野. 便幸大納言清原眞人夏野之雙岡宅. 主人率親族拜舞. 侍臣已下山城國掾已上, 賜祿有差. 戊寅, 延名僧十口於禁中, 三個日夜, 懺禮佛名經. 癸未, 右大臣藤原朝臣緒嗣上表. 云云. 丙戌, 授從五位上大野朝臣眞鷹正五位上, 即爲右近衛中將. 戊子, 從四位下文室眞人弟直卒. 祖大納言從二位智努王, 父大宰大貳從四位下與伎, 母從四位下平田孫王. 後太上天皇在幼稚, 違慈顏. 桓武天皇, 悲其偏露, 以女王, 推爲母. 延暦二十年敍從五位下, 任土左守. 累遷左大舍人助, 大監物. 弘仁十四年, 敍正五位下. 天長元年, 敍從四位下, 爲治部大輔, 歷上野・備中守, 三年任播磨守. 在任之間, 不聞毀譽. 性無廉隅, 又不了辨. 以命而終. 時年六十一. 甲午, 請僧五口, 奉讀金剛般若經, 兼令神祇官解除. 謝物怪也. 丙申, 授正五位下興原宿禰敏久正五位上. 以作格式之功也.

日本後紀 卷第三十八 (逸文)

일본후기 권제39 〈天長 8년(831) 정월에서 동 12월까지〉

좌대신 정2위 行左近衛大將을 겸직한 臣 藤原朝臣冬嗣 등이 칙을 받들어 편찬하다.

太上天皇〈淳和〉

◎ 天長 8년(831) 춘정월 경자삭, 황제가 대극전에 어림하여 신년하례를 받았다.

신축(2일), 군신이 황후궁에 하례하고, (황후가) 피복을 하사하였다. 이어서 동궁에 하례하고, 차등있게 녹이 내려졌다.

임인(3일), 황후가 冷泉院에 배알하였다. 종일 눈이 내렸다.

계묘(4일), 황후가 환궁하였다.

병오(7일), 천황이 豐樂殿에 어림하여, 2품 葛原親王[1]에게 1품을 내렸다. 종3위 淸原眞人夏野 · 紀朝臣百繼에게 정3위를, 정4위하 南淵弘貞, 종4위상 源朝臣常[2]에게 종3위를 내렸다. 종4위하 三原朝臣春上 · 文室朝臣秋津에게 종4위상을, 정5위하 磐田王에게 종4위하를, 종5위하 粟生王 · 長田王에게 종4위하를 내렸다. 무위 眞福良王, 정6위상 大隅王에게 종5위하를 내렸다. 종4위상 菅原朝臣淸公에게 정4위하를 내렸다. 종4위하 高橋眞人淸階 · 藤原朝臣世嗣에게 종4위상을, 정5위하 笠朝臣梁麻呂 · 橘朝臣弟氏 · 藤原朝臣常嗣에게 종4위상을 내렸다. 정5위하 和朝臣繩繼[3]에게 정5위상을 내렸다. 종5위상 藤原朝臣眞川 · 藤原朝臣承之 · 石上朝臣美奈麻呂 · 和氣朝臣仲世에게 정5위하를 내렸다. 종5위하 紀朝臣良門 · 伴宿禰乎智人 · 賀茂朝臣關守 · 當宗宿禰家主 · 藤原朝臣貞雄 · 紀朝臣末守 ·

---

1 桓武天皇의 皇子.
2 373쪽, 天長 7년(830) 6월 갑진삭조 각주 19 참조.
3 54쪽, 弘仁 3년(812) 정월 병인조 각주 5 참조.

安部朝臣安仁에게 종5위상을 내렸다. 정6위상 藤原朝臣本雄·良岑朝臣木連·藤原朝臣長生·文室朝臣海田麻呂·石川朝臣河魚·菅野朝臣永岑[4]·藤原朝臣吉緒·藤原朝臣繩搓·佐味朝臣繼成·橘朝臣氏主·中臣朝臣益繼·布勢朝臣庭成·紀朝臣柂長에게 종5위하를 내렸다. 정6위상 高志連氣多主·菅原朝臣梶吉·御船宿禰氏主[5]·善世宿禰遠繼에게 외종5위하를 내렸다.

정미(8일), 여성에게 서위하였다.

임자(13일), 천황이 仁壽殿[6]에서 曲宴을 개최하였다. 참의 이상이 참석하였다. 차등있게 녹을 내렸다.

갑인(15일), 무위 藤原朝臣廣永에게 종5위하를 내렸다. 山階寺 승려인 修行住位[7] 仙樹를 10선사에 보임하였다.

을묘(16일), 황제가 紫宸殿에 어림하여 踏歌를 관람하였다. 차등있게 녹을 내렸다.

병진(17일), 친왕 이하 참의 이상이 武德殿에서 諸衛府의 활쏘기 의식을 관람하였다. 5위 이상은 활을 쏘지 않았다. 천황은 약을 복용해 참석하지 않았다.

기미(20일), 仁壽殿에서 内宴[8]이 있었다. 천황의 명으로 春妓[9]를 시제로 한 시

---

4 『속일본기』대표편자인 菅野朝臣眞道의 아들, 天長 8년(831)에 종5위하에 서위되었고, 主殿頭, 齋院長官을 역임하였다. 承和 6년(839)에 豊前守, 동 7년에 伊豫介로 지방관을 역임하였고, 동 8년에 종5위상에 이른다. 『新撰姓氏錄』右京諸蕃下에, "菅野朝臣은 百濟國 사람 都慕王의 10세손 貴首王으로부터 나왔다"라고 출자를 밝히고 있지만, 실제로는 백제계 王辰爾의 후예이다. 『日本書紀』敏達紀 3년(574)에 王辰爾의 弟인 牛가 津史의 성을 받고, 이후 天平寶字 2년(758)에 津連氏를 사성받았고, 延曆 9년(790) 7월에는 津連眞道가 청원하여 菅野朝臣으로 개성하였다.

5 백제계 도래씨족으로 6세기전반에 이주한 王辰爾의 후예씨족이다. 大學博士의 직에서 『續日本後紀』承和 원년(834) 정월에 정6위상에서 종5위하로, 동 8년에 종5위상으로 승진되었다. 동 10년(843) 6월 을미조에 御船宿禰氏主는 대학박사의 지위에서 월중국의 장관인 越中守를 겸한다고 기록되어 있다. 船連貞直은 菅野朝臣과 같은 조상에서 나온 동족이다.

6 181쪽, 弘仁 9년(818) 4월 경진조 각주 24참조.

7 승려의 僧位의 하나.

8 平安時代에 1월 20일경인 子의 날에 内裏에서 열리는 궁중의 私宴. 천황, 공경이 참석하고

를 짓게 하였다. 날이 저물자 차등있게 녹을 내렸다.

임술(23일), 임관이 있었다. 3품 明日香親王[10]을 上野太守로 삼았다.

○ 2월 신미(2일), 主計助 종6위하 山上朝臣國守, 太政官의 左史生[11] 종7위하 豐井連安智, 종8위상 粟田忌寸豐永, 右史生 종8위상 錦邊村主人勝麻呂 4인에게 관위 1계를 서위하였다. 格式을 편찬하는 관사[12]에 참여했기 때문이다. 점복을 행하는 자 및 음양료의 관인을 내리로 불러 紫宸殿의 남쪽 정원의 (의식 때의 관인의 자리 표식인) 版位의 아래를 점을 보게 하였다. 괴이한 일이 발생하기 때문이다. (이날) 임관이 있었다.

병자(7일), (천황이) 紫宸殿에 어림하여 源朝臣定[13]의 원복을 행했다. 冷泉院[14]이 주재자가 되었다. 百濟氏의 大夫[15] 등에게 모두 물품을 하사하였다. 아악료에서 음악을 연주하였다. 次侍從 이상에게 녹을 내렸다. 칙을 내려 百濟王寬命[16]에

    문인을 불러 시를 짓게 하고 주연을 베푼다.

9 천황이 시제를 정하는 것을 應製의 詩라고 한다. 春妓를 시제로 한 것인데, 內宴에는 여성이 행하는 女樂이 많고 春의 가무를 연주하는 무희를 소재로 시를 짓는 것이다.

10 桓武天皇의 제7황자.

11 太政官의 左弁官局에 소속된 史生, 문서를 필사하고, 행정문서에 관인들의 서명을 받아오는 직무.

12 弘仁格式을 편찬한 造格式所, 右弁官局 소속의 史生은 右史生.

13 嵯峨天皇의 황자, 생모는 尙侍 百濟王慶命. 天長 5년(828)에 源朝臣 성을 받아 臣籍이 되었다. 天長 9년에 종3위에 서위되어 18세에 공경이 되었다. 동 10년 仁明天皇 즉위 후에 참의가 되고 이어서 中務卿이 임명되었다. 嘉祥 2년(849)에 中納言으로 승진하였고, 동 3년에 정3위에 서위되었다. 이후 右兵衛督, 左兵衛督, 右近衛大將을 역임하였고, 貞觀 원년(859)에 大納言에 이르렀다.

14 嵯峨太上天皇. 源朝臣定이 그의 아들이기 때문에 천황이 있음에도 불구하고 원복을 주재한 것이다.

15 百濟王氏로서 5위 이상인 자, 원복을 맞이한 源定의 모친이 百濟王慶命인 까닭에 참석한 것이다. 『令義解』公式令「授位任官」조에는 "司及中國以下, 五位稱二大夫〈謂, 一位以下, 通用此稱〉"이라고 하여 5위 이상을 통칭 大夫로 칭한다.

16 源朝臣定의 모친인 百濟王慶命과 친족 관계로 관위가 내려진 것으로 보이나 구체적인 것은 알 수 없다.

게 종5위하를 내렸다.

무인(9일), 山城國 綴喜郡의 香達池를 새로 조영하였다. 백성들이 원한 바이기 때문이다. 甲斐國의 蝦夷 吉彌侯部三氣麻呂, 같은 성 草手子의 2烟을 駿河國으로 호적을 편입하였다. 물고기, 소금 채취에 활용하기 위해서이다.

갑신(15일), 造酒司의 (정원 60인의) 名負의 酒部[17]가 결원시에는 타씨로부터 20인을 채용하도록 하였다. 현직에 있는 자가 적어 일을 수행하는데 (일손이) 많이 부족하기 때문이다.

을유(16일), 천자가 후원에서 曲宴을 열었다. 황후궁 앞에서 벚꽃을 감상하였다. 황후가 진기한 물건을 준비하였다. 황태자 이하 源氏[18]로서 大夫 이상은 殿上에 참석할 수 있게 하였다. 특히 문인을 불러 벚꽃을 제목으로 시를 짓게 하였다. 천황이 내린 술잔이 계속되어, 군신이 만취가 되었다. 차등있게 녹을 내렸다. 황후궁직의 주전 이상에게 어의를 하사하였다. (황후궁) 大進 정6위상 藤原朝臣春津에게 종5위하를 내리고, 무위 橘朝臣薗子에게 종5위하를 내렸다. 囚獄司[19]의 物部는 정원을 40인으로 하고 名負氏의 유자격자가 없으면 타씨로부터 취하고, 조속히 10인을 보충하여 모두 兵仗을 차도록 하였다. 교대로 근무하는 사람이 부족하여 임무를 감당할 수가 없었다.

정해(18일), 황제가 水成野에 행차하였다. 申時에 단비가 내렸으나 잠깐 사이에 개었다. 메추라기, 꿩을 많이 잡았다. 유시에 천황이 河陽宮[20]에 들어갔다. 山

---

17 名負는 직업 집단인 伴部를 배출하는 씨족이고, 酒部는 造酒司 소속의 伴部, 「職員令」에 酒部의 정원은 60인이다.

18 『新撰姓氏錄』左京皇別上의 「源朝臣信」 조에 嵯峨天皇의 자식들이 源朝臣으로 사성받았고, (源朝臣)信 등 8인은 今上의 親王인데 弘仁 5년(814) 5월 8일에 칙으로 성을 내렸다고 나온다. 이른바 嵯峨源氏의 사람들이다.

19 刑部省 소속으로 좌우 경내에 2개의 옥사를 관리한다. 형의 집행, 죄인의 감독을 담당한다. 囚獄司는 京官으로는 유일하게 잡역에 종사하는 直丁 대신에 物部丁을 취한 것은, 옥사를 부정한 장소라는 인식 때문이다. 伴部인 物部는 物部氏 출신의 物部丁을 통솔하여 옥사를 지키는 직무이다.

20 嵯峨天皇의 離宮, 河陽은 河의 북쪽 즉 淀川의 풍광이 좋은 산록에 조영되었다. 현재의 京都

城, 攝津 양국에서 토산물을 바쳤다. 친왕 이하 狩長大夫[21], 현지 사냥터의 사정에 밝은 6위의 관인, 산성, 섭진 양국의 掾 이상에게 차등있게 녹을 내렸다. 밤이 깊어지자 환궁하였다. 외종6위하 훈6등 伴苅田臣繼立, 외정7위하 훈6등 他田舍人足主 2인에게 임시로 외종5위하를 내렸다.

임진(23일), 雜色[22] 11인을 織部司[23]에 충당하였다. 잡사를 지원하기 위해서이다.

갑오(25일), 임관이 있었다.

○ 3월 계묘(5일), 鑄錢司의 임기를 제국의 국사에 준하게 하였다[24].

을사(7일), 大宰府의 觀音寺 講師인 光豐에게 불사리 5백개를 대재부 관내의 국분사 및 定額寺에 안치하도록 하였다.

병오(8일), 정5위하 丹波守 高根朝臣眞象, 縫殿頭[25] 林朝臣山主에게 종4위하를 내렸다. 당일, 眞象이 죽었다. 외종5위하 虫麻呂의 자이다. 弘仁 8년(817)에 외종5위하에 서위되었고, 동 9년에 造酒正에 임명되었으며, 동 14년에 종5위하에 서위되었다. 天長 원년(824)에 廣階連[26]의 성을 고쳐서 (廣階)宿禰가 되었다. 동 3년에 종5위상에 서위되고, 美濃介에 임명되었다. 동년 廣階宿禰를 고쳐서 高根朝臣의 성을 받았다. 동 4년에 丹波介로 옮기고 동 5년에 (丹波)守에 임명되었다. 동 6년에 정5위하, 동 8년에 종4위하가 되었다. 천성이 공손하고 근면했으며, 자못 옳고 그름을 분별하였다. 재임 중에는 엄정하고 청렴하다는 평판이 있었다. (淳和

府 大山崎町 일대.
21 사냥을 지휘하는 5위의 狩長,
22 율령제 하에서 品部, 雜戶의 총칭.
23 大藏省 소속으로 방직, 염직을 담당하는 관사, 錦, 綾, 紬, 羅 등을 직물하고, 다양한 색으로 염색한다. 직원으로는 차관이 결여된 4등관제로 正, 佑, 令史가 각 1인이고, 기술직인 挑文師 4인, 挑文生 8인 등이 있다.
24 國司의 임기 6년에 맞춰 鑄錢司도 6년으로 한 것이다. 종전에는 국사와 동일하게 4년 임기였다.
25 縫殿寮의 장관, 궁중용의 의복, 後宮의 女官 인사를 담당하였다.
26 『新撰姓氏錄』右京諸蕃上에, "廣階連은 魏 武皇帝의 아들 陳思王 植으로부터 나왔다"고 한다.

天皇의) 황태자 시절부터 신하였기 때문에 종4위하에 서위하였다. 사망시의 나이 76세였다.

기유(11일), 종4위상 藤原朝臣世嗣가 죽었다. 무위 淸成의 손이고, 증 태정대신 정1위 種繼의 제4자이다. 延曆 10년(791)에 종5위하를 받았고 대학두에 임명되었다. 弘仁 12년(821)에 정5위하에 서위되고, 天長 8년(831)에 종4위상이 되었다. 약관의 나이에 두루 배웠고, 스스로 마음을 다해 노력하였다. 재능이 부족함을 알지만, 아랫사람에게 묻는 것을 부끄러워하지 않았다. 사람을 대할 때 공손하고 삼가했으며, 잠시라도 변함이 없었다. 伊勢國司로 출사했지만, 평판이 좋지도 나쁘지도 않았다. 형의 사망소식에 백리를 달려왔는데, 한달도 지나지 않아 이어서 사망했다. 때의 나이 53세였다.

무오(20일), 무품 基子內親王[27]이 죽었다. 태상천황의 황녀이다.

기미(21일), 지진이 었었다.

계해(25일), 사찰마다 7일간 반야경을 봉독하게 하였다. 역병을 방지하기 위해서이다.

○ 하4월 정축(10일), 황제가 남쪽 연못에 행차하였다. 문인에게 여름날 松竹을 시제로 시를 짓게 하였다. 시종, 문인에게 차등있게 녹을 내렸다. 近江國의 국분사 경비를 나누어 영구히 延曆寺의 승 24인의 공양료로 충당하게 하였다. 천태종의 매년 득도자는 수계 후, 12년간 (比叡)山을 나가지 않도록 하였다. 4種 3昧[28]를 수련시키기 위해서였다.

기축(22일), 大宰府에서 연례적으로 바치는 말린 사슴고기 등의 폐백을 정지하

---

27 嵯峨天皇의 황녀, 생모는 女御 百濟王貴命으로 鎭守府將軍 百濟王俊哲의 딸이다. 仁明天皇의 異母妹이고, 基良親王, 忠良親王의 同母妹이다. 모친 百濟王貴命은 용모가 아름다웠고 재봉에 능했다고 전해진다. 嵯峨天皇으로부터 총애받아 종4위하에 서위되었다.

28 天台大師 智顗이 설파한 정신집중의 수행법인 4종(常坐, 常行, 半行半坐, 非行非坐)의 3昧. 常坐三昧는 앉아서 행하는 것, 常行三昧는 본존 주위를 돌면서 행하는 것, 半行半坐三昧는 앉기도 하고 걷기도 하면서 반복적으로 행하는 것, 非行非坐三昧는 형식에 구애받지 않는 請観音經에 기초한 것.

였다.

임진(25일), 越前國 사람 秦飯持賣에게 정세 벼 3백속을 주었다. 한번에 3남을 출산했기 때문이다.

계사(26일), 훈5등 吉彌侯部鹽子雄에게 외종5위하를 내렸다.

갑오(27일), 황제가 武德殿에 어림하여 기마궁술을 관람하였다.

○ 5월 무신(11일), 河內國에서 천황에의 공진물을 채취하는 제방 밖의 赤江, 제방 안의 赤江 2곳 어장을 정지하고, 竹門江, 賀沼江, 大治江 3개의 어장을 정했다. 또 攝津國에서 바치는 어장 4곳을 정지하였다. 蔭의 자손인 무위 高階眞人永河에게 득도를 허락하였다.

경신(23일), 陸奧國의 公廨稻 13만속을 추가하여 出擧하였다. 변경의 관리를 우대하기 위해서이다. 下野國의 전지 105정을 勅旨田[29]으로 삼았다.

임술(25일), 사자를 보내 京內의 기아와 병든 백성을 진휼하였다.

○ 6월 정묘삭, 이날 內宴[30]이 열렸다. 황태자 이하 左右近衛 6위 이상의 관인에게 차등있게 녹을 내렸다.

무진(2일), (缺落).

병자(10일), 중간 이상의 자주색 의복의 착용을 금지하였다. 외설스런 모습을 금지하기 위해서이다.

정축(11일), 황제가 中和院에 어림하였다. 神今食[31]이 있기 때문이다.

경진(14일), 지진이 있었다. 무품 基良親王이 죽었다. 태상천황의 황자이다. 대승도 空海가 상표하여, 운운. 칙을 내려 답했다. 운운.

병술(20일), 내리에 괴이한 물체가 보였다. 이에 사자를 柏原山陵[32]에 보냈다. 그 내용에 말하기를, 운운. 또 石作山陵[33]에도 고했다.

---

29 8세기말부터 황실 독자의 재원에 충당하기 위해 개간된 전지로 不輸租田이다.

30 平安時代에 1월 20일경인 子의 날에 內裏에서 열리는 궁중의 私宴.

31 381쪽, 天長 7년(830) 12월 신해조 각주 43 참조.

32 桓武天皇陵.

무자(22일), 황제가 神泉苑에 행차하였다. 날이 저물자 환궁하였다.

임진(26일), 22인의 승을 불러 柏原山陵, 石作山陵에 나누어 독경하게 하였다. 괴이한 물체의 출현을 막기 위해서였다.

계사(27일), 참의 式部大輔 三原朝臣春上이 (사직하는) 서장을 올렸지만, 허락하지 않았다.

○ 추7월 을사(10일), 大納言 이하 시종 이상에게 제국에서 공상한 염직 목면을 하사하였다.

정미(12일), 임관이 있었다.

신해(16일), 황제가 建禮門에 어림하여 씨름을 관람하였다.

임자(17일), (천황이) 내리에서 씨름을 관람하였다.

계축(18일), 씨름꾼 10番[34]을 冷然院에 오도록 하였다.

경신(25일), 황제가 紫宸殿에 어림하여 씨름을 관람하였다.

○ 8월 병인삭. 황제가 紫宸殿에 어림하였다. 兵部卿 源朝臣常[35], 宮内卿 源朝臣弘[36] 등이 특별히 응접을 받았다. 때에 천황이 술을 내리니 군신이 모두 취했다. 治部卿 源朝臣信[37]에게 명하여 琴을 연주하게 하였다. 근시하는 신하도 연주에 맞춰 합창하였다. 참석한 5위 이상에게 차등있게 녹을 내렸다.

무진(3일), 대학박사 및 得業生[38] 등을 불러 (孔子를 모시는 의식인) 釋奠에서 강의한 『毛詩』에 대해 토론하게 하였다. 논의가 끝나자 관례대로 차등있게 녹을 내렸다.

기사(4일), 천황이 남쪽 연못에 행차하여 문인에게 시부를 짓게 하였다. 친왕

---

33 淳和天皇 妃인 高志內親王의 陵.

34 1番은 2인이므로 전체 20인이다.

35 373쪽, 天長 7년(830) 6월 정미조 각주 19 참조.

36 373쪽, 天長 7년(830) 6월 정미조 각주 18 참조.

37 134쪽, 弘仁 6년(815) 6월 무오조 각주 47 참조.

38 律令 학제에서 明經, 紀傳(文章), 明法, 算各道의 학생 중에서 선발된 소수의 우수자에게 주어진 신분, 일정기간 수학한 후에 시험을 거쳐 교관 및 기타의 전문직에 나간다.

이하 6위 이상의 문인에게 차등있게 녹을 내렸다. 우근위소장 藤原朝臣豐主에게 명하여 잡은 물고기를 冷然院에 바치게 하였다. 그는 피복을 하사받고 돌아와 보고하였다.

경오(5일), 名神에 봉폐하였다, 풍우의 재앙을 없애기 위해서이다.

임신(7일), 임관이 있었다.

을해(10일), 황제가 神泉苑에 어림하였다. 阿波守 정5위하 善道宿禰眞貞, 主稅頭 종5위하 安野宿禰眞繼, 直講 苅田宿禰種繼 등을 불러 토론시켰다. 眞貞을 논의의 좌장으로 삼아 춘추의 3傳[39]에 대해 논의하고, 眞繼를 좌장으로 삼아 3禮[40]에 대해서 토론하였다. 右近衛府에서 물품을 바쳤다. 아악료에서 음악을 연주하였다. 근시하는 신하들이 모두 취했다. 천황이 유시[41]에 환궁하였다.

정축(12일), 山階寺 승 修行満位 壽満에게 修行法師位를 주었다.

무인(13일), 황제가 대극전에 어림하여 伊勢大神宮에 봉폐하였다. 풍우의 재난을 방지하기 위한 기원이었다.

신사(16일), 紫野院에서 물품을 바쳤다. 아악료에서 음악을 연주하였다. 야밤이 되어 연회가 끝났다. 참석한 5위 및 황후궁직의 屬 이상에게 차등있게 녹을 내렸다.

을유(20일), 山城, 河内 양국에 얼음 보관 시설[42] 3곳을 추가 설치하였다. 조정에 바치는 얼음이 부족했기 때문이다.

정해(22일), 황제가 神泉苑에 행차하였다. 左右近衛에 씨름 4番을 바치게 하였다[43]. 아악료에서 음악을 연주하였다. 날이 저물자 환궁하였다.

신묘(26일), 子時에 3도의 지진이 발생하였다.

---

39 春秋左氏傳, 春秋公羊傳, 春秋穀梁傳.

40 周禮, 儀禮, 禮記.

41 오후 6시경.

42 여름철에 사용하는 얼음을 보관하는 시설, 「職員令」53에는 主水司에서 관리하였다. 땅을 1장 정도 파서 짚을 깔고 얼음을 넣은 후에 다시 짚으로 덮는 방식이다.

43 씨름대회에 참가할 선수를 각 관사에 명한 것이다. 4番은 1番 2인으로 8인이다.

계사(28일), 황제가 神泉苑에 행차하였다. 날이 저물자 환궁하였다.

갑오(29일), 左近衛府에서 물품을 바쳤다. 군신이 모두 취했다. 음악을 연주하고, 차등있게 녹을 바쳤다.

○ 9월 경자(5일), 任官이 있었다.

갑진(9일), 황제가 紫宸殿에 어림하여, 문인에게 시부를 짓게 하였다. (9월 9일) 重陽節[44]이기 때문이다. 차등있게 녹을 내렸다.

병오(11일), (천황이) 대극전에 어림하여 이세대신궁에 봉폐하였다. 駿河國의 황폐전 40정을 개간하게 하여 大野牧의 전지로 하였다.

병진(21일), 황제가 紫宸殿에 어림하여 刑部大輔 和氣朝臣眞綱, 內藏頭 藤原朝臣輔嗣 등이 헌물하였다. 군신이 모두 취했고, 해가 서쪽으로 기울자 바로 마쳤다.

○ 동10월 병인(2일), 長門國에 기근이 들어 진휼하였다.

정묘(3일), 攝津國의 전지 908정을 개간시켜 勅旨田으로 삼았다.

경오(6일), 정5위하 伴宿禰眞臣에게 종4위하를, 정6위상 都努朝臣福人에게 종5위하를 내렸다.

무인(14일), 황제가 北野에 행차하였다. 紫野院[45]에 들어가 수행한 친왕 이하에게 술과 안주를 대접하였다. 아악료에서 음악을 연주하였다. 밤이 되자 시종 및 院司[46], 山城國 掾 이상에게 차등있게 녹을 하사하였다. 밤 12시가 되어 환궁하였다.

기묘(15일), 下總國의 공한지 7백여정을 勅旨田으로 삼았다.

경진(16일), 관위의 수여, 임관이 있었다

---

44 음력으로 陽數인 9가 두 번 겹치는 9월 9일을 重陽의 節이라고 세시풍속으로서 祝日로 인식되었다. 홀수가 겹치는 1월 1일의 元旦, 3월 3일은 曲水의 연회, 5월 5일의 단오절, 7월 7일의 칠월칠석등이 重陽의 절에 해당한다.

45 淳和天皇의 離宮.

46 上皇, 女院의 직속기관으로 설치된 院廳의 직원.

갑신(20일), 右諸衛府에서 경마에 패해 승부에 건 물품을 바치고, 아울러 헌물하였다. 친왕 이하 시종 이상 및 주관한 衛府에게 차등있게 녹을 내렸다.

경인(26일), 安藝國의 당해년 전조에 대해, 4할 손실하고 6할을 수확한 전지에서 수납하기로 하였다. 토지가 척박하여 곡물이 여물지 않았기 때문이다.

○ 11월 기해(5일), 安藝國의 蝦夷의 대장 吉彌侯部佐津比古에게 외종8위하를 서위하고, 하이 吉彌侯部軍麻呂에게 외소초위하에 서위하였다. 이미 천황의 풍속에 순응하였고, 동족들을 가르쳐 깨우치게 했기 때문이다.

계묘(9일), 安房國의 정세 출거의 미납분 70,591속을 면제하였다.

갑진(10일), 정4위하 全野女王이 죽었다.

○ 12월 무진(4일), 낙뢰가 있었다.

신미(7일), 종7위하 賀茂縣主廣友에게 외종5위하를 내렸다.

임신(8일), 賀茂齋内親王[47]을 교체하였다. 그 내용에 말하기를(宣命體), "천황의 어명으로 말하기 조차 황공한 (賀茂의) 皇大神에 말씀드린다. 皇大神에게 봉사하는 齋王으로 内親王은 나이가 들어 몸을 안정시킬 필요에 따라 물러나고, 대신 時子女王[48]을 점복으로 정한 상황을 참의, 左大弁 정4위하 藤原朝臣愛發[49]을 사자로 보내 말씀드린다고 아룁니다"라고 하였다. 아울러 봉폐하였다.

이날, 종4위하 伴宿禰勝雄이 죽었다. 종3위 古慈悲의 손이고, 종3위 훈2등 弟麻呂의 아들이다. 弘仁 11년(820)에 종5위하에 서위되었다. 天長 원년(824)에 정5위하에 이르고, 陸奥守에 임명되었으며 안찰사[50]를 겸직하였다. 동 6년에 종4위하에 서위되고 右近衛少將에 임명되었다. 동 7년에 右兵衛督으로 전임되었으며 讚岐權守를 겸직하였다. 식견이 있었고 너그러운 성품으로 감추는 것을 허락하

---

47 賀茂大神에게 봉사하는 齋王, 弘仁 원년(808)에 淳和天皇의 황녀인 有智子内親王이 정해졌는데, 이번에 교체한 것이다.

48 仁明天皇으로 즉위하는 定良親王의 딸.

49 334쪽, 天長 4년(827) 8월 갑진조 각주 32 참조.

50 陸奥出羽按察使.

지 않았다. 가풍은 청렴하였고 털끝만큼도 부정한 일은 개입하지 않았다. 지방관으로 나아가 변경의 경계를 맡았으며, 근위부의 병력을 지휘하였다. 비록 학문의 능력은 부족했지만, 장군의 기량은 있었다. 사망시의 나이는 56세였다.

계유(9일), 전 賀茂齋內親王의 교체를 위해 鴨川에서 부정을 씻는 의식을 행하였다.

갑술(10일), 相樂山陵[51]을 청소하고 독경을 행했다, 재앙의 빌미를 초래했기 때문이다. 이날, 황후가 황태자를 낳았다.

정축(13일), (천황이) 芹川野에 행차하였다. 大納言 이하 山城國 掾 이상에게 차등있게 녹을 하사하였다.

경진(16일), 살인죄의 종범인 當麻旅子女를 西市에게 곤장 60대에 처했다.

임오(18일), (천황이) 建禮門에 어림하여 관례대로 여러 山陵[52]에 봉폐하였다.

계사(29일), 새로 탄생한 황자가 冷泉院에서 죽었다.

일본후기 권제39 (逸文)

---

51 淳和天皇의 외조부인 藤原朝臣百川의 묘.
52 천황 및 외척의 묘, 10陵 8墓.

日本後紀 卷第三十九〈起天長八年正月, 盡十二月〉

左大臣正二位兼行左近衛大將臣藤原朝臣冬嗣等奉勅撰

太上天皇 淳和

◎天長八年春正月庚子朔, 皇帝御大極殿, 受朝賀. 辛丑, 群臣拜賀皇后宮, 賜衣被. 次拜賀東宮. 賜祿有差. 壬寅, 皇后謁冷泉院. 終日雨雪. 癸卯, 皇后還宮. 丙午, 天皇御豊樂殿, 授二品葛原親王一品. 從三位清原眞人夏野 · 紀朝臣百繼正三位, 正四位下南淵弘貞, 從四位上源朝臣常從三位. 從四位下三原朝臣春上 · 文室朝臣秋津從四位上, 正五位下磐田王從四位下, 從五位下粟生王 · 長田王從四位下. 無位眞福良王, 正六位上大隅王從五位下. 從四位上菅原朝臣清公正四位下. 從四位下高橋眞人清階 · 藤原朝臣世嗣從四位上, 正五位下笠朝臣梁麻呂 · 橘朝臣弟氏 · 藤原朝臣常嗣從四位上. 正五位下和朝臣繩繼正五位上. 從五位上藤原朝臣眞川 · 藤原朝臣承之 · 石上朝臣美奈麻呂 · 和氣朝臣仲世正五位下. 從五位下紀朝臣良門 · 伴宿禰乎智人 · 賀茂朝臣關守 · 當宗宿禰家主 · 藤原朝臣貞雄 · 紀朝臣末守 · 安部朝臣安仁從五位上. 正六位上藤原朝臣本雄 · 良岑朝臣木連 · 藤原朝臣長生 · 文室朝臣海田麻呂 · 石川朝臣河魚 · 菅野朝臣永岑 · 藤原朝臣吉緒 · 藤原朝臣繩搓 · 佐味朝臣繼成 · 橘朝臣氏主 · 中臣朝臣益繼 · 布勢朝臣庭成 · 紀朝臣枢長從五位下. 正六位上高志連氣多主 · 菅原朝臣梶吉 · 御船宿禰氏主 · 善世宿禰遠繼外從五位下. 丁未, 女敍位. 壬子, 天皇曲讌仁壽殿. 參議以上預焉. 賜祿有差. 甲寅, 授無位藤原朝臣廣永從五位下. 山階寺僧修行住位仙樹, 補十禪師. 乙卯, 皇帝御紫宸殿, 覽踏歌. 賜祿有差. 丙辰, 親王已下參議已上, 於武德殿, 閱諸衛府射禮. 五位已上不射. 羞御藥也. 己未, 於仁壽殿内宴. 令賦春妓應製詩. 日暮, 賜祿有差. 壬戌, 任官. 三品明日香親王, 爲上野太守.

○二月辛未, 主計助從六位下山上朝臣國守, 太政官左史生從七位下豊井連安智・從八位上粟田忌寸豐永, 右史生從八位上錦邊村主人勝麻呂四人, 敍一階. 直造格式所也. 召卜徒及陰陽寮於内裏, 卜筮殿庭版位下. 物怪故也. 任官. 丙子, 御紫宸殿, 源朝臣定加元服. 冷泉院爲主人也. 百濟氏大夫等, 相共獻物. 雅樂寮奏音聲. 次侍從以上祿. 勅授百濟王寬命從五位下. 戊寅, 新築山城國綴喜郡香達池. 百姓所願也. 甲斐國俘囚吉彌侯部三氣麻呂, 同姓草手子二烟, 附貫駿河國. 便魚鹽也. 甲申, 通取他氏二十人, 補造酒司名負酒部闕. 見直少數, 供事多闕也. 乙酉, 天子於掖庭曲宴. 翫殿前櫻華也. 后宮弁設珍物. 皇太子已下源氏大夫已上, 得陪殿上. 特喚文人令賦櫻花. 恩杯無算, 群臣飽醉. 賜祿有差. 后宮屬以上, 亦賜御衣. 授大進正六位上藤原朝臣春津從五位下, 無位橘朝臣園子從五位下. 囚獄司物部定額四十人, 依無名負氏入色人, 通取他氏人. 早補十人之員, 兼皆令帶兵仗. 無人分番, 不堪充事也. 丁亥, 皇帝幸水成野. 申時澍雨, 俄頃而晴. 多獲鶉雉. 酉時, 御河陽宮. 山城攝津兩國, 獻土宜. 親王已下, 狩長大夫, 暗野六位, 山城攝津兩國掾已上, 賜祿有差. 夜深還宮. 借外從六位下勳六等伴苅田臣繼立, 外正七位下勳六等他田舍人足主二人, 外從五位下. 壬辰, 雜色一十人充織部司. 以支雜事也. 甲午, 任官.

○三月癸卯, 鑄錢司秩期一准諸國. 乙巳, 佛舍利五百粒, 令大宰府觀音寺講師光豐, 安置彼府管内國分寺及諸定額寺. 丙午, 授正五位下丹波守高根朝臣眞象・縫殿頭林朝臣山主從四位下. 即日, 眞象卒. 外從五位下虫麻呂之子也. 弘仁八年敍外從五位下, 九年任造酒正, 十四年授從五位下. 天長元年, 改廣階連賜姓宿禰. 三年敍從五位上, 任美濃介. 同年改廣階宿禰, 賜姓高根朝臣. 四年遷任丹波介, 五年轉任守. 六年正五位下, 八年從四位下. 爲人恭謹, 頗弁白黑. 出吏之間, 肅正有聞. 遂以舊臣, 被敍從四位下. 時年七十六. 己酉, 從四位上藤原朝臣世嗣卒. 無位清成之孫, 贈太政大臣正一位種繼之第四子也. 延曆十年, 授從五位下, 任大學頭. 弘仁十二年至正五位下, 天長八年從四位上. 弱□遊博, 自□銳心. 知乏才華, 不恥下聞. 恭謹接衆, 走次無忘. 出宰伊勢國, 不聞毀譽. 百里奔兄喪. 未經月, 相尋而卒. 時年五十三. 戊午, 無品基子内親王薨. 太上天皇之皇女也. 己未, 地震. 癸亥, 每寺一七箇日, 奉讀般若經.
防疫癘也.

○夏四月丁丑, 皇帝幸南池. 命文人令賦夏日松竹. 侍從文人賜祿有差. 割近
江國分寺供料, 永充延曆寺僧二十四口之供養. 天台之宗, 年分度者, 受戒之
後, 一十二年, 不聽出山. 四種三昧, 令得修練之故也. 己丑, 停止大宰府例進鹿
尾脯等御贄. 壬辰, 越前國人秦飯持賣, 賜正稅稻三百束. 産三男也. 癸巳, 授勳
五等吉彌侯部鹽子雄外從五位下. 甲午, 皇帝御武德殿, 覽騎射.

○五月戊申, 停止河內國供御, 堤外赤江堤內赤江二處, 定竹門江 · 賀沼江
· 大治江三處. 又停攝津國供御江四處. 蔭子無位高階眞人永河, 預得度之例.
庚申, 加舉陸奧國公廨稻一十三萬束. 優邊吏也. 下野國田地四百町五段, 爲勅
旨田. 壬戌, 遣使賑給京中飢病百姓.

○六月丁卯朔, 是日內宴. 皇太子以下, 左右近衛六位官人已上, 賜祿有差.
戊辰, (缺落). 丙子, 禁斷紫色減紫已上. 止僭濫也. 丁丑, 皇帝御中院, 有神今
食事也. 庚辰, 地震. 無品基良親王薨. 太上天皇之皇子也. 大僧都空海上表, 云
云. 勅答.云云. 丙戌, 內裏有物怪. 仍遣使柏原山陵. 其詞曰, 云云. 又告石作山
陵. 戊子, 皇帝幸神泉苑. 日暮還宮. 壬辰, 屈二十二口僧, 分頭柏原 · 石作山陵
讀經. 防物怪也. 癸巳, 參議式部大輔三原朝臣春上上狀, 不許.

○秋七月乙巳, 大納言已下侍從已上, 賜國染絹. 丁未, 任官. 辛亥, 皇帝御建
禮門, 觀相撲. 壬子, 於內裏, 觀相撲. 癸丑, 相撲人十人, 令參冷然院. 庚申, 皇
帝御紫宸殿, 覽相撲.

○八月丙寅朔. 皇帝御紫宸殿. 兵部卿源朝臣常, 宮內卿源朝臣弘等, 殊蒙引
接. 時降恩杯, 群臣具醉. 命治部卿源朝臣信彈琴. 侍臣又奏唱歌. 見參五位已
上, 賜祿有差. 戊辰, 召大學博士及得業生等, 令問釋奠所講毛詩義. 相論訖, 賜
祿有差. 例也. 己巳, 乘輿幸南池. 命文人令賦詩. 親王以下六位文人以上, 賜祿
有差. 使右近衛少將藤原朝臣豐主, 所獲鮮魚, 獻冷然院. 賜被復命. 庚午, 奉幣
名神. 爲防風雨之災也. 壬申, 任官. 乙亥, 皇帝幸神泉苑. 召阿波守正五位下善

道宿禰眞貞, 主稅頭從五位下安野宿禰眞繼, 直講苅田宿禰種繼等, 令論議. 推
眞貞爲座首, 論三傳義, 推眞繼爲座首, 論三禮義. 右近衛府獻物. 雅樂寮奏音
樂. 侍臣具醉. 酉時還宮. 丁丑, 山階寺僧修行滿位壽滿, 授修行法師位. 戊寅,
皇帝御大極殿, 奉幣伊勢大神宮. 祈防風雨之災也. 辛巳, 紫野院獻物. 雅樂寮
奏音樂. 夜分宴罷. 見參五位及皇后宮職屬已上, 賜祿有差. 乙酉, 山城·河內
國, 各加置氷室三宇. 供御闕乏也. 丁亥, 皇帝幸神泉苑. 令左右近衛, 進相撲四
番. 雅樂寮奏音樂. 日暮還宮. 辛卯, 子剋, 地震三度. 癸巳, 皇帝幸神泉苑. 夕暮
還宮. 甲午, 左近衛府獻物. 群臣具醉. 奏音樂. 賜祿有差.

○九月庚子, 任官. 甲辰, 皇帝御紫宸殿, 召文人令賦詩. 爲重陽節, 賜祿有
差. 丙午, 御大極殿, 奉幣伊勢大神宮. 駿河國荒廢田四十町, 令墾開, 爲大野牧
田. 丙辰, 皇帝御紫宸殿. 刑部大輔和氣朝臣眞綱, 內藏頭藤原朝臣輔嗣等獻
物. 群臣具醉, 日西乃罷.

○冬十月丙寅, 長門國飢, 賑給. 丁卯, 攝津國田地九百八町, 令墾開, 爲勅旨
田. 庚午, 授正五位下伴宿禰眞臣從四位下, 正六位上都努朝臣福人從五位下.
戊寅, 皇帝幸北野. 便御紫野院. 扈從親王已下, 賜酒肴. 雅樂寮奏音聲. 夜頭賜
侍從及院司幷山城國擭已上祿, 各有差. 子夜還宮. 己卯, 下總國空閑地七百餘
町, 爲勅旨田. 庚辰, 授位. 任官. 甲申, 右諸衛府, 奉走馬輪物, 兼有獻物. 賜親
王已下侍從已上, 及主人衛府祿有差. 庚寅, 安藝國當年田租, 收不四得六. 以
土地墝薄, 年穀不登也.

○十一月己亥, 安藝國俘囚長吉彌侯部佐津比古, 紋外從八位下. 俘囚吉彌
侯部軍麻呂紋外少初位下. 以已狎華風, 教喩有方也. 癸卯, 免除安房國正稅未
納七萬五百九十一束. 甲辰, 正四位下全野女王卒.

○十二月戊辰, 雷電. 辛未, 授從七位下賀茂縣主廣友外從五位下. 壬申, 替
賀茂齋內親王, 其辭曰, 天皇〈我〉御命〈爾〉坐, 掛畏皇大神〈爾〉申給〈波久〉, 皇
大神〈乃〉阿禮乎止賣〈爾〉進〈禮留〉內親王, 齡〈毛〉老, 身〈乃〉安〈美毛〉有〈爾〉
依〈弓〉, 令退出〈留〉代〈爾〉, 時子女王〈乎〉卜食定〈弓〉進狀〈乎〉, 參議左大弁

正四位下藤原朝臣愛發〈乎〉差使〈弓〉申給〈波久止〉申. 幷奉幣. 是日. 從四位下伴宿禰勝雄卒. 從三位古慈悲之孫, 從三位勳二等弟麻呂之男. 弘仁十一年敍從五位下, 天長元年至正五位下, 任陸奧守, 兼按察使. 六年敍從四位下, 任右近衛少將, 七年遷任右兵衛督, 兼讚岐權守. 性識寬簡, 不許隱密. 家風淸廉, 秋毫不近. 出宰戒律, □攝禁兵. 雖乏才學, 將之器也. 卒時五十六. 癸酉(九), 爲前賀茂齋內親王相替, 祓鴨川. 甲戌, 相樂山陵, 令掃淸讀經. 爲祟也. 是日, 皇后誕皇子. 丁丑, 天皇幸芹川野. 大納言以下山城國掾已上, 賜祿各有差. 庚辰, 殺人從, 當麻旅子女, 於西市決杖六十. 壬午, 御建禮門, 奉幣山陵. 例也. 癸巳, 新誕皇子於冷泉院殤.

日本後紀 卷第三十九 (逸文)

일본후기 권제40 〈天長 9년(832) 정월에서 동 10년 2월까지〉

좌대신 정2위 行左近衛大將을 겸직한 臣 藤原朝臣冬嗣 등이 칙을 받들어 편찬하다.

太上天皇〈淳和〉

◎ 天長 9년(832) 춘정월 을미삭, (천황이) 대극전에 어림하여 신년하례를 받았다. 의식을 마치고 紫宸殿에 나아갔다. 중무성에서 七曜曆[1]을 바치고, 宮内省에서 氷樣[2]을 주상하였다. 이것은 항례의 관례였다. 吉野의 國栖[3]가 歌笛[4]을 연주하였다. 다만 새로 태어난 황자의 죽음으로 음악은 연주하지 않았다. 친왕 이하 5위 이상에게 피품을 하사하였다.

병신(2일), 군신이 황후궁, 동궁에 하례하였다. 이것은 통상의 의례였다.

신축(7일), (천황이) 豐樂殿에 어림하였다. 무위 源朝臣定[5]에게 종3위를, 종4위상 源朝臣信[6]에게 정4위하를, 무위 道野王에게 종4위하를, 종5위상 楠野王에게 정5위하를, 종5위하 山名王·美能王에게 종5위상을 내렸다. 무위 安宗王, 정6위상 豐村王에게 종5위하를 내렸다. 종4위하 藤原朝臣家雄, 무위 源朝臣明에게 종

1　日, 月 및 土星, 木星, 火星, 金星, 水星의 매일의 경도를 기록한 曆本을 말하고, 七星曆, 七政曆이라고도 하며, 이른바 天体曆이다. 『延喜式』에 의하면, 매년 정월 삭일에 중무성 소속의 음양료에서 올린다. 10세기초에는 일본에서도 편찬되었다. 正倉院에 전하는 具注曆(길흉, 화복, 금기 등을 적은 曆), 지방관아 유적에서 출토된 具注曆은 모두 천황에게 주상한 御曆이고, 頒曆의 절차를 거친 것이다.

2　매년 정월 초하루에 궁내성 소속의 主水司에서 조정에 바치는 얼음의 두께를 주상하는 의식.

3　大和國의 吉野郡, 常陸國의 茨城郡에 거주했다는 선주민을 말한다. 대상제나 節會 때에 폐백을 바치고 歌笛을 연주하는데, 이를 國栖奏라고 한다.

4　피리모양의 구멍이 6개로 되어 있는 橫笛.

5　391쪽, 天長 8년(831) 2월 병자조 각주 13 참조.

6　134쪽, 弘仁 6년(815) 6월 무오조 각주 47 참조.

4위상을 내렸다. 정5위하 長岡朝臣岡成 · 紀朝臣興道 · 大野朝臣眞鷹에게 종4위하를 내렸다. 종5위상 小野朝臣眞野 · 藤原朝臣葛守 · 林朝臣眞純 · 藤原朝臣衛 · 紀朝臣長江에게 정5위하를 내렸다. 종5위하 神朝臣救人麻呂 · 橘朝臣永雄 · 藤原朝臣廣野 · 石川朝臣永津 · 安部朝臣大家 · 藤原朝臣眞吉 · 宮道宿禰吉備麻呂 · 藤原朝臣宗成에게 종5위상을 내렸다. 정6위상 藤原朝臣氏繼 · 藤原朝臣常守 · 藤原朝臣吉永 · 小野朝臣篁 · 永道朝臣末繼 · 橘朝臣岑繼 · 橘朝臣田舍麻呂 · 小野朝臣永道 · 紀朝臣家長 · 多治比眞人嗣門 · 伴宿禰諸野 · 佐伯宿禰春治 · 爲奈眞人廣岡 · 山上朝臣公守 · 田口朝臣房富 · 春海宿禰善繩, 외종5위하 益田連滿足에게 종5위하를 내렸다. 외종5위하 栗前連名正 · 廣宗連絲繼에게 외정5위하를 내렸다. 정6위상 淸科朝臣笠主 · 仲宿禰眞足에게 외종5위하를 내렸다.

갑진(10일), 지진이 있었다.

을사(11일), 임관이 있었다.

무신(14일), 最勝會[7]가 끝났다. 황제가 紫宸殿에 어림하여 승정 護命[8], 대승도 空海, 소승도 修円 · 豐安, 율사 明証, 강사 大覺法師 등을 불러 (경전에 대해) 논의하고, 피복을 시입하였다.

을묘(21일), 황제가 淸涼殿에서 연회를 열었다. 13인이 詩를 바쳤고, 천황도 시를 지었다. 차등있게 녹을 내렸다.

기미(25일), 황제가 水成野에 행차하였다.

신유(27일), 지진이 있었다.

○ 2월 을축삭, 임관이 있었다.

을해(11일), 秀良親王[9]이 冷然院에서 원복을 행했다. 바로 3품을 내렸다. 拜賀의 예가 끝나자 연회를 열고 차등있게 녹을 하사하였다.

---

7 金光明最勝王經을 강설하고 국가안위, 천황의 건강을 기원하는 법회이다. 매년 정월 8일에서 14일까지 7일간 열린다.

8 336쪽, 天長 4년(827) 11월 병인조 각주 37 참조.

9 嵯峨天皇의 황자.

기축(25일), 尾張國의 공한지 31정 3백보를 형부성에 지급하였다.

○ 3월 을미(2일), 산위 종7위하 惟良宿禰春道[10]에게 종5위하를 내렸다. 攝津國 嶋上郡의 荒田[11] 및 野地 221정을 安満 지역의 칙지전에 편입시켜 간전지로 하였다.

신축(8일), 임관이 있었다.

계축(20일), 左兵衛督 종4위상 藤原朝臣家雄이 죽었다. 증 태정대신 緒嗣의 장자이다. 弘仁 12년(821)에 종5위하에 서위되고 美濃介에 임명되었다. 동 14년에 右近衛少將으로 옮겼다. 天長 3년(826)에 정5위하에 서위되고, 이어서 종4위하가 되고 左兵衛督에 임명되었다. 동 8년에 伊豫守를 겸직하였고, 동 9년에 종4위상에 서위되었다. 성품은 청렴하였고 가풍의 영향이 있었다. 자못 전적을 배웠고 아울러 궁술에 능했다. 아쉽게도 대신으로서 정무에 참여하지는 못하고 일찍 세상을 떠났다. 사망시의 나이는 34세였다.

기미(26일), 임관이 있었다.

○ 하4월 갑자(2일), 천황이 梨本院[12]으로 거처를 옮겼다. 大內裏를 수리하기 때문이다.

무진(6일), (천황이) 武德殿에 어림하여 기마궁술을 관람하였다. 아악료에서 음악을 연주하였다. 中夜[13]에 환궁하였다.

---

10 惟良氏는 錦部氏의 후예로 백제계 도래씨족이다. 『三代實錄』 貞觀 5년(863) 9월조에는 河内国 錦部郡 사람 木工権少属 종7위상 錦部連安宗)과 式部位子 정7위상 錦部連三宗麻呂 등의 본관을 左京으로 옮겼고, 동 9년(867) 4월조에는 이 2인은 惟良宿禰의 씨성을 받았고, 그 선조는 百濟國人이라고 기록하고 있다. 惟良宿禰春道는 天長 4년(827)에 近江少掾에 임명되었고, 동 9년에 종7위하에서 8단계 승진한 종5위하에 서위되었다. 承和 4년(837)에 지방관으로 나아가 伊勢介에 임명되었다. 承和 9년(842)에 발해사 賀福延의 귀국연회시에 접대역할을 맡았고, 이듬해 종5위상에 서위되었다. 그는 漢詩文에도 뛰어나 『經國集』에 한시 작품 8수가 전해지고 있고, 『扶桑集』 『和漢朗詠集』 『新撰朗詠集』에도 작품이 남아있다.

11 홍수 등의 재해로 그해에 경작하지 않은 토지.

12 大內裏 내의 별궁.

13 밤 10시에서 오전 2시 사이.

기사(7일), 恒定親王[14]이 헌물하였다. 황제가 南殿에서 연회를 열었다. 군신이 모두 취하지 않은 자가 없었다. 차등있게 녹을 내렸다.

계유(11일), 천황이 紫野院에 행차하여, 낚시터에 나아갔다. (紫野)院司에서 헌물하였다. 수행한 문인에게 시부를 짓게 하였다. 천황도 시를 지었다. 차등있게 녹을 내렸다. 새로 院의 명칭을 택하여 雲林亭이라고 하였다.

갑술(12일), 左近衛府에서 헌물하였다. 오전 4시에 시작해서 종일 연주하였다. 시종 이상에게 商布를 차등있게 하사하였다.

병자(14일), 황후가 雲林亭으로 행차하여 농업의 풍경을 바라보았다. 수행한 종5위 이상에게 물품을 내리고, 6위 이하 및 모심기를 한 남녀에게는 녹을 하사하였다.

정축(15일), 황제가 南殿에 어림하였다. 左衛門府 및 左兵衛府에서 헌물하였다. 음악이 연주되고 수차 가무가 이어졌다. 군신이 만취하여 흥겹게 손발을 흔들었다. 시종 이상에게 피복을 하사하였다.

임오(20일), 천황이 武德殿에 어림하여 左右馬寮 및 畿内, 近江, 美濃, 伊勢, 丹波 등의 제국에서 사육한 御馬를 살펴보았다.

계미(21일), 외정5위하 上毛野賀美公宗繼에게 종5위하를 내리고, 외종5위하 훈6등 吉使部眞須에게 외정5위하를, 임시[15] 외종5위하 훈5등 吉使部金人에게 외정5위하를, 외종6위상 훈6등 湯坐菊多臣福足에게 외종5위하를 내렸다. 임시 외종6위상 훈6등 湯坐菊多臣福足에게 외종5위하를 내렸다. 和泉國의 굶주린 백성들을 진휼하였다.

○ 5월 갑오(3일), 중납언 이하, 참의 이상이 태정관 청사에 모여, 郡司의 少領 이상을 보임하였다.

무술(7일), 지진이 있었다.

---

14 淳和天皇의 제2황자.
15 관위를 임시로 주는 것은 借位라고 하며, 그후 실적에 따라 정식으로 내리는 것이다.

정미(16일), 近江國 志賀, 淺井 양군에 화재가 발생하여 진휼하였다.

무신(17일), 황제가 (梨本院의) 正殿으로 임시 거처로 하고 있었다. 승 100인을 八省院¹⁶으로 불러 대반야경을 독경하게 하였다. 비를 기원하기 위해서이다. 또 사자를 보내 수행심이 깊은 산사의 승으로 하여금 독경하게 하였다.

기유(18일), 칙을 내려, 작년 가을 곡물이 여물지 않아 제국에서 기근을 알렸다. 지금은 역병과 가뭄이 이어지고 사람들이 요절하고 있다. 이에 더하여 자주 화재가 발생하여 백성이 주거를 잃어버리고 있다. 畿內 5국, 7도 제국에 7일간 금강명최승왕경을 전독하게 하여, 재난을 없애고 복을 가져오게 하였다. 기내 5국에 대반야경, 금강반야경을 전독하고, 이 선을 닦는 기간에 살생을 금지하였다.

경술(19일), 八省院에서 독경했는데, 비는 오지 않았다. 승려들이 中庭의 뙤약볕 아래에서 지극한 정성으로 기원하였다. 낮 12시경에 약간의 비가 내렸다. 大和 등 畿內 4국의 국사에게 명하여 신사마다 폐백료로서 5색견 각 1장, 名香¹⁷ 1량, 龍形料로서 調布 5단을 충당하여 기우제를 지내게 하였다. 내리에서 점을 쳐 심한 가뭄의 점괘를 보니, 伊豆國 신이 (노한 것이) 빌미가 되었다.

신해(20일), 묘시에 소리없이 비가 내리더니 곧 개었다.

계축(22일), 伊豆國에서 언상하기를, "三島神, 伊古奈比咩神 2신의 이름을 名神이라고 한다. 이 신은 깊은 계곡을 막고 높이 솟아있는 바위를 깎아 2천여정의 평지를 조성하였다. 신궁 2곳, 못 3곳을 만들었다. 신이한 일은 가히 셀수 없을 정도이다.

을묘(24일), 右兵衛督 종4위하 伴宿禰直臣이 죽었다. 종5위하 名鳥의 제9자이다. 天長 □년에 □□에 이르고 弘仁 14년(823)에 종5위하를 받고 左馬助에 임명되었으며, 右兵衛權佐로 옮기고 尾張守를 겸직하였다. 天長 □년에 右少弁, 左衛門權佐에 임명되었다. 天長 7년(830)에 정5위하에 서위되었는데, 갑자기 종4위하

---

16 八省의 정무를 집행하는 곳으로 朝堂院의 이칭.
17 향불을 피우는 방향제.

가 되었고, 다시 右兵衛督으로 옮겼다. 돌연 중병을 얻어 자택에서 사망하였다. 때의 나이 49세였다.

무오(27일), 좌우경의 병자를 구휼하였다.

경신(29일), 관에서 몰수한 서적 1,693권을 3품 秀良親王[18]에게 주었다.

○ 6월 임술삭, 임관이 있었다.

경오(9일), 木工寮에서 헌물하였다. 친왕 이하 木工助 이상에게 피복을 차등있게 하사하였다.

신사(20일), 좌우 相撲司를 임명하였다.

계미(22일), 임관이 있었다.

기축(28일), 越前國 정세의 벼 3백속을 그 국의 荒道山道[19]를 만든 사람 坂井郡 秦乙麻呂에게 지급하였다.

○ 추7월 임진(2일), 授圓講傳灯入位 승 □定에게 満位[20]를 내렸다. 이 또한 가뭄의 재해를 멈추게 했기 때문이다.

을미(5일), 西寺의 강당에서 천황의 기원으로 새로 만든 불상을 공양하였다. 장엄한 법구 15종을 편의에 즉해서 (西寺에) 시입하였다.

무술(8일), 임시 외종5위하 蓁原公高按에게 외종5위하를 내렸다.

을사(15일), 畿內 5국, 7도 제국의 名神에 봉폐하였다. 疫神에게 빌고 풍우를 방지하기 위해서이다. 越前國에 기근이 들어 백성들을 진휼하였다.

병오(16일), 황제가 建禮門에 어림하여 씨름을 관람하였다.

신해(21일), 임관이 있었다.

임자(22일), (천황이) 八省院에 어림하여 이세대신궁에 폐백을 바쳤다. 풍우를 방지하기 위해서이다.

계축(23일), 임관이 있었다.

---

18 嵯峨天皇의 황자.
19 荒道山道는 北陸道 남부의 愛發關으로 통하는 山道.
20 僧位의 하나.

정사(27일), 出羽國에서 궁핍하고 피폐해진 백성이 있다고 언상하여, 조를 내려 진휼하였다. 蝦夷도 이 안에 있었다.

무오(28일), 종4위하 林朝臣山主가 죽었다. 정6위상 海主의 아들이다. 弘仁 원년(810)에 외종5위하에 서위되고, 동 13년에 내위가 되어 諸陵頭[21]에 임명되었다. 縫殿頭로 옮기고 但馬權介를 겸직하였다. 天長 6년(829)에 정5위하에 이르고, 동 8년에 종4위하를 받았다. 성격이 올바르고 애증이 없었다. 집안은 이전부터 천황의 신하였고 국가의 원로였다. 그 선조는 八多朝臣의 氏로부터 나왔다. 동 10년에 칙이 내려져, (林朝臣)을 없애고 (八多朝臣의) 이름을 추서하였다. 사망시의 나이는 80세였다.

○ 8월 기사(10일), 황제가 神泉苑에 행차하였다. 박사, 생도 등을 불러 (釋尊에 관해) 논의시켰다. 차등있게 녹을 내렸다. 대납언 藤原朝臣三守가 헌물하였다. 이미 신분이 낮은 자에게까지 두루 녹을 내렸다. 非侍從[22] 이상의 자에게 목면을 차등있게 하사하였다.

경오(11일), 明神에게 봉폐하였다. 비를 그치게 하는 기원이었다. 또 13대사의 승 232인에게 금월 7일부터 15일까지 각각의 사찰에서 대반야경을 전독하게 하였다. 그중에서 200인의 승에게 각각 관위 1계를 서위하였다.

기묘(20일), 큰비가 내렸다. 攝津國에 홍수가 발생해 범람하여 제방이 붕괴되었다.

○ 9월 병신(7일), 섭진국의 홍수로 피해를 본 백성을 진휼하였다.

무술(9일), 황제가 紫宸殿에 어림하여 수행한 대부 이하, 문인 이상에게 연회를 베풀고, 차등있게 녹을 하사하였다.

기해(10일), 尾張國에서 海部郡 사람 山口忌寸目刀自賣에게 정세의 벼 300속을 내렸다. 한번에 3남을 출산했기 때문이다.

---

21 능묘의 관리와 경호, 喪葬, 凶禮, 陵戶의 명부 등을 관장하는 부서인 諸陵寮의 장관.
22 조정의 의식, 행사 시에 侍從의 직무를 보조하기 위해 둔 직이 次侍從이고, 非侍從은 비상시에 侍從의 부재시에 임시로 맡은 직.

계묘(14일), 지진이 있었다. 美濃國의 공한지 24정 1단을 勅旨田으로 삼았다.

정미(18일), 지진이 있었다.

경술(21일), 축시에 지진이 있었다.

신해(22일), 지진이 있었다.

을묘(26일), (천황이) 北野에 행차하였다. 매, 개를 이용하여 雙岳 및 陶野에서 사냥을 하였다. (천황이) 雲林院[23]에 행차하여, 시종 이상에게 차등있게 녹을 내렸다.

○ 동10월 임술(4일), 紫宸殿에서 근시하는 신하에게 연회를 베풀고 녹을 하사하였다.

기묘(21일), 황제가 紫震殿에서 근시하는 신하에게 연회를 베풀고 차등있게 녹을 하사하였다.

○ 11월 경인(2일), 天皇이 조를 내려(宣命體), "운운. 종2위 藤原朝臣緒嗣[24]를 좌대신의 관에 임명하고, 정3위 淸原夏野眞人을 우대신 관으로 승진시킨다. 운운"이라고 하였다.

을미(7일), 임관이 있었다.

기유(21일), 殿上에서 □□하고, 근시하는 신하 이상에게 차등있게 녹을 내렸다.

경술(22일), 좌대신 藤原朝臣緒嗣가 언상하기를, "운운. (사직을) 상표하는 바이다"라고 하였다. (천황이) 허락하지 않았다. 금일, 임관이 있었다.

신해(23일), 천황이 栗前野에서 사냥을 즐겼다. 근시하는 신하 이상에게 차등있게 녹을 내렸다.

○ 12월 갑자(6일), 황후가 后宮職의 東院으로 거처를 옮겼다. 출산하는 달에 해당하기 때문이다.

---

23 和天皇의 の離宮, 紫野院으로 조영되었다. 紫野 일대는 넓은 들판의 수렵지가 있었고, 문인들과 교유하며 순행하였다. 이후 仁明天皇의 離宮으로 사용되었다.

24 19쪽, 弘仁 2년(811) 2월 임오조 각주 32 참조.

갑술(16일), 延曆寺의 승 灯住位僧 叡勝, 승 圓修, 승 圓仁[25], 승 德圓, 승 乘天, 승 道叡에게 함께 傳灯滿位를 내렸다.

무인(20일), 伊豫國 하이 吉彌侯部於止利 등 남녀 5인을 阿波國으로 이주시켰다. 청원을 받아들였기 때문이다.

임오(24일), 무품 春日内親王이 죽었다. 桓武天皇의 황자이다.

◎ 天長 10년(833) 춘정월 기축삭, 신년하례를 중지하였다. 비가 왔기 때문이다.

경인(2일), 황제가 대극전에 어림하여 하례를 받았다. 午時에 천황이 환궁하였다. (천황이) 紫宸殿에 어림하여, 친왕 이하 시종 이상에게 연회를 베풀고 물품을 내렸다.

을미(7일), 豐樂殿에서 연회가 열렸다. 4품 仲野親王에게 3품을 내렸다. 정4위 하 橘朝臣氏公에게 종3위를, 종4위상 三原朝臣春上에게 정4위하를, 정5위하 占

---

25 『入唐求法巡禮行記』의 저자, 天台宗 山門派의 祖이며 延曆寺의 3세 座主이다. 延曆 13년 (794)에 下野国 都賀郡에서 출생하여 864년에 사망하였다. 俗姓은 壬生氏이다. 15세에 比叡 山의 最澄을 만나 제자가 되었다. 弘仁 4년(813)에 관시에 급제하고, 이듬해 천태종의 득도 자가 되었고, 동 7년에 東大寺에서 具足戒를 받았다. 이후 法隆寺, 四天王寺에서 법화경, 仁 王経 등을 강의하였다. 承和 2년(835)에 단기간의 입당유학생인 請益僧이 되었으며 동 5년 에 45세의 나이로 藤原朝臣常嗣을 대사로 하는 일본 최후의 遣唐使로서 당에 유학하였다. 承和 5년(838) 6월 13일에 4척의 선박으로 博多津을 출항했는데, 엔닌의 일기인 『入唐求法 巡禮行記』는 이날부터 시작한다. 志賀島에서 8일간의 항해로 揚州에 상륙하였다. 그러나 당에서는 천태산 여행 허가를 불허하고 귀국을 명받았다. 이듬해 신라상인 張寶高에게 부 탁하여 登州의 赤山法華院에 들어갔다. 唐 開成 5년(840)에 오대산에 순례하고 大華嚴寺에 서 志遠으로부터 天台宗義를 배우고 그후에 長安으로 들어갔다. 大興善寺 元政으로부터 金 剛界, 青龍寺 義眞으로부터 胎藏界를 받아 밀교의 大法을 배웠다. 842년부터 시작된 당의 불교탄압으로 신라인 도움으로 신라선을 타고 承和 14년(847) 12월 14일에 9년 6개월의 당 유학을 마치고 大宰府에 도착하였다. 이때 경전 559권, 兩部曼茶羅, 사리, 법구 등을 갖고 왔다. 嘉祥 2년(849)에 延曆寺에 들어가 10선사가 되었으며, 齊衡 원년(854)에 天台座主, 동 3년에 文德天皇, 清和天皇 등 1천인 이상에게 灌頂 의식을 하였다. 사망후 貞観 8년(866)에 慈覺大師로 추서되었다.

野王에게 종4위하를, 종5위하 岡野王에게 종5위상을, 정6위상 岡於王 · 有野王에게 종5위하를, 종4위하 南淵朝臣永河에게 종4위상을, 종5위상 和朝臣繩繼[26], 정5위하 大枝朝臣總成 · 藤原朝臣衛에게 종4위하를, 종5위상 伴宿禰友足 · 紀朝臣深江에게 정5위하를, 종5위하 多治比眞人淸貞 · 安部朝臣高嗣 · 文室朝臣永年 · 藤原朝臣嗣宗 · 大中臣朝臣依作에게 종5위상을, 무위 在原朝臣仲平, 정6위상 良岑朝臣高行 · 春原朝臣廣宗 · 伴宿禰眞堅魚 · 紀朝臣益雄 · 佐伯宿禰利世 · 藤原朝臣氏範 · 氷上眞人井作 · 石川朝臣常繼 · 吉野眞人名繼 · 藤原朝臣眞繩 · 橘朝臣雜田麻呂, 외종5위하 六人部連門繼에게 종5위하를, 외종5위하 刀伎直淨浜에게 외정5위하를, 정6위상 高丘宿禰潔門[27] · 道嶋宿禰人永 · 眞神宿禰氏永 · 安曇秋繼 · 丈部氏道 · 志賀忌寸田舍麻呂에게 외종5위하를 내렸다. 차등있게 녹을 내렸다.

병신(8일), 여성에게 서위가 있었다.

무술(10일), 눈비가 내렸다.

기해(11일), 임관이 있었다.

경자(12일), 仁壽殿에서 연회가 있었다. 대신 이하 참의 이상 및 좌우의 近衛少將 이상이 참석하였다. 차등있게 녹을 내렸다.

신축(13일), 눈비가 내렸다.

임인(14일), (천황이) 紫宸殿에 어림하여, 延曆寺 승 圓澄 및 승정 이하 威儀師[28] 이상을 불러 논의하게 하였다. 피복을 하사하였다.

을사(17일), 황제가 建禮門에 어림하여 활쏘기를 관람하였다.

---

26 백제 무령왕을 시조로 하는 和史氏의 후예, 일족으로 桓武天皇의 생모인 高野新笠이 있다. 弘仁 3년(812)에 종5위하, 散位助에 서임되었다. 中務少輔를 역임하였고, 弘仁 13년(822)에 종5위상, 동 14년 淳和天皇의 즉위와 함께 정5위하에 서위되었다. 天長 8년(831)에 정5위상이 되었다. 仁明朝 承和 4년(837) 2월에 사망하였다.

27 天智 2년(663)에 백제망명자인 沙門詠의 후예씨족으로, 樂浪河內, 高丘連, 高丘宿禰로 개성되었다. 백제 8族 大姓인 沙氏(沙宅氏)가 조상이다.

28 得度, 授戒, 法會 등 불교 의식을 거행할 때, 의식의 작법을 지휘하는 승려.

정미(19일), 出雲守 정4위하 紀朝臣咋麻呂가 죽었다. 재능이 없는 사람으로 後田原天皇[29]의 외척으로 특별히 4위에 이르렀다. 천명을 다하고 죽었다. 때의 나이 79세였다.

○ 2월 무오삭, (기사 결락).

기미(2일), 임관이 있었다.

갑자(7일), 임관이 있었다.

경오(13일), 淡路國에 기근이 들어 백성들을 진휼하였다.

신미(14일), 加賀國에 先聖와 先師[30]의 초상 2매를 그리게 하였다.

임신(15일), 눈이 내렸다. 우대신 淸原夏野[31], 중납언 直世王[32]·源朝臣常[33]·藤原朝臣愛發[34], 임시 중납언 藤原朝臣吉野[35], 참의 南淵朝臣弘貞[36]·文室朝臣秋津

29 光仁天皇.

30 孔子와 그의 제자 顔回.

31 天武天皇의 황자 舍人親王의 손인 小倉王의 아들, 延曆 23년(804)에 父의 상표로 淸原眞人을 사성받았다. 藏人頭, 左近衛, 參議를 역임하였고, 天長 2년(825)에 종3위 中納言 겸 左衛門督이 되고, 左近衛大將, 民部卿을 역임하였고, 동 9년(832)에 우대신에 올랐다. 『日本後紀』편찬에도 관여하였고, 동 10년에는 『令義解』를 찬진하였다.

32 황족으로 眞世王, 猶世王이라고도 표기한다. 延曆 23년(804)에 縫殿大允에 임명되었고, 弘仁 원년(810)에 종5위하 內藏頭에 서임되고, 동 2년에 종5위상 中務大輔, 동 7년에 정5위하 藏人頭, 동 9년에 종4위하 左京大夫, 동 12년에 參議 겸 左大弁에 임명되어 공경이 되었다. 天長 4년(827)에 정4위하, 동 7년에 종3위 中納言 겸 中務卿이 되었다. 淳和天皇의 칙으로 『日本後紀』편찬에도 참여하였다

33 373쪽, 天長 7년(830) 6월 갑진삭조 각주 19 참조.

34 334쪽, 天長 4년(827) 8월 갑진조 각주 32 참조.

35 일찍부터 대학에서 공부했으며, 主藏正, 春宮少進으로 당시 황태자였던 大伴親王(후에 淳和天皇)에게 봉사하였다. 弘仁 14년(823)에 淳和天皇의 즉위 후에, 천황의 측근으로 左近衛少將, 左少弁을 역임하였고, 天長 3년(826)에 藏人頭로서 천황의 정무를 도왔다. 동 4년에는 종4위하에 서위되었고, 이듬해 참의가 되었다. 天長 9년(832)에 종3위가 되었고, 仁明天皇의 즉위 후에는 정3위 中納言에 임명되었다.

36 일찍부터 재능을 인정받아 文章生이 되어 淳和天皇의 東宮 시절에 동궁학사, 宮內卿, 刑部卿 등을 역임하였고, 天長 8년(831)에 종3위에 이른다. 『經國集』편찬에도 참여했으며 『令義解』편찬의 1인이었다.

· 藤原朝臣常嗣[37]가 궁전에 모여『新撰令釋疑義[38]』를 원안을 서로 교정하고 주상하여 재가를 구했다.

계유(16일), 황태자가 황후궁에 찾아뵈었다. 이에 尙侍 繼子女王 등이 연회에 봉사하고 琴을 연주하였다. 녹을 내렸다.

을해(18일), 散位頭 종4위하 弟野王이 죽었다. 종2위에 추증하였다. 나이 62세였다.

병자(19일), 정5위하 紀朝臣長江에게 종4위하를, 종5위하 伴宿禰箭藏·藤原朝臣貞守에게 종5위상을, 정6위상 文室朝臣室繼, 종6위상 高田忌寸家守[39]에게 외종5위하를 내렸다.

정축(20일), 筑後國 하이 제5등 都和利別公阿比登에게 종8위상에 서위하였다. 사적으로 도곡을 내어 어려운 백성을 도왔기 때문이다

신사(24일), 황제가 西院으로 거처를 옮겼다, 양위를 위해서이다. 巳時에 땅이 크게 흔들렸다.

임오(25일), 近江國의 굶주린 백성을 구휼하였다.

갑신(27일), 西院司[40]에서 헌물하였다. 친왕 이하 非侍從 이상에게 차등있게 녹을 내렸다.

을유(28일), 황제가 淳和院에서 황태자에게 양위하였다. 조를 내려(宣命體), "現

---

37 藤原北家의 中納言 藤原葛野麻呂의 7남, 유소년 시절부터 대학에서 공부하며『史記』『漢書』등을 배웠고,『文選』을 암송하였고, 작문을 좋아했으며 예서를 습득하였다. 관력은 刑部少輔, 藏人頭, 勘解由長官, 下野守, 右大弁, 相模守, 備中権守, 近江権守, 左大弁, 大宰権帥 등 내외의 관을 두루 역임하였고, 承和 6년(839)에 종3위에 올랐다.『經國集』에도 한시문을 남기고 있다.

38 養老令의 공적 주석서인『令義解』. 편찬 중에는『新撰令釋疑義』라고 칭해졌지만, 天長 10년(833) 12월에는『令義解』의 명칭으로 상주되었고, 承和 원년(834) 12월 18일에 조가 내려져 시행되었다.

39 高田忌寸은『新撰姓氏錄』逸文에 阿知使主의 후예로 山木直의 조상으로 나온다. 백제계 후예씨족이다. 承和 7년(840) 정월에 越後介에 임명되었다.

40 西院의 재정 등을 담당하는 院司. 西院은 淳和院을 말한다.

神으로 '운운'. 황태자로 정한 正良親王[41]은 어질고 밝은 성품은 일찍부터 드러났고, 仁, 孝가 도타웠다. '운운'. 이 (皇位)를 주기로 하였다. '운운'이라고 분부하였다"라고 하였다.

○ (간지 누락[42]) 子時에 태정관 酒家의 북변에서 실화가 있었다.

일본후기 권제40 (逸文)

---

41 嵯峨天皇의 제1황자인 仁明天皇, 弘仁 14년(823) 4월에 14세의 나이로 숙부인 淳和天皇의 황태자로 세워졌고, 황위 계승시의 나이는 24세였다.
42 年月日 미상. 『類聚國史』의 전후 기사를 통해 天長 9년 5월에서 동 10년 2월로 추정되고 있다.

日本後紀 巻第四十〈起天長九年正月, 盡同十年二月〉

左大臣正二位兼行左近衛大將臣藤原朝臣冬嗣等奉勅撰

太上天皇〈淳和〉

◎天長九年正月乙未朔, 御大極殿, 受朝賀. 畢御紫宸殿. 中務省進七曜曆, 宮内省奏氷樣. 例也.吉野國栖奏歌笛. 但依新誕皇子薨, 不奏音樂. 賜親王已下五位已上被. 丙申, 群臣拜賀皇后宮, 東宮. 禮也. 辛丑, 御豐樂殿. 授無位源朝臣定從三位, 從四位上源朝臣信正四位下, 無位道野王從四位下, 從五位上楠野王正五位下, 從五位下山名王・美能王從五位上. 無位安宗王, 正六位上豐村王從五位下. 從四位下藤原朝臣家雄, 無位源朝臣明從四位上. 正五位下長岡朝臣岡成・紀朝臣興道・大野朝臣眞鷹從四位下. 從五位上小野朝臣眞野・藤原朝臣葛守・林朝臣眞純・藤原朝臣衛・紀朝臣長江正五位下. 從五位下神朝臣救人麻呂・橘朝臣永雄・藤原朝臣廣野・石川朝臣永津・安部朝臣大家・藤原朝臣眞吉・宮道宿禰吉備麻呂・藤原朝臣宗成從五位上. 正六位上藤原朝臣氏繼・藤原朝臣常守・藤原朝臣吉永・小野朝臣篁・永道朝臣末繼・橘朝臣岑繼・橘朝臣田舍麻呂・小野朝臣永道・紀朝臣家長・多治比眞人嗣門・伴宿禰諸野・佐伯宿禰春治・爲奈眞人廣岡・山上朝臣公守・田口朝臣房富・春海宿禰善繩, 外從五位下益田連滿足從五位下. 外從五位下栗前連名正・廣宗連絲繼外正五位下. 正六位上清科朝臣笠主・仲宿禰眞足外從五位下. 甲辰, 地震. 乙巳, 任官. 戊申, 最勝會畢. 皇帝御紫宸殿, 請僧正護命, 大僧都空海, 少僧都修円・豐安, 律師明証, 講師大覺法師等, 令論議. 施御被. 乙卯, 皇帝於清涼殿内宴. 獻詩者十三人. 有御製. 賜祿有差. 己未, 皇帝幸水成野. 辛酉, 地震.

○二月乙丑朔, 任官. 乙亥, 秀良親王, 於冷然院加元服. 卽授三品. 拜賀禮了, 錫宴賜祿. 己丑, 尾張國空閑地三十一町四段三百步, 充刑部省.

○三月乙未, 授散位從七位下惟良宿禰春道從五位下. 攝津國嶋上郡荒田幷野地二百二十一町, 寄安滿勅旨, 爲墾田. 辛丑, 任官. 癸丑, 左兵衛督從四位上藤原朝臣家雄卒. 贈太政大臣緒嗣長子也. 弘仁十二年敍從五位下, 任美濃介. 十四年遷右近衛少將. 天長三年敍正五位下, □授從四位下, 任左兵衛督. 八年兼伊予守, 九年敍從四位上. 性清□有家風, 頗學典籍, 兼善步射. 惜未就臺簡, 早閉泉扉. 卒時年三十四. 己未, 任官.

○夏四月甲子, 鑾輿遷御梨本院. 爲修大内也. 戊辰, 御武德殿, 覽騎射. 雅樂寮奏音樂. 中夜, 乘輿還宮. 己巳, 恒定親王獻物. 皇帝宴南殿. 群臣莫不具醉. 賜祿有差. 癸酉, 鑾輿幸紫野院. 御釣臺. 院司獻物. 命陪從文人賦詩. 御製亦成. 賜祿有差. 新擇院名, 以爲雲林亭. 甲戌, 左近衛府獻物. 始自平旦, 終日奏樂. 侍從已上, 賜商布有差. 丙子, 皇后幸雲林亭, 觀農業之風. 賜扈從五位以上被, 六位已下及殖田之男女等祿. 丁丑, 皇帝御南殿. 左衛門及左兵衛府獻物. 音樂迭奏, 歌舞數闋, 群臣飽醉, 不知手舞足踏. 賜侍從已上衣被. 壬午, 鑾輿御武德殿, 覽左右馬寮及畿内・近江・美濃・伊勢・丹波等國所飼恩馬. 癸未, 授外正五位下上毛野賀美公宗繼從五位下, 外從五位下勳六等吉使部眞須外正五位下, 借外從五位下勳五等吉使部金人外正五位下, 借外從六位上勳六等湯坐菊多臣福足外從五位下. 借外從六位上勳六等湯坐菊多臣福足外從五位下. 賑給和泉國飢民.

○五月甲午, 中納言已下參議已上, 會太政官廳事, 任郡司少領已上. 戊戌, 地震. 丁未, 賑給近江國志賀淺井兩郡, 遭火災. 戊申, 皇帝避正寢. 請百僧於八省院, 讀大般若經. 祈雨也. 亦遣使於練行僧所住之山讀經. 己酉, 勅. 去年秋稼不稔, 諸國告飢. 今茲疫旱相紀, 人物夭折. 加以, 往往火災, 民或失所. 宜令五畿内七道諸國, 一七箇日, 轉讀經王, 轉禍爲副. 仰五畿内諸國, 奉讀大般若金剛般若經, 修善之間, 禁制殺生. 庚戌, 八省院讀經, 澍雨不降. 衆僧暴露中庭, 至心誓願. 午後微雨. 仰大和等四畿内國司, 每社充幣料五色絹各一丈, 名香一兩, 龍形料調布五段, 令行雩事. 令卜筮亢旱於内裏. 伊豆國神爲祟. 辛亥, 卯時, 零雨即晴. 癸丑, 伊豆國言上, 三島神, 伊古奈比咩神, 二前預名神.
此神塞深谷摧高巖, 平造之地, 二千町許. 作神宮二院, 池三處. 神異之事, 不
可勝計. 乙卯, 右兵衛督從四位下伴宿禰直臣卒. 從五位下名鳥第九子也. 天
長□年至□□, 弘仁十四年授從五位下, 拜左馬助, 遷右兵衛權佐, 兼尾張守.
□□□年除右少弁, 左衛門權佐. 七年敍正五位下, 俄敍從四位下, 累遷右兵
衛督. 忽得重病. 卒私宅. 時年四十九. 戊午, 賑給左右京病者. 庚申, 没官書
一千六百九十三卷, 賜三品秀良親王.

　○六月壬戌朔, 任官. 庚午, 木工寮獻物. 賜親王以下木工助以上衣被有差.
辛巳, 任左右相撲司. 癸未, 任官. 己丑, 越前國正稅三百束, 給作彼國荒道山道
人坂井郡秦乙麻呂.

　○秋七月壬辰, 授圓講傳灯入位僧□定滿位. 此又止旱災也. 乙未, 西寺講堂
供養御願新造佛. 莊嚴法物一十五種, 便即施入. 戊戌, 借外從五位下蓁原公高
按, 授外從五位下. 乙巳, 奉幣五畿内七道諸國名神. 謝疫氣, 防風雨也. 賑給越
前國飢民. 丙午, 皇帝御建禮門, 觀相撲. 辛亥, 任官. 壬子, 御八省院, 奉幣帛伊
勢大神宮. 防風雨也. 癸丑, 任官. 丁巳, 出羽國言上. 窮弊百姓. 詔, 令賑給. 夷
俘又在此内. 戊午, 從四位下林朝臣山主卒. 正六位上海主之男也. 弘仁元年敍
外從五位下, 十三年入内, 任諸陵頭, 遷縫殿頭, 兼但馬權介. 天長六年至正五
位下, 八年授從四位下. 性平直無愛憎. 家之舊臣, 國之元老. 其先別自八多朝
臣之氏. 十年有勅, 追除名字. 卒時年八十四.

　○八月己巳, 皇帝幸神泉苑. 喚博士生徒等, 令論議. 賜祿有差. 大納言藤原
朝臣三守獻物. 已浹興臺. 賜非侍從已上綿有差. 庚午, 頒幣明神. 以祈止雨也.
又令十三大寺僧二百三十二口, 起自今月八日, 迄十五日, 各於其寺, 轉讀大般
若經. 其二百口僧, 各敍位一階. 己卯, 大雨. 攝津國洪水汎溢, 堤防決壞.

　○九月丙申, 賑給攝津國遇洪水百姓. 戊戌, 皇帝御紫宸殿, 賜宴侍從大夫已
下文人以上. 賜祿有差. 己亥, 尾張國言上, 海部郡人山口忌寸目刀自賣, 給正
稅稻三百束. 産三男也. 癸卯, 地震. 美濃國空閑地二十四町一段, 爲勅旨田. 丁

未, 地震. 庚戌, 丑時, 地震. 辛亥, 地震. 乙卯, 乘輿幸北野. 試鷹犬. 獵雙岳及陶野. 幸雲林院, 賜侍從已上祿有差.

○冬十月壬戌, 御宴侍臣於紫宸殿, 賜祿. 己卯, 皇帝御宴侍臣於紫震殿. 賜祿有差.

○十一月庚寅, 天皇詔曰, 云云. 從二位藤原緒嗣朝臣〈乎〉左大臣官任賜〈布〉. 正三位清原夏野眞人〈乎〉右大臣官〈爾〉上賜. 云云. 乙未, 任官. 己酉, □□殿上, 賜侍臣已上祿有差. 庚戌, 左大臣藤原朝臣緒嗣言. 云云. 上表以聞. 不許. 今日, 任官. 辛亥, 皇輿幸栗前野遊獵, 賜侍臣已上祿有差.

○十二月甲子, 皇后移后宮職東院. 當誕月. 甲戌, 延曆寺僧傳灯住位僧叡勝・僧圓修・僧円仁・僧德圓・僧乘天・僧道叡, 並授傳灯満位. 戊寅, 伊豫國俘囚吉彌侯部於止利等男女五人, 移配阿波國. 優情願也. 壬午, 無品春日内親王薨. 桓武天皇之皇子也.

◎天長十年正月己丑朔, 停朝賀. 雨也. 庚寅, 皇帝御大極殿, 受朝賀. 午時, 乘輿還宮. 御紫宸殿. 宴親王以下侍從以上, 賜御被也. 乙未, 宴會豊樂殿. 授四品仲野親王三品, 正四位下橘朝臣氏公從三位, 從四位上三原朝臣春上正四位下, 正五位下占野王從四位下, 從五位下岡野王五位上, 正六位上岡於王・有野王從五位下. 從四位下南淵朝臣永河從四位上, 正五位上和朝臣繩繼, 正五位下大枝朝臣總成・藤原朝臣衛從四位下. 從五位上伴宿禰友足・紀朝臣深江正五位下. 從五位下多治比眞人清貞・安部朝臣高嗣・文室朝臣永年・藤原朝臣嗣宗・大中臣朝臣依作從五位上. 無位在原朝臣仲平, 正六位上良岑朝臣高行・春原朝臣廣宗・伴宿禰眞堅魚・紀朝臣益雄・佐伯宿禰利世・藤原朝臣氏範・氷上眞人井作・石川朝臣常繼・吉野眞人名繼・藤原朝臣眞繩・橘朝臣雜田麻呂, 外從五位下六人部連門繼從五位下. 外從五位下刀伎直浄濱外正五位下. 正六位上高丘宿禰潔門・道嶋宿禰人永・眞神宿禰氏永・安曇秋繼・丈部氏道・志賀忌寸田舍麻呂外從五位下. 賜祿有差. 丙申, 女敍位.

戊戌, 雨雪. 己亥, 任官. 庚子, 於仁壽殿内宴. 大臣已下參議已上, 及左右近衛少將已上預焉. 賜祿有差. 辛丑, 雨雪. 壬寅, 御紫宸殿, 屈延暦寺僧圓澄及僧正已下威儀師已上, 論議. 施御被. 乙巳, 皇帝御建禮門觀射. 丁未, 出雲守正四位下紀朝臣咋麻呂卒. 爲人無才. 以後田原天皇外戚, 特至四位, 終以天命. 時年七十九.

○二月戊午朔, (缺落). 己未, 任官. 甲子, 任官. 庚午, 賑給淡路國飢民. 辛未, 令加賀國圖畫先聖先師像二條. 壬申, 雪降. 右大臣清原夏野, 中納言直世王・源朝臣常・藤原朝臣愛發, 權中納言藤原朝臣吉野, 參議南淵朝臣弘貞・文室朝臣秋津・藤原朝臣常嗣, 侍殿上, 校讀新撰令釋疑義起請. 癸酉, 皇太子觀於椒房. 於是, 尙侍繼子女王等, 侍内宴, 奏琴歌. 賜祿. 乙亥, 散位頭從四位下弟野王卒. 贈從二位. 年六十二. 丙子, 授正五位下紀朝臣長江從四位下, 從五位下伴宿禰箭藏・藤原朝臣貞守從五位上, 正六位上文室朝臣室繼, 從六位上高田忌寸家守外從五位下. 丁丑, 筑後國夷第五等都和利別公阿比登, 敍從八位上. 輸私稻資弊民也. 辛巳, 皇帝遷御西院. 爲讓位也. 壬午, 賑給近江國飢民. 甲申, 西院司獻物. 賜親王以下非侍從已上祿, 有差. 乙酉, 皇帝於淳和院, 讓位于皇太子. 詔曰. 現神〈止〉. 云云. 皇太子〈止〉定〈太留〉正良親王, 賢明夙彰, 仁孝兼厚. 云云. 此位〈乎〉授賜〈布〉. 云云宣.

○子刻, 失火太政官酒家北邊.

日本後紀 卷第四十 (逸文)

색 인

ㄱ

ㅁ

ㅅ